The Dead Sea Scrolls
Study Edition

The Dead Sea Scrolls Study Edition

EDITED BY

Florentino García Martínez
&
Eibert J. C. Tigchelaar

VOLUME TWO 4Q274–11Q31

BRILL
LEIDEN • BOSTON • KÖLN

WILLIAM B. EERDMANS PUBLISHING COMPANY
GRAND RAPIDS, MICHIGAN / CAMBRIDGE, U.K.

First published 1997 (vol. 1), 1998 (vol. 2)
Paperback edition published jointly 2000 by
Koninklijke Brill NV
Leiden, The Netherlands
and by
Wm. B. Eerdmans Publishing Company
255 Jefferson Ave. SE, Grand Rapids, Michigan 49503

Printed in the United States of America

05 04 03 02 01 00 7 6 5 4 3 2 1

Library of Congress Cataloging-in-Publication Data

A catalog record for this book is available from the Library of Congress

Die Deutsche Bibliothek – CIP-Einheitsaufnahme

The Dead Sea Scrolls Study Edition / ed. by Florentino García Martínez and Eibert J. C. Tigchelaar. – Leiden ; New York ; Köln ; Brill

Brill ISBN 90-04-11545-5 (Vol. 1)
Brill ISBN 90-04-11546-3 (Vol. 2)
Brill ISBN 90-04-11547-1 (Set)
Eerdmans ISBN 0-8028-4493-6 (Set)

CONTENTS

4Q274 (4QTohorot A) *4QPurification Rules A*

J.M. Baumgarten, *DJD XXXV* (forthcoming)
PAM 43.309
ROC 182
Bibliography: J.T. Milik, 'Milkî-ṣedeq et Milkî-reša' dans les anciens écrits juifs et chrétiens', *JJS* 23 (1972) 129; R. Eisenman, M. Wise, *DSSU*, 205-210; J.M. Baumgarten, 'The Laws about Fluxes in 4QTohora[a]', in D. Dimant, L.H.

Frag. 1 i 1 יחל להפיל את תיכונו משכב יגון ישכב ומושב אנחה ישב
בדד לכול הטמאים ישב ורחוק מן 2 הטהרה שתים עשרה באמה בדברו
אליו ומערב צפון לכול בית מושב ישב רחוק כמדה הזות 3 איש מכול
הטמאים [...]...[...]... ירחץ במים ויכבס בגדיו ואחר יואכל כי הוא אשר
אמר טמא טמא 4 יקרא כול ימי ה...[...]... והזבה דם לשבעת הימים אל
תגע בזב ובכול כלי [א]שר יגע בו הזב וש[כב] 5 עליו [או] אשר ישב עליו
ואם נגעה תכבס בגדיה ורחצה ואחר תוכל ובכול מודה[א]ל תתערב
בשבעת 6 ימיה בעבור אשר ל[ו]א תגאל את מחני קדו[שי] ישראל וגם אל
תגע בכול אשה[זב]ה דם לימים רב[ים] 7 והסופר אם זכר ואם נקבה אל
יג[ע ...]... בדוה בנדתה כי אם טהרה מ[נד]תה כי הנה דם 8 הנדה כזוב
יחשב נוגע בו ואם תצ[א ממנו]שכבת הזרע מגעו וטמא ה[וא וכו]ל נוגע
באדם מכול 9 הטמאים האלה שבעת ימי טה[רתו א]ל יוכל כאשר יטמא
לנפש[ובמים יר]חץ וכבס ואח[ר]

Frag. 1 ii 1 יא[כל ...] 2 ושב[...]

Frag. 2 i 1 [... אש]ר יזו עליו את הרישונה ורחץ ויכבס טרם 2 [...
יטב]ול עליו השביעי ביום השבת אל יז בשבת כי 3 [...]את יו[ם] השבת
רק אל יגע בטהרה עד אשר ישנה 4 [את בגדיו ... כו]ל נוגע בשכבת הזרע
מאדם עד כול כלי יטבול והנושא אותו 5 [יטבול ... יטבו]ל והבגד אשר

4Q274 (4QTohorot A) *4QPurification Rules A*

Schiffman (eds.), *Time to Prepare the Way in the Wilderness* (STDJ 16; Leiden: E.J. Brill, 1994) 1-8; J. Milgrom, '4QTohora[a]: An unpublished Qumran Text on Purities', in *Time to Prepare the Way in the Wilderness*, 59-68; J.M. Baumgarten, 'Liquids and Susceptibility to Defilement in New 4Q Texts', *JQR* 85 (1994) 91-101; *Wacholder-Abegg 3*, 79-82

Frag. 1 *col.* I *1* he shall begin to lay down his rank; he shall lie down in a bed of sorrows, and in a residence of lamentation he shall reside; he shall reside apart from all the impure, at a distance of *2* twelve cubits from the pure food; in the quarter reserved for him, to the North-east of every dwelling he shall dwell, at the distance of this measure. *3* Every impure man [...] ... [...] ..., shall bathe in water and wash his clothes, and afterwards he will eat. For this is what he said: *Lev 13:45-46* «Unclean, unclean, *4* he will shout, all the days that the ... [...] ...». And she who has a discharge of blood, during the seven day period shall not touch a man with a discharge (gonorrhoea) or any of the utensils [wh]ich the man with gonorrhoea has touched, *5* upon which he has l[ain] /or/ upon which he has sat. And if she does touch, she shall wash her clothes and bathe, and afterwards, she may eat. And she must not mingle in any way during her seven *6* day period, lest she contaminate the camps of the holy [ones of] Israel. Nor should she touch any woman [with a discharge] of blood of seve[ral] days. *7* And the one who counts (one's seven days), whether male or female, should not to[uch ...] ... at the onset of her menstruation, unless she is pure of her [mens]truation, for behold, the blood *8* of menstruation is considered like a discharge for him who touches it. And whoever [has an em]ission of semen contaminates through contact. [And whoev]er touches anyone of *9* these impure persons, during the seven days of [his] puri[fication,] shall [no]t eat, like whoever is impure through (contact with a) corpse. [He shall ba]the [in water] and wash, and aft[erwards]

Frag. 1 *col.* II *1* he may e[at ...] *2* and ... [...]

Frag. 2 *col.* I *1* [...] upon whom he sprinkled for the first time, and he shall bathe and wash before *2* [... shall imm]erse upon him the seventh, on the sabbath day. He shall not sprinkle on the sabbath, because *3* [...] on the sabbath; only, he should not touch the pure food before he has changed *4* [his clothes ... Who]ever touches a man's emission of semen shall immerse even all the utensils, and whoever carried it *5* [shall immerse ... shall immer]se, the

תהיה עליו והכלי אשר ישאנה יטבול 6 [...]ם ואם במחנה יהיה איש אשר לוא השיגה ידו ור.[...] 7 [...]ל הבגד אשר לוא נגעה בו רק אל יגע בו את לחמו והנוג[ע] 8 [...]ישבו אם לוא נגע בו כ[בס ...]במים ואם 9 [...]וכבס ולכול הקודשים יכבס א[יש] במים את

Frag. 2 II 1 בשרו וכן [...] 2 ואם[...] 3 אמר[...] 4 לח.[...] 5 שרץ טמ[א ...] 6 והנוגע בו[...] 7 וכו[ל ...] 8 ואם א[...] 9 אשר י[...]

Frag. 3 I 1 [... בה]גלות אל את אישון עינו וקר[א] 2 [...]ל[...]יהם וכול חוקיו [...].ים 3 [...].ל או כול[...]... 4 [...]...[...] 5 [...]...[...] והיא טמאה 6 [...]משקו[ו]יוכלהו בטהרה וכול 7 [... אש]ר ימעכו ויצא משקיהם ואל יוכלם איש 8 [...]... הטמא בהמה[ו]גם מן הירק .[...] 9 [...]או קשות בשלה ואיש אשר ישק[ה]

Frag. 3 II 1 [...]. טמאו ה.[...] 2 *vacat* [...] 3 וכול אשר יש לו חותם[...] 4 לטהור יותר כול הירק [...] 5 מלחת טל יאכל ואם ל[וא ...] 6 בתוך המים כי אם איש[...] 7 הארץ אם יבואו עליה .[...] 8 הגשם עליה אם יגע ב{ה} ה[...] 9 בשדה בכול מודו לתקופת [השנה ...] 10 כל כלי חרש אש[ר י]פול[בו ... וכול] 11 אשר בתוכו [... וכול] 12 המשקה א[שר ...]

4Q275 *4QCommunal Ceremony*

P. Alexander, G. Vermes, *DJD XXVI*, 209-216, pl. XXII
PAM 43.315
ROC 679

Frag. 1 1 [... הול]כים את שבילי ה[...] 2 [...]ל קריאי השם[...] 3 [...] בחודש השלישי[...] 4 [...]... וענה ואמר *vacat* [...] 5 [...]...ם

clothing upon which it was found and the utensils he has carried, he shall immerse *6* [...] And if in the camp there is a man whose means do not suffice, ... [...] *7* [...] the clothing which it has not touched; only that he should not touch it, /to wit,/ his food. And whoever touc[hes] *8* [...] ... If he has not touched it, he shall w[ash ...] in water, and if *9* [...] and he shall wash. And concerning all the holy things, o[ne] shall wash in water

Frag. 2 *col.* II *1* its flesh and thus [...] *2* And if [...] *3* says [...] *4* ... [...] *5* impu[re] reptiles [...] *6* And whoever touches it [...] *7* and al[l ...] *8* And if [...] *9* who [...]

Frag. 3 *col.* I *1* [... when (?)] God carried into exile the apple of his eye, and he cal[led (?)] *2* [...] their [...] and all his regulations [...] ... *3* [...] ... or every [...] ... *4* [...] ... [...] *5* [...] and it is impure *6* [...] its liquid, and he shall eat it in purity, and every *7* [... whi]ch have been squeezed and have lost their liquid, no-one shall eat them *8* [...] ... the impure among them. [And] also from among the vegetables [...] *9* [...] or a boiled cucumber. The man who wate[rs]

Frag. 3 *col.* II *1* [...] they defiled the [...] *2 Blank* [...] *3* And every (vegetable) which has a pod [...] *4* for a more pure person. All the vegetables [...] *5* from the moist of dew, one may eat. And if n[ot ...] *6* in the midst of water, unless someone [...] *7* (of) the land. If there come upon it [...] *8* the rain on it. If the [...] touches it [...] *9* on the field, with all its might (?) with regard to the season [of the year ...] *10* every clay vessel th[at] falls [in it ... and each] *11* that [...] in its midst [... and each] *12* liquid th[at ...]

4Q275 *4QCommunal Ceremony*

Bibliography: J.T. Milik, 'Milkî-ṣedeq et Milkî-reša'', 129-130; *Wacholder-Abegg 3*, 83-84

Frag. 1 *1* [... those wal]king on the tracks of [...] *2* [...] those appointed by name [...] *3* [...] in the third month [...] *4* [...] And he shall answer and shall

וגוים באר[ץ ...]   6 [...]ת להם ו.[...] 8-7 [...]...[...]

Frag. 2   1 [... המש]פט והתיסרו עד השבוע [...]   2 [... ויר]שו
בנחלתם כי הוא .ל[...]   3 [... אנש]י אמת ושונאי בצע [...]   4 [... ונ]דרי
לא להמית איש[...]   5 [...]ם המשפט *vacat*? [...]   6 [...]למקום *vacat*
[...]   7 [...] אם היה[...]

Frag. 3   1 והזקנים עמו עד[...]   2 יעלו ביחוש [...]   3 והמבקר יה[יה
מקלל ... לאין]   4 רחמים אר[ור ...]   5 מנחלתו לע[ולם ...]   6 בפקדו
כל[ה ...]   7 [...].[...]

4Q276 (4QTohorot B[a]) *4QPurification Rules B[a]*

J.M. Baumgarten, *DJD XXXV* (forthcoming)
PAM 43.316
ROC 111
4Q277

Frag. 1   1 [... הבגדים]אשר לוא שרת בם בקודש   2 [...] וחיב את
הבגדים ושח[ט]   3 [את ה]פרה [ל]פניו ו<נ>שא את דמה בכלי חרש אשר
4 [לוא הוג]ש במזבח והזה מדמה באצבע[ו] שבע   5 [פעמים א]ל נוכח
א[ו]הל מועד והשליך את הארז   6 [ואת האיזוב ואת שני ה]תולע אל תוך
שרפתה   7 [... ואס]ף את אפר הפרה   8 [... והנ]יחוהו למשמרת   9 [למי
נדה ... ו]לבש הכוהן

4Q277 (4QTohorot B[b]) *4QPurification Rules B[b]*

J.M. Baumgarten, *DJD XXXV* (forthcoming)
PAM 43.316
ROC 111

say: *Blank* […] *5* […] … and nations in the l[and …] *6* […] to them, and […] *7-8* […] … […]

Frag. 2 *1* [… the pre]cept, and they shall be disciplined until the week […] *2* [… and] they [shall take pos]session of their inheritance, because he […] *3* [… me]n of truth and those who hate (unjust) gain […] *4* [… and they shall v]ow not to kill anyone […] *5* […] the judgment *Blank?* […] *6* […] to the place. *Blank* […] *7* […] If he was […]

Frag. 3 *1* and the elders with him until […] *2* and they shall go up by genealogy […] *3* The Inspector wi[ll curse … without] *4* mercy. Accurs[ed be …] *5* from his inheritance fore[ver …] *6* in his destru[ctive] visitation […] *7* […] … […]

4Q276 (4QTohorot B[a]) *4QPurification Rules B[a]*

Bibliography: J.T. Milik, 'Milkî-ṣedeq et Milkî-reša'', 129; R. Eisenman, M. Wise, *DSSU*, 210-212; *Wacholder-Abegg 3*, 86-87; J.M. Baumgarten, 'The Red Cow Purification Rites in Qumran Texts', *JJS* 46 (1995) 112-119 (115-117)

Frag. 1 (= 4Q277 1 ?) *1* [… the garments] in which he has not ministered in the holy *2* […] and he shall gird (?) the garments and shall slaugh[ter] *3* [the] heifer before him, and he shall ‹collect› its blood in a vessel of clay with which *4* [one has not brought offeri]ngs on the altar, and sprinkle some of the blood with [his] finger seven *5* [times] straight in the direction of the tent of meeting. And he shall cast the cedar, *6* [the hyssop and sca]rlet into the midst of its (the heifer's) burning. *7* [… and he shall coll]ect the ashes of the heifer *8* [… they shall pla]ce it to store it *9* [for the lustral water …] The priest shall clothe himself

---

4Q277 (4QTohorot B[b]) *4QPurification Rules B[b]*

Bibliography: J.T. Milik, 'Milkî-ṣedeq et Milkî-reša'', 129; R. Eisenman, M. Wise, *DSSU*, 210-212; *Wacholder-Abegg 3*, 85; J.M. Baumgarten, 'The Red Cow Purification Rites in Qumran Texts', *JJS* 46 (1995) 112-119 (113-114)

Frag. 1 1 [את הארז ואת]האזוב ואת [שני התולע אל תוך שרפתה ...]
2 [...]איש טהור מכול טמאת ...[...] 3 [... ו]ל[בש] הכוהן הכופר בדם
הפרה וכול[...] 4 [... א]ת[כלי] החלמה[אש]ר כפרו בם את משפט ה[...]
5 [...]במים[וט]מה עד ה[ער]ב והנוש[א ק]לחת מי הנדה יט[מא ...] 6 [...
ואל יז]איש א[ת]מי הנדה על טמאי נ[פש]כיא איש כוהן טהור[...] 7 [...
ע]ליהן כי[א י]כפר ה[ו]א על הטמ[א] ועלול (ועולל) אל יז על הטמא ו.[...]
8 [... א]ת מי [הנ]דה ואביאו במים ויט[ה]רו מטמאת הנפש .[...]
9 [...]אחרת [יז]רוק עליהם[הכו]הן את מי הנדה לטהר[...] 10 [...]כיא
אם [י]טהרו וט[הור]בשרהם וכל אשר יגע [...] 11 [... את]זובו[
...]...[...]... שט[ו]פות במים י[דיו] 12 [וטמאו ... מש]כבו ומוש[בו
...]נגעו [ב]זובו כמגע טמאת 13 [... וט]מה עד [ה]ערב והנושא[את
ב]גדיו ו[רח]ץ וטמא עד ה[ע]רב

Frag. 2 1 [...]ה אל[...] 2 [...]מזבחו .[...] 3 [... א]שר נכתבו
ב.[...] 4 [... כו]ל הנוגע בהם [...] 5 [...]. בשר זב[חו ...] 6 [...]...[...]

4Q278 (4QTohorot C ?) *4QPurification Rules C*

J.M. Baumgarten, *DJD XXXV* (forthcoming)
PAM 43.316
ROC 111

Frag. 1 1 [...]... 2 [...] *vacat* 3 [... א]ל ישכב איש 4 [...] אשר
תשב 5 [עליו ...]אם לוא נגע בו 6 [וטהור ... הש]לישי בנוגעי 7 [...
א]יש מגע המשכב 8 [...]... במקום 9 [...] על

4Q279 *4QFour Lots*

P. Alexander, G. Vermes, *DJD XXVI*, 217-223, pl. XXIII
PAM 43.315

Frag. 1 (= 4Q276 1 ?) *1* [the cedar,] the hyssop and the [scarlet into the midst of its (the heifer's) burning ...] *2* [...] a man, pure from every impurity of ... [...] *3* [... and] the priest who atones with the heifer's blood [shall] cl[othe himself], and all [...] *4* [... the vessels of] cement with which they made atonement by the precept of the [...] *5* [...] in water [and will be im]pure till the [even]ing. Whoever carries the [v]ase of the water of purification will be im[pure ...] *6* [... No-]one [should sprinkle] the water of purification upon the co[rpse] contaminated, except a pure priest [...] *7* [... up]on them, sin[ce h]e atones for the impu[re.] And a wicked man should not sprinkle over the impure; and [...] *8* [...] the water of [puri]fication. And they shall enter the water and shall be pure from the impurity of the (touching of a) corpse [...] *9* [...] other. [The pr]iest [shall sc]atter over them the water of purification to purify [...] *10* [...] unless they will be purified and their flesh will be pu[re.] And everyone who touches [...] *11* [...] his discharge [...] ... [...] ... [his] ha[nds] washed off in the water, *12* [will be impure ...] his [b]ed and [his] dwell[ing ...] they touched his discharge, like the touching of the impurity of *13* [... and will be im]pure till [the] evening, and whoever has carried his [cl]othes, shall [bat]he, and will be impure until the [eve]ning.

Frag. 2 *1* [...] not [...] *2* [...] from his sacrifice [...] *3* [... wh]ich are written in [...] *4* [... who]ever touches them [...] *5* [...] the meat of [his] sacri[fice ...] *6* [...] ... [...]

4Q278 (4QTohorot C ?) *4QPurification Rules C*

Bibliography: J.T. Milik, 'Milkî-ṣedeq et Milkî-rešaʿ', 129; *Wacholder-Abegg 3*, 88

Frag. 1 *1* [...] ... *2* [...] *Blank* *3* [... n]o-one is to lie down *4* [... upon] which she has sat *5* [...] If he has not touched it, *6* [he is pure ... the th]ird among (?) those who touch *7* [... so]meone who touches the bed *8* [...] ... in the place (of) *9* [...] on

---

4Q279 *4QFour Lots*

ROC 679

Bibliography: Wacholder-Abegg 3, 89-90

Frag. 5 1 [...]...[...] 2 [...].הו הכתוב אחרי[...] 3 [...].[...]ו וככורות
יחוס עליו ו.[...] 4 [... לכוה]נים בני אהרון יצא הגור[ל הראישון ...]
5 [...]. איש לפי רוחו והגור[ל השלישי לבני ישראל ...]
6 [... ו]הגורל הרביעי לגר[ים ...]

4Q280 *4QCurses*

B. Nitzan, *DJD XXIX* (forthcoming)
PAM 43.327
ROC 223

Frag. 1 1 [... ויבדילהו אל]לרעה מתוך בני הא[ור בהסוגו מאחריו
[*vacat*? 2 [וענו ואמרו אר]ור אתה מלכי רשע בכול מח[שבות יצר
אשמתכה יתנכה] 3 אל לזעוה ביד נוקמי נקם לוא יחונכה אל [ב]קוראכה[
וישא פני אפו] 4 לכה לזעמה ולוא יהיה לכה שלום בפי כול אוחזי אבו[ת
ארור אתה] 5 לאין שרית וזעום אתה לאין פליטה וארורים עוש[י ...]
6 ו[מ]קימי מזמתכה בלבבמה לזום על ברית אל[... ועל] 7 [דבר]י כול
חוזי אמ[תו וכ]ול המואס לבוא[בברית אל ...]

4Q281a-4Q281f *4QUnidentified Fragments A*

J.A. Fitzmyer, *DJD XXXVI* (forthcoming)
PAM 43.399
ROC 304
Bibliography: Wacholder-Abegg 3, 377-381

4Q282a-4Q282t *4QUnidentified Fragments B*

J.A. Fitzmyer, *DJD XXXVI* (forthcoming)
PAM 43.400
ROC 303

Frag. 5 *1* […] … […] *2* […] his … who is listed after […] *3* […] and in accordance with one's genealogical origins, and […] *4* [… for the prie]sts, the sons of Aaron, the [first] lot shall appear […] *5* […] each according to his spirit, and the [third] lo[t for the sons of Israel …] *6* [… and] the fourth lot for the proselyte[s …]

4Q280 *4QCurses*

Bibliography: Wacholder-Abegg 3, 91; J.T. Milik, 'Milkî-ṣedeq et Milkî-reša'', 126-130, pl. I

Frag. 1 (cf. 1QS II) *1* [… May God separate him] for evil from amongst the sons of li[ght, because of his straying from following him. *Blank?*] *2* [And they will say: Accur]sed are you, Melki-resha', in all the pla[ns of your blameworthy inclination. May] *3* God [hand you over] to terror by the hand of those carrying out acts of vengeance. May God not be merciful [when] you entreat him. [May he lift the countenance of his anger] *4* upon you for a curse. May there be no peace for you by the mouth of those who intercede. [Be cursed,] *5* without a remnant; and be damned, without a survivor. And accursed be those who act […] *6* and those who fulfil your plan in their hearts to plot against the covenant of God [… and against] *7* [the word]s of those seeing [his] tru[th. And any]one who declines to enter [the covenant of God …]

4Q283

cancelled

4Q284 *4QPurification Liturgy*

J.M. Baumgarten, *DJD XXXV* (forthcoming)
PAM 43.310

Frag. 1 I 1 [...] 2 [... כול ימי ש]בתו[ת ו]כול [שב]ועי 3 [השנה ...
ו]שנים עשר חודשיה 4 [... מו]עדי השנה בימי 5 [... זה]סרך הנדות
לישראל 6 [...]מי נדה להזו[ת אי]ש 7 [...]ש'כבת הזרע 8 [...]טמא לו
ל[...]. 9 [...] 10 [...]א אשר

Frag. 2 I 1 [...].ם ט[מ]א .[...]לוא יאכל 2 [מן הטהרה ...]בכול אשר
נגע ב[ו ...]ם ב{ב}ימי 3 [נדתו ... וב]מליאות לו שבעת [ימים וכבס בגדיו
ורחץ במים וט]הר 4 [...] ורחץ את בש[רו ...]. 5 [...].

Frag. 2 II 1 עזבו[...] בנדת[...] 2 קדוש[י]ם ולו[א ...] 3 ממאכל
שבעת[ימי טמאתה ... בבוא] 4 שמש היום השביעי[...] 5 ברוך אתה אל
ישרא[ל ...] 6 מ... שלו[...]ל.ומל[...]

Frag. 3 1 [... כו]ל מועדי עתיה[...] 2 [...]. בבוא שמש היום
ה[שביעי ...] 3 [...]נדה וענה ואמר ברוך את[ה אל ישראל ...] 4 [...
ואת]ה חרתה טהרת אמת לעמכה לה[...] 5 [... ל]טהר במה מכול
טמ[את]ם ל[...] 6 [...]...[...]

Frag. 4 1 [.]...[...] 2 לבני בריתכה [...] 3 בגורל א[מת]כה ל.[...]
4 וטהורים לפניכה ב[...] 5 לנפש אדם אשר ימות ב[...] 6 והיה בעת
הנגע[...]

4Q284 *4QPurification Liturgy*

ROC 239
Bibliography: Wacholder-Abegg 3, 92-95

Frag. 1 *col.* I *1* [...] *2* [... all the Sa]bbath [days, and] all [the wee]ks *3* [of the year ... and] its twelve months *4* [... the appoin]ted times of the year, in the days of *5* [... This is] the rule of the impurities for Israel *6* [...] lustral water, that [on]e may sprink[le] *7* [...] seminal discharge *8* [...] unclean for him ... *9* [...] *10* [...] who

Frag. 2 *col.* I *1* [...] un[clea]n [...] shall not eat *2* [from the pure food ...] everything which he has touched [...] in the days of *3* [his impurity ... and when] he has completed seven [days, he shall wash his clothes and bathe in water and be cl]ean *4* [...] and he shall bathe [his] fl[esh ...] *5* [...]

Frag. 2 *col.* II *1* leave [...] in the impurity of [...] *2* holy, and no[t ...] *3* from food, the seven [days of her impurity ... at the] *4* sun[set] of the seventh day [...] *5* « Blessed are you, God of Israe[l ...] *6* ... [...] ... [...]

Frag. 3 *1* [... al]l the periods of her times [...] *2* [...] at the sunset of the [seventh] day [...] *3* [...] impurity. And he shall answer and say: «Blessed are yo[u, God of Israel ...] *4* [... and yo]u engraved a true purification for your people to [...] *5* [... to] purify with them from all their imp[urity] to [...] *6* [...] ... [...]

Frag. 4 *1* [...]...[...] *2* for the sons of your covenant [...] *3* in the lot of your tr[uth], to [...] *4* and pure before you in [...] *5* with regard to a dying person who dies in [...] *6* and at the time of the affliction [...]

4Q284a *4QHarvesting*

J.M. Baumgarten, *DJD XXXV* (forthcoming)
PAM 43.315
ROC 679

Frag. 1 1 [...].[...] 2 [ילקו]טנ[ה וא]ל ילקטום[...] 3 [אשר] איננו
נוגע במשקי הרבים כי אלה[...] 4 [ילקו]טנה ואת התאנים {ואת
והבכאים} [...] 5 [מש]קיהם יוצא כא[שר י]מעך כולם ילקטו[בטהרה ...]
6 [איש] אשר לוא הוב[א בב]רית ואם ילאצו[...] 7 [...].[...]. אל יגאלם
בכ[...].י לגלעמ עד אשר יער.[...] 8 [ילקו]טו בטהרה ונ[...]ה עבודתם
וי.[...]

Frag. 2 1 [...]...[...]ם לכ.[...] 2 [... כול]ם ילקוטו בטהר[ה ...]
3 [...].טל ילקטום אי[ש ...] 4 [...]איש מא[נשי]היח[ד ...] 5 [...
ט]הרת[...] 6 [...]. נקיאים[...] 7 [...]כי אם .[...]

4Q285 (4QSM) *4QSefer ha-Milhamah*

P. Alexander, G. Vermes, *DJD XXXVI* (forthcoming)
PAM 42.370, 43.325
ROC 301
11Q14
Bibliography: J.T. Milik, 'Milkî-ṣedeq et Milkî-reša'', 143; R. Eisenman, M.

Frag. 2 1 [...]...[...] 2 [...]מתוך[ה]עדה[...] 3 [...]ב הון[ו]בצע
[...] 4 [...]ור ואכלתם א[...] 5 [...] להם קברי[ם ...] 6 [... כו]ל
חלליה[ם ...] 7 [...]ון ישובו[...] 8 [...]מים ו[...] 9 [...]אל עו.[...]
10 [...]ש וא[...]

Frags. 6 + 4 1 [...]ת תנגף רשעה[...] 2 [... נשי]א העדה וכול
ישר[אל ...] 3 [... אשר הי]ה כתוב[...] 4 [...]על הרי [...] 5 [...

4Q284a *4QHarvesting*

Bibliography: J.T. Milik, 'Milkî-ṣedeq et Milkî-rešaʿ', 129; *Wacholder-Abegg 3*, 96; J.M. Baumgarten, 'Liquids and Susceptibility to Defilement in New 4Q Texts', 93-96, pl. 101

Frag. 1 *1* […] … […] *2* [he may gle]an [it, but] they shall [no]t glean them […] *3* [who] does not touch the drink of the Many, for these […] *4* [he may gle]an it, and the figs {and the shrubs} […] *5* their [jui]ce comes out wh[en one] squeezes. They all shall glean [in purity …] *6* [anyone] who has not been brou[ght into the cov]enant. And if they mock (?) […] *7* […] He may not redeem them with […] … /to …/ until […] *8* [they shall gle]an in purity and […] their work and they […]

Frag. 2 *1* […] … […] *2* […] they [all] shall glean in purit[y …] *3* […] … they shall glean them, ea[ch one …] *4* […] anyone of the m[en of] the commu[nity …] *5* [… pu]rity […] *6* […] innocent ones […] *7* […] unless […]

4Q285 (4QSM) *4QSefer ha-Milhamah*

Wise, *DSSU*, 24-29; G. Vermes, 'The Oxford Forum for Qumran Research Seminar of the Rule of War from Cave 4 (4Q285)', *JJS* 32 (1992) 86-90; B. Nitzan, 'Benedictions and Instructions for the Eschatological Community (11QBer; 4Q285)', *RevQ* 16/61 (1993) 77-90; *Wacholder-Abegg 2*, 223-227

Frag. 2 *1* […] … […] *2* […] from among [the] congregation […] *3* […] wealth [and] profit […] *4* […] … and you shall eat […] *5* […] for them graves […] *6* [… al]l th[eir] slain […] *7* […] … they will return […] *8* […] … and […] *9* […] … […] *10* […] … and […]

Frags. 6 + 4 *1* […] wickedness shall be beaten […] *2* [… the Prin]ce of the Congregation and all Isr[ael …] *3* [… which i]s written […] *4* […] upon the

ה]כתיים *vacat* [...] 6 [... נש]יא העדה עד הים ה[גדול ...] 7 [... וינוס]ו מפני ישראל בעת ההיאה[...] 8 [...]יעמוד עילהם ונעכרו עילהם[...] 9 [...]. ושבו אל היבשה בעת הה[יאה ...] 10 [... ו]יביאוהו לפני נשיא [העדה ...]

Frag. 10 1 [...]ם ועל [...] 2 [...]ם למען שמכה ומ[...] 3 [...] את מיכאל ג[בריא]ל[שריאל ורפאל ...] 4 [...]עם בחירי[...]

Frag. 5 1 [... כאשר אמר]ישעיהו הנביא ונוקפ[ים סבכי] 2 [היער בברזל והלבנון באדיר י]פול ויצא חוטר מגזע ישי[...] 3 [...] צמח דויד ונשפטו *vacat* את [...] 4 [...] והמיתו נשיא העדה צמ[ח דויד ...] 5 [...]ם ובמחוללות וצוה כוהן [הרואש ...] 6 [... ח]לל[י] כתיי[ם ...]ל[...]

Frag. 1 1 [...]לפני[י]שראל[...] 2 [... וברוך שם קודשו ל]ע[ו]למי עד[וברוכים ...] 3 [וברוכים כול מלאכי קודשו יברך]אתכם אל ע[ליון ויאר] 4 [פניו אליכם ויפתח לכם את אוצרו ה]טוב[אש]ר בשמים ל[הוריד גשמי] 5 [ברכה טל ו]מטר יו[ר]ה ומלקו[ש]בעתו ולתת[לכם פרי תנובות דגן] 6 [תירוש וי]צהר לרוב והארץ[תנו]בב ל[כם פרי עדנים ואכלתם] 7 [והדשנת]ם ואין משכלת[בארצכ]ם ולוא[מוחלה שדפון וירקון] 8 לוא יראה בתבוא[תיה וא]ין כול נגע[ומכשול בעדתכם וחיה רעה שבתה] 9 מן הארץ ואין דב[ר בארצכ]ם כיא אל ע[מכם ומלאכי קודשו מתיצבים בעדתכם ושם] 10 קודשו נקרא ע[ליכם ...]...[...] 11 לכם ובקרבכם [...]

---

mountains of [...] *5* [... the] Kittim. *Blank* [...] *6* [... the Pri]nce of the Congregation as far as the [great] sea [...] *7* [... and they will flee] from Israel at that time [...] *8* [...] (he) will station himself opposite them and they shall be stirred against them [...] *9* [...] they shall return to dry land at th[at] time [...] *10* [... and] they shall bring him before the Prince [of the Congregation ...]

Frag. 10 *1* [...] and upon [...] *2* [...] because of your name. And ... [...] *3* [...] to Michael, G[abrie]l, [Sariel and Raphael ...] *4* [...] with the chosen of [...]

Frag. 5 (= 11Q14 1 I) *1* [... as] the Prophet Isaiah [said] *Isa 10:34*: «And [they] shall cut [the most massive of the] *2* [forest with iron and Lebanon, with its magnificence, will] fall. A shoot will emerge from the stump of Jesse [...] *3* [...] the bud of David. And they will go into battle *Blank* with [...] *4* [...] and the Prince of the Congregation will kill him, the bu[d of David ...] *5* [...] and with wounds. And [the High] Priest will command [...] *6* [... the s]lai[n of the] Kitti[m ...]

Frag. 1 (= 11Q14 1 II) *1* [...] before [I]srael [...] *2* [... and blessed be his holy name for] ete[r]nal centuries. [And blessed (be) ...] *3* [And blessed be all his holy angels. May] God Mo[st High bless] you, [may he show you] *4* [his face, and may he open for you his] good [treasure whi]ch is in the heavens, [to cause to fall down showers of] *5* [blessing, dew and] rain, ea[r]ly and lat[e] rains in their season, and to give [you fruit, the harvests of wheat,] *6* [of wine and of o]il in plenty. And for [you] the land [will yie]ld [delicious fruits. And you shall eat (them)] *7* [and be replete. In yo]ur [land] there will be no miscarriage nor [will one be sick; drought and blight] *8* will not be seen in [its] harves[ts; there will be n]o disease at all [or stumbling blocks in your congregation, and wild animals will vanish] *9* from the land. There will be no pesti[lence in yo]ur [land.] For God is wi[th you and his holy angels are in the midst of your Community. And] *10* his holy [name] is invoked ov[er you ...] *11* for you, and in your midst [...]

4Q286 (4QBer[a]) *4QBlessings[a]*

B. Nitzan, *DJD XI,* 7-48, pls. I-IV
PAM 42.415-42.417, 43.311-43.313
ROC 691, 692, 709
4Q287, 4Q288, 4Q289, 4Q290
Bibliography: J.T. Milik, 'Milkî-ṣedeq et Milkî-reša'', 130-134, pl. II, 287; B. Nitzan, '4QBerakhot (4Q286-290): A Preliminary Report', *New Qumran Texts and Studies*, 53-71, pl. 3; R. Eisenman, M. Wise, *DSSU*, 222-230; B. Nitzan,

Frag. 1 ii 1 מושב יקרכה והדומי רגלי כבודכה ב[מ]רומי עומדכה
ומדר[ך] 2 קודשכה ומרכבות כבודכה כרוביהמה ואופניהמה וכול
סודי[המה] 3 מוס˺י אש ושביבי נוגה וזהרי הוד נה[רו]ת אורים ומאורי
פלא 4 [הו]ד והדר ורום כבוד סוד קודש ומק[ום ז]והר ורום תפארת
פ[לאי] 5 [הוד]ות ומקוה גבורות הדר תשבוחות וגדול נוראות ורפאו[ת
...] 6 ומעשי פלאים סוד חוכמא ותבנית דעה ומקור {מ}בינה ...מה
7 ועצת קודש וסוד אמת אוצר שכל מבני צדק ומכוני יוש[ר רב] 8 חסדים
וענות טוב וחסדי אמת ורחמי עולמים ורזי פל[אים ...] 9 בהר[...]. ושבועי
קודש בתכונמה ודגלי חודשים[...] 10 [...].ים בתקופותמה ומועדי כבוד
בתעודות[מה ...] 11 [...]ושבתות ארץ במחל[קותמה ומו]עדי דר[ור ...]
12 [... ד]רורי נצח ו.[...]ל[...] 13 [...]אור וחש[כה ...]

Frag. 2 1 [...]ם בעוז הדרמה וכול רוחי משאי מקד[ש] 2 [...
]בסוד[יהמה ובמ]משלותמה גבורי אלים בכוח 3 [...]. קנאת משפט בעוז
4 [... בי]חד כולמה את שם קודשכה 5 [... קו]דש קודשים ואור
6 [...]דעת ב[...] 7 [...]...[...]

Frag. 3 1 [...]...[...] 2 [...] מלאכי מש[רתיכה ...] 3 [... כ]ול
עבודתמ[ה ...] 4 [...]... ע[ננ]י מטר [ו]ערפלי מים עבי 5 [שחקים ...].
וכול רוחי ממשלות 6 [...]בבריאתמ[ה] 7 [...]מה זה לזה .[...]
8 [...]...[...]

4Q286 (4QBer[a]) *4QBlessings[a]*

'4QBerakhot[a-e] (4Q286-290): A Covenantal Ceremony in the Light of Related Texts', *RevQ* 16/64 (1995) 487-506; *Wacholder-Abegg 3*, 96-106; B. Nitzan, 'The Laws of Reproof in 4QBerakhot (4Q286-290) in Light of their Parallels in the *Damascus Covenant* and Other Texts from Qumran', in M. Bernstein *et al.* (eds.), *Legal Texts and Legal Issues. Proceedings of the Second Meeting of the International Organization for Qumran Studies Cambridge 1995. Published in Honour of Joseph M. Baumgarten* (STDJ 23; Leiden: Brill, 1997) 149-165

Frag. 1 *col.* II *1* your honoured seat and your glorious footstool in your residential [hei]ghts, and your holy *2* dwelling place; and your glorious chariots, their cherubs and their 'ophannim' and all [their] councils; *3* fiery foundations, bright flames, honorific splendour, luminous ra[y]s and wonderful luminaries; *4* [hono]ur and majesty and sublime glory, holy council, [spl]endorous pla[ce], beautiful height, wo[nders of] *5* [maje]sty, gathering place of forces, majesty of praises and greatness of fears, and healing[s (?) ...] *6* and wonderful works; foundation of wisdom and structure of knowledge and source of understanding ... [...] *7* holy counsel and true foundation, store of intelligence from the sons of justice and residence of upri[ghtness; great of] *8* mercies, and good kindness, and true mercies and eternal kindnesses, and won[derful] mysteries [...] *9* in ...[...] and the holy weeks in their measures, and the signs of the months [...] *10* [...] in their stations, and the glorious festivals in [their] appointed times [...] *11* [...] and the sabbaths of the earth in their divi[sions and the fix]ed times of relea[se ...] *12* [...] perpetual [re]leases and [...] *13* [...] light and dark[ness ...]

Frag. 2 *1* [...] with their majestic strength, and all the spirits who support the temple [...] *2* [...] in [their] council[s and in] their [d]ominion the divine brave ones with strength *3* [...] the zeal of judgment with strength *4* [...] all of them [toge]ther you holy name *5* [... ho]ly of holies and light *6* [...] knowledge [...] *7* [...] ... [...]

Frag. 3 *1* [...] ... [...] *2* [...] the angels who se[rve you ...] *3* [a]ll th[eir] works [...] *4* [...] ...raincl[oud]s [and] stormclouds, thick *5* [clouds ...] and all the spirits of the dominions *6* [...] when they were created *7* [...] their [...] one to another [...] *8* [...] ... [...]

Frag. 5 1 [...].ה הארץ וכול [...]...[...]...[...] יושבי בה אדמה וכול מחשביהמ[ה ...] 2 [... וכו]ל יקומה[... כו]ל גבע[ו]ת גיאות וכול אפיקים ארץ צ'י[ה ...] 3 [...]... מצולו[ת] יערים וכול מדברי חור[ב ...] 4 [...]. ותוהו ואושי בומותה איים .[...] 5 [...] פרי[מ]ה עצי רום וכול ארזי לבנ[ון ...] 6 [... ת]'רוש ויצהר וכול ת{נ}^{ב}ו{פ}^{א}ות [...] 7 [...]וכול תנופות תבל בחדשים שנ[ים עשר ...] 8 [...]ת דברכה אמן אמן *vacat* [...] 9 [...] ומצור ומים מעיני תהום[...] 10 [...]ם וכול נחלים יארי מצ[ו]לות[...] 11 [...]...[...] 12 [... כ]ול סודיהמה א[...] 13 [...].כה [...]

Frag. 6 1 [...ה]מה כיא אתה בראת[ה ...] 2 [...]במועדיהמה ומחדש [...] 3 [...]להשביעמה [...]

Frag. 7 I 1 [...]הארצות 2 [... וכו]ל בחיריהמה 3 [...]וכול רעיהמה בתהלי 4 [...]וברכות אמת בקצי .[...] 5 [...]כה והנשא מלכותכה בתוך 6 [... ס]וד אלי טוהר עם כול ידעי עולמים להלל[ל] 7 [ולבד]ך את שם כבודכה בכול[קצי עו]ל[מים] אמן אמן *vacat* 8 [ו]הוסיפו לברך את אל[...]...[... כו]ל אמתו 9 ...[...]

Frag. 7 II 1 עצת היחד יומרו כולמה ביחד אמן אמן *vacat* ואחר יזעמ[ו] את בליעל 2 ואת כול גורל אשמתו וענו ואמרו ארור [ב]ליעל ב[מח]שבת משטמתו 3 וזעום הוא במשרת אשמתו וארורים כול רו[חי גו]רלו במחשבת רשעמה 4 וזעומים (ה)מה במחשבות נדת [ט]מאתמה כי [המה גור]ל חושך ופקודתמה 5 לשחת עולמים אמן אמן *vacat* וארור הרש[ע ...] ממשלותיו וזעומים 6 כול בני בלי[על] בכול עונות מעמדמה עד תוממה[... אמן אמן] *vacat* 7 ו[ארור ... מלא]ך השחת ורו[חי אב]דון בכו[ל] מחשבות יצר 8 א[שמתכה ...].ה ועצת רשע[תכה וז]עום אתה במ[מש]ל[ת] 9 [... ובמשרת ...]ה עם כול ג[...] 10 [ועם כל]מות כלה ל[אין שארית בלוא סלי]חות באף עברת[אל ...]ם אמן א[מן] 11 [וארורים כ]ול עוש[י מחשבות רשע]תמה ומקימי מזמתמה[בללבמה

Frag. 5 *1* […] … the land and all […] … […] that dwells in it, the earth and all the[ir] designs […] *2* [… and a]ll its substance [… a]ll heights, valleys and all torrents, dry land […] *3* […] … precipice[s], forests and all deso[late] deserts […] *4* […] and its abyss, and the foundations of its heights, islands […] *5* […] their fruits, tall trees and all the cedars of Leban[on …] *6* [… wine]-juice and oil and all the {offerings} produce […] *7* […] and all the offerings of the world in the t[welve] months […] *8* […] your word. Amen. Amen. *Blank* […] *9* […] and from the rock and waters from the springs of the abyss […] *10* […] all the torrents, the streams of the prec[i]pices […] *11* […] … […] *12* [… a]ll their foundations […] *13* […] your (?) […]

Frag. 6 (= 4Q287 3 ?; 4Q289 2 ?) *1* [… th]eir […] for you have created […] *2* […] in their festivals, and renewing […] *3* […] to satisfy them […]

Frag. 7 *col.* I *1* […] the lands *2* [… and al]l their chosen ones *3* […] and all their companions with hymns of *4* […] and blessings of truth in the epochs of […] *5* […] your […] and your kingdom is elevated in the midst of *6* [… the coun]cil of the pure divine beings with all those who know eternal things, to pr[aise] *7* [and to ble]ss your glorious name for all [et]er[nal ages.] Amen. Amen. *Blank* *8* [And] they will continue blessing God [… al]l his truth *9* … […]

Frag. 7 *col.* II (= 4Q287 6) *1* (of) the Community Council shall say, all together: «Amen. Amen.» *Blank* And afterwards [t]he[y] shall damn Belial *2* and all his guilty lot. Starting to speak, they shall say: «Accursed be [Be]lial in his hostile [pl]an, *3* and may he be damned in his guilty service. And cursed be all the spir[its of] his [l]ot in their wicked plan, *4* and may they be damned in their plans of [f]oul impurity. For [they are the lo]t of darkness, and their visitation (will lead) *5* to the everlasting pit. Amen. Amen. *Blank* And cursed be the wick[ed …] (of) his rule, and damned be *6* all the sons of Beli[al] in all the iniquities of their office until their annihilation [… Amen. Amen.] *Blank* *7* And [cursed be … the ange]l of the pit and the sp[irits of des]truction in al[l] the designs of [your] g[uilty] inclination *8* […] and [your] wicked counsel. [And da]mned be you in the r[u]l[e of] *9* [… and in the dominion …] with all […] *10* [and with the dis]grace of destruction w[ithout remnant, without forgive]ness, by the destructive wrath of [God …] Amen. Amen. *11* [And cursed be a]ll who carry out [their ev]il [designs,] and those who implant wickedness

לזום] 12 [על ברית א]ל ול[...]תו ולהמיר את משפ[טי התורה]
13 [...]...[...]

4Q287 (4QBer[b]) *4QBlessings[b]*

B. Nitzan, *DJD XI*, 49-60, pls. V-VI
PAM 42.418, 43.314
ROC 381

Frag. 1 1 [...] ומאורי[ם] 2 [...]המה במזלותמה 3 [...].מה בכול
מועדי 4 [...]כולמה אמן אמן 5 [...]...[...]

Frag. 2 1 [...]המה ו[... מ]ה כיוריהמה[...] 2 [...]המה ע[...
תב]ניות הדרמה[...] 3 [...]מי כבודמה דלתות פלאיהמה [...] 4 [...].מה
מלאכי אש ורוחי ענן .[...] 5 [... זו]הר רוקמת רוחי קודש קוד[שים ...]
6 [...]...[...]. ורקיעי קודש[...] 7 [...]קודשים בכול מועד[י ...]
8 [...]את שם כבוד אלוהותכ[ה ...] 9 [...]מה וכול משרתי ק[ודש ...]
10 [...]בתמים מעשיה[מה ...] 11 [... קוד]ש בהיכלי מ[לכותיכה ...]...
12 [...]כול משרת[יכה בתפארת]הדרמה מלאכי 13 [...]קודשכה
במעו[ני מ]לאכי צדקכה

Frag. 3 1 [ב...]אותמה ויברכו את שם קודשכה בברכות[...]
2 [...].כה כול בריאות הבשר כולמה אשר ברא[תה ...] 3 [... ב]המות
ועוף ורמש ודג[י]מים וכול .[...] 4 [... כיא א]תה בראתה את כולמה[
ו]מחדש[...] 5 [...].[...]

Frag. 4 1 [...]. שנה בשנה בס.[...] 2 [... קשי]עורפמה ותמשל את
האדם[...] 3 [...]אמן אמן *vacat* [...] 4 [...].ב בכול ....[...]

Frag. 5 7 [...]...[...] 8 [... ה]מו[ן] גויים לת[ת להמה את ארץ ...]

[in their hearts, to plot] *12* [against the covenant of Go]d and to [...] and to alter the prece[pts of the law] *13* [...] ... [...]

4Q287 (4QBer[b]) *4QBlessings[b]*

4Q286, 4Q288, 4Q289, 4Q290
Bibliography: Wacholder-Abegg 3, 107-111; cf. 4Q286

Frag. 1 *1* [...] and luminarie[s] *2* [...] their [...] in their constellations *3* [...] ... in all the festivals of *4* [...] all of them: «Amen. Amen.» *5* [...] ... [...]

Frag. 2 (= 4Q286 12) *1* [...] their [...] and [...] their platforms [...] *2* [...] their [...] their majestic [str]uctures [...] *3* [...] their glorious [...]..., their wonderful gates [...] *4* [...] their [...] the angels of fire and the spirits of the cloud(s) [...] *5* [... of sp]lendour, embroidery of the spirits of the holy of ho[lies ...] *6* [...] ... [...] and the holy firmaments [...] *7* [...] the holy ones in all the festival[s ...] *8* [...] your glorious divine name [...] *9* [...] ... and all the h[oly] servants [...] *10* [...] in the perfection of t[heir] deeds [...] *11* [... hol]y in [your] r[oyal] palaces [...] ... *12* [...] all who serve[you with] their majestic [beauty]. The angels of *13* [...] your holy [...] in the dwelli[ngs of the an]gels of your righteousness

Frag. 3 (= 4Q286 6 ?; 4Q289 2) *1* [with] their ... And they will bless your holy name with bless[ings ...] *2* [...] you, all the creatures of flesh, all those whom [you] created [...] *3* [... an]imals, birds, reptiles and the fish of the [s]eas and all [...] *4* [... for y]ou have created all of them. [And] renewing [...] *5* [...] ... [...]

Frag. 4 *1* [...] year upon year in ... [...] *2* [...] their [stub]bornness and you have given mankind dominion [...] *3* [...] Amen. Amen. *Blank* [...] *4* [...] in all ... [...]

Frag. 5 *7* [...] ... [...] *8* [... a mul]titu[de] of nations to gi[ve to them the earth

9 [...]משפחותמה ב.[...] 10 [...]באמת צדקכה בהנש]א מלכותכה ...]
11 [... ולברך את שם כבו]דכה ביחד כולמה אמן א]מן ...] 12 [...
]קרו[בי]ם אליכה וזר[ע ...] 13 [...]משפחות האדמה להיות[...]

4Q288 (4QBer[c]) *4QBlessings[c]*

B. Nitzan, *DJD XI*, 61-65, pl. VII
PAM 42.381, 43.326
ROC 222

Frag. 1 1 [... אנ]שי היחד[...] 2 [... מ]עשי רמיה ו.[...] 3 [...]תם
מעשיו מכול [...] 4 [...]...[...]נפשו כול דבר כיא[...] 5 [...]את
...[...]... ואל יושע ...[...] 6 [...]... באף ובקנאת רו[ח ...] 7 [...]. וחרון
אף[והתקומם בלוא ...] 8 [...].[...]

4Q289 (4QBer[d]) *4QBlessings[d]*

B. Nitzan, *DJD XI*, 67-71, pl. VII
PAM 42.419, 43.326
ROC 222

Frag. 1 1 [... וע]צת רשע[... ע]בודתמה במ.[...] 2 [...ו]ארורות נצ[ח
כלמו]ת כלה[...] 3 [...] לאמת אל ולברך שמו והו[...] 4 [...]אז י[...].
הכוהן[הפ]קיד ברואש[הרבים ...] 5 [... מלאכי]הקודש בתוך כול[...]
6 [... ולהוד]ות לפניו[וענו ואמר]ו ברוך[...] 7 [...]כול [...]ל[...]

Frag. 2 1 [... אשר]בראתה ה[...] 2 [... א]ת כולמה ומח[דש ...]
3 [... הכוה]נים {ו}באי[הברית ...] 4 [...]...ות אמן אמ[ן ...] 5 [...].[...]

[...] *9* [...] their families [...] *10* [...] in your righteous truth when [your kingdom] is exal[ted ...] *11* [... and to bless] your [glor]ious [name] all of them together. Amen. A[men. ...] *12* [...] coming [near] to you and the se[ed (?) ...] *13* [...] the families of the earth to be [...]

4Q288 (4QBer[c]) *4QBlessings[c]*

4Q286, 4Q287, 4Q289, 4Q290
Bibliography: Wacholder-Abegg 3, 112-113; cf. 4Q286

Frag. 1 (= 4Q286 20) *1* [... the m]en of the Community [...] *2* [... de]eds of deceit and [...] *3* [...] ... his works from all [...] *4* [...] ... his soul every thing, because [...] *5* [...] ... and God will be victorious ... [...] *6* [...] ... in anger and in a zeal of a [...] spi[rit ...] *7* [...] and burning anger [and he will rebel without ...] *8* [...] ... [...]

4Q289 (4QBer[d]) *4QBlessings[d]*

4Q286, 4Q287, 4Q288, 4Q290
Bibliography: Wacholder-Abegg 3, 114; cf. 4Q286

Frag. 1 *1* [... and coun]cil of wickedness [...] their [se]rvice in [...] *2* [... and] etern[al] curses, [humiliation]s of destruction [...] *3* [...] for the truth of God. And to bless his name and [...] *4* [...] then [...] the priest, [ap]pointed at the head of [the Many] shall [...] *5* [...] holy [angels] in the midst of all [...] *6* [... to give than]ks before him, [and responding,] they [shall say]: «Blessed [...] *7* [...] all [...]

Frag. 2 (= 4Q286 6?; 4Q287 3) *1* [... which] you created, the [...] *2* [...] them all, and rene[wing ...] *3* [... the pries]ts {and} who entered [the covenant ...] *4* [...] ... Amen. Ame[n ...] *5* [...] ... [...]

4Q290 (4QBer^e) *4QBlessings^e*

B. Nitzan, *DJD XI*, 73-74, pl. VII
PAM 43.326
ROC 222

1 [...]אמן [...]   2 [...]. תמו כול ...[...]   3 [...]ה ב[קץ]החרון וכיא [...]

4Q291 *4QWork Containing Prayers A*

B. Nitzan, *DJD XXIX* (forthcoming)
PAM 42.419, 43.326
ROC 222

Frag. 1   1 [...]מצאוור .[...]...[...]   2 [...]החריש משא הריב ואת[...]   3 [...]... לברך שם אל {...} עליו[ן ...]   4 [... שומ]רי מצותיו ובוחרי רצ[ונו ...]   5 [...]ת קודשו ברוך אתה {אל}[...]   6 [...]לה ל[כ]ל ברכ[ות]יו [...]   7 [...]וכל .[...]

Frag. 3   1 [...]...[...]   2 [...].יך תמיד יהללוך ועוד   3 [...]הוא בשמו יתהללו כל   4 [...הל]ליה מעולם ולעולמי   5 [עד ...] כול גדול אתה [...]   6 [... ת]שנא מעשיו[...]

4Q292 *4QWork Containing Prayers B*

B. Nitzan, *DJD XXIX* (forthcoming)
PAM 42.419, 43.327
ROC 223

Frag. 2   1 [...]...   2 [...]... בנחלתך כיא   3 [...]. מהם אלף פעמים

4Q290 (4QBer[e]) *4QBlessings[e]*

4Q286, 4Q287, 4Q288, 4Q289
Bibliography: Cf. 4Q286

1 [...] Amen [...] *2* [...] have ceased all ... [...] *3* [...] in the [time of] anger. And because [...]

4Q291 *4QWork Containing Prayers A*

4Q292?, 4Q293?
Bibliography: J.T. Milik, 'Milkî-ṣedeq et Milkî-reša'', 134; *Wacholder-Abegg 3*, 115-116

Frag. 1 *1* [...] from the neck (?) [...] ... [...] *2* [...] he devised the pronouncement of the lawsuit, and ... [...] *3* [...] to bless the name of God {...} Most Hi[gh ...] *4* [... who kee]p his precepts, and choose [his] wi[ll ...] *5* [...] his holy [...]. Blessed are you {God} [...] *6* [...] ... for [al]l his blessin[gs ...] *7* [...] and all [...]

Frag. 3 *1* [...] ... [...] *2* [...] your [...] continually praise you. And again *3* [...] he. In his name boast all *4* [... prai]se from eternity to eternity. *5* [...] everything. Great are you [...] *6* [... you] hate his works [...]

4Q292 *4QWork Containing Prayers B*

4Q291?, 4Q293?
Bibliography: J.T. Milik, 'Milkî-ṣedeq et Milkî-reša'', 134; *Wacholder-Abegg 3*, 117

Frag. 2 *1* [...] ... *2* [...] ... in your inheritance, for *3* [...] a thousand times more

וברכתמה 4 [כאשר דבר]תה ל֯ים ביד כול עבדיך הנבאים
5 [...]...[...]...[...] ...[ש]לום אמן אמן

4Q293 *4QWork Containing Prayers C*

B. Nitzan, *DJD XXIX* (forthcoming)
PAM 42.038, 43.326
ROC 222

Frag. 1 1 [...]...[...] 2 [...]מיקר קר.[...].[...] 3 [... שם קוד]שכה
הנכבד לעולמי ע[ד ...] 4 [...]ים ורקיעי[...]

Frag. 2 1 [...]אור וחושך וכול[...] 2 [...] אמן אמן [...]

4Q294 *4QSapiential-Didactic Work C*

E.J.C. Tigchelaar, *DJD XXXVI* (forthcoming)

3-1 [...]...[...] 4 [...] יהגה יום[...] 5 [...]מכול צור[רים ...]

4Q295-4Q297

cancelled

4Q298 *4QcryptA Words of the Maskil to All Sons of Dawn*

S.J. Pfann, M. Kister, *DJD XX*, 1-30, pls. I-II
PAM 41.776, 43.384
ROC 898

than them, and may you bless them *4* [like] you [spoke] to them through all your servants the prophets *5* […] … […] … [pe]ace. Amen. Amen.

4Q293 *4QWork Containing Prayers C*

4Q291?, 4Q292?

Bibliography: J.T. Milik, 'Milkî-ṣedeq et Milkî-reša'', 134; *Wacholder-Abegg 3*, 118

Frag. 1 *1* […] … […] *2* […] than the worth of … […] *3* […] you [hol]y [name], which is honoured for ever and ev[er …] *4* […] … and the firmaments of […]

Frag. 2 *1* […] light and darkness and all […] *2* […] Amen. Amen. […]

4Q294 *4QSapiential-Didactic Work C*

ROC 618

1-3 […] … […] *4* […] he meditates day […] *5* […] from all enem[ies …]

4Q298 *4QcryptA Words of the Maskil to All Sons of Dawn*

Bibliography: S.J. Pfann, '4Q298: The Maskîl's Address to All Sons of Dawn', *JQR* 85 (1994) 203-235; M. Kister, 'Commentary to 4Q298', *JQR* 85 (1994) 237-249; *Wacholder-Abegg 3*, 119-121

Col. I 1 [דבר]י משכיל אשר דבר לכול בני שחר האזי[נו לי כ]ול
אנשי לבב 2 [ורוד]פי צדק הבי[נ]ו במלי ומבקשי אמונה ש[מע]ו למלי
בכול 3 [מו]צא שפת[י וי]דעים דר[ש]ו[א]לה ו°שיב[ו לאורח] חיים
א[נשי] 4 [רצו]נו ו[שלום] עולמי[ם לאין] חקר ב[...] 5 [...]...
ע[...]יה[...] 6 [...] 7 [... ק]ציה 8 [...] תכלית 9 [...]ת לדרוך
10 [...]...

Col. II 1 שורשיה יצ[או ...]זבול 2 בתהום מת[חת ...]ל ובמה
3 התבונן [...] עפר 4 [...]נתן אל 5 [...]בכול תבל 6 [...]. מדד תכונם
7 ...[... מת]חת שם 8 השחר וק[... ת]כונם להתהלך 9 גבולותיו[...].
אוצר בינות 10 שם גבולות[...]מ[...מ]לתי ואשר

Col. III 1 י[...]ומספר גבולותיה 2 [...]ך לבלתי רום 3 מ.[...]ות את
גבולה ועתה 4 האזינ[ו ...] וידעים שמעו ואנשי 5 בינה ה[וסיפו לק]ח
ודורש[י] משפט הצניע 6 לכת י.[...] הוסיפו אומץ ואנשי 7 אמת רדפ[ו
צדק]ואהבו (ואהבי) חסד הוסיפו 8 ענוה וה.[...]ער[...]מי תעודה אשר
9 פתר[...]..[...].[...]]בעבור תבינו בקץ 10 עולמות ובקד[מ]וניות תביטו
לדעת

4Q299 (4QMyst[a]) *4QMysteries[a]*

L.H. Schiffman, *DJD XX*, 33-97, pls. III-VII
PAM 43.389-43.393
ROC 592, 594, 595, 604, 605
1Q27, 4Q300, 4Q301

Frag. 1 1 [ומזה יודע לכמה כי לוא ישוב אחור הלוא כול העמי]ם
שנאו עול 2 [וביד כולמה יתהלך הלוא מפי כול לאומים שמע] האמת היש
שפה ולשן 3 [מחזקת בה מי גוי חפץ אשר יעושקנו חזק ממנו]מי גוי אשר
לוא גזל 4 [הון לאחר ...]בית מולדים נשטרה. 5 [...]אנשי מחשבת לכול

Col. I (*Frags.* 1, 2 I, 5 I) *1* [*In square characters:* Word]s of a Sage which he spoke to all the Sons of Dawn: *Rest of text in Cryptic A script:* List[en to me, a]ll men of heart; *2* [and pur]suers of justice, underst[and] my words. And seekers of truth: h[ear] my words in all *3* [that issu]es from [my] lip[s. And] those who [k]now, see[k the]se things. And turn [to the path of] life, m[en] *4* [of] his [wil]l. And everlasting, end[less peace ...] *5* [...] ... [...] ... [...] *6* [...] *7* [...] its [e]nd *8* [...] utmost *9* [...] to tread *10* [...] ...

Col. II (*Frags.* 2 II, 3 - 4 I, 5 II) *1* its roots ri[se ...] dwelling *2* in the lo[wer] abyss [...] and by what *3* does he consider [...] dust *4* [...] God has given *5* [...] in all the world *6* [...] has measured their positions *7* ... [... be]low he placed *8* the dawn and [...] their positions to walk *9* its frontiers [...] the store of knowledge; *10* he placed its frontiers [...] my [w]ord, and that which

Col. III (*Frag.* 3 - 4 II) *1* he [...] and the number of its frontiers *2* [...] without lifting *3* ... [...] its frontier. And now *4* listen [...] and hear, those who know. And men *5* of intelligence, in[crease learn]ing, and those who seek justice, (increase) discretion *6* of behaviour, [...] increase courage. And men of *7* truth, pursue [justice], those who love piety, increase *8* patience. [...] ... of the testimony which *9* interprets [...] in order that you understand the end of *10* ages, and that you examine the for[m]er things, to know

---

4Q299 (4QMyst[a]) *4QMysteries[a]*

Bibliography: Wacholder-Abegg 2, 1-28; L.H. Schiffman, '4QMysteries[a]: A Preliminary Edition and Translation', in Z. Zevit *et al.* (eds.), *Solving Riddles and Untying Knots. Biblical, Epigraphic, and Semitic Studies in Honor of Jonas C. Greenfield* (Winona Lake, Indiana: Eisenbrauns, 1995) 207-260

Frag. 1 (= 1Q27 1 I) *1* [And by this he will show you that it is irrevocable: Do not all nation]s loathe sin? *2* [And yet, it is about by the hands of all of them. Does not praise of] truth [come from the mouth of all nations?] And yet, is there perhaps one lip or one tongue *3* which persists with it? What people would wish to be oppressed by another more powerful than itself?] Where is the people which has not looted *4* [another of its wealth? ... the] «house of

6 [...]..ם נבחנה דברים 7 [... כו]ל[תו]צאותם 8 [...]ולכ[ול[
9 [...].[...]

Frag. 2 1 [...]לא יצלח[לכול כן כול טוב ממונו ברו...] 2 [...]יגל
בלוא ה[ון ונמכר בלוא מחיר כי ...] 3 [...]וה בה מה[...] 4 [...]...[...]

Frag. 3 II 1 [...]. הא.[...אביון] 2 מה נקרא ה[...]הו ומעש[ה ...]
3 וכול מעשה צדיק הטמ[אה ומה]נקרא לאד[ם ...] 4 חכם וצדיק כי לוא
לאיש[...]. ולו[א ... ה חוכמה נכחדת כיא] 5 אם חוכמת עורמת רוע ו.[...]
6 מעשה אשר לוא יעשה עוד כיא אם [...] 7 דבר עושו ומה <ו>הוא אשר
יעשה ג[בר ...] 8 המרה את דבר עושו ימחה שמו מפי כול[...] 9 {...}
שמעו תומכי .[...] 10 עולם ומזמות כול מעשה ומ.[...] 11 כול רז ומכון
כול מחשבת עושה כול[...] 12 הו[א מק]דם עולם הואה שמו ול.[...]
13 ות.[...]ל[מ]חשבת בית מולדים פתח ל.[...] 14 [...].שבו כי לבנו בחן
וינחילנו[...] 15 [...]כול רז וחבלי כול מעשה ומה [...] 16 [...]עמים כ[י
]בראם ומעש[יהם ...] 17 [...].[...]

Frag. 5 1 [...]ות כוכבים לז[כר]ון שמ[ו ...] 2 [...]רות רזי אור
ודרכי חוש[ך ...] 3 [...]דין מועדי חום עם ק.[...] 4 [...] ומוצא לילה[
...]ל[...] 5 [...] [...] ובית מולדים [...]

Frag. 6 I 1 [... א]גמים 2 [...]מרותם 3 [...]כול עבודתם יחזקו
4 [...]ים עשה לנצח גשמים 5 [...] ובמשורה ישקו 6 [...]יאמר להם
ויתנו 7 [...] בגרבתו ברא 8 [...]ל[ה]ריה וכול 9 [...]... כל צאצאיה
10 [...]מטברו פרש 11 [...]...ים עת בעת 12 [...]ו להרות לכול
13 [...] כי מעפר מבניתם 14 [...]..כול מקויהם וחדר 15 [...] נתן ממשל
לחזק 16 [...]ת כול גבורה 17 [...]...חזק כול 18 [...]. עבודת גבר
19 [...עב]ודתו

Frag. 6 II 1 [ל]וא ...[...] 2 ועליכם הח..[...] 3 איילו כסה .[...]

origins» ... *5* [...] men of (evil) thought for all *6* [...] let us examine cases *7* [... al]l their [out]comes *8* [...] and for a[ll] *9* [...] ... [...]

Frag. 2 (= 1Q27 1 II) *1* [...] He will have no success [in anything. So all the good, his riches ...] *2* [...] ... without we[alth, and will be sold without them paying him, because [...] *3* [...] ... What is [...] *4* [...] ... [...]

Frag. 3 *col.* II (= 4Q300 5) *1* [...] ... [... poor man.] *2* How will we call [...] ... and the dee[d of ...] *3* and every deed of the just man has been judged [unclean. And how] will we call the ma[n ...] *4* wise and just, for it does not suit man [...] and no[t ... wisdom is hidden, except] *5* for the wisdom of evil cunningness and [...] *6* a deed which no longer will be done, except [...] *7* the word of his Maker. And what <and> is it what a m[an] does [...] *8* he who rebels against the word of his Maker, his name will be erased from the mouth of all [...] *9* {...} Listen, those who rely [...] *10* eternal and the plans of every deed and ... [...] *11* every mystery, establishes every thought, makes every [...] *12* H[e is from befo]re eternity. «He» is his name and [...] *13* [... th]ought. He opens the «house of origins» for [...] *14* [...] ... because he tested our heart and will give us as an inheritance [...] *15* [...] every mystery and the pains of every deed. And what [...] *16* [...] nations, f[or] he has created them and [their] deed[s ...] *17* [...] ... [...]

Frag. 5 *1* [...] of stars for the rem[embr]ance of [his] name [...] *2* [...] ... mysteries of light and ways of dark[ness ...] *3* [...] ... periods of heat with ... [...] *4* [...] and the going out of night [...] *5* [...] and the «house of origins» [...]

Frag. 6 *col.* I *1* [... p]ools *2* [...] their [...] *3* [...] all their task. They strengthen *4* [...] he made for continual rains *5* [...] and with a measured amount they give water *6* [...] he orders them and they give *7* [...] with his might he created *8* [...] its [moun]tains and all *9* [...] all /its/ produce *10* [...] from its navel it spreads out *11* [...] from time to time *12* [...] to saturate all *13* [...] for their structure is of dust *14* [...] all their reservoirs, and (the) chamber (of) *15* [...] he gave dominion to strengthen *16* [...] of all might *17* [...] ... strengthen all *18* [...] task of man *19* [...] his [ta]sk

Frag. 6 *col.* II *1* [n]ot ... [...] *2* and upon you ... [...] *3* his pillars (?) he covered

4 נסתרה מכול תומכ[י רזי פשע ...] 5 מה אב לבנים מא..[...] 6 כיא אם ארץ להדר.[...] 7 ממנו כי אם רוח רע[ה ...] 8 עמים מהיא אשר[...] 9 אשר אין ל..[...] 10 חוש[ך]וא[ור ...] 11 כן יהיה .[...] 12 לב רעו ואורב מה[...] 13 מאיש נואל הון הון .[...] 14 לפי תבאות ומה ב[...] 15 מודה או תכלית .[...] 16 תכון אחד ולוא י.[...] 17 משפט כן ירד המ[...] 18 ואם רעו יוסיף ל[...] 19 הוא י.[...].[...] 20 [...]ל[...]

Frag. 8 1 [...]הוא הכין ע[...] 2 [...]. פלג שכלם[...] 3 [...]. הוא [...]. 4 [...]...[...] 5 [...]... ו^מה^ יתבוננ גב[ר] בלוא ידע ולוא שמע [...] 6 [... ב]ינה יצר ל... ברוב שכל גלה אוזננו ונ[...] 7 [...]יצר בינה לכול רודפי דעת וה.[...] 8 [...]כול שכל מעולם הוא לוא ישנה[...] 9 [... ה]סגיר בעד צד מים לבל[תי ...] 10 [...]שמים ממעל לשמים .[...] 11 [...]ל[...]

Frag. 10 1 [...] מלך[...] 2 [...] וגבו[ר]י חיל יחזקו מ[...] 3 [...]ם על כול גואים ושרי[ם ...] 4 [...]. וליצור ולחשוב[...] 5 [...] ושופטים לכול לא[ומים ...] 6 [...] על כול מספרם .[...] 7 [...]ל[.].י שופטים בין אביו[ן ...] 8 [...].תם לתכן כול עבודת[...] 9 [...]כול ממ[ש]ליהם .[...] 10 [...]... יומם[...] 11 [...]מו ומח.[...]

Frag. 79 1 [...].ם[...] 2 [...]ישרים [...] 3 [...]דרך חיים [...] 4 [...]רי רצונו הל[...] 5 [...]ארץ צביו והוא .[...] 6 [...]באהליהם ואהרון מ[...] 7 [... ריח נ]יחוח לזכרון ...[...] 8 [...] כול העמים ב.[...] 9 [...]ליו להי[ות]ל[...]

4Q300 (4QMyst[b]) *4QMysteries[b]*

L.H. Schiffman, *DJD XX*, 99-112, pl. VIII
PAM 41.694, 43.388
ROC 591

[...] *4* hidden from all those who rely [on sinful mysteries ...] *5* What a father for sons ... [...] *6* except a land. For splendour [...] *7* from it except an ev[il] spirit [...] *8* peoples. What is it which [...] *9* without [...] *10* darkne[ss] and l[ight ...] *11* thus will be [...] *12* his evil heart and treachery. What [...] *13* from a foolish man property, property [...] *14* according to the yield. And what [...] *15* extremely, or the extremity (of) [...] *16* one measure and not [...] *17* lawsuit. Thus shall go down ... [...] *18* And when his wickedness proceeds to [...] *19* he [...] *20* [...] ... [...]

Frag. 8 *1* [...] he prepared [...] *2* [...] he distributed their insight [...] *3* [...] he [...] *4* [...] ... [...] *5* [...] ... And /how/ can a ma[n] understand without knowing or hearing? [...] *6* [...] he formed [under]standing for ...; by his great insight he opened our ears, so that we [...] *7* [...] He formed understanding for all the pursuers of wisdom and [...] *8* [...] all insight is from eternity. He will not change *9* [... he cl]osed behind waters, so that n[ot ...] *10* [...] the heavens above the heavens [...] *11* [...] ... [...]

Frag. 10 *1* [...] king [...] *2* [...] and strong her[oe]s will strengthen [...] *3* [...] against all the nations. And prince[s ...] *4* [...] and to form and to invent [...] *5* [...] and judges for all pe[oples ...] *6* [...] over all their numbers [...] *7* [...] ... judging between (the) poo[r ...] *8* [...] their [...] to arrange each task of [...] *9* [...] all their ru[l]ers *10* [...] ... by day [...] *11* [...] ... and ... [...]

Frag. 79 *1* [...] ... [...] *2* [...] upright ones [...] *3* [...] way of life [...] *4* [...] of his will ... [...] *5* [...] his glorious land; and he [...] *6* [...] in their tents, and Aaron [...] *7* [... a pl]easant [fragrance] as a memorial ... [...] *8* [...] all the peoples in [...] *9* [...] his [...] to b[e ...]

4Q300 (4QMyst[b]) *4QMysteries[b]*

1Q27, 4Q299, 4Q301

Bibliography: Wacholder-Abegg 2, 29-34; L.H. Schiffman, '4QMysteries[b]: A Preliminary Edition', *RevQ* 62/16 (1993) 203-223

Frag. 1 II 1 [...]ת.[... החר]טמים מלמדי פשע אמרו המשל והגידו
החידה בטרם נדבר ואז תדעו אם הבטתם[...] 2 ותעודות השמ[ים
...]כסלכמה כי חתום מכם[ח]תם החזון וברזי עד לא הבטתם ובבינה לא
השכלתם 3 א[ז]תאמרו ל[א ...].ה והמי[...]כי לא הבטתם בשורש חוכמה
ואם תפתחו החזון 4 תסת[ם מכם ...]כל חוכמת[כ]ם כי לכם המ.[...] שמו
כי[מ]ה היא חכמה 5 נכחדת [... עו]ד לא תהיה[...] 6 [ח]זון .[...]

Frag. 3 1 [...]..[...]... כול] 2 בעבור ידעו בין ט[וב לרע ... רזי פשע
...] 3 כל חוכמתם ולא ידע[ו רז נהיה ובקדמוניות לא התבוננו ולא ידעו
מה אשר יבוא] 4 עליהם ונפשם לא מלטו מרז נ[היה וזה לכם האות כי
יהיה בהסגר מולדי עולה] 5 וגלה הרשע מפני הצדק כג{ו}לו[ת חושך מפני
אור וכתום עשן ואיננו עוד כן יתם] 6 [הר]שע לעד והצדק יגל[ה] כש[מש
תכון תבל ...]

Frag. 5 1 [...]מחשבת בי[נה] 2 [... מ]שפט בגלל הון 3 [...
]אביון מה נקרא 4 [...הו ומעשה ... וכול מעשה צדיק הטמ]אה ומה נקרא
לאדם 5 [... חכם וצדיק כי לא לאיש ...ה ולא ...]ה חכמה נכחדת[כי] אם

Frag. 7 1 [...]רשע ומה רם לגבר מצד[י]ק[...] 2 [...]ואין לענה
לנגדו מנוקם לנטור בלוא[...] 3 [...]ש משפט נפשו כש[ם]צדיק בכל[
...] 4 [... ומה]רשע משנוא[...]

Frag. 8 1 [... מ]חזה ימינו[...] 2 [...]מה קדם ומה אח[ור ...]
3 [...].ים נפתח נ[...] 4 [...]...עו ונודיעה להולכי פתי בכל[...] 5 [...]לה
אתכם תומכי רזים א[...] 6 [... ת]דעו היש אתכם בינה ואם[...] 7 [...]ה
ולא היה מה רז צ.[...] 8 [...] לאיש וה[...]

Frag. 1 *col.* II *1* [… sooth]sayers, skilled in sin, speak the parable and make the riddle known before it is discussed. Then you will know if you have considered […] *2* and the signs of the he[avens …] your foolishness, for sealed up has been from you [the s]eal of the vision and you have not considered the eternal mysteries, and knowledge you have not understood. *3* Th[en] you will say: N[ot …] … […] for you have not considered the root of wisdom. And if you want to open the vision, *4* […] will be clo[sed to you …] all [you]r wisdom, for to you … […] his name; for what is wisdom *5* hidden [… stil]l there will be no […] *6* [vi]sion […]

Frag. 3 (= 1Q27 1 I) *1* […] … [… everything] *2* in order that they know (the difference) between go[od and evil … the mysteries of sin …] *3* all their wisdom. And [t]he[y] do not know [the mystery of existence, nor understand ancient matters. And they do not know what is going to happen] *4* to them; and they will not save their souls from the mystery of ex[istence. And this will be for you the sign that this is happening. When those born of sin are locked up,] *5* evil will disappear before justice as [darkness] disapp[ears before light. As smoke vanishes, and no longer exists, so will] *6* [ev]il [vanish] for ever. And justice will be reveal[ed] like the s[un which regulates the world …]

Frag. 5 (= 4Q299 2 II) *1* […] thought of wis[dom] *2* [… jud]gment because of property *3* […] poor man. How will we call *4* [… and the deed of …] and every deed of the just man has been judged uncl]ean. And how will we call the man *5* [… wise and just, for it does not suit man … and not …] wisdom is hidden, [ex]cept

Frag. 7 *1* […] evil. And what is more exalting for a man than a ju[s]t man […] *2* […] and there is no greater poison for him than an avenger who keeps angry without […] *3* the judgment of his soul, like the na[me of] (one who is) just in all […] *4* [… And what] is more evil than hating […]

Frag. 8 *1* [… vi]sion of our days […] *2* […] what is before and what is af[ter …] *3* […] … opened […] *4* […] … /and let us make known/ to those who walk in foolishness in all […] *5* […] … you, who rely on mysteries […] *6* [… you] will know whether there is wisdom with you and if […] *7* […] and it was not. What mystery … […] *8* […] for a man and […]

4Q301 (4QMyst[c]?) *4QMysteries[c] (?)*

L.H. Schiffman, *DJD XX*, 113-123, pl. IX
PAM 41.695, 43.394
ROC 582

Frag. 1 1 [... א]ביעה רוחי ולמיניכם אחלקה דברי אליכם[...] 2 [... מ]של וחידה וחוקרי שורשי בינה עם תומכי .[...] 3 [...]הולכי פותי ואנשי מחשבת לכול עבודת מעשי[...] 4 [... קשי]עורף .. קודק[וד כ]ל [ה]מולת עמים עם ...[...]

Frag. 2 1 משפטי כסיל ונחלת חכמ[ים ...]ים ומה החידה לכמה חו(ק)רי בשור{ש}שי בינה 2 מה נכבד לבב והוא ממש[ל ...]משל מה אדיר לכם והוא למש[...].[... ו]מה שר[...] 3 מושל ..[...]...[...]...[...]בלוא חוזק וירד בו בשוט בלוא מחיר מיא יאמ[ר] 4 [...]...[...]. מיא בכם דורש פני אור ומא[ור] 5 [...]. תבנית זכר ללוא היה[...] 6 [...] במלאכי [...] 7 [...מ]הללים[...]

Frag. 3 1-2 [...]... *vacat* [...] 3 [...] *vacat* [...] 4 [...]ה ונכבד אל בא[ו]רך אפיו[וגדו]ל הואה ברוב חמת[ו ו]נ[הדר] 5 [...]הואה בהמון רחמיו ונורא הואה במזמת אפו נכבד הוא[ה ...] 6 [...]בו ובאשר בארץ המשילו[ונ]כבד אל בעם קודשו ונהדר ה[ואה] 7 [...]בחיריו ונהדר[הואה ... קו]דשו גדול הואה בברכות [...] 8 [...]הדרם ות[...]בכלו[ת]קץ רשעה ועשות [...]

Frag. 4 1 [...]...[...] 2 [...]... כל רוח בינתו לוא ידע[...] 3 [...]עת בכול כבודו ומה אפר[ועפר ...] 4 [...]זהר נהדר הואה ב[...] 5 [...]...[...]

Frag. 5 1 [...]...[...] 2 [...]היכל מלכותו[...] 3 [...]מה בשר כיא[...] 4 [... א]ור גדול ונכב[ד ...] 5 [...]. אור ואורו [...]

4Q301 (4QMyst[c]?) *4QMysteries[c] (?)*

1Q27, 4Q299, 4Q300

Bibliography: Wacholder-Abegg 2, 35-37; A. Lange, 'Physiognomie oder Gotteslob? 4Q301 3', *DSD* 4 (1997) 282-296

Frag. 1 *1* [... I] will pour out my heart, and according to your kinds, I will allot my words to you [...] *2* [... pa]rable and riddle, and searchers of the roots of wisdom together with those who rely [...] *3* [...] those who walk in foolishness and men of thought for all service of deeds of [...] *4* [... stiff-]necked ... cro[wn, al]l [the] crowd of peoples with ... [...]

Frag. 2 *1* the judgments of the fool and the inheritance of the sage[s ...] And what is the riddle for you, searchers of the roots of knowledge? *2* How is the heart honoured? It is the domini[on ...] parable. What is a mighty man for you, when he [... And] what is a prince [...] *3* ruling ... [...] ... [...] without strength and rules him with a whip, without price. Who will sa[y] *4* [...] ... [... ?] Who among you seeks the face of the light and the lumi[nary] *5* [...] a form of the memory which was not *6* [...] with the angels of [...] *7* [...] those who praise [...]

Frag. 3 *1-3* [...] *Blank, with Cryptic Letters samek, chet and taw(?) written in the Blank area* [...] *4* [...] and God is renowned for his p[a]tience, [and] he is [grea]t for the abundance of [his] fury, [and he is splendid] *5* [...] he in his abundant mercies, and he is terrible for the deliberation of his anger. He is renowned [...] *6* [...] and over what is in the earth he gave him dominion. [And] God [is] glorified among his holy people, and h[e] is splendid *7* [...] his chosen ones, and he is splendid [...] his [holi]ness. He is great in blessings [...] *8* [...] their majesty and [...] at the fulfill[ment] of the period of wickedness and the doing (of) [...]

Frag. 4 *1* [...] ... [...] *2* [...] ... no spirit of his wisdom knows [...] *3* [...] ... in all his glory. And what is ash [and dust ...] *4* [...] a splendid radiance is he in [...] *5* [...] ... [...]

Frag. 5 *1* [...] ... [...] *2* [...] his royal palace [...] *3* [...] What is flesh that [...] *4* [...] great and glori[ous li]ght [...] *5* [...] light and his light [...]

4Q302 *4QAdmonitory Parable*

B. Nitzan, *DJD XX*, 125-149, pls. X-XII
PAM 41.975, 41.978, 43.395, 43.396
ROC 333, 356
Bibliography: Wacholder-Abegg 2, 228-231; B. Nitzan, '4Q302/302A (Sap. A): Pap. Praise of God and Parable of the Tree. A Preliminary Edition', *RevQ* 65-

Frag. 1 I 1 [...]...[...]...[...]. והוא 2 [...].מכה לאחר 3 [מכה ...].נו כדבריך באפים 4 [...]ה *vacat* אלהים צדיק 5 [...]ם טוביך על כל 6 [...].ם *vacat* 7 [...]ר זרע אברהם 8 [...]... הוא יה 9 [...]...[...]...[...]... 10 [... קו]דשו ישרא[ל] 11 [...]...[...]...[...]ת בשמים 12 [...]... ובקרב עממים 13 [...].ת יצר כל 14 [...].

Frag. 2 II 1 [...]. 2 הבינו נא בזאת החכמים אם יהיה 3 לאיש עץ טוב ויגבה עד לשמים ...[...] 4 לא...י ארצות ועשה פרי שמן ... 5 יורה ומלקוש י... בחרוב ובצמה 6 הלוא אתו יא[הב ...]...ר ואתו ישמר 7 [...]ים להרבות עפי 8 [...]ל מנצרו לרבת 9 [...]רו ודלתיו 10-11 [...]...

Frag. 2 III 1 ...[...] 2 קצי ר[...] 3-5 [...] 6 ויכסמוהו חז[ירים ...] 7 ויכרת בלוא .[...] 8 לכ[...]

Frag. 3 II 1 [...]יד יתר 2 [...]אלהיכם 3 [...]... 4 [...]. לבבכם א[..]. 5 [...]בנפש חפצה *vacat* 6 [...]יקום אלהים מידכם במעלכם 7 [ורוע מ]חשבתיכם ולא עמד לנגדך להוכח 8 עמך ולהשיב דבר בריבך *vacat* 9 [...]. אלהים בשמים משבו וממ[שלתו] 10 בארצות בימים [...]...[...] בהם ורא[...] 11 עם ...[...]

4Q302 *4QAdmonitory Parable*

68/17 (1996) 151-170, pls. 20-22; .- 'Post-Biblical *Rib* Pattern Admonitions in 4Q302/302a and 4Q381 69, 76-77', in M.E. Stone, E.G. Chazon (eds.), *Biblical Perspectives: Early Use and Interpretation of the Bible in the Light of the Dead Sea Scrolls* (STDJ 28; Leiden: Brill, 1998) 159-174

Frag. 1 *col.* I *1* [...] ... [...] and he *2* [...] one affliction after *3* [another ...] us, according to your words. With anger *4* [...] *Blank* God is just *5* [...] your goodness is over all *6* [...] ... *Blank 7* [...] the seed of Abraham *8* [...] ... He is YH *9* [...] ... [...] ... *10* [... (of)] his [holi]ness, Israe[l] *11* [...] ... [...] in the heaven *12* [...] ... and in the midst of the nations *13* [...] ... he formed all *14* [...] ...

Frag. 2 *col.* II *1* [...] ... *2* Understand this, wise ones: If *3* a man has a good tree that towers up to the heaven ... [...] *4* for the ... of the lands, and it produces juicy fruit ... *5* early and late rains, ... in heat and in thirst; *6* does not he l[ove] it [...] ... and he watches it *7* [...] ... to enlarge the foliage *8* [...] from its shoot to multiply *9* [...] its [...] and its branches *10-11* [...] ...

Frag. 2 *col.* III *1* ... [...] *2* periods of [...] *3-5* [...] *6* and wi[ld boars] will gnaw it [...] *7* and it will be cut down without [...] *8* ... [...]

Frag. 3 *col.* II *1* [...] ... remnant *2* [...] your God *3* [...] ... *4* [...] your heart ... *5* [...] in the soul (is) its pleasure. *Blank 6* [...] God will revenge himself on you because of your disloyalty *7* [and the wickedness of] your [s]chemes. And there is no-one who can stand up against you to argue *8* with you and to reply to your dispute. *Blank 9* [...] God's seat is in the heavens, and [his] do[minion] *10* is over the lands. In seas [...] in them and ... [...] *11* with [...]

4Q303 *4QMeditation on Creation A*

T.H. Lim, *DJD XX*, 151-153, pl. XIII
PAM 43.397

1 [...]מבינים שמעו ו.[...] 2 [... חכ]מים השביתו מעל כ[...] 3 [...]{...} נפלאות אל אש[ר ...] 4 [...]לאור עולם ושמי טוה[ר ...] 5 [...]ר במקום תהו וב[הו ...] 6 [...]כול מעשיהם עד קצ[...] 7 [...]ר בם מלך לכולם[...] 8 [...]ר ושכל טוב ורע ל[...] 9 [...] לוקח ממנה אדם כיא[...] 10 [...]עשה לו עזר כ[נגדו ...] 11 [...]לו לאשה כיא ממנו[...] 12 [...]חה *vacat* [...] 13 [...]ל לפי [...] 14 [...]ל[...]

4Q304 *4QMeditation on Creation B*

T.H. Lim, *DJD XX*, 155, pl. XIII
PAM 43.397

1 ואת הארץ ו.[...] 2 החשך על כן נ.[...] 3 עשה ...[...]

4Q305 *4QMeditation on Creation C*

T.H. Lim, *DJD XX*, 157-158, pl. XIII
PAM 43.397

Col. II 1 ויברא בו חיות [...] 2 נתן לאדם דע[ת ...] 3 ורע לדעת[...] 4 ל[...]

4Q303 *4QMeditation on Creation A*

ROC 350
Bibliography: Wacholder-Abegg 2, 232

1 […] understanding ones listen, and […] *2* [… wise on]es finish off with unfaithfulness […] *3* […] {…} the wonderful deeds of God whi[ch …] *4* […] for eternal light and the heaven of bright[ness …] *5* […] in the place of emptiness and v[oid …] *6* […] all their deeds until the time of […] *7* […] in them, a king for all of them […] *8* […] and understanding of good and evil to […] *9* […] /Adam/ taking from it, for […] *10* […] made for him a sui[table] helper […] *11* […] for him as a wife, for from him […] *12* […] … *Blank* […] *13* […] according to […] *14* […] … […]

4Q304 *4QMeditation on Creation B*

ROC 295

1 and the earth and […] *2* the darkness. Therefore … […] *3* he made … […]

4Q305 *4QMeditation on Creation C*

ROC 295

Col. II *1* and he created in it animals […] *2* he gave to man knowl[edge …] *3* and evil, to know […] *4* … […]

4Q306 *4QMen of People who Err*

T.H. Lim, *DJD XXXVI* (forthcoming)
PAM 43.397

Frag. 1 1 [...]... אשר ישגו ולא יעשו את[...] 2 כי יעברו[מיום]
ליום ומחדש לחד[ש ...] 3 אותו כל אשר ברית ...[...] 4 ו[..]רים את
בשרו ...[...] 5 ו... והכלבים אוכל ...[...] 6 להוציאו מחצר [...].ים
והי[...] 7 על ...[...] אשר יע[י]דו בם .[...] 8 ...[...]... ויצהר[...]
9 [...]...[...] 10 [...].. לבם[...] 11 [וי]בקשו את התורה וא[ת] ה.[...]
12 ובכל נפשם והיו כמגששים ד[רך ...] 13 עינים והתורה הולכת
ומר.[...] 14 [א]ור עד אשר יפקחו וראו[...]

4Q307 *4QText Mentioning Temple*

T.H. Lim, *DJD XXXVI* (forthcoming)
PAM 43.397

Frag. 1 2-1 [...]...[...] 3 [...]מרתם לתע.[...] 4 [...]מי תמיד
לכול[...] 5 [...] *vacat* [...] 6 והיה כול הגר הנש[...] 7 את ישראל
בגו[ר]ל[...] 8 עד ת...[...]

Frag. 2 1 [...]ם נפשי[...] 2 [...] במקדש תפ[...] 3 [...]ל
המשרתים[...]

4Q306 *4QMen of People who Err*

ROC 350
Bibliography: Wacholder-Abegg 3, 122-123

Frag. 1 *1* […] … who err, and do not do the […] *2* for they pass on [from day] to day, and from month to mon[th …] *3* his desire (?), everything which … […] *4* and … its flesh … […] *5* and … and the dogs, food … […] *6* to bring it out from the yard […] … and … […] *7* on … […] which they warned them […] *8* … […] … and oil […] *9* […] … […] *10* […] … their heart […] *11* [and] they [will] seek the law and the […] *12* and with all their soul. And they will be like those who grope for a p[ath …] *13* eyes, and the law going and … […] *14* [li]ght until they are opened and they will see […]

4Q307 *4QText Mentioning Temple*

ROC 295

Frag. 1 *1-2* […] … […] *3* […] you … to … […] *4* […] … always, for all […] *5* […] *Blank* *6* And every proselyte who … […] *7* with Israel in [the] l[o]t [of …] *8* until … […]

Frag. 2 *1* […] my soul […] *2* […] in the temple … […] *3* […] those who serve […]

4Q308 *4QSapiential Fragments*

PAM 43.400? Or, rather, PAM 43.399 (top left)?
Name given by J.T. Milik. Further details unknown

4Q309 *4QCursive Work ar*

Name given by J.T. Milik. Details unknown

4Q310 *4QPapyrus Text ar*

Name given by J.T. Milik. Details unknown

4Q311 *4QPapyrus Unclassified Text*

Name given by J.T. Milik. Details unknown

4Q317 (4QAstrCrypt) *4QcryptA Phases of the Moon*

J.T. Milik, *The Books of Enoch*, 68-69
PAM 43.375-43.380
ROC 896, 897, 899, 900, 902, 903

Frag. 1 II 1 [...]...[...] 2 [ב{א}ח]{רבע}משה בו[תכסה שתים]
3 [ע]שרא וכן[תבוא ליום בששה בו] 4 תכסה שלוש[עשרא וכן תבוא
ליום] 5 בש{ש}ב‎עה בו תכס[ה ארבע עשרא וכן] 6 תבוא ליום *vacat*
[*vacat*] 7 בש{בע}מנה בו ת[משול אורה ליום בתוך] 8 הרקיע ממע[ל
ארבע עשרא וחצי ובבוא השמש יהיה] 9 אורה להכסות[וכן יחל להגלות]
10 באחד לשבת *vacat* [בתשעה בו תגלה] 11 מחלוכת (מחלוקת) אחת[
וכן תבוא ללילה] 12 בעשרה בו ת[גלה שתים וכן תבוא] 13 ללילה *vacat*
בעש[תי עשר בו תגלה שלוש] 14 וכן תבוא ללילה *vacat* [*vacat*]
15 ב{עשתי}שנים עשר בו[תגלה ארבע וכן] 16 תבוא ללילה *vacat*
ב[שלושה עשר בו] 17 תגלה חמשה וכן ת[בוא ללילה *vacat*]
18 בשלושה (ארבעה) עשר תג[לה שש וכן תבוא ללילה] 19 [בארב]עה

4Q312 *4QHebrew Text in Phoenician Cursive?*

Name given by J.T. Milik. Details unknown

4Q313 *4QCryptic A Unclassified Fragments*

PAM 43.385
ROC 901 ?

4Q314-4Q315 *4QParcels of Parchment*

Two parcels of fragments. No writing, no photographs.

4Q316 *4QUnclassified Fragments*

Details unknown

4Q317 (4QAstrCrypt) *4QcryptA Phases of the Moon*

Bibliography: M.O. Wise, 'Second Thoughts on דוק and the Qumran Synchronistic Calendars', in J.C. Reeves, J. Kampen (eds.), *Pursuing the Text* (JSOTS 184; Sheffield: Sheffield Academic Press, 1994) 98-120 [111-116]

Frag. 1 *col.* II (= *Frags.* 1 - 2 II 1 - 22 ?) *1* [...] ... [...] *2* [On the] {fourth} fifth (day) of it (i.e. the month) [it is covered for] *3* twelve (fourteenths,) and so [it enters the day. On the sixth of it,] *4* it is covered for thir[teen, and so it enters the day.] *5* On the {sixth} seventh of it, it is co[vered for fourteen, and so] *6* it enters the day. *Blank* [*Blank*] *7* On the {seventh} eighth of it, [its light dominates the day in the centre of the] *8* high vault, [/fourteen and a half/. And at the arrival of the sun] *9* its light is obscured [and thus it starts to be visible] *10* on the first (day) of the week. *Blank* [On the ninth of it, it is visible] *11* for one ‹part› [and so enters the night.] *12* On the tenth of it, it is vi[sible for two, and so enters] *13* the night. *Blank* On the ele[venth of it, it is visible for three] *14* and so it enters the night. *Blank* [*Blank*] *15* On the {eleventh} twelfth of it, [it is visible for four, and so] *16* it enters the night. *Blank* On [the thirteenth of it,] *17* it is visible for five, and so it [enters the night. *Blank*] *18* On the ‹four›teenth of it, it is vi[sible for six, and so it enters the night.] *19* [On the ‹fif›]teenth of it,

([בחמש]ה) עשר בו[תגלה שבע וכן תבוא] 20 ללילה *vacat* בח[משא
(בששה) עשר בו תגלה] 21 שמונה וכן[תבוא ללילה *vacat*]
22 [בש{ש}][ב][עה] עשר[בו ...]

Frag. 2 I 1 [...].[...] 2 [...]א ל... 3 [... וכן תבוא]ליום 4 [... וכן
תבוא לי]ום 5 [... וכן תבוא ל]יום 6 [... וכן תבוא ליו]ם 7 [... וכן תבוא
לי]ום 8 [... וכן תבוא ל]יום 9 [... וכן תבו]א ליום 10 [... וכן ת]בוא
ליום 11 [... וכן תבו]א ליום 12 [... וכן ת]בוא ליום 13 [... וכן תבו]א
ליום 14 [... וכן תבו]א ליום 15 [...]ע ... 16 [...]בוא

Frag. 2 II 7 ב{ש[מונ]}תש[ע]ה [עשר בו ...] 8 ב[20]תשעה עשר] בו
...] 9 ב[1]עשרים בו[...] 10 ב[2]אחד ועשרי[ם בו ... הרקיע] 11 ממעל
ארבע ע[שרא וחצי] ובבוא[...] 12 וכן יחל לה[...] 13 בש{נים}לוש[ה]
וע[שרים בו ... וכן] 14 [תב]וא ליום *vacat* [*vacat*] 15 ב[4]שלושה
ועשרי[ם בו ...] 16 ב{ארבעה}חמשה ועשרי[ם בו ...]

Frag. 3 2-1 [...]...[...] 3 [וכן תבוא] ליום *vacat* [*vacat*] 4 [...]
ת[כ]סה ש[ני]ם[עשר]א וכן[תבוא ליום] 5 [... ב]ו תכסה שלוש עש[ר]א
וכן ת[בוא ליום] 6 [...]בו תכסה ארבע ע[שר]א וכן תב[וא ליום]
7 [...]{...} תמשול [אורה]ליום [בתוך] 8 [הרקיע א]רבע עשרא וחצ]י]ובבוא
השמש יה]יה ...] [... ב]תוך ו[...] אורה[להכסות] 9 [וכן י]חל להגלות באחד
[ה]שבת [...] 10 [...] תגלה מחלוקת אחת וכן תבו[א ללילה] 11 [...] בו
תגלה שתים וכ[ן] תבוא לל[ילה] 12 [...]. בו תגלה שלוש וכן תבוא
לל[ילה] 13 [...]בו תגלה ארבע וכן תבוא ללי[ל]ה]

Frag. 4 1 [בארבעה עשר בו תכ]סה[שמונה וכן תבוא ליום]
2 [בחמשה עשר בו ת]כסה ת[שע וכן תבוא ליום] 3 [בששה עשר בו
ת]כסה עש[ר וכן תבוא ליום] 4 [בשבעה עשר] בו תכסה ע[שר ואחד וכן
תבוא ליום] 5 [בשמונה עש]ר בו תכסה שת[ים עשרא וכן תבוא ליום]
6 [בתשעה עשר] בו תכסה שלוש[עשרא וכן תבוא ליום] 7 [בעשרי]ם בו

[it is visible for seven, and so it enters] *20* the night. *Blank* On the [‹six›teenth of it, it is visible for] *21* eight, and so [it enters the night. *Blank*] *22* [On the {six} se]v[en]teenth [of it …]

Frag. 2 *col.* I (= *Frags.* 1 - 2 I 18-33?) *1* […] … […] *2* […] … *3* [… and thus it enters] the day *4* [… and thus it enters the d]ay *5* [… and thus it enters the] day *6* [… and thus it enters the da]y *7* [… and thus it enters the d]ay *8* [… and thus it enters the] day *9* [… and thus it ente]rs the day *10* [… and thus it] enters the day *11* [… and thus it ente]rs the day *12* [… and thus it] enters the day *13* [… and thus it ente]rs the day *14* [… and thus it ente]rs the day *15* […] … *16* […] arrival

Frag. 2 *col.* II (= *Frags.* 1 - 2 II 24 -33?) *7* On the {ei[ght]} ni[n]e[teenth of it …] *8* On the {nineteenth} /20th/ [of it …] *9* On the twenty-/1st/ of it […] *10* On the twent[y]-{first} /2nd/ [of it …] *11* the high [vault], /fourt[een and a half]/. And at the arrival […] *12* And thus it starts to […] *13* On the tw[enty-]{second} third [of it … and so] *14* [it en]ters the day. *Blank* [*Blank*] *15* On the twent[y-]{third} /4th/ [of it …] *16* On the twent[y-]{fourth} fifth [of it …]

Frag. 3 *1-2* […] … […] *3* [and so it enters] the day. *Blank* [*Blank*] *4* […] it is [co]vered for t[w]e[lv]e, and so [it enters the day.] *5* [… of] it, it is covered for thirte[e]n, and so it [enters the day.] *6* […] of it, it is covered for fourt[ee]n, and so it en[ters the day.] *7* […] {…} [its light] dominates the day [in the centre of] *8* [the vault, /fo]urteen and a hal[f]. And at the arrival of the sun/ its light /[… in] the midst and […]/ i[s obscured] *9* [and thus it st]arts to become visible on the first day of [the] week […] *10* […] it is visible for one part, and so it ente[rs the night.] *11* […] if, it is visible for two, and s[o] it enters the ni[ght.] *12* […] of it, is visible for three, and so it enters the ni[ght.] *13* […] of it, it is visible for four, and so it enters the nigh[t.]

Frag. 4 *1* [On the fourteenth of it, it is co]vered [for eight, and so it enters the day.] *2* [On the fifteenth of it, it] is covered for n[ine, and so it enters the day.] *3* [On the sixteenth of it, it] is covered for te[n, and so it enters the day.] *4* [On the seventeenth] of it, it is covered for e[leven, and so it enters the day.] *5* [On the eighteen]th of it, it is covered for tw[elve, and so it enters the day.] *6* [On the nineteenth] of it, it is covered for thir[teen, and so it enters the day.] *7* [On the twenti]eth of it, it is covered for four[teen, and so it enters the day.]

תכסה ארבע [עשרא וכן תבוא ליום] 8 [בעשרים ו]אחד בו תמשול *vacat*?
[אורה ליום] 9 [בתוך הר]קיע ארבע עשרא וח[צי] ובבוא השמ[ש ...]

4Q318 (4QBr ar) *4QBrontologion*

J.C. Greenfeld, M. Sokoloff (with Appendices by D. Pingree and A. Yardeni), 'An Astrological Text from Qumran (4Q318) and Reflections on Some Zodiacal Names', *RevQ* 16/64 (1995) 507-525
PAM 43.374
ROC 805
Bibliography: J.T. Milik, *Ten Years of Discovery*, 42; J.C. Greenfield, M. Sokoloff, 'Astrological and Related Omen Texts in Jewish Palestinian Aramaic',

Frag. 1 (*Col.* IV) 5 [... ב ...]13 וב[4]1 6 [... ב]9[1] וב20 וב[1]2 7 [...
]ב27 וב28 8 [בתולתא ב29 וב30 מוזניא [*vacat* *vacat* 9 [תשרי ב1 וב2
עקרבא ב3 וב4 קשתא ב5 וב6 וב7] גדיא ב8

Frag. 2 I (*Col.* VII) 1 וב13 וב14 סרטנא ב15 וב16 אריא ב17 וב18
2 בתולתא ב19 וב20 וב21 מוזניא ב22 וב[2]3 עקרבא ב24 3 וב25 קש[תא]
ב26 וב27 וב28[גדי]א ב[9]2 4 וב30 דול[א [*vacat* *vacat* שבט ב1 וב[2
נוני]א ב[3 ו]ב4 5 [דכר]א ב5 וב[6 וב]7 תורא ב[8 וב9 תאומיא] ב10 6
[וב11] סרטנא ב[12 וב]13 וב14 אריא[ב15 וב16 בתולתא] 7 ב17 וב18
מוזניא ב19 ב[20 וב21 ע]קרבא ב22 8 וב23 קשתא ב24 וב25 גדיא ב[6]2[
וב]27 וב28 9 דולא ב29 וב30 נוניא *vacat*

Frag. 2 II (*Col.* VIII) 1 אדר ב1 וב2 דכרא ב3 וב4 תורא ב5[וב6 וב7
תאומיא] 2 ב8 ב9 סרטנא [וב10 וב11 א]ריא ב12 ו[ב13 וב14] 3 בתול[ת]א
ב15 וב[16 מוזניא ב]7[1] ב18[עקרבא] 4 ב9[1] וב20 21 קשת]א ב22 וב23

8 [On the twenty-]first of it, [its light] dominates *Blank?* [the day,] *9* [in the midst of the fir]mament, /fourteen and a ha[lf]/. And at the arrival of the su[n ...]

4Q318 (4QBr ar) *4QBrontologion*

JNES 48 (1989) 202; R. Eisenman, M. Wise, *DSSU*, 258-263; K. Beyer, *ATTME*, 128-129; M. Albani, 'Der Zodiakos in 4Q318 und die Henoch-Astronomie', *Forschungsstelle Judentum. Mitteilungen und Beiträge* 7 (1993) 3-42; M.O. Wise, 'Thunder in Gemini: An Aramaic Brontologion (4Q318) from Qumran', in M.O. Wise, *Thunder in Gemini And Other Essays on the History, Language and Literature of Second Temple Palestine* (JSPS 15; Sheffield, 1994) 13-50

Frag. 1 (*Col.* IV) *5* [... on the] 13th and on the 1[4th,] *6* [... on the 1]9th and on the 20th and on the 2[1st] *7* [...] on the 27th and on the 28th, *8* [Virgo. On the 29th and on the 30th Libra. *Blank*] *Blank* *9* [(Month of) Tishri: On the 1st and on the 2nd, Scorpio. On the 3rd and on the 4th, Sagittarius. On the 5th and on the 6th and on the 7th,] Capricorn. On the 8th

Frag. 2 *col.* I (*Col.* VII) *1* and on the 13th and on the 14th, Cancer. On the 15th and on the 16th, Leo. On the 17th and on the 18th, *2* Virgo. On the 19th and on the 20th and on the 21st, Libra. On the 22nd and on the 2[3]rd, Scorpio. On the 24th *3* and on the 25th, Sagit[tarius.] On the 26th and on the 27th and on the 28th, [Capricor]n. On the 2[9]th *4* and on the 30th, Aquari[us. *Blank*] *Blank* (Month of) Shebat: On the 1st and on the 2nd, [Pisce]s. On the [3rd and] on the 4th, *5* [Arie]s. On the 5th and on the [6th and on the] 7th, Taurus. On the 8th [and on the 9th, Gemini.] On the 10th *6* [and on the 11th,] Cancer. On the 12th [and on the] 13th and on the 14th, Leo. [On the 15th and on the 16th, Virgo.] *7* On the 17th and on the 18th, Libra. On the 19th, on the [20th and on the 21st, Sc]orpio. On the 22nd *8* and on the 23rd, Sagittarius. On the 24th and on the 25th, Capricorn. On the 2[6th and on the] 27th and on the 28th, *9* Aquarius. On the 29th and on the 30th, Pisces. *Blank*

Frag. 2 *col.* II (*Col.* VIII) *1* (Month of) Adar: On the 1st and on the 2nd, Aries. On the 3rd and on the 4th, Taurus. On the 5th [and on the 6th and on the 7th, Gemini.] *2* On the 8th, on the 9th, Cancer. [On the 10th and on the 11th, L]eo. On the 12th and [on the 13th and on the 14th,] *3* Vir[g]o. On the 15th and on the [16th, Libra. On the 1]7th, on the 18th, [Scorpio.] *4* On the [1]9th and on the 20th /21st/, Sagittari[us. On the 22nd and on the 23rd, Cap]ricorn. [On the

ג]דיא [ב24 וב25]   5 דולא ב26 וב2[7] וב28] נו[ניא ב29 וב30]   6 דכרא
vacat [אם בתורא] ירעם מסבת על[...]   7 [ו]עמל למדינתא וחר[ב בד]רת
מלכא ובמדינתא ב[...]   8 להוא ולערביא [...]א כפן ולהוון בזזין אלן
בא[לן *vacat*]   9 *vacat* אם בתומיא ירעם דחלה ומרע מנכריא ומ[...]

4Q319 (4QOtot) *4QOtot*

Cf. 4Q259+4Q319

4Q320 (4QCalendrical Doc A) *4QCalendrical Document A*

S. Talmon, *DJD XXI* (forthcoming)
PAM 43.330, 43.331
ROC 681, 682
Bibliography: J.T. Milik, 'Le travail d'édition des manuscrits du désert de Juda', in *Volume du Congrès Strasbourg* 1956 (VTS 4; Leiden: E.J. Brill, 1957) 25;

Frag. 1 i   1 [...]להראותה מן המזרח   2 [ו]לאירה [ב]מחצית השמים
ביסוד   3 [הרקי]ע מערב עד בוקר ב 4 בשבת   4 [בני ג]מול לחודש הרישון
בשנה   5 [הרישו]נה *vacat*   6 [ב 5 בידעי]ה ל 29 ב 30 ב 1   7 [שבת בה]קוץ
ל 30 ב 30 בשני   8 [ב 1 באלי]שיב ל 29 ב 29 בשלשי   9 [ב 3 בבלג]ה ל 30
ב 28 ברביעי   10 [ב 4 בפת]חיה ל 29 ב 27 בחמשי   11 [ב 6 בדליה] ל 30 ב
27 בששי   12 [שבת בשערי]ם ל 29 ב 25 בשביעי   13 [ב 2 באביה ל 3]0
[ב] 25 בשמיני   14 [ב 3 ביקים ל 2]9 ב 24 בתשיעי

Frag. 1 ii   1 ב 5 באמר ל 30 ב 23 בעשירי   2 ב 6 ביחזקאל ל 29 ב22
בעשתי עשר   3 ב 1 בייריב ל 30 ב 22 בשנים עשר החדש   4 השנה השנית
vacat   5 ב 2 במלכיה ל 29 ב 20 ברישון   6 ב 4 בישוע ל 30 ב 20 בשני
7 ב 5 בחופא ל 29 ב 19 [בשלישי]   8 שבת בפצץ ל 30 ב 18 בר[ביעי]   9 ב1
בגמול ל[29 ב 17 בחמשי]   10 ב 3 בידעיה ל 30 [ב 17 בששי]   11 ב 4

24th and on the 25th,] *5* Aquarius. On the 26th and on the 2[7th and on the 28th,] Pis[ces. On the 29th and on the 30th] *6* Aries. *Blank* [If] it thunders [in (the sign of) Taurus,] revolutions against [...] *7* [and] affliction for the province and a swo[rd in the cour]t of the King and in the province [...] *8* there will be. And for the Arabs [...] famine. And they will plunder each oth[er. *Blank*] *9 Blank* If it thunders in (the sign of) Gemini, fear and distress from the foreigners and [...]

4Q320 (4QCalendrical Doc A) *4QCalendrical Document A*

Wacholder-Abegg 1, 60-67; R. Eisenman, M. Wise, *DSSU*, 116-119; M. Albani, 'Die lunaren Zyklen im 364-Tage-Festkalender von 4QMischmerot/4QS[d]', in *Forschungsstelle Judentum. Mitteilungen und Beiträge* 4 (1992) 3-47; F. García Martínez, 'Calendarios en Qumrán (II)', *EstBib* 54 (1996) 523-529

Frag. 1 *col.* I *1* [...] to become visible from the East *2* [and] shine [in] the centre of the sky, at the base of *3* [the vaul]t, from evening to morning, on the 4th (day, i.e. Wednesday) of the week of *4* [the sons of Ga]mul, in the first month of the *5* [fir]st year. *Blank 6* [The 5th of (the week of) Jedai]ah (corresponds) to the 29th (day of a lunar month, and falls) on the 30th of the 1st (month according to the solar calendar). *7* [The sabbath of Ha]kkoz, (corresponds) to the 30th, on the 30th of the second. *8* [The 1st of Elia]shib, the 29th, on the 29th of the third. *9* [The 3rd of Bil]gah to the 30th, on the 28th of the fourth. *10* [The 4th of Petha]hiah, to the 29th, on the 27th of the fifth. *11* [The 6th of Delaiah,] to the 30th on the 27th of the sixth. *12* [The sabbath of Seo]rim, to the 29th on the 25th of the seventh. *13* [The 2nd of Abiah, to the 3]0th, [on the] 25th of the eighth. *14* [The 3rd of Jakim, to the 2]9th, on the 24th of the ninth.

Frag. 1 *col.* II *1* The 5th /of Immer/, to the 30th, on the 23rd of the tenth. *2* The 6th of Jehezekel, to the 29th, on the 22nd of the eleventh. *3* The 1st of Jehoiarib, to the 30th, on the 22nd of the twelfth month *4* of the second year. *Blank 5* The 2nd of Malchiah, to the 29th, on the 20th of the first. *6* The 4th of Jeshua, to the 30th, on the 20th of the second. *7* The 5th of Huppah, to the 29th, on the 19th [of the third]. *8* The sabbath of Aphses, to the 30th, on the 18th of the fo[urth.] *9* The 1st of Gamul, to the [29th, on the 17th of the fifth.] *10* The 3rd of Jedaiah, to the 30th, [on the 17th of the sixth.] *11* The 4th of

במימן ל 9]2 ב 15 בשביעי] 12 ב 6 בשכניה ל 0]3 ב 15 בשמיני]
13 שבת בבל]גה ל 29 ב 14 בתשיעי] 14 [ב 2 בפתחיה ל 30 ב 13 בעשירי]

Frag. 1 III 1 [ב 3 בדילה ל 29 ב 12 בעשתי עשר] 2 [ב 5 בחרים ל30
ב 12 בשנים עשר החדש] 3 [ב 6 בהקוץ ל 29 ב 10 ברישון] 4 [ב 1 ביקים
ל 30 ב 10 בשני] 5 [ב 2 באמר ל 29 ב 9 בשלשי] 6 [ב 4 ביחזקאל ל 30 ב
8 ברביעי] 7 [ב 5 במעזיה ל 29 ב 7 בחמשי] 8 [שבת במלכיה ל 30 ב
7 בששי] 9 ב 1 בי]שוע ל 29 ב 5 בשביעי] 10 ב 3 בחפא ל 30 ב 5 בשמיני
11 ב 4 בחזיר ל 29 ב 4 בתשיעי 12 ב 6 ביכין ל 30 ב 3 בעשירי 13 שבת
בידעיה ל 29 ב 2 בעשתי עשר החדש 14 ב 2 [במי]מן ל 30 ביום שנים
בשנים עשר החדש

Frag. 2 I 2 [...]. שני הקדש 3 [...]בריאה קדש 4 [... ב] 4 בשבת
5 [בני גמו]ל ר[ו]ש כל השנים 6 [... ש]נת היובל השני 7 [...]. *vacat*

Frag. 2 II 1 ...[...] 2 בזבחי[...] 3 ימים [...] 4 קדש [...]
5 השני 30 [...] 6 השלשי 1]3 ...] 7 הרבעי 30 [...]

Frag. 4 I 11 [...] יירי[יב] 12 [...] מלכיה 13 [... י]שוע 14 [...
]ישבאב

Frag. 4 II 10 הימים ולשבתת 11 [ו]לחדשים *vacat* 12 [ל]שנים
ולשמטים 13 וליובלות ב 4 14 בשבת בני גמול

Frag. 4 III 1 השנה הרישונה מועדיה 2 ב 3 בשבת בני מעוזיה *vacat*
הפסח 3 ב 1 [ב]ידע[יה] הנף ה[עמר] 4 ב 5 בשערים הפסח [השני]
5 ב 1 בישוע חג השבועים 6 ב 4 במעוזיה יום הזכרון 7 [ב] 6 בייריב יום
הכפורים 8 [בחדש ה]שביעי *vacat* 9 [ב 4 ביד]עיה חג הסכות 10 *vacat*
11 השנית מועדיה 12 [ב 3] בשערים הפס[ח] 13 [ב 1] במי[מ]ן הנף
ה[עמר] 14 ב 5 בא]ביה [הפסח השני]

Mijamin, to the 2[9th, on the 15th of the seventh.] *12* The 6th of Shecaniah, to the 3[0th, on the 15th of the eighth.] *13* The sabbath of Bil[gah, to the 29th, on the 14th of the ninth.] *14* [The 2nd of Pethahiah, to the 30th, on the 13th of the tenth.]

Frag. 1 *col.* III *1* [The 3rd of Delaiah, to the 29th, on the 12th of the eleventh.] *2* [The 5th of Harim, to the 30th, on the 12th of the twelfth month.] *3* [The 6th of Hakkoz, to the 29th, on the 10th of the first.] *4* [The 1st of Jakim, to the 30th, on the 10th of the second.] *5* [The 2nd of Immer, to the 20th, on the 9th of the third.] *6* [The 4th of Jehezekel, to the 30th, on the 8th of the fourth.] *7* [The 5th of Maaziah, to the 29th, on the 7th of the fifth.] *8* [The sabbath of Malchiah, to the 30th, on the 7th of the sixth.] *9* The 1st of Je[shua, to the 29th, on the 5th of the seventh.] *10* The 3rd of Huppah, to the 30th, on the 5th of the eighth. *11* The 4th of Hezir, to the 29th, on the 4th of the ninth. *12* The 6th of Jakim, to the 30th, on the 3rd of the tenth. *13* The sabbath of Jedaiah, to the 29th, on the 2nd of the eleventh month. *14* The 2nd [of Mija]min, to the 30th, on the second day of the twelfth month.

Frag. 2 *col.* I *1* […] *2* […] the holy years *3* […] holy creation *4* […] the 4th of the week of *5* [the sons of Gamu]l the begi[nn]ing of all the years. *6* [… the y]ear of the second jubilee. *7* […] … *Blank*

Frag. 2 *col.* II *1* … […] *2* with the sacrifices […] *3* days […] *4* holy […] *5* The second, 30 […] *6* The third, 3[1 …] *7* The fourth, 30 […]

Frag. 4 *col.* I *11* […] Jehoiar[ib] *12* […] Malchiah *13* [… Je]shua *14* […] Jeshebeab

Frag. 4 *col.* II *10* the days, and according to the weeks, *11* [and] to the months, *Blank* *12* according to the years, and to the Releases *13* and to the jubilees. On the 4th of *14* the week of the sons of Gamul.

Frag. 4 *col.* III *1* The first year. Its festivals: *2* The 3rd, on the sabbath of the sons of Maaziah: *Blank* the Passover. *3* The 1st [of] Jeda[iah]: the waving of the [sheaf.] *4* The 5th of Seorim, the [second] Passover. *5* The 1st of Jeshua: the feast of weeks. *6* The 4th of Maaziah: the day of remembrance. *7* The 6th of Jehoiarib: the day of atonement *8* [in the seventh mo]nth. *Blank* *9* The 4th of Jedaiah: the feast of huts. *10* *Blank* *11* The second (year). Its festivals: *12* [The 3rd] of Seorim: the Passover. *13* [The 1st of] Mija[mi]n, the waving of the [sheaf.] *14* [The 5th of A]biah, [the second Passover.]

Frag. 4 IV 1 ב 1 [בח]פא [חג הש]בועים 2 ב 4 בשערים יום הזכ[רון]
3 ב 6 במלכי[ה]יום הכפ[ורים] 4 [ב 4 ב]מימין חג הסכות 5 *vacat*
6 השלישית מועדיה 7 ב 3 אביה הפסח 8 ב 1 בשכניה הנף העמר
9 ב 5 ביק[י]ם הפסח ה[שני] 10 [ב 1] בחזיר [חג השבועים] 11 [ב 4
באביה יום הזכרון] 12 [ב 6 בישוע יום הכפורים] 13 [ב 4 בשכניה חג
הסכות] 14 [הרביעית מועדיה]

Frag. 4 V 1 [ב 3 ביקי]ם הפסח 2 ב 1 [ביש]באב הנף העמר 3 ב[5
בא]מר הפסח השני 4 [ב 1 בפ]צץ [חג] השבועים 5 [ב] 4 ביקים יום
הזכרון 6 [ב 6] בחפא יום הכפורים 7 [ב 4]בישבאב חג הסכות 8 *vacat*
9 [החמשית]מועדיה 10 ב 3 באמר הפסח 11 [ב 1 בפ]צץ הנף העמר
12 [ב] 5 ביחזקאל הפסח השני 13 [ב 1 ביור]יב חג ה[שבועים 14 [ב 4
באמר יום הזכרון]

Frag. 4 VI 1 ב 6 בחזיר יום הכפורים 2 ב 4 בפצץ חג הסכו[ת]
3 *vacat*
4 הששית מועדיה 5 ב 3 ביחזקאל הפס[ח] 6 ב 1 בגמול הנף העמר
7 [ב] 3 במעזיה הפסח ה[שני] 8 [ב] 1 במלכיה חג ה[שבועים] 9 [ב] 4
ביחזקא[ל יום הזכרון] 10 [ב] 6 ביכין [יום הכפורים] 11 [ב 4 בגמול חג
הספות]

4Q321 (4QCalendrical Doc B[a]) *4QCalendrical Document B[a]*

S. Talmon, *DJD XXI* (forthcoming)
PAM 41.697, 43.328, 43.329
ROC 365, 372
4Q321a
Bibliography: S. Talmon, I. Knohl, 'A Calendrical Scroll from Qumran Cave IV - Mish B[a] (4Q321)', *Tarbiẓ* 60 (1991) 505-521 [Hebrew]; .- 'A Calendrical

Frag. 4 *col.* IV *1* The 1st [of Hup]pah: [the feast of w]eeks. *2* The 4th of Seorim: the day /of remembrance/. *3* The 6th of Malchia[h:] the day of atonement. *4* The [4th of] Mijamin: the feast of huts. *5 Blank 6* The third. Its festivals: *7* The 3rd of Abiah: the Passover. *8* The 1st of Shecaniah: the waving of the sheaf. *9* The 5th of Jak[i]m: the [second] Passover. *10* [The 1st] of Hezir: [the feast of weeks.] *11* [The 4th of Abiah: the day of remembrance.] *12* [The 6th of Jeshua: the day of atonement.] *13* [The 4th of Shecaniah: the feast of huts.] *14* [The fourth. Its festivals:]

Frag. 4 *col.* V *1* [The 3rd of Jaki]m: the Passover. *2* The 1st [of Jeshe]beab: the waving of the sheaf. *3* The [5th of Im]mer: the second Passover. *4* [The 1st of Aph]ses: [the feast of] weeks. *5* [The] 4th of Jakim: the day of remembrance. *6* [The 6th] of Huppah: the day of atonement. *7* [The 4th] of Jeshebeab: the feast of huts. *8 Blank 9* [The fifth.] Its festivals: *10* The 3rd of Immer: the Passover. *11* [The 1st of Aph]ses: the waving of the sheaf. *12* [The] 5th of Jehezekel: the second Passover. *13* [The 1st of Jehoiar]ib, the feast of [weeks.] *14* [The 4th of Immer, the day of remembrance.]

Frag. 4 *col.* VI *1* The 6th of Hezir: the day of atonement. *2* The 4th of Aphses: the feast of hut[s.] *3 Blank 4* The sixth. Its festivals: *5* The 3rd of Jehezekel: the Pass[over.] *6* The 1st of Gamul: the waving of the sheaf. *7* [The] 3rd of Maaziah: the [second] Passover. *8* [The] 1st of Malchiah: the feast of [weeks.] *9* [The] 4th of Jehezeke[l: the day of remembrance.] *10* [The] 6th of Jachin: [the day of atonement.] *11* [The 4th of Gamul: the feast of huts.]

4Q321 (4QCalendrical Doc B[a]) *4QCalendrical Document B[a]*

Scroll from A Qumran Cave: Mishmarot B[a], 4Q321', in D.P. Wright *et al.* (eds.), *Pomegranates and Golden Bells. Studies in Biblical, Jewish, and Near Eastern Ritual, Law, and Literature in Honor of Jacob Milgrom* (Winona Lake: Eisenbrauns, 1995) 267-301; *Wacholder-Abegg 1*, 68-73; R. Eisenman, M. Wise, *DSSU*, 109-116; F. García Martínez, 'Calendarios en Qumrán (II)', *EstBib* 54 (1996) 529-540

Frag. 1 I 1 [באחד בידעיה בשני]ם עשר בוא בשנים באבי[ה בחמישה
]ועש[רים בשמיני ודוקה בשלושה] 2 [במימין בשנים עשר] בוא בשלושה
ביקים באר[בעה ועשרים בתשיעי ודוקה בארבעה] 3 [בשכניה באחד
ע]שר בוא בחמשה באמר בשלושה וע[ש]רים בעש[ירי ודוקה בששה
בי]שבאב 4 [בעשרה בו]א ב[ש]שה ביחזקאל בשנים ועשרים בעשתי
עשר החודש ו[דוקה שבת ב]פתחה 5 [בתשעה בוא] באחד ביויריב
בשנ[י]ם ועשרים בשנים עשר החודש ו[דוקה בשני]ם בדליה 6 [בתשעה
בוא *vacat*
ה]שנ[ית] הראשון בש[נ]ים במלאכיה בע[שרים בראשון ו]דוקה
7 [בשלושה בחרים בשבעה] בוא בארב[ע]ה בישוע[ב]עשרים בשני
ו[דוקה בחמשה ב]קוץ בשבעה 8 [בוא בחמשה בחופה בתשעה]עשר
בשלישי ודוק[ה]בשש[ה בא]ל[ישי]ב ב[ש]שה[בוא שב]ת בפצץ

Frag. 1 II 1 [בשמונה עשר ברביעי ודוקה באחד באמר בחמשה] בוא
באחד ב[גמול בשבעה עשר בחמישי] 2 [ודוקה בשנים בי]חזק[אל
בארבעה בוא בשלושה ביד]עיה ב[שבעה עשר בששי ודוקה בארבעה]
3 במגוזיה (במעזיה) בארבעה בוא בארבע[ה במימין בחמשה עשר] בשביעי
ודוקה בח[משה בשעורים בשנים] 4 בוא בששה בשכניה בחמשה[עשר
בשמיני ודו]קה שבת באביה בשנים בוא [שבת בבלגא] 5 בארבעה עשר
בתשיעי ודוקה[באחד בחופה באחד] בתשיעי ו[דוק]ה שנית בשלושה
ב[חזיר בשלושים] 6 ואחד ב[וא ב]שנים בפתחיה בש[לושה עשר בעשירי]
ודוקה בארבע[ה בי]כין בתשעה ועש[רים בוא] 7 ב[שלושה בדלי]ה
בשנים עשר בעש[תי עשר החודש ודו]קה בששה יויר[יב בת]שעה ועשרים
ב[וא בחמשה בחרים] 8 בש[ני]ם עשר בשנים עשר החודש ודוק[ה] שבת
[ב]מימין בשמונה ועשרים[בו]א *vacat*
השלישית ב[ששה בקוץ בעשרה]

Frag. 1 III 1 [בראשון ודוקה בשנים בשכניה בשבעה ועשרים בוא
באחד ביקים בעשרה בשני ודוקה בשלושה בישבאב בששה ועשרים בוא
בשנים באמר] 2 [בתשעה בשלישי ודוקה בחמשה בפצץ בששה ועשרים

Frag. 1 *col.* I (= 4Q321a 1 II) *1* [on the first (day, i.e. Sunday) of (the week of) Jedaiah, on the twe]lfth (day) of it (i.e. the seventh month of the first year). (It is full moon) on the second of Abiah, the twen[ty-fifth of the eighth (month); and a new moon on the third] *2* [of Mijamin, on the twelfth] of it. On the third of Jakim, the [twenty-]fou[rth of the ninth; and a new moon on the fourth] *3* [of Shecaniah, on the elev]enth of it. On the fifth of Immer, the t[w]enty-third of the te[nth; and a new moon on the sixth of Je]shebeab, *4* [on the tenth of i]t. On the [si]xth of Jehezekel, the twenty-second of the eleventh month; and [a new moon on the sabbath of] Pethahiah, *5* [on the ninth of it.] On the first of Jehoiarib, the twe[n]ty-second of the twelfth month; and [a new moon on the seco]nd of Delaiah, *6* [on the ninth of it. *Blank* The] sec[ond (year)]. The first (full moon) on the second of Malakiah, the twe[ntieth of the first; and] a new moon *7* [on the third of Harim, on the seventh] of it. On the fou[r]th of Jeshua, the twentieth of the second; and [a new moon on the fifth of Ha]kkoz, on the seventh *8* [of it. On the fifth of Huppah, the nine]teenth of the third; and a new mo[on] on the six[th of E]l[iashi]b, on the [si]xth [of it. On the sabba]th of Aphses,

Frag. 1 *col.* II *1* [the eighteenth of the fourth; and a new moon on the first of Immer, on the fifth] of it. On the first of [Gamul, the seventeenth of the fifth;] *2* [and a new moon on the second of Je]hezek[el, on the fourth of it. On the third of Jed]aiah, the [seventeenth of the sixth; and a new moon on the fourth] *3* ‹of Maaziah›, on the fourth of it. On the fourt[h of Mijamin, the fifteenth] of the seventh; and a new moon on the fi[fth of Seorim of the second *4* of it. On the sixth of Shecaniah, the fif[teenth of the eighth; and a new] moon on the sabbath of Abiah, on the second of it. [On the sabbath of Bilgah,] *5* the fourteenth of the ninth; and a new moon on [the first of Huppah, the first] of the ninth, and a second [new mo]on on the third of [Hezir, the thirty-] *6* first of [it. On the] second of Pethahiah, the th[irteenth of the tenth;] and a new moon on the fourt[h of Ja]chin, the twen[ty-]ninth [of it]. *7* On the [third of Delaia]h, the twelfth of the ele[venth month; and a new] moon on the sixth of Jehoiar[ib, the twenty-[ni]nth of [it. On the fifth of Harim,] *8* on the t[w]elfth of the twelfth month; and a new moon on the sabbath [of] Mijamin, the twenty-eighth [of i]t. *Blank* The third (year). On the [sixth of Hakkoz, the tenth]

Frag. 1 *col.* III (= 4Q321a 2) *1* [of the first; and a new moon on the second of Shecaniah, the twenty-seventh of it. On the first of Jakim, the tenth of the second; and a new moon on the third of Jeshebeab, the twenty-sixth of it. On the second of Immer,] *2* [the ninth of the third; and a new moon on the fifth of

בוא בארבעה ביחזקאל בשמונה ברביעי ודוקה בששה בגמול בארבעה
ועשרים בוא בחמשה] 3 [במעוזיה בשבעה בחמישי ודוק]ה באחד בח[רים
בארבעה ועשרי]ם [בו]א שבת במלא[כיה בשבעה בששי ודוקה בשנים
בקוץ בשלושה ועשרים] 4 [בוא באחד בישוע בחמשה]בשביעי ודוקה
בארבעה באלישיב בשנים ועש[רים בוא בשלושה בחופה בחמשה בשמיני
ודוקה בחמשה] 5 [בבלגא באחד ועשרים בוא]בארבעה בחזיר בארבעה
בתשיעי ודוקה שבת י[חזקאל באחד ועשרים בוא בששה ביכין בשלושה
בעשירי] 6 [ודוקה באחד במעוזיה בתשע]ה עשר בוא שבת בידעיה בשנים
בעשתי עשר החודש ודוקה[בשלושה בשעורים בתשעה עשר בוא בשנים
במימין] 7 [בשנים בשנים עשר החודש ודו]קה בארבעה באביה בשמונה
עשר בוא *vacat*

הרביעית בארבעה בשכנ[יה באחד בראשון השנית בחמשה בישבאב
בשלושים בוא] 8 [ודוקה בששה ביקים בשבעה עשר ב]ראישון שבת
ב]פתחיה בשלושים בשני ודוקה באחד בחז[יר בשבעה עשר בוא באחד
בדליה בתשעה ועשרים]

Frag. 2 I 1 [בחמשה ביקים בשבעה בחמישי וד]וקה באחד ב[בלג]א
באר[בעה ועשרים בוא] שבת בחזיר בשבע[ה] 2 [בששי ודוקה בשנים
בפתחיה] בשלושה ועשרים בוא באחד ביכין בחמשה בשביעי ודוקה
בארבעה 3 [בדליה בשנים ועשרים] בוא בשלושה ביויריב בחמשה
בשמיני ודוקה בחמשה בחרים 4 [באחד ועשרים בוא באר]בעה במלאכיה
בארבעה בתשיעי ודוקה שבת באביה באחד 5 [ועשרים בוא בששה
בי]שו[ע ב]שלושה בעשירי ודוקה באחד ביקים בתשעה עשר ב[וא]
6 [שבת בישבאב בשנים בעשתי ע]שר החודש ודוקה בשל[ושה באמר
בת]שעה עשר בוא 7 [בשנים בפצץ בשנים בשנים] עשר החודש ודוקה
בארב[עה ביחזק]אל בשמונה עש[ר] 8 [בוא *vacat*

השנה הרא]שונה החוד[ש הראש]ון ב[גמול בשלו]שה במו[עזיה] בוא
9 [הפסח בידעיה בוא הנף העומר השני בידעיה ב]שעורים [בוא הפסח
השני השלישי בקוץ]

Aphses, the twenty-sixth of it. On the fourth of Jehezekel, the eighth of the fourth; and a new moon on the sixth of Gamul, the twenty-fourth of it. On the fifth] *3* [of Maaziah, the seventh of the fifth; and a new mo]on on the first of Ha[rim, the twent]y-[fourth of i]t. The sabbath of Mala[kiah, the seventh of the sixth; and a new moon on the second of Hakkoz, the twenty-third] *4* [of it. On the first of Jeshua, the fifth] of the seventh; and a new moon on the fourth of Eliashib, the twen[ty-]second [of it. On the third of Huppah, the fifth of the eighth; and a new moon on the fifth] *5* [of Bilgah, the twenty-first of it.] On the fourth of Hezir, the fourth of the ninth; and a new moon on the sabbath of Je[hezekel, the twenty-first of it. On the sixth of Jachin, the third of the tenth;] *6* [and a new moon on the first of Maaziah, the nin]eteenth of it. On the sabbath of Jedaiah, the second of the eleventh month; and a new moon [on the third of Seorim, the nineteenth of it. On the second of Mijamin,] *7* [the second of the twelfth month; and a new] moon on the fourth of Abiah, the eighteenth of it. *Blank* The fourth (year). On the fourth of Shecan[iah, the first of the first, the second on the fifth of Jeshebeab, on the thirtieth of it;] *8* [and a new moon on the sixth of Jakim, the seventeenth of] the first. On the sabbath [of] Pethahiah, the thirtieth of the second; and a new moon on the first of Hez]ir, the seventeenth of it. On the first of Delaiah, the twenty-ninth]

Frag. 2 *col.* I *1* [On the fifth of Jakim, the seventh of the fifth (month of the sixth year); and a ne]w moon on the first of [Bilg]ah, the [twenty-]fou[rth of it.] On the sabbath of Hezir, the seven[th] *2* [of the sixth; and a new moon on the second of Pethahiah,] the twenty-third of it. On the first of Jachin, the fifth of the seventh; and a new moon on the fourth *3* [of Delaiah, the twenty-second] of it. On the third of Jehoiarib, the fifth of the eighth; and a new moon on the fifth of Harim, *4* [the twenty-first of it. On the fou]rth of Malakiah, the fourth of the ninth; and a new moon on the sabbath of Abiah, the [twenty-]first *5* [of it. On the sixth of Je]shu[a, the] third of the tenth; and a new moon on the first of Jakim, the nineteenth of [it.] *6* [On the sabbath of Jeshebeab, the second of the eleve]nth month; and a new moon on the thi[rd of Immer, the n]ineteenth of it. *7* [On the second of Aphses, the second of the twe]lfth month; and a new moon on the fou[rth of Jehezek]el, the eighteen[th] *8* [of it. *Blank* The fi]rst [year.] The [fir]st mon[th] (starts) with [Gamul; on the thi]rd of Ma[aziah] falls *9* [the Passover; in (the week of) Jedaiah falls the waving of the sheaf. The second (month starts) with Jedaiah; in] Seorim [falls the second Passover. The third with Hakkoz;]

Frag. 2 II 1 בי[ש]וע בוא חג השב[ועים הרביעי באלי]שיב החמיש[י
בבלגא הששי ביחזקאל] השבי[עי] 2 במועזיה הואה יום הזכ[ר]ון
ביו(י)ריב בוא יום הכפורים בידעיה בוא [חג ה]סוכות השמיני [בשעורים]
3 התשיעי בישוע העשירי בחופה עשתי עשר החודש בחזיר שנים עשר
החודש בגמול[*vacat*]

4 השנית הראשון בידעי[ה] בשעורים בוא הפסח ב[מ]ימין [ב]וא הנף
העומר ה^ש^ני במ[ימין באביה] 5 בוא הפסח השני ה[שלישי בא]ל[ישיב]
ובחו[פה] בוא חג השבועים [ה]רביעי [בב]לגא החמישי בפתחיה 6 [הששי
במועזיה השביעי בשעורים הואה יו]ם הזכרון במלאכיה [בוא יום
הכ]פורים במימין 7 [בוא חג] הסוכות [השמיני באביה התשיעי ב]חופה
העשירי בחזיר ע[שתי עשר] החודש ביכין 8 [שני]ם עשר הח[וד]ש
[בידעיה *vacat*

ה]שלישית הראש[ו]ן ב[מימי]ן באביה בוא 9 הפסח בשכנ[י]ה בוא הנף
העומר הש[ני] בשכניה ביקים בוא הפסח [הש]ני השלישי בבלגא בחזיר

Frag. 2 III 1 [בוא חג] השבו[עים הרביעי] ב[פתחיה החמישי בדליה
הששי בש]עורי[ם השביעי באביה ^הואה י]ום הזכרון בישוע]^ בוא י]ום
הכפורים] 2 [בשכני]ה בוא חג ה[ס]וכות הש[מיני ביקים התשיעי בחזיר
העשירי ב]יכין עש[תי עשר החודש ב]יויריב [שנים] 3 עש[ר] החודש
ב[מי]מין[*vacat*

הרביעית הראשון בשכניה ביקים בוא הפסח בישבאב בוא הנף העומר
השני] 4 ביש[בא]ב ב[אמר בוא הפסח השני הש]ליש[י בפתחיה ביכין בוא
חג השבועים הרביעי בדליה החמישי] 5 [בחרים הששי באבי]ה
[הש]ביע[י] ביקי[ם הואה יו]ם [הזכרון בחופא בוא יום הכפורים בישבאב
בוא חג] 6 [הסוכות] השמיני באמר התשיעי ב[יכין העשירי ביויריב
[עשת]י עשר ^חו[דש^ ב]מ[לאכיה שנים עשר החודש בשכניה] 7 *vacat*

החמישית הר[אשון] ב[ישבאב באמר] בוא הפסח בפ[צץ בוא] הנף
העומר הש[ני בפצץ] ב[י]חזקאל בוא 8 הפסח [ה]שני השלישי ב[דליה
ביויריב בוא חג הש]בועים הר[ביעי] בחרים החמישי בק[ו]ץ [הש]שי
ביקים השביעי 9 באמר הואה יום הזכר[ון בחזיר בוא יום הכפורים בפ[צץ

Frag. 2 *col.* II *1* in Je[sh]ua falls the feast of we[eks. The fourth with Elia]shib. The fif[th with Bilgah. The sixth with Jehezekel.] The seve[nth] *2* with Maaziah; that is the day of remem[br]ance; in Jeho‹ia›rib falls the day of atonement; in Jedaiah falls [the feast of] huts. The eighth [with Seorim.] *3* The ninth with Jeshua. The tenth with Huppah. The eleventh month with Hezir. The twelfth month with Gamul. [*Blank*] *4* The second (year). The first with Jedaia[h;] in Seorim falls the Passover; in [Mi]jamin falls the weaving of the sheaf. The second with Mi[jamin; in Abiyah] *5* falls the second Passover. The [third with E]l[iashib;] and in Hu[ppah] falls the feast of weeks. [The] fourth [with Bi]lgah. The fifth with Pethahiah. *6* [The sixth with Maaziah. The seventh with Seorim; that is the da]y of remembrance; in Malakiah [falls the day of a]tonement; in Mijamin *7* [falls the feast of] huts. [The eighth with Abiyah. The ninth with] Huppah. The tenth with Hezir. The el[eventh] month with Jachin. *8* The [twe]lfth m[on]th [with Jedaiah. *Blank* The] third (year). The fir[s]t with [Mijami]n; in Abiyah falls *9* the Passover; in Shecan[ia]h falls the waving of the sheaf. The se[cond] with Shecaniah; in Jakim falls the [sec]ond Passover. The third with Bilgah; in Hezir

Frag. 2 *col.* III *1* [falls the feast of] wee[ks. The fourth] with [Pethahiah. The fifth with Delaiah. The sixth with S]eori[m. The seventh with Abiyah; /that is the d]ay[of remembrance; in Jeshua/] falls the d[ay of atonement;] *2* [in Shecania]h falls the feast of [t]ents. The ei[ghth with Jakim. The ninth with Hezir. The tenth with] Jachin. [The] el[eventh month with] Jehoiarib. *3* The [twe]lf[th] month with [Mija]min. [*Blank* The fourth (year). The first with Shecaniah; in Jakim falls the Passover; in Jeshebeab falls the waving of the sheaf. The second] *4* with Jeshe[bea]b; in [Immer falls the second Passover. The t]hir[d with Pethahiah; in Jachin falls the feast of weeks. The fourth with Delaiah. The fifth] *5* [with Harim. The sixth with Abiya]h. [The se]ven[th] with Jaki[m; that is the da]y of [remembrance; in Huppah falls the day of atonement; in Jeshebeab falls the feast of] *6* [huts.] The eighth with Immer. The ninth with [Jachin. The tenth with Jehoiari]b. [The elev]enth /mon[th/ with] Ma[lakiah. The twelfth month with Shecaniah.] *7* *Blank* The fifth (year). The f[irst] with [Jeshebeab; in Immer] falls the Passover; in Aph[ses falls] the waving of the sheaf. The se[cond with Aphses; in [Je]hezekel falls *8* the second Passover. The third with [Delaiah; in Jehoiarib falls the feast of w]eeks. The f[ourth] with Harim. The fifth with Hakk[o]z. [The s]ixth with Jakim. The seventh *9* with Immer; that is the day of remembra[nce; in Hezir falls the

בוא [ח]ג הסכות השמיני ביחזקאל התשיעי ביויר[יב] העשירי

Frag. 2 IV 1 [במלאכיה עשתי עשר החודש בישוע שנים עשר החודש
בישבאב *vacat*
השישית הראשון בפצץ] 2 [ביחזקאל בוא הפסח בגמול בוא הנף העומר
השני בגמול במועזיה בוא הפסח השני] 3 [השלישי בחרים במלאכיה בוא
חג השבועים הרביעי בקוץ החמישי באלישיב הששי באמר] 4 [השביעי
ביחזקאל הואה יום הזכרון ביכין בוא יום הכפורים בגמול בוא]חג[הסכות]
5 [השמיני במועזיה בתשיעי במלאכיה העשירי בישוע]עשתי עש[ר
ה]חודש בחופה 6 [שנים עשר החודש בפצץ] *vacat* 7-9 *vacat*

4Q321a (4QCalendrical Doc B^b) *4QCalendrical Document B^b*

S. Talmon, *DJD XXI* (forthcoming)
PAM 43.332
ROC 190
4Q321

Frag. 1 I 4 [שבת בקוץ בשלושים בשיני ודוקה באחד במלאכיה
בשבעה ע]שר בוא 5 [באחד באלישיב בתשעה ועשרים בשלישי ודוקה]
בשנים בישוע ב[ששה] 6 [עשר בוא *vacat* בשלושה בבלגה בשמ]ונה
ועשרים ברביעי 7 [ודוקה בארבעה החופה בחמשה עשר בוא *vacat*] *vacat*
8 [בארבעה בפתחיה בשבעה ועשרים בחמישי ודוקה בחמשה בחזי]ר

Frag. 1 II 1 בארב[עה ועשרים בתשיעי ודוקה בארבעה בשכניה]
2 באחד עשר[בוא *vacat* בחמשה באמר בשלושה ועשרים] 3 בעשירי
ו[דוקה בששה בישאב בעשר בוא *vacat*] 4 בששה ביח[זקאל בשנים
י]עשרים באחד עשר החודש ודוקה] 5 שבת בפתחיה [בתשעה בוא *vacat*
באחד ביויריב בשנים] 6 ועשרים בשנים עש[ר החודש ודוקה בשנים
בדליה בתשעה] 7 בוא *vacat* [*vacat*] 8 השני[ת הרא]ש[ון ...]

day of atonement; in Aph]ses falls the [fe]ast of huts. The eighth with Jehezekel. The ninth with Jehoiar[ib.] The tenth

Frag. 2 *col.* IV *1* [with Malakiah. The eleventh month with Jeshua. The twelfth month with Jeshebeab. *Blank* The sixth (year). The first with Aphses;] *2* [in Jehezekel falls the Passover; in Gamul falls the waving of the sheaf. The second with Gamul; in Maaziah falls the second Passover.] *3* [The third with Harim; in Malakiah falls the feast of weeks. The fourth with Hakkoz. The fifth with Eliashib. The sixth with Immer.] *4* [The seventh with Jehezekel; that is the day of remembrance; in Jachin falls the day of atonement; in Gamul falls] the feast of [huts.] *5* [The eighth with Maaziah. The ninth with Malakiah. The tenth with Jeshua.] The eleven[th] month with Huppah. *6* [The twelfth month with Aphses.] *Blank 7-9 Blank*

4Q321a (4QCalendrical Doc B^b) *4QCalendrical Document B^b*

Bibliography: Wacholder-Abegg 1, 74-76; S. Talmon, I. Knohl, 'A Calendrical Scroll from Qumran Cave 4: Mishmarot B^b (4Q321a)', in M.V. Fox *et al.* (eds.), *Texts, Temples and Traditions. A Tribute to Menahem Haran* (Winona Lake: Eisenbrauns, 1996) 65*-71* [Hebrew]; Cf. 4Q321

Frag. 1 *col.* I *4* [On the sabbath of Hakkoz, the thirtieth of the second (month of the first year); and a new moon on the first of Malakiah, the sevent]eenth of it. *5* [On the first of Eliashib, the twenty-ninth of the third; and a new moon] on the second of Jeshua, the [six-] *6* [teenth of it. *Blank* On the third of Bilgah, the] twenty-[eig]hth of the fourth; *7* [and a new moon on the fourth of Huppah, the fifteenth of it. *Blank*] *Blank 8* [On the fourth of Pethahiah, the twenty-seventh of the fifth; and a new moon on the fifth of Hezi]r

Frag. 1 *col.* II (= 4Q321 1 I) *1* the [twenty-]fou[rth of the ninth (month of the first year); and a new moon on the fourth of Shecaniah,] *2* on the eleventh [of it. *Blank* On the fifth of Immer, the twenty-third] 3 of the tenth; and [a new moon starts on the sixth of Jeshebeab, on the tenth of it. *Blank*] *4* On the sixth of Jehe[zekel, the twenty-second of the eleventh month; and a new moon] *5* on the sabbath of Pethahiah, [on the ninth of it. *Blank* On the first of Jehoiarib, the] *6* twenty-[second] of the twelf[th month; and a new moon on the second of Delaiah, on the ninth] *7* of it. *Blank* [*Blank*] *8* The seco[nd (year). The fi]r[st (full moon) ...]

Frag. 2 1 [בשנים באמר בתשעה בשלישי ודוקה בחמשה בפצץ
בששה וע]שרים 2 [בוא *vacat* בארבעה ביחזקאל בשמונה ברביעי ודוקה
בששה ב]גמול 3 [ב]ארבעה ו[עשרים בוא *vacat* בחמשה במעוזיה בשבעה
]בחמישי 4 [ודו]קיה באח[ד בחרים בארבעה ועשרים בוא *vacat* ש]בת
במלאכיה בשבע[ה] 5 [בששי ודוק]ה בש[נים בקוץ בשלושה ועשרים
בו]א *vacat* 6 [באחד בישוע]בחמש[ה בשביעי ודוקה בארבעה בא]ל[ישי]ב
בשנים ועשר[ים] 7 [בוא *vacat* בשלו]שה בחופה[בחמשה בשמיני ודוקה
בחמשה ב]בלגא

Frag. 3 1 [ביקים בארבעה בוא *vacat* בארבעה בפ]צץ ב[חמשה עשר
בשביעי ודוקה] 2 [בחמשה באמר ב]שנים בוא[*vacat* בש]שה בגמו[ל
בחמשה עשר בשמיני ודוקה] 3 [שבת ביכי]ן בשנים בוא שבת ב[חרי]ם
בארבעה ע[שר בתשיעי ודוקה באחד] 4 [ביוירי]ב באחד בוא *vacat*
בשלושה במלכיה בש[לושים ואחד דוקה שנית] 5 בשנים בקוץ בשלושה
עשר בעשירי ודוקיה[בארבעה בישוע בתשעה] 6 ועשרים בוא *vacat*
בשלושה באלישיב ב[שנים עשר באחד עשר החודש ודוקה] 7 בששה
בחופ{ה}א בתשעה ועשרים {עשר} בוא *vacat* [בארבעה בבלגה בשנים עשר]
8 בשנים עשר החודש ודוקי שבת [בפצץ בשמונה ועשרים בוא *vacat*]
9 הש[שי]ת בששה בפתחיה בעשר<ים>[בראשון ודוקה בשנים בגמול
בשבעה] 10 [ועשרים בוא *vacat*] באחד ב[מעוזיה ...]

4Q322 (4QCalendrical Doc C[a]) *4QCalendrical Document C[a]*

S. Talmon, *DJD XXI* (forthcoming)
PAM 43.336, 43.337
ROC 694
4Q323, 4Q324, 4Q324a, 4Q324b, 4Q324c

Frag. 1 1 [...]א [...]א בעשר] בחודש הששי ...] 2 [... בארבעה עשר בה
ביא]ת ידעיה בששה עש[ר בה ...] 3 [... בעשרים ו]שבעה בחודש] הששי

Frag. 2 (= 4Q321 1 III) *1* [On the second of Immer, the ninth of the third (month of the third year); and a new moon on the fifth of Aphses, the tw]enty[-sixth] *2* [of it. *Blank* On the fourth of Jehezekel, the eighth of the fourth; and a new moon on the sixth of] Gamul, *3* [the twenty]-fourth [of it. *Blank* On the fifth of Maaziah, the seventh] of the fifth; *4* [and a new] moon on the fir[st of Harim, the twenty-fourth of it. *Blank* The sa]bbath of Malakiah, the seven[th] *5* [of the sixth; and a new mo]on on the se[cond of Hakkoz, the twenty-third of i]t. *Blank* *6* [On the first of Jeshua,] the fif[th of the seventh; and a new moon on the fourth of E]l[iashi]b, the twen[ty]-second *7* [of it. *Blank* On the thi]rd of Huppah, [the fifth of the eighth; and a new moon on the fifth of] Bilgah

Frag. 3 *1* [of Jakim, the fourth of it (i.e. the sixth month of the fifth year). *Blank* On the fourth of Aph]ses, the [fifteenth of the seventh; and a new moon] *2* [on the fifth of Immer, the] second of it. [*Blank* On the si]xth of Gamu[l, the fifteenth of the eighth; and a new moon] *3* [on the sabbath of Jachi]n, the second of it. On the sabbath of Ha[ri]m, the fourte[enth of the ninth; and a new moon on the first] *4* [of Jehoiari]b, the first of it. *Blank* On the third of Malchiah, on the th[irty-first, a second new moon.] *5* On the second of Hakkoz, the thirteenth of the tenth; and a new moon on the fourth of Jeshua on the] *6* twenty-[ninth] of it. *Blank* On the third of Eliashib, the [twelfth of the eleventh month; and a new moon] *7* on the sixth of Huppah, the {nineteenth} /twenty/-ninth of it. *Blank* [On the fourth of Bilgah, the twelfth] *8* of the twelfth month; and a new moon on the sabbath of Aphses, on the twenty-eighth of it. *Blank*] *9* The si[xt]h (year). On the sixth of Pethahiah, the ‹tenth› [of the first; and a new moon on the second of Gamul, the twenty-] *10* [seventh of it. *Blank*] On the first of [Maaziah ...]

4Q322 (4QCalendrical Doc C[a]) *4QCalendrical Document C[a]*

Bibliography: Wacholder-Abegg 1, 77-85; R. Eisenman, M. Wise, *DSSU*, 119-127. M.O. Wise, '*Primo Annales Fuere*: An Annalistic Calendar from Qumran', in *Thunder in Gemini*, 186-221; F. García Martínez, 'Calendarios en Qumrán (II)', *EstBib* 54 (1996) 540-546

Frag. 1 *1* [...] on the tenth [of the sixth month (of the second year) ...] *2* [... on the fourteenth of it (is) the entra]nce of Jedaiah. On the sixtee[nth of it ...] *3* [... on the twenty-]seventh of the [sixth] month [...] *4* [...] he brought back

...] 4 [...] הושיב ג.[...] 5 [... כתי]אים וגם .[...] 6 [...].ורי הנפש ו[...] 7 [...]אסירים[...]

Frag. 2 1 [... ל]תת לו יקר בערמ[תו ...] 2 [... ת]שעה לשבט זה[...] 3 [...]ה שהוא עשרים בחודש[...] 4 [...].יסוד באה שלמציון .[...] 5 [...] להקביל את[...] 6 [...]ב הרקנוס מרה[...] 7 [...]להקביל[...]

Frag. 3 1 [...]...[...] 2 [... כת]יאים הרג ש[...] 3 [...]חמישי בידעיה זה[...]

4Q323 (4QCalendrical Doc C^b) *4QCalendrical Document C^b*

S. Talmon, *DJD XXI* (forthcoming)
PAM 43.336, 43.337
ROC 694

Frag. 1 1 [...]ה בתשע[ה בה ביאת שכניה ...] 2 [...]ב..[... ב]שכניה א[...] 3 [... בעשרים ושלו]שה בה ביאת יקים בשנים ביקים .[...] ויום ר[ביעי ...] 4 [...]...[ויו]ם שני בחודש הת[שיעי ...]

Frag. 2 1 [... ויום רב]יעי בחז[י]ר[בא]חד בע[שירי ...] 2 [... בארבעה בה ביאת פ]צץ באחד [ע]שר בה [ביאת פתחיה ...] 3 בשמונה עשר בה ביא]ת יחזקאל בעשר[ים וחמשה בה ביאת] 4 [יכין ...]. הע[ב]ודה י[...] 5 [...] ביאת[...]

Frag. 3 1-4 [...]...[...] 5 [...]. אנש[י ...] 6 [...]. ונגד אר[...] 7 [... א]מרו בע[...] 8 [...]שבעים ו[...] 9 [...]שהיא[...]

... [...] *5* [... Kitt]im and also [...] *6* [...] ... the soul and [...] *7* [...] prisoners [...]

Frag. 2 *1* [... to] give him honour for [his] wisd[om ...] *2* [... ni]nth of Shebat. This [...] *3* [...] which is the twentieth of the month [...] *4* [...] foundation. Shelamsion entered [...] *5* [...] to receive the [...] *6* [...] Hyrcanus rebelled [...] *7* [...] to receive [...]

Frag. 3 *1* [...] ... [...] *2* [... the Kitt]im killed /S/[...] *3* [...] fifth of Jedaiah. This [...]

4Q323 (4QCalendrical Doc C^b) *4QCalendrical Document C^b*

4Q322, 4Q324, 4Q324a, 4Q324b, 4Q324c
Bibliography: Wacholder-Abegg 1, 79-81; Cf. 4Q322

Frag. 1 *1* [...] on the nint[h of it (the eighth month of the second year) is the entrance of Shecaniah ...] *2* [...] on ... [... of] Shecaniah [...] *3* [... on the twenty-th]ird of it is the entrance of Jakim. /On the second of Jakim [...]/ And the f[ourth] day [...] *4* [...] ... [and] the second [da]y of the n[inth] month [...]

Frag. 2 *1* [... and the fo]urth [day] of Hez[i]r, [on the fi]rst of the te[nth (month of the second year) ...] *2* [... on the fourth of it is the entrance of Aph]ses; on the elev[en]th of it [the entrance of Pethahiah ...] *3* [... on the eighteenth of it the entran]ce of Jehezekel; on the twen[ty-fifth of it the entrance of] *4* [Jachin. ...] the ser[v]ice [...] *5* [...] the entrance of [...]

Frag. 3 *1-4* [...] ... [...] *5* [...] men [...] *6* [...] and against Ar[...] *7* [... s]aid ... [...] *8* [...] seventy and [...] *9* [...] which [...]

4Q324 (4QCalendrical Doc C[c]) *4QCalendrical Document C[c]*

S. Talmon, *DJD XXI* (forthcoming)
PAM 43.336, 43.337
ROC 694

Frag. 1 1 [בעשרים ושלושה בה] ביאת [אלישיב בשלושים בה ביאת יקים] 2 [אחר שבת ביקים זה אח]ד בש[שי בשבעה בה באית חופה] 3 [בארבעה] עשר בה[ביאת ישבאב] ...פות בע[שרים ואחד] 4 [בה ביאת בלג]ה בעשרים [ושמונה ב]ה ביאת אמר[יום] 5 [רביעי באמר זה א]חד בשביעי באר[ב]עה בה ביאת ח[זיר] 6 [יום ששי ב]חזיר שהוא עשרה בשביעי שיום[הכפורים] 7 [...]לברית באחד עשר בשביעי ביאת [הפצץ ...]

4Q324a (4QCalendrical Doc C[d]) *4QCalendrical Document C[d]*

S. Talmon, *DJD XXI* (forthcoming)
PAM 43.338
ROC 684

Frag. 1 II 1 יום...[...]באל...[... בעשרים ואחד] 2 [בו]א ביאת ש[עור]ים בעשרים ושמונה בוא ביאת מלכ[יה] 3 יום רביעי [ב]מלכיה זה אחד בחודש העשירי *vacat* 4 בא[רבע]ה בע[ש]ירי ביאת מי[מ]ין באחד עשר בוא ביא[ת הקוץ]

Frag. 2 1 [... ב]עשרים 2 [ואחד בוא ביאת פתחיה בעשרים ושמ]ו[נ]ה 3 [בוא ביאת יחזקאל ויום ... בי]חזקאל שהוא 4 [...]הרג אמליוס 5 [... יום רביעי ביחזקאל זה אחד בחוד]ש השביעי 6 [בארבעה בוא ביאת יכין בעשתי עשר בוא ב]י[את] גמול 7 [...ש]הוא 8 [...]הרג אמליוס

4Q324 (4QCalendrical Doc C[c]) *4QCalendrical Document C*[c]

4Q322, 4Q323, 4Q324a, 4Q324b, 4Q324c
Bibliography: Wacholder-Abegg 1, 81-82; Cf. 4Q322

Frag. 1 *1* [On the twenty-third of it (the fifth month of the fifth year) is] the entrance of [Eliashib. On the thirtieth of it is the entrance of Jakim.] *2* [(The day) after the sabbath of Jakim is the fir]st of the si[xth (month). On the seventh of it is the entrance of Huppah.] *3* [On the four]teenth of it [is the entrance of Jeshebeab.] … On the tw[enty-first] *4* [of it is the entrance of Bilga]h. On the twenty-[eighth of] it is the entrance of Immer. [Day] *5* [four of Immer is the fi]rst of the seventh. On the fo[u]rth of it is the entrance of He[zir]. *6* [Day six of] Hezir, which is the tenth of the seventh, is the day [of atonement] *7* […] for the covenant. On the eleventh of the seventh is the entrance of [Aphses …]

4Q324a (4QCalendrical Doc C[d]) *4QCalendrical Document C*[d]

4Q322, 4Q323, 4Q324, 4Q324b, 4Q324c
Bibliography: Wacholder-Abegg 1, 82-84; Cf. 4Q322

Frag. 1 *col.* II *1* day … […] … [… On the twenty-first] *2* [of i]t (the ninth month of the fifth year) is the entrance of S[eor]im. On the twenty-eighth of it is the entrance of Malch[iah.] *3* Day four [of] Malchiah is the first of the tenth month. *Blank* *4* On the f[our]th of the t[e]nth is the entrance of Mija[m]in. On the eleventh of it is the entran[ce of Hakkoz.]

Frag. 2 *1* [… On the twenty-] *2* [first of it (the sixth month of the sixth year) is the entrance of Pethahiah. On the twenty-eigh]th *3* [of it is the entrance of Jehezekel. And on day … of Je]hezekel, which is *4* […] Aemilius (Scaurus) killed *5* [… Day four of Jehezekel is the first of mon]th seven. *6* [On the fourth of it is the entrance of Jachin. On the eleventh of it is the en]tr[ance of] Gamul *7* [… wh]ich *8* […] Aemilius killed

---

4Q324b (4QCalendrical Doc C[e]) *4QCalendrical Document C[e]*

S. Talmon, *DJD XXI* (forthcoming)
PAM 41.701, 43.335
ROC 302

Frag. 1 I 3-1 [...]... 4-5 [...]...[...]... 6 [...]כוהן גדול ר...
7 [...] יוחנן להבי את

Frag. 1 II 2-1 .[...] 4-3 [...] 5 אנוש [...] 6 ...[...]
7 שלמצ'ון[...]

4Q324c (4Qcrypt A Calendrical Doc C[f]) *4QCalendrical Document C[f]*

S. Talmon, S.J. Pfann, *DJD XXI* (forthcoming)
PAM 43.333, 43.340
ROC 240, 241

Frag. 12 II 1 [...]בעשרים 2 ושמו[נה ...] 3 יום הש[...] 4 [י]ום
ר[ביעי ...]

4Q325 (4QCalendrical Doc D) *4QCalendrical Document D*

S. Talmon, *DJD XXI* (forthcoming)
PAM 43.333
ROC 226
Bibliography: Wacholder-Abegg 1, 86-87; R. Eisenman, M. Wise, *DSSU*, 127-

Frag. 1 1 [...]שי בשמונה עשר בו שבת ע[ל יויריב ...] 2 [...
]בערב בעשרים וחמשה בו שבת על ידעיה ועלי[ו] 3 [מועד]השעורים
בעשרים וששה בו אחר שבת רוש החודש הש[ני] 4 [בששה בו] על ידעיה
בשנים בו שבת חרים בתשעה בו שבת 5 [שעורים]בששה עשר בו שבת

4Q324b (4QCalendrical Doc C[e]) *4QCalendrical Document C[e]*

4Q322, 4Q323, 4Q324, 4Q324a, 4Q324c
Bibliography: Wacholder-Abegg 1, 84-85; Cf. 4Q322

Frag. 1 *col.* I *1-5* [...] ... *6* [...] high priest ... *7* [...] Yochanan to bring

Frag. 1 *col.* II *1-4* [...] *5* man [...] *6* ... [...] *7* Shelamsion [...]

4Q324c (4Qcrypt A Calendrical Doc C[f]) *4QCalendrical Document C[f]*

4Q322, 4Q323, 4Q324, 4Q324a, 4Q324b
Bibliography: Cf. 4Q322

Frag. 12 *col.* II *1* [... on the twenty-] *2* eig[hth ...] *3* the ... day [...] *4* [d]ay f[our ...]

4Q325 (4QCalendrical Doc D) *4QCalendrical Document D*

128; S. Talmon, 'A Calendrical Document from Qumran Cave 4 (Mishmarot D, 4Q325), in Z. Zevit *et al.* (eds.), *Solving Riddles and Untying Knots. Biblical, Epigraphic, and Semitic Studies in Honor of Jonas C. Greenfield* (Winona Lake, Indiana: Eisenbrauns, 1995) 327-344

Frag. 1 *1* [...] ... On the eighteenth of it (the first month of the first year) is the sabbath o[f Jehoiarib ...] *2* [...] in the evening. On the twenty-fifth of it the sabbath of Jedaiah; and [hi]s duty includes *3* [the festival of] the barley on the twenty-sixth of it, (on the day) after sabbath. The beginning of the se[cond] month *4* [on the sixth of it (i.e., the course)] of Jedaiah. On the second of it the sabbath of Harim. On the ninth of it the sabbath of *5* [Seorim.] On the six-

מלכיה בעשרים ושלושה ב[ו] 6 [שבת מי]מין בשלושים בו שבת הקוץ
vacat רוש החודש 7 [*vacat*] *vacat* השלישי אחר שבת

Frag. 2 1 [... בשנים בו שבת על א]מר בש[ל]ושה ב[ו] 2 [מועד
התירוש אחר שבת על אמר ב]תשעה בו שבת חזיר 3 [בששה עשר בו
שבת הפצץ בעשרי]ם ושלושה בו שבת 4 [פתחיה בשלושים בו שבת על
יחזקאל רו]ש [ה]חודש הששי 5 [אחר שבת על יחזקאל בשבעה בו שבת
יכין בארב]עה עשר 6 [בו שבת גמול בעשרים ואחד בו שבת דליה
בעשרים ו]שנים 7 [בו מועד היצהר ... אחר מועד היצהר מועד קרבן
הע]צים

4Q326 (4QCalendrical Doc E^a) *4QCalendrical Document E^a*

S. Talmon, *DJD XXI* (forthcoming)
PAM 43.339
ROC 693

1 ברב[יעי] באחד ברביע[י ... ב 4 בו שבת] 2 בא 11 בו שב[ת ... ובערב
ב 15] 3 חג המצות יום רבי[עי ב 18 בו שבת ב 25 בו] 4 שבת ב 26 ו מועד
ש[עורים אחר שבת] 5 [...]... *vacat* בשני רוא[ש ...]

4Q327 (Calendrical Doc E^b) *4QCalendrical Document E^b*

E. Qimron, J. Strugnell, *DJD X*, 7, pl. I (published as 4Q394 1-2 I-V)
PAM 43.339
ROC 693
4Q326?
Bibliography: Wacholder-Abegg 1, 89-91; R. Eisenman, M. Wise, *DSSU*, 182-

Frag. 1 I 3 בשש אשר (עשר) 4 בו שבת 5 בעשרם 6 ושלושא
7 בו שבת 8 [בש]לושים

teenth of it the sabbath of Malchiah. On the twenty-third of [it] *6* [the sabbath of Mija]min. On the thirtieth of it the sabbath of Hakkoz. *Blank* The beginning of the *7* [*Blank*] *Blank* third month (on the day) after the sabbath

Frag. 2 *1* [... On the second of it the sabbath of I]mmer. On the th[i]rd of [it] *2* [the festival of the new wine, on the day after the sabbath of Immer. On] the ninth of it the sabbath of Hezir. *3* [On the sixteenth of it the sabbath of Aphses. On the twent]y-third of it the sabbath of *4* [Pethahiah. On the thirtieth of it the sabbath of Jehezekel. The begin]ning of [the] sixth month *5* [(on the day) after the sabbath of Jehezekel. On the seventh of it the sabbath of Jachin. On the fo]urteenth *6* [of it the sabbath of Gamul. On the twenty-first of it the sabbath of Delaiah. On the twenty-]second *7* [of it the festival of the new oil ... (the day) after the festival of the new oil the festival of the offer of the w]ood

---

4Q326 (4QCalendrical Doc E[a]) *4QCalendrical Document E[a]*

4Q327?
Bibliography: Wacholder-Abegg 1, 88

1 /In the four[th]./ In the first of the four[th ... On the 4th of it a sabbath] *2* On the 11th of it a sabba[th ... and on the evening of the 15th] *3* the festival of unleavened breads, the fou[rth] day (of the week). [On the 18th of it a sabbath. On the 25th of it] *4* a sabbath. On the 26th of it the festival of b[arley, (the day) after the sabbath.] *5* [...] ... *Blank* In the second (month) begin[ning ...]

4Q327 (Calendrical Doc E[b]) *4QCalendrical Document E[b]*

193; F. García Martínez, 'Dos Notas sobre 4QMMT', *RevQ* 16/62 (1993) 293-297; J.C. VanderKam, "The Calendar, 4Q327, and 4Q394', in M. Bernstein *et al.* (eds.), *Legal Texts and Legal Issues. Proceedings of the Second Meeting of the International Organization for Qumran Studies Cambridge 1995. Published in Honour of Joseph M. Baumgarten* (STDJ 23; Leiden: Brill, 1997) 179-194

Frag. 1 *col.* I (published as 4Q394 1 - 2 IV) *3* On the sixteenth *4* of it (the fifth month) a sabbath. *5* On the twenty- *6* third *7* of it a sabbath. *8* [On the th]irtieth

Frag. 1 II 1 בו שבת 2 בעשרים 3 ושנים 4 בו מועד 5 השמן
6 אח[ר הש]בת 7 אח[ריו] 8 קרב[ן] 9 [העצים]

Frag. 2 I 4 בעשרים 5 ושלושה 6 בו שבת 7 [ב]של[ושי]ם

Frag. 2 II 1 [בעשרים] [ו]אח[ד] 2 [ב]ו' שבת 3 [ב]עשרים
4 ושמונה 5 בו שבת 6 עליו אחר 7 השבת 8 י[ו]ם השנ[י]

Frag. 2 III 1 בו[שבת] 2 בע[שתי עשר] 3 בו שבת 4 בשמונה
5 עשר בו שבת 6 בעשרים 7 וחמשה 8 בו שבת 9 בשנים
10 בחמ[י]ש[י] 11 [ש]ב[ת]

4Q328 (4QCalendrical Doc F^a) *4QCalendrical Document F^a*

S. Talmon, *DJD XXI* (forthcoming)
PAM 43.339

1 [בחמשית ישב]אב בששית הפצץ אלה רשי השנים 2 [בשנה
]הראישונה גמול אליש[יב] מועזי[ה] 3 [חופה ב]שנית ידעיה בלגה
ש[עו]רים ח[זיר] 4 [בשלישית]מי[מין]{אביה} פתחיה אב[יה יכין]
5 [ברביעית שכניה ד]ליה יקים יוי[ריב בחמישית] 6 [ישבאב חרים אמר
]מלכיה בש[שית הפצץ הקוץ]

4Q329 (4QCalendrical Doc F^b) *4QCalendrical Document F^b*

S. Talmon, *DJD XXI* (forthcoming)
PAM 43.334

Frags. 1-2 1 שעורים [חזיר בשנית מימין פתחיה אביה יכין בשנה]
2 השלישית [שכניה דליה יקי]ם יויריב] ברביעית ישבאב] 3 [ח]רים אמר[

Frag. 1 *col.* II (published as 4Q394 1 - 2 V) *1* of it (the sixth month) a sabbath. *2* On the twenty- *3* second *4* of it the festival of *5* oil, *6* (on the day) aft[er the sa]bbath. *7* Aft[er it] *8* the offe[ring of] *9* [the wood]

Frag. 2 *col.* I (published as 4Q394 1 - 2 I) *4* On the twenty- *5* third *6* of it a sabbath. *7* [On the] thi[rtie]th

Frag. 2 *col.* II (published as 4Q394 1 - 2 II) [On the twenty-] *1* fir[st] *2* [of] /it/ a sabbath. *3* [On the] twenty- *4* eighth *5* of it a sabbath. *6* In addition to it (the day) after *7* the sabbath (i.e. Sunday) *8* and the sec[ond da]y (i.e. Monday)

Frag. 2 *col.* III (published as 4Q394 1 - 2 III) *1* on it [a sabbath.] *2* On the el[eventh] *3* of it a sabbath. *4* On the eight- *5* eenth of it a sabbath. *6* On the twenty- *7* fifth *8* of it a sabbath. *9* On the second *10* of the fi[fth] *11* [a sa]bba[th.]

4Q328 (4QCalendrical Doc F[a]) *4QCalendrical Document F[a]*

ROC 693
Bibliography: Wacholder-Abegg 1, 92

(cf. 4Q329 1 - 2; 4Q259 + 4Q319 VII) *1* [In the fifth (year) Jeshebe]ab; in the sixth Aphses. These (the preceding lists) are (the courses at) the beginnings of the years. *2* [In] the first [year (the courses at the beginnings of the seasons):] Gamul, Eliash[ib,] Maazia[h,] *3* [Huppah. In] the second: Jedaiah, Bilgah, S[eo]rim, He[zir.] *4* [In the third:] Mija[min,] {Abiah,} Pethahiah. Ab[iah, Jachin.] *5* [In the fourth: Shecaniah, De]laiah, Jakim, Jehoia[rib. In the fifth:] *6* [Jeshebeab, Harim, Immer,] Malchiah. In the si[xth: Aphses, Hakkoz,]

4Q329 (4QCalendrical Doc F[b]) *4QCalendrical Document F[b]*

ROC 710
Bibliography: Wacholder-Abegg 1, 93

Frags. 1 - 2 (cf. 4Q328; 4Q259 + 4Q319 VII) *1* Seorim, [Hezir in the second (year). Mijamin, Pethahiah, Abiah, Jachin in] *2* the third [year. Shecaniah, Delaiah, Jaki]m, Jehoiarib [in the fourth year. Jeshebeab,] *3* [Ha]rim, Immer,

מלכיה בחמישית] הפצץ הקו[ץ יחזקאל ישוע בששית] 4 [ה]שנה הרישונ[ה]
בחו[דש גמול דלית מו]עזיה יויריב ב[שני ידעיה] 5 [חרים שעורים מלכיה
מימין ב]שלישי ה[קוץ אביה ישוע שכניה]

Frag. 3 1 [...] ידעיה חרים שעו[רים ...] 2 [...] אלישיב יקים חופא
[...] 3 [... יחז]קאל יכ[ין ...]

4Q329a (4QCalendrical Doc G) *4QCalendrical Document G*

S. Talmon, *DJD XXI* (forthcoming)
PAM 43.334

1 [... בשלשה ב]שבת 2 [מעוזיה הפסח בשני]ת מ[עד]יה [בש]לושה
3 [בשעורים הפסח בשלשי]ת מעדיה בשלשה 4 [בשבת אביה הפס]ח
ברביעית מעדיה 5 [בשלשה ביקים הפ]סח החמשית מעדיה 5a בשלשה
באמ[ר הפסח ...]

4Q330 (4QCalendrical Doc H) *4QCalendrical Document H*

S. Talmon, *DJD XXI* (forthcoming)
PAM 43.334

Frag. 1 II 1 מימין באחד בחודש הר[אשון ...] 2 בשבוע ששי שנה]
[... 3 שנה שנית בשנה הח[מישית] ישבאב ב[אחד החודש הראשון ...]
4 [...]לן[...]

Frag. 2 1 [...]...[...] 2 [... ב]אחד בחוד[ש הראשון ...] 3 [...]ין
ש[מ]טה[...] 4 [... בחוד]ש הראש[ון...]

[Malchiah in the fifth.] Aphses, Hakko[z, Jehezekel, Jeshua in the sixth.] *4* [The] /first/ year. In the (first) mon[th: Gamul, Delaiah, Ma]aziah, Jehoiarib. In the [second: Jedaiah,] *5* [Harim, Seorim, Malchiah, Mijamin. In the] third: Ha[kkoz, Abiah, Jeshua, Shecaniah.]

Frag. 3 *1* [...] Jedaiah, Harim, Seo[rim ...] *2* [...] Eliashib, Jakim, Huppah [...] *3* [... Jeheze]kel, Jach[in ...]

4Q329a (4QCalendrical Doc G) *4QCalendrical Document G*

ROC 710
Bibliography: Wacholder-Abegg 1, 94

1 [... on the third of the] week *2* [of Maaziah, the Passover. In the seco]nd (year) its fes[tivals (begin) on the th]ird *3* [of Seorim, the Passover. In the thir]d its festivals on the third *4* [of Abiah, the Passo]ver. In the fourth its festivals *5* [on the third of Jakim, the Pas]sover. In the fifth its festivals *5a (vertically written in the margin)* on the third of Imme[r, the Passover ...]

4Q330 (4QCalendrical Doc H) *4QCalendrical Document H*

ROC 710
Bibliography: Wacholder-Abegg 1, 95

Frag. 1 *col.* II *1* Mijamin on the first of the f[irst] month [(of the third year) ...] *2* in the sixth week. Year [...] *3* second year. /In the f[ifth] year/ Jeshebeab on [the first of the first month ...] *4* [...] ... [...]

Frag. 2 *1* [...] ... [...] *2* [... on the] first of [the first] mon[th ...] *3* [...] ... re[lea]se [...] *4* [... in] the fir[st mon]th [...]

4Q331-333

Details unknown

4Q334 (4QOrdo) *4QOrder of Divine Office*

S. Talmon, U. Gleßmer, *DJD XXI* (forthcoming)
PAM 43.334
ROC 710

Frag. 2 1 [ובשמונה בו בלילה שי]רות [ש]מונה ו[ד]ברי תשבו]חות
2 [וביום שירות שמונה ודב]רי[תשבוחות]ששה עש[ר ארבע]ה וארבעים
3 [שירות שמונה ודברי תשבוחות שנ]ים וארבע[ים ובתשע]ה בו בלילה
4 [שמונה ודברי תשבוחות שמונה עשר] ובעשרה ב[ו ובי]ום שירות
5 [ודברי תשבוחות ארבעים וביום שירות שמו]נה]בלילה שירות שמונה
ודב[רי ת]שבוחות עשר[י]ם

4Q335-336 *4QAstronomical fragments ?*

Details unknown

4Q337 *4QFragment of Calendar*

U. Gleßmer, *DJD XXI* (forthcoming)
PAM 43.334

1 בשב[ת ...] 2 בשבת [...] 3 אחרן [...] 4 ובשב[ת ...]

4Q338 *4QGenealogical List*

A. Yardeni, *DJD XXI* (forthcoming)
PAM 42.078

4Q334 (4QOrdo) *4QOrder of Divine Office*

Bibliography: Wacholder-Abegg 3, 124-125; G.W. Nebe, 'Qumranica II: Zu unveröffentlichten Handschriften aus Höhle 4 von Qumran', *ZAH* 10 (1997) 134-138

Frag. 2 *1* [And on the eighth of it (a month), in the night, ei]ght [so]ngs and forty-[four w]ords of prai[se] *2* [And during the day eight songs and] sixte[en wor]ds of [praise. And on the nint]h of it, in the night *3* [eight songs and] for[ty-tw]o [words of praise. And during the d]ay [eight] songs *4* [and eighteen words of praise.] And on the tenth of [it], in the night, eight songs *5* [and forty songs of praise. And during the day eig]ht [songs] and twen[t]y wor[ds of p]raise.

4Q337 *4QFragment of Calendar*

ROC 710

1 on the sabba[th …] *2* on the sabbath […] *3* other […] *4* and on the sabba[th …]

4Q338 *4QGenealogical List*

ROC 821

4Q339 *4QList of False Prophets ar*

M. Broshi, A. Yardeni, *DJD XIX*, 77-79, pl. XI
PAM 43.248
ROC 377
Bibliography: M. Broshi, A. Yardeni, 'On Netinim and False Prophets', *Tarbiẓ*
•

1 נביאי [ש]קרא די קמו ב[ישראל] 2 בלעם [בן] בעור 3 [ה]זקן
מביתאל 4 [צד]קיה בן כ[נ]ענה 5 [אחא]ב בן ק[ול]יה 6 [צד]קיה בן
מ[ע]שיה 7 [שמעיה הנ]חלמי 8 [חנניה בן עז]ור 9 [נביאה די מן גב]עון

4Q340 *4QList of Netinim*

M. Broshi, A. Yardeni, *DJD XIX*, 81-84, pl. XI
PAM 43.407
ROC 346
Bibliography: M. Broshi, A. Yardeni, 'On Netinim and False Prophets', *Tarbiz*.

1 אלה הנתינ[ים] 2 אשר כונו בש[מותיהם] 3 יתרא ועקו.[...]
4 הססרו[...] 5 הרתו[...] 6 קווך טו[ביה]

4Q341 *4QList of proper names*

J. Naveh, *DJD XXI* (forthcoming)
PAM 43.407
ROC 346
Bibliography: J.M. Allegro, *The Dead Sea Scrolls and the Christian Myth* (Newton

1 לבעפסאצגדהו[...]טיכל 2 סחרה א... 3 תירקוס[...]א בי.[...]ק
4 שרחסי מגנס מלכיה מניס 5 מחתוש מלקיח מפיבשת 6 ...לגוס בניבן
בסרי גדי 7 דלוי הלקוס הרקנוס וני ז 8 זוחלזלפ 9 זכריאל
a יתראיתישילא b יטריסיסי c עקילא d עלי עדפי *margin* מריאל קפ

4Q339 *4QList of False Prophets ar*

62 (1993) 45-54; M. Broshi, A. Yardeni, 'On Netinim and False Prophets', in Z. Zevit *et al.* (eds.), *Solving Riddles and Untying Knots. Biblical, Epigraphic, and Semitic Studies in Honor of Jonas C. Greenfield* (Winona Lake, Indiana: Eisenbrauns, 1995) 29-33

1 The [fa]lse prophets who arose in [Israel:] *2* Balaam [son of] Beor, *3* [the] old man from Bethel, *4* [Zede]kiah son of Ke[na]anah, *5* [Aha]b son of K[ola]iah, *6* [Zede]kiah son of Ma[a]seiah, *7* [Shemaiah the Ne]helamite, *8* [Hananiah son of Azz]ur, *9* [the prophet from Gib]eon

---

4Q340 *4QList of Netinim*

62 (1993) 45-54; M. Broshi, A. Yardeni, 'On Netinim and False Prophets', in Z. Zevit *et al.* (eds.), *Solving Riddles and Untying Knots. Biblical, Epigraphic, and Semitic Studies in Honor of Jonas C. Greenfield* (Winona Lake, Indiana: Eisenbrauns, 1995) 33-37

1 These are the temple-servitor[s] *2* who were designated by [their] n[ames:] *3* Ithra and 'QW[...] *4* HMSMRW[...] *5* HRTW[...] *6* QWWK, To[biah]

4Q341 *4QList of proper names*

Abbot: Westbridge, 1979) 235-240, pls. 16-17; J. Naveh, 'A Medical Document or a Writing Exercise? The So-called 4QTherapeia', *IEJ* 36 (1986) 52-55, pl. 11

1 LB'PS'BSḌGHW[...]TYKL *2* SHRH ... *3* TYRQWS[...]' BY[...]Q *4* SRHSY Magnus Malchiah MNYS *5* MHTWS Malqiah Mephibosheth *6* ...LGWS BNYBN BSRY Gaddi *7* Dalluy Halqos Hirqanos Vanai Z *8* ZWHLZLP *9* Zakariel *a* YTR'YTSYL' *b* YTRYSYSY *c* 'Aquila *d* 'LY 'DPY *margin* Mariel QP

4Q342 *4QLetter? ar*

A. Yardeni, *DJD XXVII*, 285-286, fig. 28, pl. LIV
PAM 43.404, 43.405

1 [...]...[...] 2 [...].י כל מה די עב[ד ...] 3 [...].[...]. יהודה ואלעזר [...] 4 [...]...ידע לאלישוע די.[...]

4Q343 *4QLetter nab*

A. Yardeni, *DJD XXVII*, 286-288, fig. 28, pl. LV
PAM 43.402, 43.403

recto 1 [...]...[...] 2-4 ...[...]...[...] 5 ותנתנון .[...]...[...] 6 אחי הוא מן שמרי[...] 7 לא ויעבר לידיך הו[...] 8 ביתה ואתרה בא[...] 9 ואהוא מחשר לכון במ[...]

verso 10 ...[...] 11 מן ...[...] 12 ובאיש עביד[...] 13 והבו עם שמע[ו]ן ו[...] 14 שעדלהי *vacat* 15 עמהון *vacat*

4Q344 *4QDebt Acknowledgement ar*

A. Yardeni, *DJD XXVII*, 289-291, fig. 29, pl. LVI
PAM 43.404, 43.405

1 [...]...[...] 2 [...]עמי אנה אלעזר בר (י)הוסף[...] 3 [...]... שבעה ...[...] 4 [...]...[...] 5 [... תשלמתא מן נ]כסי ודי אקנה לקבל(ד)ך 6 אלעזר בר יהוסף על נפשה כתב[ה] 7 [...]יהוס[ף ...] 8 [...]...[...]

4Q342 *4QLetter? ar*

ROC 602
Alleged to be from Qumran Cave 4, but possibly from Naḥal Ḥever

1 […] … […] *2* […] … everything which di[d …] *3* […] … Yehudah and El'azar
[…] *4* […] …yada to Elishua … […]

4Q343 *4QLetter nab*

ROC 601
Alleged to be from Qumran Cave 4, but possibly from Naḥal Ḥever

recto *1* […] … […] *2-4* … […] … […] *5* and you shall give […] … […] *6* my
brother was from SMRY[…] *7* no. And he will deliver into your hands … […]
8 his house and his place in … […] *9* and I will spend for you … […]

verso *10* … […] *11* from … […] *12* and wrong has been done […] *13* and give
with Sime[o]n and […] *14* S'DLHY *Blank* *15* with them *Blank*

4Q344 *4QDebt Acknowledgement ar*

ROC 602
Alleged to be from Qumran Cave 4, but possibly from Naḥal Ḥever

1 […] … […] *2* […] with me, Eleazar bar ‹Joseph› […] *3* […] seven […] *4* […] …
[…] *5* [… the payment of my [pr]operty, and whatever I shall acquire, accord-
ing to ‹that›. *6 (written vertically)* Eleazar bar Joseph wrote [it] for himself. *7* […]
Jose[ph …] *8* […] … […]

4Q345 *4QDeed A ar or heb*

A. Yardeni, *DJD XXVII*, 292-295, fig. 29, pl. LVI
PAM 43.404, 43.405

recto upper version 1 ב... באלול ש]נה ...] 2 ...[...] 3 [...]
4 ...[...] 5 בכסף ד 30 [...] 6 ישוע אמר איך ...[...] 7-9 ...[...]

recto lower version 10 ב... [באלול ...] 11 ...[...] 12 מן ...[...]
13 ...[...] 14 שטר מ.[...] 15-19 ...[...]

verso 20 ה[ו]שעיה בר[...]... על נפש[ה כתבה] 21 ישמעאל בר
ש[מ]עון ממרא

4Q346 *4QDeed of Sale ar*

A. Yardeni, *DJD XXVII*, 296-298, fig. 30, pl. LVII
PAM 43.407

Frag. a 1 [...] .מן .[... למעבד] 2 [בה כל]די יצבה .[...] 3 [...]
4 ודי אקנה מ[ן יומא דנה ועד עלם ... [... מן נכסי] שמעון מן כל
5 וש...[...] 6 למנשה ...[...]

4Q346a *4QUnidentified Fragment A*

A. Yardeni, *DJD XXVII*, 299, fig. 30, pl. LVII
PAM 43.407

1 חשבן ...[...]...

4Q345 *4QDeed A ar or heb*

ROC 602
Alleged to be from Qumran Cave 4, but possibly from Naḥal Ḥever

recto upper version *1* On the … of Elul, y[ear …] *2* … […] *3* […] *4* … […] *5* for 30 silver d(enarii) […] *6* Jeshua said, as … […] *7-9* … […]

recto lower version *10* On the … [of Elul …] *11* … […] *12* from … […] *13* … […] *14* deed of … […] *15-19* … […]

verso *20* H[o]seah bar […] … [wrote it] for [him]self. *21* Jishmael bar Si[m]eon at his word

---

4Q346 *4QDeed of Sale ar*

ROC 603
Alleged to be from Qumran Cave 4, but possibly from Naḥal Ḥever

Frag. a *1* […] from [… to do] *2* [with it anything] that he wants […] *3* […] Simeon from all [… from my property] *4* and whatever I shall acquire fr[om today on and forever …] *5* and … […] *6* to Manasseh … […]

4Q346a *4QUnidentified Fragment A*

ROC 603
Alleged to be from Qumran Cave 4, but possibly from Naḥal Ḥever

1 account … […] …

4Q347 [XḤev/Se 32 (+ 4Q347)] *XḤev/Se papDeed F (+ 4Q347) ar*

A. Yardeni, *DJD XXVII*, 106-107, fig. 19, pl. XXI
PAM 42.196, 42.197, 43.406

4Q348 *4QDeed B heb?*

A. Yardeni, *DJD XXVII*, fig. 29, pl. LVIII
PAM 43.404, 43.405

recto upper version

1 [...]מנח[ם ...]... בר אל[עזר] 2-4 [...]...[...]
5 [...]... שמעון ...[...] 6-8 [...]...[...] 9 [...]... יהוחנן בר יהוסף .[...]
10-12 [...]...[...]

recto lower version

13 [...]...וס כוהן גדול ...[...] 14 [... בר
י]הוסף מתתיה בר שמעון אלעזר [בר ...] 15 [... בר] חנן אלעזר בר
שמעון בר חוני .[...] 16 [...]. ב[ר י]הוחנן יהוסף בר ...[...]
17 [...].מלה פתחנו ...[...]... מנש[ה ...] 18 [...]שמעון משוק הקורות
...[...] 19-21 [...]...[...]

4Q349 *4QSale of Property?*

PAM 43.400
ROC 303

4Q350 *4QAccount of Cereal*

PAM 43.382
ROC 254

4Q347 [XḤev/Se 32 (+ 4Q347)] *XḤev/Se papDeed F (+ 4Q347) ar*

ROC 184, 734
Alleged to be from Qumran Cave 4, but from Naḥal Ḥever

4Q348 *4QDeed B heb?*

ROC 602
Alleged to be from Qumran Cave 4, but possibly from Naḥal Ḥever

recto upper version *1* […] Menach[em …] … bar El[eazar …] *2-4* […] … […] *5* […] … Simeon … […] *6-8* […] … […] *9* […] … Jehochanan bar Joseph […] *10-12 (written vertically)* […] … […]

recto lower version *13* […]…os High Priest … […] *14* […] bar J]oseph, Mattatiah bar Simeon, Eleazar [bar …] *15* [… bar] Chanan, Eleazar bar Simeon bar Choni, […] *16* […] b[ar Je]hochanan, Joseph bar … […] *17* […] … we have opened … […] … Manass[eh …] *18* […] Simeon from the Beam Market … […] *19-21* […] … […]

4Q351 *4QAccount of Cereal A ar*

A. Yardeni, *DJD XXVII*, 304, fig. 30, pl. LIX
PAM 43.407
ROC 603
Alleged to be from Qumran Cave 4, but possibly from Naḥal Ḥever

4Q352 *4QpapAccount of Cereal B ar or heb*

A. Yardeni, *DJD XXVII*, 305-306, fig. 31, pl. LIX
PAM 43.406
ROC 184
Alleged to be from Qumran Cave 4, but possibly from Naḥal Ḥever

4Q352a *4QpapAccount A ar or heb*

A. Yardeni, *DJD XXVII*, 307-308, fig. 31, pl. LIX
PAM 43.406
ROC 184
Alleged to be from Qumran Cave 4, but possibly from Naḥal Ḥever

4Q353 *4QpapAccount of Cereal or Liquid ar or heb*

A. Yardeni, *DJD XXVII*, 309, fig. 30, pl. LX
PAM 43.406
ROC 184
Alleged to be from Qumran Cave 4, but possibly from Naḥal Ḥever

4Q354 *4QAccount B ar or heb*

A. Yardeni, *DJD XXVII*, 310, fig. 30, pl. LX
PAM 43.407
ROC 603
Alleged to be from Qumran Cave 4, but possibly from Naḥal Ḥever

4Q355 *4QAccount C*

PAM 43.337, 43.407
ROC 184

4Q356 *4QAccount D ar or heb*

A. Yardeni, *DJD XXVII*, 311, fig. 30, pl. LX
PAM 43.407
ROC 603
Alleged to be from Qumran Cave 4, but possibly from Naḥal Ḥever

4Q357 *4QAccount E ar or heb*

A. Yardeni, *DJD XXVII*, 312, fig. 30, pl. LX
PAM 43.407

ROC 603
Alleged to be from Qumran Cave 4, but possibly from Naḥal Ḥever

4Q358 *4QpapAccount F? ar or heb*

A. Yardeni, *DJD XXVII*, 313, fig. 30, pl. LX
PAM 43.406
ROC 184
Alleged to be from Qumran Cave 4, but possibly from Naḥal Ḥever

4Q359 *4QpapDeed C? ar or heb*

A. Yardeni, *DJD XXVII*, 314, fig. 30, pl. LX
PAM 43.406
ROC 184
Alleged to be from Qumran Cave 4, but possibly from Naḥal Ḥever

4Q360 *4QExercitium Calami B*

A. Yardeni, *DJD XXXVI* (forthcoming)
PAM 41.707, 43.407
ROC 603

4Q360a *4QpapUnidentified Fragments B ar*

A. Yardeni, *DJD XXVII*, 315-317, fig. 31, pl. LXI
PAM 43.406
ROC 184
Alleged to be from Qumran Cave 4, but possibly from Naḥal Ḥever

4Q360b *4QpapUnidentified Fragment C*

DJD XXVII, pl. LXI
PAM 43.407
ROC 603
Alleged to be from Qumran Cave 4, but possibly from Naḥal Ḥever

4Q361 *4QpapUnidentified Fragment gr*

DJD XXVII, pl. LXI
PAM 43.406
ROC 184
Alleged to be from Qumran Cave 4, but possibly from Naḥal Ḥever

4Q362 *4QCryptic B Undeciphered Fragments A*

S. Pfann, *DJD XXXVI* (forthcoming)
PAM 43.385
ROC 901

4Q364 (4QRP[b]) *4QReworked Pentateuch[b]*

E. Tov, S.A. White, *DJD XIII*, 197-254, pl. XIII-XXI
PAM 43.352, 43.354, 43.360, 43.361, 43.363, 43.364, 43.685
ROC 458, 459, 477, 482-484
4Q158, 4Q365 + 4Q365a, 4Q366, 4Q367

Frag. 1	Gen 25:18-21	Frag. 8 ii	Gen 37:7-8
Frag. 2	Gen 26:7-8	Frag. 9a-b	Gen 38:14-21
Frag. 3 i	Gen 27:39 or 41 ?	Frag. 10	Gen 44:30 - 45:1
Frag. 3 ii	Add. + Gen 28:6	Frag. 11	Gen 45:21-27
Frag. 4a	Gen 29:32-33 ?	Frag. 12	Gen 48:14-15 ?
Frag. 4b-e i	Gen 30:8-14	Frag. 13a-b	Exod 21:14-22
Frag. 4b-e ii	Gen 30:26-36 + add	Frag. 14	Exod 19:17 ?;
Frag. 5a-b i	Gen 31:47-53		24:12-14
Frag. 6	Gen 32:18-20	Frag. 15	Exod 24:18 +
Frag. 5b ii	Gen 32:26-30		add. + 25:1-2
Frag. 7	Gen 34:2 ?	Frag. 16	Exod 26:1
Frag. 8 i	Gen 35:28	Frag. 17	Exod 26:33-35

Frag. 3 ii 1 אותו תראה [...] 2 תראה בשלום [...] 3 מותכה ועל
עינ[ך ... למה אשכל גם] 4 שניכם ויקרא [ישחק אל רבקה אשתו ויגד]
5 לה את כול הדב[רים האלה ...] 6 אחרי יעקוב בנה] ותבך *vacat?*]
7 וירא עישאו כי [ברך ישחק את יעקוב ושלח אותו] 8 פ[דן] ארם לקחת
לו מ[שם אשה ...]

4Q363 *4QCryptic B Undeciphered Fragments B*

S. Pfann, *DJD XXXVI* (forthcoming)
PAM 43.386, 43.387
ROC 364, 367

4Q363a *4QCryptic C Text*

S. Pfann, *DJD XXXVI* (forthcoming)
PAM 43.387
ROC 112

4Q364 (4QRP[b]) *4QReworked Pentateuch[b]*

Frag. 18	Num 14:16-20 + ?	Frag. 26a ii	Deut 9:22-24
Frag. 19a-b	Num 33:31-49	Frag. 26c-d	Deut 9:27-29
Frag. 20a-c	Deut 1:1-6	Frag. 26b,e ii	Deut 9:21 ?,
Frag. 21a-k	Deut 1:17-33		25 ?, 10:1-4
Frag. 22	Deut 1:45-46	Frag. 27	? + Deut 10:6-7 ?
Frag. 23a-b i	Num 20:17-18;	Frag. 28a-b	Deut 10:10-13
	Deut 2:8-14	Frag. 29	Deut 10:22-11:2
Frag. 23 ii	?	Frag. 30	Deut 11:6-9
Frag. 24a-c	Deut 2:30 - 3:2	Frag. 31	Deut 11:23-24
Frag. 25a-c	Deut 3:18-23	Frag. 32	Deut 14:24-26
Frag. 26a i	Deut 9:6-7	Frag. A-Z, AA-II	Unidentified
Frag. 26b i	Deut 9:12-18		

Bibliography: E. Tov, 'The Textual Status of 4Q364-367', in *The Madrid Qumran Congress*, 43-82; S.A. White, '4Q364 & 365: A Preliminary Report', in *The Madrid Qumran Congress*, 217-228

Frag. 3 col. II *1* you (i.e., Rebecca) shall see him […] *2* you shall see in peace […] *3* your death, and to [your] eyes [… Why should I have to remain deprived of] *4* the two of you? » And [Isaac] called [Rebecca, his wife, and told] *5* her all the[se] wo[rds …] *6* after Jacob, her son [and she cried. *Blank?*] *7 Gen 28:6* And Esau saw that [Isaac had blessed Jacob, and had sent him to] *8* Pa[dan-]Aram in order to acquire [a wife] from [there …]

4Q365 (4QRP[c]) *4QReworked Pentateuch*[c]

E. Tov, S.A. White, *DJD XIII*, 255-318, pl. XXII-XXXII
PAM 43.355, 43.358, 43.363, 43.364, 43.366, 43.370-43.373
ROC 459, 460, 475, 480, 800, 807
4Q158, 4Q364, 4Q366, 4Q367

Frag. 1	Gen 21:9-10	Frag. 10	Exod 30:37 - 31:2
Frag. 2	Exod 8:13-19		
Frag. 3	Exod 9:9-12	Frag. 11 i	Exod 35:3-5
Frag. 4	Exod 10:19?-20	Frag. 12a i	Exod 36:32-38
Frag. 5	Exod 14:10	Frag. 12a-b ii	Exod 37:29 - 38:7
Frag. 6a i	Exod 14:12-21		
Frag. 6b	Exod 15:16-20	Frag. 12b iii	Exod 39:1-16
Frag. 6a ii, 6c	Add. + Exod 15:22-26	Frag. 13	Exod 39:17-19
Frag. 7 i	Exod 17:3-8	Frag. 14	Lev 11:1-2
Frag. 7 ii	Exod 18:13-16	Frag. 15a-b	Lev 11:17-24
Frag. 8a-b	Exod 26:34-36	Frag. 16	Lev 11:32
Frag. 9a-b i	Exod 28:16-20	Frag. 17a-c	Lev 11:40-45
Frag. 9b ii	Exod 29:20-22	Frag. 18	Lev 13:6-8

Frag. 6 II 1 בזית ע[...] 2 כי גאות לע[...] 3 גדול אתה מושיע א[...] 4 אבדה תקות שונה ונש[כח ...] 5 אבדו במים אדירים שונה[...] 6 ורוממנה למרומם[...].ות נתת.[...] 7 [עו]שה גאות *vacat* [*vacat*] 8 ויסע מושה א[ת ישרא]ל מים וילכו במדבר ש[ור שלושת ימים ולוא מצאו מים] 9 ויבואו מרתה [ולוא י]כולו לשתות מים ממרה כי מר[ים המה על כן קרא שמה מרה] 10 וילון העם ע[ל מושה ל]אמור מה נשתה ויזעק מושה אל [יהוה ויראהו יהוה] 11 עץ וישלך אל[המי]ם וימתוקו המים שמה שם לו חוק ו[משפט ושם נסהו ויואמר] 12 אם ש[מ]ו[ע תש]מע [לק]ול יהוה אלוהיכה [ו]הישר בעינו תעשה ו[האזנתה למצוותיו] 13 [... ושמרתה] את כול חוקותיו כול המחלים אשר ש[מ]תי במ[צרים] 14 [לוא אשים עליכם כי אני יהוה רופ]אכה *vacat* 15 [...]ל[...]

Frag. 23 1 [בסו]כות תשבו שבעת ימים כול האזרח בישראל ישב בסוכות למ[ען ידע]ו דו[רותיכם] 2 כי [בס]וכות הושבתי את אבותיכם

4Q365 (4QRP[c]) *4QReworked Pentateuch[c]*

Frag. 19	Lev 13:15-18	Frag. 29	Num 7:78-80
Frag. 20	Lev 13:51-52	Frag. 30	Num 8:11-12
Frag. 21	Lev 16:6-7 ?	Frag. 31a-c	Num 9:15 - 10:3
Frag. 22a-b	Lev 18:26-28	Frag. 32	Num 13:12-25
Frag. 23	Lev 23:42-	Frag. 33a-b	Num 13:29-30
	24:2 + add	Frag. 34	Num 15:26-28
Frag. 24	Lev 25:7-9	Frag. 35 ii	Num 17:20-24
Frag. 25a-c	Lev 26:17-32	Frag. 36	Num 27:11; 36:
Frag. 26a-b	Lev 27:34 ?;		1-2
	Num 1:1-5	Frag. 37	Deut 2:24 or 36 ?
Frag. 27	Num 3:26-30	Frag. 38	Deut 19:20 - 20:1
Frag. 28	Num 4:47-49; 7:1	Frag. A-X	Unidentified

Bibliography: E. Tov, 'The Textual Status of 4Q364-367', in *The Madrid Qumran Congress*, 43-82; S.A. White, '4Q364 & 365: A Preliminary Report', in *The Madrid Qumran Congress*, 217-22; J. Milgrom, 'Qumran's Biblical Hermeneutics: The Case of the Wood Offering', *RevQ* 16/63 (1994) 449-456

Frag. 6 *col.* II *1* you despised […] *2* for the majesty of […] *3* you are great, the saviour […] *4* the enemy's hope has died and he is for[gotten …] *5* they have died in the copious waters, the enemy […] *6* and extol him who raises up […] … gave […] *7* [who perf]orms majestically. *Blank* [*Blank*] *8 Exod 15:22-26* And Moses led [Israe]l from the sea, and they travelled through the desert of Sh[ur for three days and did not find water.] *9* And they reached Marah, [but] could [not] drink the water of Marah because [it was] bitt[er. This is why that place is called Marah (bitterness).] *10* And the people complained t[o Moses] saying: « What will we drink? » And Moses called to [YHWH and YHWH showed him] *11* a log. He threw it in [the wat]er and the water became sweet. There he imposed on him the law and [the statute, and there he put him to the test. And he said:] *12* « If you lis[ten care]fully [to the vo]ice of YHWH your God, [and] do what is right in his eyes, and [lend an ear to his commandments] *13* [… and keep] all his laws, then all the plagues which I imp[osed] on Eg[ypt,] *14* [I will not impose on you, for I am YHWH, the one who hea]ls you. » *Blank* *15* […] … […]

Frag. 23 *1 Lev 23:42-24:2* you shall live [in hu]ts for seven days; all who are natives of Israel shall stay in huts, so th[at your] gen[erations may know]

בהוציאי אותם מארץ מצר[י]ם אני יהוה אלוהיכ[ם] 3 *vacat* וידבר מושה
את מועדי יהוה אל בני ישראל *vacat* 4 וידבר יהוה אל מושה לאמור צו את
בני ישראל לאמור בבואכמה אל הארץ אשר 5 [א]נוכי נותן לכמה לנחלה
וישבתם עליה לבטח תקריבו ע{ש}^צ^ים לעולה ולכול מלאכ[ת] 6 [הב]ית
אשר תבנו לי בארץ לערוך אותם על מזבח העולה [ו]את העגל[י]ם[...]
7 [...]ם לפסחים ולשלמים ולתודות ולנדבות ולעולות דבר יום[...]
8 [...]...[...].מים ולד[ל]תות ולכול מלאכת הבית יקרי[בו ...] 9 [...
מ]ועד היצהר יקריבו את העצים שנים [...] 10 [...]... המקריבים ביום
הריש[ו]ן לוי .[...] 11 [... ראו]בן ושמעון[וב]יום הרב[יעי ...]
12 [...]ל[...]

4Q365a (4QTemple?) *4QReworked Pentateuch^c*

S.A. White, *DJD XIII*, 319-333, pl. XXXIII-XXXIV
PAM 43.358, 43.366
ROC 475, 480
= 4Q365
4Q158, 4Q364, 4Q366, 4Q367
Bibliography: S.A. White, 'Three Fragments from Qumran Cave 4 and Their

Frag. 1 1 [...]...[...] 2 [...]בחג המצו[ת] 3 [...] *vacat* 4 [...
ישר]אל ואמרתה [א]ליהם 5 [...]. ולכול המצות אשר 6 [...].ות הכבשים
אשר לעולה 7 [...]לים בתו[... נ]ו^ת^רות 8 [...]..[...]

Frag. 2 i 2 [...]ם לדגן וליצהר 3 [...] בני ישראל וביום הבכורים
4 [...]מה[...]התאנים והרמונים 5 [...]ה מנחת הקורבנים הבאה עליה
6 [...מנח]ת הקנאות ולימין השער הזה 7 [...]. והיו אוכלים את חטאות
8 [...] *vacat* 9 [...]מה ואורך לרוח 10 [... א]ורך לכול רוחותיה
11 [...]בין תו לתו שלוש אמות וחצי

2 how I made your fathers live [in hu]ts when I took them out of the land of Egypt. I am YHWH, your God!» *3 Blank* And Moses announced the feasts of YHWH to the children of Israel. *Blank 4* And YHWH spoke to Moses saying: «Command the children of Israel, saying: When you enter the land which *5* I will give you as inheritance, and you live safely in it, you will offer wood for the holocaust and for all the work [of] *6* [the ho]use which you are to build for me in the land, in order to arrange it upon the altar of sacrifice. [And] the calves [...] *7* [...] for the Passover sacrifices and for the peace offerings, for the thank offerings and for the freewill offerings and for the holocausts, daily [...] *8* [...] ... and for the ga[t]es and for all the work of the house they shall off[er ...] *9* [... the f]east of oil. They shall offer the wood two [...] *10* [...] ... those who offer on the first day, Levi [...] *11* [... Reu]ben and Simeon [and on] the four[th] day [...] *12* [...] ... [...]

4Q365a (4QTemple?) *4QReworked Pentateuch*[c]

Relationship to the Temple Scroll', *JQR* 85 (1994) 259-273; F. García Martínez, 'New Perspectives on the Study of the Dead Sea Scrolls', in F. García Martínez, E. Noort (eds.), *Perspectives in the Study of the Old Testament and Early Judaism. A Symposium in Honour of Adam S. van der Woude on the Occasion of his 70th Birthday* (SVT; Leiden: Brill, 1998) 230-248

Frag. 1 *1* [...] ... [...] *2* [...] on the feast of the Unleavened Bread[s] *3* [...] *Blank 4* [... Isra]el. And you will say [t]o them *5* [...] and for all the unleavened breads which *6* [...] ... the lambs which are for the holocaust *7* [...] ... [... re]maining *8* [...] ... [...]

Frag. 2 *col.* I *2* [...] for the wheat and for the oil *3* [...] the children of Israel and on the day of first produce *4* [...] ... [...] the figs and the pomegranates *5* [...] the offering of the sacrifices which comes upon it *6* [... the offer]ing of jealousies. And to the right of this gate *7* [...] ... they will eat the sin-offerings *8* [...] *Blank 9* [...] ... and the distance to the direction of *10* [... the dis]tance to all its directions *11* [...] between chamber and chamber, three and a half cubits

Frag. 2 II 1 מאות באמה ומשער זבולון עד שער גד ששים[ושלושה מאות באמה]ומש[ער ג]ד ע[ד פנת הצפון שלוש מאות] 2 וששים באמה ומן הפנה הזואת עד שער דן של[וש מאות] וששים באמה וככה[משער דן עד] 3 שער נפתלי ששים ושלוש מאות באמה ומשער נפתלי עד שער אשר שלוש מאו[ת וששים באמה] 4 ומשער אשר עד פנת מזר{ה}ח שלוש מאות וששים באמה ויוצאים הש[ערים מ]ק[יר החצר] 5 שבע אמות {יו} לפנימה באים מקיר החצר שש ושלושים באמה ורוחב פתחי השערים[ארבע עשרה] 6 באמה וגובהמה שמונה ועשרים באמה עד {המשקוף ומן} המשקוף ומקרים [באדשכים עץ ארז] 7 ומצופים זהב ודלתותיהמה מצופות זהב טהוב (טהור) ובין שער לשער תעשה [נשכות וחדרים ופרורים] 8 רוחב ה^חדר עשר באמה ואורכו עשרים ואורכו עשרים באמה וגובהו ארבע[עשרה באמה ומקירים באדשכים] 9 עץ ארז ורחב הקיר שתים אמות ולחוצה מזה הנשכה ר[וחב הנשכה עשר באמה וארוכה] 10 עשרים באמה והקיר שתים אמות רוחבו .[...] 11 עצי ארז ופתחה שלוש אמות רוחב ה[...]

Frag. 3 1 [...].ה את הבית אשר תבנה[...] 2 [...]ל[.]יסוד ג{י}ר^יע שלוש אמות[...] 3 [... תב]נה את הקיר שבע א[מות ...] 4 [...]עשרה ולימה עש[רה ...] 5 [...]התא ב[...]

Frag. 5 I 2 [...]. הבר[...]תוך 3 [...]..ם לחוץ מהמה ולוא נראים 4 [...]ם לוא נראים האופנים אל החוץ ורחב 5 [...]בשת הר...[... א]רבע ועשרים 6 [...]קרשי[...]ה באמה 7 [...קר]שים מלמטה 8 [...]ה. [...]ים 9 [... ת]עשה

Frag. 5 II 1 את החשבונים [...] 2 חשבון ^ואת[...] 3 ...[...] 4-5 [...] 6-8 ...[...]

Frag. 2 *col.* II *1* one hundred cubits; from the gate of Zebulon up to the gate of Gad, [three hundred and] sixty [cubits]; from the ga[te of G]ad up [to the North corner, three hundred] *2* and sixty cubits. From this corner up to the gate of Dan, thr[ee hundred] and sixty cubits; and the same [from the gate of Dan up to] *3* the gate of Nephtali, three hundred and sixty cubits; and from the gate of Nephtali up to the gate of Asher, three hundred and [sixty cubits] *4* and from the gate of Asher up to the Eastern corner three hundred and sixty cubits. And the g[ates of the courtyard] w[all] will project outwards *5* seven cubits; {...} before them /they will protrude/ from the courtyard wall thirty-six cubits. The width of the gateways [will be fourteen] *6* cubits and their height twenty-eight cubits up to {the lintel and from} the lintel. They will be roofed over with [beams of cedar-wood] *7* and gilded with gold. Their doors will be gilded with pure gold. Between one door and another you shall make [storage places and rooms and porches.] *8* The width of a room will be ten cubits, its length twenty cubits, and its height four[teen cubits. They will be roofed over with beams of] *9* cedar-wood. The width of the wall will be two cubits and on the outside, the storage room. The wi[dth of a storage room will be ten cubits, its length] *10* twenty cubits. The width of the wall will be two cubits [...] *11* of cedar-wood and its entrance three cubits wide [...]

Frag. 3 *1* [...] the house which you shall build [...] *2* [...] the foundation, diminished three cubits [...] *3* [... you shall bu]ild the wall seven cu[bits ...] *4* [...] ten, and towards the west t[en ...] *5* [...] the room in [...]

Frag. 5 *col.* I *2* [...] ... [...] ... *3* [...] ... outside them, and were not visible *4* [...] the wheels were not visible outside, and (the) width (of) *5* [...] ... [...] twenty-[f]our *6* [...] boards [...] cubits *7* [... boa]rds from underneath *8* [...] ... [...] ... *9* [... you shall] make

Frag. 5 *col.* II *1* the calculations [...] *2* calculation, /and/ the [...] *3* ... [...] *4-5* [...] *6-8* ... [...]

4Q366 (4QRP[d]) *4QReworked Pentateuch[d]*

E. Tov, S.A. White, *DJD XIII*, 335-343, pl. XXXV
PAM 43.353, 44.082
ROC 257
4Q158, 4Q364, 4Q365 + 4Q365a, 4Q367

Frag. 1	Exod 21:35 - 22:5	Frag. 4 i	Num 29:32 - 30:1; Deut 16:13-14

4Q367 (4QRP[e]) *4QReworked Pentateuch[e]*

E. Tov, S.A. White, *DJD XIII*, 345-351, pl. XXXVI
PAM 43.353, 44.016
ROC 467
4Q158, 4Q364, 4Q365 + 4Q365a, 4Q366

Frag. 1a-b	Lev 11:47 - 13:1

4Q368 (4QapocrPent A) *4QApocryphon Pentateuch A*

D. Dimant, *DJD XXX* (forthcoming)
PAM 42.973, 43.533

Frag. 1 1 [...]...[...] 2 [... ודבר ע]ם משה הדברים 3 [האלה ...
ודבר יהוה אל משה פנים] אל פנים כא[ש]ר 4 [ידבר איש אל רעהו ויאמר
משה אל יהוה רא]ה [א]תה אומר 5 [אלי העל את העם הזה ואתה לא
הודעתני]את אשר תשלח עמי 6 [ואתה אמרת ידעתיך בשם וגם מצאת חן]
בע[יני]ועתה אם 7 [נא מצאתי חן בעיניך הודעני את דרכך]ל[מען]

Frag. 2 1 [...]... 2 [... עב]דך מ[שה ...] הנני גורש מפניכם את
3 [הכנעני והאמרי והחתי וה]פרזי ו[החוי והיבוסי]השמר לך פן תכרות
4 [ברית ליושב הארץ אשר] אתה [בא עליה פ]ן יהיה לך למוקש בקרבכם
5 [כי את מזבחותם תתוצון ופסיליהם תש]רפון באש ומצבותיהם
6 [תשברון כי לא תשתחוה לאל אחר כי] יהוה קנא שמו אלקנא 7 [הוא פן

4Q366 (4QRP[d]) *4QReworked Pentateuch[d]*

Frag. 2	Lev 24:20-22 (?); 25:39-43	Frag. 4 ii	unidentified
Frag. 3	Num 29:14-24	Frag. 5	Deut 14:14-21

Bibliography: E. Tov, 'The Textual Status of 4Q364-367', in *The Madrid Qumran Congress*, 43-82

4Q367 (4QRP[e]) *4QReworked Pentateuch[e]*

Frag. 2a-b	Lev 15:14-15; 19:1-4, 9-15
Frag. 3	Add.? + Lev 20:13; 27:30-34

Bibliography: E. Tov, 'The Textual Status of 4Q364-367', in *The Madrid Qumran Congress*, 43-82

4Q368 (4QapocrPent A) *4QApocryphon Pentateuch A*

ROC 268
Bibliography: Wacholder-Abegg 3, 135-139

Frag. 1 *1* [...] ... [...] *2* [... and he spoke wi]th Moses [these] words *3* [... *Exod 33:11-13* and YHWH spoke to Moses face] to face as *4* [one man speaks to another. And Moses said to YHWH: «Se]e [y]ou are telling *5* [me: Lead up this people. But you have not made known to me] whom you will send with me. *6* [You have said: I know you by name. And also: You have found favour] in [my] ey[es]. But now, if *7* [I have really found favour in your eyes, make then your way known to me] so [that]

Frag. 2 *1* [...] ... *2* [...] your [serva]nt Mo[ses:] *Exod 34:11-24* See, I will drive out before you *3* [the Canaanite and the Amorite, the Hittite and the] Perizzite, and [the Hivite and the Jebusite.] Take care not to make *4* [a covenant with the inhabitants of the land which] you [enter, so that it n]ot become a snare in your midst. *5* [But you shall smash their altars, and their idols you shall b]urn with fire, and their standing-stones *6* [you shall break, for you shall worship no other god, for] YHWH is called «Jealous», a jealous God *7* [is he. Do not

תכרות ברית ליושב הארץ ויזנו]אחרי אלוהיהם ויזבחו 8 [לאלוהיהם
ויקראו לך ותאכלו מזבחו ויזנו א]ת בניך אחר[י] אלוהיהם 9 [אלוהי מסכה
לא תעשה לך את חג המצות תש]מרו שבעת^{ה} ימים תאכלו 10 [מצות אשר
ציויתך למועד חודש הא]ביב כי בו יצאת ממצרים 11 [כל פטר רחם לי וכל
מקנך הזכ]ר פטר ש[ור ו]שה ופטר חמור 12 [תפדה בשה ואם לא תפדה
וערפתו כל בכור בניך תפ]דה ולא יראו 13 [פני ריקם ששת ימים תעבד
וביום השביעי תשבות בחריש ובקציר] 14 [תשבות וחג שבעת תעשה לך
בכורי קציר הטים וחג ה]שוכות 15 [תקופת השנה שלש פעמים בשנה
יראה כל זכורך את פני]ארון 16 [יהוה אלוהי ישראל כי אוריש גוים
מפניך והרחבתי א]ת 17 [גבולך ...]. ירות

Frag. 5 1 [...]...[...] 2 [...]שרי הש[בטים ו]כול[ש]פטיהם
3 [...]ם למספר כ[ו]ל בית אבותם 4 [...]מכיר ועליתה אתה ואהרון
5 [...]ל[א]הרון ולאלעזר בנו והפשטת[ה] 6 [...]...[...]מש 7 [...]...

Frag. 9 1 [...]ם לא[ע]יני [... ה]תערבו באלהי[ם אחרים ...]
2 [...]את פי יהוה אלהיכם כבדו אותו וחרדו מ[...] 3 [...]תוכם וא[ת
]לבם כבוד ועצ[...] וחיים ל[...] 4 [...]כבוד יתן יהוה אלהים ל[כמ]ה
דברי כבודו [...] 5 [...] ומוש[ה ...]ו על[...]...[...] 7-6 [...]...[...]...[...]

Frag. 10 I 3-1 [...]...[...] 4 [...]...[...]...ת בשמים מתהלכות בין כ[...]
5 ובאות בחדרי בטן לדעת מחשב[ות ...] 6 [י]נום על משכבו ומה יתנדב
ואתם[...]עשה 7 [...]לים גדולים המפלי לעיניכם בארץ[...] מחלים
8 רעים ומכה גד[ו]לה ונגעים לאין [מרפא ... מה]שבות 9 ול[...]...
יוכח.[...]

Frag. 10 II 4-3 [...]...[...] 5 ולשמ[יר ול]שית ואין לו להשב יגעיו[
...] 6 [ו]ל[ב]המות בשרה ולעובר ולשב י.[...] 7 חיות וירמסוויו בהמות

make a covenant with the inhabitants of the land. And they will go wantonly] after their gods, and sacrifice *8* [to their gods, and invite you to eat from its sacrifice, and try to let] your sons [go wantonly] after their gods. *9* [You shall not make for yourself gods of cast metal. The Festival of the Unleavened Breads you shall ob]serve: seven days you shall eat *10* [unleavened breads as I commanded you, in the time of the month A]bib. For in it you left Egypt. *11* [Every first-born belongs to me, and all your mal]e [flocks:] the firstborn of ca[ttle and] sheep, and the first-born of an ass *12* [you shall redeem with a sheep. And if you can not redeem it, you must break its neck. All the first-born of your sons you shall re]deem. And one shall not appear *13* [before me empty-handed. Six days you shall work, but on the seventh day you shall rest. In the ploughing time and during the harvest] *14* [you shall rest. You shall observe the Festival of Weeks, the first-fruits of the Wheat, and the Festival of] Sukkot *15* [at the turning of the year. Three times a year all your males shall appear before the] ark of *16* [YHWH, the God of Israel, for I will drive away the nations before you, and I have extended] *17* [your frontiers ...] ...

Frag. 5 *1* [...] ... [...] *2* [...] the leaders of the tr[ibes and] all their [ju]dges *3* [...] according to the number of a[l]l their families *4* [...] ... and you shall ascend, you and Aaron, *5* [...] to [A]aron and his son Eleazar. And you shall take off *6* [...] ... [...] ... *7* [...] ...

Frag. 9 *1* [...] not [e]yes of [...] they had fellowship with [other] gods [...] *2* [...] the command of YHWH your God. Honour him and be terrified [...] *3* [...] ... and their heart, glory and ... [...] and life for [...] *4* [...] glory shall give YHWH God to [yo]u, his glorious words [...] *5* [...] and Mos[es ...] on [...] ... [...] *6-7* [...] ... [...]

Frag. 10 *col.* I *1-3* [...] ... [...] *4* [...] ... in the heaven, going to and fro between [...] *5* and entering the inmost being to know the though[ts of ...] *6* [he] sleeps on his bed, and what will he volunteer? But you [...] he did (?) *7* [...] ... great, who acts wondrously before your eyes in the land [...] vile maladies, *8* and gr[e]at slaughter, and in[curable] diseases [... th]oughts *9* and [...] ... he will reprove [...]

Frag. 10 *col.* II *3-4* [...] ... [...] *5* and to tho[rns and] weeds, while no-one gives him back his properties [...] *6* [and] to [an]imals his flesh, and to a passerby

הכרת בלא[...] 8 לבער ושית ולו[...]...[...] 9 [...]...[...]

4Q369 (4QPEnosh?) *4QPrayer of Enosh* (?)

H. Attridge, J. Strugnell, *DJD XIII*, 353-362, pl. XXXVII
PAM 42.834, 43.357
ROC 264
4Q499

Frag. 1 i 1 [...]. ולכול 2 [...]שלומכה 3 [...]. בינו[עד]אשר יאשמו 4 [...]וני כול מ[ועדי]הם בקציהם 5 [...]ץ פלאכה כי מאז חקקתה למו 6 [...]משפט עד קץ משפט נחרצה 7 [...]ל[...]בכול תעודות עד 8 [...] *vacat* 9 [... בנ]ו ומהללאל דור חמישי 10 [...]בנו חנוך דור שביע[י]

Frag. 1 ii 1 שמכה פלגתה נחלתו לשכן שמכה שמה [...] 2 היאה צבי תבל ארצכה ועליה שע[תה ...] 3 עינכה עליאה וכבודכה יראה שם ל[...] 4 לזרעו לדורותם אחזת עולמים וכו[ל ...] 5 ומשפטיכה הטובים ברירתה לו ל.[...] 6 באור עולמים ותשימהו לכה בן בכו[ר ...] 7 כמוהו לשר ומושל בכול תבל ארצ°ה [...] 8 ע[טר]ת שמים וכבוד שחקים סמכת[ה עליו ...] 9 [...] ומלאך שלומכה בעדתו וה.[...] 10 [...]לו חוקים צדיקים כאב לב[נו ...] 11 [...]. אהבתו תדבק נפשכה לע[...] 12 [...] .ה כי בם כבודכ[ה שמת]ה .[...]

Frag. 2 1 [...]ומשמר מלאך אבות ש.[...] 2 [...גב]ורתכה ו{ח}לחם (והלחם) בכול אר[צות ...] 3 [...]. לכה בם שלומים ל[...] 4 [...]ו[מ]שפטיכה בם הפ.[...] 5 [...]ל[כ]ול מעשי[ה]ם [...]

[...] *7* beasts, and animals will trample him, he will be cut off without [...] *8* to ruin, and weeds and [...] ... [...] *9* [...] ... [...]

4Q369 (4QPEnosh?) *4QPrayer of Enosh* (?)

Bibliography: Wacholder-Abegg 2, 233-236; C A. Evans, 'A Note on the "First Born Son" of 4Q369', *DSD* 2 (1995) 185-201; J. Kugel, '4Q369 "Prayer of Enosh" and Ancient Biblical Interpretation', *DSD* 5 (1998) 119-148

Frag. 1 *col.* I *1* [...] and for all *2* [...] your peace *3* [...] ... [un]til they acknowledge their guilt *4* [...] ... all their fes[tivals] in their periods *5* [...] your wondrous [...] for from of old you engraved for them *6* [...] his judgment, until the ordained time of judgment *7* [...] ... [...] in all the eternal commandments *8* [...] *Blank* *9* [...] his [son] and Mahalalel was the fifth generation *10* [...] his son Enoch, the seven[th] generation.

Frag. 1 *col.* II (= 4Q499 47 + 48) *1* your name, you have distributed his inheritance so that he may establish your name there [...] *2* it is the glory of your inhabited world, and at her [you] gaze [...] *3* your eye on it, and your glory will appear there to [...] *4* for his seed according to their generations an eternal possession, and al[l ...] *5* and your good judgments you explained to him to [...] *6* in eternal light, and you made him for you a first-bo[rn] son [...] *7* like him, to (be) a prince and ruler in all /your/ inhabited world [...] *8* the c[row]n of the heavens, and the glory of the clouds you have placed [on him ...] *9* [...] and the angel of your peace in his congregation and ... [...] *10* [...] for him (?) righteous rules, as a father to [his] s[on ...] *11* [...] his love, your soul cleaves to ... [...] *12* [...] ... for in them you [have placed] your glory [...]

Frag. 2 *1* [...] and the protection of the angel of intercessions ... [...] *2* [...] your [stren]gth and to fight against all coun[tries ...] *3* [...] to you, against them retributions [...] *4* [...] and your [ju]dgments on them ... [...] *5* [... a]ll [the]ir works [...]

Frag. 3 1 [...]למי[...] 2 [...]עו כי ממכה כול הווה וניה[יה ...]. 3 [...].ר ממכה [ו]מידכה כול ממשלת ל[.].[...] 4 [...]כול ממשלותך בקציהם ...[...] 5 [...]כי ...[...]

4Q370 *4QExhortation Based on the Flood*

C. Newsom, *DJD XIX*, 85-97, pl. XII
PAM 42.506, 43.369
ROC 341

Col. I 1 [ו]יעטר הרים תנ[ובה ו]שפך אכל על פניהם ופרי טוב השביע כלנפש כל אשר עשה רצוני [יוכלו וישבעו] אמר י[ה]וה 2 ויברכו את שם [קדש]י והני הם אז עשו הרע בעיני אמר יהוה ויאמרו אל במ[עלי]ליהם 3 וישפטם יהוה כ[כל]דרכיהם וכמחשבות יצר לבם ה[רע]וירעם עליהם בכח[ו וי]נעו כל 4 מוסדי א[רץ ומ]ים נבקעו מתהמות כל ארבות השמים נפתחו ופצו כל תהמו[ת מ]מים אדרי[ם] 5 וארבות השמים ה[רי]קו מטר[ו]אבדם במבול[...].ים כלם ...[...]ה 6 עלכן נ[מחו] כל אש[ר ב]חרבה וי[מ]ת האדם ו[הבהמה וכל]צפר כל כנף והג[בור]ים לוא נמלטו 7 ו[...]...[...] ויעש אל [... וא]ת קשתו נתן[בענן ל]מען יזכור ברית 8 [... ולוא יהיה עוד]מי המבול ל[שחת ולוא יפ]תחו המון מים 9 [...]ם [עשו] ושחקים [...] למים [...] 10 [...]...[...]

Col. II 1 מעון ידרשו .[...] 2 יצדיק יהוה ש[...] 3 ויטהרם מעונם [...] 4 רעתם בדעתם בי[ן טוב לרע ... כחציר] 5 יצמחו וכצל ימיהם ע[ל הארץ ... מעולם] 6 ועד עולם הוא ירחם [...] 7 גבורת יהוה זכרו נפל[אות ...] 8 מפני פחדו ותשמח נפ[שכם ...] 9 משניכם אל תמרו דבר[י יהוה ...]

Frag. 3 *1* [...] ... [...] *2* [...] ... for from you is all that is and will b[e ...] *3* [...] ... (is) from you, [and] from your hand is all dominion ... [...] *4* [...] all your dominion in their times ... [...] *5* [...] ... [...]

4Q370 *4QExhortation Based on the Flood*

Bibliography: C. Newsom, '4Q370: An Admonition based on the Flood', *RevQ* 13/49-52 (1988) 23-43, pl. I; *Wacholder-Abegg 2*, 237-239

Col. I *1* [And] he crowned the mountains with pro[duce and] poured down food upon them, and he satiated every living being with good fruit. « All those who do my will /will eat and be satisfied/ », says YH[W]H *2* « and bless my [holy] name ». « But see, they have done what is evil in my eyes », says YHWH, « and opposed God with their d[ee]ds ». *3* And YHWH judged them according to [all] their ways, and according to the thoughts of the [evil] inclination of their heart, and he thundered against them with [his] might, [and] all *4* the foundations of the ea[rth sh]ook, [and wa]ter broke forth from the abysses, all the sluice-gates of the heaven were opened and all the abysse[s] overflowed [with] mighty waters, *5* and the sluice-gates of the heaven p[ou]red out rain. And he destroyed them in the flood [...] ... them all ... [...] *6* This is why everything the[re was on] dry land was [wiped out], so that man, [animals and every] bird, every winged being, [di]ed. And the gi[ant]s did not escape *7* and [...] and God made [... and] he placed the rainbow [in the clouds to] remember the covenant *8* [... and never again will] the water of the flood [come] for [destruction, or will] the turmoil of the waters [be op]ened *9* [...] /they made/ and clouds [...] for water *10* [...] ... [...]

Col. II (cf. 4Q185 1 - 2 I - II) *1* because of iniquity they will seek [...] *2* YHWH will justify [...] *3* and he will cleanse them from their iniquity [...] *4* their evil, with their knowledge o[f good and evil ... like grass] *5* they sprout, and like shadow are their days o[n the earth ... from eternity] *6* to eternity he will have compassion [...] *7* the strength of YHWH, remember the mar[vels ...] *8* because of the fear for him, and let [your] so[ul] rejoice [...] *9* those second to you (?). Do not oppose the word[s of YHWH ...]

4Q371 (4QapocrJoseph[a]) *4QApocryphon of Joseph[a]*

E.M. Schuller, *DJD XXX* (forthcoming)
PAM 43.365. 43.369, 44.014
ROC 176

Frag. 1 1 [ויפץ אתם בכל הארצות ובכל הגוים] יבזרם .[...] 2 [...] [...]
לו יבואו [... ישר]אל ישמידו א[ותם מארץ ...] 3 [...]ממקום י[...]לו
יניחו להמה[... הגוים יתנו] 4 [עומדת]בגי החזון [ו...] ציון ויעש[ו ...
וישימו] 5 [את ירושלים לעיים ואת הר]אלוהי לבמו[ת יער ...] 6 [...].[
לחוקי[אל וגם יהודה] 7 [יחד עמו והוא על אם הדרכים יע]מוד לעש[ות
...] 8 [להיות יחד עם שני אחיו וב]כול זך יוסף[מוטל בארצות] 9 [לא
ידע ...] בגוי נכר[ובכול תבל מפצפצים כול] 10 [הריהם שממים מהם ...
]ו ונבלין[...]..ים[... ועשים] 11 [להם במה על הר גבה להק]ניא את
י[שר]אל וידב[רו בדברי ...] 12 [... בני יעקוב] וישעי[רו ב]דברי[
פ]י[ה]מה לג[דף] 13 [על אהל ציון וידברו]דברי שקר וכול אמרי כזב[
...]

4Q372 (4QapocrJoseph[b]) *4QApocryphon of Joseph[b]*

E.M. Schuller, *DJD XXX* (forthcoming)
PAM 43.356, 43.365, 44.017
ROC 337
2Q22?, 4Q371, 4Q373?

Frag. 1 1 [...]ם[...] 2 [ו]את עושה[...]שרה זרים[...] 3 ואת
הכמרים וכבדו את עבדי[פסל ...] 4 עליון ויתנם ביד הגוים ל[... ויפץ]
5 אתם בכל הארצות ובכל[הגוים יבזרם ... לא יבואו ...] 6 ישראל וישמד
אתם מארץ[... ממקום י... לא יניחו להם ...] 7 הגוים יתנו עומדת בגי
החזון ו[... ציון ויעשו ... וישימו את] 8 ירושלים לעיים ואת הר אלהי

4Q371 (4QapocrJoseph[a]) *4QApocryphon of Joseph[a]*

2Q22?, 4Q372, 4Q373?
Bibliography: E.M. Schuller, *Non-Canonical Psalms from Qumran*, 2; *Wacholder-Abegg 3*, 140-144

Frag. 1 (+ *Frags.* 8 + 11; = 4Q372 1) *1* [and he dispersed them in all the countries, and among all the peoples] he scattered them [...] *2* [...] they did not enter [... Isra]el. They exterminated t[hem from the land ...] *3* [...] from the place [...] they did not allow them to rest [... the nations were given] *4* [a place] in the valley of the vision [and ...] Zion, and [t]he[y] made [... and turned] *5* [Jerusalem into ruins and the mountain] of my God into a [wooded] heig[ht ...] *6* [...] the laws of [God, and Judah as well,] *7* [together with him, and he st]ood [at a crossroads,] to d[o ...] *8* [to be together with his two brothers. And while] all this happened, Joseph [was thrown into lands] *9* [which he did not know ...] among a foreign people [and they were scattered in the whole world. All] *10* [their mountains were deserted by them ...] and fools [...] ... [... and building] *11* [a high place for themselves on a high mountain to arouse the jea]lousy of I[sra]el. And [t]he[y] spo[ke with words of ...] *12* [... the sons of Jacob,] and [t]he[y] terrif[ied (them) with] words from [th]eir [mou]ths, blas[pheming] *13* [against the tent of Zion and they spoke] false words and all (kinds of) deceitful words [...]

4Q372 (4QapocrJoseph[b]) *4QApocryphon of Joseph[b]*

Bibliography: E.M. Schuller, '4Q372 1: A Text about Joseph', *RevQ* 14/55 (1990) 349-376; .- 'The Psalm of 4Q372 1 within the Context of Second Temple Prayer', *CBQ* 54 (1992) 67-79; E. Qimron, 'Observations on the Reading of 'A Text about Joseph'' *RevQ* 15/60 (1992) 603-4; *Wacholder-Abegg 3*, 145-153

Frag. 1 (= 4Q371 1) *1* [...] ... [...] *2* [and] he who does ...; foreigners [...] *3* and the pagan priests and they honoured those who serve [idols ...] *4* the Most High, and he delivered them into the hands of the nations in order to [... and he dispersed them] *5* in all the countries and among all [the peoples he scattered them ... they did not enter ...] *6* Israel. And he exterminated them from the land [... from the place ... they did not allow them to rest ...] *7* The nations were given a place in the valley of the vision and ... [... Zion, and they made ... and turned] *8* Jerusalem into ruins and the mountain of my God into

לבמות יע[ר ... לחקי] 9 אל וגם יהודה יחד עמו והוא על אם הדרכים
יעמוד לע[שות ...] 10 להיות יחד עם שני אחיו ובכל זה יוסף מוטל
בארצות לא י[דע ...] 11 בגוי נאכר ובכל תבל מפצפצים כל הריהם
שממים מהם ...[ונבלי ...ים] 12 ועשים להם במה על הר גבה להקניא את
ישראל וידברו בדב[רי ...] 13 בני יעקב וישעירו בדברי פיהם לגדף על
אהל ציון וידברו[דברי שקר וכל ...] 14 ואמרי כזב ידברו להכעיס ללוי
וליהודה ולבנימן בדבריהם ובכל זה יוסף[מותן] 15 ביד בני נאכר אכלים
את כחו ושברים את כל עצמיו עד עת קץ לו ויוע[ף ...] 16 וקרא אל אל
גבור להושיעו מידם ויאמר אבי ואלהי אל תעזבני ביד הגוים [...] 17 עשה
אתה בי משפט למען לא נבדו ענוים ורשים ואין אתה צריך לכל גוי ועם
18 לכל עזכה אצב[עכה]גדולה וחזקה מכל אשר בתבל כי אתה בורר את
האמת ואין בידך 19 כל חמס גם רחמיך רבים וחסדיך גדלים לכל דרשיך[
...]ארצו ממני ומכל אחי אשר 20 נלוו עמי עם אויב יושב עליה וכ[...].ף
ופתח פיהו על 21 כל בני אהביך יעקב בכעסים לל[...] 22 עת תשמידם
מכל תבל ויתנו[...] 23 ואקום לעשות משפט וצ[דק ...] 24 רצון בראי
ולזבח זבחי[תודה ...] 25 את אלהי ואגיד חסדי[ך ...] 26 אהללך יהוה
אלהי ואב[.]...[...] 27 הראשנות וללמד לפשעים חקיך ולכל עזביך
תור[תך ...] 28 ורע אשר לא להכיחי עדותיך ולהגיד דברי צד[ק ...]
29 כי אל גדול קדוש גבור ואדיר נורא ונפלא[... השמים] 30 והארץ וגם
במעמקי תהום הוד ו[הדר ...] 31 אני ידעת[י ו]התבננתי וח...[...]
32 ...[...]

Frag. 2

1 [...].[...] 2 [...] יהוה בשמים[...] 3 [...] בתהמות ובכל
אבדו[ן ...] 4 [... מ]למד ידו למלחמה הנוקם[...] 5 [... הנו]תן לו שכל
להבין לבנות .[...] 6 [... לע]שות חמדו לעוד כרם [...] 7 [...]עת כי נתן
לך עוז לגב[ר ...] 8 [...]ויתנם ביד עמי במשפ[ט ...] 9 [... ה]ר הבשן
ש[...]ואת כל ערי[...] 10 [...]אות... תלבש ב.[...] 11 [...]המבטיח עמי
על[...].רת.[...] 12 [... יש]ראל כי נשבר לפניו[...] 13 [...]ראשו באבן
המו[ת ...] 14 [...]לא נר.[.] ל[...]

a woo[ded] height [... the laws of] *9* God, and Judah as well, together with him, and he stood at a crossroads, to d[o ...] *10* to be together with his two brothers. And while all this happened, Joseph was thrown into lands which he did not kn[ow ...] *11* among a foreign people, and they were scattered in the whole world. All their mountains were deserted by them ... [... and fools (?) ...] *12* and building a high place for themselves on a high mountain to arouse the jealousy of Israel. And they spoke with wor[ds of ...] *13* the sons of Jacob, and they terrified (them) with the words from their mouths, blaspheming against the tent of Zion; they spoke [false words and all ...] *14* and deceitful words, they spoke them to anger Levi, Judah and Benjamin with their words. And while all this happened, Joseph [was delivered] *15* into the hand of foreigners who consumed his strength and broke all his bones up the time of his end. And he became wear[y ...] *16* and he summoned the powerful God to save him from their hands. And he said: «My father and my God, do not abandon me in the hands of gentiles [...] *17* do me justice, so that the poor and afflicted do not perish. You have no need of any people or nation *18* for any help. [Your] fing[er] is bigger and stronger than any there are in the world. For you choose truth and in your hand there is no *19* violence at all. And your mercies are great and great is your compassion for all who seek you; [...] they are stronger than me and all my brothers who *20* are associated with me. An enemy people lives in it and [...] and opens its mouth against *21* all the sons of your beloved Jacob with insults for [...] *22* the moment of their annihilation from the whole world and they shall be delivered [...] *23* I will arise to do right and just[ice ...] *24* the will of my creator, to offer sacrifices [of thanksgiving ...] *25* to my God. And I will declare [your] compassion [...] *26* I shall praise you, YHWH, my God and ... [...] *27* the first things, and in order to teach sinners your statutes and [your] la[w] to those who forsake you [...] *28* and the evil, so that your witnesses do not reproach me and to declare your ju[st] words [...] *29* For God is great, holy, powerful, glorious, terrifying and wond[erful] are [... the heavens] *30* and the earth and even in the depths of the abyss. Splendour and [majesty ...] *31* I know [and] understand and ... [...] *32* ... [...]

Frag. 2 *1* [...] ... [...] *2* [...] YHWH in the heavens [...] *3* [...] in the depths and in all the abys[s ...] *4* [... who tr]ains his hand for war, who takes revenge [...] *5* [... who gi]ves him intelligence to know how to build [...] *6* [... to d]o his delights for ever, according to the height of [...] *7* [...] time. For he gave you strength to over[come ...] *8* [...] and he delivered them in the hand of his people in the judg[ment ...] *9* [... the mou]ntain of Bashan ... [...] and all the cities of [...] *10* [...] ... you shall wear [...] *11* [...] who lets his people trust in [...] ... [...] *12* [... Is]rael, for he has been smashed in his presence [...] *13* [...] his head with a dead[ly] stone [...] *14* [...] not ... [...]

Frag. 3 1 [...]ת השמי[ם] ו[...]...[...] 2 [...]... ובינה הל.[...].מה
עם כ[ל ...] 3 [... פ]שע ולבב להבין חקי[ו ...]צדיקים[...] 4 [...
ל]השבית מהם[...] *vacat*
אהללה י[הוה ויע]רב עליו שיחי[...] 5 [ו]לבב ללמד בינה ..[...].ד
משפט כי דברי מנפת [מת]קו ומיין יערבו לש[וני ...] 6 אמת וכל אמרי פי
צ[דק]לא ישחיתו מעדיהם ולא יובדו מחלקותם כי כלם[...] 7 יהוה פתח
פי ומאתו [ד]ברי לשוני ודברו בי להגיד מי[...] 8 רחמיו ולא יתן לגוי אחר
חקיו ולא יעטרם לכל זר כי[... ברית] 9 [א]ברהם אשר כרת עם יעקב
להיות עמו עד עלמי ע[ד ...] 10 [י]שראל כלה להשמידו ביד גוים כל
הנגעים בנחל[תו ...] 11 [יא]שמו ואת דמם ידרוש מידם ראו מה עשה
למדין א[...] 12 אחד הוא זמרי בן סלוא וחמשת מלכי מדין נהרגו [...]
13 [...]...[...]

4Q373 (4QapocrJoseph[c]) *4QApocryphon of Joseph[c]*

E.M. Schuller, *DJD XXX* (forthcoming)
PAM 43.362
ROC 469
2Q22, 4Q371?, 4Q372

Frags. 1+2 1 [...].ניהם וימ.[...] 2 כל עבדיו את עוג א[...] 3 אמות
וחצי רמו ושתים [אמות רחבו ... רמח כארז ...] 4 מגן כמגדל הקל ברגל[
...] 5 המרחיקם שבעה ראסות לא עמד[תי ...] 6 ולוא שניתי כי שברו
יהוה אלהינו לפי[חרב ...] 7 ועשיתי קלעי מזור ע[ם קשתות ולא ...]
8 כי .[...]

4Q374 *4QDiscourse on the Exodus/Conquest Tradition*

C. Newsom, *DJD XIX*, 99-110, pl. XIII
PAM 43.359, 44.080
ROC 476
Bibliography: C. A. Newsom '4Q374: A Discourse on the Exodus/Conquest

Frag. 3 *1* [...] the heaven and [...] ... [...] *2* [...] ... and understanding ... [...] ... with a[ll ...] *3* [... s]in, and a heart to understand [his] precepts [...] just [...] *4* [... to] remove from them [...] *Blank* I will praise Y[HWH and let] my meditation [be plea]sing to him. [...] *5* [and] a heart, to teach understanding ... [...] judgment, for my words [are swee]ter than honey, and more pleasing than wine is [my] ton[gue ...] *6* truth, and all the words of my mouth are righ[teousness]; of their testimonies none shall fail, and of their flatterings none shall expire, for they all [...] *7* YHWH has opened my mouth, and from him are the [w]ords of my tongue, and his word is in me to announce ... [...] *8* his mercies, and he shall not give his precepts to another nations, nor shall he adorn any stranger with them, for [... the covenant of] *9* [A]braham, which he made with Jacob, to be with him for all eterni[ty ...] *10* [(of) I]srael he shall exterminate completely by the hand of nations, all those who touch [his] inheritan[ce ...] *11* [will be gu]ilty, and he will avenge the blood they shed. See what he did to Midian [...] *12* was one, Zimri the son of Salu, and the five Kings of Midian were killed *13* [...] ... [...]

4Q373 (4QapocrJoseph[c]) *4QApocryphon of Joseph[c]*

Bibliography: E. Schuller, 'A Preliminary Study of 4Q373 and Some Related (?) Fragments', in J. Trebolle Barrera & L. Vegas Montaner (eds.), *The Madrid Qumran Congress on the Dead Sea Scrolls 18-21 March 1991. Vol. II* (STDJ 11; Leiden, E.J. Brill, 1993) 515-530; *Wacholder-Abegg 3*, 154

Frags. 1 + 2 (= 4Q372 19 ?; 2Q22 I) *1* [...] their ... and he [...] *2* all his servants with Og ... [...] *3* and a half cubits was his height and two [cubits his width ..., a sword like a cedar...] *4* and a shield like a tower. The light-footed [...] *5* whoever moves (them) seven stadia away. [I] did not stand [...] *6* and I did not do it again, because YHWH our God crushed him with the edge of [the sword ...] *7* and I made deadly catapults wi[th bows and not ...] *8* for [...]

4Q374 *4QDiscourse on the Exodus/Conquest Tradition*

Tradition', in D. Dimant, U. Rappaport (eds.), *The Dead Sea Scrolls. Forty Years of Research* (STDJ 10; Leiden: E.J. Brill, 1992) 40-52; *Wacholder-Abegg 3*, 155-159; C. Fletcher-Louis, '4Q374: A Discourse on the Sinai Tradition: The Deification of Moses and Early Christianity', *DSD* 3 (1996) 236-252

Frag. 2 I 3 [...].[...] 4 [...]כל ה(א)רצות 5 [...]. תאמר 6 [...]
וירש 7 [...]סיני 8 [...]ל

Frag. 2 II 1 יחדו וית.[...] 2 וירוממו גוים באף[...] 3 במעלליהם
ובנדת מעשי ה[...] 4 ואין [לכם] שרית ופליטה ולצאצאיהם מ.[...]
5 ויטע ל[נ]ו בחירו בארץ חמדות כל הארצות ברי[...] 6 [ו]יתננו
לאלוהים על אדירים ומחיג[ה]לפרעה עב[...] 7 [י]תמוגגו ויתנועעו לבם
וימסו קרבי[ה]ם [ו]ירחם בכ.[...] 8 ובהאירו פנו אליהם למרפא ויגבירו
לב[ם] עוד וכעת[...] 9 וכל לא ידעוך ויתמוגגו ויתנ[ו]עעו חגו לק[ול ...]
10 [...]להם [...]ל. להושיע ...[...] 11 [...]ל[...][...]

Frag. 7 1 [...]בך *vacat* [...] 2 [...]ם[...] מליץ לעמך[...].
3 [...]שחקים ומעלה[...] 4 [...]...[...]

Frag. 9 1 [...]...[...] 2 [... ק]ינה אשר קונן ב[...] 3 [...] באמר
יהוה אליו [...] 4 [...]הרו מן חד[...] 5 [... כ]ל אשר .[...]

4Q375 (4QapocrMoses[a]) *4QApocryphon of Moses*[a]

J. Strugnell, *DJD XIX*, 111-119, pl. XV
PAM 43.359
ROC 122A
1Q29?, 4Q376?, 4Q408?
Bibliography: J. Strugnell, 'Moses-Pseudepigrapha at Qumran. 4Q375, 4Q376,

Col. I 1 [את כול אשר]יצוה אלוהיכה אליכה מפי הנביא ושמרתה
2 [את כול החו]קים האלה ושבתה עד יהוה אלוהיכה בכול 3 [לבכה
ובכו]ל נפשכה ושב אלוהיכה מחרון אפו הגדול 4 [להושיעכ]ה
ממצוקותיכה והנביא אשר יקום ודבר בכה 5 [סרה להש]יבכה מאחרי
אלוהיכה יומת וכיא יקום השבט 6 [אשר] הואה ממנו ואמר לוא יומת כיא
צדיק הואה נביא 7 [נ]אמן הואה ובאתה עם השבט ההואה וזקניכה

Frag. 2 col. I *3* [...] ... [...] *4* [...] all the lands *5* [...] you will say *6* [...] and he took possession *7* [...] Sinai *8* [...] ...

Frag. 2 col. II *1* together and ... [...] *2* and nations will rise in anger [...] *3* through their deeds and through the impurity of the actions of [...] *4* and [you] shall have neither remnants nor survivor, but their descendants [...] *5* and he planted for [u]s, his chosen ones, in a land, more desirable than all countries, ... [...] *6* and he made him like a God over the powerful ones, and a cause of reel[ing] (?) for Pharaoh ... [...] *7* melted, and their hearts trembled, and [th]eir entrails dissolved. [But] he had pity with [...] *8* and when he let his face shine for them for healing, they strengthened [their] hearts again, and at the time [...] *9* and no-one knew you, and they melted and trembled, they staggered at the so[und ...] *10* [...] for them [...] for salvation ... [...] *11* [...] ... [...]

Frag. 7 *1* [...] your ... *Blank* [...] *2* [...] a mediator for your people [...] *3* [...] clouds, and above [...] *4* [...] ... [...]

Frag. 9 *1* [...] ... [...] *2* [... the di]rge which he sang when [...] *3* [...] when YHWH spoke to him *4* [...] ... from ... [...] *5* [... al]l who [...]

4Q375 (4QapocrMoses[a]) *4QApocryphon of Moses[a]*

and Similar Works', in L. Schiffman (ed.), *Archaeology and History in the Dead Sea Scrolls* (JSP 8; Sheffield, 1990) 221-234; *Wacholder-Abegg 3*, 160-161; G. Brin, 'The Laws of the Prophets in the Sect of the Judaean Desert. Studies in 4Q375', *JSP* 16 (1992) 19-57

Col. I *1* [all that] your God commands you by the prophet's mouth, and you shall keep *2* [all] these [pre]cepts, and shall return to YHWH, your God with all *3* [your heart and with al]l your soul, and your God will repent of the fury of his great wrath *4* [in order to save y]ou from your trials. However, the prophet who rises up to preach *5* [apostasy] to you, [to make] you [tu]rn away from God, shall die. And if the tribe *6* from [which] he comes should rise up and say: «He is not to die, for he is a just man, he is a *7* [tr]ustworthy prophet», you shall come with that tribe and your elders and your judges *8* [t]o the place

ושופטיכה 8 [א]ל המקום אשר יבחר אלוהיכה באחד שבטיכה לפני
9 [ה]כוהן המשיח אשר יוצק על ר[ו]אשו שמן המשוחה

Col. II 2-1 [...] 3 ולקח [פר בן בקר ואיל אחד ... והזה]
4 באצב[עו על פני הכפורת ...]...[...] 5 בשר האי[ל ...]ושעיר עז[ים
אחד אשר] 6 לחטאת יק[ח ושחט אותו וכ]פר בעד כול העדה ואה[רון יזה
מן הדם] 7 לפני פרוכת [הקודש ונגש ע]ד לארון העדות ודרש את[כול
מצוות] 8 יהוה לכול [... הנסת]רות ממכה ו[י]צא לפני כ[ול ראשי אבות]
9 העדה וזה [...] ל[...]

4Q376 (4QapocrMoses[b?]) *4QApocryphon of Moses[b?]*

J. Strugnell, *DJD XIX*, 121-136, pl. XV
PAM 43.478
ROC 355

Frag. 1 I 1 [... ולפני מ]שני הכוהן המשיח 2 [... פ]ר בן בקר ואיל
[...] 3 [...] לאורים

Frag. 1 II 1 יאירוכה ויצא עמו בלשנות אש האבן השמאלית אשר על
צדו 2 השמאלי תגלה לעיני כול הקהל עד כלות הכוהן לדבר ואחר נעלה
3 [הענן ...]ל ל...[...]ואתה תשמור וע[שיתה כו]ל [אשר] ידבר [א]ליכה

Frag. 1 III 1 ככול המשפט הזה ואם במחנה יהיה הנשיא אשר לכול
העדה ונ.[...] 2 אויבו וישראל עמו או כי ילכו לעיר לצור עליה או לכול
דבר אשר[...] 3 לנשיא [...]...[...] השדה רחוקה[...]

4Q377 (4QapocrPent B) *4QApocryphon Pentateuch B*

D. Dimant, *DJD XXX* (forthcoming)
PAM 41.942, 43.154, 43.372

which your God will choose in one of your tribes before *9* [the] anointed priest upon whose head the oil of anointing has been poured

Col. II *1-2* [...] *3* and he shall take [a young bullock from the herd and a ram ... and he shall sprinkle] *4* with [his] fing[er on the surface of the place of atonement ...] ... [...] *5* the flesh of the ra[m ...] and [one] he-goat *6* for the sin-offering, he shall ta[ke] it [and slaughter it, and at]one for all the congregation. And Aa[ron shall sprinkle with some of the blood] *7* before the veil of [the sanctuary and shall approach] the ark of the testimony and shall study [all the precepts of] *8* YHWH concerning all [... which have been hid]den from you. And he shall [g]o out before a[ll the chiefs] *9* of the assembly. And this [...] ... [...]

4Q376 (4QapocrMoses[b?]) *4QApocryphon of Moses[b?]*

1Q29, 4Q375?, 4Q408?
Bibliography: J. Strugnell, 'Moses-Pseudepigrapha at Qumran', 234-247. *Wacholder-Abegg 3*, 162-163

Frag. 1 *col.* I *1* [... and before the de]puty of the anointed priest *2* [... a young bu]llock from the herd and a ram [...] *3* [...] for the Urim

Frag. 1 *col.* II (= 1Q29 1) *1* they will provide you with light and he will go out with it with tongues of fire; the stone of the left side which is at its *2* left side will shine to the eyes of all the assembly until the priest finishes speaking. And after [the cloud (?)] has been removed *3* [...] and you shall keep and d[o al]l [that] he tells you

Frag. 1 *col.* III *1* in accordance with all this judgment. And if there were in the camp the Prince of the whole congregation, and [...] *2* his enemies, and Israel is with him, or if they march to a city to besiege it or in any affair which [...] *3* to the Prince [...] ... [...] the field is far away [...]

4Q377 (4QapocrPent B) *4QApocryphon Pentateuch B*

ROC 122B
Bibliography: Wacholder-Abegg 3, 164-166

Frag. 1 *recto* I 2 [...]... 3 [... למ]טה 4 [... למ]טה בנימין רפיה
5 [...]זמרי למטה גד אליו 6 [... כו]ל המאסף מבן עשרים שנה
7 [ולמעלה ...] *vacat* 8 [...]ל איש החשידים וישא קולו 9 [... ו]ישיב
חרון א[פו ותסג]ר מרים מעינו ... 10 [...] עלינו ונהגה אל... כיא

Frag. 1 *recto* II 1 [...] ומופתיכה ...[...] 2 יבינו בחוקות מושה *vacat*
[...] 3 ויען אליבו[א וי]אמר ש[מע]עדת יהוה והקשב כול הקהל ...[...]
4 לכ[ול]דב[ריו]ומשפ[ט]י[ו] *vacat* ארור האיש אשר לוא יעמוד וישמור
ויע[שה] 5 לכול מצ[ות י]הוה בפי מושה משיחו וללכת אחר יהוה אלוהי
אבותינו המצו[ה] 6 לנו מהרי סינ[י] *vacat* וידבר ע[ם]קהל ישראל פנים
עם אל פנים כאשר ידבר 7 איש עם רעהו וכא[ש]ר יראה איש א[ו]ר
הראנו באש בעורה ממעלה [מ]שמים 8 ועל הארץ עמד על ההר להודיע
כיא אין אלוה מבלעדיו ואין צור כמוהו [וכול] 9 הקהל {...}[...].נו
ורעדודיה אחזתם מלפני כבוד אלוהים ומקולות הפלא 10 ויעמודו מרחוק
vacat ומושה איש האלוהים עם אלוהים בענן ויכס 11 עליו הענן כיא [...
]בהקדשו וכמלאך ידבר מפיהו כיא מי מבש[ר]כמוהו 12 איש חסדים
ויוד[ע ...]ם אשר לוא נבראו {ל}מעולם ולעד ...[...]...

4Q378 (4QapocrJoshua[a]) *4QApocryphon of Joshua[a]*

C.A. Newsom, *DJD XXII*, 241-262, pls. XVII-XX
PAM 43.193, 43.195, 43.547
ROC 167, 168
4Q379, 4Q522, 5Q9
Bibliography: C.A. Newsom, 'The "Psalms of Joshua" from Qumran Cave 4', *JJS* 39 (1988) 56-73, pl. 1; .- '4Q378 and 4Q379: An Apocryphon of Joshua', in H.J. Fabry *et al.* (eds.), *Qumranstudien: Vorträge und Beiträge der Teilnehmer des Qumranseminars auf dem internationalen Treffen der Society of Biblical Litera-*

Frag. 3 I 1 [...]לטמאם ול[...]ם 2 [... ב]נותיך לבניהם *vacat*
3 [... ו]מצאוכה צרות רבות וכול 4 [... אי]ש האלוהים 5 [...]... ממכה
והייתה לאׄכלה 6 [... מקצה ה]ארץ ועד קציה והניעכה 7 [...]ועד לכלה

Frag. 1 *recto col.* I *2* [...] ... *3* [... of the tri]be of *4* [... from the tr]ibe of Benjamin, Rephaja *5* [...] Zimri from the tribe of Gad, Eliyu *6* [... al]l the muster, twenty years *7* [and older. ...] *Blank 8* [...] a man of the pious ones, and he raised his voice *9* [... and] the anger of [his] fu[ry] abated, [and] Miriam [was kept awa]y from his eyes ... *10* [...] against us, and we will bemoan ... because

Frag. 1 *recto col.* II *1* [...] and your signs ... [...] *2* they understand the precepts of Moses *Blank* [...] *3* And Elyab[o (?)] began to speak, saying: He[ar,] congregation of YHWH, and pay attention, all the assembly ... [...] *4* to a[ll his] wor[ds] and [his] rulin[g]s. *Blank* Cursed is the man who does not persevere and keep and carry [out] *5* all the la[ws of Y]HWH by the mouth of Moses his anointed one, to follow YHWH, the God of our fathers, who command[ed] *6* us from the mountains of Sina[i.] *Blank* He has spoken wi[th] the assembly of Israel face to face, like a man speaks *7* to his neighbour. And like a man sees li[gh]t, he has appeared to us in a burning fire, from above, from heaven, *8* and on earth he stood on the mountain to teach us that there is no God apart from him, and no Rock like him. [And all] *9* the assembly {...}[...] ... and trembling seized them before the glory of God and the wonderful thunders, *10* and they stayed at a distance. *Blank* But Moses, the man of God, was with God in the cloud, and *11* the cloud covered him because [...] when he sanctified him, and he spoke as an angel through his mouth, for who was a messen[ger] like him, *12* a man of the pious ones? And he sho[wed ...] ... which were never created before or afterwards ... [...] ...

4Q378 (4QapocrJoshua[a]) *4QApocryphon of Joshua[a]*

ture, Münster, 25.-26. Juli 1993 (Schriften des Institutum Judaicum Delitzschianum 4; Göttingen: Vandenhoeck & Ruprecht, 1996) 35-85; *Wacholder-Abegg 3*, 167-177; E. Tov, 'The Rewritten Book of Joshua as Found at Qumran and Masada', in M.E. Stone, E.G. Chazon (eds.) *Biblical Perspectives: Early Use and Interpretation of the Bible in the Light of the Dead Sea Scrolls. Proceedings of the First International Symposium of the Orion Center, 12-14 May 1996* (STDJ 28; Leiden: Brill, 1998) 233-256

Frag. 3 *col.* I *1* [...] to make them impure and to [...] them *2* [...] your [dau]ghters to their sons. *Blank 3* [... and] many troubles will befall you, and all *4* [... ma]n of God *5* [...] ... from you, and you will become food *6* [... from one end of the] earth to its other end. And he will cause you to wander *7* [...]

ועד למעול 8 [... יהו]ה אלוהיך באו עלידה 9 [... כו]ל הגוים אשר 10 [...]כאשר עשיתה 11 [... א]שר משלו בכה 12 [...].יה 13 [...]ך להיות לו 14 [...]שות ל..[...] 15 [...]עה[...]

Frags. 3 II + 4 3 ויוצא[...] 4 ועתה היום [...] 5 ושמענו למושה כ[...] 6 איש ישר וגדול [... שרי אלפים שרי] 7 המאיות שרי הח[משים ושרי העשרות ... לשופטים] 8 ולשוטרים [...]ל[...] 9 ישמע ולוא [...] 10 ואל תחת חזק וא[מץ כ]י תנחיל את ה[עם הזה ... לוא] 11 ירפכה ולוא יעזב[כה ת]חזקנה ידיך[...] 12 למסע ל[פני העם ...]

Frag. 6 I 3 [...]ה כי באש[...] 4 [...]א תפלה על חטאתינו 5 [...].לים אל תדמו לאחי [י]ורדי 6 [...]עולם עלילותיו כי לעלמיה 7 [... א]שמכה הוי אחי עליכמה 8 [...]...מה וכאב לבנו ידבר

Frag. 6 II 1 [... ב]חנני ויתננ[י ...] 2 לעמוד לפני אלוה ולפני[...] 3 לבי כי אלהים יבחן מל[...] 4 ויבחן *vacat* אוי לי ...[...] 5 מעלה לראשי[...] 6 הכר˺תי (הכרנו) ו˺אמר[...] 7 עליכה אדני וב[...] 8 ולא כתורמה[...] 9 [...][...]...[...]

Frag. 11 1 [...]כי יהוה[אלוהיכ]מה ...[...] 2 [... לה]עמיד דבריו אשר דבר 3 [...] הנשבע לאברהם לתת 4 [...]טובה ורחבה ארץ נחלי מים 5 [עינות ותהומות יוצאים בב]קעה ובהר ארץ חטה ושער[ה] 6 [... שמן ו]דבש כי ארץ זבת חלב ודבש 7 [... אשר אב]ניה ברזל ומה[ר]יה נחושה 8 [...]ין לחקור וירש[תם ...] 9 [...]ים וש[...]

Frag. 14 1 [...]ויבכו בני[ישראל את מושה בערבת מואב] 2 [על ירדן] ירחו בבית הישימות[עד אבל השתים שלשים יום] 3 [ויתמו ימי בכי]אבל מושה ובני יש[ראל ...] 4 [... א]שר כרת יהוה ל.[...] 5 [... פח]דך ויראתך [...]

and even to destruction, and to disloyalty *8* [... of YHW]H, your God, have come upon you *9* [... al]l the nations which *10* [...] like you did *11* [... w]ho ruled over you *12* [...] ... *13* [...] to be for him *14-15* [...] ... [...]

Frags. 3 *col.* II + 4 *3* and he brought out [...] *4* and this very day [...] *5* and we listened to Moses [...] *6* a just and great man [... chiefs of thousands, chiefs of] *7* hundreds, chiefs of fif[ties and chiefs of tens ... to the judges] *8* and (to) the inspectors [...] *9* he will listen and not [...] *10* and do not be afraid, be strong and re[solute becau]se you will cause [this people] to take possession [... he will not] *11* leave you or desert [you. Let] your hands be strong [...] *12* to set out in [front of the people ...]

Frag. 6 *col.* I *3* [...] for in ... [...] *4* [...] a prayer for our sins *5* [...] ... do not resemble my brothers who [de]scend *6* [...] his deeds for ever, for to its ages *7* [...] your [g]uilt. Woe, my brothers, upon you *8* [...] ... and like a father speaks to his son

Frag. 6 *col.* II *1* [... he te]sted me and placed m[e ...] *2* to stand before God and before [...] *3* my heart, because God tests ... [...] *4* and he will test. *Blank* Woe, me ... [...] *5* above my head [...] *6* we acknowledged and said [...] *7* against you, Lord, and ... [...] *8* and not ... [...] *9* [...] ... [...]

Frag. 11 *1* [...] because YHWH [you]r [God] ... [...] *2* [... in order to] establish his words which he spoke *3* [...] who swore to Abraham to give *4* [...] good and spacious, a land of streams of water, *5* [of springs and well-heads which gush in the p]lain and on the mountain, a land of wheat and grai[n,] *6* [... olive oil and] honey, for it is a land which flows with milk and honey *7* [... who]se [st]ones are iron and whose mountains are copper *8* [...] ... to inspect and [you] will take possession of [...] *9* [...] ... and [...]

Frag. 14 *1* [...] And the children [of Israel] wept [over Moses in the steppes of Moab] *2* [by the Jordan, close to] Jericho, in Bet-Yeshimot [as far as Abel ha-Shittim, for thirty days] *3* [and they completed the days of weeping and] mourning for Moses. And the children of Is[rael ...] *4* [... wh]ich YHWH established with [...] *5* [... fe]ar of you and dread of you [...]

Frag. 19 II 2 [...].[...] 3 ו[י]עמיד אלהי[ם ...] 4 ואנחנו הברנו בכח[...] 5 וכעבדים אל יד אדונ[יהם ...] 6 ובציא במדבר למקנה לכ[...] 7 [וכו]ל שרי א[...]

Frag. 22 I 1 [...]משה אלהי ולא הכחדתם באשמתם 2 [...]עמך ביד ישוע משרת עבדך משה 3 [...]דך ביד משה על ישוע למען עמך 4 [...]. אשר כ[רת]ה עם אברהם 5 [...]חסד לאלפים

Frag. 26 1 [...]יוד[ע]דעת עליון ומ[חזה שדי יחזה] 2 [...]ה ה[ג]יד לנו איש האלהים מפי .[...] 3 [...] ועדת עליון הק[ש]יבו לקול מ[שה ...] 4 [...]...[...]]אלהים עליו[ן ...] 5 [...]מפתים גדולים ובחמה יעצר[...] 6 [... א]יש ה[ח]סדים ועד לעלמיה זכור [...] 7 [...].ת עד למ[...] 8 [...] *vacat* [...] 9 [...]...[...]...[...]

4Q379 (4QapocrJoshua[b]) *4QApocryphon of Joshua[b]*

C.A. Newsom, *DJD XXII*, 263-288, pls. XXI-XXV
PAM 43.217, 43.218, 43.367
ROC 479, 481; Musée de la Flagellation (frg. 1)
4Q378, 4Q522, 5Q9
Bibliography: P.A. Spijkerman, 'Chronique du Musée de la Flagellation', *StudiiBiblici Franciscani Liber Annuus* 12 (1961-62) 324-325 (photograph

Frag. 1 1 [...]ותשמחהו בשנים[עשר ...] 2 [...]עולמים את לוי ידיד.[...] 3 [... ו]את ראובן ואת י[הודה ...] 4 [... וא]ת גד ואת דן ואת ...] 5 [...]שנים עשר מט{.}[ת] ישראל ...] 6 [...]לעלמי ומן [עד] [...] 7 [...]...[...]

Frag. 3 I 1 [...]ערוער 2 [...]את יהוה *vacat* [...] 3 [...].. ירימו בח[י]נים [...] 4 [...]... יהוה ולא [...] 5 ולא יתגאלו בכל 6 [...]חרם לו לעולם ... 7 [...]ל[...]

Frag. 19 *col.* II *2* […] … […] *3* and God established […] *4* and us, he cleansed us with … […] *5* and like slaves to the hand of [their] lord […] *6* and in the dry land, in the desert for the cattle to […] *7* [and al]l the chiefs of […]

Frag. 22 *col.* I *1* […] Moses, my God. And you did not destroy them for their guilt *2* […] your people through the hand of Joshua, minister of your servant Moses *3* […] your … through the hand of Moses to Joshua, on behalf of your people *4* […] … which [you] es[tablished with Abraham *5* […] compassion with thousands

Frag. 26 *1* […] having the knowledge of the Most High and [seeing] the vision [of Shaddai …] *2* […] the man of God an[no]unced us, according […] *3* […] and the assembly of Elyon; they pa[y]ed attention to the voice of Mo[ses …] *4* […] … […] God Most Hig[h …] *5* […] great signs; and in anger he restrained […] *6* [… m]an of the [pi]ous ones and until its ages remember […] *7* […] eternal, to […] *8* […] *Blank* […] *9* […] … […] … […]

4Q379 (4QapocrJoshua[b]) *4QApocryphon of Joshua[b]*

of fragment 1); C.A. Newsom, 'The "Psalms of Joshua" from Qumran Cave 4', 65-70; T.H. Lim, 'The "Psalms of Joshua" (4Q379 fr. 22 col. 2): A Reconsideration of its Text, *JJS* 44 (1993) 309-312; C.A. Newsom, '4Q378 and 4Q379: An Apocryphon of Joshua', in H.J. Fabry *et al.* (eds.), *Qumranstudien*, 35-85; *Wacholder-Abegg 3*, 178-189; E. Tov, 'The Rewritten Book of Joshua as Found at Qumran and Masada'

Frag. 1 *1* […] and you made him exult with twe[lve …] *2* […] eternal to Levi, the beloved, […] *3* [… and] Reuben and J[udah …] *4* [… and] Gad and Dan and […] *5* […] the twelve tribes of [Israel …] *6* […] forever, and from […] *7* […] … […]

Frag. 3 *col.* I *1* […] Aroer *2* […] YHWH *Blank* […] *3* […] … they will raise up tested ones *4* […] … of YHWH, and not *5* […] and they shall not defile themselves with all *6* […] dedicated to him for ever … *7* […] … […]

Frag. 4 1 [...]גבול ארץ 2 [...] וראים נפלאתו 3 [...]. וגדולה 4 [...]. היתה כמוה 5 [...]לם כי אמש 6 [...]...

Frag. 12 1 [... המים]היורדים ... 2 [... המים]היורדים עמדו ניד 3 [... בני ישראל ע]ברו ביבשה בחדש 4 [הרא]שון בשנת הא[חד ו]ארבעים שנה לצאתם מאר[ץ] 5 מצרים היא השנה ליובלים לתחלת בואתם לארץ 6 כנען והירדן מלא מי[ם] על כל גדותיו ושוטף 7 [ב]מימיו מן החדש ה.[.].י עד חדש קציר חטים 8 [...]...[...]...[...]...[...]... ישראל[...]

Frag. 17 1 [...]...[...] 2 [...].ים ומברכים [...] 3 [...]בדבריו ויאמן בתור[תו ...] 4 [...]. אברהם יצחק ויעקב ומשה 5 [... א]לעזר ואיתמר אגילה ... 6-7 [...]...[...]

Frag. 18 1 [...]... האיש ...[...] 2 [...].בי על [ע]ˀזבי אל וברב ד[ב]רי[ך ...] 3 [...] לדרך ואשענה עליך ואת[...] 4 [... ל]היות לי אדנ[ינ]ו כאב א.[...] 5 [...]אלוה דבריך אשמור כי .[...] 6 [...]ובעדו[ת] עליון השכלת כ.[...] 7 [...]אלהי אתאמן בכל דברי[ך ...]

Frag. 22 I 2 [...]גבורתיו 3 [...]ואין לו משגב 4 [...]תו והבינותי 5 [... אי]ן אלוה זולתו ואין 6 [...].ות כי אלדעות 7 [...]...[ן אין עמו 8 [...]אין כל

Frag. 22 II 1 האדם אש[ר ...] 2-3 ...[...] 4 שאול ומ.[...] 5 ברוך יהוה אלהי [ישראל ...] 6 אל ...[...] 7 בעת אשר כ[ל]ה יש[וע] לה[לל ולה]וד[ו]ת בתהלות[יו ויאמר] 8 א[רור הא]יש אשר יב[נ]ה את [העי]ר הזאת בבכר[ו יסדנה] 9 [ובצעירו י]ציב דלתיה *vacat* ו[הנה ארור איש בליעל] 10 [עומד להיו]ת פח יקוש לעמו ומחתה לכל שכנ[י]ו ועמ[ד] 11 [...]ן להיות שניהם כלי חמס ושבו ובנו א[ת] 12 [העיר ה]זאת ויציבו לה חומה ומגדלים לעשות[לעוז רשע] 13 [בארץ ור]ש{ה}עה גדלה {בבני

Frag. 4 *1* [...] the border of the land of *2* [...] and seeing his wonder *3* [...] and great *4* [...] it was like it *5* [...] their [...] for I will remove *6* [...] ...

Frag. 12 *1* [... the waters] which come down ... *2* [... the waters] which come down stood piled up *3* [...the sons of Israel cr]ossed over when it was dry, in the *4* [fi]rst month of the forty-fi[rst] year of their departure from the la[nd of] *5* Egypt; it was the year of the Jubilees at the start of their entry into the land of *6* Canaan; and the Jordan was full with wat[er] towards all its banks and it flooded *7* [with] its water from the month ... [...] until the month of the wheat harvest *8* [...] ... [...] ... [...] ... Israel

Frag. 17 *1* [...] ... [...] *2* [...] ... and blessing [...] *3* [...] with his words and he relied upon [his] La[w ...] *4* [...] Abraham, Isaac and Jacob; and Moses *5* [... E]leazar and Itamar. I will rejoice ... *6-7* [...] ... [...]

Frag. 18 *1* [...] ... the man ... [...] *2* [...] ... against those who [le]ave God and with [your] manifold w[o]rds [...] *3* [...] to the way. And I will trust in you and I will [...] *4* [... to] be for me, [ou]r Lord, like a father ... [...] *5* [...] God, I will keep your words, for [...] *6* [...] and by the decree[s] of the Most High you have given wisdom ... [...] *7* [...] my God, I will rely upon all [your] words [...]

Frag. 22 *col.* I *2* [...] his mighty deeds *3* [...] and he has no refuge *4* [...] his [...] and I understand *5* [... there is n]o God apart from him, and there is no *6* [...] ... for the God of knowledge *7* [...] ... there is not with him *8* [...] there is not any

Frag. 22 *col.* II (cf. 4Q175) *1* the man wh[o ...] *2-3* ... [...] *4* asked, and ... [...] *5* Blessed be YHWH, God of [Israel ...] *6* God [...] *7* At the moment when Josh[ua] fi[nis]hed pra[ising and giving] thanks with [his] psalms, [he said:] *8* «Cu[rsed be the ma]n who re[bui]lds this [cit]y! Upon [his] first-born] [he will found it] *9* [and with his youngest son he will] erect its gates» *Blank* And [now, cursed be the man of Belial,] *10* [who rises to b]e a fowler's trap for his people and ruin for all his neighbour[s]. And there will ari[se] *11* [...] to be the two instruments of violence. And they will rebuild *12* this [city,] and erect for it a rampart and towers, to make it [into a fortress of wickedness] *13* [in the country, and] a great [e]vil {amongst the sons of Jacob. And they will sh[ed

יעקב ושפ[כו דם]} בישראל ושערוריה באפרים[וביהודה] 14 [ויעשו חנופה
]בארץ ונאצה גדלה (בבני יעקב ושפכו דם) כמי[ם על חיל בת ציון] 15
[ובחוק ירושלם]...[...]

4Q380 *4QNon-Canonical Psalms A*

E.M. Schuller, *DJD XI*, 75-85, pl. VIII
PAM 43.194, 43.362
ROC 283

Frag. 1 I 1 [...]... 2 [... ירו]שלם היא 3 [העיר בחר יה]וה מעולם ועד 4 [עולם ...] קדשים 5 [כי ש]ם יהוה נקרא עליה 6 [וכבדו] נראה על ירושלם 7 [ו]ציון מי ימלל את שם 8 יהוה וישמעו כל תהלת[ו] 9 [זכ]רו יהוה ברצנו ויפקדהו 10 להראות בטוב 11 [בח]יריו לש[מח בשמחת גויו]

Frag. 1 II 1 [ו]עשה לכם אדם א.[...] 2 כי הוא זה שמרו אמ[ריו ...] 3 אשר לכל ב[נ]י ישראל [...] 4 תושעך ידך כי כח אלה[ים ...] 5 עושה טוב[ה] ושנאי רעים עד[מתי] 6 תחפצו לעש[ו]ת רעה פן יובד עו[ל...] 7 *vacat*

8 תהלה לעבדיה *vacat* אלוה [...] 9 אמת בה וחסדו .[...]

Frag. 2 1 [...].[...] 2 [...]הרים וגבעות[...] 3 [...]יחרדו כל יוסדו בו[...] 4 [ויזעקו אל] יהוה בצר⌐הם ממצ[וקותיהם] 5 [יצילם כי] ל[ח]ס˚ד יחנן יהוה ו.[...] 6 [...]לאיש [...] 7 [...]ל[...]

Frag. 4 1 *vacat* תהלה ל[...] 2 תמאסן ב[...] 3 החכים ל[...] 4 ו...[...]

blood]} /in Israel, and a horror in Ephraim [and Judah;]/ *14* [And they will commit a profanation] in the land and a great blasphemy ‹among the sons of Jacob. And they will shed blood› like wa[ter upon the ramparts of the daughter of Zion] *15* [and in the precincts of Jerusalem.] … […]

4Q380 *4QNon-Canonical Psalms A*

Bibliography: E.M. Schuller, *Non-Canonical Psalms from Qumran. A Pseudepigraphical Collection* (HSS 28; Atlanta, GA: Scholars Press, 1986) 241-265, pl. VIII; .- *PTSDSSP 4A*, 1-9

Frag. 1 *col.* I *1* […] … *2* [… Jeru]salem is *3* [the city which YH]WH [chose] for ever and *4* [ever …] holy ones *5* [for the Na]me of YHWH is invoked over her, *6* [and his glory] is seen over Jerusalem *7* [and] Zion. Who will utter the Name of *8* YHWH? And who shall proclaim all [his] praise? *9* YHWH [remem]bered him in his favour and visited him *10* in order to make him see the good *11* [of] his [chos]en ones in order to che[er him in the joy of his people.]

Frag. 1 *col.* II *1* [And] he made a man for you … […] *2* Because he is the one [whose] wo[rds] they keep […] *3* which is for all the chi[ld]ren of Israel […] *4* May your hand rescue you, for God's power […] *5* doing good and hating the wicked. Until [when] *6* will you take pleasure in doing evil? Otherwise the wic[ked] person expires. *7 Blank 8* Hymn of Obadiah. *Blank* God […] *9* the truth in it and his kindness … […]

Frag. 2 *1* […] … […] *2* […] mountains and hills […] *3* […] those who rely on them shall shudder […] *4* [and they shall shout to] YHWH in their distress. From [their] dif[ficulties] *5* [he will free them. For] YHWH has compassion with the [pi]ous, and […] *6* […] to the man […] *7* […] … […]

Frag. 4 *1 Blank* Hymn of […] *2* You shall despise […] *3* He made wise […] *4* and … […]

4Q381 *4QNon-Canonical Psalms B*

E.M. Schuller, *DJD XI*, 87-172, pl. IX-XV
PAM 43.224-43.227
ROC 470-472, 478

Frag. 1   1 הגדתי ונפלאתו אשיחה והיא תהיה לי למורה משפט [...]
2 פי ולפתאים ויבינו ולאין לב ידעון *vacat* יהוה כמה גב[ור ...]   3 נפלאות
vacat הוא בי'מי עשה שמים וארץ ובדבר פיו [...]   4 ואפיקים שך אור
ותיה (יאורותיה) אגמים וכל בלעה וי... ל.[...]   5 לילה וככ[בי]ם וכסילים
ויהיר .מ. לאו[...]   6 עץ וכל פר[י כר]ם וכל תבואות שדה ולפי דבריו ...כל
[...]   7 את א[שתו] וברוחו העמידם למשל בכל אלה באדמה ובכל [...]
8 [לח]דש ב[ח]דש למועד במועד ליום ביום לאכל פריה תנוב[ת ...]
9 [...]... ועוף וכל אשר להם לאכל חלבי כל וגם [...]   10 [... ר]מש בהם
וכל צבאיו ימלא[ו הא]רץ[...]   11 [...]. ולעבד לאדם ולשרתו ו.[...]
12 [...]...[...]

Frags. 10+11   1 [...]. לוא[...]   2 [...]ורע בעיניו כי השחיתו מ.[...]
3 [...] רחמון הוא ולא בפעם ה.[...]   4 [...]ל עם ...[...]כה [...]   5 [...]
ויור[יד אתם] בשאול תחתיה וא[...]   6 [...]...[...]

Frag. 13   1 [...]. מא בעלת ומא נאצת ו..[...]   2 [...].שנך הלוא תכיר
הלוא תדע כ[י ...]   3 [...]...[...]...]לוא אתה[...]

Frags. 14+5   1 [...].[...]   2 [...].ים עננים עבים שלג וברד וכל .[...]
3 [...]הו ואין לעבור פיהו ארבע רוחות בש[...]   4 [...]... לאין ...[...]

Frag. 15   1 [...]. לבבי תשיב ו.[...]   2 [... פנה עלי וחנני תנה עזך
לעבדך] והושע לבן אמתך עשה עמי   3 [אות לטובה ויראו שנאי ויבשו כי

4Q381 *4QNon-Canonical Psalms B*

Bibliography: E.M. Schuller, *Non-Canonical Psalms from Qumran*, 61-240, pls. I-VII.IX; .- *PTSDSSP 4A*, 10-39

Frag. 1 *1* I proclaimed, and I reflected on his wonders. And that shall be for me teaching. Justice *2* [...] my mouth, and to the simple, and they shall understand, and to those without heart, in order that they know *Blank* YHWH. How power[ful ...] *3* wonders! *Blank* He made the heavens and the earth with an adjuration (?), with a word from his mouth [...] *4* and channels; he enclosed ‹their streams› (?), pools and every whirlpool, and he ... [...] *5* the night, the stars and the constellations; and he caused ... to shine (?) ... [...] *6* tree and every fru[it of the vineya]rd and all the produce of the field. And according to his words ... [...] *7* [his] w[ife.] And by his spirit he appointed them to rule over all of these on the earth and over all [...] *8* [mo]nth by [mo]nth, feast by feast, day by day, to eat its fruit, the produce [of ...] *9* [...] ... and the birds and all that is theirs, to eat the best of everything. And also [...] *10* [... the creep]ing things among them; and all his hosts will fill [the ea]rth [...] *11* [...] and to serve man and to wait on him and [...] *12* [...] ... [...]

Frags. 10 + 11 *1* [...] not [...] *2* [...] and evil in his eyes, for they corrupted [...] *3* [...] he is compassionate, and does not at once [...] *4* [...] with ... [...] ... [...] *5* [...] and he brought [them down] in the deep Sheol, and [...] *6* [...] ... [...]

Frag. 13 *1* [...] what you loathe and what you reject and ... [...] *2* [...] your ... Don't you recognize and don't you know th[at ...] *3* [...] ... [...] not you [...]

Frags. 14 + 5 *1* [...] ... [...] *2* [...] ... clouds, rain clouds, snow and hail and all [...] *3* [...] ... without transgressing his command. Four winds in [...] *4* [...] ... without ... [...]

Frag. 15 *1* [...] you shall change my heart and [...] *2* [... *Ps 86:16* Turn to me and have pity on me, give your strength to your servant] and save the son of your maidservant. *Ps 86:17* Show me *3* [a sign for good, so that those who hate me see it and become ashamed, because you,] my [G]od, did help me and I made

אתה א]להי עזרת לי ואערכה לך אלהי 4 [... אתה מושל בגא]ות הים ואתה תשבח גליו אתה 5 [דכאת כחלל רחב בזרע עזך פזרת איביך תכל ו]מלאה אתה [י]סדתם לך זרע עם 6 [גבורה תעז ידך תרום ימינך מי בשחק יערך לך] אלהי ומי בבני האילים ובכל 7 [סוד קדשים ... כי אתה]תפארת הדו ואני משיחך אתבוננתי 8 [...]עך כי הודעתי והשכיל כי השכלתני 9 [...]כי בשמך אלהי נקרא ואל ישועתך 10 [...]. וכמעיל ילבשוה וכסות 11 [...]...[...]

Frag. 17 1 [... תשי]ת [ע]טרת לראשי [...] 2 [...]בהדר תשוף על יהודה ו.[...] 3 [... א]להי באפך תבלעם ותא[כלם אש ...]

Frag. 19 I 1 [...]... 2 [...]משפטיך *vacat* 3 [...]. מעזי ובשחקיך 4 [...] פז ותתן לי 5 [...]מלכותך לעבדך 6 [...]נאצו [...] 7 [...]...[...]

Frag. 24 1 ...[...]יכם .[...] 2 ולשני כגמר ... ואין מכבה עד י[...]

3 עד לכלה סלה *vacat*

4 תהלה לאיש האל[הי]ם יהוה אלהים[...] 5 גאל ליהודה מכל צר ומאפרים .[...] 6 דור ויהללהו בחיניו ויאמרו קום א[להים ...]..[...]

7 שמך ישעי סלעי ומצודתי ומפלט[י יהוה ...] ביום א[ידי] 8 אקרא ליהוה ויענני אלהי עזרתי[...] שנאי ויאמר [...] 9 כי ...[...]לעם ואני ש[...
שועתי ל]פניו באזניו תבוא 10 וקו[לי מהיכלו ישמע ות]רעש הארץ [...]
.ת כי חרה לו עלה 11 באפ[ו עשן ...]...[...]ם השכיל ושכל [...] 12 [...]
vacat

Frag. 28 1 [... מ]לפניו ו[ב]גחלי אש יפזר[...] 2 [...]. אליהם ויהמם וי[...] 3 [... ואין]מקוה לאיביך יכרתו [...] 4 [...]...[...]

Frag. 29 1 [...].בתו א[...] 2 [...]וישלח מלאכיו וי.[...] 3 [... מנש]מת רוח אפך יאבדו כל בש[ר ...] 4 [...]אלהי תשלח ידך [...]

5 [...]...[...]

my case to you, my God. *4* [… *Ps 89:10* You rule over the depth]s of the sea and you calm its waves; *Ps 89:11* you *5* [crushed Rahab like a corpse, with your powerful arm you scattered your enemies. *Ps 89:12* The world and] what fills it, you established. *Ps 89:14* You have a [power]ful arm; *6* [strong is your hand; upraised is your right. *Ps 89:7* Who in the heavens compares with you] my God? And who among the sons of gods? And in the whole *7* [company of the holy ones? … *Ps 89:18* For you] are the glory of its grandeur, and I, your anointed, have understood *8* […] … /for/ I have made known, and instruct for you instructed me *9* […] for we call upon your name, and on your salvation *10* […] and like a robe they will put it on, and clothing *11* […] … […]

Frag. 17 *1* […] *Ps 21:4* you [place] a [cr]own on my head […] *2* […] in splendour you will gaze upon Judah, and […] *3* […] *Ps 21:10* my [G]od, in your anger you will swallow them, and [fire] will de[vour them …]

Frag. 19 *col.* I *1* […] … *2* […] your judgments. *Blank* *3* […] my refuge, and in your heavens *4* […] (of) pure gold, and you will give me *5* […] your kingdom to your servant *6* […] they rejected […] *7* […] … […]

Frags. 24 *1* … […] … […] *2* and my tongue like a coal … which no-one can extinguish until […] *3* until extermination. *Selah* *Blank* *4* Hymn of the man of G[o]d. YHWH God […] *5* He has redeemed Judah from all hardship, and from Ephraim […] *6* generation. And his purified ones shall praise him and say: «Arise, G[od …] … […] *7* Your Name is my salvation; *Ps 18:3* my rock, my fortress and [my] deliverer [is YHWH …] On the day of [my] dis[aster] *8* I will call to YHWH and my God will answer me; my help […] those who hate me. And […] will say: *9* because […] to the people, and I [… *Ps 18:7* my shout] shall come [be]fore him in his ears, *10* and [my] voi[ce he shall hear from his temple. *Ps 18:8* And] the earth [will] quake […] for he has become angry. *Ps 18:9* There arose *11* from [his] nostrils [smoke …] … […] he instructed and intelligence *12* […] *Blank*

Frag. 28 *1* [… from] before him. And [with] coals of fire he will disperse […] *2* […] to them, and brings them into confusion. And […] *3* [… without] hope for your enemies. They will be exterminated […] *4* […] … […]

Frag. 29 *1* […] … […] *2* […] and he will send his angels and … […] *3* [… at the bla]st of the breath of your nostrils all fle[sh] /will perish/ […] *4* […] my God, you will stretch out your hand […] *5* […] … […]

Frag. 31 1 [...] ברשת זו טמ[נו]...[...]...[...]. אזמרה ל[יהו]ה[...]...[...] 2 [...]אשיח בנפלאתיך כי אל [...] לפניך תש[...] תושיעני ותעלני מאהלי מות ות[...]. לנפי כל[...] 3 [... כ]ל דרכו תבואינא אל עו.[...]במקם קדש[...] *vacat*

4 [תפלה ל... מ]לך יהודה שמע אל[הי ...].שיך ... עזי[...].תך אספרה נגד יראיך [...]...[...]עמדי ...[...] 5 [... מח]שבתיך מי יבין להמא כי רבו צררי נגדך אתה ידעתם ולשנאי נפשי לנגד ע[יני]ך כפיתה כי אחיה [...] 6 [... לא]תכחד עוני לידעי בינה ואתה להם תשחט אלהי ישעי צפנים ימי עמדי ומה יעשה אנוש הנני ואיככה 7 [... תגיר] לחכי על ידי חרב ביום עברה האמרים פענה שרגו עטרת ראשי כי אדר נציב כבודם ועידם 8 [...]לם שפתי שאלה ס[...]...[...]... מספר החי[י]ם[ו]מפחדי יתמו [ו]צררי יכלו ואין ... 9 [...]נני שיר ותוד[ה ...]כל עמך לג[...] *vacat* [...]

Frags. 33+35 1 [...] ושרית לו ימצא לה [...]..ת וכסא[...] 2 ואתה תשיתני לעתות ולמיש[... על שמי]ם רומה יהוה ואל.[...] 3 ונתהלל בגברתך כי אין חקר[לחכמתך ...]...י ותהי לי תכחתך ל[שמחה ...] 4 עלם ולרממך כי פשעי רבו ממני ו.[... יכ]לכלני ואתה אלהי תשלח רו[ח]ך ו[תתן רחמיך] 5 לבן אמתך וחסדיך לעבד קרב לך וה[... א]רננה ואגילה בך נגד ירא[יך] כי [תשפט] 6 עבדיך בצדקך וכחסדיך [...] להציל אצ[...] לכה סלה *vacat* 7 *vacat*

8 תפלה למנשה מלך יהודה בכלו אתו מלך אשור [א]להי[...] קרוב ישעי לנגד עיניך מה[...]ל[...] 9 לישע פניך אקוה ואני אכחש לפניך על ח[טא]י כי הגדל[ת רחמיך]ואני הרביתי אשמה וכן א[...] 10 משמחת עוד ולא תראה בטוב נפשי כי [...]י גלו וא[... ה]וא הרימני למעלה על גוי [...] 11 ואני לא זכרתיך [במקו]ם ק[דשך] לא עבדת[יך ...]לי [...]

Frag. 44 1 [...]...[...] 2 [...]כי ארץ זו הגברת [בה ...] 3 [... ל]קויך ומציל לבטוחים[בך ...] 4 [...] תשכילה בו כי אין כמ[וך ...] 5 [...]...[...]

Frag. 31 *1* […] in the net which [they] hi[de …] … […] I will sing to [YHW]H, […] … […] *2* […] I will contemplate your wonders, for to […] before you. … […] You will rescue me and extricate me from the tents of death. And you […] to the heights (?) of all […] *3* [… al]l his paths shall come to … […] in a holy place. […] *Blank 4* [Prayer of … K]ing of Judah: Listen, [my] Go[d …] your … my strength […] you … I will narrate before those who fear you […] … […] my existence … […] *5* […] your [th]oughts, who can understand them? For my enemies are many before you. You have humiliated them and the ones who detest my life you have overturned before your e[yes]; but I shall live […] *6* […] you will [not] hide my sin from those who have knowledge, but you will destroy them. God of my salvation, the days of my existence are stored up. What can a weak person do? Here I am, how *7* [… You will deliver] those waiting for me to the sword; on the day of wrath, those who say … They have plaited a crown for my head, for the majesty of … is their glory, and their ornaments *8* […] … my lips a question […] … […] … from the book of life; [and] those who frighten me will come to an end, [and] my enemies will die, and not … *9* […]… a song and a thanksgi[ving …] … with you […] *Blank*

Frags. 33 + 35 *1* […] and for her no remnant will be found […] … and [the] throne [of …] *2* And you will establish for me times and … [… Above the heaven]s, rise, YHWH, and … […] *3* and we will revel in your might, because [your wisdom] is unfathomable […] … and let your reproach be [joy] for me […] *4* eternal, and for your praise. For my faults were too many for me and [… sus]tain me. But you, my God, will send your spi[rit] and [bestow you pity] *5* on the son of your maidservant, and your compassion on the servant who approaches you. And [… I] will sing and rejoice in you in the presence of those who fear [you,] for [you will judge] *6* your servants in your justice and according to your compassion […] to set free … […] (to) you. Selah. *Blank 7 Blank 8* Prayer of Manasseh, king of Judah, when the King of Assyria put him in prison: [My G]od […] near, my salvation is in front of your eyes; … […] *9* I await the salvation of your presence. I yield to you for my s[in]s, for you have incr[eased your compassion], whereas I have increased my guilt, and so […] *10* from everlasting joy. And not shall my soul see the good, for my […] have gone into exile, and [… h]e elevated me up high, above the nation […] *11* But I, I did not remember you, [in your] h[oly pla]ce [I] did not serve [you …] … […]

Frag. 44 *1* […] … […] *2* […] for a land [in] which you acted strongly […] *3* [… for] those expecting you, and a saviour for those trusting [in you …] *4* […] you will teach her it, that there is none lik[e you …] *5* […] … […]

Frag. 45 1 ואבינא ואין מבין אשכיל ולו .[...]...[...]י ואפחד ממך
ואטהר 2 מתעבות הכרתי ואתן נפשי להכנע מלפנ[יך ...] הרבו פשעה
ועלי יזמו 3 להסגירני ואני בך בטחתי[...]ל[...] 4 ואל תתנני במשפט
עמך אלהי [...] 5 מתיעצים עלי פתחו לשן שק[ר ...] 6 לי מעשי
...[...]...[...],[...] 7 לה...[...]

Frag. 46 1 [...]עלי [...] 2 [...ר]ב חסדיך[...]. ול[...]. ותנתן לי
קרן[...] 3 [...].תו בך ואש.[... כ]סילים חקיך והודך ותפארת[ך ...]
4 וכעננים יפרשו על פ[ני הארץ ...]רת לאבתינא יפרצו לרב עד א[...]...
vacat? 5 לוא יעז אנוש ולא ירום[... ב]חנת כל ובחרים כמנחת תטהר
לפניך ושנאי[ם] 6 כנדה תזנזח ורוח סוערת [... מ]עלילם ויראיך לפניך
תמיד קרנים קרנים 7 ברזל לנגח בה רבים ונגחו[...]קוה ופרסותם תשים
נחשה ופשעים כדמן 8 על פני אדמה ירמסו ו...[...]ינדפו [מ]לפני
...[...]בם ורוחך ... 9 [...]. ואש בעור[ת ...]...[...]

Frag. 47 1 [...]. אלהי כי רחמון וחנון אתה [...] 2 [...]... ואהלך
באמתך ל[...] 3 [...]מביניך ואשכילה[...]

Frag. 48 1 [...]...[...] 2 [...]בניך מן .[...] 3 והצליחני ברוח פי[ך
...] 4 בי יראיך ולבחן .[...] 5 *vacat* ויש... ממבטח[...] 6 ברכי ואני
אדלג כאי[ל ...] 7 ונודע אלהים ביהו[דה ...] 8 קדשך ותשבר א.[...]
9 [אבירי]לב נמגו כל [...] 10 [...]...[...]

Frag. 50 1 [...]...[...] 2 [...]לכל ורשעים יכב[...] 3 [...]לפניו
יזכרו כי נורא אתה .[...] 4 [...]ארץ וירה ובשקטה במקום [אלהים
למשפט ...] 5 [...]... ונודך [...] 6 [...]...[...]

Frag. 69 1 [...]לכם כי ת.[...]לם בראותו כי התעיבו עמי [הא]רץ
2 [... היתה] כל הארץ לנדת טמאה בנדת טמאה והפלא מראשונה 3 [...
נ]ועץ אל לבו להשמידם מעליה ולעשות עליה עם 4 [...]בכם וינתם

Frag. 45 *1* And I shall understand and whoever does not understand I shall teach. And him [...] ... [...] and I shall fear you and purify myself *2* from the abominations that I am aware of. And I shall humble my soul in [your] presence [...] They increased sin, plot against me *3* to confine me. But I trust in you [...] *4* Do not place me in a lawsuit with you, my God [...] *5* Those conniving against me open a dece[itful] tongue [...] *6* for me. The deeds of ... [...] ... [...] *7* to ... [...]

Frag. 46 *1* [...] against me [...] *2* Your [abun]dant favours [...] and [...] a horn is given to me [...] *3* [...] ... in you. And I ... [... f]ools your laws; your splendour and [your] beauty [...] *4* and like clouds they will spread out over the fa[ce of the earth ...] ... to our fathers, they will increase greatly until [...] ... *Blank* *5* Man will not be prevail, nor will arise [...] you [t]est everyone, and the chosen (ones), like the offerings, you will declare pure in your presence. Those who are hated *6* you will declare foul like uncleanness. A storm wind [...] their [d]eeds. But those who fear you will be before you forever. (Their) horns are horns of *7* iron with which they gore many. They will gore [...] ... You will make their hooves of bronze, and sinners *8* will be trampled like dung on the face of the earth, and ... [...] they will be hurled [fr]om before ... [...] ... and your spirit ... *9* [...] and a sear[ing] fire [...] ... [...]

Frag. 47 *1* [...] my God, for you are compassionate and merciful [...] *2* [...] ... and I will walk in your truth to [...] *3* [...] those who understand you, and I will teach [...]

Frag. 48 *1* [...] ... [...] *2* [...] your sons from [...] *3* and make me prosper through the breath of [your] mouth [...] *4* by me those who fear you, and to test [...] *5* *Blank* and ... from the trust [...] *6* my knees, and I will leap like a de[er ...] *7* and God is known in Ju[dah ...] *8* your holiness, and you will break [...] *9* [the strong of] heart. All [...] melt [...] *10* [...] ... [...]

Frag. 50 *1* [...] ... [...] *2* for all, and the wicked will ... [...] *3* [...] before it they will remember that you are fearsome [...] *4* [...] land, and it feared and in her tranquillity, when [God] rose [for the judgment ...] *5* [...] ... and we will thank you [...] *6* [...] ... [...]

Frag. 69 *1* [...] (to) them because [...] ... When he saw that the peoples of [the ea]rth behaved abominably *2* [...] all the earth [became] impure defilement altogether. And wonderfully, from the beginning, *3* [... con]ferred with his heart to destroy them from upon it and to create on it a people *4* [...] among

(וינתנו) לכם ברוחו בניאים להשכיל וללמד אתכם 5 [...].כם מן שמים ירד
וידבר עמכם להשכיל אתכם ולהשיב ממעשי ישבי [... נתן ח]קים תורות ומצות
בברית העמיד ביד[משה] ... 6 [...]ישו שבו על הארץ אז תטהר ויא..[...]
7 [...] להשכיל בכם אם תהיו לוא ואם[לא ...] 8 [...]ולהפיר ברית כרת
לכם ולהנכר ולא [...] 9 [... לפ]על רשעה ולהמיר דברי<ו> פיהו מעל
א[...] 10 [...]ל[...]

Frags. 76-77 1 [...]. אלו חיות ועוף הקבצו [...] 2 [...]ם לבני אדם
כיצר מחשב[תו ...] 3 [... ו]היתה הווה ע[ולם ...] 4 [... ר]שף וכלה ואין
ח[...] 5 [...]ל עם סגלתו [...] 6 [...]קץ *vacat* 7 [... עד]ת קדוש
קדושים גורל מלך מלכים .[...] 8 [...]... דברי ותשכילו לחכמה מפי תצא
ותבינ[ו ...] 9 [...] ושפט אמת ועד נאמן אם יש בכם כח להשיבנו .[...]
10 [...]לשמיע מי בכם ישיב דבר ויעמד בהתוכח ע[מו ...] 11 [...] כי
רבים שפטיכם ואין מספר לעדיכם כי אם[...] 12 [...]כי יהוה ישב
במשפטכם לשפט אמת ואין עולה[...] 13 [...]רוחיו לעשות בכם משפטי
אמת היש בינה תלמדו [...] 14 [...]אדני האדונים גבור ונפלא ואין כמהו
הוא בחר בכ[ם ...] 15 [... מעמים ר]בים ומגויים גדולים להיות לוא לעם
למשל בכל[...] 16 [...שמ]ים וארץ ולעלוין על כל גוי הארץ ולהש.[...]

Frag. 79 1 [...]...[...] 2 [...] *vacat* זקן לוא יחנו ...[...] 3 [...
א]שמה ועמי יאשמו יחד עמהם ו.[...] 4 [... ל]א ישפט עולה כי נדחתי
...[...] 5 [...].ת תעואת להשכיל ל[...] 6 [... א]להי אל תעזב[ני ...]

4Q382 *4QParaphrase of Kings*

S. Olyan, *DJD XIII*, 363-416, pl. XXXVIII-XLI
PAM 43.464-43.467

Frag. 1 1 [...]...[...] 2 [...]. ויחביאים חמשים חמ[שים...] 3 [...
ה]יה ירא מאיזבל ומאחאב .[...] 4 [... עו]בדיה בא[רץ] ישראל ל[...]

you. And through his spirit prophets ‹were given› to you to teach you and show you *5* [...] /your ... he came down from heaven and spoke to you to teach you and to turn (you) away from the deeds of the inhabitants of/ [... he gave l]aws, instructions and commandments through the covenant which he established through the hand of [Moses] ... *6* [...] ... returned to the land; then it was purified and [...] *7* [...] to consider among yourselves if you will be for him, or if [not ...] *8* [...] and break the covenant which he established with you, and act like foreigners and not [...] *9* [...to d]o wickedness and alter the words from his mouth. From upon [...] *10* [...] ... [...]

Frags. 76 - 77 *1* [...] to him, animals and birds, be gathered [...] *2* [...] to the sons of man, following the inclination of [his] thou[ght ...] *3* [... and there] will be et[ernal] destruction [...] *4* [... pesti]lence and annihilation without [...] *5* [...] the people of his property. [...] *6* [...] end. *Blank* *7* [... congrega]tion of the Holy of Holies, lot of the King of Kings [...] *8* [...] my words, and you will pay attention to the wisdom which issues from my mouth, and will understand [...] *9* [...] and an honest judge and a reliable witness. Do you perhaps have the strength to answer him? [...] *10* [...] to proclaim. Who among you will reply and will stand in a dispute wi[th him? ...] *11* [...] because those who judge you are many and those who bear witness against you are countless. But [...] *12* [...] For YHWH will sit in judgment with you to judge in truth and without injustice [...] *13* [...] his spirits, to render you judgments of truth. Is there knowledge, for you to learn it? [...] *14* [...] Lord of Lords, hero, wonderful. There is no-one like him. He has chosen you [...] *15* [... from among] [m]any [peoples] and from among great nations so that you will be a people for him, to rule over all [...] *16* [... heav]en and earth, and to (be) the most high of all the nations of the earth, and to ... [...]

Frag. 79 *1* [...] ... [...] *2* [...] *Blank* They have no pity with an old man ... [...] *3* [... gu]ilt, and my people acts wrongly together with them, and [...] *4* [... no]t will he judge unjustly, for I was led astray ... [...] *5* [...] errors, to instruct [...] *6* [...] my [G]od, do not forsake [me ...]

4Q382 *4QParaphrase of Kings*

ROC 338-340, 351
Bibliography: Wacholder-Abegg 3, 190-220

Frag. 1 *1* [...] ... [...] *2* [...] and he hid them, fifty by fi[fty ...] *3* [...] he [w]as afraid of Jezebel and Ahab [...] *4* [... O]badiah in the l[and of] Israel, to [...]

Frags. 9+11 1 [...]...[...] 2 [...]...[...] המחקק ל[...] 3 [...]... ומתניה המשרתים [...] 4 [...]ים ועובדים לצבא השמים[...] 5 [... היד]עתה כי היום **** לוקח [א]ת[...] 6 [... ויואמר אלי]ה אל אלישע שיבנה פה[כי א]לוהים שלחני עד[יריחו ...] 7 [... וחי נפש]כה אם אעזבכה [...] 8 [... א]שר ביריחו אל[...] 9 [...]חק לשונכם ואל[...] 10 [...]ה כול הירד חי[ים שאולה ...]

Frag. 15 1 [...]ב. והשמן [...] 2 [...]תבינו בכול נו[...] 3 [...]...[...] 4 [...]כול מעולם[...] 5 [...] *vacat* למנצח י[...] 6 [...] אלוהים בשנת[...] 7 [...] תורת אלוהים ...[...] 8 [...] קדוש ישראל ...[...] 9 [...]...[...]

Frag. 31 1 [...]..[...] 2 [...]ילה לתתם ביד כול גוי[...] 3 [...]לקץ יעמוד איש חיל[...] 4 [...] כי לכול רוחות ויש.[...] 5 [... הנ]ביאים [...].

Frag. 49 1-3 [...]...[...] 4 [...] לעולם[...]הטוב[...] 5 [...]לוא איש בינה ומ[...] 6 [...]לעולם להופיע אי.[...] 7 [... מי] י[צ]דק בהשפטכ[ה ...] 8 [... בבו]שת פנים ובכלמה [...] 9 [...] חטא[ת] ...[...] 10 [... ב]עזבכה ולו[א ...]

Frag. 104 II 1 מדבריך ולתמוך בבריתכה ולהיות לבבם ..קדשו[...] 2 כפים למען יהיו לכה ואתה להם ותצדק .[...]...[...] 3 כי אתה למוריש .. [ו]בעלתם והייתה להם לאב ולא[...] 4 עזבתם ביד מלכיה[ם ו]המשלתה בעמ...[...] 5 [...]...[...] 6 [...] 7 [...]... במצוותיכה הנתתה להם ביד מושה[...] 8 [...]משפטכה ועוון עמכה מעלה לרו[ם ...] 9 [...]... ארך אפיכה ורוב סליחו[תיך]

Frags. 9 + 11 *1* [...] ... [...] *2* [...] ... the sceptre for [...] *3* [...] ... and Mathaniah, the servants [...] *4* [...] ... and those who serve the host of heaven [...] *5* [... do] you [kno]w that **** is going to take today [...] *6* [... and Elija]h [said] to Elisha: «Stay here [for G]od has sent me to [Jericho ...] *7* [... and by] your [life: I will not leave you». [...] *8* [... w]ho were in Jericho, to [...] *9* [...] ... your tongue, and El[...] *10* [...] all who descend ali[ve to Sheol ...]

Frag. 15 *1* [...] ... and the oil [...] *2* [...] you will understand all ... [...] *3* [...] ... [...] *4* [...] everything from eternity [...] *5* [...] *Blank* To the choirmaster [...] *6* [...] God in the year [...] *7* [...] the law of God ... [...] *8* [...] the holy one of Israel ... [...] *9* [...] ... [...]

Frag. 31 *1* [...] ... [...] *2* [...] ... to give them in the hand of each nation [of ...] *3* [...] to the time when a mighty man will rise [...] *4* [...] because for all spirits and ... [...] *5* [... the pr]ophets [...]

Frag. 49 *1-3* [...] ... [...] *4* [...] for ever [...] the good [...] *5* [...] not an understanding man and [...] *6* [...] for ever, to let shine ... [...] *7* [... who] is [rig]hteous when you judge [...] *8* [... in sh]ame of face and in disgrace [...] *9* [...] si[n] ... [...] *10* [... when] you abandon, and no[t ...]

Frag. 104 *col.* II *1* from your words, and to rely on your covenant, and that their heart may be [...] sanctify (?) [...] *2* hands, in order that they belong to you, and you to them, and you are righteous [...] ... [...] *3* for you will give an inheritance ..., [and] you will rule over them and be for them a father, and not [...] *4* you abandoned them in the hand of the[ir] kings [and] you will rule over ... people [...] *5* [...] ... [...] *6* [...] *7* [...] ... in your precepts which you gave to them through Moses [...] *8* [...] your judgment, and causing the iniquity of your people to ascend to the hei[ght ...] *9* [...] your slowness to anger and the multitude of [your] forgive[ness]

4Q383 (4QapocrJer[a]) *4QApocryphon of Jeremiah[a]*

D. Dimant, *DJD XXX* (forthcoming)
PAM 44.189

Frag. 1   1 ואני ירמיה בכו אב]כה ... בנות] 2 יענה בארץ לוא
נוש]בה ...] 3 עלי שר הערותה[...] 4 עליך ...[...]

4Q384 (4QapocrJer[b]) *4QApocryphon of Jeremiah[b]* (?)

M. Smith, *DJD XIX*, 136-152, pl. XVI
PAM 43.468
ROC 120

Frag. 7   1 [...]...[...] 2 [...]אל תחפנ]ס ...] 3-6 [...]...[...]

Frag. 8   1 [...] מעשיהם[...] 2 [...] כאשר כתוב[...] 3 [...
]מעשיהם למיני]הם ...] 4 [...]למשפחותם ע.[...] 5 [...]...[...]
6 [...]... לשון [...] 7 [...]תם לד.[...]

Frag. 9   1 [...]ת[...] ום[...] 2 [... בספר מ]חלקות העת]ים ...]
3 [...]העונות לדו[...] 4 [...]לברית ש[...]

4Q385 (4QpsEzek[a]) *4QPseudo-Ezekiel[a]*

D. Dimant, *DJD XXX* (forthcoming)
PAM 43.503, 43.496, 44.194, 44.195
ROC 270, 274
4Q385c, 4Q386, 4Q388, 4Q391

Frag. 1   1 [... דב]רי יחזקאל ויהי דבר יהו[ה] אל]י ...] 2 [... הנב]א

4Q383 (4QapocrJer[a]) *4QApocryphon of Jeremiah[a]*

ROC 519
4Q384, 4Q385b, 4Q387b, 4Q389a

Frag. 1 *1* And I, Jeremiah, we[ep] bitterly […] *2* ostriche[s], in an uninha[bited] land […] *3* you have stirred up a prince against me […] *4* against you … […]

4Q384 (4QapocrJer[b]) *4QApocryphon of Jeremiah[b]* (?)

4Q383, 4Q385b, 4Q387b, 4Q389a
Bibliography: Wacholder-Abegg 3, 221-227

Frag. 7 *1* […] … […] *2* […] to Tahpane[s …] *3-6* […] … […]

Frag. 8 *1* […] their works […] *2* […] as is written […] *3* […] their works according to [their] kinds […] *4* […] according to their families … […] *5* […] … […] *6* […] … […] tongue […] *7* […] … […]

Frag. 9 *1* […] and […] *2* [… in the book of the di]visions of the time[s …] *3* […] the iniquities for … […] *4* […] for the covenant […]

4Q385 (4QpsEzek[a]) *4QPseudo-Ezekiel[a]*

Bibliography: J. Strugnell, D. Dimant, '4QSecond Ezekiel', *RevQ* 13 (1988) 45-58, pl. II; .- 'The Merkaba Vision in Second Ezekiel (4Q385 4)', *RevQ* 14/55 (1990) 331-48; M. Kister, E. Qimron, 'Observations on 4QSecond Ezekiel', *RevQ* 15/60 (1992) 595-602; É. Puech, *La Croyance des Esséniens*, 606-616

Frag. 1 *1* [… the wor]ds of Ezekiel. *Cf. Ezek 30* And the word of YHW[H] came to

ואמרת הנה בא יום אבדן גוים [...] 3 [...]גוים ותהי חלחל בפוט ותהי חרב
במ[צרים ...] 4 [...]תקלקל וכוש י[פו]ל ואדירי ערב וגם מן [...] 5 [...
בח]רב יפול בשער[י]מצרים יאבד [...] 6 [...]מחרב מצר[ים ...]...[...]
7 [...]מצ[רים ...]

Frag. 2 1 [כי אני יהוה] הגואל עמי לתת להם הברית *vacat*
2 [ואמרה יהוה]ראיתי רבים מישראל אשר אהבו את שמך וילכו
3 בדרכי[צדק וא]לה מתי יהיו והיככה ישתלמו חסדם ויאמר יהוה 4 אלי
אני אראה את בני ישראל וידעו כי אני יהוה *vacat* 5 [ויאמר]בן אדם הנבה
על העצמות ואמרת הקרבו עצם אל עצמו ופרק 6 [אל פרקו ויה]י כ[ן]
ויאמר שנית הנבא ויעלו עליהם גדים ויקרמו עור 7 [עליהם ויהי כן
]ויא[מ]ר שוב אנבא על ארבע רוחות השמים ויפחו רוח[ות] 8 [השמים
בהם ויחיו ו]יע[מ]ד עם רב אנשים ויברכו את יהוה צבאות אש[ר] 9 [חים
vacat? ו]אמרה יהוה מתי יהיו אלה ויאמר יהוה אל[י ...] 10 [...].רים
[ו]יכף עץ ויזקף [...]

Frag. 3 1 [...]תחת דוני *vacat* [... ולבי] 2 [ה]ומה את נפשי
ויתבהלו הימים מהר עד אשר יאמרו[כל בני] 3 האדם הלא ממהרים
הימים למען יירשו בני ישראל [את ארצם] 4 ויאמר יהוה אלי לא אש[י]ב
פניך יחזקאל ה[נה] אמדד [העת וקצרתי] 5 את הימים ואת השני[ם ...]
6 מצער כאשר אמרת ל[...] 7 [כי פ]י יהוה דבר אלה [...]

Frag. 4 1 והיו עמי ה[...] 2 בלב טוב ובנ[פש חפצה ...] 3 יחבא
כמעט ק[ץ ...] 4 ומבקעים .[...] 5 המראה אשר ראה יחזק[אל ...]
6 נגה מרכבה וארבע חיות חית [... לא יסבו בלכתן] 7 אחור על שתים
תלך החיה האחת ושתי רג[ליהן ...] 8 [...]ת היה נשמה ופניהם זה בעקר
ז[ה ודמות] 9 הפ[נים אחד אריה ואח]ד נשר ואחד עגל ואחד של אדם
והי[תה יד] 10 אדם מחברת מגבי החיות ודבקה .[...]והא[ופנים ...]
11 אופן חובר אל אופן בלכתן ומשני עברי הא[ופנים שבלי אש]
12 ו[ה]יה בתוך גחלים חיות כגחלי אש [כמראה לפידים בינות]

[me ...] *2* [... prophe]sy and say: «See, the day of the destruction of the nations is coming [...] *3* [...] nations, and there will be anguish in Put, and there will be a sword in E[gypt ...] *4* [...] shall shake, and Kush will [fal]l, and the mighty ones of Arabia. And also from [...] *5* [... by the sw]ord he will fall, in the gate[s of] Egypt he will perish [...] *6* [...] from the sword Egy[pt ...] ... [...] *7* [...] Eg[ypt ...]

Frag. 2 (= 4Q386 1 I; 4Q388 8) *1* [that I am YHWH,] who rescued my people, giving them the covenant. *Blank* *2* [And I said: «YHWH,] I have seen many in Israel who love your name and walk *3* on the paths of [justice.] When will [the]se things happen? And how will they be rewarded for their loyalty?». And YHWH said *4* to me: «I will make the children of Israel see and they will know that I am YHWH». *Blank* *5* [*Cf. Ezek 37* And he said:] «Son of man, prophesy over the bones and say: May a bone [connect] with its bone and a joint *6* [with its joint». And] s[o it happe]ned. And he said a second time: «Prophesy, and sinews will grow on them and they will be covered with skin *7* [all over». And so it happened.] And again he s[a]id: «Prophesy over the four winds of the sky and the wind[s] *8* [of the sky] will blow [upon them and they will live and] a large crowd of men will r[i]se and bless YHWH Sebaoth wh[o] *9* [caused them to live.» *Blank?* And] I said: «O, YHWH, when will these things happen?» And YHWH said to [me ...] *10* [...] ... [and] a tree will bend over and straighten up [...]

Frag. 3 *1* [...] under my grief. *Blank* [... and my heart] *2* [dis]turbs my soul. And the days will pass rapidly until [all the sons of] *3* man say: «Are not the days hastening on so that the children of Israel can inherit [their land?»] *4* And YHWH said to me: «I will not sh[u]n your face, Ezekiel; s[ee,] I measure [time and shorten] *5* the days and the years [...] *6* a little, as you said to [...] *7* [For the mou]th of YHWH has said these things» [...]

Frag. 4 *1* and the people of the [...] will be [...] *2* with a whole heart and a [satisfied] so[ul ...] *3* will be hidden a short t[ime ...] *4* and cleaving [...] *5* The vision which Ezeki[el] saw [...] *6* the gleam of the chariot and four living creatures; a living creature [... and when they walk they do not turn] *7* backwards; each living creature walked on two, and [their] two fe[et...] *8* [...] was a spirit and their faces were each joined to the ot[her. And the shape of] *9* the fac[es was: one a lion, on]e an eagle, one a calf and one human. And each one h[ad a] *10* man's [hand] attached at the back of the living creatures and fastened [...] and the wh[eels ...] *11* one wheel attached to another wheel while walking, and from the two sides of the wh[eels streams of fire (came out)] *12* and there [we]re living beings in the middle of the coals, like coals of

13 האופנים והחיות והאופנים ויה[י על ראשם רקיע כעין] 14 [הקרח]הנור[א וי]הי קול[ממעל הרקיע ...] 15 [...]ל[...]

Frag. 10 I 1 [...]ה 2 [...]ים אשר לא הקשיבו 3 [...]תלוי על העץ ועוף 4 [השמים ...]. אמת אל תותירו 5 [...]ל ואמרה [.]ת 6 [...]לשון נפשם

Frag. 12 1 [...]...[...] 2 [...] יהוה ויקומו כל העם וי.[..]ו על[...] 3 [...]ל את יהוה צבאות ואף אני מ[...]תי עמהם[...] 4 [...] *vacat* ויאמר יהוה אלי בן[אדם ...].לה.[...] 5 [...].תם ישכבו עד אש[ר ...] 6 [...].יכם ומן הארץ [...] 7 [...]ל[כ]ול אשר מצ[...]

4Q385a (4QpsMoses[a]) *4QPseudo-Moses[a]*

D. Dimant, *DJD XXX* (forthcoming)
PAM 43.496, 44.194, 43.509
ROC 274

Frag. 13 II 1 בשחרו פני ולא רם לבבו ממנו ..[...] 2 וישלמו ימיו וישב שלמה [על כסאו ...] 3 ואתנה נפש איביו בכפו [...] 4 ואקחה מידו עול .[...] 5 ל[...]ל[...]

Frag. 41 1 [...]...[...] 2 [... כהנים שלושת]אשר לא יתהלכו[בדרך ...] 3 [ראשונים על שם אלהי יש]ראל יקראו והורד [בימיהם] 4 [גאון מרשיעי ברית ועב]די נכר ו[יתקרע ישראל]

Frag. 44 1 [...]...[...] 2 [... ובתם] הדור[ההוא אושיע] 3 [את הממלכה מיד]המחזיקים או[תה והקימותי] 4 [עליה אחרים מעם]אחר ומשל ה[...] 5 [כול הארץ וממלכ]ת [ישרא]ל תא[בד בימים ההמה] 6 [... גד]פן וע[שה תעבות וקרעתי] 7 [את ממלכת ...]ההיא למלכים ופני[

fire, [like torches between] *13* the wheels and the living beings and the wheels. And [above their heads] there wa[s a vault like] *14* frighte[ning ice. And there w]as a sound [from above the vault …] *15* […] … […]

Frag. 10 *col.* I *1* […] … *2* […] … which they do not heed *3* […] hanging from a tree, and the birds *4* [of heaven …] truth. You should not let remain *5* […] And I said … *6* […] tongue their soul

Frag. 12 *1* […] … […] *2* […] YHWH. And all the people rose and … […] against […] *3* […] YHWH of Hosts. And I also […] with them […] *4* […] *Blank* And YHWH said to me: «Son of [man …] … […] *5* […] their […] will lie down unti[l …] *6* […] … and from the land […] *7* […] to [a]ll /which/ … […]

4Q385a (4QpsMoses[a]) *4QPseudo-Moses[a]*

4Q387a, 4Q388a, 4Q389, 4Q390

Bibliography: D. Dimant, 'New Light From Qumran on the Jewish Pseudepigrapha - 4Q390', *The Madrid Qumran Congress*, 405-448

Frag. 13 *col.* II (= 4Q387a 10 ?) *1* when he sought my face, and his heart was not feeling prouder than him … […] *2* and his days will be completed, and Solomon will take place [upon his throne …] *3* and I will give the soul of his enemies in his hand […] *4* and I will take injustice (?) from his hand […] *5* … […]

Frag. 41 (= 4Q387a 2) *1* […] … […] *2* [… three priests] who will not walk [on the path] *3* [of the first …] they will be called [by the name of the God of Is]rael. And [in their days the pride] will be cut down *4* [of those who act wickedly against the covenant and who ser]ve what is foreign. And [Israel will be split apart]

Frag. 44 (= 4Q387a 3 II; 4Q389 1 II) *1* […] … […] *2* [… And at the completion of that] generation [I will liberate] *3* [the kingdom from the hand of] those who have power ov[er it and I will establish] *4* [over it others from] another [people.] And he will govern […] *5* [all the country and the kingd]om of [Israe]l will pe[rish in those days] *6* [… a blas]phemer and he will per[form abominations. And I will split] *7* […] that [… kingdom apart …] to kings,

מסתרים] 8 [מישראל ... והממלכה]תשוב לגוים רבים[ובני ישראל]
9 [זעקים ... על כבד בא]רצות ש[בים ...]

Frag. 45 1 [...]...[...] 2 [... בהתהלככם בשגגה מ]לפני ב[...]
3 [... ק]ריאי השם [...] 4 [... א]שר אמרתי ליע]קב ...]
5 [...]...[...]שבת[ות הארץ ...] 6 [... את חוקותי ו]מועדי בריתי
ותק[ופות שנים ...] 7 [...]מקדשי ותזבחו[...] 8 [...]את ...[...]

4Q385b (4QapocrJer[c]) *4QApocryphon of Jeremiah[c]*

D. Dimant, *DJD XXX* (forthcoming)
PAM 42.505, 43.496, 43.509
ROC 267

Frag. 16 I 1 [...] *vacat* 2 [... ויצא] ירמיה הנביא מלפני יהוה 3 [...
ה]שבאים אשר נשבו מארץ ירושלים ויבאו 4 [...]. מלך בבל בהכות
נבוזרדן רב הטבחים 5 [...].ים ויקח את כלי בית אלהים את הכהנים
6 [... ו]בני ישראל ויביאם בבל וילך ירמיה הנביא 7 [...]הנהר ויצום את
אשר יעשו בארץ שביא[ם] 8 [...]בקול ירמיה לדברים אשר צוהו אלהים
9 [...]ישמרו את ברית אלהי אבותיהם בארץ 10 [שביאם ...]כאשר עשו
הם ומלכיהם כהניהם 11 [...]לל[...]ם אלהים ל[...]

Frag. 16 II 1 בתחפנס א[...] 2 ויאמרו לו דרוש[לנו לאל]הים[...
דרוש] 3 להם ירמי[ה]אותי דרוש להם לאלה[ים ...] 4 רנה ותפלה ויהי
ירמיה מקונן .[...] 5 [ע]ל ירושלים *vacat* [...] 6 ירמיה בארץ תחפנס
אשר בארץ מצ[רים ... אל] 7 בני ישראל ואל בני יהודה ובנימין .[...]
8 יום יום דרשו את חקותי ואת מצותי שמ[רו ...] 9 אחרי פסילי הגוים
אשר הל[כו אחריהם ...] 10 לא יושע ל[...]. לא .[...]

---

while my face [is hidden] *8* [from Israel ... and the reign] will turn to many peoples, [whilst the children of Israel] *9* [cry ... heavy yoke in the l]ands of [their] ex[ile ...]

Frag. 45 (= 4Q388 2 + 3) *1* [...] ... [...] *2* [... when you walk in error be]fore me ... [...] *3* [...] those [ca]lled by name [...] *4* [... wh]ich I said to Ja[cob ...] *5* [...] ... [...] sabbath[s of the land ...] *6* [... my statutes and the] festivals of my covenant and the cy[cles of the years ...] *7* [...] my temple, and you shall slaughter [...] *8* [...] ... [...]

4Q385b (4QapocrJer[c]) *4QApocryphon of Jeremiah[c]*

4Q383, 4Q384, 4Q387b, 4Q389a
Bibliography: D. Dimant, 'An Apocryphon of Jeremiah from Cave 4 (4Q385[B] = 4Q385 16)', *New Qumran Texts and Studies*, 11-30, pl. 2

Frag. 16 *col.* I *1* [...] *Blank* *2* [... and] Jeremiah the prophet [went] from before YHWH, *3* [... the] exiles who were brought into exile from the land of Jerusalem and were led *4* [...] king of Babel, when Nabuzaradan, chief of the escort, struck *5* [...] ... and he took the vessels of the temple of God, the priests *6* [... and] the children of Israel and led them to Babylon. And Jeremiah the prophet went *7* [...] the river, and commanded them what they had to do in the country of [their] exile *8* [...] by the voice of Jeremiah, concerning the words which God had commanded him *9* [...] they will keep the covenant of the God of their fathers in the land of *10* [their exile ...] as they and their kings, their priests did *11* [...] ... [...] God [...]

Frag. 16 *col.* II *1* in Taphnes [...] *2* And they said to him: « Ask [Go]d [for us ... Ask] *3* for them, Jeremia[h,] search me for them as Go[d ...] *4* entreaty and prayer. » And Jeremiah was lamenting [...] *5* [ov]er Jerusalem. *Blank* [...] *6* Jeremiah in the country of Taphnes which is in the land of E[gypt ... to] *7* the children of Israel and the children of Judah and Benjamin [...] *8* day after day investigate my laws, and ke[ep] my precepts [...] *9* after the idols of the nations, after which we[nt ...] *10* he will not free [...] not [...]

4Q385c (4QpsEzek[c]) *4QPseudo-Ezekiel*[c]

D. Dimant, *DJD XXX* (forthcoming)
PAM 44.194
ROC ?
4Q385, 4Q386, 4Q388, 4Q391

1 [... א]הבתו א[...] 2 [...]...[...]. ימי חייהם 3 ... בגן החיים *vacat*
vacat [*vacat*] 4 הוכן חלקך אמון ה[...].נה ביארי[ם] 5 מים סביב לך
ח]ילך]ים ומים ח[מתך] 6 כוש מצר[ים עצמה ו]אין קץ לבריח[יך] 7 לוב
בסעדך והיא בגולה תלך בש[בי] 8 [ו]עלליה י[רטשו]בראו[ש דרכ]ים ועל
9 [כל נכבדיה ידו]גורל וכל[גדול]יה בזק[ים]

4Q386 (4QpsEzek[b]) *4QPseudo-Ezekiel*[b]

D. Dimant, *DJD XXX* (forthcoming)
PAM 42.598, 43.493
ROC 269

Frag. 1 i 1 [יהוה ראיתי רבים מישראל אשר אהב]ו את שמך
2 [וילכו בדרכי צדק ואלה מתי יהיו ו]הכה ישתלמו חסדם 3 [ויאמר יהוה
אלי אני אראה א]ת בני ישראל וידעו 4 [כי אני יהוה *vacat* ויאמר בן אדם
הנ]בא על העצמות 5 [ואמרתה הקרבו עצם אל עצמו ו]פרק אל פרקו ויהי
6 [כן ויאמר שנית הנבא ויעלו עליהם גדי]ם ויקרמו עור 7 [עליהם ויהי כן
<ויאמר שנית הנבא ויעלו] עליהם גדים 8 [ויקרמו עור עליהם ויהי כן>
ויאמר שוב הנבא]על ארבע רחות 9 [השמים ויפחו רוחות השמים בהם
ויחיו ויעמד ע]ם רב אנש[ים] 10 [ויברכו את יהוה צבאות אשר חים
vacat [*vacat*

Frag. 1 ii 1 [...]. וידעו כי אני יהוה *vacat* ויאמר אלי התבונן 2 בן
אדם באדמת ישראל ואמר ראיתי יהוה והנה חרבה 3 ומתי תקבצם ויאמר

4Q385c (4QpsEzek[c]) *4QPseudo-Ezekiel*[c]

Bibliography: D. Dimant, 'A Quotation From Nahum 3:8-10 in 4Q385 6', in S. Japhet (ed.), *The Bible in the Light of its Interpreters. Sara Kamin Memorial Volume* (Jerusalem, 1994) 31-37 [Hebrew]; *Wacholder-Abegg 3*, 228-244

(*Olim* 4Q385 *Frags.* 6 + 9 + 24 + 34) *1* [...] his [l]ove [...] *2* [...] ... [...] days of their life *3* ... in the garden of life. *Blank* [*Blank*] *Blank 4 Nah 3:8-10* Your share has been established, Ammon, who [...] ... by the streams of the Nile, *5* surrounded by water, [your] ram[part] is the sea, and waters [your] w[all.] *6* Kush, Egyp[t were strong, and your] bar[s] are endless. *7* Libya was at her support, but she went into exile, in cap[tivity,] *8* [and] her infants [are dashed] at the [street-]corn[ers], and over *9* [all her nobles they threw] the lot, and all her [great me]n into chain[s]

4Q386 (4QpsEzek[b]) *4QPseudo-Ezekiel*[b]

4Q385, 4Q387, 4Q388, 4Q391
Bibliography: Wacholder-Abegg 3, 245-247; D. Dimant, '4Q386 ii-iii - A Prophecy on Hellenistic Kingdoms?', *RevQ* 18/72 (1998) 511-529, pl. 2

Frag. 1 *col.* I (= 4Q385 2; 4Q388 8) *1* [« YHWH, I have seen many in Israel who lov]e your name *2* [and walk on the paths of justice. When will these things happen? And] how will they be rewarded for their loyalty? ». *3* [And YHWH said to me: « I will make] the children of Israel [see] and they will know *4* [that I am YHWH ». *Blank* And he said: « Son of man, proph]esy over the bones *5* [and say: « May a bone connect with its bone and] a joint with its joint ». And it happened] *6* [thus. And he said a second time: « Prophesy, and sinew]s [will grow on them] and they will be covered with skin *7* [all over ». And so it happened. <And he said a second time: « Prophesy,] and sinews [will grow] on them *8* [and they will be covered with skin all over. And so it happened.> And again he said: « Prophesy] over the four winds *9* [of the sky and the winds of the sky will blow upon them and they will live, and] a large [cro]wd of men [will rise] *10* [and bless YHWH Sebaoth who caused them to live. » *Blank*] *Blank*

Frag. 1 *col.* II *1* [...] And they will know that I am YHWH. *Blank* And he said to me: « Consider, *2* son of man, the land of Israel. » And I said: « I have seen, YHWH; behold it is desolate. *3* And when will you assemble them? » And

יהוה בן בליעל יחשב לענות את עמי 4 ולא אניח לו ומשרו לא יהיה והמן
הטמא זרע לא ישאר 5 ומנצפה לא יהיה תירוש ותזיז לא יעשה דבש
[*vacat*] *vacat* ואת 6 הרשע אהרג במף ואת בני אוציא ממף ועל ש[א]רם
אהפך 7 כאשר יאמרו היה השלום והשדך ואמרו ... הארץ 8 כאשר
היתה בימי *vacat* [*vacat*] קדם בכן אעיר [על]יהם חמה 9 [מאר]בע רחות
השמי[ם ...]ל[...]את [...] 10 [כא]ש בערת כ[...] 11 [...].[...]

Frag. 1 III 1 ודל לא יחן ויביא אל בבל ובבל ככוס ביד יהוה כדמ[ן]
2 ישליכנה [...] 3 בבבל והיתה[...] 4 מדור שדים[...] 5 חרבה[
א]רצו[...] 8-6 ...[...]

4Q387a (4QpsMoses^b^) *4QPseudo-Moses^b^*

D. Dimant, *DJD XXX* (forthcoming)
PAM 43.493, 43.501, 44.187
ROC 525

Frag. 2 1 [...]המ.[...] 2 [... כ]פלים ב.[...] 3 [...]ב חנפה אח.[
...] 4 [...]ים כהנים שלושה אשר לא יתהלכו בדרך 5 [... ה]ראשנים על
שם אלהי ישראל יקראו 6 [והורד ב]ימיהם גאון מרישיעי ברי[ת] ועבדי
נאכר 7 ויתקרע ישראל בדור ה[וא] להלחם[אי]ש ברעהו 8 על התורה
ועל הברית ושלחתי רעב ולא 9 ללחם וצמא ול[א] למים [...]ואם לא[...]

Frag. 3 II 1 [...]... לעבדני בכל לבבכם 2 ובכ[ל נפשכם
...]ש[...]... בצר להם ול[א] אדרש להם 3 בעבור מעלם[אש]ר מעל[ו בי]
עדי שלמות עשרה 4 יבלי שנים ו...כתם בש[געון]ובעורון ותמהן
5 הלבב ובתם הדור ההוא א[ושיע] את הממלכה מיד המח^(זיקים) 6 אתה
ו[ה]קימות[י] עליה אחרים מעם אחר ומשל 7 [...]...[כו]ל [הא]רץ
וממלכת ישראל תאבד בימים 8 ההמה ה[...].א גדפן ועשה תעבות
וקרעתי 9 [את] ממלכ[ה ... ה]היא למכל[י]ם ופני מסתרים מישר^(אל)

YHWH said: «A son of Belial will plot to oppress my people, *4* but I will prevent him, and his dominion will not exist; but a multitude will be defiled, offspring will not remain. *5* And from the grapevine there will be no new wine, nor will the bee (?) make honey. [*Blank*] *Blank* And the *6* wicked man I will kill in Memphis and I will make my sons go out of Memphis: I will turn myself toward their re[mn]ant. *7* Thus, as they say: «There was peace and order», they will say «... the land, *8* as there was in the days *Blank* of old». Therefore I will stir [against] them wrath *9* [from the fo]ur winds of the heaven[s ...] *10* [like] consuming [fi]re [...] *11* [...] ... [...]

Frag. 1 *col.* III *1* and he will not have pity on the poor, and will lead (them) to Babylon. Babylon is like a pot in YHWH's hand, like dun[g] *2* he will throw her [...] *3* in Babylon and there will be [...] *4* a dwelling-place of demons [...] *5* its [la]nd is desolate [...] *6-8* ... [...]

4Q387a (4QpsMoses[b]) *4QPseudo-Moses[b]*

4Q385a, 4Q388a, 4Q389, 4Q390
Bibliography: Wacholder-Abegg 3, 248-251

Frag. 2 (= 4Q385a 41) *1* [...] ... [...] *2* [... do]uble ... [...] *3* [...] polluted ... [...] *4* [...] three priests who will not walk on the path *5* [of the] first [...] they will called by the name of the God of Israel. *6* [And in] their days the pride [will be cut down] of those who act wickedly against the coven[ant] and who serve what is foreign. *7* And Israel will be split apart in th[at] generation, waging war against one another *8* for the sake of the law and for the sake of the covenant. And I will send a famine, but not *9* of bread, and a drought, but n[ot] of water [...] and if not [...]

Frag. 3 *col.* II (= 4Q385a 44; 4Q389 1 II) *1* [...] ... to serve me with all your heart *2* and with a[ll your soul ...] ... in their distress. But I will n[ot] search them *3* because of their disloyalty [with whi]ch they were disloyal [to me], until ten *4* jubilees of years are complete. And ... with ma[dness] and with blindness and confusion *5* of heart. And at the completion of that generation I [will liberate] the kingdom from the hand of those who have power *6* over it, and [I] will [es]tablish over it others from another people. And he will govern *7* [...] ... [... al]l [the co]untry and the kingdom of Israel will perish in *8* those days [...] a blasphemer and he will perform abominations. And I will split *9* that [...] king[dom] apart [...] to those who destroy, while my face is hidden

10 [... והממלכה תשוב ל]גוים רבים ובני ישראל זעקים 11 [... על כבד
בארצות שבי]ם [ואין מושי]ע להם 12 [יען ביען חוקותי מאסו ותורותי
געלה נפשם ע]ל [כן]

Frag. 3 III 1 [את ישרא]ל מעם בי[מי]ו אשבר את ממלכת [מצרים ...]
2 [... את מצרי]ם ואת ישראל אשבר ונ[תתי לחרב כול] 3 [ב]מותי א[רץ
...].ץ ורחקתי את האד[ם ועזבתי] 4 את הארץ ביד מלאכי המשטמות
והסתרתי[את פני] 5 [מיש]ראל וזה להם האות ביום עזבי את הארץ[...]
6 [...] כהני ירושלים לעבוד אלהים אחרים[...] 7 [כתוע]בות י[...]

Frag. 5 1 [...]המה במעלם אשר [מעלו בי] לחלל את ש[ם] 2 [...
]בערותם לקרוב איש אל שאר בשרו[...] 3 [...]ק אתו לבכי ולמספד
והמה אמר[ו ...] 4 [...]אשמות לא הבינו על כן יללו ביום[...]
5 [...]...[...]

4Q387b (4QapocrJer[d]) *4QApocryphon of Jeremiah[d]*

Details unknown.

4Q388 (4QpsEzek[d]) *4QPseudo-Ezekiel[d]*

D. Dimant, *DJD XXX* (forthcoming)
PAM 43.504, 44.182
ROC 125

Frag. 8 1 [...]ת.[...] 2 [...]ים ולא תמו[...] 3 [... הגואל עמי לתת
להם ה]ברית *vacat* 4 [ואמרה יהוה ראיתי רבים מי]שראל אשר אהבו את
ש[מך] 5 [וילכו בדרכי צדק ואלה מתי יהיו וא[י]ככה ישתלמו חסד[ם
ויאמר] 6 [יהוה אלי אני אראה את בני ישרא]ל וידעו כי אני יהוה[*vacat*]
7 [*vacat* ויאמר בן אדם הנבא על העצמות]ואמרת הקר[בו עצם אל]

from Israel *10* [... and the reign will turn to] many peoples, whilst the children of Israel cry *11* [... heavy yoke in the lands of] their [exile. And] they have [no saviou]r *12* [because and only because they rejected my precepts and their soul loathed my laws. Th]ere[fore]

Frag. 3 *col.* III (= 4Q388a 1 II; 4Q389 1 II) *1* [Isra]el without people. In his da[ys] /I will destroy/ the kingdom of [Egypt ...] *2* [... Egyp]t and Israel I will destroy, and [I will] de[liver up to the sword all] *3* [the hi]gh places of the co[untry ...] ... and I will remove the huma[n beings, and I will abandon] *4* the country in the hand of the angels of enmity. And I will hide [my face] *5* [from Is]rael. And this will be the sign for them in the day when I abandon the country [...] *6* [...] the priests of Jerusalem to serve other gods. [...] *7* [like the abom]inations ... [...]

Frag. 5 *1* [...] them in their disloyalty (with) which [they were disloyal to me] profaning [the] na[me of] *2* [...] in their nakedness, one approaching his blood-relative [...] *3* [...] him to crying and mourning. And they will say [...] *4* [...] guilty [...] they did not understand; therefore they wailed on the day [of ...] *5* [...] ... [...]

4Q388 (4QpsEzek[d]) *4QPseudo-Ezekiel[d]*

4Q385, 4Q385c, 4Q386, 4Q391
Bibliography: Wacholder-Abegg 3, 252-258

Frag. 8 (= 4Q385 2; 4Q386 1 I) *1* [...] ... [...] *2* [...] and not ... [...] *3* [... who rescued my people, giving them the] covenant. *Blank* *4* [And I said: «YHWH, I have seen many in I]srael who love [your] na[me] *5* [and walk on the paths of justice. When will these things happ]en? And how will they be rewarded for [their] loyalty?». *6* [And YHWH said to me: «I will make the children of Israe]l [see] and they will know that I am YHWH». [*Blank*] *7* [*Blank* And he said: «Son of man, prophesy over the bones] and say: May [a bone] conn[ect with]

4Q388a (4QpsMoses[c]) *4QPseudo-Moses*[c]

D. Dimant, *DJD XXX* (forthcoming)
PAM 43.504, 44.182, 44.190

Frag. 1 II 1 מו[פ]תים ושבו[... ועשו ר]עה מ[ן הימים הראשונה ...]
2 הברית אשר כ[רתי ע]ם אברהם ועם יצח[ק ועם יעקוב ... בימים]
3 ההמה יקום מלך[לגו]ים גדפן ועשה רעות וב.[...] 4 את ישראל מעם
בימו אשבור את מלכות מצרים[...] 5 את מצרים ואת ישראל אשבור
ונתתי לחרב [כול במותי ארץ ...] 6 ורחקתי את האדם [ו]עזבתי את הארץ
בי[ד מלאכי המשטמות ... כוהני ירושלים] 7 לעבוד אלהים אח[רים ...].
כתועבות[...] 8 שלשה אשר ימלכ[ו ...] 9 [בק]דש הקדשי[ם ...]
10 [...]ר והמצדקי[ם ...]

4Q389 (4QpsMoses[d]) *4QPseudo-Moses*[d]

D. Dimant, *DJD XXX* (forthcoming)
PAM 43.495, 44.189
ROC 349

Frag. 1 II 1 [...]...[...] 2 [...]ל והממלכה תשוב לגוים רבים ובני
ישראל 3 [זעקים ...].י על כבד בארצות שבים ואין *vacat* משיע להם
4 יען ביען חקתי מאסו ותרתי געלה נפשם על כן הסתרתי 5 פני מ[הם עד]
אשר ישלימו עונם *vacat* וזה להם האות בשלם 6 עונם [...]עזבתי את
הארץ ברום לבבם ממני ולא ידעו 7 [... מופתים וש]בו ועשו רעה *vacat*
מן ה[ימים]הראשנים 8 [... הברית אשר כרתי]עם אברה[ם ועם י]צחק
ועם 9 [יעקוב ... בימים ההמה י]קום מלך לגוים גדפן [וע]שה רעות
10 [... את ישרא]ל מע[ם בימיו]אשבור א[ת ממ]לכת

Frag. 2 1 [... לא]דרשני הייתי[...] 2 [... וא]רים ראשיכם
בהוציאי [אתכם ...] 3 [...] להם ואת אשר גמלוני ואשאי[ר ...] 4 [...

4Q388a (4QpsMoses[c]) *4QPseudo-Moses[c]*

ROC 125
4Q385a, 4Q387a, 4Q389, 4Q390

Frag. 1 *col.* II (= 4Q387a 3 III; 4Q389 1 II) *1* won[de]rs. And they turned [... and they did e]vil fr[om the first days ...] *2* the covenant which [I] es[tablished wi]th Abraham, with Isaa[c and with Jacob ... In] those [days] *3* a king will rise up [for the na]tions, a blasphemer, and will do evil things. And [...] *4* Israel without people. In his days I will destroy the kingdom of Egypt [...] *5* Egypt and Israel I will destroy, and deliver up to the sword [all the high places of the land of ...] *6* and I will remove the human beings [and] I will abandon the country into the ha[nd of the angels of enmity ... the priests of Jerusalem] *7* to serve ot[her] gods. [...] like the abominations [...] *8* three who will reign [...] *9* [in] the most [h]oly [...] *10* [...] and those declaring (themselves) just [...]

4Q389 (4QpsMoses[d]) *4QPseudo-Moses[d]*

4Q385a, 4Q387a, 4Q388a, 4Q390
Bibliography: Wacholder-Abegg 3, 259-263

Frag. 1 *col.* II (= 4Q385a 44; 387a 3 II - III; 388a 1 II) *1* [...] ... [...] *2* [...] and the reign will return to many peoples and the children of Israel *3* [will be weeping ...] a heavy yoke in the lands of their exile, and there will not be *Blank* a saviour for them *4* because and only because they have rejected my precepts and their soul despised my law. For this I hid *5* my face [from them until] they make good their faults. *Blank* And this will be the sign for them that they have made good *6* their faults [...] I have abandoned the earth because they hardened their hearts against me and did not know *7* [... wonders. And they tur]ned and they did evil *Blank* from [the] first [days] *8* [... the covenant which I established] with Abraha[m, with I]saac and with *9* [Jacob ... In those days] a king [will] rise up for the nations, a blasphemer, [and will d]o evil things *10* [... Israe]l without peo[ple. In his days] I will destroy t[he king]dom of

Frag. 2 *1* [...] did [not] seek me. I was [...] *2* [... and I will] raise your heads when I lead [you] out [...] *3* [...] to them, and what they did to me. And I will

ב]קדש ברנע ואמרה להם [...] 5 [...]תם עליהם ואשבעה ב[...] 6 [...]
ואת בניהם הבאתי אל ה[...] 7 [...]תם ואתהלכה עמהם ב.[...] 8 [...]
ארבעים שנה ויהי[...] 9 [...]ל[...]

4Q389a (4QapocrJer[e]) *4QApocryphon of Jeremiah[e]*

D. Dimant, *DJD XXX* (forthcoming)
PAM 43.495, 44.189
ROC 349

Frag. 3 1 [...].[...] 2 [...]ה בארץ .[...] 3 [...]ובקשו על ב[...]
4 [...]כל הנשאר בארץ מ[צרים ...] 5 [... י]רמיה בן חלקיה מארץ
מצר[ים] 6 [...]שים ושש שנה לגלות ישראל ... הדברים 7 [... י]שראל
על נהר סור *vacat* במעמד ר[...]

4Q390 (4QpsMoses[e]) *4QPseudo-Moses[e]*

D. Dimant, *DJD XXX* (forthcoming)
PAM 43.506
ROC 524
4Q385a, 4Q387a, 4Q388a, 4Q389

Frag. 1 1 [...]...[...] 2 [ו]מב[... וא]שוב[ונתתים]ביד בני אהר[ון
...]שבעים שנה [...] 3 ומשלו בני אהרון בה[מה] ולא יתהלכו [בדר]כי
אשר אנוכי מצ[ו]ך אשר 4 תעיד בהם ויעשו גם הם את הרע בעיני ככל
אשר עשה ישראל 5 בימי ממלכתו הרישונים מלבד העולים רישונה מארץ
שבים לבנות 6 את המקדש ואדברה בהמה ואשלחה אליהם מצוה ויבינו
בכול אשר 7 עזבו הם ואבותיהם ומתום הדור *vacat* ההוא ביובל השביעי
8 לחרבן הארץ ישכחו חוק ומועד ושבת וברית ויפרו הכול ויעשו 9 הרע
בעיני והסתרתי פני מהמה ונתתים ביד איביהם והסגרת[ים] 10 לחרב

lea[ve (a rest) ...] *4* [... at] Qadesh-Barnea, and I will speak to them [...] *5* [...] ... on them, and I will swear [...] *6* [...] and their sons I brought to the [...] *7* [...] ... and I will walk with them in [...] *8* [...] forty years, and it happened [...] *9* [...] ... [...]

4Q389a (4QapocrJer[e]) *4QApocryphon of Jeremiah*[e]

4Q383, 4Q384, 4Q385b, 4Q387b
Bibliography: Wacholder-Abegg 3, 259-263

Frag. 3 *1* [...] ... [...] *2* [...] in the land [...] *3* [...] and they asked concerning [...] *4* [...] all who remained in the land of E[gypt ...] *5* [... Je]remiah, son of Hilkiah, from the country of Egy[pt] *6* [...]ty-six years of exile of Israel ... the words [...] *7* [... I]srael concerning the river Sor. *Blank* In the position of [...]

4Q390 (4QpsMoses[e]) *4QPseudo-Moses*[e]

Bibliography: D. Dimant, 'New Light from Qumran on the Jewish Pseudepigrapha - 4Q390', *The Madrid Qumran Congress*, 405-448; *Wacholder-Abegg 3*, 264-266

Frag. 1 *1* [...]... [...] *2* [and] ... [... And I will] go back [and deliver them] into the hand of the sons of Aar[on ...] seventy years [...] *3* And the sons of Aaron will rule over th[em], but they will not walk [in] my [pat]hs which I com-m[and] you so that *4* you caution them. And they too will do what is evil in my eyes, like everything that Israel did *5* in the first days of its kingdom, apart from those who will be the first to go up from the land of captivity in order to build *6* the temple. But I will speak to them and send them a precept and they will understand all that *7* they have abandoned, they and their fathers. And ever since that generation *Blank* has been completed, in the seventh jubilee *8* of the devastation of the land, they will forget the law, the festival, the sabbath and the covenant; and they will disobey everything and will *9* do what is evil in my eyes. And I will hide my face from them and deliver them to the hands of their enemies and abandon [them] *10* to the sword. But /from among them/

והשארתי מהם פליטים למע[ן] אשר לא י[כ]ל[ו] בחמתי [ו]בהסתר [פני] 11 מהם ומשלו בהמה מלאכי המש[ט]מות ו.[...]ישוב[ו] 12 [ו]יעשו [... את] הרע בעינ[י] ויתהלכו בשר[ירות לבם ...] 13 [...].[...]...[...]

Frag. 2 I 1 [...].[...] 2 [...]...[...]ת מקדש הקד[ש ... לא] 3 נעשה וכן[... כי] אלה יבואו עליהם[...]ן ו[ת]הי 4 ממשלת בליעל בהם להסגירם לחרב שבוע שנ[ים ... וב]יובל ההוא יהיו 5 מפרים את כול חקותי ואת כל מצותי אשר אצוה א[תם ואשלח ביד] עבדי הנביאים 6 וי[ח]ל[ו] להריב אלה באלה שנים שבעים מיום הפר ה[אלה וה]ברית אשר יפרו ונתתים 7 [ביד מל]אכי המשטמות ומשלו בהם ולא ידעו ולא יבינו כי קצפתי עליהם במועלם 8 [אשר יעז]בוני ויעשו הרע בעיני ובאשר לא חפצתי בחרו להתגבר להון ולבצע 9 [ולהמס ואיש] אשר לר[ע]הו יגזולו ויעשוקו איש את רעהו ואת מקדשי יטמאו 10 [ואת שבתותי יחללו ו]את[מו]עדי יש[כח]ו ובבני[נכר יח]לל[ו א]ת זר[ע]ם כוהניהם יחמסו 11 [...]...[...].ם ואת 12 [...]בניהם

Frag. 2 II 1-2 [...] 3 ...[...] 4 מעליה[...] 5 ובדבר[...] 6 אנחנו שת[...] 7 ידעו ואש[לח ...] 8 וברמחים לבק[ש ...] 9 בקרב הארץ ועל [...]. 10 [א]חוזתם ויזבחו בה[...] 11 [יח]ללו בה ו...[...]

4Q391 (4QpsEzek^e) *4QpapPseudo-Ezekiel^e*

M. Smith, *DJD XIX*, 153-193, pls. XVII-XXV
PAM 43.462, 43.463, 43.469, 43.470

Frag. 1 1 [...]ת שמחתם .[...] 2 [... מ]לך מצרים הנש.[...] 3 [...]אל אנו ואונך המ.[...] 4 [...]ל[...]

Frag. 2 1 ויקלקל יוממ[...] 2 ואת ארצך ל.[...]

I will make survivors remain so th[at] [t]he[y will] not [be exter]mi[nated] by my anger [and] by the concealment [of my face] *11* from them. And over them will rule the angels of destruction and [...] and [t]he[y] will come back *12* [and] do [...] evil before [my] eye[s] and walk according to the stub[bornness of their heart ...] *13* [...] ... [...]

Frag. 2 *col.* I *1* [...] ... [...] *2* [...] ... [...] the ho[ly] temple [... not] *3* has been done; and so [... for] these things will happen to them [...] and [there will co]me *4* the dominion of Belial upon them to deliver them up to the sword for a week of year[s ... During] that jubilee they *5* will break all my laws and all my precepts which I will command [them and send by the hand of] my servants the prophets; *6* and [t]he[y] will [be]gin to argue with one another for seventy years, from the day on which they break the [vow and the] covenant which they shall break. And I shall deliver them *7* [to the hands of the an]gels of destruction and they will rule over them. And they will not know and will not understand that I am enraged towards them for their disloyalty *8* [with which they will des]ert me and do what is evil in my eyes and what I do not like they have chosen: domineering for money, for advantage *9* [and for violence. And each] will steal what belongs to one's neigh[bour] and they will oppress one another; they will defile my temple, *10* [they will defile my sabbaths, and] they will f[orget] my [fest]ivals and with the sons of [foreigners they will de]base their offs[pring;] their priests will act violently *11* [...] ... [...] and *12* [...] their sons

Frag. 2. *col.* II *1-2* [...] *3* ... [...] *4* from upon it [...] *5* and with the word [...] *6* we ... [...] *7* they shall know and I will se[nd ...] *8* and with lances in order to se[ek ...] *9* in the interior of the land and upon ... [...] *10* their [pro]perty, and they will sacrifice in [...] *11* they [will dese]crate it, and ... [...]

4Q391 (4QpsEzek[e]) *4QpapPseudo-Ezekiel[e]*

ROC 453-455, 523
4Q385, 4Q385c, 4Q386, 4Q388

Frag. 1 *1* [...] their joy [...] *2* [... ki]ng of Egypt, ... [...] *3* [...] ... we and your power ... [...] *4* [...] ... [...]

Frag. 2 *1* and he shook by day [...] *2* and your land to [...]

Frag. 9 1 [...]. שני ו.[...] 2 [... אש]ר טמאו נפש[ם ...] 3 [...]דרך
וראה זקנים[...] 4 [...]..קומך [...]

Frag. 10 1 [...]... אמת ה[...] 2 [... מ]לכים בחייהם [...]
3 [...]אנשים ורגליהם[...] 4 [...]הלכו בחייהמ[...]

Frag. 25 1 [...]ה בקרבך יפלו כל ה.[...] 2 [...]על הארץ ויעלו
אפר[...] 3 [...]ועליך קינות ובכי [...] 4 [...]לאבדן[...] 5 [...]אמור
ל..[...]

Frag. 36 1 [...א]צל רגלי **** ויא[מר ...] 2 [...]ראה ואומר אליו[
...] 3 [...]רות הוא קשת *[*** ...] 4 [... ו]ידבר **** אלי ל[אמר ...]
5 [...]בני ישראל ל[...]

Frag. 55 1 [...]ר את [...] 2 [...]. **** ...[...] 3 [... ביום]ההוא
בנפול[...]רת עיני[...] 4 [...]נפשות בניכם ו.[...]. אובדות[...] 5 [...]ו
וישאלוני דברים אם ידבר א[...] 6 [...]שבי .[...]ל[...]. אותמ[...]

Frag. 62 II 1 ואת ירוש[ל]ם[...] 2 שלמות כבוד ופ.[...] 3 קרא
בשמך ...[...] 4 ..לי כאשר ..[...] 5 ... .כאשר ...[...]

Frag. 65 1 [...].[...] 2 [...]... כי ביום ב[...] 3 [...]...[...] 4 [...
נה]ר כבר ואראה [...] 5 [... ו]אדעה כי ****[...] 6 [... ש]לושה עשר
.[...] 7 [...]אמה וגבוה חמש.[...] 8 [...]שית והמשפש חמשית[...]
9 [...].ים אחת[...] 10 [...].ב האחד ...[...] 11 [...]...[...]

Frag. 9 *1* […] two […] *2* [… wh]o defiled [their] souls […] *3* […] way. And I saw old men […] *4* […] your … […]

Frag. 10 *1* […] … truth […] *2* [… k]ings during their lives […] *3* […] men, and their feet […] *4* […] they went during their lives […]

Frag. 25 *1* […] in your midst will fall all the […] *2* […] on the earth, and they will lift up dust […] *3* […] and over you laments and weeping […] *4* […] to the abyss […] *5* […] say to … […]

Frag. 36 *1* [… be]side the feet of ****, and he s[aid …] *2* […] see, and I said to him […] *3* […] … is the bow of *[*** …] *4* [… and] **** spoke to me s[aying: …] *5* […] the children of Israel […]

Frag. 55 *1* […] … […] *2* […] **** … […] *3* [… on] that [day] when falls […] … eyes […] *4* […] the souls of your sons and […] perishing […] *5* […] and they shall ask me matters, whether he shall speak […] *6* […] … […] them […]

Frag. 62 *col.* II *1* and Jerusa[le]m […] *2* glorious retributions and … […] *3* call upon your name … […] *4* … as … […] *5* … as … […]

Frag. 65 *1* […] … […] *2* […] … for on the day […] *3* […] … […] *4* [… the rive]r Chebar, and I saw […] *5* [… and] I knew that **** […] *6* [… th]irteen […] *7* […] cubits, and the height five […] *8* […] … and the postern is the fifth […] *9* […] … one […] *10* […] … the one […] *11* […] … […]

4Q392 *4QWorks of God* + **4Q393** *4QCommunal Confession*

D. Falk, *DJD XXIX* (forthcoming)
PAM 43.521 (4Q392); PAM 42.150, 43.507, 44.196 (4Q393)
ROC 126 (4Q392); ROC 124 (4Q393)
Bibliography: Wacholder-Abegg 2, 38-39 (4Q392); *Wacholder-Abegg 3*, 267-270

4Q392 Frag. 1
1 [...]וממלכות[...] 2 [...]ם ...וד איש ל[א]להים ולא
לסור מכ[ול ...] 3 ובבריתו תדבק נפשם ול[דר]וש דברי פיה[ו ...]ו
אלוה[ים ב]שמים 4 ממעל ולחקר דרכי בני האדם [ו]אין סתר מלפנו הוא
ברא חשך[וא]ור לו 5 ובמעונתו אור אורתם וכל אפלה לפנו נחה ואין עמו
להבדיל בין האור 6 לחשך כי לבני[אד]ם הבדילם לא[ור]֯ומם ובשמש
לילה ירח וכוכבים 7 ועמו אור לאין חקר ואין לדעת[ו ...]וא כי פלא[י]ם
כל מעשי אל אנחנו 8 בשר הלוא נשכיל כמה עמנו ל.[... נפ]לאות
ומ[פ]תים לאין מספר 9 [...]מרום[... רו]חות וברקים [... מ]שרתי דבי[ר
]מלפנו יצאים המ.[...] 10 [...]...[...]

4Q392 Frag. 2 + *4Q393 Frag.* 1 i
1-4 ...[...] 5 [...] 6 [... פר]עה
[ל]בבו א[...] 7 [... לא שמ]עו באתות ובמפתים .[... נ]געים 8 [אשר לא
ראה]כל ממלכה עד היום הזה ויפיל[...]הוציאנו 9 [...]לאין חקר במים
עזים מדרך ב.[...]רבה 10 [... ויטב]ענו במצולת כמו אב[ן ...]כלכלנו

4Q393 Frags. 1-2 ii
1 [...]...[...] 2 ו.[...]פו למען תצדק בדבר[ך]
3 ...[...]בה [...]כה בעונותינו נס... 4 ...[...ק]שו ע֯ר֯ף אלוהינו הסתר
5 פניך מחט[אינו וכו]ל עונותינו מחה ורוח חדשה 6 ברא בנו וכונן בקרבנו
יצר אמונות ולפשעים ...ך 7 וחטאים השב אליך וא[ל רו]ח נשברה
מלפניך ת[ה]דף על 8 עלפו עמך למען ...[...]ב ותמיד על סל[...].ו 9 גוים
וממלכות וימ.[...] 10 ...[...] 11 לעמיכה למען [שמך ...]

4Q393 Frag. 3
1 [...]. כיא [...] 2 [אלוהי י]שראל הנאמן שומ[ר
ה]ברית והחסד לאהב[יו ...] 3 [...]א למושה אל תעזוב עמך [ו]נחלתך ואל
ללכת איש בשרירות לבו 4 [הר]ע מרצונך אלוהים ... יתע[ז]ב עמך

4Q392 *4QWorks of God* + **4Q393** *4QCommunal Confession*

(4Q393); D. Falk, '4Q393: A Communal Confession', *JJS* 45 (1994) 184-207; J.A. Emerton, 'A Note on Two Words in 4Q393', *JJS* 47 (1996) 348-351; D.K. Falk, 'Biblical Adaptation in 4Q392 *Works of God* and 4Q393 *Communal Confession*', in *Provo International Conference*, 126-160

4Q392 Frag. 1 *1* [...] and kingdoms [...] *2* [...] ... man towards [G]od, and not to turn away from a[ll ...] *3* and to his covenant their soul shall adhere and to [stu]dy the words of h[is] mouth [...] Go[d in] the heavens *4* above and to examine the paths of the sons of man, and there is no place to hide from before him. He created darkness [and li]ght for himself; *5* and in his dwelling the perfect light shines, and all the shades rest before him; and he does not need to separate light *6* from darkness, because for the sons of [ma]n he separated them as the li[ght] at daytime and with the sun, at night the moon and the stars. *7* And with him there is an unsearchable and unknowable light [...] ... for all the works of God are wonderful. We *8* are flesh; do we not understand what is with us to [... won]ders and p[o]rtents without number *9* [...] high [... wi]nds and lightning [... the ser]vants of the holy of ho[lies] going out before him ... [...] *10* [...] ... [...]

4Q392 Frag. 2 + *4Q393 Frag.* 1 *col.* I *1-4* ...] ... *5* [...] *6* [...Phara]oh his [he]art [...] *7* [...] they [did not list]en to the signs and portents [... pl]agues *8* [such as not] any kingdom [has seen] up to this day, and he cast [...] he brought us out *9* [...] unfathomable, through turbulent waters making a path [...] big *10* [... he made] him [sin]k in the depths like a sto[ne ...] he sustained us

4Q393 Frags. 1 - 2 *col.* II *1* [...] ... [...] *2* and ... [...] ... in order that you are just in [your] verdict *3* ... [...] ... [...] ... in our iniquities ... *4* ... [... stiff]ness of neck. Our God, hide *5* your face from [our] si[ns, and] wipe out [al]l our iniquities. And create a new spirit *6* in us, and establish in us a faithful inclination, and for the sinners ... *7* and bring back sinners to you. And do n[ot] thrust the broken [spir]it from before you, because (?) *8* your nation has fainted, in order that ... [...] and continuously ... [...] ... *9* nations and kingdoms and ... [...] *10* ... [...] *11* for your peoples, for [your name's] sake [...]

4Q393 Frag. 3 *1* [...] because [...] *2* [the God of I]srael, the trustworthy one, who kee[ps the] covenant and loyalty to those who love [him ...] *3* [...] to Moses. Do not forsake your people [and] your inheritance. Do not let any man walk in the stubbornness of his [ev]il heart *4* against your will, Oh God, ...

ונחלתך ואל ללכת איש 5 בשררו[ת] לבו הרע ואיה כח ועל מי תאיר פניך
ולא הטהרו ויתקדשו 6 ויתרוממו למעלה לכול אתה הוא יהוה בחרתה
באבותינו למקדם 7 תעמידנו לשארית להם לתת לנו הקימות לאברהם
לישראל ולהוריש 8 [.]...[...] גבורי{ם} החיל ועצומי כח לתת לנו בתים
מלאים 9 [כול טוב בורות ...]י מים כרמים וזיתים מנחלת עם [...]
10 [...]...[...]

4Q394 (4QMMT[a]) *4QHalakhic Letter[a]*

E. Qimron, J. Strugnell, *DJD X*, 3-13, pls. I-III
PAM 43.477, 43.492, 43.521
ROC 335, 336
4Q395, 4Q396, 4Q397, 4Q398, 4Q399
Bibliography: E. Qimron, J. Strugnell, 'An Unpublished Halakhic Letter from

Frags. 1-2 = 4Q327

Frags. 3-7 I 1 [ושמונה בו]שבת ע[ל]ו אחר [ה]ש[בת ויום השני
השלישי] 2 [נו]סף ושלמה השנה שלוש מאת וש[שים וארבעה] 3 יום
vacat
4 אלה מקצת דברינו [...]ל שהם מ[...] 5 [ה]מעשים שא א[נ]ח[נו ...
כו]לם על[...] 6 וטהרת [...]הר[ועל תרומת ד]גן ה[גוים שהם ...
7 ומגיע[י]ם בה א[ת ...]יהם ומט[מאים אותה ואין לאכול] 8 מדגן
[הג]וים[ואין]לבוא למק˺ש[ועל זבח החטאת] 9 שהם מבשלים [אות]ה
בכלי [נחושת ...] 10 בשר זבחיהם ומ[...]ים בעזר[ה ...] 11 במרק זבחם
ועל זבח הגוים [... זובחים] 12 אל הי[...]שא היא[כ]מי שזנת אליו [ואף
על מנחת זבח] 13 השל[מים] שמניחים אותה מיום ליום ואף [...]
14 שהמנ[חה נאכלת] על החלבים והבשר ביום ז˺ב[חם כי לבני]
15 הכוהנ[ים] ראו להזה˺ר בדבר הזה בשל שלוא י[היו] 16 מסיא[י]ם את
העם עוון *vacat* ואף על טהרת פרת החטאת 17 השוחט אותה והסורף

your people and your inheritance is for[sa]ken. Do not let any man walk *5* in the stubbornne[ss] of his evil heart. Where is strength? And upon whom shall you shine your face? They will not be purified and sanctified , *6* and exalted high above everything. You are YHWH, you have chosen our fathers long ago. *7* May you raise us up to be their remnant, to give us what you established with Abraham, with Israel, and to drive out *8* ... [...] warriors of strength, and mighty in power, to give us houses full of *9* [all good things, wells, ...] of water, vineyards and olive trees from the inheritance of the people [...] *10* [...] ... [...]

4Q394 (4QMMT[a]) *4QHalakhic Letter[a]*

Qumran', in *Biblical Archaeology Today. Proceedings of the International Congress on Biblical Archaeology, Jerusalem, April 1984* (Jerusalem, 1985) 400-407; J. Kampen, M.J. Bernstein (eds.), *Reading 4QMMT. New perspectives on Qumran Law and History* (Atlanta, Georgia: Scholars Press, 1996) [including Bibliography, 145-156]

Frags. 1 - 2 *These fragments, published as 4Q394 1-2* I-V *(4QMMT A 1-18), are in fact a different manuscript, 4Q327*

Frags. 3 - 7 *col.* I (= 4Q395; 4QMMT A 19 - 21; B 1 - 16) *1* [The (twenty-)eighth of it] a sabbath. In addi[tion to] it, Su[nday, Monday and Tuesday] *2* [are to be ad]ded. And the year is complete, three hundred and si[xty-four] *3* days. *Blank* *4* These are some of our regulations [...] which [...] *5* [the] works which we [...] they [a]ll concern [...] *6* and purity of [...] ... [And concerning the offering of the wh]eat of the [Gentiles which they ...] *7* and let their [...] touch it [...] and they de[file it: you shall not eat] *8* of the wheat of [the Gen]tiles, [and it shall not] be brought into the temple. [And concerning the sacrifice of the sin-offering] *9* which they cook in vessels [of bronze ...] *10* the flesh of their sacrifices and [...] in the courtyard [...] *11* with the broth of their sacrifices. And concerning the sacrifice of the Gentiles: [... they sacrifice] *12* to the [...] it is [li]ke who whored with him. [And also concerning the cereal-offering of the sacrifice of] *13* the pea[ce-offerings], which they leave over from one day to another, and also [...] *14* that the cere[al-offering should be eaten] with the fats and the meat on the day of [their] sacri[fice, for] *15* the priest[s] should oversee in this matter in such a way that [they] d[o] not *16* lead the people into sin. *Blank* And also in what pertains to the purity of the heifer of the sin-offering: *17* that whoever slaughters it and

אותה והאוסף [א]ת אפרה והמזה את [מי] 18 החטאת *vacat* לכול אלה
להערי[בו]ת השמש להיות טהורים 19 בשל שא יהיה הטהר מזה על הטמה
כי לבני

Frags. 3-7 II 1 [אהרן]ראואי [...] 2 [על עו]רות הבק[ר ...]
3 [עורות]יהם כלי[ם ...] 4 [...]ם למקד[ש ...] 5-12 [...] 13 הכו[הנ]ים
ראואי[ן להש]מ[ר בכול הד]ברים[האלה בשל שלוא יהיו] 14 משיאים את
העם עוון [וע]ל שא כתוב[...] 15 [...]מחוץ למחנה שור וכשב ועז כי
[...]. בצפון המחנה] 16 ואנחנו חושבים שהמקדש[משכן אוהל מועד הוא
וי]רושלי[ם] 17 מחנה היא וחו[צה] למחנה[הוא חוצה לירושלים]הוא
מחנה 18 ער[י]הם חוץ ממ[חנה]^א^ר.[...]מוציאים את דשא 19 [ה]מזבח
ושור[פים שם את החטאת כי ירושלים]היא המקום אשר

Frag. 8 III 6 [...] ב[...] 7 [... ועל האוכל אנחנו חושבים שאיאכל
את] הולד 8 [... כן ו]הדבר כתוב 9 [עברה ?*vacat* ועל העמו]ני והמואבי
10 [והממזר ופצוע הדכה וכרות השפכת שהם באים] בקהל 11 [...
ונשים] לוקחים 12 [להיותם עצם אחת ... טמאות ואף חוש]בים אנחנו
13 [...]. עליהם 14 [... ואין לה]תיכם [ו]לעשותם 15 [...]אם 16 [...
מקצת] העם 17 [... מתוכ]כים 18 [... מכול ת]ערובת [ה]גבר
19 [ולהיות יראים מהמקדש ... ואף ע]ל הסומ[י]ם 20 [שאינם רואים
להזהר מכל תערובת] ותערובת

Frag. 8 IV 1 [א]שם אינם רואים *vacat*
2 [וא]ף על החרשים שלוא שמעו חוק [ומ]שפט וטהרה ולא 3 [ש]מעו
משפטי ישראל כי שלוא ראה ולוא שמע לוא 4 [י]דע לעשות והמה באים
לטה[ר]ת המקדש *vacat*
5 [ו]אף על המוצקות אנחנו אומר[ים] שהם שאין בהם 6 [ט]הרה ואף
המוצקות אינם מבדילות בין הטמא 7 [ל]טהור כי לחת המוצקות והמקבל
מהמה כהם 8 לחה אחת ואין להבי למחני הק[ו]דש כלבים שהם
9 אוכלים מקצת [ע]צמות המ^קד^[ש ו]הבשר עליהם כי 10 ירושלים היאה

whoever burns it and whoever collects its ash and whoever sprinkles the [water of] *18* purification, *Blank* all these ought to be pure at sun[se]t, *19* so that a pure man sprinkles the impure. For the sons of

Frags. 3 - 7 *col.* II (= 4Q395; 4Q397 3; 4QMMT B 17 - 20; 26 - 32) *1* [Aaron] should […] *2* [concerning hi]des of catt[le …] *3* their [hides] vessels […] *4* […] to the temp[le …] *5-12* […] *13* the pr[iest]s ought [to keep] wa[tch over all these th]ings [so that they do not] *14* lead the people into sin. [And concer]ning what is written: [...] *15* […] outside the camp a bull, or a sheep or a goat, for [… in the north of the camp.] *16* And we think that the temple [is the place of the tent of meeting, and Je]rusale[m] *17* is the camp; and out[side] the camp [is outside of Jerusalem;] it is the camp of *18* their cities. Outside the ca[mp …] … […] removing the ashes from *19* [the] altar and bur[ning there the sin-offering, for Jerusalem] is the place which

Frag. 8 *col.* III (= 4Q396 I - II; 4Q397 5; 4QMMT B 36 - 50) *6* […] … […] *7* [… And concerning the eating, we think that one can eat] the fetus *8* [… so and] the word is written: *9* [«a pregnant animal». *Blank?* And concerning the Ammon]ite and the Moabite *10* [and the bastard and the one with crushed testicles and one whose penis has been cut off, if these enter] the assembly *11* [… and] take [wives] *12* [to become one bone … impurities. And also] we [thi]nk *13* […] concerning these *14* [… that one should not let] them be united [and] make them *15* […] … *16* [… some of] the people *17* [… associa]ting *18* [… from all] uncleanness of [the] male *19* [and be respectful towards the temple … And also concer]ning the blind *20* [who cannot see: they should keep themselves from all uncleanness,] and uncleanness of

Frag. 8 *col.* IV (= 4Q396 II - III; 4Q397 6 - 13; 4QMMT B 51 - 66) *1* [the sin] offering these do not see. *Blank* *2* [And al]so concerning the deaf who have not heard the law [and the pr]ecept and the purity regulation, and have not *3* [h]eard the precepts of Israel, for whoever neither sees nor hears, does not *4* [k]now how to behave. But these are approaching the pu[ri]ty of the temple. *Blank* *5* [And] also concerning liquid streams: we say that in these there is no *6* [pu]rity, and also that liquid streams can not separate impure *7* [from] pure, because the liquid of the liquid streams and their vessels is alike, *8* the same liquid. And one should not let dogs enter the h[o]ly camp, because *9* they might eat some of the [bo]nes from the temp[le with] the flesh on them. For

מחנה הקדש היא המקום 11 שבחר בו מכל שבטי [ישראל כי] ירושלים
היא ראש 12 מ[חנות ישראל ואף על מטע]ת עצי המאכל[הנ]טע 13
[בארץ ישראל כראשית היא לכוה]נים ומעשר[הבקר] 14 [והצון לכוהנים
הוא *vacat* ואף על הצ]רועים א[נחנו] 15 [אומרים שלוא יבואו עם טהרת
הקו]דש כי [בדד] 16 [יהיו מחוץ לבית ואף כתוב שמעת שיג]לח [וכבס]

4Q395 (4QMMT^b) *4QHalakhic Letter^b*

E. Qimron, J. Strugnell, *DJD X*, 14-15, pl. III
PAM 42.472, 43.477
ROC 187

1 זב[ח החטאת שהם מבשלים אותה בכלי נחושת ...] 2 בה[את
בשר זבחיהם ...] 3 אות[ה במרק זבחם ועל זבח הגוים ...] 4 זובח[ים אל
...] 5 זבח ה[שלמים שמניחים אותה מיום ליום ואף כתוב ...]
6 שהמ[נחה נא]כלת[על החלבים והבשר ביום זובחם כי לבני כוהנים]
7 ראוי לה[ז]הר בדבר[הזה בשל שלוא יהיו משיאים את העם עוון] 8 ואף
על טהרת פרת החט[את השוחט אותה והסורף אותה והאוסף] 9 את
אפ[רה] והמזה את[מי החטאת לכול אלה להעריבות השמש] 10 להיות
טהור[י]ם בש[ל שא יהיה הטהר מזה על הטמה כי לבני] 11 אהרן ראוי
להיו[ת] מ[...] 12 עורות ה[בקר ...]

4Q396 (4QMMT^c) *4QHalakhic Letter^c*

E. Qimron, J. Strugnell, *DJD X*, 15-21, pl. IV
PAM 43.490
ROC 520, 526

Col. I
1 [... אי]נם שוחטים במקדש 2 [ועל העברות אנחנו חושבים
שאין לזבוח א]ת האם ואת הולד ביום אחד 3 [... ועל האוכל אנח]נו
חושבים שאיכל את הולד 4 [...]א כן והדבר כתוב עברה *vacat* 5 [ועל

10 Jerusalem is the holy camp, it is the place *11* which he has chosen from among all the tribes of [Israel, since] Jerusalem is the head *12* of the ca[mps of Israel. And also concerning the plantati]on of fruit trees [pla]nted *13* [in the land of Israel, it is like the first-fruits, it is for the prie]sts. And the tithe of [the cattle] *14* [and the flocks is for the priests. *Blank* And also concerning le]pers: w[e] *15* [say that they should not enter (a place) with ho]ly [purity,] but [in isolation] *16* [they shall stay outside a house. And also it is written that from the moment he sh]aves [and washes]

4Q395 (4QMMT[b]) *4QHalakhic Letter[b]*

4Q394, 4Q396, 4Q397, 4Q398, 4Q399
Bibliography: Cf. 4Q394

(= 4Q394 3 - 7 I-II; ; 4QMMT B 5 - 18) *1* the sacri[fice of the sin-offering which they cook in vessels of bronze ...] *2* in it [the flesh of their sacrifices ...] *3* with [the broth of their sacrifices. And concerning the sacrifice of the Gentiles ...] *4* [they] sacrifice [to ...] *5* the sacrifice of the [peace-offerings which they leave over from one day to another, and also ...] *6* that the ce[real-offering should be e]aten [with the fats and the meat on the day of their sacrifice, for the priests] *7* should ov[er]see in [this] matter [in such a way that they do not lead the people into sin.] *8* And also in what pertains to the purity of the /heifer/ of the sin-[offering: that whoever slaughters it and whoever burns it and whoever collects] *9* [its] as[h] and whoever sprinkles the [water of purification. At sunset, all these] *10* ought to be pure so th[at a pure man sprinkles the impure. For the sons of] *11* Aaron should [...] *12* hides of [cattle ...]

4Q396 (4QMMT[c]) *4QHalakhic Letter[c]*

4Q394, 4Q395, 4Q397, 4Q398, 4Q399
Bibliography: Cf. 4Q394

Col. I (= 4Q394 8 III; 4Q397 5; 4QMMT B 35 - 40) *1* [...] they do [no]t slaughter in the temple. *2* [And concerning pregnant animals: we think that one should not sacrifice t]he mother and the fetus on the same day *3* [... And concerning the eating: w]e think that one can eat the fetus *4* [...] so and that

העמוני והמואבי והממזר ופצוע הדכה וכרו]ת השפכת שהם באים
6 [בקהל ... ונשים]ל[ו]קח[ים להיו]תם עצם

Col. II 1 ולהיות יראים מהמקדש[ואף על הסומים]שאינם 2 רואים
להזהר מכל תערו[בת ותערובת א]שם אינם 3 רואים *vacat* ואף על
החר[שים שלוא]שמעו חוק 4 ומשפט וטהרה ולא שמעו מש[פטי]ישראל
5 כי שלוא ראה ולוא שמע לוא י[דע]לעשות והמה 6 באים לטהרת
המקדש ואף[על המוצק]ו[ת אנחנו] 7 אומרים שהם שאין בהם [טהרה
ואף המוצקות] 8 אינם מבדילות בין הטמא לט[הור כי לחת המוצקות]
9 והמקבל מהמה כהם ל[חת אחת ואין להביא למחני הקודש] 10 כלבים
שהם אוכל[ים מקצת עצמות המקדש והבשר] 11 [עלי]הם כי ירו[ש]ל[ים
היאה מחנה הקודש היא המקום]

Col. III 1 שבחר בו מכל שבטי י[שראל כי יר]ושלים היא ראש
2 [מח]נות ישראל *vacat* ואף ע[ל מ]טעת עצ[י]המאכל הנטע 3 בארץ
ישראל כראשית היא לכוהנים *vacat* ומעשר הבקר 4 והצון לכוהנים הוא
ואף על הצרועים אנחנו 5 א[ומרים שלוא י]בואו {לט} עם טהרת הקוד[ש]
כי כדד 6 [יהיו מחוץ לבית ו]אף כתוב ש{ב}מעת שיגלח וכבס [י]שב מחוץ
7 [לאוהלו שבעת י]מים ועתה בהיות טמאתם עמהם 8 [הצרועים באים
ע]ם טהרת הקודש לבית ואתם יודעים 9 [...] ונעלה ממנו להביא{ה}
10 [חטאת ועל העושה ביד רמה כת]וב שהואה בוזה ומגד[ד]ף 11 [ואף
בהיות להמה טמאות נגע] אין להאכילם מהקו[ד]שים

Col. IV 1 עד בוא השמש ביום השמיני ועל [טמאת נפש] 2 האדם
אנחנו אומרים שכול עצם ש[היא חסרה] 3 ושלמה כמשפט המת או החלל
הוא [*vacat*] 4 ועל הזונות הנעסה בתוך העם והמה ב[ני ...] 5 קדש
משכתוב קודש ישראל ועל בה[מה טהורה] 6 כתוב שלוא לרבעה כלאים
ועל לבוש[ים שלוא] 7 יהיה שעטנז ושלוא לזרוע שדו וכ[רמו כלאים]

the word is written: «a pregnant animal» *Blank* *5* [And concerning the Ammonite and the Moabite and the bastard and the one with crushed testicles and one whose] penis [has been cut] off, if these enter *6* [the assembly ... and] t[a]ke [wives to beco]me [one] bone

Col. II (= 4Q394 8 III - IV; 4Q397 6 - 13; 4QMMT B 49 - 60) *1* and to be respectful towards the temple. [And also concerning the blind] who cannot *2* see: they should keep themselves from all uncleann[ess; and the uncleanness of the sin-offering] they do not *3* see. *Blank* And also concerning the de[af who have not] heard the law *4* and the precept and the purity regulation, and have not heard the prec[epts of] Israel *5* for whoever neither sees nor hears, does not [know] how to act. But these *6* are approaching the purity of the temple. And also [concerning liquid str]ea[ms, we] *7* say that in these there is no [purity. Neither can liquid streams] *8* separate impure from pu[re, because the liquid of the liquid streams] *9* and their containers is alike, [the same] li[quid. And one should not let] dogs [enter the holy camp,] *10* because they might eat [some of the bones from the te[mple with the flesh] *11* [on] them. Because Jeru[sa]l[em is the holy camp, it is the place]

Col. III (= 4Q394 8 IV; 4Q397 6 - 13; 4QMMT B 61 - 71) *1* which he has chosen from among all the tribes of I[srael, since Jer]usalem is the head *2* [of the cam]ps of Israel. *Blank* And also con[cerning the plan]tation of fruit tree[s] planted *3* in the land of Israel, it is like the first-fruits, it is for the priests. *Blank* And the tithe of the cattle *4* and of the flocks is for the priests. And also concerning lepers: we *5* s[ay that] they should [not] enter {the pur} (a place) with hol[y] purity, but [in isolation] *6* [they shall stay outside a house. And] also it is written that {on} /from/ the moment he shaves and washes [he should] stay outside *7* [his tent for seven d]ays. But now, even when they are still unclean *8* [lepers approach (a place) wi]th holy purity, the house. And you know *9* [...] and it is taken away from him, must bring {it} *10* [a sin-offering. And concerning him who acts offensively it is wri]tten that he is a slanderer and a blasp[he]mer. *11* [And also: when they have the uncleanness of leprosy] one should not allow them to eat any of the ho[l]y things

Col. IV (= 4Q397 6 - 13; 4QMMT B 72 - 82) *1* until the sun sets on the eighth day. And concerning [the uncleanness of the corpse of] *2* a man: we say that every bone, [whether stripped of flesh] *3* or complete, is subject to the law concerning a dead or murdere[d person. *Blank*] *4* And concerning the fornications carried out in the midst of the people: they are me[mbers of ...] *5* (of) holiness, as it is written: «Holy is Israel». And concerning the [pure] an[imal] *6* it is written that he shall not let two species mate; and concerning clot[hing, that no] *7* materials are to be mixed; and he will not sow his field or [his]

8 [ב]גלל שהמה קדושים ובני אהרון ק[דושי קדושים] 9 [וא]תם יודעים שמקצת הכהנים וה[עם מתערבים] 10 [והם]מתוככים ומטמאי[ם]את זרע[הקודש ואף] 11 את [זרע]ם עם הזונות כ[י ...]

4Q397 (4QMMT[d]) *4QHalakhic Letter[d]*

E. Qimron, J. Strugnell, *DJD X*, 21-28, pl. V-VI
PAM 43.476, 43.489
ROC 121A, 121B, 157A

Frag. 3 1 [... ראוי להשמר ב]כל הדבר[ים האלה ...] 2 [... בצ]פון המחנה[...] 3 [... וירושלים הי]א מחנה וחוצה ל[מחנה ...] 4 [...]את [ומוצי]אים [את דשא המזבח ...] 5 [... המקום אשר בחר בו] מכול ש[בטי ישראל ...] 6 [...]ה[...]

Frag. 5 1 [ועל העמוני והמואבי ו]הממזר ופ[צוע הדכה וכרות השפכת שהם באים בקהל ...] 2 [ונשים לוקחים להיו]תמה עצם אחת [...] 3 [...] טמאות ואף חושבים[אנחנו ... עליהם ...] 4 [... וא]ין להתיכמה ולעש[ותמה ...] 5 [... מק]צת העם[...] 6 [...]מכול ת[ערובת הגבר ...]

Frags. 6-13 1 [אנחנו אומרים שהם שאין בהם טהרה ואף המוצקות אינם מבדילות בין ה]טמא לט[הור] 2 [כי לחת המוצקות והמקבל מהמה כהם לחה אחת ואין להביא למחני הק]ודש כלבים 3 [שהם אוכלים מקצת ע]צמות המ[קדש ו]הבשר ע[ליהם כי ירושלים היאה]מחנה הקודש ה[יא] 4 [המקום שבחר] בו מכול [שבטי]ישראל כי י[רושלים ראש מחנות ישראל]היאה ואף על מטע[ת] 5 [עצי המאכל הנטע בארץ ישרא]ל כראשית [הוא לכוהנים ומעשר הבקר]והצ[ון ל]כוהנים [הוא] 6 [ואף על הצרועים אנחנו אומרים שלוא יבואו עם טהרת הקודש כי בדד י]היו 7 [מחוץ לבית וא]ף כ[תוב שמעת שיגל]ח ו[כבס יש]ב מחו[ץ לאוהלו שבעת ימים ועתה] 8 [בהיות טמאתם ע]מהם הצ[רועים באים עם] טהרת

vi[neyard with two species] *8* [be]cause they are holy. But the sons of Aaron are the ho[liest of the holy] *9* [and y]ou know that a part of the priests and of the [people mingle] *10* [and they] unite with each other and defile the [holy] seed [and also] *11* their (own) [seed] with fornications, be[cause ...]

4Q397 (4QMMT^{d}) *4QHalakhic Letter^{d}*

4Q394, 4Q395, 4Q396, 4Q398, 4Q399
Bibliography: Cf. 4Q394

Frag. 3 (= 4Q394 3 - 7 II; 4QMMT B 26 - 34) *1* [... should keep watch over] all [these] thing[s ...] *2* [... in the nor]th of the camp. [...] *3* [... and Jerusalem i]s the camp; and outside the [camp ...] *4* [...] ... [and remo]ving [the ashes from the altar ...] *5* [... the place which he chose from among] all the tr[ibes of Israel ...] *6* [...] ... [...]

Frag. 5 (= 4Q394 8 III; 4Q396 I; 4QMMT B 39 - 48) *1* [And concerning the Ammonite and the Moabite and] the bastard and the one with cr[ushed testicles and one whose penis has been cut off, if these enter the assembly ...] *2* [and take wives to beco]me one bone [...] *3* [...] impurities. And also [we] think [... concerning these ...] *4* [... that one should n]ot let them be united and mak[e them ...] *5* [... so]me of the people [...] *6* [...] from all un[cleanness of the male ...]

Frags. 6 - 13 (= 4Q394 8 IV; 4Q396 II - IV; 4QMMT B 56 - 81) *1* [We say that in these there is no purity. Neither can liquid streams separate] impure from pu[re] *2* [because the liquid of the liquid streams and their containers is alike, the same liquid. And one should not let] dogs [enter the h]oly [camp] *3* [because they might eat some of the b]ones from the te[mple with] the flesh o[n them. Because Jerusalem is the] holy camp, i[t is] *4* [the place which He has chosen] from among all ⌊the tribes of⌋ Israel, since Je[rusalem] is [the head of the camps of Israel.] And also concerning the planta[tion of] *5* [fruit trees planted in the land of Israe]l, it is like the first-fruits, [it is for the priests. And the tithe of the cattle] and the flo[cks] is [for] the priests. *6* [And also concerning lepers: we say that they should not enter (a place) with holy purity, but in isolation] they [shall] stay *7* [outside a house. And al]so is it wr[itten that from the moment he shav]es and [washes he shall sta]y outsi[de his tent for seven days. But now] *8* [even when they are still uncl]ean le[pers approach (a place)

ה[קוד]ש לבית [ואתם יודעים ...] 9 [... ונעל]ה ממנו [להביא] חטאת ועו[ל
העושה ביד רמה כתוב שהו]אה ב[וזה ו]מגד[ף] 10 [ואף בהיות לה]מ[ה
ט]מאות נ[גע אין] להאכילם [מהקודשים עד בוא השמש ביום ה]שמי[ני
ועל] 11 [טמאת נפש]האדם שאנחנו א[ומ]רים שכול[עצם שהיא חסרה
ושלמה כמ]ש[פ]ט המת או החל[ל] 12 [הוא] ועל הזנות הנע[ש]ה בתוך
הע[ם והמה בני ... קדש] כשכתוב קודש [ישראל] 13 [ועל בהמה טהו]רה
כתוב של[וא] להרביע[ה כלאים ועל לבושים שלוא יהיה] שעטנז ושל[וא
לזרוע] 14 [שדו וכרמו כלאי]ם ב[ג]לל שה[מה קדושים ובני אהרון קדושי
קדושים ואת]מה יוד[עים] 15 [...]ש [...]

Frags. 14-21 1 [...]...[...] 2 ...[...]שיבוא[...] 3 ומי ישנ[...]
יהיה מת[...] 4 ועל הנשי[ם ...]. והמעל[...] 5 כי באלה[... בגלל]החמס
והזנות אבד[ו הרבה] 6 מקומות [ואף] כתו[ב בספר מושה ולו]א תביא
תועבה א[ל ביתכה כי] 7 התועבה שנואה היאה[ואתם יודעים ש]פרשנו
מרוב הע[ם ...] 8 [ו]מהתערב בדברים האלה ומלבוא ע[מהם]לגב אלה
ואתם י[ודעים שלוא] 9 [י]מצא בידנו מעל ושקר ורעה כי על [אלה]אנחנו
נותנים א[...] 10 [כתב]נו אליכה שתבין בספר מושה [ו]בספר[י הנ]ביאים
ובדוי[ד ...] 11 [במעשי] דור ודור ובספר כתוב [...]... לוא 12 [...
וקדמניות]יה ואף כתוב ש[תסור] מהד[ר]ך וקרת[כה] הרעה וכת[וב והיה]
13 [כי יבוא עליכה כו]ל הדבר[ים האלה באח]רית הימים הבר[כה ו]הקללה
14 [והשיבותה אל לבב]כה ושבת[ה אליו בכו]ל לבבכה וב[כו]ל נפש[כה
]באחרית[העת] 15 [וכתוב בספר]מושה ובס[פרי הנביאי]ם שיבואו[...]
של[...] 16 [...]...[...]...[...]

4Q398 (4QMMT^{e}) *4QHalakhic Letter^{e}*

E. Qimron, J. Strugnell, *DJD X*, 28-38, pl. VII-VIII
PAM 43.489, 43.491
ROC 157B, 157C

with hol]y purity, the house. [And you know ...] *9* [... and it is taken aw]ay from him, [must bring] a sin-offering. And con[cerning him who acts offensively it is written that h]e is a sl[anderer and a] blasph[emer.] *10* [And also: when they have the un]cleanness of le[prosy one should not] allow them to eat [any of the holy things until the sun sets on the] eig[hth day. And concerning] *11* [the uncleanness of a corpse] of a man we s[a]y that every [bone, whether stripped of flesh or complete is subject to the l]aw concerning a dead or murde[red person.] *12* And concerning the fornications ca[rr]ied out in the midst of the peop[le: they are members of ... holiness,] as it is written: «Holy is [Israel».] *13* [And concerning the pu]re [animal], it is written that he shall n[ot] let [two species] mate; [and concerning clothing, that no] materials [are to be mixed;] and he will n[ot sow] *14* [his field or his vineyard with two speci]es be[ca]use th[ey are holy. But the sons of Aaron are the holiest of the holy, and y]ou kn[ow] *15* [...] ... [...]

Frags. 14 - 21 (= 4Q398 14 - 17 I; 4QMMT C 1 - 17) *1* [...] ... [...] *2* [...] ... [...] who comes [...] *3* and who ... [...] will be ... [...] *4* And concerning the wom[en ...] and the disloyalty [...] *5* for in these matters [... because of] violence and fornication [many] *6* places have been ruined. [And also] it is writ[ten in the book of Moses:] you shall [no]t bring an abomination in[to your house for] *7* abomination is an odious thing. [And you know that] we have segregated ourselves from the multitude of the peop[le ...] *8* [and] from mingling in these affairs, and from associating wi[th them] in these things. And you k[now that there is not] *9* to be found in our actions disloyalty or deceit or evil, for concerning [these things] we give [...] *10* to you we have [written] that you must understand the book of Moses [and] the book[s of the pr]ophets and Davi[d ...] *11* [the annals of] each generation. And in the book is written [...] ... not *12* [... and the former times ...] ... And further it is written that [you shall stray] from the pa[t]h and evil will encounter [you]. And it is writ[ten: and it shall happen] *13* [when a]ll [these] thing[s shall befall you at the e]nd of days, the bles[sing and] the curse *14* [then you shall take it to] your [heart] and will turn [to him with al]l your heart and with [al]l [your] soul at the end [of time] *15* [And it is written in the book] of Moses and in the b[ook of the prophet]s, that there will come [...] ... [...] *16* [...] ... [...] ... [...]

4Q398 (4QMMT[e]) *4QHalakhic Letter*[e]

4Q394, 4Q395, 4Q396, 4Q397, 4Q399

Bibliography:. E. Qimron, J. Strugnell, 'An Unpublished Halakhic Letter from Qumran', *Israel Museum Journal* 4 (1985) 9-12, pl. 1; Cf. 4Q394

Frags. 11-13 1 [הבר]כו[ת ...]...[...]בימי שלומוה בן דויד ואף
הקללות 2 [ש]באו בימי [יר]ובעם בן נבט ועד גל[ו]ת ירושלם וצדקיה
מלך יהוד[ה] 3 [ש]יב[י]אם ב[...]ואנחנו מכירים שבאוו מקצת הברכות
והקללות 4 שכתוב בס[פר מו]שה וזה הוא אחרית הימים שישובו בישראל
5 לת[ורה ...]ולוא ישובו אחו[ר]והרשעים ירש[יע]ו ואמ[...] 6 וה.[...
]זכור את מלכי ישרא[ל] והתבנן במעשיהמה שמי מהם 7 שהיא ירא[את
... התו]רה היה מצול מצרות והם מב[ק]שי תורה

Frags. 14-17 I 1 [בידנו מעל ושקר ורעה כי על כל אלה אנחנו
נות]נים את 2 [... כתב]נום [שתבין בס]פר מושה 3 [ובספרי הנביאים
ובדויד ובמעשי דור ו]דור [וב]ספר כתוב 4 [...]ך וקדמניות ... 5 [כתו]ב
שת[סור מהדרך וקר]תך [הרע]ה וכתוב והיא כי 6 [יבו]א עליך [כל
הדברים] האלה באחרי[ת] הימים הברכה 7 [וה]קללא [והשיבות]ה אל
ל[בב]ך ושבתה אלו בכל לבבך 8 [ובכ]ל נפשך באחרי]ת [העת]
וח[...].[...]

Frags. 14-17 II 1 [נשו]אי עונות זכור [את]דויד שהיא איש חסדים
[ו]אף 2 היא [נ]צל מצרות רבות ונסלוח לו ואף אנחנו כתבנו אליך
3 מקצת מעשי התורה שחשבנו לטוב לך ולעמך שר[א]ינו 4 עמך ערמה
ומדע תורה הבן בכל אלה ובקש מלפנו שיתקן 5 את עצתך והרחיק ממך
מחשב{ו}ת רעה ועצת בליעל 6 בשל שתשמח באחרית העת במצאך מקצת
דברינו כן 7 ונחשבה לך לצדקה בעשותך הישר והטוב לפנו לטוב לך
8 ולישראל *vacat*

4Q399 (4QMMT^{f}) *4QHalakhic Letter^{f}*

E. Qimron, J. Strugnell, *DJD X*, 38-40, pl. VIII
PAM 43.491
ROC 292

Col. I 1-8 [...] 9 [זכור את דויד שהיה איש חסדים ואף היה] מצול

Frags. 11 - 13 (= 4QMMT C 18 - 24) *1* [the bles]sing[s ...] ... [...] in the days of Solomon the son of David and also the curses *2* [which] came in the days of [Jer]oboam son of Nebat and up to the ex[i]le of Jerusalem and of Zedekiah, king of Juda[h] *3* [that] he should bring them in [...]. And we are aware that part of the blessings and curses have occurred *4* that are written in the b[ook of Mos]es. And this is the end of days, when they will return in Israel *5* to the L[aw ...] and not turn bac[k] and the wicked will act wick[edly] and ... [...] *6* and [...] remember the kings of Israe[l] and reflect on their deeds, how whoever of them *7* was respecting [the ... La]w was freed from afflictions; and those were the se[ek]ers of the Law

Frags. 14 - 17 *col.* I (= 4Q397 14 - 17 I; 4QMMT C 9 - 16) *1* [in our actions disloyalty or deceit or evil, for concerning these things we gi]ve *2* [...] we [have written that you must understand the bo]ok of Moses *3* [and the books of the prophets and David and the annals of each] generation [and in] the book is written *4* [...] and the former times ... *5* [it is writ]ten that you [shall stray from the path and evil will encounter] you. And it is written: and it shall happen when *6* [all] these [things shall befa]ll you at the en[d] of days, the blessing *7* [and the] curse, [then you shall take it] to your he[art] and will turn to him with all your heart *8* [and with al]l [your] soul [at the en]d [of time] and ... [...]

Frag. 14 - 17 *col.* II (= 4Q399 I-II; 4QMMT C 25 - 32) *1* [forgiv]en (their) sins. Remember David, who was a man of the pious ones, [and] he, too, *2* [was] freed from many afflictions and was forgiven. And also we have written to you *3* some of the works of the Torah which we think are good for you and for your people, for we s[a]w *4* that you have intellect and knowledge of the Law. Reflect on all these matters and seek from him that he may support *5* your counsel and keep far from you the evil scheming{s} and the counsel of Belial, *6* so that at the end of time, you may rejoice in finding that some of our words are true. *7* And it shall be reckoned to you as justice when you do what is upright and good before him, for your good *8* and that of Israel.

4Q399 (4QMMT[f]) *4QHalakhic Letter[f]*

4Q394, 4Q395, 4Q396, 4Q397, 4Q398
Bibliography: Cf. 4Q394

Col. I (= 4Q398 14 - 17 II; 4QMMT C 26 - 27) *1-8* [...] *9* [Remember David,

10 [מצרות רבות ונסלוח לו ואף כתבנ]ו אנחנו אליך 11 [מקצת מעשי התורה שחשבנו לטו]ב לך *vacat* שראינו

Col. II 1 [עמך ערמה ומדע תורה הבן באלה ובקש] מלפניו
2 [שיתקן את עצתך והרחיק ממך]מחשבת רע 3 [בשל שתשמח באחרית העת]במצאך מדברינו 4 [כן ונחשבה לך לצדקה בע]שותך הישר *vacat* לפניו 5 [לטוב לך ול]ישראל *vacat* 11-6 *vacat*

Mas1k (MasShirShabb) *Masada Songs of the Sabbath Sacrifice*

C. Newsom, *DJD XI*, 239-252, pl. XI; C. Newson, Y. Yadin, in *Maada VI. Yigael Yadin Excavations 1963-1965. Final Reports* (The Masada Reports; Jerusalem: Israel Exploration Society/The Hebrew University of Jerusalem, 1999) 120-132
SHR 5280, 5280A
SHR 1039-200

Col. I 1 [חדשות פלא כול אלה]עשה פלא במזמת חסדו בל 2 [...]. כול דברי דעת (כיא מאלוהי דעת) נהיה כ[ו]ל הוי עד ומדעתו 3 [ומזמו]תיו היו כול תעודות עולמים עושה ראישונות 4 [לעתו]תיהם ואחרונות למועדיהם ואין בידעים נגלי 5 [פלא]להבין לפני עשותו ובעשותו לא ישכילו כול 6 [אלוהי]ם מה יזום כיא ממעשי כבודו הם לפני היותם 7 [ממחשב]תו *vacat*
8 [למשכיל שי]ר עולת השבת הששית בתשעה לחודש 9 [השני הללו א]ל[וה]י אלים יושבי מרומי רומים 10 [... ק]ודש קדשים ורוממו כבודו 11 [... ד]עת אלי עולמים 12 [...]קרואי רום רומים 13 [...]בכ֯ל קודש 16-14 [...] 20-17 [...]... 26-21 [...]

Col. II 1 ל[א]לוה[י עולמים בשבעה ברכות פלאיה וברך] 2 למל[ך כול קדושי עולמים שבעה בשבעה] 3 דברי[ברכות פלא תהלת גדל בלשון השני למלך] 4 אמת ו[צדק בשבעה גדולות פלאיה וגדל לאל] 5 כול

who was a man of the pious ones, and he, too, was] freed *10* [from many afflictions and was forgiven. And also] to you we [have written] *11* [some of the precepts of the Law which we think are goo]d for you *Blank* For we saw

Col. II (= 4Q398 14 - 17 II; 4QMMT 28 - 32) *1* [that you have intellect and knowledge of the Law. Reflect on all these matters and seek] from him *2* [that he may support your counsel and keep far from you the] evil scheming *3* [so that at the end of time, you may rejoice] in finding that some of our words *4* [are true. And it shall be reckoned to you as justice when you] do what is upright *Blank* before him, *5* [for your good and that of Is]rael. *Blank 6-11 Blank*
[Col. iii 1 - 4 Blank]

Mas1k (MasShirShabb) *Masada Songs of the Sabbath Sacrifice*

4Q400, 4Q401, 4Q402, 4Q403, 4Q404, 4Q405, 4Q406, 4Q407, 11Q17
Bibliography: Y. Yadin, 'The Excavations of Masada', *IEJ* 15 (1965) 105-108; C. Newsom, Y. Yadin, 'The Masada Fragment of the Qumran Songs of the Sabbath Sacrifice', *IEJ* 34 (1984) 77-88, pl. 9; C. Newsom, *Songs of the Sabbath Sacrifice*, 167-184, pl. XVI; É. Puech, 'Notes sur les manuscrits des Cantiques du Sacrifice du Sabbat trouvé à Masada', RevQ 12/48 (1987) 575-583

Col. I (= 4Q402 4) *1* [new wondrous (deeds).] He has done [all these things] wondrously through his gracious plan, not *2* [...] all the words of knowledge; ‹because from the God of knowledge› comes a[l]l that existed for ever. And through his knowledge *3* [and through] his [decision]s all the predestined things exist for ever. He does the first things *4* [in] their [right time]s and the final things in their appointed periods. And nobody, among those who have knowledge, *5* can understand [wonderful] revelations before he does them. And when he acts, none of the god]s [can understand] *6* what he plans. For they are part of his glorious deeds, before they existed, *7* [they are part of] his [pla]n. *Blank 8* [Of the Instructor. Son]g for the sacrifice of the sixth sabbath, the ninth of the [second] month. *9* [Praise the G]o[d] of divinities, you, inhabitants of the exalted heights *10* [h]oly of holies, end exalt his glory *11* [... know]ledge of the eternal divinities *12* [...] the called ones of the height of heights *13* [...] in all holiness *14-16* [...] *17-20* [...] ... *21-26* [...]

Col. II (= 4Q403 1 I; 4Q404 1) *1* to the [eternal G]od [with its seven wonderful blessings. He will bless] *2* the kin[g of all the eternal holy ones seven times, with seven] *3* words of [wonderful blessing. Psalm of magnification, on the tongue of the second to the king of] *4* truth and [righteousness with its seven

אל]והי נועדי צדק שבעה בשבעה דברי] 6 גדול[ות פלא תהלת רומם
בלשון השלישי לנשיאי] 7 רוש[רומם אמתו למלך מלאכים בשבעה רומי
פלאה] 8 רומ[ם לאלוהי מלאכי רום שבעה בשבעה דברי רומי] 9 פלא[
תהלת שבח בלשון הרביעי לגבור על כול] 10 אלהים[בשבע גבורות
פלאה ושבח לאלוהי גבורות] 11 שבעה ב[שבעה דברי תשבוחות פלא
תהלת הודות] 12 בלשון החמישי ל[מלך הכבוד בשבעת הודות פלאיה]
13 יודו לאל הכבוד שבע[ה בשבעה דברי הודות פלא] 14 [תת]לת רנן
בלשון הששי ל[אל הטוב בשבעה רנות] 15 [פלאיה ורנן] למלך הטוב
שבע[ה בשבעה דברי רנות] 16 פ[לא תה]לת זמר בלשון השב[יעי לנשיאי
רוש] 17 זמר עוז לאלוהי קודש בשבע[ה זמרי נפלאותיה] 18 וזמר למלך
הקודש שבעה בש[בעה דברי זמרי] 19 פלא שבע תהלי ברכותיו שבע
ת[הלי גדל צדקו] 20 שבע תהלי רום מלכותו שבע תהלי ת[שבחות כבודו]
21 שבע תהלי הודות נפלאותיו שבע תה[לי רנות עוזו] 22 [שב]ע תהלי
זמיר[ו]ת קודשו תולדות רא[שי רום] 23 [... ש]בעה בש֯עה דברי פלא
דב[רי ...] 24 [לנשיאי רוש יבר]ך בשם כבוד אלוהים לכ[ול גבורי]
25|[שכל בשבעה ד]ברי פלא לברך כול סודי[הם במקדש] 26 [קודשו
בשבעה דברי פלא וב]ם לידעי עולמים[...]

4Q400 (4QShirShabb[a]) *4QSongs of the Sabbath Sacrifice[a]*

C. Newsom, *DJD XI*, 173-196, pl. XVI
PAM 43.473
ROC 674
MasShirShabb, 4Q401, 4Q402, 4Q403, 4Q404, 4Q405, 4Q406, 4Q407, 11Q17

Frag. 1 I 1 [למשכיל שיר עולת השב]ת הראישנה בארבעה לחודש
הראישון הללו 2 [לאלוהי ...]ה אלוהי כול קדושי קדושים ובאלוהות{ו}
3 [מלכותו גילו כיא יסד]בקדושי עד קדושי קדושים ויהיו לו לכוהני

wonderful (songs of) magnification. He will magnify the God of] *5* all the go[ds who are appointed for righteousness seven times, with seven words of] *6* [wonderful] magnification[s. Psalm of exaltation, on the tongue of the third of the] *7* chief [princes, an exaltation of his truth, to the King of angels with its seven wonderful exaltations.] *8* He will exal[t the God of the exalted angels seven times, with seven words of] *9* wonderful [exaltations. Psalm of praise, on the tongue of the fourth, to the Powerful One who is above all] *10* the gods with its seven wonderful powers. He will praise the God of powers] *11* seven times, with [seven words of wonderful praise. Psalm of thanksgiving] *12* on the tongue of the fifth, to [the King of glory with its seven wonderful thanksgivings.] *13* They will give thanks to the God of glory seve[n times, with seven words of wonderful thanksgivings.] *14* [Psa]lm of exultation, on the tongue of the sixth, to [the God of goodness, with its seven wonderful exultations.] *15* [He will exult] in the King of goodness seve[n times, with seven words of] *16* won[derful exultation. Psa]lm of singing, on the tongue of the seve[nth of the chief princes,] *17* a powerful song to the God of holiness with [its] seve[n wonderful songs.] *18* He will sing to the King of holiness seven times, with se[ven words of] *19* wonderful [songs.] Seven psalms of his blessings. Seven ps[alms of magnification of his justice.] *20* Seven psalms of exaltation of his kingdom. Seven psalms of p[raise of his glory.] *21* Seven psalms of thanksgiving for his wonders. Seven psa[lms of exultation in his strength.] *22* [Sev]en psalms of songs of his holiness. The generations of [the exalted] chie[fs] *23* [… se]ven times, with seven wonderful words, wor[ds of …] *24* [of the chief princes will bles]s in the glorious name of God a[ll the powerful of] *25* [intellect with seven] wonderful [wo]rds to bless all [their] councils [in his holy temple] *26* [with seven wonderful words; and (to bless) with] them those who know eternal things […]

4Q400 (4QShirShabb[a]) *4QSongs of the Sabbath Sacrifice[a]*

Bibliography: C. Newsom, *Songs of the Sabbath Sacrifice: A Critical Edition* (HSS 27; Atlanta 1985) 85-123, pl. I

Frag. 1 *col.* I (= 4Q401 15) *1* [Of the Instructor. Song for the sacrifice] of the first [sabba]th, the fourth of the first month. Praise *2* [the God of …,] you, gods of all the most holy ones; and in {his} the divinity *3* [of his kingdom, rejoice. Because he has established] the most holy ones among the eternal holy ones,

4 [קורב במקדש מלכותו] משרתי פנים בדביר כבודו בעדה לכול אלי
5 [דעת ובסודי כול רוחות]אלוהים חרת חוקיו לכול מעשי רוח ומשפטי
6 [כבודו לכול מיסדי]דעת עם בינות כבודו אלוהים *vacat* לקרובי דעת
7 [...] עולמים וממקור הקודש למקדשי קודש 8 [קודשים ...]כוה[ני]
קורב משרתי פני מלך קודש 9 [קודשים ...] כבודו וחוק בחוק יגברו
לשבעה 10 [סודי עולמים כיא י]סדם [ל]ו לקד[ושי קדושים משרתים
בק]ודש קודשים 11 [...]רבו בם לפי סוד[...]... מדעת 12 [...]קודש
קודשים כו[הני ... ה]מה שרי 13 [...]בים בהיכלי מלך [...] בגבולם
ובנחלתם 14 [...]... לוא יכלכלו כול נ[עוי]דרך וא[י]ן טמא בקודשיהם
15 [וחוקי קוד]שים חרת למו בם יתקדשו כול קדושי עד ויטהר טהורי
16 [אור לגמו]ל כול נעוי דרך ויכפרו רצונו בעד שבי פשע *vacat* 17 [...]
דעת בכוהני קורב ומפיהם הורות כול קדושים עם משפטי 18 [... ח]סדיו
לסליחות רחמי עולמים ובנקמת קנאתו 19 [...].ות יסד לו כוהני קורב
קדושי קדושים 20 [...]ל[...] אלים כוהני מרומי רום ה[קר]בים
21 [...]...[... תש]בוחות

Frag. 1 II 1 רום מלכות[כה ...] 2 מרומים והנ[...] 3 תפארת
מלכותכה[...] 4 בשערי מרומי רום[...] 5 ... רוח כול ר[...] 6 קדושי
קודש קוד[שים ...] 7 מלך אלוהים לשבעת מ[...] 8 כבוד המלך *vacat*
ש.[...] 9 כבודו בסוד אל[ים ...] 10 לשבע נתיבו[ת ...] 11 למשפטי
שקט ב[...] 12 עולמים *vacat* [...] 13 ורוממו כבודו .[...] 14 מלך
נשיא[...] 15 קדושים[...] 16 קודשי[...] 17 אלים ו.[...] 18 צדק
vacat [...] 19 כוהונו[ת ...] 20 חסדי אלו[הים ...] 21 להתקדש בא[...]

Frag. 2 1 להלל כבודכה פלא באלי דעת ותשבוחות מלכותכה
בקדושי ק[דושים] 2 המה נכבדים בכול מחני אלוהים ונוראים למוסדי
אנשים פ[לא ...] 3 מאלוהים{ים} ואנשים וספרו הוד מלכותו כדעתם
ורוממו[... בכול] 4 שמי מלכותו ובכול מרומי רום תהלי פלא לפי כול[

so that for him they can be priests *4* [of the inner sanctum in the temple of his kingship,] the servants of the Presence in the his glorious sanctuary. In the assembly of all the divinities *5* [of knowledge, and in the council of all the spirits] of God, he has engraved his ordinances for all spiritual creatures, and [his] *6* [glorious] precepts [for those who establish] knowledge, the people of the intelligence of his divine glory, *Blank* for those who are close to knowledge. *7* [...] eternal. And from the holy source of the [most] holy sanctuaries *8* [...] prie[sts] of the inner sanctum, servants of the Presence of the [most] holy king *9* [...] his glory. And by each regulation they become stronger for the seven *10* [eternal counsels. Because he] established them [for] himself to be [most] ho[ly ones, servants in the ho]ly of holies. *11* [...] ... among them according to the council [...] from the knowledge of *12* [...] holy of holies, pr[iests ... Th]ey are princes of *13* [...] ... in the temples of the king [...] in their territory and in their inheritance *14* [...] ... They do not tolerate anyone whose path is de[praved.] There is n[o] impurity in their holy offerings. *15* For them he has engraved [ho]ly [precepts], by them all the holy ones sanctify themselves perpetually; and he purifies the pure *16* [shining ones, so that they dea]l with all those of depraved path. And they shall appease his will, in favour of all those converted from sin. *Blank* *17* [...] knowledge in the priests of the inner sanctum, and from their mouths (come) the teachings of all the holy ones, with the precepts of *18* [...] his [fa]vours for compassionate, eternal forgiveness, but in the vengeance of his jealousy *19* [...] ... He has established for himself priests of the inner sanctum of the holy of holies. *20* [...] divinities, priests of the exalted heights, who [appro]ach *21* [...] ... [... pr]aises

Frag. 1 *col.* II *1* [your] exalted kingdom [...] *2* the heights and ... [...] the beauty of your kingdom [...] *4* in the gates of the exalted heights [...] *5* ... spirit of all [...] *6* the holy ones of the holy of hol[ies ...] *7* king of the gods for the seven [...] *8* the glory of the king. *Blank* ... [...] *9* his glory in the council of the divinit[ies ...] *10* to the seven pathways *11* [...] for judgments of silence in [...] *12* eternal. *Blank* [...] *13* And they extol his glory [...] *14* king of the princes [...] *15* holy ones [...] *16* holy [...] *17* divinities and [...] *18* justice. *Blank* [...] *19* priesthoo[d ...] *20* the favours of Go[d ...] *21* to sanctify oneself ... [...]

Frag. 2 (= 4Q401 14 I) *1* to praise your glory wondrously with the divinities of knowledge, and the praises of your kingship with the m[ost] holy ones. *2* They are honoured in all the camps of the gods and revered by the councils of men, wo[nder ...] *3* from gods and men. And they will recount the splendour of his kingdom, according to their knowledge, and they will extol [... in all] *4* the

...] 5 כבוד מלך אלוהים יספרו במעוני עומדם *vacat* ו[...] 6 מה נתחשב [ב]ם וכוהנתנו מה במעוניהם וק[...] 7 קודש[י]הם [מה] תרומת לשון עפרנו בדעת אל[ים ...] 8 [...]ל[ר]נתנו נרוממה לאלוהי דעת[...] 9 [... ק]ודש ובינתו מכול ידע[י ...] 10 [...]ה קודש קודש ראיש[ון ...] 11[...]רו לש[וני] דעת עם חוק [...] 12 [...]ת כבו[ד...] 14-13 [...]...[...]

Frag. 3 I 1 [...]בעד לרום הפלא 2 [...]לשון הטוהר 3 [...]ל אלוהים שבעה 4 [...]... 5 [... ג]דולות 6 [...] 8-7 [...]. 9 [...]בשבעה 10 [...] 11 [... דב]רי 12 [... ש]בע

Frags. 3 II + 5 1 זמרות קודשו [...] 2 לנשיאי משנה .[...] 3 אמתו צורי ...[...] 4 ושבעה דברי[...] 5 לברך לידעי[...] שב[עה] 6 דברי פלא[...] *vacat* 7 *vacat* [...] *vacat*

8 למשכיל ש[יר עולת השבת השנית באחד עשר להודש הראישון הללו] אלוהי 9 הנכבד[ים ...] 10 ה[...]

4Q401 (4QShirShabb[b]) *4QSongs of the Sabbath Sacrifice[b]*

C. Newsom, *DJD XI*, 197-219, pls. XVII-XVIII
PAM 43.473, 43.510
ROC 491

Frags. 1 - 2 1 למשכיל ש[יר עולת השבת הרביעית בחמש] ועשרים בח[ודש הראישון] 2 הללו לאל[והי ...].ו ברו[...] 3 ויש[...] עמדו לפני[...] 4 מלכו[ת ...]בכול רא[שי ...] 5 מלך אלו[הים ...] 6 ...[...]

Frag. 11 1 [...].ו כוהנ[י ...] 2 [... א]לוהי דעת וכ[...] 3 [... מלכי]צדק כוהן בעד[ת אל ...]

heavens of his kingdom. And in all the exalted heights wonderful psalms according to all [...] *5* the glory of the king of the gods they will recount in the residences of their positions. *Blank* And [...] *6* how will it be regarded [amongst] them? And how our priesthood in their residences? And [...] *7* their holiness? [What] is the offering of our tongue of dust (compared) with the knowledge of the divinit[ies? ...] *8* [...] for our [s]ong. Let us extol the God of knowledge [...] *9* [... ho]liness. And his understanding is beyond (that of) all those who know [...] *10* [...] holiness. The holiness of the fir[st ...] *11* [...] ton[gues of] knowledge with the precept [...] *12* [...] glor[y ...] *13-14* [...]

Frag. 3 *col.* I *1* [...] through the wonderful height *2* [...] tongue of purity *3* [...] gods, seven *4* [...] ... *5* [... mag]nifications *6* [...] *7-8* [...] ... *9* [...] with seven *10* [...] *11* [... wor]ds of *12* [... se]ven

Frags. 3 *col.* II + 5 *1* his holy songs [...] *2* of the deputy princes [...] *3* his truth, forms of ... [...] *4* and seven words of [...] *5* to bless who know [...] seven *6* wonderful words [...] *Blank* *7* *Blank* [...] *Blank* *8* Of the Instructor. S[ong for the sacrifice of the second sabbath, the eleventh of the first month. Praise] the God of *9* the noble one[s ...] *10* ... [...]

4Q401 (4QShirShabb[b]) *4QSongs of the Sabbath Sacrifice[b]*

MasShirShabb, 4Q400, 4Q402, 4Q403, 4Q404, 4Q405, 4Q406, 4Q407, 11Q17

Bibliography: C. Newsom, *Songs of the Sabbath Sacrifice*, 125-146, pls. II-III

Frags. 1 - 2 *1* Of the Instructor. So[ng for the sacrifice of the fourth sabbath, the] twenty-[fifth] of the [first] m[onth.] *2* Praise the Go[d of ...] ... [...] *3* and ... [...] stand before [...] *4* kingdo[m ...] with all the ch[iefs of ...] *5* king of the go[ds ...] *6* ... [...]

Frag. 11 *1* [...] ... priest[s of ...] *2* [... g]ods of knowledge and [...] *3* [... Melchi]zedek, priest in the assem[bly of God ...]

Frag. 13 1 [...]..[...]ת מלך כ[ול ...] 2 [... ש]בוע שני יהלל שבעה
ל[...] 3 [... השלי]שי מכוהני רוש מבר[ך ...]

Frag. 14 I 1 [...] 2 [...]ם 3 [...] 4 [...] רומה רם על[...] 5 [...]
כיא נכבדת ב[...]אלי אלים לר[...] 6 לראשי ממשלות .[...] שמי מלכות
כב[וד]כה 7 להלל כבודכה פלא [באלי דעת ותשבוחות] מלכותכה בקדשי
קדושים 8 המה נכבדים בכול מחני אלוהים ונו[ראים למו]סדי אנשי פלא

Frag. 14 II 1 [...]...[...] 2 רז[י] נפלאותיו[...] 3 קול רנות[...]
4 לוא יכול[ו ...] 5 יגבר א[לוהים ...] 6 נשיאי מ[...] 7 השמיעו
נסתרות [...] 8 למוצא שפתי מלך ב[...]

Frag. 16 1 [... אלוהי אלי]ם ירומ[מו] 2 [... י]שמיעו בדממת
3 [...]קדושי קורב 4 [... כבו]דו מי יבין באלה 5 [...]ב הללוהו קודש
6 [...]...[...]

Frag. 17 1 [...].[...] 2 [... עו]למים .[...] 3 [... קו]דשים כ[...]
4 [...]ת יו[ד]עו בבינת נס[תרות ...] 5 [...].ת יסדם לו לקרו[ב ...]
6 [...]. ורזי .[...]

4Q402 (4QShirShabb[c]) *4QSongs of the Sabbath Sacrifice*[c]

C. Newsom, *DJD XI*, 221-237, pl. XVIII
PAM 43.485
ROC 282

Frag. 1 1 [...].ם במב[וא ...] 2 [...] בבואם עם אלוה[י] 3 [...] יחד
לכול תעודותכ[ה] 4 [... גבו]רתם לגבורי עוז 5 [...]. לכול יסודי פשע
6 [...]...[...]יהם 7 [...]ת

Frag. 3 II 3-1 [...] 4 י[...] 5 ישפט[...] 6 ללוא ה.[...] 7 אור

Frag. 13 *1* [...] ... [...] king of a[ll ...] *2* [...] the second [he]ptad will praise seven [...] *3* [... the thi]rd among the high priests bless[es ...]

Frag. 14 *col.* I (= 4Q400 2) *1-3* [...] *4* [...] its height is exalted above [...] *5* [...] for you are honoured in [...] divine divinities to [...] *6* the chiefs of the dominions [...] the heaven of the kingdom of your gl[ory] *7* to praise your glory wondrously [with the divinities of knowledge, and the praises of] your kingship with the most holy ones. *8* They are honoured in all the camps of the gods and re[vered by the coun]cils of men. Wonder

Frag. 14 *col.* II *1* [...] ... [...] *2* his wondrous mysterie[s ...] *3* shout of jubilation [...] *4* [t]he[y] cannot [...] *5* G[od] fortifies [...] *6* princes of [...] *7* they announce hidden things [...] *8* at what issues from the lips of the king [...]

Frag. 16 (= 4Q402 9) *1* [... God of the divinitie]s. [T]he[y] exal[t] *2* [...] they announce in the quietness *3* [...] holy ones of the inner sanctum *4* [...] his [glo]ry. Who understands these things? *5* [...] praise him, holiness *6* [...] ... [...]

Frag. 17 *1* [...] ... [...] *2* [... eter]nity [...] *3* [... ho]ly ones [...] *4* [...] they have been instru[cted] in the understanding of hid[den things ...] *5* [...] he has established them for himself to approa[ch ...] *6* [...] and the mysteries of [...]

4Q402 (4QShirShabb[c]) *4QSongs of the Sabbath Sacrifice[c]*

MasShirShabb, 4Q400, 4Q401, 4Q403, 4Q404, 4Q405, 4Q406, 4Q407, 11Q17

Bibliography: C. Newsom, *Songs of the Sabbath Sacrifice*, 147-166, pl. III

Frag. 1 *1* [...] ... at the co[ming ...] *2* [...] when they come with the god[s of] *3* [...] together for all yo[ur] stipulations *4* [...] their [pow]er for the strong heroes *5* [...] to all the councils of rebellion *6* [...] their *7* [...] ...

Frag. 3 *col.* II *1-3* [...] *4* ... [...] *5* he will judge [...] *6* without ... [...] *7* light and

ובינ[ה ...] 8 מסיר ש.[...] 9 מרום ופל[...] 10 גבורתו צ[...]
11 אלוהים .[...] 12 למלך אלוהי[...] 13 [ו]מזמת כבוד[ו ...]

Frag. 4 1 [...]ם[...] 2 [...]ים ויפלג דעת[...] 3 [... כ]בינתו חרת
ח[וקיו ...] 4 [...] היותו טמא [...]ת לוא ...[...] 5 [...]יה ולוא יהי[ו
...]ים ליחד כ[...].[...] 6 [... מכ]לכלי מחשב[תו] ודעת קדו[שי קדושים
...] 7 [...]יהם מלחמת אלוהים בק[ץ ...] 8 [...] כיא לאלוהי אלים [כל]י
מ[ל]חמו[ת ...] 9 [...]אלוהים ירוצו לפקוד[תו] וקול המון[...]
10 [...]אלוהים במלחמת שחקים והיתה[...] 11 [...]מעשי חדשות פל[א]
כ[ו]ל אלה עשה פל[א במזמת חסדו בל ...] 12 [... כול דברי דעת]כיא
מאלוהי דעת נהיו כול [הוי עד ומדעתו] 13 [ומזמותיו היו כול תעודות
עולמ]ים עושה ראי[שונ]ות [לעתותיהם ואחרונות] 14 [למועדיהם ואין
בידעים נגלי פלא]להבין לפני ע[שותו ובעשותו לוא ישכילו כול]
15 [אלוהים מה יזום כיא ממעשי כבודו ה]מה לפני[היותם ממחשבתו
[*vacat*

4Q403 (4QShirShabb[d]) *4QSongs of the Sabbath Sacrifice[d]*

C. Newsom, *DJD XI*, 253-292, pl. XX
PAM 42.807, 43.485
ROC 155
MasShirShabb, 4Q400, 4Q401, 4Q402, 4Q404, 4Q405, 4Q406, 4Q407, 11Q17

Frag. 1 i 1 השלישי לנשיאי רוש רומם לאלוהי[מ]לאכי רום שבעה
בשבעה דברי רומי פלא 2 תהלת שבח בלשון הרבי[עי] לגבור על כול[
אלוהים] בשבע גבורות פלאה ושבח לאלוהי 3 גבורות שבעה בשבע[ה
]דברי תשב˺ח[ות פלא תה]לת [ה]ודות בלשון החמישי[י] ל[מ]ל[ך] הכבוד
4 בשבעת הו[ד]ות פלאיה יודה לאל הנ˹כ˺בד ש[בעה בש]ב[עה דב]רי הדות
פל{ו}א [תהלת]רנן 5 בלשון הששי לאל [ה]טוב בשבעה רנות[פלאיה

understand[ing ...] *8* removing ... [...] *9* height and ... [...] *10* his power [...] *11* gods [...] *12* to the king of the gods [...] *13* [and his] glorious plan [...]

Frag. 4 (= MasShirShabb I) *1* [...] ... [...] *2* [...] ... and he shared out knowledge [...] *3* [... according to] his understanding he engraved [his] pre[cepts ...] *4* [...] his being impure [...] not ... [...] *5* [...] ... and they will not be [...] to the Community [...] *6* [...] who [k]eep [his] plan. And the knowledge of the [most] ho[ly ones ...] *7* [...] their [...] the war of the gods in the per[iod ...] *8* [...] for to the God of the divinities belong [the weapon]s of w[a]r [...] *9* [...] the gods run to [his] muster, and a tumultuous noise [...] *10* [...] the gods in the war of the heavens. And it will happen [...] *11* [...] new wondr[ous] deeds. He has done a[l]l these things wondr[ously through his gracious plan, not] *12* [... all the words of knowledge;] because from the God of knowledge comes all [that existed for ever. And through his knowledge] *13* [and through his decisions all the predestined things exist for eve]r. He does the fi[rst] things [in their right times and the final things] *14* [in their appointed periods. And nobody, among those who have knowledge,] can understand [wonderful revelations] before [he] d[oes them. And when he acts, none of the gods can understand] *15* [what he plans. For t]hey [are part of his glorious deeds,] before [they existed, they are part of his plan. *Blank*]

4Q403 (4QShirShabb[d]) *4QSongs of the Sabbath Sacrifice*[d]

Bibliography: J. Strugnell, 'The Angelic Liturgy at Qumrân. 4QSerek Shirot [c]Olat hashshabbat', *Congress Volume, Oxford 1959* (SVT 7; Leiden: E.J. Brill, 1960) 322-327, pl. Ia; C. Newsom, *Songs of the Sabbath Sacrifice*, 185-247, pl. IV

Frag. 1 *col.* I (= MasShirShabb II; 4Q404 1 - 5; 4Q405 3 - 6) *1* the third of the chief princes. He will exalt the God of the exalted [an]gels seven times, with seven words of wonderful exaltations. *2* Psalm of praise, on the tongue of the fou[rth], to the Powerful One who is above all [the gods] with its seven wonderful powers. He will praise the God *3* of powers seven times, with seve[n] words of [wonderful] praise. [Ps]alm of [tha]nksgiving, on the tongue of the fif[th,] to the [K]in[g of] glory, *4* with its seven wonderful thanks[giv]ings. He will give thanks to the honoured God se[ven times, with se]v[en wor]ds of wonderful thanksgivings. [Psalm] of exultation, *5* on the tongue of the sixth,

ו]רנן למ[לך ה]טוב שבעה בש[בעה דברי] רנות 6 פלא *vacat* תהלת[זמר
בל]שון השביעי לנש[יאי רוש]זמר עוז [לאלו]הי קו[דש] בש[בעה זמרי]
7 נ[פ]ל[א]ותי[ה ו]זמר [ל]מל[ך הק]דוש שבעה ב[שבעה ד]ברי זמ[רי פלא
שב]ע תה[לי ברכותיו שב]ע 8 [תהל]י גדל [צדקו שבע תהלי] רום
מלכו[תו שבע] תהלי[תשבחות כבודו שב]ע ת[הלי הודות] 9 [נפלאותיו
שבע תהלי ר]נ[ו]ת עוזו שבע[תהלי זמירו]ת קודשו ת[ולדות ראשי רו]ם
[...] 10 [שבעה בשבעה דברי פלא דברי רו]ם לנשיאי ר[וש יברך]בשם
כ[בו]ד אלוהים ל[כול גבורי] שכל [בשבעה דברי] 11 [פלא לברך כול
סודיה]ם במקדש[קודשו בשב]עה ד[ב]רי פל[א וברך לידו]עי עולמ[י]ם[
השני] 12 [בנשיאי רוש יברך בשם] אמתו לכול מע[מדיהם ב]שב[עה]
דבר[י פלא וברך ב]שבעה דברי [פלא] 13 [וברך לכול מרוממי ה]מלך
בשבעת ד[ברי]כ[ב]ו[ד]נ[פלאותו לכול] טהורי עולמים הש[לישי]
14 [בנשיאי רוש יברך בשם] רום מלכותו[לכול רו]מי [ד]עת בש[בעת
ד]ברי ר[ו]ם ולכול[אלי] 15 *vacat* 16 דעת[אמתו] יברך בשב[ע]ה דברי
פלא וברך לכול[נועד]י צדק[בשבעה ד]ברי פלא[הרביעי] 17 בנש[יאי
רו]ש יברך בש[ם]הו[ד המ]לך לכ[ול] הול[כי יו]שר ב[שב]עה דברי ה[וד
]וברך ליוסד[י הוד]בשב[עה] 18 דבר[י פלא ו]ברך לכול אי[לי קרו]בי{ם}
דעת אמ[תו בשבע]ה דברי צדק לרחמי[כ]ב[ודו]החמיש[י] 19 בנש[יאי
רוש] יברך בשם [הוד] נפלאותיו ל[כו]ל[יודעי רזי ...]. טוהר בשבעה
ד[ברי]רום 20 אמת[ו וברך] לכול נמהרי רצונו בשבעה[דברי פלא
וב]ר[ך]לכול מודי לו בשבעה [דב]רי הוד 21 [ל]הודי[פלא] הששי
בנשיאי רוש יברך בשם[גבורות] אלים לכול גבורי שכל בשבעה
22 [ד]ברי גבורות פלאו וברך לכול תמימי דרך ב[ש]בעה דברי פלא
ל[ת]מיד עם כול הויי 23 [עול]מ[י]ם וברך לכול חוכי לו בשבעה דבר[י
]פלא ל[מ]שוב ר[חמי] חסדיו [השב]יעי בנשיאי רוש 24 יברך בשם
קודשו לכול קדושים ממיסדי ד[עת] בשב[עת] דברי קודש פלא[ו וברך
ל]כול מרימי 25 משפטיו בשב[עה דב]רי פלא למגני עוז וברך לכול

to the God [of] goodness, with [its] seven [wonderful] exultations. He will exult in the Ki[ng of] goodness seven times, with s[even words] of wonderful exultation. *6 Blank* Psalm of [singing, on the to]ngue of the seventh of the [chief] pri[nces,] a powerful song [to the God] of hol[iness] with its se[ven] wo[nd]er[ful songs.] *7* He will sing [to the] Kin[g of ho]liness seven times, with [seven wo]rds of [wonderful] son[gs. Sev]en psa[lms of his blessings. Sev]en *8* [psalm]s of magnification of [his justice. Seven psalms] of exaltation of [his] kingd[om. Seven] psalms [of praise of his glory. Sev]en ps[alms of thanksgiving] *9* [for his wonders. Seven psalms of exu]lt[at]ion in his power. Seven [psalms of song] of his holiness. The ge[nerations of the exalt]ed [chiefs …] *10* [seven times, with seven wonderful words, words of exalta]tion. Of the ch[ief] princes [(the first) will bless] in the gl[ori]ous name of God [all the powerful] of intellect [with seven wonderful words,] *11* [to bless all the]ir [councils] in [his holy] temple [with sev]en wonder[ful] wo[r]ds; [he will bless those who kno]w eternal things. [The second] *12* [among the chief princes will bless in the name] of his truth all [their] st[ations with] sev[en] [wonderful] word[s; hẹ will bless with] seven [wonderful] words; *13* [he will bless all who exalt the] King with seven wo[rds of the g[l]o[ry] of [his] w[onders, all] the eternally pure. The th[ird] *14* [among the chief princes will bless in the name] of his exalted kingship [all the exal]ted ones of [kno]wledge with se[ven wo]rds of exal[ta]tion, and all [the divinities] *15 Blank 16* of the knowledge [of his truth] he will bless with sev[e]n wonderful words; he will bless all [destined] for justice [with seven] wonderful [wo]rds. [The fourth] *17* among the [chi]ef prin[ces] will bless, in the na[me of the Ki]ng's maje[sty,] a[ll] who wal[k str]aight, with [sev]en ma[jestic] words; he will bless all who establish [majesty] with sev[en] *18* [wonderful] word[s;] he will bless all the divi[nities who appro]ach the knowledge of [his] tru[th with seve]n words of justice for [his gl]or[ious] mercy. The fift[h] *19* among the [chief] prin[ces] will bless in the name of his marvellous [majesty al]l [who know the mysteries of …] purity with seven wo[rds] of exaltation of *20* [his] truth; [he will bless] all who hasten (to do) his will with seven [wonderful words; he will b]le[ss] all who acknowledge him with seven majestic [wor]ds *21* [for wonderful] thanksgivings. The sixth among the chief princes will bless in the name [of the powers] of the divinities all the powerful of intellect with seven *22* [wo]rds of his wonderful powers; he will bless all whose path is perfect with [se]ven wonderful words so that they are [con]stantly with all those who exist *23* [eter]na[l]ly; he will bless all who hope in him with seven wonderful word[s] for the [re]turn of his merciful com[passion. The seve]nth among the chief princes *24* will bless in the name of his holiness all the holy ones who establish kno[wledge] with sev[en] words of [his] wonderful holiness; [he will bless] all who exalt *25* his precepts with sev[en] wonderful [wor]ds for sturdy shields; he will bless all those des[tined] for just[ice who

נו[עדי] צד[ק מה]ללי מלכות כבודו [...] נצח 26 בשבעה ד[ברי פלא ל]שלום עולמים וכול נשיא[י רוש יברכו יח]ד ל[א]ל[ו]הי אלים ב[שם קודשו ב]כול 27 שבועי ת[עודותם ו]ברכו לנועדי צ˺ק וכול ברכיו[... ברו]כי עו[ל]מ[ים ...] 28 למו ברוך [ה]אד[ו]ן מל[ך ה]כול מעלה לכול ברכה ות[שבחות וברך לכול קדו]שים מברכ[יו ומצדי]קי[ו] 29 בשם כבודו [וב]רך לכול ברוכי עד *vacat*

30 למשכיל שיר עולת השבת השביעית בשש עשר לחודש הללו אלוהי מרומים הרמים בכול 31 אלי דעת יקדילו (יגדילו) קדושי אלוהים למלך הכבוד המקדיש בקודעו (בקודש) לכול קדושו ראשי תושבחות 32 כול אלוהים שבחו לאלוה[י ה]שבחות הוד כי בהדר תשבחות כבוד מלכותו בה תשבחות כול 33 אלוהים עם הדר כול מלכ[ותו ו]רוממו רוממ{ו} למרום אלוהים מאלי רום ואלוהות כבודו מעל 34 לכול מרומי רום כיא הו[א אל אלים] לכול ראשי מרומים ומלך מלכ[ים]לכול סודי עולמים {ברצון} 35 {דעתו} לאמרי פיהו יהיו כ[ול אלי רום] למוצא שפתיו כול רוחי עולמים [בר]צון דעתו כול מעשיו 36 במשלחם רננו מרנני [דעתו ב]רונן באלוהי פלא והגו כבודו בלשון כול הוגי דעת רנות פלאו 37 בפי כול הוגי [בו כיא הוא] אלוהים לכול מרנני {דעת} עד ושופט בגבורתו לכול רוחי בין 38 הודו כל אלי הוד למ[ל]ך ההוד כיא לכבודו יודו כול אילי דעת וכול רוחות צדק יודו באמתו 39 וירצו דעתם במשפטי פיהו והודותם במשוב יד גבורתו למשפט{י} שלומים זמרו לאלוהי עז 40 במנת רוח רוש ל[מזמו]ר בשמחת אלוהים וגיל בכול קדושים לזמרות פלא בשמחת עול[מים] 41 באלה יהללו כול י[סודי קוד]ש קודשים עמודי משא לזבול רום רומים וכול פנות מבניתו זמ[רו] 42 אלו[הים נ]ורא כוח [כול רוחי דעת ואור] ל[מש]א יחד רקיע {זו} טוהר טהורים למקדש קודש[ו] 43 [ושבחוה]ו רוחי אלוה[ים] להו[דות עולמי ע]ולמים רקיע רוש מרו[מ]ים כול ק[ורותו] וקירותו כ[ו]ל 44 [מבנ]יתו מעשי תבנ[יתו רו]חי קוד[ש] קודשים אלוהים חיים[רו]חי קוד[ש עו]למים ממעל 45 [מ]כול קדו[שים ברקיעי פלא נפלא

pr]aise his glorious kingship [...] for ever *26* with seven [wonderful] wo[rds
for] everlasting peace. And all the [chief] princes [will bless toge]ther the
[G]od of the divinities in [the name of his holiness in] all *27* [their] sevenfold
as[semblies, and] they will bless those destined for justice and all his blessed
ones [... bles]sed for e[v]e[r ...] *28* for them. Blessed be [the] Lo[r]d, the
Kin[g of] all, above all blessing and pr[aise. And may he bless all the ho]ly
ones who bless [him, and proclaim him jus]t *29* in the name of his glory. [And
he will bl]ess those permanently blessed. *Blank*

30 Of the Instructor. Song of the sacrifice of the seventh sabbath on the sixteenth
of the month. Praise the God of the heights, you exalted ones among all the
31 divinities of knowledge. May the holy ones of God magnify the King of
glory, who makes holy with holiness all his holy ones. Chiefs of the praises of
32 all the gods, praise the God [of] majestic praises, for in the magnificence of
the praises is the glory of his kingdom. Through it (come) the praises of all
33 gods, together with the splendour of all [his] maje[sty. And] exalt {his}
exaltation to the heights, gods of the exalted divinities, and his glorious divin-
ity above *34* all the exalted heights. For h[e is the God of the gods] of all the
chiefs of the heights, and king of king[s] of all the eternal councils. {By the
will} *35* {of his knowledge} At the words of his mouth a[ll the exalted divini-
ties] exist; by what issues from his lips, all the eternal spirits; [by the w]ill of
his knowledge, all his creatures *36* in their enterprises. Sing with joy, those of
you enjoying [his knowledge, with] rejoicing among the wonderful gods. Pro-
claim his glory with the tongue of all who proclaim knowledge, his wonderful
songs *37* with the mouth of all who proclaim [him. For he is] God of all who
sing {knowledge} for ever, and Judge in his power over all the spirits of un-
derstanding. *38* Give thanks, all majestic divinities, to the Ki[n]g of majesty;
for to his glory all the divinities of knowledge give thanks, and all the spirits
of justice give thanks to his truth. *39* And they make their knowledge accept-
able according to the judgments of his mouth and their thanksgivings, when
his powerful hand returns for the judgment{s} of reward. Chant to the power-
ful God *40* with the chosen spiritual portion, so that it is [a melo]dy with the
joy of the gods, and celebration with all the holy ones, for a wonderful song in
eter[nal] happiness. *41* With them praise all the fou[ndations of the hol]y of
holies, the supporting columns of the most exalted dwelling, and all the cor-
ners of his building. Si[ng] *42* to Go[d, aw]esome in power, [all you spirits of
knowledge and of light], to [exal]t together the most pure vault of [his] holy
sanctuary. *43* [Praise hi]m, divine spirits, prai[sing for ever and e]ver the main
vault of the heig[ht]s, all [its] b[eams] and its walls, a[l]l *44* its [struct]ure, the
work of [its] construc[tion. The spi]rits of the hol[y] of holies, the living gods,
[the spi]rits of [ever]lasting holine[ss] above *45* all the ho[ly ones in the won-

הוד והדר ופלא הכ]בוד באור אורתם ד[עת] 46 [... בכול מקדשי פלא
רוחות אלוהים סביבה למעון מלך אמת וצדק כו]ל[קירותו]

Frag. 1 II 1 אורתום רוקמת רוח קודש קודשי[ם ...] 2 במותי דעת
ובהדום רגליו ג[...] 3 מראי תבנית כבוד לראשי ממלכות רוח[י ...]
4 כבודו ובכול מהפכיהם שערי .[...] 5 לכת ברקי[...]לה לדוש אלוהי [...]
6 מבינותם ירוצו א[לו]הים ᵓמראי גחלי [אש ...] 7 מתהלך סביב רוחות
קודש קודשים .[...] 8 קודש ק[וד]שים רוחות אלוהים מראי עו[למים ...]
9 ורוחות אלוהים בדני להבת אש סביבה ל[...] 10 רוחות פלא ומשכן רוש
רום כבוד מלכותו דביר[...] 11 וקדש לשבעת קודשי רום וקול ברך
מראשי דבירו [...] 12 וקול הברך {נשמע} נכבד למשמע אלוהים ומוסדי
[...] 13 הברך וכול מחשבי הדביר יחושו בתהלי פלא בדבי[ר ...]
14 פלא דביר לדביר בקול המוני קודש וכול מחשביהם [...] 15 והללו יחד
מרכבות דבירו וברכו פלא כרוביהם ואופניה[ם ...] 16 ראשי תבנית
אלוהים והללוהו בדביר קודשו *vacat* [...] 17 *vacat* [...]

18 למשכיל שיר עולת השבת השמינית בשלושה וע[שרים לחודש
השני הללו לאלוהי כול מרומי רום כול קדושי עולמי] 19 עולמים שניים
בכוהני קורב סוד שני במעון פלא בשבע[... בכול ידועי] 20 עולמים
ורוממוהו ראשי נשיאים במנה פלאיו הללו[לאל אלוהים שבע כהונת
קורבו ...] 21 רום שבעת גבולי פלא בחוקות מקדשיו {ראשי נשיאי
כוה[נות פלא} ...] 22 כוה[נות] שבע במקדש פלא לשבעת סודי קודש
כ[...] 23 השר מלאכי מלך במעוני פלא ודעת בינתם לשבע[...] 24 רוש
מכוהן קורב וראשי עᵓת המלך בקהל .[...] 25 ותשבחות רומם למלך
הכבוד ומגדל [א]ל[והי ...] 26 לאל אלים מלך הטהור ותרומת לשוניהם
..[...] 27 שבע רזי דעת ברז הפלא לשבעת גבולי קוד[ש קדשים ... ולשון
הראישון תגבר שבעת בלשון משנה לו ולשון משניו תגבר] 28 שבע

derful vaults, marvel of splendour and majesty, and wonderful is the gl]ory in
the most perfect light, and the kno[wledge] *46* [... in all the wonderful sanctu-
aries. The spirits of the gods (are) around the residence of the king of truth and
justice. Al]l [its walls]

Frag. 1 *col.* II (= 4Q405 8 - 9; 11Q17 II) *1* perfect light, the multicolouredness
of a most holy spirit [...] *2* high places of knowledge, and at his footstool [...]
3 the appearance of the glorious form of the chiefs of the kingdom of the
spirit[s of ...] *4* his glory. And in all their movements the gates of [...] *5* the
flashing of lightning (?) [...] ... to crush. The gods of [...] *6* among them run
g[o]ds like the appearance of coals [of fire ...] *7* going around. The spirits of
the holy of holies [...] *8* of the holy of h[ol]ies, spirits of the gods, et[ernal]
vision [...] *9* and the spirits of the gods, in the forms of flames of fire around
[...] *10* wonderful spirits. And the tabernacle of utmost height, the glory of his
kingdom, the inner shrine [...] *11* and he sanctified for the seven exalted holy
ones. And the voice of the blessing of the chiefs of his inner shrine [...] *12* And
the voice of the blessing {is heard} is glorified when the gods hear it, and the
foundations of [...] *13* of the blessing. And all the decorations of the inner
shrine hurry with wonderful psalms in the inner sh[rine ...] *14* wonder, inner
shrine to inner shrine, with the sound of holy multitudes. And all their decora-
tions [...] *15* And the chariots of his inner shrine praise together, and their
cherubim and the[ir] ofanim bless wonderfully [...] *16* the chiefs of the con-
struction of the gods. And they praise him in his holy inner shrine. *Blank* [...]
17 Blank [...]

18 Of the Instructor. Song of the eighth sabbath sacrifice on the t[wenty-]third of
the second month. Praise the God of all the august heights, all (you)] *19* eter-
nal [holy ones,] those second among the priests of the inner sanctum, the sec-
ond council in the wonderful dwelling among the seven [... among all those
having knowledge of] *20* eternal things. And exalt him, you chiefs of the
princes with his wonderful portion. Praise [the God of gods, you seven
priesthoods of his inner sanctum ...] *21* height, seven wonderful territories, in
the regulations of his sanctuaries, {the chiefs of the princes of [the wonderful]
pri[esthoods} of ...] *22* seven prie[sthoods] in the wonderful sanctuary for the
seven holy councils [...] *23* the prince, the angels of the king in their wonder-
ful residences. And the comprehensive knowledge of the seven [...] *24* chief,
from the priest of the inner sanctum. And the chiefs of the congregation of the
king in the assembly [...] *25* and exalted praises to the king of glory, and
magnification of [G]o[d ...] *26* to the God of gods, to the king of purity. And
the offering of their tongues ... [...] *27* seven mysteries of knowledge in the
wonderful mystery of the seven regions of the hol[y of holies ... The tongue
of the first will be strengthened seven times with the tongue of the second to

משלישי ל[ו ולש]ון השל[ישי ת]גבר שבע[ה מרביעי לו ולשון הרביעי
תגבר שבעה בלשון החמישי לו ולשון החמישי תגבר שבעה בלשון]
29 הששי לו ולשו[ן הששי תגבר שבעה ב]ל[שון השביעי לו ובלשון
השביעי תגבר ... קדוש מקדש ...] 30 ולפי שובועי ד[ברי ...] 31 בתהלי
פלא בדב[רי פ]לא[...] 32 הפלא *vacat*
[תהלת]ברך ב[לשון הראישון ...] 33 הפלא והלל לאדון כול איל[י ...]
34 ראוש פלאיו להלל גדול[...] 35 למאירי דעת בכול אלי אור[...]
36 תשבחות[ב]לשון הרביע[י ...] 37 פלא ת[הלת הודות ב]ל[שון
החמישי ...] 38 הוד[ות ...] 39 תה[לת ...] 40 .[...] 41-44 [...]
45 [...]מעונ[י ...] 46-48 [...]...[...]

4Q404 (4QShirShabb[e]) *4QSongs of the Sabbath Sacrifice[e]*

C. Newsom, *DJD XI*, 293-305, pl. XXI
PAM 43.505
ROC 517

Frag. 1 1 [... תהל]ת זמר בל[שון השביעי לנשיאי רוש זמר עוז
לאלוהי קודש בשבעה] 2 [זמרי נפלאו]תיה וזמר[למלך הקודש שבעה
בשבעה דברי זמרי פלא שבע תהלי] 3 [ברכותיו שבע ת]הלי ג[דל ...]

Frags. 2+3AB 1 [רצונו בשבעה]דברי פלא וברך לכול[מודי לו
בשבעה דברי הוד להודי פלא] 2 [הששי בנשיאי]רוש יברך בשם
גבורו[ת] אל[ים ל]כ[ול גבורי שכל בשבעה] 3 [דברי גבורות] פלאיו וברך
לכול תמימ[י] דרך בשבע[ה דברי פלא לתמיד עם] 4 [כול הויי עולמים]
וברך לכול חוכי לו[בש]בעה דברי פ[לא למשוב רחמי חסדיו] 5 [השביעי
בנשיאי ר]וש יברך [בשם קודשו לכול קדושים ממיסדי דעת בשבעת]
6 [דברי קודש פלאו]וברך לכול מ[רימי משפטיו בשבעה דברי פלא למגני
עוז וברך] 7 [לכול נועדי צד]ק מהללי[מלכות כבודו ... נצח בשבעה]

him. The tongue of the second to him will be strengthened] *28* seven times with (that) of the third to [him. The tong]ue of the thi[rd will] be strengthened seve[n times with (that) of the fourth to him. The tongue of the fourth will be strengthened seven times with the tongue of the fifth to him. The tongue of the fifth will be strengthened seven times with the tongue of] *29* the sixth to him. The tongu[e of the sixth will be strengthened seven times with the] to[ngue of the seventh to him. The tongue of the seventh will be strengthened … holy, sanctuary …] *30* And according to the heptad of w[ords …] *31* with wonderful psalms with [won]derful wo[rds …] *32* wonder. *Blank* [Psalm of] blessing on [the tongue of the first …] *33* wonder, and praise the Lord of all the divinitie[s of …] *34* his wonderful choice, for great praise […] *35* to those who make knowledge shine among all the divinities of light […] *36* (of) praise [on the] tongue of the fourt[h …] *37* wonder. Ps[alm of thanksgiving on the] ton[gue of the fifth …] *38* thanksgi[ving …] *39* Psa[lm …] *40* … […] *41-44* […] *45* […] dwelling[s of …] *46-48* […] … […]

4Q404 (4QShirShabb^{e}) *4QSongs of the Sabbath Sacrifice^{e}*

MasShirShabb, 4Q400, 4Q401, 4Q402, 4Q403, 4Q405, 4Q406, 4Q407, 11Q17
Bibliography: C. Newsom, *Songs of the Sabbath Sacrifice*, 249-255, pl. V

Frag. 1 (= MasShirShabb II; 4Q403 1 I) *1* [… Psal]m of singing, on the ton[gue of the seventh of the chief princes, a powerful song to the God of holiness with] its [seven] *2* [wonderfu]l [songs]. He will sing [to the King of holiness seven times, with seven words of wonderful songs. Seven psalms of] *3* [his blessings. Seven ps]alms of mag[nification …]

Frags. 2 + 3AB (= 4Q403 1 I; 4Q405 3 II) *1* [his will with seven] wonderful words; he will bless all [those who give thanks to him with seven majestic words for wonderful thanksgiving.] *2* [The sixth among the] chief [princes] will bless, in the name of the power[s of] the divinitie[s,] a[ll those powerful in intellect, with seven] *3* [words of] his wonderful [powers;] he will bless all whose path is perfect with seve[n wonderful words so that they are continually with] *4* [all those who exist for ever;] he will bless all who hope in him [with se]ven won[derful] words [for the return of merciful compassion.] *5* [The seventh among the ch]ief [princes] will bless, [in the name of his holiness, all the holy ones who form the foundation of knowledge, with seven] *6* [words of his wonderful holiness;] he will bless all who ex[alt his precepts with seven wonderful words for sturdy shields; he will bless] *7* [all those destined for justi]ce who praise [his glorious kingship … for ever with seven]

8 [דברי פלא]ל[שלו]ם עולמים[וכול נשיאי רוש יברכו יחד לאלוהי אלים בשם] 9 [קודשו ב]כול שובועי תעודו[תם וברכו לנועדי צדק וכול ברכיו ...] 10 [... ברוכי עו]למים ...[למו ברוך האדון מלך הכול מעלה לכול ברכה ותשבחות] 11 [וברך לכול קדושים מ]ברכוי [ומצדיקיו בשם כבודו וברך לכול ברוכי עד *vacat*] 12 [למשכיל שיר עו]ל[ת השבת השביעית בשש עש]ר לחוד[ש הללו אלוהי מרומים] 13 [הרמים בכול אלי דעת יגדילו קדושי אלו]הים למ[לך הכבוד ...]

Frag. 4 1 [פיה]ו יה[יו כול אלי רום למוצא שפתיו כול רוחי עולמים] 2 [ברצ]ון ד]עתו [כול מעשיו במשלחם]רננו[מרנני דעתו] 3 [ברו]נן באלו[הי פלא והגו כבודו בלשון כול הוגי] 4 [דע]ת רנות[פלאו בפי כול הוגי בו כיא הוא] 5 אלוהים לכו[ל מרנני עד ושופט בגבורתו לכול רוחי בין] 6 הודו כול אלי[הוד למלך ההוד כיא לכבודו יודו כול] 7 [אי]לי דעת וכו[ל רוחות צדק יודו באמתו וירצו דעתם] 8 [במשפטי פיהו והודותם במשוב יד גבורתו למשפט] 9 [ש]לומ(י)ם [זמרו לאלוהי עז במנת רוח רוש למזמור] 10 בשמחת[אלוהים ...]

Frag. 5 1 [מבניתו מעשי תבניתו] רוח קודש קודשים 2 [אלוהים חיים רוחי]קודש עולמים ממעל 3 [מכול קדושים ברקי]ע פלא נפלא הוד 4 [והדר ופלא הכ]בוד באור אורותם דעת 5 [... בכול]מקדשי פלא רוחות אלוהים 6 [סביבה למעון]מלך אמת [ו]צדק כול קירותו 7 [...] בקודש[...]..[... א]ור 8 [...] תבני[ת ...]

4Q405 (4QShirShabb^{f}) *4QSongs of the Sabbath Sacrifice^{f}*

C. Newsom, *DJD XI*, 307-393, pls. XXII-XXX
PAM 43.727, 43.494, 43.497, 43.498, 43.500, 43.507, 43.508
ROC 497, 503, 504, 506, 507, 518, 669

8 [wonderful words] for eternal [pea]ce. [And all the chief princes will bless together the God of the divinities in the name] *9* [of his holiness with] all [their] sevenfold assemblies [and they will bless those destined for justice and all his blessed ones …] *10* [… the blessed for e]ver … [… for them. Blessed be the Lord, the King of all, above all blessing and praise.] *11* [And may he bless all the holy ones] who bless him [and proclaim him just in the name of his glory. And he will bless those permanently blessed. *Blank*] *12* [Of the Instructor. Song of sacri]f[ice of the seventh sabbath, of the sixteen]th of the mon[th. Praise the God of the exalted heights,] *13* [you exalted ones among the divinities of knowledge. May the holy ones of Go]d [magnify] the Ki[ng of glory …]

Frag. 4 (= 4Q403 1 I; 4Q405 4, 5, 69, 6, 58, 57) *1* [(At the words of) hi]s [mouth all the exalted divinities] ex[ist; by what issues from his lips, all the eternal spirits;] *2* [by the wi]ll of his [kno]wledge, [all his creatures in their enterprises.] Sing with joy, [those of you enjoying his knowledge,] *3* [with rejoi]cing among the [wonderful] god[s. Proclaim his glory with the tongue of all who proclaim] *4* [knowl]edge; [his wonderful] songs, [with the mouth of all who proclaim him. For he is] *5* God of al[l who sing for ever, and Judge in his power over all the spirits of understanding.] *6* Give thanks, all [majestic] divinities, [to the king of majesty; for to his glory all] *7* [the divin]ities of knowledge give thanks, and al[l the spirits of justice give thanks to his truth. And they make their knowledge acceptable] *8* [according to the judgments of his mouth and their thanksgivings, when his powerful hand returns for the judgment of] *9* [re]ward. [Chant to the powerful God with the chosen spiritual portion, so that it is a melody] *10* with the joy of [the gods …]

Frag. 5 (= 4Q403 1 I; 4Q405 4, 5, 69, 6, 58, 57) *1* [its structure, the work of its construction.] The spirit of the holy of the holy ones, *2* [the living gods, the spirits of] everlasting holiness above *3* [all the holy ones in the] wonderful [vaul]t, marvel of splendour *4* [and majesty, and wonderful is the glo]ry in the most perfect light, and the knowledge *5* […] in all the wonderful sanctuaries. The spirits of the gods *6* [around the residence] of the king of truth [and] justice. All its walls *7* […] of the holy […] *8* […] the structure […]

4Q405 (4QShirShabb[f]) *4QSongs of the Sabbath Sacrifice[f]*

MasShirShabb, 4Q400, 4Q401, 4Q402, 4Q403, 4Q404, 4Q406, 4Q407, 11Q17

Bibliography: J. Strugnell, 'The Angelic Liturgy at Qumrân', 336-342, pl. Ib; C. Newsom, *Songs of the Sabbath Sacrifice*, 257-354, pls. VI-XIV

Frag. 3 II 1 [ו]בם לידוע[י עולמים השני בנשיאי רוש יברך בשם
אמתו לכול מעמדיהם בשבעה] 2 [ד]ברי פלא וברך בשבעה דבר[י פלא
וברך לכול מרוממי המלך בשבעת] 3 דברי כבוד נפלאותו לכול טהו[רי
עולמים השלישי בנשיאי רוש יברך בשם] 4 רום מלכותו לכול רומי דעת
בשבעת ד[ברי רו]ם ולכו[ל אלי דעת אמתו] 5 [י]ברך בשבעה דברי פלא
וברך לכול[נועדי צ]דק בש[בעה דברי פלא הרביעי] 6 בנשיאי רוש יברך
בשם ה[וד המלך לכול הו]ל[כי יושר בשבעה דברי הוד] 7 וברך ליוסדי
ה[ו]ד בשבע[ה דברי פלא וברך לכול אילי קרובי דעת אמתו] 8 בשבעה
דברי צדק לרח[מי כבודו החמישי בנשיאי רוש יברך בשם הוד] 9 נפלאותו
לכול יודעי רזי .[... טוהר בשבעה דברי רום אמתו וברך לכול] 10 נמהרי
רצונו בשבעה [דברי פלא וברך לכול מודי לו בשבעה דברי] 11 הוד להודי
פלא הששי [בנשיאי רוש יברך בשם גבורות אלים לכול גבורי] 12 *vacat*
[...] 13 שכל בשבעה דב[רי גבורות פלאו וברך לכול תמימי דרך בשבעה
דברי פלא] 14 לתמיד עם כול [הויי עולמים וברך לכול חוכי לו בשבעה
דברי פלא למשוב] 15 רחמי חסדו הש[ביעי בנשיאי רוש יברך בשם
קודשו לכול קדושים ממיסדי] 16 דעת בשבעת ד[ברי קודש פלאו וברך
לכול מרימי משפטו בשבעה דברי פלא] 17 למגני עוז וב[רך לכול נועדי
צדק מהללי מלכות כבודו ... נצח בשבעה] 18 דברי פלא לש[לום עולמים
וכול נשיאי רוש יברכו יחד לאלוהי אלים בשם קודשו] 19 בכול שו[בועי
תעודותם וברכו לנועדי צדק וכול ברכו ...]

Frags. 4, 5, 69, 6, 58, 57 1 [אלוהים עם הדר כול מלכותו ורוממו
רומם ל]מרום אלוה[ים מאלי רום ואלוהות כבודו מעל] 2 [לכו]ל מרומי[
רום כיא הוא אל אלים לכול רא]שי מרומים ומל[ך מלכים לכול סודי
עולמים לאמרי] 3 פיהו יהי[ו כול אלי רום למוצא שפתו כול רוח]י
עולמים ברצ[ון דעתו כול מעשיו במשלחם] 4 רננו מר[נני דעתו ברונן
באלוהי פלא והגו כבודו בלשון כול הוגי דעת רנות פלאו בפי כול] 5 ה[וגי

Frag. 3 *col.* II (= MasShirShabb II; 4Q403 1 I; 4Q404 2 + 3AB) *1* [and] with them those who know [eternal things. The second among the chief princes will bless, in the name of his truth, all their stations with seven] *2* wonderful [wo]rds; he will bless with seven [wonderful] word[s; and he will bless all who exalt the King with seven] *3* words of the glory of his wonders, all the [everlastingly] pu[re. The third among the chief princes will bless in the name] *4* of his exalted kingship all the exalted ones of knowledge with seven wo[rds of exalta]tion, and all [the divinities of the knowledge of his truth] *5* [he will] bless with seven wonderful words; he will bless all [destined for just]ice with se[ven wonderful words. The fourth] *6* among the chief princes will bless in the name of the [King's] ma[jesty all who wa]l[k straight with seven majestic words;] *7* he will bless all who establish ma[jes]ty with seve[n wonderful words; he will bless all the divinities who approach the knowledge of his truth] *8* with seven words of justice for [his glorious] mer[cy. The fifth among the chief princes will bless in the name of] *9* his marvellous [majesty] all who know the mysteries of [… purity with seven words of exaltation of his truth; he will bless all] *10* who hasten (to do) his will with seven [wonderful words; he will bless all who acknowledge him with seven] *11* majestic [words] for wonderful thanksgiving. The sixth [among the chief princes will bless in the name of the powers of the divinities all the powerful] *12 Blank* […] *13* of intellect with seven wor[ds of his wonderful powers; he will bless all whose path is perfect with seven wonderful words] *14* so that they are constantly with all [those who exist eternally; he will bless all who hope in him with seven wonderful words for the return of] *15* his merciful compassion. The se[venth among the chief princes will bless in the name of his holiness all the holy ones who establish] *16* knowledge with seven wo[rds of his wonderful holiness; he will bless all who exalt his precepts with seven wonderful words] *17* for sturdy shields; he will ble[ss all those destined for justice who praise his glorious kingship … for ever with seven] *18* wonderful words for [everlasting] pe[ace. And all the chief princes will bless together the God of the divinities in the name of his holiness] *19* in all [their] sev[enfold assemblies and they will bless those destined for justice and all his blessed ones …]

Frags. 4, 5, 69, 6, 58, 57 (= 4Q403 1 I; 4Q404 4 - 5) *1* [gods, together with the splendour of all his majesty. And exalt exaltation to the] heights, god[s of the exalted divinities, and the divinity of his glory above] *2* [al]l the [exalted] heights. [For he is the God of the gods of all the chi]efs of the heights, and kin[g of kings of all the eternal councils. By the words] *3* of his mouth [all the exalted divinities] exi[st; by what issues from his lips, all the] eternal [spirit]s; by the wi[ll of his knowledge, all his creatures in their enterprises.] *4* Sing with joy, those of you enj[oying his knowledge, with rejoicing among the wonderful gods. Proclaim his glory with the tongue of all] *5* those who

בו כיא הוא אלוהים לכול מרנני עד ושופט בגבורתו לכול רוחי בין הודו כול
אלי] 6 [הוד למלך ההוד כיא לכבודו יודו כול אילי דעת וכול רוחות] צדק
[יודו באמתו וירצו] 7 [דעתם במשפטי פיהו והודותם במשוב יד גבורתו
למשפט שלומים ז]מרו [לאלוהי עז במנת] 8 [רוח רוש למזמור בשמחת
אלוהים וגיל בכול קדושים לזמרות פל]א בשמ[חת עולמים] 9 [באלה
יהללו כול יסודי]ק[ודש קודש]ים [עמודי] משא[ל]זבול רו[ם רומ]ים וכול
פנו[ת] 10 [מבניתו זמרו אלוהים] נורא[כוח כול רוחי] דעת ואור למשא
י[חד רקי]ע טוהר[טהורים] 11 [למקדש קודשו ושבחוהו רוחי אלוהים
לה]וד[ות] עולמי עולמים רקי[ע ר]אשי מרומ[ים כול] 12 [קורותו
וקירותו כול מבניתו מעשי תבניתו]רוחי קוד[ש] קודשים אלוהים חיים
רו[חי]ק[ודש] 13 [עולמים ממעל מכול קדושים ברקיע]י פלא נפלא הוד
[והדר]ופלא הכבוד באור 14 [אורתם דעת ... בכו]ל מקדש[י]פלא רוחות
אלוהים סביבה למעון 15 [מלך אמת וצדק כול קירותו ...]בקדש קדשים]
...]סי 16[...]לאל[...]אפסי 17[...]ת קול 18 [...]ישמיעו

Frag. 8-9 1 [*vacat* למשכיל שיר עולת ה]שבת השמינ[ית בשלושה
ועשרים לחודש השני] 2 הללו לאלוהי כול מ[רומי רום כו]ל קדושי
[עולמי עולמים שניים בכוהני ק]ור[ב סו]ד 3 שני במעוני פלא ב[שבע ...
]בכול ידועי 4 [ע]ולמים ורוממ[והו ראשי נשיאים במנה פלאיו הללו לאל
אלוהים ...] שבע 5 [כהו]נת קורבו [... רום שבעת גבולי פלא בחוקות
מקדשיו ראש]י נשיאי 6 [כ]ה[ו]נת פל[א] ל[מלכ ...]. מקדשי 7 [...]..ל
כוה[נות

Frag. 11 1 [...]...[...] 2 [... קוד]ש קדשים ש[...]...[לשו]ן
[הראישון תגבר שבעה בלשון משנה לו ולשו]ן 3 משניו תגבר משלישי לו
[ו]לשון שלישי תגבר [שבעה מרביעי לו ולשון ה]רב[י]עי תגבר 4 שבעה
בלשון החמישי לו ולשון החמישי תגבר ש[בעה בלשון חששי]לו ולשון

pro[claim knowledge, his wonderful songs with the mouth of all who proclaim him. For he is God of all who sing for ever, and Judge in his power over all the spirits of understanding. Give thanks, all majestic divinities,] *6* [to the King of majesty; for to his glory all the divinities of knowledge give thanks, and all the spirits of] justice [give thanks to his truth. And they make their knowledge acceptable] *7* [according to the judgments of his mouth and their thanksgivings, when his powerful hand returns for the judgment of reward. Ch]ant [to the powerful God with the] *8* [chosen spiritual portion, so that it is a melody with the joy of the gods, and celebration with all the holy ones, for a wond]erful [song] in [eternal] happ[iness.] *9* [Praise with them all the foundations of the] h[oly of the holie]s, [the] supporting [columns of] the h[ighe]st vault, and all the corner[s] *10* [of its building. Sing to God,] who is awesome [in power, all spirits of] knowledge and of light, to exalt to[gether] the most [pure vau]lt *11* [of his holy sanctuary. Praise him, divine spirits, pr]ais[ing] for ever and ever the [ma]in vau[lt] of the height[s, all] *12* [its beams and its walls, all its structure, the work of its construction.] The spirits of the hol[y of] holies, the /living/ gods, the spir[its of everlasting] ho[liness] *13* [above all the holy ones in the] wonderful [vault]s, marvel of splendour [and majesty] and wonderful is the glory in the *14* [most perfect] light, [knowledge ... in al]l wonderful sanctuaries. The spirits of God around the residence of *15* [the king of truth and justice; all its walls ...] in the holy of holies [...] ... *16* [...] for god [...] ... *17* [...] the sound of *18* [...] they shall cause to hear

Frags. 8 - 9 (= 4Q403 1 II; 11Q17 II) *1* [*Blank* Of the Instructor. Song of the sacrifice of the] eigh[th] sabbath [on the twenty-third of the second month.] *2* Praise the God of all [the august] he[ights, al]l (you) [eternal] holy ones, [those second among the priests of the inner sanctum,] *3* the second [coun]cil in the wonderful dwellings among [the seven ...] among all those having knowledge of *4* [et]ernal things. And exalt [him, you chiefs of the princes with his wonderful portion. Praise the God of gods, ...] you seven *5* [priest]hoods of his inner sanctum [... height, seven wonderful territories, in the regulations of his sanctuaries, the chief]s of the princes of *6* the wonder[ful pr]iesthoods of [...] the sanctuaries of *7* [...] ... the priesth[oods ...]

Frag. 11 (= 4Q403 1 II) *1* [...] ... [...] *2* [... hol]y of holies [... The tong]ue of [the first will be strengthened seven times with the tongue of the second to him. The tong]ue of *3* the second to him will be strengthened with (that) of the third to him. The tongue of the third will be strengthened [seven times with (that) of the fourth to him. The tongue of the] fou[r]th will be strengthened *4* seven times with the tongue of the fifth to him The tongue of the fifth will be strengthened se[ven times with the tongue of the sixth] to him. The tongue of

השׁשי 5 תגב[ר] שבעה בלשון ה[שב]יעי לו ובלשון השביעי ת[גבר ... ק]דוש מקדש 6 ...[...]...[...]...

Frag. 13 1 [...]...[...] 2 [פלא וברך ל]כול איל[י קרובי דעת אמתו בשבעת דב]רי טוב לרחמי כבודו *vacat* [החמי]שי בנש[יאי] 3 [משני]פלא יברך בשם [הוד נפלאותו לכול ידועי רזי ...]טוהר בשבעה דברי רום טוהר ו]ברך לכול נמהרי 4 [רצו]ן אמתו בשבעה דב[רי פלא וברך לכול מודי]לו בשבעה דברי הוד כבודו הששי במשני 5 [נשי]אי פלא יברך בשם גב[ורות אלים לכול ג]בורי שכל בדעת עולמים בשבעה דברי גבורות פלאו 6 [וב]רך לכול תמימי דרך [בשבעה דברי ... פלא לת]מיד עם כול הויי עולמים [וברך] לכול ח[וכי] ל[ו] בשב[עה] 7 [ד]בר[י פלא למשו]ב[רחמו הסדו ... והשבי]עי [ב]נשיאי מש[ני פלא ...]

Frags. 14 - 15 I 1 [... ר]וח כב[וד ...] 2 [...]דמות פלא רוח קוד[ש] קודשים מפות[ח ... ל]שון ברך ומדמות 3 [אלוהים ק]ול ברך למלך מרוממים והלל פלאיהם לאל אלים[...]ם רוקמותם ורננו 4 [...]. אולמי מבואיהם רוחי קורב קודש קודשים ב[...] עולמים 5 [ודמו]ת אלוהים חיים מפותח באלמי מבואי מלך בדני רוח אורים[... מ]לך בדני א[ור] כבוד רוחי 6 [פלא ב]תוך רוחי הדר רוקמות פלא בדני אלוהים חיים .[... בד]בירי כבוד מבנית 7 [מקדש קו]דש קודשים בדבירי מלך בדנ[י א]ל[והים ומ]דמות .[...] קודש קודשים 8 [...]...[... ד]ביר מל[ך]

Frags. 15 II - 16 1 גדיל שפה[...] 2 ונהרי אור [...]...[...]...[...] 3 מראי להבי אש[... ת]פארת בפרוכת דביר המלך ..[...] 4 בדביר פנו רוקמת [...]ת כול מחקת ה.[...]מה בדני אלו[הים מעשיהם] 5 כבוד משני עבריהם [...]פרכות דבירי הפלא וברכו ל[אלוהי כול ...] 6 עבריהם ישמיעו [...]. פלא מביתה ליקרה הדביר[במוצא אולמי ...] 7 [...]בד[נ]י פלא[... הו]דו למלך הכבו[ד] בקול רנה[...] 8 [...]...[...]...[...]לם כול[...]

the sixth *5* will be streng[thened] seven times with the tongue of the [sev]enth to him. The tongue of the seventh will be [strengthened … h]oly, sanctuary *6* […] … […] … […]

Frag. 13 *1* […] … […] *2* [wonderful. And he will bless] all the divinitie[s who approach the knowledge of his truth with seven wor]ds of goodness for his glorious mercy. *Blank* [The fif]th among the wonderful [deputy] prin[ces] *3* will bless in the name of [his marvellous majesty all who know the mysteries of …] purity with seven words of /exaltation/ of purity; he will bless all who hasten *4* (to do) the will of his truth with seven [wonderful] wor[ds; he will bless all who acknowledge] him with seven majestic words. The sixth among the deputy *5* [prin]ces will bless in the name of the po[wers of the divinities all the po]werful of intellect with eternal knowledge, with seven words of his wonderful powers; *6* [he will bl]ess all whose path is perfect [with seven wonderful … words so that they are con]stantly with all those who exist eternally; he will bless all who h[ope] in [him] with se[ven] *7* [wonderful w]ord[s for the retu]rn of [his merciful compassion … The seve]nth [among] the [wonderful] depu[ty] princes […]

Frags. 14 - 15 *col.* I (= 11Q17 IV) *1* [… sp]irit of glo[ry …] *2* […] wonderful likeness of the spirit of the hol[y of] holies, engra[ved … to]ngue of blessing. And from the likeness *3* [of gods (comes) a so]und of blessing for the king of those who exalt, and their wonderful praise is for the God of the divinities […] their multi-colouredness. And they sing *4* […] the vestibules of their entrances, spirits of the inner sanctum of the holy of holies […] eternal. *5* [The likene]ss of living gods is engraved in the vestibules (through which) the king enters, figures of radiant spirits [… ki]ng, figures of glorious li[ght,] [wonderful] spirits. *6* [In the] middle of the spirits of splendour (are) wonderful multicoloured (works), figures of living gods [… in the] glorious [in]ner shrines, the structure of *7* [the sanctuary of the ho]ly of holies, in the inner shrines of the king, figure[s of g]o[ds. And from the] likeness […] holy of holies *8* […] … [… the in]ner shrine of the ki[ng]

Frags. 15 *col.* II - 16 (= 11Q17 V) *1* a plaited border […] *2* and streams of light […] … […] *3* the appearance of flames of fire [… of b]eauty upon the veil of the inner shrine of the king […] *4* in the inner shrine of his presence, the multicoloured […] all engraved […] figures of go[ds. Their works are] *5* glorious on both their sides […] the veils of the wonderful inner shrines. And they will bless [the gods of all …] *6* their sides, And they will cause wonderful […] to be heard, inside the precious place, the inner shrine [at the exit of the vestibules …] *7* […] wonderful figu[re]s [… give th]anks to the king of glo[ry] with joyful voice […] *8* […] … […] … all […]

Frag. 17 1 [...].[...] 2 [...] פלאים [...]...[...] 3 [...]יהם רוחי דעת ובינה אמת 4 [...] טוהר מלאכי כבוד בגבורת 5 [... נפל]אות מלאכי תפארת ורוחי 6 [...]... קודש מושבי 7 [...]ת מעשי 8 [...] כבוד 9 [...]...

Frag. 18 1 [...] רוחות [...] 2 [...] לכלכל קדושים דביר מ.[...] 3 [... קו]דשים ברוח דממת אלוהי[ם ...] 4 [...]... ימהרו מקול הכבו[ד...] 5 [... ת]הלי פלא בדממת ק[ול ...] 6 [...]ל[...]המון .[...]

Frag. 19 1 [...]ם[...] 2 ושבחהו בדני אלוהים רוחי ק[...]...[בדבי]ר כבוד מדרס 3 דבירי פלא רוחי אלי עולמים כול[...]...[...]...[...]... דב]יר מלך מעשי רו[חות] רקיע פלא 4 ממולח טהור [רו]חי דעת אמת[ו]צדק בקודש[ק]ודשים [צ]ורות אלוהים חיים צורי רוחות 5 מאירים כ[ו]ל[מעשי]הם ק[וד]שי דבקי פלא[...]רוקמ{ות}ה[ב]דני צורות אלוהים מחוקקי 6 סביב ללבני [כ]בודם צורות כבוד למעשי ל[בנ]י הוד והד[ר] אלוהים חיים כול מעשיהם 7 וצורות בדניהם מלאכי קודש מתחת לד[בירי] הפלא קול דממת שקט אל[והי]ם מברכים 8 [...]... המלך ...[מהללים תמיד כו]ל[...]...[...] אלו[הי]ם

Frags. 20 II - 21 - 22 1 [לוא יתמהמהו בעומדם ...]ירי כול כוהני קורב [...] 2 בח[וק ית]כלכלו לש[רת ...] מושב ככסא מלכותו ב[דבירי כבודו לוא ישבו ...] 3 מרכבות כבודו [...]כרובי קודש אופני אור בד[ביר ... רוחות אלוהי ... טוהר ...] 4 קודש מעשי פנו[תו ...] ממלכות מושבי כבוד למרכבו[ת ... כנפי דעת ... גבורת פלא ...] 5 אמת וצדק עולמ[ים ...] מרכבות כבודו בלכתמה ל[וא יסבו לכול ...ישרו ל...]

6 *vacat* למש[כיל שיר עולת] ה[ש]בת שתים עשרא[בעשרים ואחד לחודש השלישי הללו לאלוהי ... נשיאי] 7 [משני פ]לא ורוממ[ו]הו כפי הכבוד במשכ[ן אלוהי] דעת יפול[ו] לפנו ה[כרו]בים וב[ר]כו בהרומם קול דממת אלוהים 8 [נשמע] והמון רנה ברום כנפיהם קול[דממ]ת אלוהים

Frag. 17 *1* [...] ... [...] *2* [...] wonders [...] ... [...] *3* [...] their [...] spirits of knowledge and understanding, truth *4* [... of] purity, angels of glory with the power of *5* [... marv]els, angels of beauty and spirits of *6* [...] ... of holiness, seats of *7* [...] works of *8* [...] glory *9* [...] ...

Frag. 18 *1* [...] spirits [...] *2* [...] to sustain the holy ones. The inner shrine of [...] *3* [... holi]ness with the calm spirit of gods [...] *4* [...] ... they hurry at the sound of glo[ry ...] *5* [...] wonderful [ps]alms in a calm vo[ice ...] *6* [...] uproar [...]

Frag. 19 (= 11Q17 VI) *1* [...] ... [...] *2* And figures of gods praise him, spirits of [...] ... [figures of] glory, the dais of *3* the wonderful inner shrines, spirits of eternal divinities. All [... inner shr]ine of the king. The works of the spi[rits of] the wonderful vault are *4* intermingled purely, [spir]its of knowledge of the truth [and of] the justice in the holy of [ho]lies, [ef]figies of living gods, effigies of shining *5* spirits. A[l]l their [constructions are] of h[ol]y things wonderfully embroidered [...] multi-coloured [... fi]gures of effigies of gods, engraved *6* around their [gl]orious brickwork, glorious effigies of the br[ick]work of splendour and maje[sty.] Living gods are all their construction, *7* and the images of their figures are holy angels. Beneath the wonderful in[ner shrines] is the calm sound of murmur of go[d]s blessing *8* [...] the king [... continuously praising al]l [...] ... [...] go[d]s

Frags. 20 *col.* II - 21 - 22 (= 11Q17 VII) *1* [they do not delay; when they stand ...] ... all the priests of the inner sanctum [...] *2* by [ordinance they are] steadfast in the ser[vice of ...] a seat like the throne of his kingship in [his glorious inner shrines. They do not sit ...] *3* his glorious chariots [...] holy cherubs, shining ophanim, in the in[ner shrine ... spirits of gods ... purity ...] *4* holy. The works of [its] cor[ners ...] of kingship, the glorious seats of the chariots [... wings of knowledge ... wonderful power ...] *5* truth and eternal justice [...] his glorious chariots. When they move [they do] n[ot turn aside to any ... they go straight to ...] *6* *Blank* Of the Ins[tructor. Song for the sacrifice of] the twelfth [sa]bbath, [on the twenty-first of the third month. Praise the God of ...] *7* [you wond]erful [deputy princes,] and exalt him according to the glory in the ten[t of the God of] knowledge. The [cheru]bs fall down before him, and bl[es]s. When they rise the murmuring sound of gods *8* [is heard,] and there is an uproar of exultation when they lift their wings, the [murmur]ing sound of gods. They bless the image of the throne-chariot (which is) above the

תבנית כסא מרכבה מברכים ממעל לרקיע הכרובים 9 [והו]ד רקיע האור
ירננו {מ}מתחת מושב כבודו ובלכת האופנים ישובו מלאכי קודש יצא ומבין
(יצאו מבין) 10 [ג]לגלי כבודו כמראי אש רוחות קודש קודשים סביב
שבולי אש בדמות חשמל ומעשי 11 [נ]וגה ברוקמת כבוד צבעי פלא
ממולח טוה(ר) רוחות [א]לוהים חיים מתהלכים תמיד עם כבוד מרכבות
12 [ה]פלא וקול דממת ברך בהמון לכתם והללו קודש בהשיב דרכיהם
בהרומם ירוממו פלא ובשוכן 13 [יעמ]ודו קול גילות רנה השקיט ודממ[ת]
ברך אלוהים בכול מחני אלוהים [ו]קול תשבוח[ות] 14 [...]...[...]ו מבין
כול דגליה[ם] בעבר[יהם ... ו]רננו כול פקודיהם אחד א[ח]ד במעמד[ו]

Frag. 23 *col.* I 1 [...]משאיה[ם ...] 2 [...]בעומדם [...]שבת [...]
3 [...]כסאי{כה} ^כבוד מלכותו וכול עדת משרתי 4 [...]. פלא בל ימוטו
לעולמים אלוהי 5 [... לכ]לכלם משאי כול כיא אלוהי כלילו 6 [...].
כלילו הללוהו אלוה[י]ם [בתה]לת עומדם וכול ר[וחי] רקי[ע]י 7 הטוהר
יגילו בכבודו וקול ברך מכול מפלגיו מספרה רקיעי כבודו ומהללים שעריו
8 בקול רנה במבואי אלי דעת בפתחי כבוד ובכול מוצאי מלאכי קודש
לממשלתם 9 פתחי מבואי ושערי מוצא משמיעים כבוד המלך מברכים
ומהללים כול רוחות 10 אלוהים בצאת ובמבוא בשע[ר]י קודש ואין במה
דולג עלי חוק ולוא על אמרי 11 מלך בלי יתכונו לוא ירוצו מדרך ולוא
יתמתמהו מגבולו לוא ירומו ממשלוחתו 12 לוא ישפל[ו] כ[י]א ירחם
בממשלת עברת כל[ת חרו]נו לוא ישפוט במושבי אף כבודו 13 מורא מלך
אלוהים נורא על [כו]ל אלוהים [ויציאם] לכול משלחותו בתכון *vacat* ...
והלכו 14 [...]...[...]...[...]...[...]

Frag. 23 II 1 [...]ם [...]ם תפארת לפתוחי [...] 2 ..בו מלכ בשרתם
לפ[ני...] 3 מלך וחרת כבודו{ה} ה[...] 4 קדוש מקדש כול [...]
5 אפודיהם יפריש[ו ...] 6 קדושים רצון [...]...[...]...[...]רוחות קד[ושי
...]. 7 קדשיהם *vacat* במעמד פלאיהם רוחות רוקמה כמעשי אורג פתוחי
צורות הדר 8 בתוך כבוד מראי שני צבעי אור רוח קודש קדשים מחזקות
מעמד קודשם לפני 9 [מ]לך רוחי צבעי [טוהר]בתוך מראי חור ודמות רוח

vault of the cherubs, *9* [and] they sing [the splen]dour of the shining vault (which is) beneath the seat of his glory. And when the ophanim move forward, the holy angels return; ‹they emerge from between› *10* its glorious [wh]eels with the likeness of fire, the spirits of the holy of holies. Around them is the likeness of streams of fire like electrum, and a [lum]inous substance *11* gloriously multi-coloured, wonderful colours, ‹purely› blended. The spirits of living [g]ods move constantly with the glory of [the] wonderful chariots. *12* And (there is) a murmuring voice of blessing in the uproar of their motion, and they praise the holy one on returning to their paths. When they rise, they rise wonderfully; when they settle, *13* they [sta]nd still. The sound of glad rejoicing becomes silent and there is a calm blessing of gods in all the camps of the gods. [And] the sound of praise[s] *14* [...] from among all the[ir] divisions on [their] side[s ... and] all their enrolled ones exult, each o[n]e in [his] station.

Frag. 23 *col.* I *1* [...] their tasks [...] *2* [...] when they rise [...] ... [...] *3* [...] {your} the throne of the glory of his kingdom and all the assembly of whose who serve *4* [...] wonderfully. The gods of [...] will not shudder for ever *5* [... that] they be [st]eadfast in the tasks of all, because the gods of his offering *6* [...] his offering. The gods praise him [when] they [beg]in to rise, and all the spi[rits of] the pure vau[lt]s *7* rejoice in his glory. And there is a sound of blessing from all their divisions which recounts the vaults of his glory. And its gates praise *8* with jubilant voice. When the divinities of knowledge enter through the gates of glory, and at all the departures of the holy angels to their domains, *9* the gates of the entrance and the gates of the exit declare the glory of the king, blessing and praising all the spirits of *10* God when they go out and enter through the ga[te]s of holiness. And among them there is no-one who omits a regulation or who *11* opposes the precepts of the king. They do not run from the path nor do they go far from his territory. They do not esteem themselves above his missions, *12* nor do they demean themselves. F[o]r he will have compassion during the rule of the severity of his oblitera[ting wra]th. He will not judge while his glorious wrath resides. *13* The fear of the king of the gods is dreadful for [al]l the gods. [He sent them] on all his missions in order. *Blank* ... and they go *14* [...] ... [...] ... [...]

Frag. 23 *col.* II *1* [...] the beauty of the engravings [...] *2* [...] ... the king, when they serve bef[ore ...] *3* king, and his glorious inscription [...] *4* holy, the sanctuary of all [...] *5* their ephods; they spread [...] *6* the holy ones, the approval [...] ... [...] ... [...] the spirits of the ho[ly ones ...] *7* their holy ones. *Blank* In their wonderful stations there are spirits (with) multi-coloured (clothes), like woven material engraved with splendid effigies. *8* In the midst of the glorious appearance of scarlet, the colours of the light of the spirit of the holy of holies, they remain fixed in their holy station before *9* [the k]ing, spir-

כבוד כמעשי אופירים מאירי 10 [או]ר וכול מחשביהם ממולח טוהר חשב
כמעשי אורג אלה ראשי לבושי פלא לשרת 11 ראשי ממלכות <ממלכות>
קדושים למלך הקודש בכול מרומי מקדשי מלכות 12 כבודו *vacat* בראשי
תרומות לשוני דעת[ו]ברכו לאלוהי דעת בכול מעשי כבודו 13 [וחו]קות
מסר֯תם בכול [דבי]ר[י] קוד[ש חרת ב]דעת בינתו ובשכל [כב]ודו ...

4Q406 (4QShirShabb[g]) *4QSongs of the Sabbath Sacrifice[g]*

C. Newsom, *DJD XI*, 395-398, pl. XXXI
PAM 43.500
ROC 155

Frag. 1 1 ...[...] 2 אלוהים [...]ם כיא ממעוני ...[...] 3 *vacat*
[*vacat*] 4 למשכיל שיר עולת השבת הש[...] 5-6 ...[...]

4Q407 (4QShirShabb[h]) *4QSongs of the Sabbath Sacrifice[h]*

C. Newsom, *DJD XI*, 399-401, pl. XXXI
PAM 43.485
ROC 127

Frag. 1 1 [...]... 2 [...]קדשיהם 3 [... מ]לאכי קודש
4 [...]בקרו[אי ...] 5 [...].קודע[...]

4Q408 *4QMorning and Evening Prayer*

A. Steudel, '4Q408: A Liturgy on Morning and Evening Prayer - Preliminary Edition', *RevQ* 16/63 (1994) 313-334
PAM 43.543
ROC 253

its of [pure] colours in the midst of the appearance of the whiteness. And the substance of the spirit of glory is like work from Ophir, which diffuses *10* [lig]ht. And all their decorations are mixed purely, artful like woven material. These are the chiefs of those wonderfully clothed for service, *11* the chiefs of the kingdom <of the kingdom> of the holy ones of the holy king in all the heights of the sanctuaries of the kingdom *12* of his glory. *Blank* In the chiefs of the praise-offerings are tongues of knowledge. They bless the God of knowledge in all the works of his glory. *13* [And the regul]ations of their divisions in all the hol[y inner sh]ri[nes he engraved in] the knowledge of his understanding and in the intelligence of his [glo]ry …

4Q406 (4QShirShabb[g]) *4QSongs of the Sabbath Sacrifice*[g]

MasShirShabb, 4Q400, 4Q401, 4Q402, 4Q403, 4Q404, 4Q405, 4Q407, 11Q17

Bibliography: C. Newsom, *Songs of the Sabbath Sacrifice*, 355-357, pl. XV

Frag. 1 *1* … […] *2* God […] for from the dwellings of … […] *3* *Blank* [*Blank*] *4* Of the Instructor. Song for the sacrifice of the … sabbath […] *5-6* … […]

4Q407 (4QShirShabb[h]) *4QSongs of the Sabbath Sacrifice*[h]

MasShirShabb, 4Q400, 4Q401, 4Q402, 4Q403, 4Q404, 4Q405, 4Q406, 11Q17

Bibliography: C. Newsom, *Songs of the Sabbath Sacrifice*, 259-260, pl. XV

Frag. 1 *1* […] … *2* […] their holy places *3* […] holy [an]gels *4* […] among the dignit[aries of …] *5* […] … […]

4Q408 *4QMorning and Evening Prayer*

1Q29?, 4Q375?, 4Q376?

Bibliography: Wacholder-Abegg 2, 240-243; J.M. Baumgarten, 'Some Notes on *4Q408*', *RevQ* 18/69 (1997) 143-144

Frags. 1+1b 1 [...]שכ[...] 2 [...]אליכם שמה לעשות א[...]
3 [...]אל ישראל [ה]ברא הוא ליחד[...] 4 [...]ה אל כל ישראל בראת[ם
...] 5 [... ב]הפיע פארי כבדו מזבול קד[ש ... ו]ענו כל[...] 6 [... בר]וך
{יהוה} אתה אדני [ה]צדיק בכל דרכיך ה[ג]בר כה ה.[... במש]פטיך הנאמן
[...] 7 כ.[...]המבין בכ[ל ש]כל הנ...ל גבורה הנחה להוצי את[...]...[...]
8 אשר ברתה את הבקר אות להופיע ממשלת אור לגבול יומם בר[...]
9 לעבדתם לברך את שם קדשך בראתם כי טוב האור ובו[...]כי בכול[...]
10 [...]... אשר בר[ת]ה את הערב אות להופיע ממשלת[חושך ...]
11 [...].מעמל לברך [את שם קדשך ב]ראתם[כ]י[הכוכ]בים [.]ל[...]

4Q409 *4QLiturgy*

E. Qimron, 'Time for Praising God: A Fragment of a Scroll from Qumran (4Q409)', *JQR* 80 (1990) 341-347
PAM 43.499

Frag. 1 I 1 [... הלל וברך בי]מי ה.[...] 2 [... מ]נחה חדשה 3 [...
הל]ל וברך בימי 4 [...]עצים לעולה 5 [... הלל וברך]ביום זכרון תרועה
6 [... אד]ון הכול הלל 7 [וברך ... בר]ך את שם קודשו 8 [... בר]ך את
אדון הכול 9 [... הלל וברך]בימים האלה 10 [...] הלל וברך והודו
11 [... ו]הודא בענפי עץ

Frag. 1 II 1 ...[...] 2 הלל וב[רך ...] 3 וכבשים [...] 4 ...[...]
5 בהקט[ר ...] 6 בוראך[...] 7 וברך[...] 8 על מזב[ח ...]
9 בתקוע[...] 10 אלוהיכ[...]

4Q410 *4QVision and Its Interpretation*

A. Steudel, *DJD XXIX* (forthcoming)
PAM 43.478

Frags. 1 + 1b *1* [...] ... [...] *2* [...] to you there, to do [...] *3* [...] the God of Israel, he is [the] creator for the community [...] *4* [...] the God of all Israel, when [they] see [...] *5* [... when] the adornments of his glory appear from the ho[ly] abode [... and] all [...] answered [...] *6* [... Bles]sed {is YHWH} /are you, Lord/, [who] are just in all your paths, who are [st]rong in power, who [... in] your [judg]ments, who are trustworthy [...] *7* ... [...] who are understanding with al[l int]elligence, who ... strength, who guides to bring out [...] ... [...] *8* as you created the morning as a sign of the appearance of the dominion of light for the area of day at [...] *9* for their work, to bless your holy name when they see that the light is good and [...] for in all [...] *10* [...] ... as [you] created the evening as a sign of the appearance of the dominion of [darkness ...] *11* [...] from work, to bless [your holy name when] they see [th]at [the sta]rs [...]

4Q409 *4QLiturgy*

ROC 292
Bibliography: Wacholder-Abegg 3, 297-298

Frag. 1 *col.* I *1* [... Praise and bless in the da]ys of the ... [...] *2* [...] new [ce]real offering *3* [... prai]se and bless in the days of *4* [...] wood for the burnt offering *5* [... praise and bless] in the day of remembrance, acclamation *6* [... lo]rd of everything. Praise *7* [and bless ... ble]ss his holy name *8* [... ble]ss the lord of everything. *9* [... Praise and bless] in these days *10* [...] Praise and bless and give thanks *11* [... and] give thanks with branches of a tree

Frag. 1 *col.* II *1* ... [...] *2* Praise and b[less ...] *3* and lambs [...] *4* ... [...] *5* when burn[ing ...] *6* your creator [...] *7* and bless [...] *8* on the alt[ar of ...] *9* with acclamation [...] *10* your God [...]

4Q410 *4QVision and Its Interpretation*

ROC 510
Bibliography: Wacholder-Abegg 2, 40

Frag. 1 1 [...]עה א.[...] 2 [...]לו]א תעבור לכול עו[לם ...] 3 [...]ת אשר רמות לוא י.[...] 4 [...].כה ואררה על אר[ר]ה תדבק [ב]כה 5 [... ע]ליכה ואין לכה שמה של[ו]ם ... 6 [...]. מה {מ}^{ב}אמת טוב ומה {מ}^{ב}חו[ק]רע 7 [... כ]ול ימי עד *vacat* ועתה אני את א[לה]ברוח 8 [...]כה ולוא יכזב המ[שא ו]לוא[יח]ריש 9 [...]. המשא ועל בית .[... ה]חזון כ[י]ראיתי 10 [...]רים וה[...]הפר ת[...].וה 11 [...]...[...]...[...]

4Q411 *4QSapiential Hymn*

A. Steudel, *DJD XX*, 159-162, pl. XIV
PAM 43.499
ROC 292

Frag. 1 II 1 [ו]תשמח בחכ[מה ...] 2 יהוה פן יסח[...] 3 טוב יום אחד[... מן ...] 4 הנא החלתי ל[...] 5 לאדם והוא ב[...] 6 ידעתי את [...] 7 מי חכם ו[...] 8 וגאל בצהל[ה ...] 9 ותבונתו מי[...] 10 באהל לש[...] 11 בשר יהו[ה ...] 12 יהוה ברא ה[...] 13 יהוה ברא [...] 14 הופיעו לא[...] 15 להראות[...] 16 לשעש[וע ...] 17 [י]הוה[...]

4Q412 *4QSapiential-Didactic Work A*

A. Steudel, *DJD XX*, 163-167, pl. XIV
PAM 43.499
ROC 292

Frag. 1 1 [...]. אל תפע[ל ...] 2 [...]לרבים אל תפע[ל ...]...[...] 3 [עלי]כה דבת דבוב *vacat* וגם מעוון לרעתכ[ה ...] 4 [ו]תמוך באמרי וי[...]בינה הוציא מלים[...] 5 [ש]ים מוסר על שפתיכה[*vacat*?] וללשונכה דלתי מ[גן *vacat*?] ועתה בני שמע] 6 לי צדק הגה בהמה[... צ]דק למבקשי[...] 7 בכול פיכה הלל .[...]רעשכה[...] 8 תן הדות לשמו[...] 9 בקהל רבים .[...] 10 יומם ולילה ...]

Frag. 1 *1* [...] ... [...] *2* [... no]t shall you pass by for all et[ernity ...] *3* [...] what you have betrayed (?). Not [...] *4* [...] ... and curse upon cu[rs]e will cling [to] you *5* [... up]on you, and there is no pe[a]ce for you there ... *6* [...] what is truly good and what is la[wfully] evil *7* [... a]ll the days of eternity. *Blank* And now, I, th[ese things] in the spirit *8* [...] you, and the or[acle] will not fail, [and] not [will be du]mb *9* [...] the oracle, and concerning the house of [... the] vision, f[or] I have [se]en *10* [...] ... and [...] ... [...] ... *11* [...] ... [...]

4Q411 *4QSapiential Hymn*

Bibliography: Wacholder-Abegg 2, 244; A. Steudel, 'A preliminary edition of two "wisdom texts" from Qumran (4Q411 and 4Q412)', handout *IOQS* Cambridge meeting 1995

Frag. 1 *col.* II *1* [and] you rejoice in wis[dom ...] *2* YHWH, lest ... [...] *3* better is one day [... than ...] *4* see, I began to [...] *5* to man, and he [...] *6* I know [...] *7* Who is wise? And [...] *8* and redeemed with rejoi[cing ...] *9* and his understanding, who [...] *10* in a tent, to [...] *11* flesh; YHW[H ...] *12* YWHW created the [...] *13* YWHW created [...] *14* they shine forth to [...] *15* to appear [...] *16* for deli[ght ...] *17* [Y]HWH [...]

4Q412 *4QSapiential-Didactic Work A*

Bibliography: Wacholder-Abegg 2, 41-42; A. Steudel, 'A preliminary edition of two "wisdom texts" from Qumran (4Q411 and 4Q412)', handout *IOQS* Cambridge meeting 1995

Frag. 1 *1* [...] do not d[o ...] *2* [ ] for many. Do not d[o ...] ... [...] *3* [against] you defamatory talk. *Blank* And also from iniquity to yo[ur] evil [...] *4* [and] hold fast to my words, and [...] understanding; he spreads words [...] *5* [Pl]ace a binding on your lips [*Blank?*] and for your tongue doors of pro[tection. *Blank* And now, my son, listen] *6* to me, ponder justice in them (?) [... jus]tice for those who seek [...] *7* with all your mouth praise [...] your trembling (?) [...] *8* give thanks to his name [...] *9* in the assembly of many [...] *10* day and nigh[t ...]

Frag. 4 1 [...]עשרי ינחיל[...] 2 [... כ]רצונו ברא [...] 3 [...]ם אקרא ו.[...] 4 [...]לה וידעים א[...] 5 [...]ת אנוש [...]

4Q413 *4QComposition concerning Divine Providence*

E. Qimron, *DJD XX*, 169-171, pl. XIV
PAM 43.499
ROC 127
Bibliography: Wacholder-Abegg 2, 43; E. Qimron, ‘A Work Concerning Divine

Frags. 1-2 1 מזמת ש[כל מצאו] וחוכמה אלמדכמה והתבוננו בדרכי אנוש ובפועלות 2 בני אד[ם כי כאהבת] את איש הרבה לו נחלה בדעת אמתו וכפי גועלו 3 כל רע[ההולך אחר מ]שמע אוזניו ומראה עינו בל יחיה ועתה *vacat* 4 חסד [...]ריאשונים ובינו בשני ד[ור ו]דור כאשר גלה 5 *vacat* [...]...[...]

4Q414 (4QRitPur A) *4QRitual of Purification A*

E. Eshel, *DJD XXXV* (forthcoming)
PAM 42.562, 43.471, 43.482
ROC 487, 488
4Q512
Bibliography: R. Eisenman, M. Wise, *DSSU*, 230-233; *Wacholder-Abegg 3*, 299-

Frags 1 II + 2 I 1 [... וענה ו]אמר ברוך 2 [...]טהורי מועדי 3 אורכה[...]יכה ולכפר לנו 4 כרצונכה .[... להיות]טהורים לפניכה 5 תמ[י]ד *vacat* [...]עתי בכול דבר 6 [...]י להטהר טרם 7 [...]ר עשיתנו

Frags. 2 II + 3 1 ותטה[ר]בו לחוקי קודש[כה ...] 2 לראשון [ו]לשלישי ולש[ביעי ...] 3 באמת בריתכ[ה ...] 4 להטהר מטמאת [...] 5 ואחר יבוא במים[...] 6 וענה ואמר ברוך א[תה אל ישראל ...] 7 כיא

Frag. 4 *1* [...] my wealth he will give as an inheritance [...] *2* [... according to] his will he created [...] *3* [...] I will cry and [...] *4* [...] ... and those who know [...] *5* [...] man [...]

4Q413 *4QComposition concerning Divine Providence*

Providence: 4Q413', in Z. Zevit *et al.* (eds.), *Solving Riddles and Untying Knots. Biblical, Epigraphic, and Semitic Studies in Honor of Jonas C. Greenfield* (Winona Lake, Indiana: Eisenbrauns, 1995) 191-202

Frags. 1 - 2 *1* a plan of kn[owledge find,] and let me teach you wisdom, and understand the ways of man and the works of *2* the sons of m[an, for according to] God's [love] of man he increased his inheritance in the knowledge of his truth, but according to his loathing of *3* every evil (man) [who follows what] his ears ear and what his eyes see: he will not stay alive. *Blank* And now, *4* kindness [...] the former ones, and consider the years of ea[ch] generation as God has revealed *5 Blank* [...] ... [...]

4Q414 (4QRitPur A) *4QRitual of Purification A*

307; E. Eshel, '4Q414 Fragment 2: Purification of a Corpse-Contaminated Person', in M. Bernstein *et al.* (eds.), *Legal Texts and Legal Issues. Proceedings of the Second Meeting of the International Organization for Qumran Studies Cambridge 1995. Published in Honour of Joseph M. Baumgarten* (STDJ 23; Leiden: Brill, 1997) 3-10, pl. 1

Frags. 1 *col.* II + 2 *col.* I *1* [... and he will reply and] say: Blessed *2* [...] the pure ones of the periods of *3* your light [...] your [...] and to atone for us *4* according to your will [... to be] pure in your presence *5* contin[uous]ly. *Blank* [...] ... in every word *6* [...] to purify oneself before *7* [...] You have made us

Frags. 2 *col.* II + 3 (cf. 4Q512 42 - 44 II) *1* and you will puri[fy] him according to [your] holy laws [...] *2* for the first, the third and the se[venth ...] *3* in the truth of your covenant [...] *4* to purify oneself from the impurity of [...] *5* And afterwards he will enter the water [...] *6* And he will reply and say: Blessed

ממוצא פיכה נ[פרשה טהרת כול ...] 8 אנשי נדה ...[...]

Frag. 7 II 1 [בג]דיו ובמים[... את] 2 [...]וברך ע[... ברוך אתה אל] 3 ישראל אשר כ[...] 4 לפניכה מכול[...] 5 קודשכה[... לוא[6 עזבת[ה ...]

Frag. 10 1 נפש ...[...] 2 ההואה[...] 3 לכה לעם טה[ור ...] 4 וגם אני מב.[...] 5 היום אשר[...] 6 במועדי טוהר .[...] 7 יחד *vacat* [...] 8 בטהרת [י]שראל ל.[...] 9 [ו]ישבו[...] 10 והיה ביום [...] 11 נקבה והודו[...] 12 [...]...[...]

Frag. 12 1 כיא אתה עשיתה אתי .[...] 2 רצו[נ]כה להטהר לפנ[יכה ...] 3 והקם לו חוק כפור[...] 4 ולהיות בטהרת צ[דק ...] 5 ור[ח]ץ במים והזה ע[ל ...] 6 [...].תם ואחר ישוב ..[...] 7 מטהר עמו במימי רוחץ[...] 8 [...]. שנית על עמדו יע[...] 9 [...]. טה[ר]תכה בכבודכ[ה ...] 10 [...]...[...]

4Q415 *4QInstruction*[a]

J. Strugnell, D.J Harrington, *DJD XXXIV* (forthcoming)
PAM 43.549, 43.557
ROC 498, 488
1Q26, 4Q416, 4Q417, 4Q418, 4Q418a, 4Q423

Frags. 1 II + 2 I 1 [...].תהי כול 2 [...]מדת מעשיו 3 ל[...]כיו בהתהלכו תמים 4 ב[כול]מוסריכה א[ז ...]ת עולם וזרע 5 קודשכה לא[... כ]יא לוא ימיש זרעכה 6 מנחלת[קודש...]א ותשיש בפרי 7 [בטנכה בחי...]. נדיבים 8 [... לכו]ל קצים יפרח 9 [...]ם והתחדש

Frag. 2 II 1 כאב כבדי ...[...] 2 אל תמישי בלבבו{ך} יע[...] 3 כול

are y[ou, God of Israel ...] *7* because from what issues from your mouth [the purification of all] has been [defined ...] *8* men of impurity ... [...]

Frag. 7 *col.* II *1* his [clo]thes and in the water [...] *2* [...] And he will bless [... Blessed are you, God of] *3* Israel who [...] *4* before you from all [...] *5* your holiness [... not] *6* have you forsaken [...]

Frag. 10 *1* soul ... [...] *2* that [...] *3* for you, to a pu[re] people [...] *4* And I, too, ... [...] *5* today, when [...] *6* in the periods of purification [...] *7* together. *Blank* [...] *8* During the purifications of [I]srael ... [...] *9* [and] they will sit [...] *10* And it will happen on the day of [...] *11* a woman, and give thanks [...] *12* [...] ... [...]

Frag. 12 *1* for you made ... [...] *2* your wil[l], to purify oneself before [you ...] *3* and he established for him a regulation of atonement (?) [...] *4* and to be in j[ust] purity [...] *5* and he will w[as]h in water and sprinkle up[on ...] *6* [...] ... And afterwards he will come back ... [...] *7* purifying his people with the water which washes [...] *8* [...] second in his position ... [...] *9* [...] your puri[fica]tion in your glory [...] *10* [...] ... [...]

4Q415 *4QInstruction*[a]

Bibliography: Wacholder-Abegg 2, 44-53; T. Elgvin, 'The Reconstruction of Sapiential Work A', *RevQ* 16/64 (1995) 559-580; .- *An Analysis of 4QInstruction* (diss. Hebrew University, 1998)

Frags. 1 *col.* II + 2 *col.* I (= 4Q418 14, 234?) *1* [...] let all be *2* [...] the measure of his works *3* for [...] his [...] when he walks perfectly *4* in [all] your instructions. Th[en ...] eternal, and your holy seed *5* (will) not [... f]or not shall your seed be removed *6* from the [holy] inheritance of [...] and you will rejoice in [your] child- *7* [ren ...] noble ones *8* [... at al]l times it will blossom (?) *9* [...] and it will be renewed

Frag. 2 *col.* II *1* like a father. Honour ... [...] *2* you shall not remove. In {your} his heart ... [...] *3* all the day, and in the regulations of the cov[enant ...] *4* lest

היום ובחוקי בר[ית ...] 4 פן תפרעי ברית קד[ש ...] 5 ואויבת לנפשך וב[...] 6 א[..]שה עד ל.[...] 7 בבית מכו[...]ובבריתך ת[...] 8 תהלה [על] פי כ֯ל אנשים[...] 9 [...]מבית מולדים [...]

Frag. 6 1 [...]סוד אנש[ים ...] 2 אביון א[ת]ה ומל[כים ...] 3 רישכה בעצתכה [...] 4 ברז נהיה בחן אלה ו.[...] 5 מבית מ[...]ובמשק[ל ...] 6 [... ס]וד אנשים למ.[...] 7 [...]...[...]

Frag. 9 1 [...].[...] 2 [... אל] תתמהמה [...] 3 להורות בטנכה לכ[...] 4 ...[...].רב[...] 5 אנשים *vacat* [...] 6 עם אולת לוא תשוה לרו.[...] 7 בה הכינה כיא היאה תכון[...] 8 יחד ממשל זכר את נ[קבה ...] 9 רוחה המשל בה כ[...] 10 ומחסורמה זה מז[ה ...] 11 ולפי זה נ[...]...[...] 12 נקבה וכמוזני[...] 13 ...[...]

Frag. 11 1 [...]כו[ל אחד למשקל]מה[...] 2 [לאיפה ואי]פה לעומר ועומר [...] 3 [...]ל אשר לוא ביחד[... רוחמה ליפי מראיה ...] 4 [...]... מבינים כי לפיא רוחות ית[... תכנתם ביחד רוחכה ...] 5 [כ]ול מומיה ספר לו ובגויתיה הבינ[הו ...] 6 ...[... ו]יהיה לו כמכשול לפניו .[... נגף כאפלה ...] 7 [כ]שלו ו]נגפו וחרה אפו בס[...] 8 עם משקל תכינה רוחם בי.[...] 9 ל[ו]א יכשול בה ואם יגגף ב[...] 10 אם נפרדה בהריתכה קח ...[...] 11 התהלכה התבונן מואדה אם ...[... בבית] 12 מכוניה לוא תמצא באלה בחנה ...[...]

4Q416 *4QInstruction*[b]

J. Strugnell, D.J Harrington, *DJD XXXIV* (forthcoming)
PAM 43.511, 43.512, 43.524
ROC 180, 181
1Q26, 4Q415, 4Q417, 4Q418, 4Q418a, 4Q423

Frag. 1 1 ...[...] 2 ולתכן חפצו [...] 3 מועד במועד .[...] 4 לפי

you neglect [his] ho[ly] covenant [...] *5* and she who hates against your soul and [...] *6* ... until ... [...] *7* in the house of ... [...] and through your covenant [...] *8* praise [in] the mouth of all men [...] *9* [...] from the house of (your) birth [...]

Frag. 6 *1* secret of me[n ...] *2* poor are y[o]u, and ki[ngs ...] *3* your poverty in your council [...] *4* with the mystery of existence examine these things, and [...] *5* from the house of [...] and with the weig[ht of ...] *6* [... sec]ret of men for ... [...] *7* [...] ... [...]

Frag. 9 *1* [...] ... [...] *2* [...] you [should not] linger [...] *3* to instruct (?) your innermost to ... [...] *4* ... [...] ... [...] *5* men *Blank* [...] *6* A nation of folly you should not liken to ... [...] *7* through her he established her, for she is the regulation of [...] *8* together, male dominating fe[male ...] *9* her spirit; have dominion over her ... [...] *10* and their inadequacies, of one and the oth[er ...] *11* and according to this [...] ... [...] *12* female, and like the scales of [...] *13* ... [...]

Frag. 11 (= 4Q418 167; 4Q418a 15 + 13 ?) *1* [...] ea[ch one for] their [measuring ...] *2* [by epha and e]pha, by omer and omer [...] *3* [...] which is not together [... their spirit to its beautiful appearance ...] *4* [...] ... understanding ones, for according to spirits ... [... your spirit established them together ...] *5* [a]ll her blemishes recount to him, and make [him] understand her bodily defects [...] *6* ... [... and] it will be for him an obstacle before him [... a stumbling in the darkness ...] *7* they [tot]tered [and] stumbled and his anger broke out against [...] *8* with a weight their spirit is established ... [...] *9* n[o]t shall he totter over it, and if he stumbles ... [...] *10* if it is separated by your instruction, grasp ... [...] *11* go round, understand well whether ... [... in the house of] *12* its residences it shall not be found; examine these things ... [...]

4Q416 *4QInstruction*[b]

Bibliography: Wacholder-Abegg 2, 54-62; R. Eisenman, M. Wise, *DSSU*, 241-254; D.J. Harrington, 'Wisdom at Qumran', in E. Ulrich, J. VanderKam (eds.), *The Community of the Renewed Covenant. The Notre Dame Symposium on the Dead Sea Scrolls* (Notre Dame, 1994) 137-151; Cf. 4Q415

Frag. 1 (= 4Q418 1, 2; 212, 213) *1* ... [...] *2* and to establish what he wants [...]

צבאם למש[ור במשורה ול... לממלכה] 5 וממלכה למד[ינה ומדינה לאיש
ואיש ...] 6 לפי מחסור צבאם[ומשפט כולם ל...] 7 וצבא השמים הכין
.[... ומאורות] 8 למופתיהמה ואתות מו[...] 9 זה לזה וכל פקודתמה ו[...
י]ספרו[...] 10 בשמים ישפוט על עבודת רשעה וכל בני אמתו ירצו ל[...]
11 קצה ויפחדו ויריעו כל אשר התגללו בה כי שמים יראו[...] 12 [י]מים
ותהום פחדו ויתערערו כל רוח בשר ובני השמי[ם ...ביום] 13 [מש]פטה
וכל עולה תתם עוד ושלם קץ האמ[ת ...] 14 בכל קצי עד כי אל אמת הוא
ומקדם שני[ו ...] 15 להכין צדק בין טוב לר[ע] ל.[.]. כל משפ[ט ...]
16 [י]צר בשר הואה ומביני[...] 17 בראתיו כי ה[...] 18 [.]יד.[...]

Frag. 2 I 1 [... לב]לתי 2 [... ואיש עול אל תחשוב עזר וגם אין
שונא ...]לתו 3 [... רשע מעשיו עם פקדתו ודע במה תתהלך עמו ...].קה
4 [... אל תמיש מלבכה ואל לכה לבדכה תרחב נפשכ]ה בראשכה 5 [כי
מה צעיר מרש ואל תשמח באבלכה פן תעמל]בחייכה הבט ברז נהיה
6 [וקח מולדי ישע ודע נוחל כבוד ועמל הלא ...]...[...]ולאבל[יה]מה
7 [שמחת עולם היה בעל ריב לחפצכה ואין ...]לכל נעויתכה[ד]בר
8 [משפטיכה כמושל צדיק אל תקח ... ואל תעבור]על[פשעיכה]
15-9 [...] 16 [...]ולא תאמין עוד 17 [לרעהו ובמחסורכה יקפץ ידו
כחכה ...]וכמוהו לוה ודע מא.[...] 18 [ואם נגע יפגשכה ואצ... ח]וב אל
תסתר מנ֯ש֯[ה] 19 [בכה פן יגלה חרפתכה ... ו]מושל בו ואז[לא י]כנו
20 [בשבט ...]...ה ואפס עוד וגם 21 [אתה ...]עברה אם תאיץ ידכה
22 [לבלתי שלוח ... ל]שאל טרפכה כי הוא

Frag. 2 II 1 פתח רח[מיו ...]א כל מח[סרי אוטו ולתת טרף] 2 לכל
חי ואין .[... אם]יקפוץ ידו[ונאספ]ה רוח כל 3 בשר אל תק[ח ... בה
ו]בחרפת[ו]תכסה פניכה ובאולת 4 מאסור כמה[... גם בהון ונושה בו ...
מהר]שלם ואתה תשוה בו כי כיס 5 צפונ֯כה פק[דתה לנושה בכה בעד

3 appointed time after appointed time [...] *4* according to their host, to ru[le with dominion and to ... each] *5* kingdom, each [province, each man ...] *6* according to the need of their host, [and the judgment of them all to ...] *7* and the host of the heaven he established [... and luminaries] *8* to (be) their signs and tokens of ... [...] *9* each one, and all their assignment and [...] they [shall] recount [...] *10* in heaven he passes judgment upon the work of iniquity, and all the sons of his truth will be favourable [...] *11* its end. And all who have defiled themselves with it will be in dread and cry out, for (the) heavens will fear [...] *12* [s]eas and abyss are in dread, and every spirit of flesh will be stirred up, and the sons of the heavens [...on the day of] *13* its [judg]ment. And all injustice will end again, and the time of tru[th] will be complete [...] *14* in all periods of eternity, for he is the God of truth and from ancient times (are) [his] years [...] *15* to establish justice between good and ev[il], to ... every judg[ment ...] *16* it is the [incli]nation of the flesh, and those who understand [...] *17* his creatures, for ... [...] *18* [...] ... [...]

Frag. 2 *col.* I (= 4Q417 1 I; 4Q418 7) *1* [... with]out *2* [... and an unjust man you shall not consider a help, and also let there be no-one who hates ...] ... *3* [... the wickedness of his deeds, together with his punishment. And know in what manner you should walk with him ...] ... *4* [... should not depart from your heart, and do not for yourself be greedy] in your poverty, *5* [for what is more trivial than a poor man? Do not rejoice when you should mourn, lest you toil] in your life. Consider the mystery of existence *6* [and grasp the birth-times of salvation, and know who will inherit glory and toil. Is not ...] ... [...] and for [the]ir sorrow[s] *7* [eternal joy. Be an opponent of your desire and not ...] for all you perversities. [Pro]nounce *8* [your judgments like a just ruler, do not take ... and do not disregard your (own) sins] *9-15* [...] *16* [...] (so that) you can not rely any more *17* [on his neighbour, and he closes his hand like a hook (?) when you have need ...] and just like him, borrow and know ... [...] *18* [And if a misfortune strikes you, and ... de]bt, do not hide from [your] lender *19* [lest he reveal your disgrace ... and] having dominion over him. And then [he will not] strike him *20* [with a stick ...] ... and no more. And also *21* [you ...] anger. If you shut your hand *22* [without letting go ... to] ask for your nourishment, for he

Frag. 2 *col.* II (= 4Q417 1 II + 23; 4Q418 8; 4Q418a 19) *1* opens [his] compas[sion ...] all the ne[eds of his goodness, and to give nourishment] *2* to every living being. And there is not [... if] he closes his hand, the spirit of all flesh [will be gather]ed in. *3* Do not ta[ke ... in it. And] at [his] reproach you will cover your face, and at the folly *4* of imprisonment, how [... also with money, and the one who has lent him ... quickly] repay, and you shall be even with him. For the purse of *5* your treasure/s/ [you] have entr[usted to your

רעיכה נת]תה כל חייכה בו מהר תן אשר 6 לו(א) יקח כיס[כה ובדבריכה
אל תמעט]רוחכה בכל הון אל תמר רוח קׄדשכה 7 כי אין מחיר שוה[...
אם אי]ש לא יטכה ברצון שחר פניו וכלשונו 8 דבר ואז תמצא חפצכה
[מחרפתכה אל תמר]לו וחוקיכה אל תרף וברזיכה השמר 9 [מאו]דה אם
עבודתו יפקׄד לכה[אל מנוח בנפשכה וא]ל תנומה לעיניכה עד עשותכה
10 [מצותיו ... א]ל תוסף ואם יש להצ[ניע אשר ...]ואל תותר לו אף הון
בלי 11 [...ננו פן יאמר בזני ונפ]ל[ה ...]כה וראה כי רבה קנאת
12 [אנוש ועקוב הלב ...]נו גם ברצונו תחזיק עבודתו וחכמת אוטו
13 [...]... תועצנ[ו והיית]ה לו לבן בכור וחמל עליכה כאיש על יחידו
14 [... כי אתה עבדו ובחי]רו ואתה א[ל] תבטח למח... ואל תשקוד
ממדהבכה 15 [ואתה דמה לו לעבד משכי]ל וגם אל תשפל נפשכה לאשר
לא ישוה בכה ואז תהי[ה] 16 [לו לאב ...]. לאשר אין כוחכה אל תגע פן
תכשל וחרפתכה תרבה מאוד[ה] 17 [אל תמ]כור נפשכה בהון טוב היותכה
עבד ברוח וחנם תעבוד נוגשיכה ובמחיר 18 אל תמכור כבודכה ואל
תערבהו בנחלתכה פן יוריש גויתכה אל תשביע לחם 19 *vacat* ואין כסות
אל תשת יין ואין אכל אל תדרוש תענוג ואתה 20 *vacat* חסר לחם אל
תתכבד במחסורכה ואתה רוש פן 21 *vacat* תבוז לחייכה וגם אל תקל כלי
[ח]יקכה

Frag. 2 III 1 [...]כה 2 וזכור כי ראש אתה[...]. ומחסורכה 3 לׄא
תמצא ובמעלכה תת...[...].ים פוקד לכה 4 אל תשלח ידכה בו פן תכוה[
ו]באשו תבער גויתכה כא[שר לקח]תו כן השיבהו 5 ושמחה לכה אם תנקה
ממנו וגם מכל איש אשר לׄא ידעתה אל תקח הון 6 פן יוסיף על רישכה
ואם שמו בראׄשכה למות הפקידהו ורוחכה אל תחבל 7 בו ואז תשכב עם
האמת ובמותכה יפר[ח לעו]לם זכרכה ואחריתכה תנחל 8 שמחה *vacat*
אביון אתה אל תתאו זולת נחלתכה ואל תתבלע בה פן תסיג 9 גבולכה ואם
ישיבכה לכבוד בה התהלך וברז נהיה דרוש מולדיו ואז תדע 10 נחלתו
ובצדק תתהלך כי יגיה אל ת...ו בכל דרכיכה למכבדיכה תן הדר 11 ושמו

creditor; in favour of your neighbours] you [have given] all your life with it. Quickly give, so that *6* he does ‹not› take [your] purse. [Do not in your affairs demean] your spirit; do not for any money exchange your holy spirit, *7* for no price is adequate [... if a ma]n is not favourably inclined towards you, seek his face and according to his speech *8* speak. Then you shall find your pleasure [instead of your shame. Do not embitter] him, and do not abandon your regulations, and preserve your secrets *9* [wel]l. If he imposes his service on you, [let (there be) no rest in your soul, and n]o sleep for your eyes, until you have performed *10* [his commandments ...] you should [no]t increase. And if there is (something) to depo[sit which ...,] do not let (anything) remain, even money, without *11* [... it, lest he say: he has thieved me, and it fal]l[s ...] your [...] And see how great is the jealousy of *12* [man, and the heart is deceitful ...] also, in his will, strengthen his service and the wisdom of his kindness *13* [...] ... you will counsel [him and be] for him a first-born son. He will take pity on you like a man on his only son *14* [... for you are his servant and] his [chos]en one. And you, do n[ot] trust ..., and do not stay awake because of your hardship. *15* [And you, be for him like a wi]se [servant,] and also do not demean your soul for what is not fitting for you; and then you will be *16* [for him like a father ...] Do not reach for what is beyond the range of your power, lest you stumble, and your disgrace becomes exceeding[ly] great. *17* [Do not se]ll your soul for money. It is better that you are a servant in the spirit, and that you serve your overseers for nothing. And for money *18* do not sell your glory, and do not mortgage your inheritance for it, lest you bequeath (only) your body. Do not eat your fill of bread, *19 Blank* when there is no clothing; do not drink wine when there is no food; do not seek delicacies when you *20 Blank* are in want of bread; do not take pride in your want when you are poor, lest *21 Blank* you despise your life. And also do not treat with contempt the vessel of your [bo]som

Frag. 2 *col.* III (= 4Q418 9 - 10) *1* [...] your [...] *2* and remember that you are poor [...] and your need *3* you shall not find, and in your disloyalty you [...] ... entrusts you, *4* you shall not stretch out your hand to it, lest you be scorched [and] your body be burned by its fire. A[s] you [have received] it, thus give it back, *5* and you will have joy if you are innocent from it. Also, do not receive money from any man unknown to you, *6* lest he adds to your poverty. But if he places it at your disposal until death, deposit it, and do not corrupt your spirit *7* with it. Then you may lie down with the truth, and when you die your memory will blos[som for ev]er, and your succession will inherit *8* joy. *Blank* If you are poor, do not long for anything but your inheritance, and do not get consumed by it, lest you displace *9* your boundary. And if he restores you in glory, walk in it, and investigate its origins through the mystery of existence. Then you will know *10* his inheritance, and walk in justice, for God will lighten his ... on all your paths. Give honour to those who glorify you, *11* and

הלל תמיד כי מראש הרים ראשכה ועם נדיבים הושיבכה ובנחלת 12 כבוד המשילכה רצונו שחר תמיד *vacat* אביון אתה אל תאמר רש אני ול[א] 13 אדרוש דעת בכל מוסר הבא שכמכה ובכל[...]. צרוף לבכה וברוב בינה 14 מחשבותיכה רז נהיה דרוש והתבונן בכל דרכי אמת וכל שורשי עולה 15 תביט ואז תדע מה מר לאיש ומה מתוק לגבר כבוד אביכה ברישכה 16 ואמכה במצעדיכה כי כאב (כאל) לאיש כן אביהו וכאדונים לגבר כן אמו כי 17 המה כור הוריכה וכאשר המשילמה בכה ויצר על הרוח כן עובדם וכאשר 18 גלה אוזנכה ברז נהיה כבדם למען כבודכה וב[...]הדר פניהמה 19 למען חייכה וארוך ימיכה *vacat* ואם רש אתה כשה.[...] 20 בלוא חוק *vacat* אשה לקחתה ברישכה קח מולדי[...] 21 מרז נהיה בהתחברכה יחד התהלך עם עזר בשרכה[...]

Frag. 2 IV 1 את אביו [ו]את אמו ודב[ק באשתו והיו לבשר אחד] 2 אותכה המשיל בה ותש[...] 3 לא המשיל בה מאמה הפרידה ואליכה [לבבה ותהיה] 4 לך לבשר אחד בתכה לאחר יפריד ובניכה[לבנות רעיכה] 5 ואתה ליחד עם אשת חיקכה כי היא שאר ער[ותכה] 6 ואשר ימשול בה זולתכה הסיג גבול חייהו .[... ברוחה] 7 המשילך להתהלך ברצונכה ולא להוסיף נדר ונדב[ה] 8 השב רוחכה לרצונכה וכל שבועת אסרה לנדר נד[ר] 9 הפר על מוצא פיכה וברצונכה הניא[...] 10 שפתיכה סלהלה (סלח לה) למענכה אל תרב[...] 11 כבודכה בנח[ל]תכה [...] 12 בנחלתכה פן *vacat* [...] 13 אשת חיקכה וחרפ[ת ...] 14 [...]...[...]

Frag. 3 1 [...]שלומכה ובנחלתכה[...] 2 [...]א כי מאתו נחלת כל חי ובידו פק[ודת ...] 3 [...]אל תשקט עד תום רשעה כי חרון בכל ק[...] 4 [...]לא ת... צרה כי גדלים רחמי אל ואין קץ[...] 5 [...]מכה הלל מאד[ה ...] 6 [...] בכל אשר .[...] 7 [...]וכצבאם[...]

Frag. 4 1 [...]. חרון כי אוהב .[...] 2 עברה כי עליהמה ינפח כור

praise his name continuously. For from poverty he lifted your head, and he seated you among nobles. And over an inheritance of *12* glory he has given you dominion. Seek his will continuously. *Blank* If you are poor, do not say: I am poor and (therefore) I can no[t] *13* seek knowledge. Bend your shoulder to all discipline, and with every [...] refine your heart, and with much knowledge *14* your thoughts. Investigate the mystery of existence, and consider all paths of truth, and observe closely all the roots of injustice. *15* Then you will know what is bitter for a human being and what is sweet for a man. Honour your father in your poverty, *16* and your mother in your steps. For like ‹god› is to a human being, so is his father, and like masters are to a man, so is his mother, for *17* they are the oven of your origin. And since he has given them dominion over you and formed (?) the spirit, thus serve them. And since *18* he had opened your ears to (?) the mystery of existence, honour them for your own glory, and [...] honour their presence, *19* for the sake of your life and the length of your days. *Blank* And if you are poor ... [...] *20* without law. *Blank* If you take a wife in your poverty, take the offspring [...] *21* from the mystery of existence. When you are joined together, walk with the help of your flesh [...]

Frag. 2 *col.* IV (= 4Q418 10; 4Q418a 18) *1* his father [and] his mother, and clea[ve to his wife, and become one flesh.] *2* He has given you dominion over her, and ... [...] *3* not has he given dominion over her. He has separated her from her mother, and towards you [is her heart. And she shall be] *4* for you, to (be) one flesh. He will separate your daughter for another (man), and your sons [for the daughters of your neighbour,] *5* and you, to (be) together with the wife of your bosom, for she is the flesh of [your] nak[edness.] *6* And who(ever) wants to have dominion over her, apart from you, has displaced the boundary of his life [... Over her spirit] *7* he has given you dominion, that she should walk in accordance with your will, and no more. A vow or offer[ing] *8* your spirit may revoke according to your will. And every obligatory oath of her, vowing a vo[w,] *9* annul with an utterance of your mouth, and according to your will, prevent [...] *10* your lips. He ‹forgives› her for your sake. Do not multiply [...] *11* your glory in your inhe[rit]ance [...] *12* in your inheritance, lest *Blank* [...] *13* the wife of your bosom and the sham[e of ...] *14* [...] ... [...]

Frag. 3 *1* [...] your well-being, and in your inheritance [...] *2* [...] for from him is the inheritance of all living beings, and in his hand is the visi[tation of ...] *3* [...] you should not have rest until evil has come to an end, for anger is against all [...] *4* [...] you will not ... anguish, for great are the mercies of God, and infinite [...] *5* [...] your [...] praise exceeding[ly ...] *6* [...] in all that [...] *7* [...] and according to their host [...]

Frag. 4 *1* [...] anger, for he loves [...] *2* fury, for against them he blows upon the

א[...]   3 ואתה מבין שמחה בנחלת אמת וב.[...]

Frag. 7   1 [... רז נ]היה וקח[תולדות אדם וראה בכושר ...]   2 [...
]ופקודת מעשה(ו) ואז [תבין במשפט אנוש ומשקל ...]   3 [...]מזל שפתיו
לפי רוחו וקח[ברז נהיה על משקל קצים ומדת ...]

4Q417 *4QInstruction^{c}*

J. Strugnell, D.J Harrington, *DJD XXXIV* (forthcoming)
PAM 42.578, 43.516, 43.517, 43.538
ROC 321, 329, 331

Frag. 1 i   1 בכ֯ל עת פן ישבעכה וכרוחו דבר בו פן י.[...]   2 בלוא
הוכח הכשר עבור לו והנק שר .[...]   3 וגם את רוחו לא תבלע כיא בדממה
דברת[ה ...]   4 ותוכחתו ספר מהר ואל תעבור על פשעיכה[...]   5 וצדק
כמוכה הואה כיא הואה {כיא הואה} שר בש[רכה ...]   6 יעשה כיא מה
הואה יח֯ד בכול מעשה לבלתי ...[...]   7 *vacat* ואיש עול אל תחשוב עזר
וגם אין שונא[...]   8 רשע מעשיו עם פקדתו ידע במה תתהלך עמו[...]
9 אל *vacat* תמיש מלבכה ואל לכה לבדכה תרחב[נפשכה בראשכה]
10 כיא מה צעיר מרש ואל תשמח באבלכה פן תעמל בחיכה[הבט ברז]
11 נהיה וקח מולדי ישע ודע מי נוחל כבוד וע[מ]ל הלוא[...]
12 ולאביליהמה שמחת עולם היה בעל ריב לחפצכה ואין[...]   13 לכול
נעויתכה דב[ר] משפטיכה כמושל צדיק אל תק[ח ...]   14 ואל תעבור על
[פש]עיכה היה כאיש עני בריבך משפט[...]   15 קח ואז יראה אל ושב אפו
ועבר על חטאותכה[כ]יא לפני א[פו]   16 לוא יעמוד כול ומי יצדק במשפטו
ובלי סליחה [א]יכה [...]   17 אביון ואתה אם תחסר טרף מחסורכה
ומותריכה[ה]בא [ביחד א]ם   18 תותיר הובל למחוז חפצו ונחלתכה קח
ממנו ואל תוסף עו[ד ואם]   19 {ואם} תחסר לוא (לוה) מבלי הון מחסורכה
כיא לוא יחסר אוצר[אל ועל]   20 פיהו יהיה כול ואת אשר יטריפכה

furnace of […] *3* And you, understanding one, rejoice in the inheritance of truth and in […]

Frag. 7 (= 4Q418 77) *1* [… the mystery of ex]istence, and grasp [the nature of man and see the correctness …] *2* […] and the visitation of ‹his› work. And then [you will understand the judgment of man, and the weight of …] *3* […] the flow of his lips according to his spirit. And grasp [the mystery of existence according to the weight of times and the measure of …]

4Q417 *4QInstruction*[c]

1Q26, 4Q415, 4Q416, 4Q418, 4Q418a, 4Q423
Bibliography: Wacholder-Abegg 2, 63-76. D.J. Harrington, 'Wisdom at Qumran', 137-151; cf. 4Q415

Frag. 1 *col.* I (= 4Q416 2 I; 4Q418 7; 4Q418a 22) *1* at all times, lest he get fed up with you. And speak with him according to his spirit, lest he […] *2* without a suitable reproach forgive him and he who is tied (?) […] *3* neither will you confuse his spirit, for calmly you spoke […] *4* and take good notice of his rebuke, and do not disregard your own sins […] *5* and righteous like you is he. For he {for he} is your next of k[in …] *6* he will do. For how can he be keen in any affair without … […] *7* *Blank* And an unjust man you shall not consider a help, and also let there be no-one who hates […] *8* the wickedness of his deeds, together with his punishment. And know in what manner you should walk with him […] *9* should not *Blank* depart from your heart, and do not for yourself be gr[eedy in your poverty,] *10* for what is more trivial than a poor man? Do not rejoice when you should mourn, lest you toil in your life. [Consider the mystery of] *11* existence and grasp the birth-times of salvation, and know who will inherit glory and t[oi]l. Is not […] *12* and for their sorrows eternal joy. Be an opponent of your desire and not […] *13* for all you perversities. Prono[unce] your judgments like a just ruler, do not ta[ke …] *14* and do not disregard your (own) [si]ns. Be like a humble man when you conduct a case […] *15* grasp. And then God will see, and his anger will turn away, and he will forgive your sins [f]or before [his] an[ger] *16* no-one can endure. And who will be considered just in his judgment, and without forgiveness [h]ow […] *17* a poor man. And you, when you lack food, [br]ing your lack and your surplus [together; wh]en *18* you have in surplus, bring (it) to its desired harbour, and take your portion from it, and do not take any mor[e. And if] *19* {And if} you have lack, ‹borrow› without the money that you lack, for the storehouse [of God] has no lack, [and on] *20* his command everything will be.

אכ[ו]ל ואל תוסף עוד פ[ן תקציר] 21 *vacat* חייכה *vacat* אם הון אנשים
תלוה למחסורכה אל[תנו]ם 22 יומם ולילה ואל מנוח לנפשכה[עד
]השיבכה לנוש[ה בכ]ה אל תכזב 23 לו למה תשה עון וגם מחרפה ל.[...
ולוא תאמין ע[וד לרעהו 24 ובמחסורכה יקפץ ידו כחכה[... וכמוהו לוה
ודע מא...] 25 ואם נגע יפגשכה ואצ[... חוב אל תסתר מנושה בכה] 26
הן יגלה חרפתכה[... מושל בו ואז] 27 לוא יכנו בשבט[...ה ואפס] 28
ע[וד]וגם אתה[...]

Frags. 1 II + 23 1 [א]ם תאיץ ידכה לבלתי של[וח ... לשאל]
2 ט[ר]פכה כי הוא פתח רחמיו[...] 3 כול מחס֯רי אוטו ולתת טרף לכ[ול
חי ואין ...] 4 [אם]יקפוץ֯ ידו ונאספה רו[ח כול בשר אל תקח ...]
5 [...]יל בה ובח[רפ]תו תכסה פניכ[ה ובאולת מאסור כמה ... גם בהון]
6 ונושה בו[...]מהר שלם ואת[ה תשוה בו כי כיס צפוניכה פקדתה]
7 לנושה בך֯ה בעד רעיכה ... כול ח[ייכה בו מהר תן אשר לו וקח]
8 כיסכה ובדבריכה אל תמעט[רוחכה בכול הון אל תמר רוח] 9 קודשכה
כיא א[י]ן מחיר שוה[...] 10 איש לא יטכה ברצו[ן] שחר פנ[יו וכלשונו
דבר ואז תמצא חפצכה] 11 מחר[פ]תכה אל ת[מר]ל[ו] וחוק[יכה אל תרף
וברזיכה השמר מאודה] 12 [אם עבד]תו[יפקוד לכה אל מנוח בנפשכה
ואל תנומה לעיניכה] 13 [עד]עשותכה מצו[תיו ... אל תוסף ואם יש
להצניע אשר ... ואל] 14 [תותר]לו א[ף הון בלי ... פן יאמר בזני ונפלה
...] 15 [...]יצ.[כה ור]אה כיא[רבה קנאת אנוש ועקוב הלב ...] 16 גם
[בר]צונו ת[ח]זיק ע[בודתו וחכמת אוטו ...] 17 תועצנו והיית לו[לבן
בכור וחמל עליכה כאיש על יחידו ...] 18 כי אתה עב[דו ובחירו ואתה אל
תבטח למח... ואל תשקוד ממדהבכה ואתה] 19 דמה לו לעב[ד משכיל וגם
אל תשפל נפשכה לאשר לא ישוה בכה] 20 ואז תהיה לו לא[ב ... לאשר
אין כוחכה אל תגע פן תכשל] 21 וחרפתכה תרבה מ[אודה אל תמכור
נפשכה בהון טוב היותכה] 22 עבד ברוח וחנם תע[בוד נוגשיכה ובמחיר
אל תמכור כבודכה] 23 ואל תערב הון בנחלת[כה פן יוריש גויתכה אל

And what he gives you for food, eat, and do not take any more, le[st you shorten] *21 Blank* your life. *Blank* If you borrow money of men for your need, do not [slee]p *22* day or night and let there be no rest for your soul [until] you have returned to the one who has len[ded to] you. Do not lie *23* to him. Why should you carry guilt? And also from shame not (?) [... (so that) you can not rely any] more on his neighbour, *24* and he closes his hand like a hook (?) when you have need [... and just like him, borrow and know ...] *25* And if a misfortune strikes you and ... [... debt, do not hide from your lender] *26* lest he reveal your disgrace [... having dominion over him. And then *27* he will not strike him with a stick. [... And no] *28* m[ore.] And also you [...]

Frags. 1 *col.* II + 23 (= 4Q416 2 I - II; 4Q418 7, 8; 4Q418a 19) *1* [i]f you shut your hand without lett[ing go ... to ask] *2* your nou[rish]ment, for he opens his compassion [...] *3* all the needs of his goodness, and to give nourishment to eve[ry living being. And there is not ...] *4* [if] he closes his hand, the spi[rit of all flesh] will be gathered in. [Do not take] *5* [...] ... in it. And at his repr[oach] you will cover your face, [and at the folly of imprisonment, how ... also with money,] *6* and the one who has lent him [...] quickly repay, and yo[u shall be even with him. For the purse of your treasures you have entrusted] *7* to your creditor in favour of your neighbour ... all [your] l[ife is in it. Quickly give, so that he does not take] *8* your purse. Do not in your affairs demean [your spirit; do not for any money exchange] your holy [spirit,] *9* for no price is adequate [...] *10* if a man is not favourab[ly] inclined towards you, seek [his] face [and according to his speech speak. Then you shall find your pleasure] *11* instead of your sh[a]me. Do not [embitter him,] and [do not abandon your] regulation[s, and preserve your secrets well.] *12* [If he imposes] his [servi]ce [on you, let (there be) no rest in your soul, and no sleep for your eyes,] *13* [until] you have performed [his] comm[andments ... you should not increase. And if there is (something) to deposit which ..., do not] *14* [let (anything) remain,] ev[en money, without ..., lest he say: he has thieved me, and it falls ...] *15* [... your] ... And s]ee how [great is the jealousy of man, and the heart is deceitful ...] *16* also, [in] his [w]ill, [str]engthen [his] se[rvice and the wisdom of his kindness ...] *17* you will counsel him and be for him [a first-born son. He will take pity on you like a man on his only son ...] *18* for you are [his] ser[vant and his chose one, and you, do not trust ..., and do not stay awake because of your hardship. And you,] *19* be for him like a [wise] serv[ant, and also do not demean your soul for what is not fitting for you;] *20* then you will be for him like a fat[her ... Do not reach for what is beyond the range of your power, lest you stumble,] *21* and your disgrace becomes ex[ceedingly great. Do not sell your soul for money. It is better that you are] *22* a servant in the spirit, and that you se[rve your overseers] for nothing. [And for money do not sell your glory,] *23* and do not mortgage [your] inheritance, [lest you bequeath (only) your

תשביע לחם ואין] 24 כסות אל תשת יין ואין א[כל אל תדרוש תענוג ואתה
חסר לחם] 25 אל תתכבד במחסוריכה[ואתה רוש פן תבוז לחייכה וגם אל
תקל] 26 כלי[חיקכה]...[...]

Frag. 2 i 1 [...]. אתה מב[י]ן[...] 2 [...]... הבט ברזי פל[אי אל
הנוראים תשכיל ראש ...] 3 [...]...[...]... הבט[... קדם למה נהיה ומה
נהיה] 4 [במה ...]...[...]ולם לת.[... למה] 5 [הויא ולמה נהיה במה יהי]ה
בכול[...]מעשה ...[...] 6 [... יום ולילה הגה ברז נ]היה ודורש תמיד ואז
תדע אמת ועול חכמה 7 [...]הבן מעש[ה ...] בכול דרכיהם עם פקודתמה
לכול קצי עולם ופקודת 8 עד ואז תדע בין [טו]ב ל[רע כ]מעש[יהמה] כיא
אל הדעות סוד אמת וברז נהיה 9 פרש את אושה מעשיה ...[לכול חכ]מה
ולכול[ער]מה יצרה וממשלת מעשיה 10 לכ[ו]ל ...ה יתול[א]ת כ[ו]ל ...
בא.[פ]רש למ[ב]ינתם לכול מ[עש]ה להתהלך 11 ב[יצר] מבינתו ויפרש
לא.[...]... כול[...]...ריה ובכושר מבינות נוד[עו נס]תרי 12 מחשבתו עם
התהלכו[ת]מי[ם בכול מ]עשיו אלה שחר תמיד והתבונן[בכו]ל
13 תוצאותמה ואז תדע בכבוד ע[ולם ע]ם רזי פלאו וגבורות מעשיו ואתה
14 מבין רוש פעלתכה בזכרון ה.[... כ]י בא חרות החוק{כה} וחקוק כול
הפקודה 15 כי חרות מחוקק לאל על כול ע.[...] בני שית וספר זכרון כתוב
לפניו 16 לשמרי דכרו והואה חזון ההגי וספר זכרון וינחילה לאנוש עם עם
רוח כ[י]א 17 כתבנית קדושים יצרו ועיד לוא נתן הגוי לרוח בשר כי לא
ידע בין 18 [טו]ב לרע כמשפט [ר]וחו *vacat* ואתה בן מבין הבט *vacat* ברז
נהיה ודע 19 [...]ת כול חי והתהלכו הפקוד על מעש[הו]ל[...] ועו[...]
20 [...].ה בין רוב למעט ובסודכמה [...] 21 [...]ציכה ברז נהיה[...]
22 [...]י כול חזון דע ובכול[...] 23 ות[ת]חזק תמיד אל תיגע בעולה[...
כי כול הנוגע] 24 בה לא ינקה כפי נחלתו בה יר[... ואתה] 25 בן משכיל

body. Do not eat your fill of bread, when there is no] *24* clothing; do not drink wine when there is no fo[od; do not seek delicacies when you are in want of bread;] *25* do not take pride in your lack [when you are poor, lest you despise your life. And also do not treat with contempt] *26* the vessel [of your bosom] … […]

Frag. 2 *col.* I (= 4Q418 43, 44, 45 I; 4Q418a 11) *1* […] you, under[stan]ding one, […] *2* […] … consider the wonder[ful] mysteries [of the God of awe. Pay attention to the principle of …] *3* […] … […] … consider [… of old (?), why something exists, and what exists] *4* [through them …] … […] … [… why] *5* [something existed, and why something exists, through them it will b]e in all […] work … […] *6* [… day and night meditate on the mystery of ex]istence, and seek continuously. And then you will know truth and injustice, wisdom *7* […] understand the wor[k of …] in all their paths together with their visitations for all eternal periods, and eternal visitation. *8* And then you will know (the difference) between [goo]d and [evil in their] work[s,] for the God of knowledge is the foundation of truth, and through the mystery of existence *9* he expounded its basis. Its works … [with all wis]dom, and with all [intelli]gence he formed it, and the dominion of its deeds *10* according to a[l]l … […] a[l]l … [he ex]pounded to their mi[n]ds, to every cr[eatu]re to walk *11* in [the nature of] its understanding, and he expounded to […] … /all/ […] … and in the correctness of understanding are made kno[wn the sec]rets of *12* his thought, while one walks [per]fect[ly in all] one's [d]eeds. Be constantly intent on these things, and understand [al]l *13* their effects. And then you will know et[ernal] glory [wi]th his wonderful mysteries and his mighty deeds. And you, *14* understanding one, inherit your reward in the remembrance of the [… f]or it comes. Engraved is /the/ {your} portion, and ordained is all the punishment, *15* for engraved is that which is ordained by God against all the … [… of] the sons of Seth, and a book of remembrance is written in his presence *16* for those who keep his word. And this is the vision of meditation and a book of remembrance. And he will give it as an inheritance to Enosh together with a spiritual /people/, f[o]r *17* according to the pattern of the holy ones is his fashioning, but he did not give meditation (as) a witness to the spirit of flesh, for it does not know the difference between *18* [goo]d and evil according to the judgment of its [sp]irit. *Blank* And you, understanding son, consider *Blank* the mystery of existence, and know *19* [the …] of every living being, and its way of walking that is appointed for [its] deeds […] and … […] *20* […] … between much and little, and in your counsel […] *21* […] your … in the mystery of existence […] *22* […] of each vision know, and in all […] *23* And be continuously st[ea]dfast. Do not get touched by injustice [… for all who touches] *24* it shall not be regarded innocent; according to his inheritance he will […] by it [… And you,] *25* wise son, understand your mysteries, and

התבונן ברזיכה ובאוש[י ...]   26 [ב]יסדו בכה .[...].יהן עם פעולת[...]

27 לוא תתרו אחר[י] לבבכ[מה] ואחרי {ו}עי[נ]יכמה[...]

Frag. 2 II   3 ברז נה[יה ...]   4 נחומים ל.[...]   5 התהלך תמ[ים ...]

6 ברך שמו [...]   7 משמחתכה ה[...]   8 גדולים רחמי א[ל ...]   9 הלל אל

ועל כול נגע בר[ך ...]   10 ברצונו היו 'הואה מבין .[...]   11 יפקוד כול

דרכיכה ע.[...]   12 אל תפתכה מחשבת יצר רע[...]   13 לאמת תדרוש

אל תפתכה כ.[...]   14 בלוא צוה נבונות בשר תשגכ[ה ... אל]   15 תחשוב[

...]אל תאמר[...]   16 כי[...]

Frag. 3   1 [...]ם מות יתנו באיש ונת[...]   2 [... ע]ליו כמשפט הצו[ן

...]   3 [... הת]בונן מואדה בכול ת[...]   4 [...]בשר עם תענית [...]

5 [...]... היאה וארוכה [...]

Frag. 5   1 [אויל]י לב[מה טוב ללוא נוצר מה השקט ללוא היה ומה

משפט] 2 ללו נוסד ומ[ה יאנחו מתים על ... אתם ...ל נוצרתם ולשחת]

3 עולם תשובת[כמה כי תקיץ ... חטאכמה ... מחשכים יצרחו]   4 [ע]ל

רבכמה ו[כול נהיה עולם דורשי אמת יעורו למשפטכם אז]   5 [ישמדו]כול

א[וילי לב ...]

Frag. 20   1 [...]הנעשה ...[...]   2 [...]נ[פ]לאות אל תסכילו [...]

3 [... כו]ל מעשה וא[ל] תשבות .[...]   4 [... לעו]לם [ו]לעד [...]הואה

י.[...]   5 [...]אמת וכבוד כל.[...]   6 [...]... ולפי השכ[ל ...]

7-8 [...]...[...]

4Q418 *4QInstruction^d*

J. Strugnell, D.J Harrington, *DJD XXXIV* (forthcoming)

PAM 43.472, 43.474, 43.475, 43.479, 43.480, 43.481, 43.483, 43.484, 43.486, 43.487, 43.488

ROC 486, 489, 493, 494, 495, 496, 498, 499, 500, 502, 505

the foundation[s ...] *26* [when] it is founded on you [...] their ... together with the reward of [...] *27* you will not go astray afte[r] yo[ur] heart /and after/ your ey[e]s [...]

Frag. 2 *col.* II (= 4Q418 123 I ?) *3* on the mystery of exis[tence ...] *4* comfort to [...] *5* walk perfec[tly ...] *6* bless his name [...] *7* from your joy [...] *8* great are the mercies of G[od ...] *9* praise God, and at every misfortune prai[se ...] *10* at his will they came into being, /and/ he brings to insight [...] *11* he will punish all your ways ... [...] *12* let not the plan of an evil inclination mislead you [...] *13* seek faithfully. Let not mislead you ... [...] *14* without /his appointing/ the understandings of the flesh. Let not lead yo[u] astray [... do not] *15* think [...] do not say [...] *16* for [...]

Frag. 3 *1* [...] of death they shall place against a man and ... [...] *2* [... up]on him, according to the judgment of the flo[ck ...] *3* [... con]sider well all [...] *4* [... of] flesh with the affliction of [...] *5* [...] it, and long [...]

Frag. 5 (= 4Q418 69 II) *1* [foolish] of heart, [what is good to who has not been created? And what is rest to who has not come into being? And what is righteousness] *2* to who has not been founded, and ho[w should the dead groan over .... You were created ... and to] *3* the eternal [pit your] return [will be, for it shall awaken ...your sin. The dark places will shriek] *4* [ag]ainst your pleadings, and [all who exist for ever, who seek the truth will arise to judge you. Then] *5* all the fo[olish of heart will be annihilated ...]

Frag. 20 *1* [...] what is done ... [...] *2* [...] the wo[nd]ers of God you will understand [...] *3* [... ea]ch deed, and do n[ot] cease [...] *4* [... for ev]er [and] ever [...] he will [...] *5* [...] truth and glory ... [...] *6* [...] ... and according to the insi[ght ...] *7-8* [...] ... [...]

4Q418 *4QInstruction[d]*

1Q26, 4Q415, 4Q416, 4Q417, 4Q418a, 4Q423

Bibliography: Wacholder-Abegg 2, 77-154; R. Eisenman, M. Wise, *DSSU*, 241-254; D. J. Harrington, 'Wisdom at Qumran', 137-151; cf. 4Q415

Frag. 1 1 [... לפי צבאם למ]שור במשורה ול.[...] 2 [... לממלכה וממלכה למדינה] ומדינה לאיש ואיש[...] 3 [... לפי מחסור צבא]ם ומשפט כולם לו[...] 4 [...] *vacat* [...] 5 [... וצבא השמים הכין ...] ומאורות ל[מופתיהם ...]

Frag. 2 1 [...]ו זה ל[זה וכול פקודתמה ו... יספרו ...] 2 [... ב]שמים [ישפו]ט על [עבודת רש]עה וכול[בני אמתו ירצו ל...] 3 [... קצה ו]יפחדו[וי]רעו כול אשר הת[גללו בה כי שמים יראו ...] 4 [... ימים] ותהמות פחדו וית.[... כול רוח בשר ובני שמים ...] 5 [... ביום משפ]טה וכול עולה תתם עד ושלם [קץ האמת ...] 6 [...]בכול קצי עד כיא אל אמת הוא[ה ומקדם שניו ...] 7 [...]ל להבין צדיק בין טוב לרע[ל... כול משפט ...] 8 [... כי]א יצר בשר הואה ומביני.[...] 9 [...]...[...]

Frags. 212, 213 1 [...]ולימ.[...] 2 [... בשמים] ישפ[וט על עבו]דת רש[עה וכול בני אמתו ירצו ל... קצה] 3 [ויפחדו וירעו כו]ל אש[ר התגללו] בה כי ש[מ]ים ירא[ו ו]תרעש ממק[ומה ארץ ימים] 4 [ותהום פחדו וי]רעו [כול רוח בשר ובני שמים ... ב]יום משפטה [וכול עולה תתם
5 [עד ושלם קץ ה]אמת[...]לם ...ל[... בכו]ל[קצי] עד[כיא אל אמת הואה] 6-7 [...] 8 [... ברא]תיו כיא[...] 9 [...]כול .[...]

Frag. 7 1 [אביון ואתה אם תחסר טרף מחסורכה ומותר]יכה הבא ביחד אם 2 [תותיר היבל למחוז חפצו ונחלתכה קח ממנו] ואל תוסף עוד ואם 3 [תחסר לוה מבלי הון מחסורכה כיא לוא יח]סר א[ו]צר אל ועל פיהו
4 [יהיה כול ואת אשר יטריפכה אכול ואל תוסף עוד פן תק]ציר חייכה
5 [אם הון אנשים תלוה למחסורכה אל תנום יומם ול]ילה ואל מנוח
6 [לנפשכה עד השיבכה לנושה בכה אל תכזב לו למה ת]שא עוון וגם
7 [מחרפה לוא ... ולוא תאמין עוד לרעהו וב]מחסורכה יקביץ 8 [ידו כחכה ... וכמוהו לוה ידע מא... ו]אם נגע [י]פגשכה 9 [ואצ ... חוב אל

Frag. 1 [*this fragment may belong to 4Q418a or another manuscript*] (= 4Q416 1) *1* [… according to their host, to ru]le with dominion and to […] *2* [… each kingdom, each] province, each man […] *3* [… according to the need of] their [host,] and the judgment of them all to […] *4* […] *Blank* […] *5* [… and the host of the heaven he established …] and luminaries to [(be) their signs …]

Frag. 2 [*this fragment probably belongs to 4Q418a or another manuscript*] (= 4Q416 1; 4Q418 212, 213) *1* […] each o[ne, and all their assignment and … they shall recount …] *2* [… in] heaven [he passes judg]ment upon [the work of iniq]uity, and all [the sons of his truth will be favourable …] *3* [… its end. [And] all who have de[filed themselves with it] will be in dread [and c]ry out, [for (the) heavens will fear …] *4* [… seas] and abysses are in dread, and [every spirit of flesh] will be […, and the sons of heaven …] *5* [… on the day of] its [judg]ment. And all injustice will end for ever, and [the time of truth …] *6* […] in all periods of eternity, for he is the God of truth [and from ancient times (are) his years …] *7* […] that the righteous may distinguish between good and evil, [to … every judgment …] *8* [… fo]r it is the inclination of the flesh, and those who understand […] *9* […] … […]

Frags. 212, 213 (+ *frags.* 208 + 209 + 218 + 224; = 4Q416 1; 4Q418 2) *1* […] … […] *2* [… in heaven] he passes judg[ment upon the wo]rk of ini[quity, and all the sons of his truth will be favourable … its end.] *3* [And al]l wh[o have defiled themselves] with it [will be in dread and cry out,] for (the) he[av]ens will fear [and the earth] shall be shaken from [its] pla[ce; seas] *4* [and abyss are in dread and] cry out; [every spirit of flesh and the sons of heaven … on] the day of its judgment. [And all injustice will end] *5* [for ever, and the time of] truth […] … [… in al]l [periods of] eternity, [for he is the God of truth] *6-7* […] … […] *8* […] his [creature]s, for […] *9* […] all […]

Frag. 7 (+ *frags.* 64 + 199 + 66 + 26 + 27; = 4Q416 2 I; 4Q417 1 I - II) *1* [a poor man. And you, when you lack food,] bring [your lack and] your [surplus] together; when *2* [you have in surplus, bring (it) to its desired harbour, and take your portion from it,] and do not take any more. And if *3* [you have lack, borrow without the money that you lack, for the] sto[re]house of God [has no la]ck, and on his command *4* [everything will be. And what he gives you for food, eat, and do not take any more, lest you sh]orten your life. *5* [If you borrow money of men for your need, do not sleep day or n]ight and let there be no rest *6* [for your soul until you have returned to the one who has lent to you. Do not lie to him. Why should you] carry guilt? And also *7* [from shame not (?) … (so that) you can not rely any more on his neighbour, and when] you have need he closes *8* [his hand like a hook (?) … and just like him, borrow

תסתר מנושה ב]כה [פן יגלה] 10 [חרפתכה ... מו]של בו ואז לוא[יכנו
]בשבט 11 [...]...[...]...]ואפץ עוד 12 [וגם אתה ...]עברה אם 13 [תאיץ
ידכה לבלתי שלוח ...]ל שאל טרפכה 14 [כיא הוא פתח רחמיו ... כ]ול
חסרי 15 [אוטו ולתת טרף לכול חי אין ...]אם יקפוץ 16 [ידו נאספה רוח
כול בשר אל תקח ...]ובח[רפתו]

Frag. 8 1 [תכסה פניכה ובאולת מאסור כמה ...]ה גם בהון[ונושה בו
... מהר] 2 [שלם ואתה תשוה בו כי כיס צ]פוניכה פקדת[ה לנושה בכה
בעד רעיכה] 3 [... כל חייכה בו מהר תן אש]ר לוא יקח כיסכה ו[בדבריכה
אל תמעט] 4 [רוחכה בכל הון אל]ת<א>מר רוח קדושה כיא א[ין מחיר
שוה] 5 [... איש לוא יטכ]ה ברצונו שחר פני[ו וכלשונו דבר ואז]
6 [תמצא חפצכה מחרפתכה אל תמ]ר לו וחקיכה[אל תרף וברזיכה השמר]
7 [מאודה אם עבודתו יפקוד לכ]ה אל מנוח ב[נפשכה ואל תנומה לעיניכה]
8 [עד עשותכה מצותיו ... אל תוסף]ואם יש להצניע[אש]ר מש[...] 9 [...
ואל תותר לו אף הו]ן בלי[...]ננו פן יומר בזני ונפלה א[...] 10 [... וראה
כיא] רבה קנאת אנוש ועקוב הלב מ[...] 11 [... וגם ברצונו תחזיק
]עבודתו וחכמת אטו[...]...[...] 12 [תועצנו והייתה לו לבן בכור וחמ]ל
[ע]ליכה כאיש [על יחידו ...] 13 [... כיא אתה עבדו ובחי]רו ואתה[אל
תבטח למח... ואל תשקוד] 14 [ממדהבכה ואתה דמה לו]לעבד משכיל[
וגם אל תשפל נפשכה לאשר לוא] 15 [ישוה בכ]ה אז ת[היה לו לאב ...
לאש]ר אין[כוחכה אל תגע פן תכשל] 16 [וחרפתכה]הרבה מא[ודה אל
תמכור נ]פשכה[בהון ...] 17 [...]...[...]

Frag. 9 1 [ובע]מ[ל]כ[ה תת...] 2 פקדו לכה[אל תשלח] ידכה ב[ו
פן תכוה ובאשו תבער גויתכה כאשר] 3 לקחתה כ[ן השיבהו ושמחה
]ל[כה אם תנקה ממנו וגם מכול איש] 4 אשר ל[וא ידעתה אל תקח ה]ון
פן[יוסיף על רושכה ואם שמו] 5 ברושכה למות[הפקי]דהו ורוח[כה אל
תחבל בו ואז תשכב עם האמת] 6 ובמותכה יפרח [לעו]ל[ם] זכרכה[

and know … And] if a misfortune strikes you *9* [and … debt, do not hide from] your [lender lest he reveal] *10* [your disgrace … having dom]inion over him. And then [he will] not [strike him] with a stick. *11* […] … […] And no more. *12* [And also you …] … if *13* [you shut your hand without letting go …] ask your nourishment, *14* [for he opens his compassion … a]ll the needs of *15* [his goodness, and to give nourishment to every living being. And there is not …] if he closes *16* [his hand, the spirit of all flesh will be gathered in. Do not take …] And at [his] repr[oach]

Frag. 8 (+ *frags.* 21, 12, 259; = 4Q416 2 ii; 4Q417 1 ii) *1* [you will cover your face, and at the folly of imprisonment, how …] also with money, [and the one who has lent him … quickly] *2* [repay, and you shall be even with him. For the purse of] your [tr]easures you have entrusted [to your creditor in favour of your neighbour] *3* [… all your life is in it. Quickly give, so tha]t he does not take your purse. [Do not in your affairs demean] *4* [your spirit; do not for any money] ‹exchange› a holy spirit, for n[o price is adequate] *5* [… if a man is not] favourably [inclined towards yo]u, seek [his] face [and according to his speech speak. Then] *6* [you shall find your pleasure instead of your shame. Do not embit]ter him, and [do not abandon] your regulations, and preserve your secrets] *7* [well. If he imposes his service on yo]u, let (there be) no rest in [your soul, and no sleep for your eyes,] *8* [until you have performed his commandments … you should not increase.] And if there is (something) to deposit [whi]ch …, […] *9* [… do not let (anything) remain, even mone]y, without […] …, lest he say: he has thieved me, and it falls […] *10* [… And see how] great is the jealousy of man, and the heart is deceitful […] *11* [… also, in his will, strengthen] his service and the wisdom of his kindness […] … […] *12* [you will counsel him and be for him a first-born son. He will take pi]ty [o]n you like a man [on his only son …] *13* [… for you are his servant and] his [chos]en one, and you, [do not trust …, and do not stay awake] *14* [because of your hardship. And you, be for him] like a wise servant, [and also do not demean your soul for what is not] *15* [fitting for yo]u; then you [will be for him like a father … Do not reach for wh]at is beyond [the range of your power, lest you stumble,] *16* [and your disgrace] becomes excee[dingly] great. [Do not sell] your [s]oul [for money. …] *17* […] … […]

Frag. 9 (= 4Q416 2 iii) *1* [and in] yo[ur t]oi[l you …] *2* he entrusted it to you, [you shall not stretch out] your hand to [it, lest you be scorched and your body be burned by its fire. As] *3* you have received it, th[us give it back, and you will have joy if you are innocent from it. Also, do not from any man] *4* which [you do] n[ot know receive mo]ney, lest [he adds to your poverty. But if he places it] *5* at your disposal until death, [depo]sit it, and [do not corrupt] [your] spirit [with it. Then you may lie down with the truth,] *6* and when you

ואחריתכה תנחל שמחה [*vacat* *vacat* אביון 7 אתה אל תתאו זולת]
נחלתכה ו]א[ל] תת[בלע בה פן תסיג גבו]לכה ואם 8 יושיבוכה לכ[בו]ד
ב[ה ה]תהלך *vacat* [וברז נהיה]דרו[ש מו]לדו ואז 9 תדע נחלתו ובצדק
תתהלך בו יגיה אל ת[...ו בכו]ל דרכיכה [ל]מכבדכה 10 {ואז [תדע
]נח[ל]תו ובצדק [ת]תהלך כי יגיה אל[ת...ו ב]כול דרכיכה למכבדכה}
11 תן ה[ד]ר ושמו הלל תמיד כיא מראש הר[ים רא]שכה עם נדיבים
12 הו[שיב]כה ובנחלת כבוד המשילכה רצ[ונו ש]חר תמיד *vacat*
13 [אביון א]תה אל תאמר רש אני ול[וא] אדרוש דעת בכול מוסר
14 [הבא שכמכה]ובכ[ו]ל[...] צרוף לבכה וברוב בינה מחשבתיכה
15 [רז נהיה דרוש והתבונן]בכול דרכי אמת וכול שורשי עולה 16 תביט
[ואז תדע מה מר לא]יש ומה מתוק לגבר *vacat* 17 כבד אב[יכה בריש]כה
[ואמכ]ה במצעריכה כי כאל לאיש כן אביהו 18 וכאדנ[ים לגבר כן אמו כי
ה]מה כור הוריכה וכאשר המשיל{כה}ם

Frag. 10 1 [בכה ויצר על הרוח כן עובדם וכאשר גלה או]זנכה ברז
נ[היה כבדם למען] 2 [כבודכה וכ... הדר פניהמה למען חייכה ואורך
]ימיכה[ואם רש אתה] 3 [כשה... בלוא חוק אשה לקחתה ברושכה קח
מולדי ...] 4 [... מרז נהיה בהתחברכה יחד התהלך]עם עז[ר בשרכה ...]
5 [... את אביו את אמו ודבק באשתו והיו לבשר]אחד ואותכה המש[יל]
5a [בה ותש ... לוא תמשיל] 6 [בה מאמה הפרידה ואליכה לבבה ותהיה
לכה ל]בשר אחד בתכה ל[אחד] 7 [יפריד ובניכה לבנות רעיכה ואתה ליחד
עם אשת]חיקכה כיא היא ש[אר ערותכה] 8 [ואשר ימשול בה זולתכה
הסיג גבול חייה]ו ברוחה המשי[לכה להתהלך] 9 [ברצונכה ולא להוסיף
נדר ונדבה השב רוחכ]ה לרצ[ו]נכה ו[כול שבועת] 10 [אסרה לנודר נדר
הפר על מוצא פיכה ובר]צונכה הניא[...]

die your memory will blossom [for ev]e[r, and your succession will inherit joy. *Blank*] *Blank* If you are poor, *7* do not long for anything but [your inheritance, and] do no[t] get [consumed by it, lest you displace] your [bound]ary. And if *8* they seat you in gl[or]y, [w]alk in [it,] *Blank* [and] investi[gate] its [ori]gin [through the mystery of existence.] Then *9* you will know his inheritance, and walk in justice, through it God will lighten [his … on al]l your paths. [To] who glorifies you *10* {Then [you will know] his inhe[rit]ance, and [w]alk in justice, for God will lighten [his … on] all your paths. To who glorifies you} *11* give ho[no]ur, and praise his name continuously. For from poverty he lif[ted] your [he]ad, and among nobles *12* he se[ated] you. And over an inheritance of glory he has given you dominion. [Se]ek [his] wi[ll] continuously. *Blank 13* [If y]ou are [poor,] do not say: I am poor and (therefore) I can n[ot] seek knowledge. To all discipline *14* [bend your shoulder,] and with ev[e]ry […] refine your heart, and with much knowledge your thoughts. *15* [Investigate the mystery of existence, and consider] all paths of truth, and all the roots of injustice *16* observe closely. [Then you will know what is bitter for a human] being and what is sweet for a man. *Blank 17* Honour [your] father [in] your [poverty, and yo]ur [mother] in your lowliness. For like god is to a human being, so is his father, *18* and like master[s are to a man, so is his mother, for th]ey are the oven of your origin. And since he has given {you} them dominion

Frag. 10 (= 4Q416 2 III - IV; 4Q418a 18) *1* [over you and formed (?) the spirit, thus serve them. And since he had opened] your [ea]rs to (?) the mystery of ex[istence, honour them for] *2* [your own glory, and … honour their presence, for the sake of your life and the length of] your days. [And if you are poor] *3* [… without law. If you take a wife in your poverty, take the offspring …] *4* [… from the mystery of existence. When you are joined together, walk] with the hel[p of your flesh …] *5* [… his father and his mother, and cleave to his wife, and become] one flesh. And he has given you domin[ion] *5a* [over her, and … not has he given dominion] *6* [over her. He has separated her from her mother, and towards you is her heart. And she shall be for you, to (be)] one flesh. Your daughter *7* [he will separate] for [another (man), and your sons for the daughters of your neighbour, and you, to (be) together with the wife of] your bosom, for she is the fl[esh of your nakedness.] *8* [And who(ever) wants to have dominion over her, apart from you, has displaced the boundary of hi]s [life. Over her spirit] he has given [you] domin[ion, that she should walk] *9* [in accordance with your will, and no more. A vow or offering yo]ur [spirit may revoke according to your will. And [every obligatory oath] *10* [of her, vowing a vow, annul with an utterance of your mouth, and according to] your [w]ill, prevent […]

Frags. 43, 44, 45 I 1 [... הבט ברזי פלא]י אל הנוראים תשכיל ראש
[...]. 2 [... הבט ...]קדם למה נהיה ומה נהיה במ[ה ...] 3 [...]למה הויא
ולמ[ה] נהיה במה[יהיה בכול ...] 4 [מעשה ... יום ו]לילה הגה ברז נהיה[
ודרוש תמיד ואז תדע אמת ועול חכמה] 5 [... הבן מעשה ... בכו]ל
דרכיהמה עם פקודות[מה לכול קצי עולם ופקודת עד ואז תדע] 6 [בין טוב
לרע כמעשיהם כיא]אל הדעות סוד אמת [וברז נהיה פרש את אושה מעשיה
...] 7 [לכול חכמה ולכול ערמה י]צרה וממשל [מעשיה] ל[כול ... יתול את
כול ... בא.] 8 [פרש למבינתם לכול מעשה ל]התהלך ביצר מ[בינתו
ויפרש לא... ...ריה ובכושר מבינות] 9 [נודעו נסתרי מחשבתו עם
תת]הלכו [תמים בכול מעשיו אלה שחר תמיד והתבונן בכול תוצאותמה]
10 [ואז תדע בכבוד עולם עם רזי פלאו]וגבורו[ת מעשיו *vacat* ואתה מבין
רוש] 11 [פעלתכה בזכרון ה... כיא בא חרו]ת החוק וחקו[ק כול הפקודה
כי חרות מחוקק לאל על כול] 12 [ע... בני שית וספר זכרון כתוב לפ]ניו
לשמרי דב[רו והואה חזון ההגוי וספר זכרון] 13 [וינחילה לאנוש עם עם
רוח כיא כתבנית קדושים יצ]רו ועי[ד לוא נתן הגוי לרוח בשר כיא]לוא
14 [ידע בין טוב לרע כמשפט רוחו ואתה בן מבין הב]ט ברז נהיה[ודע ...
כול חי והת]הלכו 15 [הפקוד על מעשהו ל ...]ה בין רב ל[מעט]
ובסוד[כמה ...] 16 [... ציכה]ברז נהיה[...]ל[...] 17 [... כול חזון דע
ובכול ... והתח]זק

Frag. 55 1 [...]...[...] 2 [...] *vacat* [...] 3 [...]בעמל נכרה דרכיה
vacat נרגיע 4 [...] ושקד יהיה בלבבנו [...]ובטוח בכול דרכינו *vacat*
5 [...]ת דעה ולא שחרו בינ[ה ... לו]א בחרו *vacat* הלוא אל [ה]דעות
6 [...]על אמת להכין כול[... ב]ינה הוא פלג לנוחלי אמת 7 [...]שקד
בא[...]...[...]הלוא שלום והשקט 8 [... הלוא יד]עתם אם לא שמעתמה
כיא מלאכי קודש לו בשמים 9 [...]אמת וירדפו אחר כול שורשי בינה
וישקדו על 10 [... לפ]י דעתם יכבדו איש מרעהו ולפי שכלו ירבה הדרו

Frags. 43, 44, 45 *col.* I (= 4Q417 2 I; 4Q418a 11) *1* [... consider the wonderful mysterie]s of the God of awe. Pay attention to the principle of [...] *2* [... consider ... of] old (?), why something exists, and what exists through th[em ...] *3* [...] why something existed, and wh[y] something exists, through them [it will be in all ...] *4* [work ... day and] night meditate on the mystery of existence, [and seek continuously. And then you will know truth and injustice, wisdom *5* [... understand the work of ... in al]l their paths together with [their] visitations for all eternal periods, and eternal visitation. And then you will know] *6* [(the difference) between good and evil in their works, for] the God of knowledge is the foundation of truth, [and through the mystery of existence he expounded its basis. Its works ...] *7* [with all wisdom, and with all intelligence he fo]rmed it, and the dominion of [its deeds] according to [all ... all ...] *8* [he expounded to their minds, to every creature to] walk in the nature of [its] un[derstanding, and he expounded to ... and in the correctness of understanding] *9* [are made known the secrets of his thought, while one wa]lks [perfectly in all one's deeds. Be constantly intent on these things, and understand all their effects.] *10* [And then you will know eternal glory with his wonderful mysteries] and [his] mighty [deeds. *Blank* And you, understanding one, inherit] *11* [your reward in the remembrance of the ... for it comes. Engra]ved is the portion, and ordain[ed is all the punishment, for engraved is that which is ordained by God against all] *12* [the ... of the sons of Seth, and a book of remembrance is written in] his [pres]ence for those who keep [his] wo[rd. And this is the vision of meditation and a book of remembrance.] *13* [And he will give it as an inheritance to Enosh together with a spiritual people, for according to the pattern of the holy ones is] his [fash]ioning, but [he did not give meditation (as)] a witn[ess to the spirit of flesh, for it does] not *14* [know the difference between good and evil according to the judgment of its spirit. And you, understanding son, consi]der the mystery of existence, [and know the ... of every living being, and] its [way of wa]lking *15* [that is appointed for its deeds ...] between much and [little,] and in [your] counsel [...] *16* [... your ...] in the mystery of existence [...] ... [...] *17* [... of each vision know, and in all ... And be stead]fast

Frag. 55 *1* [...] ... [...] *2* [...] *Blank* [...] *3* [...] in labour we will dig her paths. *Blank* We will come to rest *4* [...] and vigilance will be in our hearts [...] and assurance in all our paths. *Blank* *5* [...] knowledge, and not have they sought understand[ing ...] they have [no]t chosen. *Blank* Is not the God of knowledge *6* [...] on truth to establish all [... under]standing. He has allotted to those who inherit truth *7* [...] watches over [...] ... [...] Will not peace and rest *8* [... don't] you [kno]w, haven't you heard that the angels of holiness to him in heaven *9* [...] truth. And they pursue all the roots of understanding, and keep watch over *10* [... in accordan]ce with their knowledge they honour one man more than an other, and according to one's insight one's honour will become

11 [...]הכאנוש הם כי יעצל ובן אדם כי ידמה הלוא 12 [...]עד והם אחזת
עולם ינחלו הלוא ראיתם

Frag. 69 II 1 [...]בחכה 2 [...]ותשכול[... תהו]מות עם 3 [.].[...]
.דתם הלוא באמת יתהלכו 4 כול[ימי]הם ובדעה כול גליהם *vacat* ועתה
אוילי לב מה טוב ללוא 5 נוצר[ומה] השקט ללוא היה משפט ללוא נוסד
ומה יאנחו מתים על .[...]ם 6 אתם[...]ל נוצרתם ולשחת עולם תשובתכם
כי תקיץ ...[... ח]טאכמ[ה] 7 מחשכים יצרחו על ריבכם וכול נהיה עולם
דורשי אמת יעורו למשפטכ[ם אז] 8 ישמדו כול אוילי לב ובני עולה לוא
ימצאו עוד[וכ]ול מחזיקי רשעה יבש[ו ואז] 9 במשפטכם ירעו מוסדי
הרקיע וירעמו כול צ[... כו]ל אהבי[...] 10 *vacat* ואתם בחירי אמת
ורודפי[...]...[... ו]שוקד[ים] 11 על כול דעה איכה תאמרו יגענו בבינה
ושקדנו לרדוף דעת .[...]. בכול .[...] 12 ולא עיף בכול {נ}שני עולם הלוא
באמת ישעשע לעד ודעה[...]תשרתנו וב[ני] 13 שמים אשר חיים עולם
נחלתם האמור יאמרו יגענו בפעלות אמת ויעפ[נו] 14 בכול קצים הלוא
באור עולם יתהל[כו ... כ]בוד ורוב הדר אתם[...] 15 ברקיעי[...]סוד
אילים כול[...] *vacat* ואתה בן[...]

Frag. 77 1 [...]שמש ה[...]כה *vacat* [...] 2 [...]רז נהיה וקח
תולדות[א]דם וראה בכוש[ר ...] 3 [... ופקודת מ]עשהו ואז תבין במשפט
אנוש ומשקל[...] 4 [... מזל שפתיו לפי]רוחו וקח ברז נהיה ע[ל מ]שקל
קצים ומדת[...] 5 [...]...[...]...[...]

Frag. 81 1 שפתיכה פתח מקור לברך קודשים ואתה כמקור עולם
הלל .[...]. הבדילכה מכול 2 רוח בשר ואתה הבדל מכול אשר שנא והנזר
מכול תעבות נפש[כי]א הוא עשה כול 3 ויורישם איש נחלתו והוא חלקכה
ונחלתכה בתוך בני אדם[ובנ]חלתו המשילמה ואתה 4 בזה כבדהו
בהתקדשכה לו כאשר שמכה לקדוש קודשים[לכול]תבל ובכול[א]ל[ים]

numerous *11* [...] are they like a man? For he is lazy. And a son of man? For he sits still. Is not *12* [...] ... but they will inherit an eternal property. Have you not seen

Frag. 69 II (+ *frag.* 60) *1* [...] your ... *2* [...] and you will understand [... dep]ths with *3* [...] their ... Do not walk in faithfulness *4* all their [seas], and in knowledge all their waves? *Blank* Now then, foolish of heart, what is good to who has not *5* been created? [And what is] rest to who has not come into being? And what is righteousness to who has not been founded, and how should the dead groan over [...] *6* You were created [...], and your return will be to the eternal pit, for it shall awaken [...] your [s]in. *7* The dark places will shriek against your pleadings, and all who exist for ever, who seek the truth will arise to judge y[ou. Then] *8* all the foolish of heart will be annihilated, and the sons of iniquity will not be found any more. [And a]ll who clung to evil will be ashamed. [And then,] *9* at your judgment the foundations of the firmament will shout, and all [...] will thunder [... al]l who love [...] *10 Blank* And you, chosen ones of the truth, and pursuers of [...] ... [... and] who keep watch *11* over all knowledge, how can you say: we have toiled for insight, and been vigilant to pursue knowledge [...] in all [...] *12* and does not tire in all years of eternity; does he not take delight in truth forever, and knowledge [...] serves him. And the s[ons of] *13* heaven whose inheritance is eternal life, would they really say: «We have toiled for the works of truth, and [we] have tired (ourselves) *14* in all times?» Do [t]he[y] not wal[k] in eternal light [... gl]ory and abundant splendour? You [...] *15* in the firmaments of [... in] the council of the gods is all [...] *Blank* And you, son [...]

Frag. 77 (= 4Q416 7) *1* [...] sun [...] ... *Blank* [...] *2* [...] the mystery of existence, and grasp the nature of [m]an, and see the correct[ness of ...] *3* [... and the visitation of] his [w]ork. And then you shall understand the judgment of man, and the weight [...] *4* [... the flow of his lips, according to] his spirit. And grasp the mystery of existence accor[ding to the w]eight of times and the measure of [...] *5* [...] ... [...]

Frag. 81 (= 4Q423 8 + 24?) *1* your lips he has opened a spring to bless the holy ones. And you, as (with) an eternal fountain praise [...] he has separated you from every *2* spirit of flesh. And you, keep yourself apart from everything he hates, and abstain from all abominations of the soul. [Fo]r he has made everyone, *3* and has given each of them their inheritance. And he is your portion and your inheritance among the sons of Adam, [and over] his [in]heritance he has given them authority. And you, *4* honour him by this: by consecrating yourself to him, in accordance to the fact that he has placed you as a holy of holies [over all] the earth, and among all the [g]o[ds] *5* he has cast your lot. And he

5 הפיל גורלכה וכבודכה הרבה מואדה וישימכה לו בכור ב[...] 6 וטובתי לכה אתן ואתה {ל}הלוא לכה טובו ובאמונתו הלך תמיד[...] 7 מעשיכה ואתה דרוש משפטיו מיד כול יריבכה בכול ...[...] 8 אהבהו ובחסד {עולם} וברחמים על כול שומרי דברו וקמת.[...] 9 ואתה שכל[פ]תח לכה ובאוצרו המשילכה ואיפת אמת פ֯קד[...] 10 אתכה המה ובידכה להשיב אף מאנשי רצון ולפקוד על[...] 11 עמכה בטרם תקח נחלתכה מידו כבד קדושיו ובט[רם ...] 12 פתח [ב]שיר כול קדושים וכול הנקרא לשמו קודש.[...] 13 עם כול קצים הדרו פארתו למטעת עו[לם ...] 14 ...ה תבל יתהלכו כול נוחלי ארץ כי בשמ[...] 15 ואתה מבין אם בחכמת ידים המשילכה ודע[...] 16 אוט לכול הולכי אדם ומשם תפקוד טרפכה ו[...] 17 התבונן מודה ומיד כול משכילכה הוסף לקח[...] 18 הוצא מחסורכה לכול דורשי חפץ ואז תכין [...] 19 תמלא ושבעתה מרוב טוב ומחכמת ידיכה[...] 20 כי אל פלג נחלת[כו]ל[חי] וכול חכמי לב השכלו[...]

Frag. 88 1 תכין לכ[ול]חפציכה[...] 2 בחייכה ושלמכה לרוב שני[...] 3 השמר לכה למה תערב רמ[...] 4 עול תשפוט ובכוח ידיכה ת[...] 5 יק{ו}פ֯י֯ץ ידו ממחסורכה וכש[...] 6 לכף רגלכה כיא אל דורש בינ[ה ...] 7 בידכה לחיות ונאספתה ביגונ[כה ...] 8 ובאמת תמלא נ[ח]לתכה והייתה[...] 9 [...]...[...][...]

Frag. 102 1 [...]...ה בשחר[כה ...] 2 [...]חפץ ואמת צדק כול מעשיו ו.[...] 3 [...]מבין באמת מיד כול חכמת ידי{ם}כה[...] 4 [...הת]הלככה ואז ידרוש חפצכה לכול מבקשיו[...] 5 [...מ]עוון תועבה תנקה ובשמחת אמת תשת[עשע ...]

Frag. 103 II 1 [...]...[...] 2 [...]. אכרים עד כול .[...] 3 [.]דש הבא בטנאיכה ובאסמיכה כול[פרי אדמתכה ...].[...] 4 ישוה עת בעת דורשם ואל תדם .[...]בודו ולוא ת[...] 5 כי כולם ידרשו לעתם ואיש כפי חפצ[ו ...].כה ימצא הלוכי י.[...] 6 כמקור מים חיים אשר הכיל א[ו]ט.[

has multiplied your glory exceedingly, and he has placed you for him as a first-born … [… «…] *6* and my goodness I will give to you». And you, is not his goodness for you, and in faithfulness to him walk continuously […] *7* your works. And you, seek his judgments from all your adversaries, in all … […] *8* love him; and with {eternal} kindness and mercy towards all who keep his word and … […] *9* And you, [he has op]ened insight for you, and he has given you authority over his treasure, and an epha of truth he has entrusted […] *10* they are with you. And it is in your hand to turn away anger from the men of pleasure and to appoint over […] *11* your people. Before you take your inheritance from his hand, honour his holy ones, and be[fore …] *12* begin [with] a song (for) all the holy ones. And everyone who is called by his name (will be) holy […] *13* during all times his splendour, his beauty for the eter[nal] plantation […] *14* … world. In it will walk all who inherit the earth, for in … […] *15* And you, understanding one, if he has given you authority over manual craft, know then […] *16* *'wt* for all mortal humans (?), and from there you shall entrust your food and […] *17* you will be exceedingly understanding. And from all your teachers get more understanding […] *18* Exhibit your lack to all those who seek pleasure, and then you will establish […] *19* you shall fill, and you will be satiated with the abundance of good (things), and with your craftsmanship […] *20* For God has allotted the inheritance of [ever]y [living being,] and all (you) wise ones of heart, understand […]

Frag. 88 *1* you will prepare for a[ll] what you need […] *2* during your life, and your peace for an abundance of year[s …] *3* Take care that you do not pledge … […] *4* iniquity you shall judge and with the strength of your hands you […] *5* he will withdraw his hand from your need, and … […] *6* for the sole of your foot, for God seeks knowled[ge …] *7* in your hand to live. And you will be gathered in [your] torment […] *8* and in truth your in[he]ritance will be filled, and you shall be […] *9* […] … […]

Frag. 102 *1* […] … when [you] consider […] *2* […] pleasure and just truth are all his works, and […] *3* […] who understands truth: through all your craftsmanship […] *4* […] your [w]alking. And then he will seek your desire; for all who ask for it […] *5* [… from] the iniquity of abomination you shall be innocent, and in the joy of truth you will de[light …]

Frag. 103 II (= 4Q418a 4 ?) *1* […] … […] *2* […] farmers, until all […] *3* […] … bring in your baskets and in your stores all [the fruit of your land …] *4* he places from time to time, seek them and do not resemble […] … and not […] *5* for all of them seek according to their time, and everyone according to [his] desire […] … shall find the paths of … […] *6* like a spring of living water

...]מחסורכה אל תערוב אשר [...] 7 למה יהיה כלאים °בפרד והייתה
כלוב[ש בשעטנז ו]בצמר ובפשתים ועבודתכה כחור[ש] 8 בשור ובח[מ]ר
[י]חד[ו] וגם תבואתכה תה[יה לכה כ]זורע כלאים אשר הזרע והמלאה
ותבוא[ת] 9 ה[כרם] יקד[ש ...] הונכה עם בשרכה[...]חייכה יתמו יחד
ובחייכה לוא תמצא

Frag. 107 1 [... בק]שו ואז תמצ[א ...] 2 [...]תה למעלה ו[...]
3 [...]ה למחסורכה כי[...] 4 [...]אוטים מסחורכה ופעולתכה בחפצי [...]
5 [...]שם עם כול צמחי אדמה כי כל[ם] ידרש[ו ...] 6 [...]ני עשב עם
שר[...]...[...] 7 [...]כרנמה עם[...]

Frags. 122 II + 126 II 4 [... ל]וא ישבות אחד מכול צבאם ה[...]
5 וא[תה מב]ין באמת מיד כול אוט אנשים א[...] 6 כי באי[פ]ת אמת
ומשקל צדק תכן אל כול מ[...] 7 פרשם באמת הוא שמם ולחפציהם
ידרש[ו ...] 8 יסתר כול וגם לוא נהיו בלוא רצונו ומחוכ[מתו ...]
9 משפט להשיב נקם לפעלי און ופקודת ש[לום ...] 10 ולסגור בעד
רשעים ולהרים ראוש דלים [...] 11 בכבוד עולם ושלום עד ורוח חיים
להבדיל[...] 12 כול בני חוה ובכוח אל ורוב כבודו עם טובו [...]
13 ובאמונתו ישיחו כול היום תמיד יהללו שמו ו.[...] 14 *vacat* ואתה
באמת התהלך עם כול דורשי .[...] 15 ובידכה אות{ה}ו ומטנאכה ידרוש
חפצו ואתה מ[בין ...] 16 ואם לוא ת{ס}שיג ידו למחסורכה ומחסור אוטו[
...] 17 [...]פיהו ואל ישים מחפצו כי אל י.[...] 18 [...]ידכה למותר
ופרץ מקניכ[ה ...] 19 [...] עולם ...[...]

Frag. 123 II 1 ...[...] 2 למבוא שנים ומוצא קצים [...] 3 כול
הנהיה בה למה היה ומה יהיה בו [...] 4 קצו אשר גלה אל אוזן מבינים ברז
נהיה[...] 5 [ו]אתה מבין בהביטכה בכול אלה ...[...]ל[...] 6 [...]דה
שקול מעשיכה עם קצ[י ...] 7 [...]. פוקד לכה השמר מאד ...[...] 8 [...
שפ]וט עוון [...]

which contains *'wt* [...] your need. Do not mix what [...] *7* lest it be of mixed kinds /like/ a mule, and (lest) you become like someone *Deut 22:11* who wea[rs clothes woven of two kinds of yarn,] wool and flax, *Deut 22:10* and your work be like (that of) some-one who ploug[hs] *8* with an ox and an a[s]s [to]geth[er], *Deut 22:9* or also your produce b[e for you like (that of)] someone who sows mixed kinds, for the seed, the yield, and the produc[e of] *9* the [vineyard] will be sancti[fied ...] your wealth together with your flesh [... of] your life will end together, and during your life you shall not find

Frag. 107 *1* [... se]ek and then you shall fin[d ...] *2* [...] ... upwards, and [...] *3* [...] for your need ... [...] *4* [...] *'wtym* your merchandise, and your wages in the desires of [...] *5* [...] there with all the offshoots of the earth. For all [of them] will seek [...] *6* [...] ... of the grass with ... [...] ... [...] *7* [...] ... with [...]

Frags. 122 *col.* II + 126 *col.* II *4* [... n]ot shall one rest from all their duties [...] *5* And y[ou, who under]stand truth: by means of all the *'wt* of men ... [...] *6* for with the e[ph]a of truth and the weight of righteousness God has meted out all ... [...] *7* he has spread them out, and with truth he has placed them, and by those that have pleasure in them [t]he[y] are being sought [...] *8* everything will be hidden, and also they have not come into being without his will, and apart from [his] wis[dom ... of] *9* judgment to accomplish vengeance to the workers of deceit, and visitation of re[tribution ...] *10* and to lock up wicked ones and to lift the head of poor ones [...] *11* with eternal glory and everlasting peace, and a living spirit to separate [...] *12* all the sons of Eve, and through the strength of God and his abundant glory with his goodness [...] *13* and on his loyalty they will ponder all the day, continuously they will praise his name and [...] *14 Blank* And you, walk in the truth with all the seekers of [...] *15* and in your hand is its *'wt* and from your basket he will search his pleasure, and you, un[derstanding one ...] *16* and if he has not enough for your need, and the need of his *'wt* [...] *17* [...] his mouth. And do not place apart from his pleasure, for God will [...] *18* [...] your hand for surplus, and your livestock will burst forth [...] *19* [...] eternal ... [...]

Frag. 123 *col.* II *1* ... [...] *2* concerning the entry of years and the exit of periods [...] *3* everything which happened in it, why it was, and what will be in it [...] *4* its period which God uncovered to the ear of those who understand the mystery of existence [...] *5* [And] you, understanding one, when you consider all these things ... [...] *6* [...] ... weigh your deeds with the time[s (?) ...] *7* [...] he will assign to you. Take good care ... [...] *8* [... jud]ge iniquity [...]

Frag. 127 1 [...]מקורכה ומחסורכה לוא תמצא ודאבה נפשכה מכול
טוב למות[...] 2 [...]צפה כול היום ואותה נפשכה כי תבוא בפתחיה
וקברת יכס[ה ...] 3 [...]... גו[י]תכה והייתה למאכל שן ולחומי רשף נגד
מו[ת ...] 4 [... דו]רשי חפץ הוניתה בהליכמה וגם אתה ת.[...] 5 [...]ב
לכה כי אל עשה כול חפצי אוט ויתכנם באמת[...] 6 [...]לן כ]י במוזני
צדק שקל כול תכונם ובאמת[...] 7 [...]...[...]...[...]

Frag. 167 1 [...]מתכונתה בכ[ול ...] 2 [...]ה בם כי כמוזני צד[ק
...] 3 [... אשר לו]א יהיו ב.[... כ]יא זאת תעלה ˹ז˺את[...] 4 [... כול אחד
למשקלמה וכ]אשר לוא[... לאיפה ו]איפה לעמר ועומ[ר ...] 5 [...]אשר
לוא ביחד [... ר]וחמה ליפי מראיה [... מבינים כי לפי רוחות ית...]
6 [...]תכנתה ביחד רוחכ[ה ... כו]ל מומיה ספר לו ובגוי[תיה הבינהו ...]
7 [... ויהיה לו]כמכשול לפנ[יו ...]... נגף באפלה יה[יה ...]
8 [...]ל[...]ל[...]

Frag. 172 1 [...]רז נהיה[...] 2 [...]. הרוח ומשקל[...]
3 [...]..יכה יכונו ליח[ד ...] 4 [...]בתמים דרך עם קץ [...] 5 [... ל]פי
רוב נחלת איש באמ[ת ...] 6 [...]ו אליך עם עשתרותי[ה ...] 7 [...]בניח
שלום ובהתהלכמה[...] 8 [...]. מחיות {.}˹י˺שדה ומגוזל [...] 9 [...]בער
בשדה אחר ישל[ם ...] 10 [...]כה עם מרעיתכה ובמר[עית ...] 11 [...
]בכול מרעיתמה {למה} שנה [...] 12 [...]שיבה למה תדמה[...] 13 [...
בי]דכה משפט הצאן ובל[...] 14 [...]מה בחרב היו[...]

4Q418a *4QInstruction[e]*

J. Strugnell, D.J Harrington, *DJD XXXIV* (forthcoming)
PAM 41.997, 43.687

Frag. 11 1 [...]...ציכה ברז] 2 נהיה[... כול חזון] 3 דע וב[כול ...
ותתחזק] 4 תמיד אל ת[יגע בעולה ... כי כול הנוגע בה] 5 לוא ינקה[כפי

Frag. 127 *1* […] your fountain. And what you need you shall not find, and your soul languishes for want of all good things. To death […] *2* […] looks the whole day, and your soul will want to come in its gates, and being buried, it shall cov[er …] *3* […] … your b[o]dy. And you will be food for the tooth, and eaten up by the pestilence in the presence of dea[th …] *4* [… those who se]ek pleasure. You will be oppressed by their steps. And also you […] *5* […] to you, for God has made all the pleasures of *'wt* and meted them with the truth of […] *6* [… fo]r with the scales of justice he has weighed all their right times and with truth […] *7* […] … […] … […]

Frag. 167 (= 4Q415 11; 4Q418a 15 + 13 ?) *1* […] from its measurement in a[ll …] *2* […] through them, for with the scales of justi[ce …] *3* [… which] are [no]t … [… f]or this one goes up /and/ this one […] *4* [… each one according to their weight, and wh]en not [… by epha and] epha, by omer and ome[r …] *5* […] which is not together […] their [sp]irit to its beautiful appearance [… understanding ones, for according to spirits …] *6* […] your spirit established them together [… al]l her blemishes recount to him, and [make him understand her] bodily defec[ts …] *7* [… and it will be for him] an obstacle before [him …] … a stumbling in the darkness it will [be …] *8* […] … […]

Frag. 172 *1* […] the mystery of existence […] *2* […] (of) the spirit, and the weighing of […] *3* […] your … will be established togeth[er …] *4* […] in perfection of way, with the period of […] *5* [… in accor]dance with the abundance of the inheritance of man. In tru[th …] *6* […] … to you with [her] young sheep […] *7* […] her children peace. And in their walking […] *8* […] … from the beasts of /the/ field, and from who tears away […] *9* […] grazes in the field of someone else, he will recompen[se …] *10* […] your, together with whom you pasture, and during the past[urage …] *11* […] with all which they pasture {why} year […] *12* […] … why should you resemble […] *13* [… in] your [ha]nd is the judgment of the flock, and in … […] *14* […] … by the sword … […]

4Q418a *4QInstruction*[e]

ROC 511
1Q26, 4Q415, 4Q416, 4Q417, 4Q418, 4Q423

Frag. 11 (= 4Q417 2 I; 4Q418 43, 44, 45 I) *1* … [… your … in the mystery of] *2* existence [… of each vision] *3* know, and in [all … And be steadfast] *4* continuously. Do not [get touched by injustice… for all who touches it]

נחלתו ...]

Frags. 15 + 13 1 [... א]חד מ[... בם כי במוזני צדק ...] 2 [...] אשר לוא יהיו[ב... כיא זאת תעלה וזאת ...] 3 [... כול]אחד למשקלמה וכא[שר לוא ...] 4 [...]לעומר ועומר לא[יפה לאיפה ...] 5 [... א]שר לוא בי[חד ...]

4Q418b

J. Strugnell, D.J Harrington, *DJD XXXIV* (forthcoming)
PAM 43.475

Frag. 1 1 ...[...] 2 מעוזכ[ה ...]...[...] 3 [י]עלו הרים וירדו תהמ[ות נפשם ברעה תתמוגג] 4 [ינועו] ויחגו כשכור וכול ח[וכמתם תתבלע] 5 [...]שלך לבטח[...]

4Q418c *4QInstruction[f]*

J. Strugnell, D.J Harrington, *DJD XXXIV* (forthcoming)
PAM 43.486

Frag. 1 1 [...]ח תהומות[...] 2 [...]ם ומי יש.[...] 3 [...]ל גלילתו אמ[...] 4 [...]סגור .[...] 5 [... א]בד [כו]ל עול[...] 6 [... יש]מעו מע[שיו ...] 7 [... יש]כילו ול[...] 8 [... רז] נהיה כי אין סו[ף ...] 9 [...]קץ שלום ·...[...] 10 [... רא]ש הכרמל תש[...]

---

5 shall not be regarded innocent; [according to his inheritance …]

Frags. 15 + 13 (= 4Q415 11; 4Q418 167) *1* [… o]ne … [… through them, for with the scales of justice …] *2* […] which are not [… for this one goes up, and this one … […] *3* [… each] one according to their weight, and wh[en not …] *4* […] by omer and omer, by e[pha and epha …] *5* [… wh]ich is not toge[ther …]

4Q418b

ROC 495

Frag. 1 (previously numbered 4Q418 115) *1* … […] *2* yo[ur] refuge […] … […] *3 Ps 107:26-27* They rise up to the mountains, and descend into the depth[s; their soul melts away in evil.] *4* [They stagger] and reel like a drunk, and all [their] wi[sdom is swallowed up.] *5* […] … in security […]

4Q418c *4QInstruction*^{f}

ROC 499

Frag. 1 (previously numbered 4Q418 161) *1* […] depths […] *2* […] and who will … […] *3* […] its territory … […] *4* […] close […] *5* [… de]stroy [al]l iniquity […] *6* […] they [will h]ear [his] wor[ks …] *7* […] they [will un]derstand and […] *8* [… the mystery of] existence, for there is no en[d …] *9* […] period of peace … […] *10* [… the summ]it of Carmel … […]

4Q419 (4QSap. Work B) *4QSapiential Work B*

S.J. Tanzer, *DJD XXXVI* (forthcoming)
PAM 43.534

Frag. 1 1 אשר תעשו על פי כול המשפ[טים ...] 2 אליכם ביד משה ואשר יעשה[...] 3 ביד כוהניו כיא המה נאמני ברי[ת ...] 4 יודיע את אשר [.]ל[.] ואת ה.[...] 5 [...]ויבחר בזרע אהרון לה.[...] 6 [ד]רכיו ולגיש ניחוח .[...] 7 ויתנם .[...]... ל[כו]ל עמו ו[...] 8 ויצו .[...]...[...]...[...] 9 כסא אשר רם בהוד עם[...] 10 הוא חי עולם וכבודו לע[ד יהיה ...] 11 תשחרו ותועבת נדה ב.[...] 12 אהבתם ויתגוללו בכול[...] 13 ...[...]

Frag. 8 II 1 חפצו .[...] 2 ובדברו .[...] 3 בש[...]. ויספרם[...] 4 מהמה דרכיהם עם פקוד[תם ...] 5 לחושך ומאוצרו ישב[...] 6 תבואות לכול קצי עולם .[...] 7 אם יקפוץ ידו ונאספה רוח כול [בשר ...] 8 [א]ל אדמתם ישובון[...]

4Q420 *4QWays of Righteousness[a]*

T. Elgvin, *DJD XX*, 173-182, pl. XV
PAM 43.534
ROC 509
4Q264a, 4Q421

Frag. 1 II 1 [בדרכי אל לעשות צדקה]כזות לוא ישיב בטרם ישמ[ע] 2 [ולוא ידבר בטרם יבין] בארוך אפים ישיב פתגם וע[...] 3 יוציא ד[ב]ר[... ידר]ש אמת משפט ובמחקר צדק 4 ימצא תוצ[אותיה איש] עניו ונכי שכלו ל[ו]א ישוב א[חור] 5 עד .[...]נאמן לוא יסור מדרכי צדק[וישם] 6 [...]מותיו וכפיו בצדק נגא[ל ...] 7 בבינה כל[...]ל .דותיו גבולו[...] 8 [...]ל[עשות צ]דקה[...]

4Q419 (4QSap. Work B) *4QSapiential Work B*

ROC 509
Bibliography: Wacholder-Abegg 2, 155-158

Frag. 1 *1* which you will do in accordance with all the prece[pts ...] *2* to you by the hand of Moses, and what he will do [...] *3* by the hand of his priests for they are those who are faithful to the covena[nt ...] *4* he will make known what ... and [...] *5* [...] and he has chosen the seed of Aaron to ... [...] *6* his [p]aths, and to bring soothing [...] *7* and he has given them [...] to [al]l his people and [...] *8* and he has commanded [...] ... [...] *9* a throne which is elevated in majesty with [...] *10* he lives for ever, and his glory [will be] in eter[nity ...] *11* you shall seek, and the abomination of impurity ... [...] *12* you have loved; and they have defiled themselves in all [...] *13* ... [...]

Frag. 8 *col.* II *1* his pleasure [...] *2* and by his word [...] *3* [...] ... and he has counted them [...] *4* from them their paths together with the[ir] visitat[ion ...] *5* to the darkness, and from his storeroom he will ... [...] *6* harvests for all eternal periods [...] *7* if he closes his hand the spirit of all [flesh] will be gathered in [...] *8* [t]o their soil they will return [...]

4Q420 *4QWays of Righteousness*[a]

Bibliography: Wacholder-Abegg 2, 159-160; T. Elgvin, 'Admonition Texts from Qumran Cave 4', in M. Wise *et al.* (eds.), *Methods of Investigation of the Dead Sea Scrolls and the Khirbet Qumran Site: Present Realities and Future Prospects* (New York: The New York Academy of Sciences, 1994) 179-194

Frag. 1 *col.* II (= 4Q421 1 II) *1* [in the ways of God, to act correctly] as follows: one should not answer before one has list[ened,] *2* [and not speak before one has understood.] With patience one should give a reply, and ... [...] *3* one should utter a w[or]d [... one should se]ek true judgment, and through the investigation of righteousness *4* one will discover [its] conse[quences. One who is] meek and contrite in mind will not turn b[ack] *5* until [...] (who is) reliable will not turn away from the ways of righteousness, [and will set] *6* [...] his ... and his hands. By righteousness he is redee[med ...] *7* through insight all [...] his ... his border [...] *8* [...] to [act cor]rectly [...]

4Q421 *4QWays of Righteousness[b]*

T. Elgvin, *DJD XX*, 183-202, pl. XVI
PAM 43.537
ROC 512
4Q264a, 4Q420

Frag. 1 I 1 [...]ם באיבת .[...] 2 [... ח]כמתו ודעתו ובינתו ו... [...]
3 [...]... לסרך הכול איש לפני רע[הו] 4 [... יצ]א הגורל הרישון וכן יצאו
5 [... י]תישרו אמרינו 6 [...].תו ליסרו 7-13 [...] 14 [...] כל
15 [...].שר 16 [...].

Frag. 1 II 5 ...[...] 6 מושל ב[...] 7 פעמיהם ...[...] 8 הרפאמה
על[...]אשר 9 <אשר> דבר[...]... 10 עול חכמ[ה ...]. משכיל ונבון
11 ידלם ושח[... י]וכח תוכחת 12 משכיל איש .[... ל]לכת בדרכי אל
13 לעשות צדקה[כזות לוא ישיב בטרם יש]מע ולוא ידבר בטרם 14 יבין
בארך [אפים ישיב פתגם ובמחקר צ]דק ימצא 15 תוצאותיה א[יש עניו
ונכי שכלו לוא ישו]ב אחור עד 16 [... נאמן לוא יסור מדרכי צדק]וישם
17 [... וכפיו בצדק נגאל ... בבינ]ה כול

Frag. 11 1 [...]...[...] 2 [... כלי]טוח לאכול ולשתות ממנו כול
3 [...]..ר יהיה חונה אל ישאב ממנו .[...] 4 [...]כיא מלאכת ע[...].
]היאה אל יחל[...] 5 [...]ואיש ב...[...] 6 [...]...[...]

Frag. 12 1 [...]...[...] 2 [...].[...]וכול עבד ואמה לוא יוכל במ[...]
3 [...]א ואל בשער חצרו ובשע[ר ...] 4 [... כי]א ממקומו חנו ואם בא
כ[ו]ל[...] 5 [...]מה או ב[...]

Frags. 13+2+8 1 [...]כיא אם אלף[ב]אמה [אל יקח איש [...
]לשורר ב[...] 2 [... גם הכוהנים בני ... כ]ול העולות והזבחים א[שר ...

4Q421 *4QWays of Righteousness[b]*

Bibliography: Wacholder-Abegg 2, 161-165; T. Elgvin, 'Wisdom in the *yahad: 4QWays of Righteousness*', *RevQ* 17/65-68 (1996) 205-32, pls. 24-25; E.J.C. Tigchelaar, 'Sabbath Halakha and Worship in *4QWays of Righteousness*: *4Q421* 11 and 13+2+8 par *4Q264a* 1-2', *RevQ* 18/71 (1998) 359-372

Frag. 1 *col.* I *1* […] in enmity […] *2* […] his [wi]sdom and his knowledge and his insight and … […] *3* […] to arrange everyone, each before [his] neighbour *4* […] the first lot [fal]ls; and thus they shall go out *5* […] our words [will] be approved *6* […] him, to discipline him *7-13* […] *14* […] all *15-16* […] …

Frag. 1 *col.* II (= 4Q420 1 II) *5* … […] *6* ruling over […] *7* their steps … […] *8* their healing because (?) […] who *9* <who> said […] … *10* the yoke of wisd[om …] wise and understanding *11* … and … [… will] accept the reproof of *12* one who is wise. A man [… to] go in the ways of God, *13* to act correctly [as follows: one should not answer before one has list]ened, and not speak before *14* one has understood. With pati[ence one should give a reply, and through the investigation of right]eousness one will discover *15* its consequences. O[ne who is meek and contrite in mind will not tur]n back until *16* [… (who is) reliable will not turn away from the ways of righteousness,] and will set *17* [… and his hands. By righteousness he is redeemed … through insig]ht all

Frag. 11 *1* […] … […] *2* [… a] sealed [vessel] to eat and to drink from it any […] *3* […] …, one camps, one should not draw (water) from it […] *4* […] for it is a work of […]; one should not defile […] *5* […] and a man … […] *6* […] … […]

Frag. 12 *1* […] … […] *2* […] and not any slave or maidservant should eat in … […] *3* […] and he should not enter the gate of its court and the gat[e of …] *4* [… fo]r away from its place they shall camp (?), and if a[n]y […] comes […] *5* […] … […]

Frags. 13 + 2 + 8 (= 4Q264a 1 - 2) *1* […] except for one thousand cubits. [A man should not take …] to sing on […] *2* [… Also the priests, the sons of … a]ll the burnt-offerings and the sacrifices wh[ich … a scr]oll of a book to read

מג]לת ספר לקרוא] בכתבו ביום ...] 3 [... יקראו וילמדו ב]ם אל יחשב[
א]יש בפיה[ו ... בכול דברי עבודה או בהון או ...] 4 [... ביום השבת ואל
ידבר כי אם לדבר]דברי קודש כחוק [י]דבר לברך א[ל אך ידבר דבר
לאכול ולשתות ...] 5 [... ותענוג ...]אל יער איש גחל[י]אש לפנ[י ...]
6 [...]...[...]

4Q422 *4QParaphrase of Genesis and Exodus*

T. Elgvin, E. Tov, *DJD XIII*, 417-441, pls. XLII-XLIII
PAM 42.820, 43.520, 43.540
ROC 165, 166
Bibliography: Wacholder-Abegg 2, 245-253; T. Elgvin, 'The Genesis Section of 4Q422 (4QParaGenExod)', *DSD* 1 (1994) 180-196; E. Tov, 'The Exodus Sec-

Col. I 5-1 [...] 6 [... השמים והארץ וכול]צבאם עשה בד.[...]
7 [... מלאכתו אש]ר עשה ורוח קודש[ו ...] 8 [... כול הנפ]ש החיה
והרמש[ת על הארץ ...] 9 [... ע]ץ המשילו לאכול פר[י ...] 10 [...
ל[ב]לתי אכול מעץ הד[עת ...] 11 [... ו]יקום עליו וישכחו[...]
12 [...]ביוצר רע ול...[...] 13 [...]שלום[...]

Col. II 1 [...] רבה ו.[...] 2 [...]ב את ה[...] 2a [... ב]דורו ע[ל
הארץ ...].ו אל חיה [...] 3 [...] נצלו על [הארץ ... ע]ל הארץ כיא[...]
4 [... את נוח]ואת בניו א[שתו ונשי בניו מפני]מי המבול ומ[...]
5 והע[... ויס]גור אל בעדם [...]ועליו יתן[...] 6 אשר בחר בה א[ל ...
]ארובות השמי[ם]נפ[ת]חו ה.[...]קו על הארץ 7 תחת כול השמ[ים ...
ל]עלות מים על האר[ץ ... ארבעים] יום וארב[עים] 8 לילה היה ה[גשם
]ע[ל] הארץ ... המי]ם גב[רו] על [הארץ ...]...ור חוט ולמען 9 דעת כבוד
על[יון ...]את[...] הגיש לפניו 10 ויאר על [ה]שמ[ים ... הא]רץ וא[...]ימה
אות לדור[ות] 11 עולם לחרא[... ולוא עוד] היות מבול[לשחת הארץ ...]
12 [מו]עדי יום ולילה .[... מאורות להאיר ע]ל שמים ואר[ץ ...]
13 [...]...[...]... הכו]ל נתן[...]

[its writing on the day of …] *3* [… they shall read and they shall teach] them. Let no[-one] plan aloud [… about all matters of work or about wealth or …] *4* [… on the day of sabbath. And one should not speak a word except to speak] holy words. According to the precept one [shall] speak to praise [God. Indeed one may speak a word regarding eating or drinking …] *5* [… and enjoyment …] not shall a man kindle coal[s of] fire befo[re …] *6* […] … […]

4Q422 *4QParaphrase of Genesis and Exodus*

tion of 4Q422', *DSD* 1 (1994) 197-209; .- 'A Paraphrase of Exodus: 4Q422', in Z. Zevit *et al.* (eds.), *Solving Riddles and Untying Knots. Biblical, Epigraphic, and Semitic Studies in Honor of Jonas C. Greenfield* (Winona Lake, Indiana: Eisenbrauns, 1995) 351-363

Col. I (*Frag.* 1) *1-5* […] *6* [… the heaven and the earth and all] their host he made by … […] *7* [… his work whi]ch he had done, and [his] holy spirit […] *8* [… every] living [creat]ure and what moves [on the earth …] *9* [… tr]ee, he gave him dominion to eat the frui[t of …] *10* […] with the [exce]ption of eating from the tree of kn[owledge …] *11* [… and] he rose up against him and they forgot […] *12* […] with an evil inclination and for … […] *13* […] peace […]

Col. II (*Frags.* 2 - 6) *1* […] great, and […] *2* […] … […] *2a* […] his generation up[on the earth …] to an animal (?) […] *3* […] were saved on [the earth … o]n the earth for […] *4* [… Noah] and his sons, [his] w[ife and the wives of his sons from] the water of the flood and […] *5* and … [… and] God [sh]ut behind them […] and upon it he placed […] *6* which G[od] had chosen […] the sluices of heaven were op[en]ed … […] … on the earth *7* under all the heaven[s … to] raise water upon the ear[th … forty] days and for[ty] *8* nights there was [rain] /up[on/ the earth … the water]s were migh[ty] upon [the earth …] … and so that *9* one would know the glory of the Mo[st High …] … […] he placed before him *10* and it illuminated [the] heav[en … the ea]rth and […] … a sign for the generation[s of] *11* eternity, to … [… and no more] will there be a flood [to destroy the earth …] *12* [the fixed ti]mes of day and night [… luminaries to illuminate] heaven and ear[th …] *13* […] … [… every]thing he gave […]

Col. III 1 [...]ת ולוא [...] 2 [ש]תי המיל]דות ... וישליכו את]
3 [ב]ניהם ליוא[ר ...]...[... א]ותם 4 [ו]ישלח להמה את מו[שה ...
]במראת[...] 5 באותות ומופתים [...]תמכו וע[...]אחי חבר עמי
6 וישלחם אל פרעוה[...].ות נגועים [...]נפ[ל]אות למצרים[...] ויביאו
דברו 7 אל פרעוה לשלח א[ת עמם ו]יחזק את לב[ו ל]חטוא למען דעת
א[נשי ישר]אל עד דו[רות]עולם ויפך לדם[מימ]יהמה 8 הצפרדעים בכול
אר[צם] וכנים בכול גבול[ם ו]ערוב [בב]תיהמה ו[היה נג]ע בכול פ[...]המה
ויגוף בדב[ר את] 9 מקניהסה ובהמתם ל[מו]ת הסגיר ישי[ת חו]שך
בארצם ואפלה ב[בתי]המה בל ירא[ה] איש את אחיו [ויך] 10 בברד ארצם
ואדמת[ם ב]חנמל לה[אביד כו]ל פרי אוכ[ל]ם ויבא ארבה לכסות עין
הא[רץ] חסל כבד בכול גבולם 11 לאכול כול ירוק בא[רצם] ל[...]ם
ויח[זק]אל את לב [פרעו]ה לבלתי [ש]לח[ם]ולמען הרבות מופתים
12 [ויך בכורם] רשית לכו[ל אונם ...]...[...]

4Q423 *4QInstruction*[g]

T. Elgvin, *DJD XXXIV* (forthcoming)
PAM 43.520, 43.535
ROC 183, 185

Frag. 2 1 [...]]וכל פרי תנובה וכל עץ נעים נחמד להשכיל הלוא גן
נ[...] 2 [...]ל[ה]שכיל מ[וא]דה ובו המשילכה לעבדו ולשמרו *vacat* ג[...]
3 [...]קוץ ודרדר תצמיח לכה וכוחה לא תתן לכה .[...] 4 [...]במועלכה
vacat [...] 5 [...] *vacat* ילדה וכל רחמי הו.[...]...[...] 6 [...] בכל
חפציכה כי כל תצמי[ח ...] 7 [...]ובמטע[...]...[...]...[...]

Frags. 3+4 1 [... ות]ם לריק כו[חכה ...] 2 [... ברז]נהיה וכן
התהלך וכ[ול] ת[בו]א[תכה ...] 3 [...א]חוזת ארץ ועל פיהו הרתה כל[...]
4 [... ע]ם ראשית פרי בטנכה ובכור כל[...] 5 [... כאשר גלה אוזנכה ברז

Col. III (*Frag.* 10 a - e) *1* [...] and not [...] *2* the [t]wo mid[wives ... and they threw] *3* their [s]ons into the Nil[e ...] ... [... t]hem *4* [and] he sent Mo[ses] to them [...] in the vision of [...] *5* with signs and wonders [...] ... and ... [...] my brother, as a companion with me. *6* And he sent them to Pharaoh [...] ... plagues [...] wo[nd]ers to Egypt [...] and they reported his word *7* to Pharaoh, to let [their people] go. [And] he hardened [his] heart [towards] sinning so that the [Isra]elites would know for eternal gene[rations] and he turned their [water] into blood. *8* Frogs (were) in all [their] lan[d], and lice in all [their] territory, [and] gnats (?) [in] their [hou]ses, and [there was afflic]tion in all their [...] and he struck with pestil[ence] *9* their livestock, and their animals he delivered to [dea]th. He pla[ced dark]ness in their land, and dimness in their [houses] so that no-one could see his brother. [And he struck] *10* their land with hail, and the[ir] ground [with] frost to de[stroy al]l the fruit which they ea[t]. And he brought locusts to cover the face of the ea[rth], heavy locust in all their territory *11* to eat all the vegetables in [their] l[and ...] and God har[dened] the heart of [Pharao]h so that he would not [let them] go, and in order to multiply wonders. *12* [And he struck their firstborn,] the firstfruits of al[l their manhood ...] ... [...]

4Q423 *4QInstruction*[g]

1Q26, 4Q415, 4Q416, 4Q417, 4Q418, 4Q418a
Bibliography: Wacholder-Abegg 2, 166-173; T. Elgvin, 'The Reconstruction of Sapiential Work A', 559-580

Frag. 2 *1* [...] and every fruit of produce and every delightful tree, desirable to observe. Is it not a garden ... [...] *2* [...] to [o]bserve exceedingly. And he has given you authority over it, to till it and care for it. *Blank* ... [...] *3* [...] thorns and thistles it will bring forth for you, and its produce it will not give to you [...] *4* [...] because of your being unfaithful. *Blank* [...] *5* [...] *Blank* She gave birth, and all the mercy of ... [...] *6* [...] in all your delight, for everything it brings for[th ...] *7* [...] and in a planting [...] ... [...]

Frags. 3 + 4 (= 1Q26 1 + 2; 4Q418 271) *1* [... and your] stren[gth shall be sp]ent in vain [...] *2* [... by the mystery of] existence, and thus walk. And a[ll your] c[ro]p[s ...] *3* [... pr]operty of land, and at his command it conceives all [...] *4* [... wi]th the first fruits of your womb, and the firstborn of all [...] *5* [... as he has opened your ears through the mystery of existen]ce saying: I have

נהי]ה לאמר וקדשתי כ.[...] 6 [... לכה הש]מר [לכה למה] תכבדכה ממנו ו[...] 7 [... בעבודתכה ונארותה בכ]ל תבואת[כה ונכל]מתה בכל מעשיכה במ.[...] 8 [...]...[...]...[...]

Frag. 5 1a [...] והשמר לכה פן ת...[...] 1 [...]ה את משפט קורח ואשר גלה אוזנכה 2 [ברז נהיה ...]...[... רא]וש אבות[יכה ...]ד ונשיא עמכה 3 [... הו]א פלג [נ]חלת כל מושלים ויצר כל מעשה בידו והוא פעולת 4 [... משפ]ט כולם באמת יפקוד לאבות ובנים ל[גרי]ם עם כל אזרחים ודבר 5 [...].ש אדמה פקוד מועדי הקיץ ואסוף תבואתכה בעתה ותקופת 6 [...]התבונן בכל תבואתכה ובעבודתכה השכ[ל ... ה]טוב עם הרע 7 [...אי]ש שכל את בעל אולת ה[...]שים כן איש 8 [...].ו כול ה[...]ק יאמר[... ר]וב שכלו .[...] 9 [... י]היה בכל[...]ו אשר ב...[...]ללא .[...] 10 [...]...מה ואף[...]

4Q424 *4QSapiential Text*

PAM 43.502, 44.196
ROC 123
Bibliography: Wacholder-Abegg 2, 174-176; R. Eisenman, M. Wise, *DSSU*, 166-168; G. Brin, 'Studies in 4Q424, Fragment 3', *VT* 46 (1996) 271-295; .- 'Stud-

Frag. 1 1 [...]ם [...] 2 [...]ך *vacat* עם פורה[...] 3 [...]חוץ ובחר לבנותה ותפל טח קירו גם הוא[...] 4 [ו]נתר מפני זרם *vacat* עם נעלם אל תקח חוק *vacat* ועם מתמ[ו]טט אל 5 תבוא בכור כי כעופרת כן ינתך ולא יעמוד לפני אש *vacat* 6 ביד עצל אל תפקד אט כי לא יצניע מלאכתך ואל תשלח דבר[...] 7 לקח כי לא יפלס כל ארחותיך *vacat* איש תלונה אל ת[אמין] 8 לקחת *vacat* הון למחסורך *vacat* איש לוז שפתים אל תאמ[ין ...] 9 משפטך הליז יליז בשפתיו אחר אמת לא ירצה[...] 10 בפרי שפתו *vacat* איש רע עין אל תמשל בהו[נך ... לא] 11 יתכן שארכה לחפצך ו[...]... למותיר [...] 12 ובעת קבץ ימצא חנף *vacat* קצר אפי[ם ...]

sanctified ... [...] *6* [... for you. Wat]ch [yourself lest] you glorify yourself more than him and [...] *7* [...in your work, and you become cursed in al]l [your] crops, [and] you [become asha]med in all your works by ... [...] *8* [...] ... [...]

Frag. 5 (= 4Q418a 3) *1a* [...] and take care lest you ... [...] *1* [...] the judgment of Korah. And as he opened your ear *2* [with the mystery of existence ...] ... [... he]ad of [your] fathers [...] ... and leader of your people *3* [... h]e divided the [in]heritance of all rulers, and the impulse of every creature is in his hand. And he the reward *4* [... the judgme]nt of them all. In truth he will visit fathers and sons, [proselyte]s with all natives. And a word *5* [...] ... the earth, observe the fixed times of the summer, and gather your produce at its time, and the season of *6* [...] observe all your crops, and in your work underst[and ... the] good with the evil *7* [... ma]n of insight with (?) the master of folly [...] ... Thus the man of *8* [...] every [...] will say [...] his [abu]ndant insight [...] *9* [... will] be in all [...] which ... [...] without [...] *10* [...] ... and even [...]

4Q424 *4QSapiential Text*

ies in *4Q424* 1-2', *RevQ* 18/69 (1997) 21-42; .- 'Wisdom Issues in Qumran: The Types and Status of the Figures in 4Q424 and the Phrases of Rationale in the Document', *DSD* 4 (1997) 297-311

Frag. 1 *1* [...] ... [...] *2* [...] *Blank* With a wine press [...] *3* [...] outside, and decides to build it and covers its wall with plaster, he also [...] *4* [and] it collapses due to the rain. *Blank* With a hypocrite you should not have a share. *Blank* And with someone who totters you should not *5* enter a crucible, for he will melt like lead and will not resist before the fire. *Blank* *6* Do not entrust an affair (?) to a lazy person, for he will not deal carefully with your business; and do not send him *7* to collect something, for he will not take care of your paths. *Blank* Do not re[ly upon] a contentious man *8* to collect *Blank* money for your necessities. *Blank* Do not rel[y upon] a man with twisted lips [to ...] *9* your trial he will certainly distort with his lips, he will not wish to follow the truth [...] *10* with the fruit of his lips. *Blank* Do not entrust [your] weal[th] to a man with an evil eye [... not] *11* will he handle what remains to you according to your pleasure, and [...] ... to make more [...] *12* and in the time of harvest

13 פתיים כי בלע יבלעם *vacat* איש[...]

Frag. 2 1 [...].[...] 2 [...]דהו מעיין משפט א[ל]ימתי[ק ...]
3 [...]ף אל תערבהו בתוך עניי[ם ...] 4 [...]ק ובן יונה יח[י]דו [*vacat*?]
איש א[...] 5 [...].ונים אל ת.[...] 6 [...]יעשה [...]

Frag. 3 1 ובמשקל לא יעשה פעלתו איש שופט בטרם ידרוש ומאמין
בטרם [יבחן] 2 אל תמשילהו ברודפי דעת כי לא יבין משפטם להצדיק
צדיק ולהרשיע [רשע] 3 גם הוא יהיה לבוז *vacat* איש שוע עינים אל
תשלח לחזות לישרים כ.[... איש] 4 כבד אזן אל תשלח לדרוש משפט כי
ריב אנשים לא יפלס כזורה לרוח [...] 5 אשר לא תבר כן דובר לאזן אשר
איננה שומעת ומספר לנם נרדם ברוח .[...] 6 איש שמן לב אל תשלח
לכרות מחשבות כי נסתרה חכמת לבו ולוא ימשול ב[...] 7 חכמת ידיו לא
ימצא *vacat* איש שכל יקבל ב[ינה *vacat*] איש ידע יפיק חכמה [*vacat*]
8 איש ישר ירצה במשפט *vacat* איש [...]ל *vacat* איש חיל יקנא ל.[...]
9 [ה]וא בעל ריב לכול מסיגי גבול [...]צדקה לאביוני[...] 10 [... י]דאג
לכל חסרי הון בני צדק[...] 11 [...] בכול הון[...]

4Q425 *4QSapiential-Didactic Work B*

A. Steudel, *DJD XX*, 203-210, pl. XVII
PAM 43.541

Frags. 1+3 1 [... כו]ל מוסר תועבה דב[ר ה]מב[קר ...] 2 [...]. בעד
לבו לבלתי ה[...] 3 [...]. תנובה לוא ימר.[...] 4 [...]שקר קטן כ.[...]
5 [...]י לשון ולוא [...] 6 [...]ת איש[...] ד<כ>רכיו ובמ[ש]קל לוא[
יעשה פעלתו ...] 7 [...]... איש בלי[על] איש שוע עינים[אל תשלח ...]
8 [... א]נשים .[...]אוילי לב ...[...] 9 [...]...[...] *vacat* [...] 10 [...]בים
לו לפל[ס ...] 11 [...]ל דרכיו[...]

he will be found (to be) godless. *Blank* Impatient [...] *13* the simple ones, for certainly he will consume them. *Blank* A man [...]

Frag. 2 *1* [...] ... [...] *2* [...] him. The spring of judgment he should n[ot] make swe[et (?) ...] *3* [...] do not mortgage it. In the midst of poor [people ...] *4* [...] and a small pigeon, his o[nl]y one (?). [*Blank?*] A man [...] *5* [...] ... you shall not [...] *6* [...] he will do [...]

Frag. 3 *1* And a man who judges before investigating and who believes before [examining], does not perform his work in a balanced manner. *2* Do not let him govern those who pursue knowledge, because he does not understand their cases to justify the just man and condemn [the wicked;] *3* he too will be despised. *Blank* You should not send a dim-sighted man to observe the upright, ... [... A man] *4* hard of hearing you should not send to investigate a case, for he will not (be able to) settle a dispute between men. Like he who winnows in the wind [...] *5* which does not separate out, so is he who speaks to an ear which does not listen or he who recounts to someone asleep, drowsy in a spirit [...] *6* Do not send a man with a fat heart to unearth thoughts, for the wisdom of his heart is hidden and will not (be able to) rule [...] *7* and he will not find the knowledge from their hands. *Blank* A prudent man will receive kn[owledge.] *Blank* A wise man will obtain wisdom. [*Blank*] *8* An upright man will take pleasure in judgment. *Blank* A [...] man [...] *Blank* A mighty man will be zealous for [...] *9* [h]e will be the prosecutor of those who shift boundaries. *Blank* [...] righteousness for the poor ones [...] *10* [... he will be] concerned with all who lack wealth, the sons of justice [...] *11* [...] with all wealth [...]

4Q425 *4QSapiential-Didactic Work B*

ROC 501
Bibliography: Wacholder-Abegg 2, 177-179

Frags. 1 + 3 *1* [... eve]ry correction of abomination is a mat[ter of the] Inspec[tor ...] *2* [...] for his heart without [...] *3* [...] produce, not shall ... [...] *4* [...] small lie ... [...] *5* [...] of tongue, and not [...] *6* [...] a man [...] ‹his ways›, and in a ba[la]nced matter does not [perform his work ...] *7* [...] ... a worth[less] man, a dim-sighted man [you should not send ...] *8* [... m]en [...] foolish of heart ... [...] *9* [...] ... [...] *Blank* [...] *10* [...] ... him to straig[hten ...] *11* [...] his ways [...]

4Q426 *4QSapiential-Hymnic Work A*

A. Steudel, *DJD XX*, 211-224, pl. XVIII
PAM 43.541

Frag. 1 i 1 [... כב]וד ומדת דעת ואורך ימים 2 [... שו]מרי כול
מצוותיו וזרע רשעים 3 [...] *vacat* 4 [...]נתן אל בלבבי דעה ובינה
5 [...]לם ולנוצר[י אמ]ת אמרי 6 [...]...[...]... 7 [...] *vacat* 8 [...]לה
לוא יהיו 9 [...] כול תור בתבל 10 [...]ל וכול זר אין 11 [...]ה ואוכל
טוב ענפיה 12 [...]ת בסתר מלפני{ו} ...ם 13 [...]...ול למלכי ארץ
רוד[ף] 14 [...]ים ונשים

Frag. 1 ii 1 *vacat* [...] 2 בכור ארים ש[...] 3 יתבונן ואגידה
לכמה[...] 4 ואתבוננו בפעל{ו}ת אנ[וש ...] 5 צעדי איש ידע .[...]
6 ישר ונחלה ואל[...] 7 ואל יביאני עד[...] 8 תשוך בעדי[מן ...]
9 איש .[...] 10 טוב[...] 11 יפלס[...] 12 א[...]

Frag. 12 1 [...].יה לוא ה[...] 2 [...] דרשו ומשפחות[...] 3 [...
א]שור וארפכשד ול[וד ...] 4 [...]וכול שוכני[...]

4Q427 (4QH[a]) *4QHodayot[a]*

E. Schuller, *DJD XXIX* (forthcoming)
PAM 43.530, 43.532
ROC 115, 116
1QH[a], 1Q35, 4Q427, 4Q428, 4Q429, 4Q430, 4Q431, 4Q432, 4Q471b
Bibliography: Wacholder-Abegg 2, 254-261; E. Schuller, 'A Hymn from a Cave

Frag. 1 1 [... נפלאותיכה גלי]תה [לי] ואביט[...י חסד] 2 [ואדעה
כי לכה הצדק ובחסדיכה יש ...ה]וכלה בלוא רחמיכה ואני[נפתח לי מקור

4Q426 *4QSapiential-Hymnic Work A*

ROC 276
Bibliography: Wacholder-Abegg 2, 180-184

Frag. 1 *col.* I *1* [... (of) glo]ry and a portion of knowledge and length of days *2* [... who ke]ep all his commandments. And the seed of the wicked ones *3* [...] *Blank 4* [...] God has given in my heart knowledge and insight *5* [...] ... and for those who observe [(the) tru]th words of *6* [...] ... [...] ... *7* [...] *Blank 8* [...] ... they will not be *9* [...] all beauty in the world *10* [...] and nothing strange is *11* [...] and eating the good of its branches *12* [...] secretly from before {him} ... *13* [...] ... to the kings of the earth, pursu[ing] *14* [...] ... and women

Frag. 1 *col.* II *1 Blank* [...] *2* a firstborn I will raise [...] *3* he will understand, and I will tell you [...] *4* and pay attention to the deeds of me[n ...] *5* the steps of man he will know [...] *6* upright, and he will take possession of her, and not [...] *7* and he should not bring me to [...] *8* you protect me [from ...] *9* man [...] *10* good [...] *11* he will straighten [...] *12* ... [...]

Frag. 12 *1* [...] ... not [...] *2* [...] they sought, and clans [...] *3* [... A]sshur and Arpachshad and L[ud ...] *4* [...] and all who dwell [...]

4Q427 (4QH[a]) *4QHodayot[a]*

Four *Hodayot* Manuscript: 4Q427 7 I+II', *JBL* 112 (1993) 605-628; .- 'The Cave 4 Hodayot Manuscripts: A Preliminary Description', *JQR* 85 (1994) 137-150 (147-150); J.J. Collins, D. Dimant, 'A Thrice-Told Hymn', *JQR* 85 (1994) 151-155; D. Dimant, 'A Synoptic Comparison of Parallel Sections in 4Q427 7, 4Q491 11 and 4Q471b', *JQR* 85 (1994) 157-161

Frag. 1 (= 1QH[a] XIX; 4Q428 8 I) *1* [... your wonders] you have [revealed to me] and I have contemplated [... of kindness. *2* [And I know that the justice belongs to you, and in your kindness there is ...] and destruction without your compassion. As for me, [a source of bitter sorrow has opened for me] *3* [...

לאבל] 3 [מרורים ... לוא נסתר עמל מעיני בדעתי יצרי ג]בר ות[שובת
]אנוש אתבוננ{ה} ואכירה ול[חטאה] 4 [ויגון אשמה ויבואו בלבבי ויגעו
בעצמי ... ולהגו]ת הגו יג[ון ו]אנחה בכנור ק[ינה]לכול אב[ל יגון]
5 [ומספד מרורים עד כלות עולה וא... ואין נגע להחלות ואז אזמרה בכנור]
ישועות ונבל[שמחות ותף] 6 [גילה וחליל תהלה לאין השבת ומי בכול
מעשיכה יוכל לספר ...כה בפ]י כולמה [יהו]לל שמכ[ה לעולמי] 7 [ועד
...]לו[...]

Frag. 3 I 1 [...] [...]...[...] 2 [... לפי שכלם] וכפי דעתמה בכבודכה[...]
3 [... לאין השבת מקץ לקץ י]שמיעו ומועד למועד [...]ם 4 [... ואנחנו
ביחד נועדנו ו]עם ידעים נוסרה לכה ונרננה 5 [... עם גבוריכה ו]בהפלא
נספרה יחד בדעת אל ועם 6 [... וצאצאינו]הודעתה עם בני איש בתוך בני
אדם 7 [...] *vacat* 8 [...]... רנה גדול על המפלי 9 [...].רו 10 [...]...ה
איש 11 [...]כו[...].ל אור ממשל 12 [...] כיא זוקקה 13 [...]לעולם
ומ[א]ור ברכה 14 [...]א[... י]גון ואנחה 15 [... ר]חמתה 16 [...]ל

Frags. 2 + 3 II 3 ...[...]... לבט]ח במעון שלו[ם בשקט ושלוה] 4 עם
רחות עו[לם באהלי כבוד וי]שועה וא[ה]ללה שמכ[ה בתוך יראיכה *vacat*]
5 למשכיל הודות[ותפלה להתנפל]{...}[ת]מי[ד ו]ל[התחנן מקץ
לקץ עם] 6 מבא אור לממשל[תו בתקופות יום לתכונו לחוקות מאור גדול
בפנות ערב ומוצא] 7 אור ברשית ממשלות ח[ושך למועד לילה בתקופתו
לפנות בוקר ובקץ האספו] 8 אל מעונתו מפני אור למ[וצא לילה ומבוא
יומם תמיד בכול מולדי עת יסודי קץ] 9 ותקופות מועדים[בתכונם
באותותם לכול ממשלתם בתכון נאמנה מפי אל ותעודת] 10 הווה והיא[ה
תהיה ואין אפס וזולתה לוא היה ולוא יהיה עוד כי אל] 11 הדעות הכ[ינה
ואין אחר עמו *vacat*] 12 ואני מש[כיל ידעתיכה אלי ברוח אשר נתתה בי
ונאמנה שמעתי לסוד פלאכה] 13 ברוח[קודשכה פתחתה לתוכי דעת ברז

grief has not been hidden from my eyes, when I knew m]an['s inclinations.] I considered the re[sponse of] mankind, and paid attention (to it) and to [sin] *4* [and the anguish of guilt. These things have entered my heart, they have penetrated my bones ... and to pond]er in meditation of angu[ish.] I have sighed on the harp of la[ment] for every sorr[ow of anguish,] *5* [with bitter plaint, until iniquity be destroyed, and ... and there are no more ravaging diseases. Then will I sing with the harp of] salvation, the zither of [happiness,] the tambourine of] *6* [joy and the flute of praise, without cease. And who among your creatures can recount all your ...? In the mou]th of them all is yo[ur] name [pra]ised, [for ever] *7* [and ever ...] ... [...]

Frag. 3 *col.* I (= 1QH[a] VII) *1* [...] ... [...] *2* [... according to their intelligence.] And in accordance with their knowledge by your glory [...] *3* [... unceasingly. And from age to age] they announce and from determined time to determined time ... *4* [... And we are gathered in the Community, and] with those who know we are admonished by you and we shall shout of joy *5* [... the people of your heroes, and] wondrously we shall recount together of the knowledge of God and with *6* [... and our offspring] you have shown together with the sons of man in the midst of the sons of Adam. *7* [...] *Blank* *8* [...] ... a loud cry for those who magnify (?) *9* [...] ... *10* [...] ... man *11* [...] ... [...] ... light, dominion *12* [...] For he purifies *13* [...] for ever. And the l[a]mp of blessing *14* [... an]guish. I have moaned *15* [...] you have had [com]passion *16* [...] ...

Frags. 2 + 3 *col.* II (= 1QH[a] XX; 4Q428 8 II) *3* ... [... safe]ly in the residence of pea[ce, in rest and at ease] *4* with the eter[nal] spirits [in the tents of glory and s]alvation. I will [pr]aise yo[ur] name [among those who fear you.] *5* For the Instructor, praises [and prayer, to bow down] {...} [al]wa[ys, and] to [entreat from period to period: when] *6* the light comes to [its] domini[on through the courses of the day, according to its regulation, in accordance with the laws of the great luminary; at the return of evening, at the departure of] *7* light, when the dominions of the da[rkness] begin; [at the appointed moment of the night, through its course towards the return of dawn, at the moment when it withdraws] *8* to its quarter before the light; at the de[parture of night when day enters; continually, at all the births of time, the foundations of the period,] *9* and the course of seasons [in their order, by their signs for all their dominion, in the order established through God's mouth, and through the witness of] *10* what is. And thi[s will be, and nothing more; besides it there is no other, nor will there ever be another. For the God of] *11* knowledge has esta[blished it and no-one else with him. *Blank*] *12* And I, the Inst[ructor, have known you, my God, through the spirit which you gave in me, and I have listened loyally to your wonderful secret] *13* through [your holy] spirit. [You have opened within me knowledge of the mystery of your wisdom, the source of your power, ...]

שכלכה ומעין גבורתכה ...] 14 לרו]ב חסד וקנאת כלה ... והדר כבודכה
לאור] 15 עו]לם ...] 16 ול[...]

Frag. 6 1 [... להתהלך בנתיבות שלום ועם] בשר[להפליא כאלה
כיא ...] 2 [... ופעמי על מטמיני פחיה ומ]פרשי רשת וע...[...] 3 [...
אשמר ביצר עפר מהתפרר ומתוך דונ]ג בהמס לפני אש[...] 4 [... ומקוי
אפר איכה אעמוד לפני רוח סוערה]ואני יכינני ב[...]

Frags. 7 I + 9 6 [...].דע 7 [... לוא תדמה בהר]ותי 8 [... מי כמוני
]באלים 9 [... ומזל שפתי מי יכיל מי] בלשון יעודני 10 [... אני ידיד
המל]ך רע לקדושים ולוא יבא 11 [בי ... ולכבו]די לוא ידמה כ[י]א אני עם
אלים מעמד[י] 12 [וכבודי עם בני מל]ך לא בפז אכתיר לי וכתם או
ביורים (אופירים) לוא 13 [שמו בי ...]לוא יחשב בי זמרו ידידים שירו
למלך 14 [כבוד שמחו בע]דת אל הרנינו באהל ישועה הללו במעון
15 [קודש ר]וממו יחד בצבא עולם הבו גדול לאלנו וכבוד למלכנו
16 [הקדי]שו שמו בשפתי עוז ולשון נצח הרימו לבד קולכמה 17 [בכ]ול
קצים השמיעו הגידנה הביעו בשמחות עולמים ואין 18 [ה]שבת השחוו
ביחד קהל ברכו המפלי גאות ומודיע עוז ידו 19 [ל]חתום רזים ולגלות
נסתרות להרים כושלים ונופליהמה 20 [להשי]ב לכת קוי דעות ולהשפיל
נועדות רום גאים עולם 21 [להת]ם רזי ה[וד]ולהק[ים פל]אות כבוד
השופט באף כלה 22 [...] בחסד צדקה וברוב רחמים תחנה 23 [...]
רחמים למפרי טוב גודלו ומקור

Frag. 7 II 3 [... מ]רהבה[...] 4 [...]... ואין נעוות בלוא דעת הופיע
אור וש[מחה תנובב ...] 5 אבל ונס יגון הופיע שלום שבת פחד נפתח
מקור לב[רכת עד] 6 ומרפא בכול קצי עולם כלה עוון שבת נגע לאין
מחל[ה נאספה ...] 7 [... לוא יהיה] ע[וד הש]מיעו ואמ[ו]רו *vacat* גדול
[אל עושה נפלאות] 8 כיא השפיל גבהות רוח לאין שרית וירם מעפר

14 according to the abun[dance of kindness, and zeal for annihilation ... and the majesty of your glory to light] *15* eter[nal ...] *16* and to [...]

Frag. 6 (= 1QH[a] XXI bottom; 4Q428 11) *1* [... to walk in the tracks of peace, and with] flesh [to perform wonders as those, for ...] *2* [... my steps over those who hide its traps, and who] stretch a net and ... [...] *3* [... preserve the one fashioned from dust from being scattered, and in the midst of wa]x when it melts before the fire [...] *4* [... and a heap of ash, how can I stand firm before the hurricane?] But me, he establishes me in [...]

Frags. 7 *col.* I + 9 (= 1QH[a] XXVI top; 4Q471b 1 - 3; cf. 4Q491c 1) *6* [...] ... *7* [... is not like] my [instruct]ion *8* [... who is like me] among the gods *9* [... who can measure what issues from my lips, who] will summon me with the tongue *10* [... I am friend of the kin]g, companion of the holy ones, and not shall come *11* [to me ... and] can not be compared [to] my [glo]ry, f[o]r I, with the gods is [my] position *12* [and my glory is with the sons of the kin]g. I will not crown myself [with pure gold], and gold ‹from Ophir› they will not *13* [place on me ...] will not be considered for me. Sing, favoured ones, sing to the king of *14* [glory, rejoice in the assem]bly of God, exult in the tent of salvation, praise in the [holy] residence, *15* [e]xalt together with the eternal host, ascribe greatness to our God and glory to our King; *16* [san]ctify his name with stalwart lips and powerful tongue, raise your voices in unison *17* [in a]ll periods, cause the sound of the shout to be heard, rejoice with everlasting happiness, and un- *18* ceasingly bow down in the united assembly. Bless the one who does amazing wonders, and shows the might of his hand *19* seal[ing] up mysteries and revealing hidden things, raising up those who stumble and those of them who fall, *20* [chan]ging the behaviour of those who await knowledge and lowering the exalted meetings of the eternally proud, *21* [con]firming maj[estic] mysteries and establishing glorious [wond]ers. He who judges with destructive wrath *22* [...] with tenderness, justice, and with great mercy, entreaty *23* [...] mercy for those who make fruitful (?) his great goodness, and a source of [...]

Frag. 7 *col.* II (= 1QH[a] XXVI bottom; 4Q428 13; 4Q431) *3* [... op]pression [...] *4* deceit [ends] and there is no wickedness that is not known; light will appear and en[joyment flourish; ...] *5* mourning, and anguish flee; peace will appear, terror cease, the fount of [perpetual] bl[essing] will be opened. *6* There will be healing for all the eternal periods; wickedness will end, plague(s) cease so that there will be no illne[ss; ... is eliminated] *7* [... is no] mo[re. Pro]claim and say: *Blank* Great is the God [who works wonders,] *8* for he brings down the arrogant spirit without even a remnant; and he raises the poor from the dust to

אביון ל[...] 9 ועד שחקים יגבירהו בקומה ועם אלים בעדת יחד ורפא[הו
...] 10 אף לכלת עולם *vacat* וכושלי ארץ ירים לאין מחיר וגב[ורת עולם]
11 בצעדם ושמחת עולם במכוניהמה כבוד נצח ואין השבת[...] 12 וימרו
ברוך אל ה[עוש]ה[נפ]לא[ו]ת גאות ומגדיל להופיע גבורת[ו ...] 13 בדעת
לכול מעשיו וטוב על פניהמה בדעתמה ברוב חס[דיו והמון] 14 רחמיו
לכול בני אמתו ידענוכה אל הצדק והשכלנו[...] 15 הכבוד כיא ראינו
קנאתכה בכוח גבורתכה והכרנו[...] 16 רחמי{כה}ם והפלא סליחות מה
בשר לאלה ומה יח.[...] 17 לספר אלה מקץ לקץ ולהתיצב במעמ[ד ...]
18 בני שמים ואין מליץ להשיב[דבר ב...] 19 לכה כיא העמדתני
לרצ[ונכה ...] 20 כוח להשיב לכה לשמע נפלאות{יכה} כ[...] 21 דברנו
לכה ולא לאיש בי[נים ...] 22 אוז[ן]למוצא שפתינו השמי[עו ואמרו ...]
23 שמים בכוחו וכול מחשביהמה[...]... ארץ בגבור[תו ...]

Frag. 8 1 [...]ה ונעוה בדעת לבי[...] 2 [...] ואשכחה נגע מכאובי[
...] 3 [...]טרי לא אזכור עוד ולוא .[...] 4 [...]ל[...]ה לפניכה ...[...]
5 [...][...]...[...]

4Q428 (4QH^b) *4QHodayot^b*

E. Schuller, *DJD XXIX* (forthcoming)
PAM 43.515, 43.526, 43.527, 43.536
ROC 514, 515, 521
1QH^a, 1Q35, 4Q427, 4Q429, 4Q430, 4Q431, 4Q432, 4Q471b
Bibliography: Wacholder-Abegg 2, 262-274; E. Schuller, 'The Cave 4 Hodayot

Frag. 7 1 חוקי ותקראני[לחסדיכה ולסליחותיכה הביאותני]
2 ובהמון רחמיכה לכ[ול משפטי ...] 3 הוריתי באשמת מעל[... עולה
ובחיק ...] 4 לרוב נדה ומנעורי בד[מים ועד שיבה ...] 5 אלי כוננתה
רגלי בדרך[לבכה ולשמועת ...] 6 אוזני ולבי להבין באמתכ[ה ... אטומם]

[…] *9* and up to the clouds he extols him in stature and together with the gods in the congregation of the community; and cures [him …] *10* wrath for eternal destruction. *Blank* Those who fall to earth he lifts up with no price, [perpetual] po[wer] *11* is in their steps and eternal enjoyment in their dwellings, everlasting glory, unceasing […] *12* They will say: Blessed be God who [work]s lofty [wo]nd[er]s, who shows himself great in displaying [his] power, […] *13* with knowledge for all his creatures, and goodness towards their faces, so that they know the greatness of [his] kindn[ess and the abundance of] *14* his compassion for all the sons of his truth. We have known you, God of justice, and we have understood […] *15* the glory. For we have seen your zeal in the strength of your might and we have recognized […] *16* {your} compassion and wonderful forgiveness. What is flesh to these things? And what … […] *17* to recount these things from period to period, and to stand in position […] *18* the sons of the heavens? And there is no mediator to return [a reply …] *19* to you, for you have established us according to [your] wi[ll …] *20* strength, to reply to you /to hear your wonders/ […] *21* to you we have spoken and not to an interme[diary … […] *22* ea[r] to the outcry of our lips. Decla[re and say: […] *23* heavens with his strength, and all their plans […] … earth with [his] powe[r …]

Frag. 8 *1* […] and depravity in the knowledge of my heart […] *2* […] and I will forget the affliction of my sickness […] *3* […] my … I will not remember any more, and not […] *4* […] … before you … […] *5* […] … […]

4Q428 (4QH[b]) *4QHodayot[b]*

Manuscripts: A Preliminary Description', *JQR* 85 (1994) 145-147; .- 'A Thanksgiving Hymn from 4QHodayot[b] (4Q428 7)', *RevQ* 16/64 (1995) 527-541; É. Puech, 'Restauration d'un texte hymnique à partir de trois manuscrits fragmentaires: 1QH[a] XV 37-XVI 4 (VII 34 - VIII 3) 1Q35 (H[b]) 1.9-14, 4Q428 (H[b]) 7', *RevQ* 16/64 (1995) 543-559

Frag. 7 (= 1QH[a] XV — XVI; 1Q35 1 I) *1* my regulation, but you have called me [to your kindness, and to your forgiveness you have brought me,] *2* and in the abundance of your compassion, to a[ll the judgments of …] *3* I have been cast in guilt of unfaithfulness [… injustice, and in the lap …] *4* with abundant impurity, and since my youth in [bloodshed, and up to old age …] *5* My God, you have steadied my feet in the path [of your heart and to hear …] *6* my ear and my heart to understand yo[ur] truth [… I had closed] *7* (my) ear at your

7 אוזן בלמודיכה עד אשר[...] 8 דעת הכינ[ו]תה מתכמי וכבד[תני ...] 9 לו עוד למכשול עוון כי תג.[... צדקתכה תכון] 10 לעד כיא לוא[ל...]ם דרכי כ[...]

11 *vacat* א[וד]כה אדוני כי[נתתני במקור נוזלים] 12 ביבשה ומב[וע] מים בארץ[ציה ...]

Frag. 8 I 1 שמכ[ה לעולמי עד יברכוכה כפי שכלם יום ליום] 2 ישמיעו [י]חד[בק]ול רנה ואין [יגון ואנחה ועולה לוא] 3 תמצא ע[וד ואמת]כה תופיע לכבוד ^עד^ ושלום ע[ולם]

4 [*vacat* ברוך אתה א]דוני אשר נתתה[לעבדכה] 5 [שכל דעה להבין בנפלאותיכה ...]ל[...]

4Q429 (4QH[c]) *4QHodayot*[c]

E. Schuller, *DJD XXIX* (forthcoming)
PAM 43.515, 43.531
ROC 522

Frag. 1 I 1 [עצם אדירים ושותי דם גבו]רים ותשימני במגורי 2 [עם דיגים רבים פורשי מכמרת ע]ל[פני] מים וצידים 3 [לבני עולה ושם למשפט יסדתני וסוד א]מת אמצתה 4-12 [...]

Frag. 1 II 1 בי [לנגד בני אדם הפלתה באביון ותביאהו] 2 במצרף כ[זהב במעשי אש וככסף מזוקק בכור] 3 נופחים לטהור[שבעתים וימהרו עלי רשעי] 4 עמים במצוקותמה[וכל היום ידכאו נפשי ואתה] 5 [א]ל[י ת]שב סערה ל[דממה ונפש אביון פלטתה] 6 [...].[...] [...] 7-12 [...]

Frag. 1 III 1-6 [...] 7 [מעין בי]נה[וסוד אמת והמה הוות לבם] 8 יחשבו ודברי ב[ליעל פתחו לשון שקר] 9 כחמת תנינים פורחת לקצים

teaching until [...] *8* you have established knowledge in my vitals and [you] have glori[fied me ...] *9* to him more for the stumbling-block of sin for ... [... your justice is constant] *10* for ever, because not belongs [to ...] ways of [...] *11 Blank* I give you tha[nks,] Lord, because [you have set me at the source of streams] *12* in a dry land, in the spring of water in a [parched] land, [...]

Frag. 8 *col.* I (= 1QH[a] XIX) *1* yo[ur] name, for ever and ever they bless you, to the extent of their knowledge, day after day] *2* they proclaim [toge]ther, [with] a joyous [vo]ice. There will be neither [anguish nor sighing, and injustice will not] *3* be found any m[ore. But] your [truth] will be displayed for /endless/ glory and et[ernal] peace. *4* [*Blank* Blessed are you, L]ord, for you have given [your servant] *5* [the insight of knowledge to understand your wonders ...] ... [...]

4Q429 (4QH[c]) *4QHodayot*[c]

1QH[a], 1Q35, 4Q427, 4Q428, 4Q430, 4Q431, 4Q432, 4Q471b
Bibliography: Wacholder-Abegg 2, 275-278; E. Schuller, 'The Cave 4 Hodayot Manuscripts: A Preliminary Description', *JQR* 85 (1994) 142-144

Frag. 1 *col.* I (= 1QH[a] XIII) *1* [the bones of strong men, and drink the blood of her]oes. You made my lodging *2* [with many fishermen, those who spread the net up]on [the surface of] the water, those who go hunting *3* [the sons of injustice. And there you established me for the judgment, and the foundation of tr]uth you strengthened *4-12* [...]

Frag. 1 *col.* II (= 1QH[a] XIII) *1* through me [before the sons of Adam, you did wonders with the poor, you placed him] *2* like [gold] in the crucible [to be worked by fire, and like purified silver in the furnace of] *3* the smiths to be refined [seven times. They hustle me, the wicked of] *4* the nations with their trials, [and the whole day they crush my soul. But you,] *5* [my Go]d, have changed the storm to [a calm and have freed the soul of the poor] *6* [...] ... [...] *7-12* [...]

Frag. 1 *col.* III (= 1QH[a] XIII) *1-6* [...] *7* [the source of under]standing [and the foundation of truth. They] *8* plot [evil in their heart,] and the words of Be[lial have opened a lying tongue] *9* like vipers' venom that spreads to the extremi-

וכ[זוחלי] 10 עפר יורו לחתוף מבלגות פתנים לאין 11 [חוב]ר ותהי
לכאיב אנוש ונגע נמאר 12 [בתכמי]עבדכה להכשיל רוח ולהתם

Frag. 1 IV 1 [כוח ל]בלתי החזק מ[עמד וישיגוני במצרים לאין מנוס
ולא ...] 2 [...]ת ויהמו בכנור ריבי[ובנגינות יחד תלונתם עם שאה
ומשואה] 3 [זל]עופות אחזוני וחבלים [כצי]רי [יולדה ויהם עלי לבי
קדרות לבשתי] 4 [ו]לשוני לחכי דבקה כי סבבוני בה[וות לבם ויצרם
הופיע לי למרורים] 5 [ויחשך]מאור פני לאפלה והוד[י נהפך למשחור
ואת אלי מרחב] 6 [פ]תחתה בלבבי ויוספוה לצו[קה וישוכו בעדי בצלמות
ואוכלה] 7 [ב]לחם אנחה ושקוי בדמעות[אין כלה כי עששו מכעס עיני
ונפשי] 8 [במרו]רי יום אנחה ויגון י[סובבוני ובושת על פנים ויהפך לי]
9 [לחמי לריב]ושק[ו]י לבעל מ[דנים ויבואו בעצמי להכשיל רוח ולכלות]
10 [כוח כרזי פשע משנים] מעשי [אל באשמתם כי נאסרתי בעבותים]
11 [לאין נת]ק וזקים ללו[א ישוברו וחומת עוז יסבני ובריחי ברזל ודלתי]
12 [נחושת לאי]ן פתוח [כלאי עם תהום נחשב לאין ...]

Frag. 2 I 4-5 [...]...[...] 6-7 [...] 8 [... בעבודת צדק ואתה אל
צ[ו]יתם[להועיל מ]דרכם 9 [בדרך קודשכה אשר י]לכו[בה ו]ערל
וטמ[א ופריץ] 10 [בל יעוברנה] ויתמוטט[ו]מדרך לבכה[ובהווה]
11 [...]לו יכמו ויעץ [בליע]ל עם לבב[ם ...] 12 [מחשבת]רשעה
ויתו[גול]ל[ו] באשמתם

Frag. 2 II 1 [...] 2 וכל מ[שבריהם עלי המו רוח עועיים לאין דממה]
3 להשיב[נפש ואין נתיבת לישר דרך על פני מים] 4 ויהם ת[הום לאנחתי
ונפשי תגיע עד שערי מות] 5 וא[היה ...] 6 [...] 7 סודי *vacat?* [על סלע
וכפיס על קו משפט] 8 ומשקלת [אמת לנטות אבני בחן] 9 לב[נו]ת עוז
ללו[א תתזעזע וכל באיה בל] 10 ימוטו כי ל[וא יבוא זר שעריה דלתי מגן

ties like [crawlers] *10* in the dust they shoot to grab, serpents' poison, *11* against which there is no [inca]ntation. It has become an incurable pain, a wasting disease *12* [in the innards of] your servant, which makes the spirit stagger and makes an end of

Frag. 1 *col.* IV (= 1QH[a] XIII) *1* [strength, so] that he is unable to remain firm in (his) pl[ace. They have overtaken me in narrow places where there is no escape, and not …] *2* […] They announce the charge against me with the harp, [their grumblings with verses in harmony, with demolition and destruction.] *3* [Res]entment has taken hold of me and pangs [like the labou]rs of [a woman giving birth. My heart is in turmoil within me. I have dressed in black] *4* [and] my tongue sticks to my palate, because they surround me with the cal[amity of their heart; and their intention appeared to me in bitterness.] *5* The light of my face [has become gloomy] with deep darkness, [my] countenance [has changed into gloom. And you, my God,] *6* have [op]ened [a broad space] in my heart, but they have increased the nar[rowness and have wrapped me in darkness. I am eating] *7* the bread of weeping, my drink is tears [without end. For my eyes are blinded by the grief and my soul] *8* [by the bitter]ness of the day. Agony and pain [surround me, shame covers my face,] *9* [my bread has turned into quarrel] and my dri[nk] into argu[ment. They have entered in my bones to make my spirit stagger and make an end of] *10* [strength in accordance with the mysteries of offence, they who, by their guilt, have altered] the deeds of [God. For I am tied with ropes] *11* [which cannot be un]tied, with chains which canno[t be broken; a strong rampart surrounds me, iron bars and bronze doors] *12* [which cann]ot be opened [my gaol is comparable to the deep without there being …]

Frag. 2 *col.* I (= 1QH[a] XIV) *4-5* […] … […] *6-7* […] *8* [… in the service of justice, even though you, God, com[man]ded them [to seek fortune far from] their path, *9* walking [on your holy path, on which] the uncircumcised, the uncle[an, the vicious] *10* [do not travel.] They have staggered off the path of your heart, [and in calamity] *11* […] … they languish. And [Belia]l is the counsellor of [their] heart […] *12* [schemes of] wickedness, and [they] wa[llo]w in guilt

Frag. 2 *col.* II (= 1QH[a] XIV) *1* […] *2* and all [their] b[reakers roar over me, a whirlwind without a lull] *3* for taking [breath, without a track to take a straight path over the surface of the water.] *4* The d[eep] thunders at my sigh, my soul nears the gates of death.] *5* And I [have become …] *6* […] *7* my foundation *Blank?* [upon rock, and beams to the correct size,] *8* and a [true] plumb line [to stretch out, tested stones] *9* to b[uil]d a fortress which will no[t shake. All those who enter there will not] *10* stagger, for [a foreigner will] n[ot penetrate

לאין] 11 [מבוא] ובר[י]חי עוז] ללוא ישוברו בל יבוא גדוד] 12 בכלי מ[לח]מתו עד תום כל ח[רבות מלחמות]

4Q430 (4QH[d]) *4QHodayot[d]*

E. Schuller, *DJD XXIX* (forthcoming)
PAM 43.531
ROC 352

Frag. 1 1 [נעלמים זמות בליעל יחשו[בו ו]ידר[שוכה בלב ולב ולא
נכונו] 2 [באמתכה שורש פורה רו]ש ולענה [ב]מחש[בותם ועם שרירות
לבם] 3 [יתורו וידרשוכה בגלולים] ומכשול עוונם שמו ל[נ]גד פני[הם
vacat?] 4 [ויבאו לדורשכה מפי נביאי] כזב מפותי תעות והם בל[ועג שפה
ולשון] 5 [אחרת ידברו לעמך להולל ברמיה כו]ל מעשיהם כי[לא בחרו
בדרך] 6 [לבכה ולא האזינו לדברכה כ]י אמר[ו ל]חזון דעת [לא נכון
ולדרך] 7 [לבכה לא היאה כי אתה אל] תענה ל[ה]ם[לשופטם בגבורתכה]

4Q431 (4QH[e]) *4QHodayot[e]*

E. Schuller, *DJD XXIX* (forthcoming)
PAM 43.531
ROC 513

Frag. 1 1 ותמה רשעה [...] 2 בה שבת נוגש בזעם[... ואין]
3 [נ]עוות בלוא דעת הופיע אור ושמחה תנוב[ב ... א]בל 4 [ונס יגון
ה]ופיע שלום שבת פחד נפתח מקור לברכת עד 5 [ומרפא בכו]ל[קצי]
עולם כלה עוון שבת נגע לאין מחלה נאספ[ה] 6 [... לוא י]היה עוד
השמיעו אמורו גדול אל עושה 7 [נפלאות כיא השפיל גבהות]רום לאין

it; its gates are armoured doors which do not] *11* [permit entry,] with [unbreakable] strong b[a]rs. No band at all will enter] *12* with its weapons of w[a]r until all the sw[ords of battle]

4Q430 (4QH[d]) *4QHodayot[d]*

1QH[a], 1Q35, 4Q427, 4Q428, 4Q429, 4Q431, 4Q432, 4Q471b
Bibliography: Wacholder-Abegg 2, 279; E. Schuller, 'The Cave 4 Hodayot Manuscripts: A Preliminary Description', *JQR* 85 (1994) 142

Frag. 1 (= 1QH[a] XII) *1* [hypocrites, plo]t [intrigues of Belial,] they sea[rch you with a double heart, and are not firmly based] *2* [in your truth. A root which produces poi]son and bitterness is [in their] thoug[hts, with stubbornness of heart] *3* they inquire, they search for you among the idols,] place in [fr]ont of [themselves] the stumbling-block of their iniquities, [*Blank?*] *4* [they go to search for you in the mouth of prophets of] fraud attracted by delusion. They [speak] with stut[tering lip and weird tongue] *5* [to your people to convert to folly al]l their deeds [with deceit.] For [they have not chosen the path of] *6* [your heart nor have they listened to your word. F]or [they] said [of] the vision of knowledge: [It is not certain! and of the path of] *7* [your heart: It is not that! But you, O God,] will answer [the]m, [judging them with your power]

4Q431 (4QH[e]) *4QHodayot[e]*

1QH[a], 1Q35, 4Q427, 4Q428, 4Q429, 4Q430, 4Q432, 4Q471b
Bibliography: Wacholder-Abegg 2, 280; E. Schuller, 'The Cave 4 Hodayot Manuscripts: A Preliminary Description', *JQR* 85 (1994) 141-142

Frag. 1 (= 1QH[a] XXVI bottom; 4Q427 7 II) *1* and wickedness comes to an end [...] *2* in it oppression ceases, with indignation [... and there is no] *3* wickedness that is not known; light will appear and enjoyment flouri[sh; ... mou]rning, *4* [and anguish flee;] peace will [a]ppear, terror cease, the fount of perpetual blessing will be opened. *5* [There will be healing for al]l the eternal [periods;] wickedness will end, plague(s) cease so that there will be no illness; eliminated *6* [...] is [no] more [...] Proclaim /and/ say: Great is the God who works *7* [wonders, for he brings down the arrogant of] haughtiness without even a

שרית וירם מעפר *vacat* אביון 8 [ל... ועד ש]חקים וגביה בקומה ועם
אלים בעדת 9 [יחד ורפאהו ... אף]ל[כ]לת עולם וכושלי ארץ

4Q432 (4QH[f]) *4QHodayot[f]*

E. Schuller, *DJD XXIX* (forthcoming)
PAM 43.518, 43.519
ROC 117, 118

Frag. 1 1 [...]משמר גבורים ב˹ה˺לוות [...] 2 [...]יבו *vacat* פן יורה
גב[ור ...] 3 [...]ל. גבורתם ויפולו[מגבורתם ...] 4 [... חכמים
בערמ]תם ואני בתומ[כי ב...] 5 [...]שק[...]

Frag. 3 1 [...]. ישרתה בלבבי כול [מעשי עולה ...] 2 [... ותשם
א]מת נגד עיני ומוכיחי צדק[בכול ...] 3 [...]מחץ מכתי מנחמי כו[...]
4 [ומשמיעי שמחה לאב]ל[י]גוני מבשר שלום[לכול הוות שמועה] 5 [...
חזקים]למ[ו]ס לבבי ומ[אמצי כוח לפני נגע]

Frag. 4 I 1 [ויושבי עפ]ר כיו[רדי י]מים נבעתים מהמון מים
וח[כמיהם למו] 2 [כמלחים במ]צולו[ת כי] תתבלע כול חוכמתמה בה[מות
ימים] 3 [בר]תוח תהו[מות על נבוכי מי]ם [וית]רגשו לרו[ם גלים
ומשברי] 4 [מים] בהמון ק[ו]ל[ם ובהתרגשם יפתחו שאו]ל[ואבדון כול
חצי] 5 [ש]חת עם מצעדם[לתהום ישמיעו קולם וי]פ(ת)ח[ו שערי שאול]
6 [לכו]ל [...]. מעש[י אפעה ויסגרו דלתי שחת ב]עד הר[ית עול]
7 [ובריחי עו]לם בע[ד כול רוחי אפעה *vacat*?]

Frag. 4 II 1 [ומכמרת]חלכאים[על] פני מים בהת[עופף כול חצי
שחת לאין השב] 2 [ויורו לאין]תקוה בנפול קו על מש[פט וגורל אף על
נעזבים ומתך] 3 [חמה על] נעלמים וקו חרון לכול[בליעל וחבלי מות

remnant; and he raises from the dust *Blank* the poor *8* [to ... and up to the clo]uds and high in its elevation and together with the gods in the congregation of *9* [the community; and he cures him ... wrath] for eternal [dest]ruction, and those who fall to earth

---

4Q432 (4QH[f]) *4QHodayot[f]*

1QH[a], 1Q35, 4Q427, 4Q428, 4Q429, 4Q430, 4Q431, 4Q471b
Bibliography: Wacholder-Abegg 2, 281-284; E. Schuller, 'The Cave 4 Hodayot Manuscripts: A Preliminary Description', *JQR* 85 (1994) 144-145

Frag. 1 (= 4Q428 1) *1* [...] a division of heroes when (they) join [...] *2* [...] ... *Blank* lest a he[ro] shoot [...] *3* [...] ... their strength, and they fall [from their strength (?) ...] *4* [... wise men in] their [shrewdness], and I, when [I] lea[n on ...] *5* [...] ... [...]

Frag. 3 (= 1QH[a] x) *1* [...] you have straightened in my heart all [the deeds of injustice ...] *2* [... and you place tr]uth before my eyes, and the reprovers of justice [in all ...] *3* [...] smitten by blows of the comforters of ... [...] *4* [who announce joy for] my [d]eep [so]rrow, proclaiming peace [to all disaster] *5* [... the strong,] to we[ak]en my heart, and those who [gain strength before the affliction]

Frag. 4 *col.* I (= 1QH[a] XI) *1* [Those who live on the dus]t, as well as those who sa[il upon the s]ea are terrified by the din of the water. [For them their] w[ise men are] *2* [like sailors on the d]eeps, [for] swallowed up is all their wisdom by the r[oar of the seas.] *3* [When] the dee[ps bo]il [over the springs of wat]er, they [rush] forth to form hu[ge waves, and breakers of] *4* [water,] with clamorous s[ou]nd. [And when they rush forth, Sheo]l [and Abaddon open; all the arrows of] *5* [the p]it [make their voice heard] while going down [to the abyss; and the gates of Sheol] ‹open› *6* [for al]l [...] the deed[s of the serpent. And the doors of the pit close up]on the one expec[tant with injustice,] *7* [and ever]lasting [bolts] up[on all the spirits of the serpent. *Blank?*]

Frag. 4 *col.* II (= 1QH[a] XI) *1* [the net of] the scoundrels [is upon] the surface of the sea. When [all the arrows of the pit] f[ly without return] *2* [and are shot without] hope. When the measuring line falls upon judg[ment, and the lot of anger on the forsaken and the outpouring of] *3* [wrath against] the hypocrites, and the measuring line of anger against any [Belial, and the ropes of death

אפפו] 4 [לאין פלט וילכו נח]ל[י]בליעל על כו[ל אגפי רום כ]אש אוכלת
5 [בכול שנאביהם] להתם[כול עץ לח ויבש מפלגיהם ותשו]ט בש[ביבי]
6 [להוב עד אפס] כול [שותיהם ...]

4Q433 *4QHodayot-like text A*

E. Schuller, *DJD XXIX* (forthcoming)
PAM 43.518

Frag. 1 1 [...]...[...] 2 [...]. אני ומי כ.[...]... כאין ואנ[י ...]
3 [...]רוחך כעור כמגבן ואהיה כמו אין ו.[...] 4 [...]לנצח והמל[כים
]אתה משפיל וא[...] 5 [...]תשפיל מל[כי כול ה]תבל תהשא[...]
6 [...] העמדתני כזאת לעצת[עו]ל[מים ...] 7 [...]להן יהלל[...]
8-10 [...]...[...]

4Q433a *4QHodayot-like text B*

E. Schuller, *DJD XXIX* (forthcoming)
PAM 43.255

Frag. 1 1 [...]...[...] 2 [... הו]דות[...] 3 [...]...[...] 4 [... וי]תן
שירות{יו} קודש ל.[...] 5 [...]ק ותשבוחות בפי עצת[...] 6 [...].ו תירוש
אז ישמח אל [...]

Frag. 2 1 למל[ך כול]עולמים *vacat* [*vacat*]
2 *vacat* למשכיל [...] לכבוד .[...] 3 נטע שעשועים נטע בגנ[ת]ו
ובכרמו [...] 4 ערוגיו ותפרינה ותרבינה דליותיו בג[...] 5 וכפותיו על
משענת רום השמים ויתנד.[...] 6 פארה לדורות עולמים ולעשות פר[י ...]
7 לכול תועמיו ובפריו לוא יראה באוש[...] 8 עפיו ועליו ואבו יהיו בו
ו[אין ש]מיר ו[שית ...] 9 משורשיו לוא ינתקו מערוגת בשמו כי[...]

enclose] *4* [with no escape, then the torre]nt[s of] Belial [will overflow] al[l the high banks like] a devouring fire *5* [in all their watering channels (?),] destroying [every tree, green or dry, from its canals. It roa]ms with fl[ames of] *6* [fire until n]one [of those who drink are left. ...]

4Q433 *4QHodayot-like text A*

ROC 513
Bibliography: Wacholder-Abegg 3, 308

Frag. 1 *1* [...] ... [...] *2* [...] I, and who ... [...] ... like nothing, and I [...] *3* [...] your spirit like a blind person, like a hump-backed, and I have become like nothing and [...] *4* [...] for ever. And the ki[ngs] you humiliate, and [...] *5* [...] you humiliate the ki[ngs of all the] earth ... [...] *6* [...] you have established me thus in conformity with the [eter]n[al] plan [...] *7* [...] therefore will praise [...] *8-10* [...] ... [...]

4Q433a *4QHodayot-like text B*

ROC 177
Bibliography: Wacholder-Abegg 3, 369-370

Frag. 1 *1* [...] ... [...] *2* [... thanks]givings [...] *3* [...] ... [...] *4* [... and he has gi]ven {his} holy songs to [...] *5* [...] and praises in the mouth of the council of [...] *6* [...] ... wine. Then God will gladden [...]

Frag. 2 *1* to the Kin[g of all] ages. *Blank* [*Blank*] *2 Blank* For the Instructor: [...] for the glory of [...] *3* a delightful plantation he has planted in his gar[den] and in his vineyard [...] *4* his garden-beds, and its branches will bear fruit and multiply ... [...] *5* its sprouts with support (up to) the height of heaven, and ... [...] *6* branches for eternal generations, and to produce frui[t ...] *7* for all who taste it, and among its fruit there will be seen no sour grapes [...] *8* its foliage and its leaves and its shoots will be in it, [without bra]mbles and [thistles ...] *9* its roots will not be pulled out from his bed of spices, for [...]

Frag. 3 1 [...]...[...] 2 [...].[...]...[...]בוער ל.[...] 3 [... י]נתך
מ[...].מט על [...] 4 [...]ופחים [...].ת מפץ .[...] 5 [...].ה כן י.[...
]חרונו וזעם ע[...] לכול ע[...] 6 [...]. ותבער[...]. באש להבה[...]
7 [...]ול להבת א[ש]בטירות צדי[...] 8 [...]ב שואפי לצון שא[...]
9 [...].חם ומאזרו להב[ות ...] 10 [...]נחלי זפת לאכול מ[...] 11 [...]
לדור[...]

4Q434 (4QBarki Napshi[a]) *4QBless, Oh my Soul*[a]

M. Weinfeld, D.R. Seely, *DJD XXIX* (forthcoming)
PAM 43.513, 43.523
ROC 156
4Q435, 4Q436, 4Q437, 4Q438
Bibliography: R. Eisenman, M. Wise, *DSSU*, 233-241; *Wacholder-Abegg 3*, 309-

Frag. 1 I 1 ברכי נפשי את אדוני {מ}על כול נפלאותיו עד עולם וברוך
שמו כי הציל נפש אביון ואת 2 עני לא בזא ולא שכח צרת דלים פקח עיניו
אל דל ושועת יתומים שמע ויט אוזני{ו} אל 3 {שו}זע^ק^תם ברוב רחמיו חנן
ענוים ויפקח עיניהם לראות את דרכיו ואזנ[י]הם לשמוע 4 למודו וימול
עורלות לכם ויצילם למען חסדו ויכן לדרך רגלם בר[ו]ב צרתם לא עזבם
5 וביד עריצים לא נתנם ועם רשעים לא שפטם ועברתו לא ה[ו]ק[ד]ח
עליהם ולא כלם 6 בחרונו ולא יעף כל חרוני חמתו ובאש קנאת לא שפטם
vacat
7 שפטם ברוב רחמו משפטי עוני למען בוחנם והרבה רחמי[ו]הביאם
בגיים .[...] 8 אדם הצילם שפעת גוים לא שפטם ובתוך לאומים לא[...]ם
ויסתירם ב[...] 9 ויתן לפניהם מחשכים לאור ומעקשים למישור ויגל
להם[נ]תי[ב]ות שלום ואמת [...] 10 במדה רוחם מליהם במשקל תכן
וישרם כחלילים ^כי^ לב א[ח]ר יתן להם וילכו בד[רכי ...] 11 בדרך לבו גם
הוא הגישם כי ... את רוחם שלה ויסך בעד[ם ומכו]ל נגע צוה לבל.[...]

Frag. 3 *1* [...] ... [...] *2* [...] ... [...] burning [...] *3* [... will] break forth [...] ... upon [...] *4* [...] and traps (?) [...] ... shattering [...] *5* [...] thus shall [...] his anger /and the fury of [...]/ for all [...] *6* [...] and [...] shall burn with a burning fire [...] *7* [...] ... a flame of f[ire] in the encampments of ... [...] *8* [...] those who pant for foolish talk ... [...] *9* [...] ... those closed with fla[mes ...] *10* [...] streams of lava to consume [...] *11* [...] for a generation (?) [...]

4Q434 (4QBarki Napshi[a]) *4QBless, Oh my Soul[a]*

313; D.R. Seely, 'The *Barki Nafshi* Texts *(4Q434-439)*', in D.W. Parry, S.D. Ricks (eds.), *Current Research and Technological Developments. Conference on the Texts from the Judean Desert, Jerusalem, 30 April 1995* (STDJ 20; Leiden: E.J. Brill, 1996) 194-214 (197-200); .- 'The "Circumcised Heart" in 4Q434 Barki Naphshi', *RevQ* 17/65-68 (1996) 527-535

Frag. 1 *col.* I (= 4Q435 2; 4Q437 1) *1* Bless, my soul, the Lord for all his marvels, for ever. And blessed be his name, because he has saved the soul of the poor. And *2* the needy he has not despised and he has not forgotten the hardship of the oppressed. He has opened his eyes upon the oppressed and has heard the cry of the orphans and has paid attention to *3* their {cry} call. In the abundance of his mercy he has favoured the needy and has opened their eyes so that they see his paths, and their ear[s] so that they hear *4* his teaching. He has circumcised the foreskin of their hearts and has saved them because of his grace and has set their feet firm on the path. In their m[a]ny hardships he did not forsake them, *5* and did not deliver them into the hands of violent men, nor did he judge them with the wicked; his anger was not enkindled against them, nor did he destroy them *6* in his wrath; although all the wrath of his anger did not tire, he did not judge them with the fire of his zeal. *Blank* *7* He judged them with much mercy. The sorrowful judgments were to test them. And abundant in [his] mercy he brought them back from among the peoples [...] *8* man he saved them. He did not judge the mass of peoples, and in the midst of the nations he did not [...] them. He hid them in [...] *9* he turned darkness into light before them, and twisting paths into a plain. He revealed to them [t]ra[ck]s of peace and truth. [...] *10* their spirits to the measure, established their words on the scales and (tuned) their uprightness like flutes. For he will give them a an[oth]er heart, and they will walk on pa[ths of ...] *11* and also he has brought them on the path of his heart, for ... their spirit at ease, and he protected [them from ever]y plague, he commanded ... [...] *12* *Blank* [And] his

12 *vacat* [וי]חן מלאכו סביב ב[ני ישרא]ל פן ישחיתם [ועל] 13 איביהם [י]ח[רה א]ש עברתו להב.[...]את חרונו .[...].ה בהם ו...[...] 14 שנא [...].ב כבודו .[...] 15 [.]שמ[...] *vacat* 16 [...].וצתה א[...] 17 [...].לתך[...] 18 [...]...[...]

Frag. 1 II 1 ברעת[...]...[...כ]ול צרה ה[...].[...] 2 עשיתה להם נגד בני אדם ותצילם למענך[...] 3 ודרשו את עונם ואת עון אבותם ויכפרו במ[...] 4 במשפטים ולדרך אשר הורית[ה ...] 5 [.]עוד כי א[...]...רתם ב.[...]

Frag. 3 II 1 [...]...[...]...[...]...[...] 2 [...]בתי מלכותם משם ממדב[ר ל]פתח תקוה ויכרות להם ברית לשלום עם עוף 3 [הש]מים וחית הארץ וישם אואביהם כדמן וכאפר שחקם אדום ומואב

4Q434a *4QGrace after Meals*

M. Weinfeld, D.R. Seely, *DJD XXIX* (forthcoming)
PAM 43.513
ROC 156

Frags. 1 + 2 1 [.].כה [...]ו להנחם על אבלה עניה ה.[...] 2 גוים ל[ש]חת ולאומים יכרית ורשעים .[...]חדש 3 מעשי שמים וארץ ויגילו וכבודו מלוא[כל הארץ ... בעד אש]מתם 4 יכפר ורב {טי} טוב ינחמם טוב הש.[...].ם לאכול 5 פריה וטובה *vacat* [*vacat*] *vacat* 6 כאיש אשר אמו תנחמנו כן ינחמם בירושל[ים ... כחתן] על כלה עליה 7 ל[עו]לם ישכו[ן ...]א כסאו לעולם ועד וכבודו .[...]וכל גוים 8 [...]לו והיה בו צב[...].ם ו[א]רצם חמדה 9 [...]עד תפאר[ת ...]ד אברכה את 10 [...]ברוך שם עליו[ן ...] *vacat* 11 [...] ...[...] [...] חסדך עלי 12 [...]לתורה הכינותה 13 [...]ך ספר חוקיך 14 [...].

---

angel will encamp around the chi[ldren of Israe]l lest one destroy them; [and against] *13* their enemies [will be] kin[dled the fi]re of his fury to ... [...] his wrath [...] against them, and ... [...] *14* he hates [...] his glory [...] *15* ... [...] *Blank 16-18* [...] ... [...]

Frag. 1 *col.* II *1* in evil [...] ... [... a]ll distress [...] *2* you have made for them before the sons of man, and you saved them for your sake [...] *3* And they worsened their sin and the sin of their fathers, but they atoned for [...] *4* by judgments, and for the path which you taught [...] *5* again, for [...] ... [...]

Frag. 3 *col.* II *1* [...] ... [...] ... [...] *2* [...] their palaces there, from wilder[ness to] a door of hope. And he has made a covenant for them to ensure prosperity with the birds of *3* [the s]ky and the wild beasts of the land, and he has made their enemies like dung and has pounded them as dust. Edom and Moab

---

4Q434a *4QGrace after Meals*

Bibliography: M. Weinfeld, 'Grace after Meals at the Mourners' House in a Text from Qumran', *Tarbiz* 41 (1992) 15-23 [Hebrew]; .- 'Grace after Meals in Qumran', *JBL* 111 (1992) 427-440

Frags. 1 + 2 *1* ... [...] to be consoled during her mourning; her misery [...] *2* to [de]stroy peoples and he will eliminate nations and the wicked [...] renew *3* the works of the heavens and of the earth, and they will rejoice and (with) his glory will be filled [all the earth. For] their [guil]t *4* he will atone, and the one who is great in goodness will console them. Good is the [...] to eat *5* its fruit and its goodness. *Blank* [*Blank*] *Blank 6* As someone whose mother consoles him, so will he console them in Jerusal[em ... Like a bridegroom] with his bride *7* he will liv[e] for [ev]er [...] his throne is for ever and ever and his glory [...] and all peoples *8* [...] ... and there will be in it ... [...] ... and their desirable [l]and *9* [...] beaut[y ...] I will bless *10* [...] Blessed be the name of the Most Hi[gh ...] *Blank 11* [...] ... [...] your mercy upon me *12* [...] for the Law you have established *13* [...] the book of your laws *14* [...] ...

4Q435 (4QBarki Napshi[b]) *4QBless, Oh my Soul[b]*

M. Weinfeld, D.R. Seely, *DJD XXIX* (forthcoming)
PAM 43.523
ROC 327

Frag. 1 I 1 [... גערתה ממני] ותשם [לב ט]הור תחתיו 2 [יצר רע גערתה ...ש שמ]תה בלבב[י]זנות עינים 3 [הסירותה ממני ותבט ...]כיכה עורף קשה 4 [שלחתה ממני ותשמו ענוה זעף אף הסירותה ממני]ותשם לי רוח ארוך 5 [אפים גבה לב ורום עינים התנשיתה ממני ...] לי רוח שקר אבדת

4Q436 (4QBarki Napshi[c]) *4QBless, Oh my Soul[c]*

M. Weinfeld, D.R. Seely, *DJD XXIX* (forthcoming)
PAM 43.528
ROC 325

Frag. 1 I 1 בינה לחזק לב נדכה ולנצח לרוח בה לנחם דלים בעת צרתמה וידי נופלי[ם] 2 לקומם לעשות כלי דעת לתת לחכמים דעה וישרים יוסיפו לקח להתבונן 3 בעלילותיכה אשר עשיתה בשני קדם שני דור ודור שכל עולם אשר 4 [שמת]ה לפני ותנצור תורתכה לפני ובריתכה אמנתה לי ותחזק על לבי 5 [...]ללכת בדרכיכה לבי פקדתה וכליותי שננתה בל ישכחו חוקיכה 6 [...]יתה תורתכה וכליותי פתחתה ותחזק עלי לרדוף אחרי דרכי 7 [...]תכה ותשם פי כחרב חדה ולשוני פתחתה לדברי קודש ותשם 8 [...]מוסר בל יהגו בפעולות אדם בשחת שפתיו רגלי חזקתה 9 [...]ה ובידכה החזקתה בימיני ותשלחני *vacat* ב.[...] 10 [... ג]ערתה ממני ותשם לב טהור תחתיו יצר רע גע[רתה ...]

4Q435 (4QBarki Napshi[b]) *4QBless, Oh my Soul*[b]

4Q434, 4Q436, 4Q437, 4Q438
Bibliography: Wacholder-Abegg 3, 314-315; D.R. Seely, 'The *Barki Nafshi* Texts *(4Q434-439)*', 200-201

Frag. 1 *col.* I (= 4Q436 1 I - II) *1* [... you have removed from me,] and in stead of it you have given [a p]ure [heart;] *2* [the evil inclination you have removed ...] you have [placed] in [my] heart; the lewdness of eyes *3* [you have removed from me, and you have looked at ...] your [...] ...; stubbornness *4* [you sent away from me, and you turned it into humility; angry rage you removed from me] and you gave me a spirit of patience; *5* [arrogance and haughtiness you discarded from me ...] to me, the spirit of deceit you destroyed

---

4Q436 (4QBarki Napshi[c]) *4QBless, Oh my Soul*[c]

4Q434, 4Q435, 4Q437, 4Q438
Bibliography: R. Eisenman, M. Wise, *DSSU*, 233-241; *Wacholder-Abegg 3*, 316-317; D.R. Seely, 'The *Barki Nafshi* Texts *(4Q434-439)*', 201-202

Frag. 1 *col.* I (= 4Q435 1 I) *1* knowledge to strengthen the downcast heart and to triumph in it over the spirit, to console those oppressed in the epoch of their anguish, to lift the hands of the fallen ones, *2* to make receptacles of knowledge, to give knowledge to the wise. And the upright will increase insight to understand *3* your deeds which you did in the years of old, in the years of generation after generation, eternal knowledge which *4* [yo]u [have set] in front of me. You have preserved your law before me, and your covenant has been confirmed for me, and you have strengthened upon my heart *5* [...] to walk in your paths. You called my heart to attention and you sharpened my kidneys so that they do not forget your laws. *6* [...] you [...] your law, and you opened my kidneys and you strengthened me so that I would follow the paths of *7* [...] your [...]. You have made my mouth like a sharpened sword and have opened my tongue to the words of holiness; and you have placed *8* [...] instruction, so that they do not meditate on the actions of the man whose lips are in the Pit. You have strengthened my feet *9* [...] and with your hand you have taken hold of my right hand and you have sent me. *Blank* In [...] *10* [...] you have [re]moved from me, and in stead of it you have given a pure heart; the evil inclination [you have] remo[ved ...]

Frag. 1 II 1 [...]ש שמתה בלבבי זנות עינים הסירותה ממני ותבט א[...] 2 [... ע]ורף קשה שלחתה ממני ותשמו ענוה זעף אף הסירותה[ממני ותשם] 3 [לי רוח אר]וך אפים גבה לב ורום עינים התנשיתה ממני[... לי רוח] 4 [שקר אבדתה ...].ה נתתה לי מ.[...]

4Q437 (4QBarki Napshi^d) *4QBless, Oh my Soul^d*

M. Weinfeld, D.R. Seely, *DJD XXIX* (forthcoming)
PAM 43.525, 43.528, 44.104
ROC 516
4Q434, 4Q435, 4Q436, 4Q438

Frag. 1 1 [ברכי] נפשי את אדוני על כול נפל[אותיו עד עולם וברוך שמו כי הציל נפש אביון ואת] 2 [עני לוא]בזה ולוא שכח צרת ד[לים ...]

Frags. 2 I + 7 + 8 + 10 1 [...]מעדת דורשי מ.[...] 2 [... רשת]טמנו לי ללכודני וירדופו נפ[שי ...] 3 [... תבוא חר]בם בלבם וקשתותיהם תשברנה .[...] 4 [...].ת אברך שמך בחיי אשר הצלתני מקוש גוי[ם] 5 [...].מים וחסדיך לי צנה סביב ותשמור נפשי בגוים ובג.[...] 6 [...]הבישותה אוירבי (אורבי) בוא חוקיכה לוא שכחתי בצרת נפש[י] 7 [... לו]א הסתרתה פניך מן תחנוני וכול יגוני ראיתה ועונות[י] 8 [...] יעטף רוחי בצר לי שמעתה קולי באשפתיך הסת[רתני] 9 [...]ני ותשימני לחץ ברור בסת[ר] כפך הסתרתני ו.[...] 10 [... מטיט] הצלתני פן אטבע בו ומש[ב]ולת גוים פן [ת]שוטפני ומ[...] 11 [...][...] *vacat* ומשאול העלות נפ[ש]י חיים נתתה[...] 12 [... אנשי מ]ופת הוש[בת]לפני ובילדי צדק נחמתני ועל קו מ[שפ]ט שמחת 13 [את נפשי ובמשקל]צדקה חיית את רוחי *vacat*

אברך בכ[ול נפשי] את אדוני 14 [...]יגיל לבי [י]אבתי אתך אדוני זכרתי ונסמך לבי ל[פני]ך שברתי 15 [לישועת]ך *vacat* את [...]זכרתי

Frag. 1 *col.* II (= 4Q435 1 I) *1* […] you have placed in my heart; lewdness of eyes you have removed from me, and you have looked at […] *2* [… st]ubbornness you sent away from me, and you turned it into humility; angry rage you removed [from me and you gave] *3* [me a spirit of pa]tience; arrogance and haughtiness you discarded from me [… to me, the spirit of] *4* [deceit you destroyed …] … you gave to me … […]

4Q437 (4QBarki Napshi[d]) *4QBless, Oh my Soul*[d]

Bibliography: Wacholder-Abegg 3, 318-322; D.R. Seely, 'The *Barki Nafshi* Texts *(4Q434-439)*', 203-204; .- '4Q437: A First Look at an Unpublished *Barki Nafshi* Text', in *The Provo International Conference*, 147-160

Frag. 1 (= 4Q434 1 I) *1* [Bless,] my soul, the Lord for all [his] mar[vels, for ever. And blessed be his name, because he has saved the soul of the poor. And] *2* [the needy] he has [not] despised and he has not forgotten the hardship of the op[pressed …]

Frags. 2 *col.* I + 7 + 8 + 10 (= 4Q434 2) *1* […] from the congregation of the seekers of … […] *2* […] they have hidden [a net] for me to capture me, and they have pursued [my] sou[l …] *3* […] their [swor]d [shall pierce] their (own) hearts, and their bows be broken […] *4* […] … I shall bless your name during my life because you have delivered me from the snare of the nation[s] *5* […] … and your kindness is a shield around me, and you have protected my soul amidst the nations and … […] *6* […] you have put to shame those who ‹lay in wait› for me to come (?). I have not forgotten your laws in the distress of [my] soul *7* […] you have [no]t hidden your face from my supplications, and all my anguish you have seen, and [my] iniquities *8* […] my spirit would faint. In my distress you heard my voice, in your quiver [you] hi[d me] *9* […] me, and you made me into a sharp arrow. In the shel[ter of] your hand you hid me, and […] *10* [… from the mire] you saved me from sinking in it, and from the fl[oo]ds of the nations from drowning me, and from […] *11* […] … *Blank* And from Sheol you have lifted up [my] sou[l], you have given life […] *12* [… men of por]tent [you] have made si[t] before me, and with a just offspring you comforted me, and with the measuring cord of ju[dgme]nt you gladdened *13* [my soul, and with the weight of] justice you revived my spirit. *Blank* I will bless with a[ll my soul] the Lord, *14* […] my heart rejoices; I [l]ong for you, Oh Lord, I think of you, and my heart relies on you, I hope *15* [for] your

ויעלוץ לבבי *vacat* בכה תרים ק[רני]צמאה 16 [לכה נפשי ד]בקה נפש[י
אח]ריך בעלילותיך אשיח זכרתיך על[יצו]עי באשמרות

Frag. 2 II 13 ואעידה [...] 14 [מ]טותיהם לפתוח חורצ[בות ...]
15 [ו]לחפשם לעובדך ואב.[...] 16 הקימותי עליהם ל[...]

Frags. 3 + 4 1 [...] ב[...] 2 [... צ]ויתני יצר 3 [...]רע .[...].ר ממני
... 4 [...] אורח חיים .[... א]הבת חסד 5 [ובמשפט צדק ולהצניע ללכת
בכו]ל דרכי אל ותעב[יר ... המחי]ת 6 [ורוח ישועות הלבשתני ...] *vacat*
על כול אלה א[ברך שמך ...] 7 [... ונ]פלא[ו]תיך א[שר הצלתני ...]

4Q438 (4QBarki Napshi[e]) *4QBless, Oh my Soul[e]*

M. Weinfeld, D.R. Seely, *DJD XXIX* (forthcoming)
PAM 43.529
ROC 259

Frag. 3 1 ואדבקה על נפשי כ[...]. *vacat* [...] 2 נדיביכה ובבחיריכה
לוא התעברתי ו...[...] 3 [.]בה וצוארי הביאותי בעולך ומוסר[...]

Frags. 4 II + 5 1 [...].[...]...[...] 2 ...[...]... אה]בת חסד ובמשפט צדק
ולהצניע ללכת 3 בדרכי אל ו[תעביר ...]המחיתה ורוח ישועות הלבשתני
על כול 4 אלה אבר[ך שמך ...]...כ את כבודך ונפלאותיך אשר הצלת[ני]

Frag. 12 1 [...]במהותלות [...] 2 [... אש]ר בנפשך צויתני יצר
סמוך[...] 3 [...]יר ממני ורוב רח[מים ...]

[deliverance.] *Blank* I think of [...] and my heart exults *Blank* In you [my] h[orn] is elevated. [My soul] thirsts *16* [for you, my] soul [cl]ings [t]o you, on your deeds I ponder, I think of you on my [be]d, in the watches of night

Frag. 2 *col.* II *13* and I have testified [...] *14* their [y]okes, to open fett[ers ...] *15* [and] to set them free to serve you, and I ... [...] *16* I have appointed them to [...]

Frags. 3 + 4 (= 4Q438 4 II + 5; = 4Q443 7 ?) *1* [...] ... [...] *2* [...] you [com]manded me *3* [...] ... [...] *4* [...] way of life [...] compassionate [l]ove *5* [and with just judgment and to behave seemly in al]l the ways of God and you have remo[ved ...] you [have wiped out,] *6* [and with the spirit of salvation you have clothed me.] *Blank* For all these things I [shall bless your name ...] *7* [... and] your [m]arv[e]ls be[cause you delivered me ...]

4Q438 (4QBarki Napshi^{e}) *4QBless, Oh my Soul*^{e}

4Q434, 4Q435, 4Q436, 4Q437

Bibliography: Wacholder-Abegg 3, 323-326; D.R. Seely, 'The *Barki Nafshi* Texts *(4Q434-439)*', 204

Frag. 3 *1* and I will cling to my soul ... *Blank* [...] *2* your noble ones, and with your chosen ones I have not been angry, and ... [...] *3* [...] ... and I have submitted to your yoke, and chastisement [...]

Frags. 4 *col.* II + 5 (= 4Q437 3 + 4; = 4Q443 7 ?) *1* [...] ... [...] ... [...] *2* ... [...] compassionate [lo]ve and with just judgment and to behave seemly *3* in the paths of God, and [you have removed ...] you have wiped out, and with the spirit of salvation you have clothed me. For all *4* these things I shall ble[ss your name ...] ... /your glory/ and your marvels because you delivered [me]

Frag. 12 *1* [...] with deceptions (?) [...] *2* [... wha]t is in your soul, you commanded me: a staunch purpose [...] *3* [...] ... from me, and abundance of mer[cies ...]

4Q439 *4QLament by a Leader*

M. Weinfeld, D.R. Seely, *DJD XXIX* (forthcoming)
PAM 43.529
ROC 334

Frag. 1 I 1 [... ל]אסף צ.[...]עמי ולהקים דרך 2 [...]ר בברית אנשי סודי וכול מלוש 3 [...].רש לנחלתי על כן עיני מקור מים 4 [...]מוסר והעומדים אחריהם אשר 5 [...]והנה כול עירי נהפכה לסירים[...אבן] 6 [... וה]נה כול שופטי נמצאו אויל[ים ...] 7 [...].ו צדיקי פותיים אב[...א כולמה] 8 [אנש]י בוגדות[...]

4Q440 *4QHodayot-like text C*

E. Schuller, *DJD XXIX* (forthcoming)
PAM 43.522, 44.101

Frag. 1 1 [... ביום ה]רביעי פתחתה מאור גדול בממש[לת ...] 2 [... ת]שעה וארבעים גורלות אור שבע[...] 3 [...]רים לשלושת עולמי חושך שבי[עית ...] 4 [...]. בכול ימי ממשלתו[...] 5 [...] עולמים להאיר שב[עתים ...] 7-6 [...]...[...]

Frag. 2 1 [... מו]עדי כב[וד ...] 2 [...]... *vacat* ברוך [...] 3 [...ומשפטי צד[ק ...] 4 [...]. [ר]אישוני [...] 5 [...]ל[...]

Frag. 3 I 14 [...]...[...] 15 [... לה]רים בכו[ל] נצב.[...] 16 [...] ולבשר שלום ע[ול]ם 17 [...] *vacat* 18 [... לכו]ל רוח ומבינתכה לכול 19 [... כ]בודכה לכול הויה 20 [...]אתה אלי הזכי בכול 21 [...]כולנו להעשותנו כיא 22 [...]לה ו{ב}טובכה הכינותה 23 [... עומ]ק רזיכה הנוראים 24 [...]שבת כבודכה ברוך 25 [...]ה ועד אחרונות לוא

4Q439 *4QLament by a Leader*

4Q469
Bibliography: Wacholder-Abegg 3, 327-328; D.R. Seely, 'The *Barki Nafshi* Texts *(4Q434-439)*', 204-206

Frag. 1 *col.* I (= 4Q469 3) *1* [... to] gather ... [...] my nation, and to establish (the) road (of) *2* [...] in the covenant of the men of my council, and each ... *3* [...] ... my inheritance; therefore my eyes are a fountain of water *4* [...] instruction, and those standing behind them who *5* [...] And see: my whole city has been turned to thorns, [... stone] *6* [... And s]ee: all my judges have been found to be fool[s ...] *7* [...] ... my righteous ones are deceived, father [... all of them are] *8* [me]n of treachery? [...]

4Q440 *4QHodayot-like text C*

ROC 508
Bibliography: Wacholder-Abegg 3, 329-330

Frag. 1 *1* [... on the] fourth [day] you set free the large luminary in the domi[nion of ...] *2* [...] forty-[n]ine parts of light, seven [...] *3* [...] ... to three periods (?) of darkness, a sev[enth ...] *4* [...] during all the days of its dominion [...] *5* [...] periods, to shine sev[enfold ...] *6-7* [...] ... [...]

Frag. 2 *1* [...] glo[rious fe]asts [...] *2* [...] ... *Blank* Blessed [...] *3* [...] and ju[st] judgments [...] *4* [... f]irst [...] *5* [...] ... [...]

Frag. 3 *col.* I *14* [...] ... [...] *15* [... to] lift up al[l] exhausted [...] *16* [...] and to announce et[ern]al peace *17* [...] *Blank* *18* [... to ever]y spirit, and from your knowledge to every *19* [...] your [gl]ory to everything which exists *20* [...] you, my God, are the pure one (?) in all *21* [...] us all to make us do it, because *22* [...] ... and {in} your goodness you established *23* [... the aby]ss of your awesome mysteries *24* [...] your glorious Sabbath. Blessed *25* [...] and until the final things not

---

4Q440a *4QHodayot-like text D*

A. Lange, *DJD XXXVI* (forthcoming)
PAM 41.389, 43.532

1 [...]ל רב .[...] 2 [...]שפתי לוא מ.[...] 3 [...]אל רב עלי מודה]
...] 4 [...] בשפתי ולשוני[...] 5 [...]דברי שננתה כחר[ב חדה ...]
6 [...].תה לוא יתחגי.[...]

4Q441 *4QIndividual Thanksgiving A*

E. Chazon, *DJD XXIX* (forthcoming)
PAM 43.522

1-2 ...[...] 3 אודה [... 5-4 [...]...[...] 6 [...] 7 [...].ר תכיל[...]
8 ה[...]. ובגבור[ת ...] 9 מ[...]

4Q442 *4QIndividual Thanksgiving B*

E. Chazon, *DJD XXIX* (forthcoming)
PAM 43.522

1 [...] שבע וחיה לעולם אודה 2 [... הו]דיעני את כול זואת 3 [...
ע]ולמים 4 [...].ך

4Q443 *4QPersonal Prayer*

E. Chazon, *DJD XXIX* (forthcoming)
PAM 43.539

Frag. 1 1 [...]...[...] 2 [...] זמרה [...] 3 [...]אנה תטמ[א ...]

4Q440a *4QHodayot-like text D*

ROC 116

(formerly numbered 4Q427 *frag.* 14) *1* [...] much [...] *2* [...] my lips not ... [...] *3* [...] ... much more than me [...] *4* [...] with my lips, and my tongue [...] *5* [...] my words you have sharpened like a [sharpened] sw[ord ...] *6* [...] ... not ... [...]

4Q441 *4QIndividual Thanksgiving A*

ROC 492

1-2 ... [...] *3* I give thanks [...] *4-5* [...] ... [...] *6* [...] *7* [...] ... you contain (?) [...] *8* ... [...] and with streng[th ...] *9* ... [...]

4Q442 *4QIndividual Thanksgiving B*

ROC 492
Bibliography: Wacholder-Abegg 3, 331

1 [...] abundance, and life for ever. I give thanks *2* [... he has made k]nown to me this all *3* [... et]ernal *4* [...] ...

4Q443 *4QPersonal Prayer*

ROC 345
Bibliography: *Wacholder-Abegg 3*, 332-334

Frag. 1 *1* [...] ... [...] *2* [...] song [...] *3* [...] ... will become uncl[ean (?) ...]

4 [... א]ליכה מנעור[י ...] 5 [... **]** אלוהי ק[דם ...] 6 [...]י ונעמודה יח[ד ...] 7 [...] וחמס אתה י[...] 8 [...]ים ומן בני סודי[...] 9 [...]יכה והפרי על[...] 10 [...]ם כי אל דבריכ[ה ...] 11 [...]ה למשל וישח[...] 12 [... י]שעכה ובצד[ק ...] 13 [...]ם ותפתח פי[...] 14 [...]. שובבים ע[...] 15 [... נ]שא עוון כי ה[...] 16 [...].דוך ויפר[...] 17 [...]קוב ויר[...]

Frag. 2 1 [...]...[...] 2 [...] לוא רצית ומע[...] 3 [...].יו ומנצח לעד *vacat?* [...] 4 [אש]ר בפי לוא תבחן[...] 5 [...].ת פיך ותראני עמ[ל ...] 6 עד למשפט תעמיד{נ}ני [...] 7 יריב לי ועדיו יעודו ב[י ...] 8 אליכה הבינותי כול .[...] 9 [.ל]כדני ואין *vacat* [...]

4Q444 *4QIncantation*

E. Chazon, *DJD XXIX* (forthcoming)
PAM 43.539

Frag. 1 1 ואני מיראי אל בדעת אמתו פתח פי ומרוח קודשו .[...] 2 ...[...]. ויהיו לרוחי ריב במבניתי חוק [...] 3 [...]תכמי בשר רוח דעת ובינה אמת וצדק שם אל בל[בבי ...] 4 [...]יה ותתחזק בחוקי אל ולהלחם ברוחי רשעה ולוא ...[...]

Frag. 2 I 1 [... יל]ל[ו]ת אוניה *vacat* ארוד 2 [...]כון האמת והמשפט 3 [... תעניות]ועד תום ממשלתיו 4 [... מיראי כול רוחות מ]מזרים ורוח הטמאה

Frag. 3 1 [...]שקל והגבע[ות ...] 2 [... צ]דיקים את[...] 3 [...]נדת תועב[ותיהם ...]

---

4 [... t]o you, since [my] youth [...] *5* [... **]** God of o[ld ...] *6* [...] and we shall stand toge[ther ...] *7* [...] and violence you ... [...] *8* [...] ... and from the sons of my council [...] *9* [...] your [...] and the fruit upon [...] *10* [...] for to yo[ur] words [...] *11* [...] to rule, and he will ... [...] *12* [...] your [sal]vation, and in justi[ce ...] *13* [...] and you have opened the mouth of [...] *14* [...] ... [...] *15* [... he be]ars the punishment because [...] *16* [...] ... and he will ... [...] *17* [...] ... and he will ... [...]

Frag. 2 *1* [...] ... [...] *2* [...] you take no pleasure, and ... [...] *3* [...] ... and from eternity to eternity. *Blank?* [...] *4* [wha]t is in my mouth you will not examine [...] *5* [...] of your mouth, and you have shown me toi[ls ...] *6* (as) a witness in court you have appointed me [...] *7* will argue for me, and his witnesses will testify for [me ...] *8* to you, I understand all [...] *9* [... will ca]tch (?) me, and not *Blank* [...]

4Q444 *4QIncantation*

ROC 194
Bibliography: *Wacholder-Abegg* 3, 335-336

Frag. 1 *1* And I belong to those who fear God; he opened my mouth with his true knowledge, and from his holy spirit [...] *2* ... [...] and they became spirits of dispute in my build. The precept of [...] *3* [...] the innards of the flesh. A spirit of knowledge and understanding, truth and justice, did God place in [my] hea[rt ...] *4* [...] ... and be strong in the precepts of God, and in battling the spirits of iniquity, and not ... [...]

Frag. 2 *col.* I (*Frag.* 1 *lines 5 - 8*; = 4Q511 121 ?) *1* [... the wailing cr]ies of her mourning. *Blank* I will subdue *2* [...] ... the truth and the justice *3* [... afflictions,] and until its dominions are complete *4* [... those who inspire him fear, all the spirits of the b]astards and the spirit of uncleanness

Frag. 3 (*Frag.* 1 *lines 9 - 11*) *1* [...] he has weighed, and the hills [...] *2* [... ri]ghteous ones ... [...] *3* [... im]purity of [their] abomination[s ...]

4Q445 *4QLament A*

E.J.C. Tigchelaar, *DJD XXIX* (forthcoming)
PAM 43.545

Frag. 1 1 [...]רק כפי [...] 2 [...]בעלת תור [...] 3 [...]הגיוני[...]

Frag. 2 1 [... מ]עונת שכל[י ...] 2 [...]ימה אני[...] 3 [...].[...]

Frag. 3 1 [...]. כלו לי כל נודע[י ...] 2 [...] אני עזובה ומנובלה[...]

Frag. 4 1 [...]...[...] 2 [... נש]בעים כל עדי.[...] 3 [...]רגלי תמימות[...] 4 [... ש]פתי[.]ל[...]

4Q446 *4QPoetic Text A*

E.J.C. Tigchelaar, *DJD XXIX* (forthcoming)
PAM 43.545

Frag. 1 1 [...]...[...] 2 [... ולו]א עוד יכריתנה מ...[...] 3 [...]מעשי כבודו ומשמיע[...] 4 [...]... ובלשוני מנות הודו[ת ...] 5 [...]וכי]עת אביוני פדותו[...] 6 [...]... כבוד לוא ת[...]

4Q447 *4QPoetic Text B*

E.J.C. Tigchelaar, *DJD XXIX* (forthcoming)
PAM 43.545

1 [...]... ולמאוס[...] 2 [...]תשכילני [...] 3 [...]למען [...]

4Q445 *4QLament A*

ROC 490

Frag. 1 *1* [...] ... my hands [...] *2* [...] with the sacrifice of a dove [...] *3* [...] my meditation [...]

Frag. 2 *1* [... af]flicted by [my] bereavement [...] *2* [...] ... am I [...] *3* [...] ... [...]

Frag. 3 *1* [...] all [my] acquaintances have vanished from me [...] *2* [...] I am forsaken and disgraced [...]

Frag. 4 *1* [...] ... [...] *2* [...] ... all witnesses [sw]ear [...] *3* [...] my feet are perfect [...] *4* [...] my [l]ips ... [...]

4Q446 *4QPoetic Text A*

ROC 490
Bibliography: *Wacholder-Abegg 3*, 337

Frag. 1 *1* [...] ... [...] *2* [... and] he shall [no]t eliminate her again from ... [...] *3* [...] his glorious works, and announcing [...] *4* [...] ... and on my tongue portions of splendour [...] *5* [...] ... the poor ones redeemed by him [...] *6* [...] ... glory, not ... [...]

4Q447 *4QPoetic Text B*

ROC 490

1 [...] ... and to loathe [...] *2* [...] you instruct me [...] *3* [...] in order that [...]

4Q448 *4QApocryphal Psalm and Prayer*

E. Eshel, H. Eshel, A. Yardeni, *DJD XI*, 403-425, pl. XXXII
PAM 43.545
ROC 490
Bibliography: E. Eshel, H. Eshel, A. Yardeni, 'A Qumran Composition Containing Part of Ps. 154 and a Prayer for the Welfare of King Jonathan and his Kingdom', *Tarbiẓ* 60 (1991) 295-324 [Hebrew] and *IEJ* 42 (1992) 199-229; *Wacholder-Abegg 2*, 285-286; D. Flusser, 'Some Notes About the Prayer for the King Jonathan', *Tarbiẓ* 61 (1992) 297-300 [Hebrew]; E. Qimron, 'Concerning

Col. A 1 הללויה מזמור שיר[...] 2 אהבת בח[סדך ...] 3 סרות על [...] 4 *vacat* [...] 5 ויראו מסנ[איך ...] 6 רבים השם ל[...] 7 ולתהום ים [השליכם הנה עיני יהוה על טובים תחמל] 8 ועל מפארו י[גדל חסדו מעת רעה יציל נפשם ברכו את יהוה גואל] 9 עני מיד זרים[מציל תמימים מיד רשעים נוטה] 10 משכנו בציון מ[...]

Col. B 1 עור קדש 2 על יונתן המלך 3 וכל קהל עמך 4 ישראל *vacat* 5 אשר בארבע 6 רוחות שמים 7 יהו שלום כלם 8 ועל ממלכתך 9 ויתברך שמך

Col. C 1 באהבתך אתיס[ר ...] 2 ביום ועד ערב מ...[...] 3 לקרוב להיות ...[...] 4 פקדם לברכה ל{ה}[...] 5 על שמך שנקרא[...] 6 ממלכה להברכה[...] 7 ולתום מלחמתיו[...] 8 יונתן וכל עמך[...] 9 מת[ק]רב[...]

4Q449 *4QPrayer A*

E. Chazon, *DJD XXIX* (forthcoming)
PAM 43.543

Frag. 1 1 [...]וגומל תשפט ובכח[...] 2 [...]תיני ועד היום הזה[...]

4Q448 *4QApocryphal Psalm and Prayer*

the Blessing over King Jonathan', *Tarbiẓ* 61 (1992) 565-567; G. Vermes, 'The So-Called King Jonathan Fragment (4Q448)', *JJS* 44 (1993) 294-300; É. Puech, 'Jonathan le prêtre impie et les débuts de la communauté de Qumrân, *4QJonathan (4Q523)* et *4QPsAp (4Q448)*', *RevQ* 17/65-68 (1996) 241-270, pl. 26; A. Lemaire, 'Le Roi Jonathan à Qoumrân (4Q448 B-C)', in E.-M. Laperrousaz (ed.), *Qoumrân et les manuscrits de la mer Morte. Un cinquantenaire* (Paris: du Cerf, 1997) 57-70

Col. A (cf. 11Q5 XVII) *1* Halleluiah. A psalm, song [...] *2* you have loved in [your] ki[ndness ...] *3* you had power over [...] *4 Blank* [...] *5* [your] ene[mies] feared [...] *6* many he destroyed [...] *7* and in the abyss of the sea [he hurled them. See, YHWH's eyes have pity on good people;] *8* on those who give him glory he [increases his compassion; he frees their soul at the instant of danger. Bless YHWH who ransoms] *9* the humble from the hand of foreigners, [who frees the perfect from the hand of the wicked; who pitches] *10* his tent in Zion [...]

Col. B *1* Arise, Holy One, *2* on behalf of King Jonathan, *3* and the whole assembly of your people, *4* Israel *Blank 5* who are in the four *6* quarters of heaven. *7* May they all have peace. *8* And on behalf of your kingdom. *9* And may your name be blessed.

Col. C *1* Through your love I will let myself be discip[lined ...] *2* at daytime, and until evening ... [...] *3* to come near to be ... [...] *4* visiting them for a blessing /for/ [...] *5* in your name which is invoked [...] *6* kingdom to bless it [...] *7* and to complete his wars [...] *8* Jonathan and all your people [...] *9* coming [ne]ar [...]

4Q449 *4QPrayer A*

ROC 186
Bibliography: Wacholder-Abegg 3, 338

Frag. 1 *1* [...] and requiting you shall judge, and with power [...] *2* [...] our ...

3 [...]ממשלת רוחי גורלו במשפ[ט ...] 4 [...]קנאת משפטי אמתכה ונקמת[...] 5 [... כ]ול אויבינו ו.[...].ביך את כול א[...] 6 [...]עו נפשנו[...

Frag. 3 1 בלהבי אש [...] 2 הנועדים [...] 3 אלוהינו א[...] 4 ...[...]

4Q450 *4QPrayer B ?*

E. Chazon, *DJD XXIX* (forthcoming)
PAM 43.543

Frag. 1 [לא] 1 [י]בינו ואין רא[ה ...] 2 ונעדים תש...[...] 3 שפכת לארץ .[...] 4 אבין נפש .[...] 5 [...]...[...]

4Q451 *4QPrayer C*

E. Chazon, *DJD XXIX* (forthcoming)
PAM 43.543

Frag. 1 1 [בש]מכה [ה]גדול ואל יחל[לו ...] 2 ותנם ביד ידידיכה לכל[ת ...] 3 ובמופתיכה ועזוז ימינכ[ה ...] 4 [...]לו[...]

4Q452 *4QPrayer D ?*

E. Chazon, *DJD XXIX* (forthcoming)
PAM 43.543

1 איככה התאחרת[ה ...]

[…] and until this day […] *3* […] the dominion of the spirits of his lot in the judg[ment of …] *4* […] the zeal for your true judgments and the vengeance of […] *5* [… a]ll our enemies and your […] … all […] *6* […] … our souls […]

Frag. 3 *1* with flames of fire […] *2* those gathered […] *3* our God […] *4* … […]

4Q450 *4QPrayer B ?*

ROC 186

Frag. 1 [not] *1* [do] they understand, and there is no-one who se[es …] *2* and gathered … […] *3* you have poured to the earth […] *4* I understand, a soul […] *5* […] … […]

4Q451 *4QPrayer C*

ROC 186
Bibliography: Wacholder-Abegg 3, 339

Frag. 1 *1* [in] your great [na]me, and [t]he[y] must not pro[fane …] *2* and deliver them in the hand of your beloved ones for destruc[tion …] *3* through your signs and the power of yo[ur] right hand […] *4* […] … […]

4Q452 *4QPrayer D ?*

ROC 186

1 How have you delayed […]

4Q453 *4QLament B*

E. Chazon, *DJD XXIX* (forthcoming)
PAM 43.543

1 [...]הו מה גדלת[...]   2 [...].ת גבורות א[ל ...]   3 [...]ל[...]

4Q454 *4QPrayer E ?*

E. Chazon, *DJD XXIX* (forthcoming)
PAM 43.543

1 [...]ם   2 [... ושו]טף צדקכה   3 [...] בארץ חם ונגיעי   4 [...] *vacat*
5 [...]כיא מלוא.[...]   6 [...].ם במד[...]   7 [...].תם ל[...]   8 [...]...[...]

4Q455 *4QDidactic Work C*

E. Chazon, *DJD XXIX* (forthcoming)
PAM 43.543

1 [...]... הברכ...[...]   2 [...] בכל א..ה הגידו את [...]   3 [...]משקר
ירחי[ק]מהזכירו [...]

4Q456 *4QHalleluyah*

E. Chazon, *DJD XXIX* (forthcoming)
PAM 43.543

Frag. 1   1 [...]. נגדה   2 [...] הללו יה   3 [...]המענות אשר   4 [...
כ]ול

4Q453 *4QLament B*

ROC 186

1 […] … how you have made great […] *2* […] the powerful deeds of G[od …] *3* […] … […]

4Q454 *4QPrayer E ?*

ROC 186

1 […] … *2* [… and] your justice [will over]flow *3* […] in the land of Ham, and afflictions of *4* […] *Blank* *5* […] for fullness […] *6-8* […] … […]

4Q455 *4QDidactic Work C*

ROC 186

1 […] … […] *2* […] in all … proclaim […] *3* […] a liar one should remo[ve] from keeping him in remembrance […]

4Q456 *4QHalleluyah*

ROC 186
Bibliography: Wacholder-Abegg 3, 340

Frag. 1 *1* […] in the presence of *2* […] Halleluiah *3* […] the answers which *4* [… a]ll

Frag. 2   1 [...]נח[...] 2 [...]קודש[...]   3 [...]ו הללו יה

4Q457a *4QCreation ?*

E. Chazon, *DJD XXIX* (forthcoming)
PAM 43.478

1 [ו]לא יצ.[...]   2 ומי יעמ[ד ...]   3 יולד בה ו[...]   4 עדת אל ג[...]
5 ...[...]   6 חרום בצעם [...]   7 .[...]רת כל פ.[...]

4Q457b *4QEschatological Hymn*

E. Chazon, *DJD XXIX* (forthcoming)
PAM 43.478

Col. II   1 נלחם אל בהם ו...[...]   2 שמח דויד להשיב [...]   3 יעשה
עליון בשמים [...]   4 מלכיה לעשות {...} [...]   5 אלוהינו כול קדושים]
...]   6 וכבודו עליהמה ירא[ה ...]   7 *vacat* ויאומרו לעליו[ן ...]
8 אש[...] כול מעשי...[...]

4Q458 *4QNarrative A*

E. Larson, *DJD XXX* (forthcoming)
PAM 43.544
ROC 442

Frag. 1   1 [...]ב לידיד מ[...]   2 [...]ה הידיד ה[...]   3 [...]. באהל [...]
4 [...]לוא ידעו א[ת ...   5 [...]שריפות אש [...]   6 [...]ועמדו עמו
מ.[...]   7 [... וא]מר לרישון לאמור[...]   8 [...]לחיים ושלך המלאך
הריש[ון ...]   9 [...]ב מחרבת ויך את עץ הרשע[...]   10 [...]ל[...
מ]מצרים לבית [...]   11 [...]...[...]...

Frag. 2 *1* […] … […] *2* […] holiness […] *3* […] Halleluiah

---

4Q457a *4QCreation ?*

ROC 355
Bibliography: Wacholder-Abegg 3, 342

1 [and] not … […] *2* and who shall sta[nd …] *3* born on it. And […] *4* congregation of God […] *5* … […] *6* ban of their injust profit […] *7* […] … all … […]

4Q457b *4QEschatological Hymn*

ROC 355
Bibliography: Wacholder-Abegg 3, 341

Col. II *1* God battled against them and … […] *2* David rejoiced to bring back […] *3* the Most High will do in heaven […] *4* its kings to do {…} […] *5* our God, all the holy ones […] *6* and his glory will appe[ar] upon them […] *7 Blank* And they will say to the Most Hi[gh …] *8* … […] all works … […]

4Q458 *4QNarrative A*

Bibliography: R. Eisenman, M. Wise, *DSSU*, 46-50; *Wacholder-Abegg 2*, 287-291

Frag. 1 *1* […] to the friend of […] *2* […] the friend […] *3* […] in the tent of […] *4* […] they did not know […] *5* […] burnings of fire […] *6* […] and they stood with him … […] *7* [… and he sa]id to the first, saying […] *8* […] for life. And the fir[st] angel will throw down […] *9* […] laid waste, and he will cut down the tree of evil […] *10* […] … [… from] Egypt, to the house of […] *11* […] … […]

Frag. 2 I 1 [... ל]בהלם 2 [... היר]ח והכוכבים 3 [... ל]השנות
4 [...]וברח בק.[.]ה 5 [...]ות הטמאה 6 [...]. הזנות

Frag. 2 II 2 את מל.[...] 3 ויאבדהו ואת חילו[...] 4 ותבלע את כל
הערלים ותק.[...] 5 ויצדקו והלך על הרים ה[...] 6 משיח בשמן מלכות
ה[...]

4Q459 *4QNarrative Work Mentioning Lebanon*

E. Larson, *DJD XXX* (forthcoming)
PAM 43.542

Frag. 1 1 לבנון ל.[...]הגביהו רצונ[...] 2 ידעו את אדני אלהי[...]
3 נתן למלאכים ואת.[...] 4 [...]ף לא דא[...]

4Q460 *4QNarrative Work and Prayer*

E. Larson, *DJD XXX* (forthcoming)
PAM 43.542

Frag. 1 1 [...]בות[...] 2 [...]תהיה הא[רץ ...] 3 [... ע]וזם ולוא
בחר ב[...] 4 [...]ד ויקרא את שמו .[...] 5 [... י]הודה להיות לו כוה[ן
...] 6 [... א]ל תדאג מכול מהומות .[...] 7 [...]מכול מצוקות וצרות[...]
8 [...]וצרות כיא יסובוכ[ה ...] 9 [...] ההוא אל תירא ואל[תחת ...]
10 [... י]בואו לכה ואחזתה [...] 11 [...]חיר כיא עת צר[ה ...] 12 [...]ב
זכור[...]

Frag. 5 I 1 [...]כה ולפניכה אפחד כיא כפחד אלוהים זממו
2 [...]ל[...]למהומה בישראל ולשערוריה באפרים 3 [... מא]רץ אשמות
למרום עליון כיא לדור 4 [ודור ... כ]יא לוא אתה עזבתה לעבדכה 5 [...]

Frag. 2 col. I *1* [... to] terrify them *2* [... the moo]n and the stars *3* [... to] alter *4* [...] and with a spirit (?) ... *5* [...] ... the uncleanness *6* [...] ... the immorality

Frag. 2 col. II *2* ... [...] *3* and he will put him to death, and his army [...] *4* and you will consume all the uncircumcised ones, and you will ... [...] *5* and they will be justified. And he went on the mountains [...] *6* anointed with the oil of the kingship of the [...]

4Q459 *4QNarrative Work Mentioning Lebanon*

ROC 254
Bibliography: Wacholder-Abegg 3, 343

Frag. 1 *1* they have elevated Lebanon to [...], will [...] *2* they know the lord, God [...] *3* he has given to the angels, and ... [...] *4* [...] not ... [...]

4Q460 *4QNarrative Work and Prayer*

ROC 254
Bibliography: Wacholder-Abegg 3, 344-347

Frag. 1 *1* [...] ... [...] *2* [...] the ea[rth] will be [...] *3* [...] their [str]ength, and he did not elect [...] *4* [...] and he named him [...] *5* [... J]udah, to be for him a prie[st ...] *6* [... do n]ot be afraid of any confusion [...] *7* [...] from all afflictions and straits [...] *8* [...] and straits, for they will surround y[ou ...] *9* [...] this. Do not be afraid and do not [be terrified ...] *10* [... will] come to you, and you shall take hold [...] *11* [...] ... for the time of distr[ess ...] *12* [...] remember [...]

Frag. 5 *col.* I *1* [...] you, and before you I am in dread, for like the dread of God they plan evil *2* [...] for confusion in Israel, and for something horrible in Ephraim. *3* [... from the l]and of guilty deeds to the height of the Most High, for from generation *4* [to generation ... f]or you have not forsaken your serv-

אבי ואדוני *vacat* 6 [... נ]פלאות כיא יוכיח על הזניח ומי 7 [... יו]כיח בעוזביכה אלוהיכה ישראל *vacat* ומי 8 [...]ת ובעלים כיא לוא לאחד באפרים ילקח חוק[יכה] 9 [...]יהוה דברי פיכה וכול זמתכה ישיב על עכ[...] 10 [...]אשמות אפרים וישראל נגזל אליה מעם עריץ[...] 11 [... יע]מוד לפניכה ישראל כיא הרבותה להכעיס לא[לוהיכה]

Frag. 8 1 [...]...[...] 2 [...]בארץ אל יתהללו הגבורים [בגבורתם ...] 3 [...]בכוחם ומלכים בחיל עוזם ושרים[...] 4 [...]בכלי מלחמתם ובערי עוזם *vacat* [...] 5 [...]ר. כמוהו ואין אדיר[...] 6 [...]יך אדיר לעוזרנו וש[...] 7 [...]עם ואיליני א[...]

4Q461 *4QNarrative B*

E. Larson, *DJD XXX* (forthcoming)
PAM 43.546

Frag. 1 1 [...].[...]. להמיתו .[...] 2 [...]הו בהמה ויתנם ביד ...[...] 3 [...].ה בעבודה קשה ויתנם על ...[...] 4 [...]ים עד קצה *vacat* ויתנם לש{ו}מה .[...] 5 [...]...[...]... בק]שוהו וימצאוה[ו ...] 6 [...]לשמוע ומשכיל ו.[...] 7 [... מ]וסדות תבל עד כ[...] 8 [... ל]עשות רצונו ולשמור חקיו .[...] 9 [...]. להשיב אל יהוה אלוהיהמה[...] 10 [...] וראה יהוה את שיבתם .[...]

4Q462 *4QNarrative C^a*

M.S. Smith, *DJD XIX*, 195-209, pl. XXVI
PAM 42.937, 43.546
ROC 163
4Q467

Frag. 1 1 [...].[...] 2 [... את שם וא]ת חם ואת יפת[...] 3 [...

ant *5* [...] my father and my lord. *Blank 6* [... m]arvels, for he will reprove with rejection, and who *7* [... he will re]prove because of your leaving your God, Israel. *Blank* And who *8* [...] and Baals, for no-one in Ephraim has grasped [your] precept[s] *9* [... of] YHWH are the words of your mouth, and he will bring back all your scheming to ... [...] *10* [...] the guilty deeds of Ephraim, and Israel has been taken away to it by an awesome nation [...] *11* [... will st]and before you, Oh Israel, for increasingly you have angered [your] Go[d]

Frag. 8 *1* [...] ... [...] *2* [...] in the land. Let not the warriors boast [of their might ...] *3* [...] of their strength, or kings of their powerful armies, or princes [...] *4* [...] of their weapons of war and of their powerful cities *Blank* [...] *5* [...] like him, and there is not (anyone) mighty [...] *6* [...] ... mighty to help us and ... [...] *7* [...] ... and our leaders ... [...]

4Q461 *4QNarrative B*

ROC 441

Bibliography: Wacholder-Abegg 3, 348-349

Frag. 1 *1* [...] to kill him [...] *2* [...] ... through them, and he gave them in the hand of ... [...] *3* [...] through hard labour and he gave them ... [...] *4* [...] ... until its end. *Blank* And he made them an object of horror [...] *5* [...] ... [...] they [sou]ght him and they found h[im ...] *6* [...] to listen, and instructing and [...] *7* [... the fou]ndations of earth till [...] *8* [... to] do his will, and to observe his precepts [...] *9* [...] to turn back to YHWH their God [...] *10* [...] and see, YHWH, their old age [...]

4Q462 *4QNarrative C[a]*

Bibliography: M.S. Smith, '4Q462 (Narrative) Frg. 1: A Preliminary Edition', *RevQ* 15/57-58 (1991) 55-77; R. Eisenman, M. Wise, *DSSU*, 267-269; *Wacholder-Abegg 3*, 350-352

Frag. 1 (= 4Q467) *1* [...] *2* [... Shem,] Ham and Japhet [...] *3* [... and light

ויזרח אור] ליעקוב ויא[יר על צי]ון ויזכור [...] 4 [... הגו]ים לישרא[ל]
vacat בכן יאמר[ו איפה ...] 5 [...].ים ריקמה הלכנו כי לוקח[...] 6 [...]
לעבדים ליעקוב בא°ב[ה ...] 7 [...]..תנה לרבים לנחלה **** המ°של
...[...]. 8 [...]. כבודו אשר מאחד ימלא את המים ואת הארץ[...] 9 [...
ומ]ל[ו]את הממ^שלה לבדו עמו היה האור עמהם ועלינו היה[...] 10 [...
עבר ק]ץ החושך וקץ האור בא ומשלו לעולם על כן יואמר[ו ...] 11 [...
]ל[י]שראל כי נתוכנו היה עם החביב יעק[וב ...] 12 [...]יהסה ויעבודו
ויתקימו ויזעקו אל **** ו[...] 13 [...] *vacat* והנה נתנו במצרים שנית
בקץ ממלכה ויתקי[מו ...] 14 [... יו]שבי פלשת ומצרים לבזה וחורבה
{י}ועמודיה [...] 15 [...]מיר לרומם לרשע בעבור תקבל טמ[אה ...]
16 [...]ה ועז פניה יתשנה בזיוה ועדה ובגדיה [...] 17 [...].ים ואת אשר
עשתה לה כן טמאת הע.[...] 18 [... נ]שנאתה כאשר היתה לפני הבנותה
[...] 19 [...] *vacat* ויזכור את {ישרו} ירושלם ה.[...]

4Q463 *4QNarrative D*

M.S. Smith, *DJD XIX*, 211-214, pl. XXVII
PAM 42.832, 43.546
ROC 441

Frag. 1   1 [...].דמה *vacat* ויזכור אל את דברו אשר אמר ... 2 [...
לא]מור גם בהיותם בארצות אויביהמ[ה לא מאסתים] 3 [ולא געלתים
לכלות]ם להפר בריתי וחסדי מהמה ויהי מלא[...] 4 [...] נסתרות
ואוזניהמה פתח וישמעו ע[מקות ...] 5 [...]...[...]

Frag. 2   1 [...].עים ה[...] 2 [...] תום היובל[...] 3 [...]ויגער
בליעל .[...] 4 [...]חה מלבד הימים א[...] 5 [...]את אויביהמה
עליהמ[ה ...] 6 [...]ריאשון ...[...]

shone] over Jacob, and he il[luminated Zi]on, and remembered [...] *4* [... the nation]s to Israe[l.] *Blank* Therefore [they] will say: [Where ...] *5* [...] ... empty-handed we went, for taking [...] *6* [...] for slaves for Jacob, with love [...] *7* [...] ... it to many as an inheritance. ****, who governs ... [...] *8* [...] his glory which at once fills the waters and the earth [...] *9* [... and the full]ness of the kingdom is with him alone; the light was with them and over us there was [...] *10* [... the peri]od of darkness [has gone] and the period of light has arrived. And they will rule for ever. Therefore [t]he[y] will say: [...] *11* [...] to [I]srael, for in the midst of us was the people of the beloved one, Jac[ob ...] *12* [...] their [...] and they served and endured and shouted to ****, and [...] *13* [...] *Blank* And then they were delivered up to Egypt a second time in the period of the kingdom and [t]he[y] en[dured ...] *14* [... the inhab]itants of Philistia and of Egypt for spoil and devastation {and they restored her} and its pillars [...] *15* [...] ... to set wickedness on high so that it contracts uncl[eanness...] *16* [...] and the hardness of her face will change into brilliance and her menstruation and her clothes [...] *17* [...] and what she did to her, so will be the uncleanness of ... [...] *18* [...] she [was] loathed as she was prior to her construction [...] *19* *Blank* And he will remember {Isru} Jerusalem [...]

4Q463 *4QNarrative D*

Bibliography: A. Steudel, *Der Midrash zur Eschatologie aus der Qumrangemeinde*, 53-56; *Wacholder-Abegg 3*, 353

Frag. 1 *1* [...] ... them. *Blank* And God remembered his word which he spoke ... *2* [... sa]ying: *Lev 26:44* Even while they are in the lands of thei[r] enemies [I do not spurn them] *3* [and do not reject them up to the point of destroying] them, and so breaking my covenant and my loyalty from them. And the fullness was [...] *4* [...] hidden things, and he opened their ears, and they heard pro[found things ...] *5* [...] ... [...]

Frag. 2 *1* [...] ... [ ] *2* [...] the completion of the jubi[lee ...] *3* [...] and he will rebuke Belial [...] *4* [...] ... except the days wh[ich ...] *5* [...] their enemies against the[m ...] *6* [...] first ... [...]

4Q464 *4QExposition on the Patriarchs*

E. Eshel, M. Stone, *DJD XIX*, 215-230, pl. XXVIII
PAM 43.357
ROC 264
Bibliography: M. Stone, E. Eshel, 'An Exposition on the Patriarchs (4Q464)

Frag. 3 I 1 [...] 2 [...]ים 3 [...]. עבד 4 [...]ש באחד 5 [...].
נבלת 6 [...]ם לאברה{ר}ם 7 [...]. עד עולם כיא הואה 8 [...]רא לשון
הקודש 9 [... אהפך] אל עמים שפה ברורה 10 [...] *vacat*
11 [...]...[...]

Frag. 3 II 1 הכ.[...] 2 המשפט [...] ובר[...] 3 כאשר אמר
לאברה[ם ידוע תדע כי גר יהיה זרעך בארץ לא להם] 4 ועבדום וענו[
אותם ארבע מאות שנה ...] 5 ושכב עם [אבותיו ...] 6 שמ.[...] 7 פשר
ע[ל ...] 8 לאכל[...]

Frag. 5 II 1 ויס[גור]מחוץ ו.[...] 2 וישם מים מ.[...] 3 יהיה שם
וכלון מי ה[...] 4 להשחית הארץ כי דר[כם ...] 5 [נ]פתחו [ו]לא ...[...]

Frag. 7 1 [...]. היו בני חמש עשרא] שנה ...] 2 [... מבאר]שבע
ללכת חרן וע[...] 3 [...].ר אמר לתת לו א[ת ...] 4 [...] *vacat* [...]
5 [... י]עקוב ל.[...] 6 [...]לביא מאה צוא[ן ...] 7 [...]. שנה יעקו[ב ...]
8 [...]אן בנות שכ[ם ...] 9 [...]ל[...]

4Q464[a] *4QNarrative E*

E. Eshel, M. Stone, *DJD XIX*, 231-232, pl. XXIX
PAM 43.357

1 [...]...[...] 2 [...]ם ועמד ושפ[ט ...] 3 [...]...דת ברז להמה]

4Q464 *4QExposition on the Patriarchs*

and Two Other Documents (4Q464[a] and 4Q464[b])', *Le Muséon* 105 (1992) 243-264; *Wacholder-Abegg 3*, 354-358; M.J. Bernstein, 'Three Notes on 4Q464', *Tarbiẓ* 65 (1995/96) 29-32

Frag. 3 *col.* I *1* […] *2* […] … *3* […] servant *4* […] in one *5* […] confused *6* […] to Abraha{ra}m *7* […] for ever, for he *8* […] … the holy language *9* [… *Zeph 3:9* I will make] the peoples pure of speech *10* […] *Blank* *11* […] … […]

Frag. 3 *col.* II *1* … […] *2* the judgment […] and … […] *3* as he said to Abraha[m: *Gen 15:13* You will know for certain that your seed will be a sojourner in a land that is not theirs;] *4* and they will enslave them, and oppress [them for four hundred years …] *5* And he lay with [his fathers …] *6* … […] *7* the interpretation con[cerns …] *8* to eat […]

Frag. 5 *col.* II *1* and he clo[sed] from outside, and […] *2* and he put water … […] *3* will be there. And the waters of […] came to an end […] *4* to destroy the earth, for [their] wa[y …] *5* [were] opened, [and] not … […]

Frag. 7 *1* […] were fifteen years [old …] *2* [… from Beer-]Sheba to go to Haran, and … […] *3* […] … he said to give him t[he …] *4* […] *Blank* […] *5* [… J]acob to […] *6* […] to bring one hundred shee[p …] *7* […] old, Jaco[b …] *8* […] … the daughters of Shech[em …] *9* […] … […]

4Q464ᵃ *4QNarrative E*

ROC 264
Bibliography: Cf. 4Q464

1 […] … […] *2* […] and he stood and jud[ged …] *3* […] … in a mystery for them

...] 4 [...]מילדות לפרעוה[...] 5 [...] עד קץ[...] 6 [...]ל[...]

4Q464ᵇ *4QUnclassified Fragments*

E. Eshel, M. Stone, *DJD XIX*, 233-234, pl. XXIX
PAM 42.504, 43.357

4Q465 *4QpapText Mentioning Samson ?*

E. Larson, *DJD XXX* (forthcoming)
PAM 43.560

1 [...] ו...[...] 2 [...].גן תאגר[...] 3 [... ש]משון אליו[...] 4 [...
[*vacat* [...] 5 [...] א.[...] 6 [...] ו[...]

4Q466 *4QText Mentioning the Congregation of the Lord*

D.M. Pike, 'The "Congregation of YHWH" in the Bible and at Qumran', *RevQ* 17/65-68 (1996) 233-40

1 [...]. יניח[...] 2 [... א]מר אל אלוהי [...] 3 [...]. עדת יהוה[...]
4 [...]כול הע[...] 5 [...]כול[...]

4Q467 *4QNarrative C^b^*

D. Pike, *DJD XXXVI* (forthcoming)
PAM 43.679
ROC 203

1 [... את]שם[ואת חם ...] 2 [...]...[... ויזר]ח אור ליעקב ו[יאיר על
ציון ויזכור ...] 3 [...]הגוים לישראל בכן יאמרו אי פה ה.[...]

[…] *4* […] midwives to Pharaoh […] *5* […] until the period of […] *6* […] … […]

4Q464ᵇ *4QUnclassified Fragments*

ROC 264

4Q465 *4QpapText Mentioning Samson ?*

ROC 194

1 […] and …[…] *2* […] … you will gather […] *3* […S] amson to him […] *4* […] *Blank* […] *5-6* […] … […]

4Q466 *4QText Mentioning the Congregation of the Lord*

PAM 43.679
ROC 203

1 […] he will settle […] *2* [… sa]id to the God of […] *3* […] the congregation of YHWH […] *4* […] all the … […] *5* […] all […]

4Q467 *4QNarrative Cᵇ*

4Q462
Bibliography: Wacholder-Abegg 3, 374

(= 4Q462 1) *1* […] Shem, [Ham …] *2* [… and] a light [shon]e for Jacob, and he il[luminated Zion, and remembered …] *3* […] the nations to Israel. Therefore they will say: Where is the […]

4Q468a-4Q468f *4QUnidentified Fragments C*

M. Broshi, *DJD XXXVI* (forthcoming)
PAM 43.399

4Q468g *4QHistorical Text F*

M. Broshi, *DJD XXXVI* (forthcoming)

4Q468h *4QHistorical Text G*

A. Lange, *DJD XXXVI* (forthcoming)
PAM 43.248

1 [...]...י גלעד 2 [...] את הארץ 3 [...]. לתת בארץ 4 [...
]לאדם 5 [...]שבע 6 [...]ואתה

4Q468i *4QHistorical Text H*

A. Lange, *DJD XXXVI* (forthcoming)
PAM 43.248

1 [...]...ם [...] 2 גפם מגפא רבא [...] 3 ואדום ועזה ואש[...]
4 בני קטורא פלטו[...] 5 לחם את הכרכות[...] 6 ישראל וש[...]

4Q468j *4QHymnic Work*

A. Lange, *DJD XXXVI* (forthcoming)

4Q468a-4Q468f *4QUnidentified Fragments C*

ROC 203
Bibliography: Wacholder-Abegg 3, 377, 379-381

4Q468g *4QHistorical Text F*

PAM 43400

4Q468h *4QHistorical Text G*

Bibliography: Wacholder-Abegg 3, 371

1 […] … Gilead *2* […] the land *3* […] to give in the land *4* […] to man *5* […] seven (?) *6* […] And you (?)

4Q468i *4QHistorical Text H*

Bibliography: Wacholder-Abegg 3, 372

1 […] … […] *2* strike them with a large blow […] *3* and Edom, and Gaza, and Ash[…] *4* the sons of Keturah escaped […] *5* fought against the fortified cities […] *6* Israel and … […]

4Q468j *4QHymnic Work*

Bibliography: Wacholder-Abegg 3, 373

4Q469 *4QApocryphon?*

E. Larson, *DJD XXX* (forthcoming)
PAM 43.002, 43.550
ROC 519

Frag. 2 1 [...]...[...] 2 [...]ולוא לקחו מוסר ו.[...] 3 [... נ]עויות
לבמה אני ש[...] 4 [...]...[...]

Frag. 3 1 [...]אבן[...] 2 [... והנה כול שופטי נמצ]או אוילים[...]
3 [... צ]דיקי פתאים אב .[...] 4 [... הל]וא כולמה אנשי בו[גדות ...]
5 [...]...ם חללו[קודש ...]

4Q470 *4QText Mentioning Zedekiah*

E. Larson, L.H. Schiffman, J. Strugnell, *DJD XIX*, 235-244, pl. XXIX
PAM 43.550, 44.187
ROC 519
Bibliography: Wacholder-Abegg 2, 292-293; E. Larson, L.H. Schiffman, J.

Frag. 1 1 [...].[...] 2 [...]. מיכאל[...] 3 [... יב]וא צדקיה ביום
[הה]וא בבר[י]ת 4 [...]... לעשות ולהעשות את כל התורה 5 [... ב]עת
ההיא ואמר מ[יכ]אל אל צדקיה 6 [... ו]אכרתה עמך[ברית]לעיני הקהל
7 [... לע]שות ו[...]...[...]

Frag. 3 1 [... ו]יקראו ו[...] 2 [...]נות ופנ[...] 3 [... א]נקתם אל
השמים [...] 4 [... ל]החלימם ולעזרם ברוח ג[בורתו ...] 5 [...]ובעמוד
האש פעמים[רבות ...] 6 [...]ויכתב משה בדברו ככ[ל ...] 7 [...]...[...
א]ל קדש ב[רנע ...] 8 [...]. על נ...[...]

4Q469 *4QApocryphon?*

4Q439
Bibliography: Wacholder-Abegg 3, 359-360

Frag. 2 *1* […] … […] *2* […] and they have not gained instruction. And […] *3* [… the per]versions of their heart I […] *4* […] … […]

Frag. 3 (= 4Q439 1 I) *1* […] stone […] *2* [… And see: all my judges have been fou]nd to be fools […] *3* […] my [ri]ghteous ones are deceived, father […] *4* [… are] they [n]ot all men of trea[chery? …] *5* […] … profane [the holy …]

4Q470 *4QText Mentioning Zedekiah*

Strugnell, '4Q470, Preliminary Publication of a Fragment Mentioning Zedekiah', *RevQ* 16/63 (1994) 335-349; E. Larson, '4Q470 and the Angelic Rehabilitation of King Zedekiah', *DSD* 1 (1994) 210-218

Frag. 1 *1* […] … […] *2* […] Michael […] *3* […] Zedekiah [will en]ter on [th]at day in the cove[na]nt *4* […] … to perform, and to let perform, the whole Law *5* [… at] that time, and M[icha]el will say to Zedekiah *6* [… and] I will conclude with you [a covenant] before the congregation *7* [… to per]form and […] … […]

Frag. 3 *1* [… and] they called and […] *2* […] … and … [ ] *3* […] their [gr]oan to heaven […] *4* [… to] make them strong and to help them with [his] m[ighty] spirit […] *5* […] and in the pillar of fire [many] times […] *6* […] and Moses wrote when he spoke according to a[ll …] *7* […] … [… t]o Kadesh B[arnea …] *8* […] upon … […]

4Q471 *4QWar Scroll-like Text B*

E. Eshel, H. Eshel, *DJD XXXVI* (forthcoming)
PAM 42.914, 42.916, 43.551
ROC 129
1QM+1Q33?, 4Q491?, 4Q492?, 4Q493?, 4Q494?, 4Q495?, 4Q496?, 4Q285?, 11Q14?

Frag. 1 1 [...]ה מכ[ו]ל אש[ר ...] 2 [...]כול איש מאחיו מבני
3 [אהרון ...]ו והיו עמו תמיד יש[רתו] 4 [לפני אל וראשים שנים עשר
ל]כול שבט ושב[ט] איש 5 [אחד וראשי המשמרות ששה ועש]רים ומן[
ה]לוים שנים 6 [עשר אחד לכול שבט ושבט] וישר[תו לפני]ו תמיד כ[ו]ל
7 [הימים ויבחרו להם אנשי חיל ל]מען יהיו מלמדים[...] 8 [...]ת
מחלקו[ת ...] 9 [...]מה[...]

Frag. 2 1 [...]ק שרו[...] 2 [...]לשמר עדוות בריתכה[...]
3 [...]ור כול צבאותם באורך אפ[ים ...] 4 [...]ש ולהניא לבבם מכול
מ.[...] 5 [... ע]בדי חו[ש]ך כיא משפט[...] 6 [...].י באשמת גורלו[...]
7 [... למאוס טו]ב ולבחור ברע ול.[...] 8 [...]שנא אל ויציב ל[...] 9 [...
]הטוב אשר[...] 10 [...]... עברת נקם[...] 11 [...]...[...]

Frag. 3 1 [...]ם אל ול[...] 2 [...]עולמים וישימנו[...] 3 [...
ישפ]ט עמו בצדק ול[...] 4 [...]ם בכול חוקי[...] 5 [...]לנו בנעוותנ[ו ...]
6 [...]בליעל[...]

4Q471a *4QPolemical fragment*

E. Eshel, M. Kister, *DJD XXXVI* (forthcoming)
PAM 42.914, 43.551
ROC 129

4Q471 *4QWar Scroll-like Text B*

Bibliography: Wacholder-Abegg 2, 294-296; E. Eshel, H. Eshel, '4Q471 Fragment 1 and Ma'amadot in the War Scroll', in *The Madrid Qumran Congress*, 611-620; M.G. Abegg, '4Q471: A Case of Mistaken Identity?', in J.C. Reeves, J. Kampen (eds.), *Pursuing the Text. Studies in Honor of Ben Zion Wacholder on the Occasion of His Seventieth Birthday* (Sheffield: JSOT, 1994) 136-147

Frag. 1 (*olim frag.* 4) *1* [...] of a[l]l tha[t ...] *2* [...] each man from his brothers, from the sons of *3* [Aaron ...] and they shall be with him, continuously [t]he[y] will se[rve] *4* [before God. And twelve leaders: for] each tribe [one] man; *5* [and the chiefs of the divisions twe]nty[-six] and from [the] levites twe[lve] *6* [one for each tri]be, and [t]he[y] shall ser[ve before him] continuously, all *7* [days, and they shall choose for themselves men of war, in] order to instruct [...] *8* [...] division[s ...] *9* [...] ... [...]

Frag. 2 *1* [...] ... [...] *2* [...] to keep the pledges of your covenant [...] *3* [...] ... all their armies in patien[ce ...] *4* [...] and to discourage their hearts from every [...] *5* [... ser]vants of dark[ne]ss, for the judgment [...] *6* [...] in the guilt of his lot [...] *7* [... to reject goo]d and to choose evil, and to [...] *8* [...] hates God, and he has established [...] *9* [...] the good which [...] *10* [...] ... the frenzy of revenge [...] *11* [...] ... [...]

Frag. 3 (now 4Q471c 4QPrayer Concerning God and Israel ?) *1* [...] God and to [...] *2* [...] for ever. And he has placed us [...] *3* [... may he jud]ge his people with justice and [...] *4* [...] in all precepts [...] *5* [...] for us, in o[ur] perversions [...] *6* [...] Belial [...]

4Q471a *4QPolemical fragment*

Bibliography: Wacholder-Abegg 2, 294; E. Eshel, M. Kister, 'A Polemical Qumran Fragment', *JJS* 43 (1992) 277-281

Frag. 1 1 [...].עת צויתם לבלתי 2 [...].ם ותשקרו בבריתו 3 [...
ות]אמרו נלחמה מלחמותיו כיא גאלנו 4 [... גבור]יכם ישפלו ולוא ידעו
כיא מאס 5 [...]... תתגברו למלחמה ואתם נחשבתם 6 [...]בקיאו *vacat*
משפט צדק תשאלו ועבודת 6 [...]תתנשאו *vacat* ויבחר ב[...] לזעקה
8 [...] ותשיתו[מר למתוק]ומתוק

4Q471b *4QSelf-Glorification Hymn[a]*

E. Eshel, *DJD XXIX* (forthcoming)
PAM 43.551
ROC 129

Frags. 1-3 1 [... מי נ]בזה כמונ[י ... כי במעון] 2 קודש כ[ול יקר לי
מי יסבול]רע ידמה [בי ...] 3 כמוני יחד ל[קדושים ...]ומי ישו[ה לי ...
לא] 4 תדמה בהרותי א[...] 5 מי כמוני באלים [... ומזל] 6 שפתי מי
יכיל מי[בלשון יועדני ... אני] 7 ידיד המלך רע לקד[ושים ולוא יבוא בי
... ומי בכבודי] 8 לוא (לי) ידמה כי א[ני עם אלים מעמדי וכבודי עם בני
מלך לוא] 9 בפז כת[...] 10 [*vacat*?] זמרו[ידידים ...]

4Q472 *4QEschatological Work*

T. Elgvin, *DJD XXXVI* (forthcoming)
PAM 43.430, 43.551

1 [...] יום [...] 2 [...]שמ.[...] 3 [...]... לברכה ולשלום .[...] 4 ...
כול רעי מ[...]רו פני מלך [...] 5 ... ופז מנבלו[ת ...]כול כת...[...]
6 ול.[..]אחרי פניו[...]

Frag. 1 *1* [...] ... you were commanded not to *2* [...] and you have betrayed his covenant *3* [... and you] said: «Let us fight his battles, for he has redeemed us» *4* [...] your [champion]s will be subdued and will not know that he rejected *5* [...] you will show yourselves to be mighty for war but you shall be regarded *6* [...] in one's vomit (?). *Blank* You will ask for a just judgment and the work of *7* [...] you shall extol. *Blank* And he will choose [...] at the cry *8* [...] you shall turn [bitter to sweet] and sweet

---

4Q471b *4QSelf-Glorification Hymn*[a]

1QH[a], 4Q427, 4Q491c

Bibliography: Wacholder-Abegg 2, 296; E. Eshel, '4Q471B: A Self-Glorification Hymn', *RevQ* 17/65-68 (1996) 175-203; cf. 4Q427, 4Q491c

Frags. 1 - 3 (= 1QH[a] XXVI top; 4Q427 7 I + 9; cf. 4Q491c 1) *1* [... who has been] despised like [me ... for in the] *2* holy [dwelling] is ev[erything precious to me, and who suffers] evil like [me ...] *3* like me together with [the holy ones ...] and who will be lik[e me ... is not] *4* like my instruction [...] *5* who is like me among the gods [...] *6* who can measure [what issues] from my lips, who [will summon me with the tongue ... I am] *7* friend of the king, companion of the ho[ly ones, and not shall come to me ... and who] *8* can be compared to [my glory,] for I, [with the gods is my position and my glory is with the sons of the king. Not] *9* with pure gold ... [...] *10* [*Blank?*] Sing, [favoured ones, ...]

4Q472 *4QEschatological Work*

ROC 129

1 [...] the day of [...] *2* [...] ... [...] *3* [...] ... for blessing and for peace [...] *4* ... all the pasturage of [...] ... the face of the king [...] *5* ... and refined from immodes[ty ...] all ... [...] *6* and to [...] after his face

---

4Q472a *4QHalakha C*

T. Elgvin, *DJD XXV* (forthcoming)
PAM 43.430, 43.551

1 [...]...[...]...[מיום [...]   2 לישנים דכי ליחד נזי.[...] 3 נדיבימו לכבוד
וד.[...]   4 לפנות [...]מ[...]   8-5 ...[...]

4Q473 *4QThe Two Ways*

T. Elgvin, *DJD XXII*, 289-294, pl. XXVI
PAM 41.788, 43.548

Frag. 2   1 [...]ה ת.[...]   2 בה [...]והואה נותן [...]   3 [שתי]דרכים
אחת טוב[ה ואחת רעה אם תלך בדרך הטובה ...]   4 ויברככה ואם תלך
בדרך [הרעה ...]   5 יב[יא ע]ליכה והשמידכה [...]   6 וירקון שלג קרח
וברד ...]   7 עם כול ...[...]   8 ...[...]

4Q474 *4QText Concerning Rachel and Joseph*

PAM 43.548
ROC 444

1 [...].[...]בן ...[...]   2 [...]. בבן אהוב ...[...]   3 [... ויש]מח בבן
ידי[ד ...]   4 [... ל]ש[או]ל את יהוה כיא[...]   5 [... יה]וה מאודה
רחל[...].[...]   6 [...].ה מכול אש[ר]...[...]   7 [...]. עד אשר [י]תן
לכה[...]   8 [... מל]אכי שלום לעש[ות ...]   9 [... כ]ול ה[ב]אים ע[...]
10 [... וכו]ל אוזניהם חרשות [...]   11 [...]ותם אשר ...[...]   12 [...].
וחדשים [...]   13 [...]כול קומתם [...]   14 [... ש]אלתמה ומכול[...]
15 [...]ל[...]

4Q472a *4QHalakha C*

ROC 129

1 [...] ... [...] from the day [...] *2* for the old ones which are pure for the community ... [...] *3* their nobles for glory and ... [...] *4* to the corners [...] ... [...] *5-8* ... [...]

4Q473 *4QThe Two Ways*

ROC 444

Bibliography: Wacholder-Abegg 3, 361

Frag. 2 *1* [...] ... [...] *2* in it [...] while he gives [...] *3* [two] ways, one good [and one evil. If you walk on the good way ...] *4* and he will bless you; but if you walk on [the evil] way [...] *5* he will br[ing up]on you, and he will destroy you [...] *6* and blight, snow, ice and hai[l ...] *7* with all ... [...] *8* ... [...]

4Q474 *4QText Concerning Rachel and Joseph*

Bibliography: Wacholder-Abegg 3, 362; T. Elgvin, '4Q474 — A Joseph Apocryphon?', *RevQ* 18/69 (1997) 97-108, pl. I

1 [...] son ... [...] *2* [...] in a beloved son ... [...] *3* [... and he rej]oiced in his dea[r] son [...] *4* [... to] a[s]k YHWH that [...] *5* [... YH]WH highly Rachel [...] *6* [...] ... from all tha[t ...] ... [...] *7* [...] until [he] gives you [...] *8* [... an]gels of peace to d[o ...] *9* [... a]ll who [c]ome [...] *10* [... and al]l their ears are deaf [...] *11* [...] their [...] which ... [...] *12* [...] and new [...] *13* [...] all their existence (?) [...] *14* [...] you [a]sked and from all [...] *15* [...] ... [...]

4Q475 *4QRenewed Earth*

PAM 40.991
Musée de Flagellation

1 [...].ה ובחיל צר [...] 2 [... ש]כחום ולוא ידורשום וכלץ[...]
3 [...]דים בתוכם והגיד להמה את כול .[...] 4 [... כו]ל תבל ולוא יהיה
עוד אשמות בארץ ולוא י[...] 5 [... מש]חית וכול משטם והיתה כול תבל
כעדן וכול [...] 6 [... ו]שקטה הארץ לעולמים ו...[...].ושכ[...] 7 [...]בן
אהוב והורישו את כולה ו.[...] 8 [...].ה כיא ה.[...] 9 [...]ל[...]

4Q476, 4Q476a *4QLiturgical Work B, 4QLiturgical Work C*

PAM 43.548
ROC 128

Frag. 1 1 [...]כו[...] 2 [...]לת מלו[...] 3 [...]ק[ר]ובי אל ל[...]
4 כול מרוחקי מלך .[...] 5 הם מאוסי אלוהי[ם ...] 6 כבוד לפני מלך
ל.[...]

Frag. 2 1-2 [...] 3 [...]...[...] 4 [...]כולכם תהיו בשלום *vacat*?
[...] 5 [...]ש מנוח שבת[...]ם[...] 6 [...].ם אהלי[...]

4Q477 *4QRebukes Reported by the Overseer*

E. Eshel, 'The Rebukes by the Overseer', *JJS* 45 (1994) 111-122
PAM 43.562
ROC 443

Frag. 1 1 [...]...[...] 2 [... ל]הזכיר עת נעויתם וא[ת ...]
3 [...]...[...]

4Q475 *4QRenewed Earth*

Bibliography: P.A. Spijkerman, 'Chronique du Musée de la Flagellation', *Studii Biblici Franciscani Liber Annuus* 12 (1961-62) 324-325; T. Elgvin, 'Renewed Earth and Renewed People: 4Q475', in *Provo International Conference*, 577-591

1 [...] ... and through the power of an enemy [...] *2* [...] they have [for]gotten them, and they have not searched them, and like a scorner (?) [...] *3* [...] ... in their midst, and he will tell them all [...] *4* [... al]l the world, and there will be no more guilty deeds on the earth and not [...] *5* [... destr]oyer, and every adversary; and all the world will be like Eden, and all [...] *6* [... and] the earth will be at peace for ever, and ... [...] ... [...] *7* [...] beloved son, and he will let him inherit it all, and [...] *8* [...] ... for ... [...] *9* [...] ... [...]

4Q476, 4Q476a *4QLiturgical Work B, 4QLiturgical Work C*

Bibliography: Wacholder-Abegg 2, 297-298

Frag. 1 *1-2* [...] ... [...] *3* [...] those n[e]ar to God to [...] *4* all the ones rejected by the king of [...] *5* they are the ones loathed by God [...] *6* glory before the king of [...]

Frag. 2 *1-2* [...] *3* [...] ... [...] *4* [...] all of you will be in peace. *Blank?* [...] *5* [...] rest of Sabbath [...] *6* [...] tents [...]

4Q477 *4QRebukes Reported by the Overseer*

Bibliography: R. Eisenman, M. Wise, *DSSU*, 269-273; *Wacholder-Abegg 3*, 363-364; C. Hempel, 'Who Rebukes in 4Q477?', *RevQ* 16/64 (1995) 127-128; S.A. Reed, 'Genre, Setting and Title of 4Q477', *JJS* 47 (1996) 147-148

Frag. 1 *1* [...] ... [...] *2* [... to] let their offences be remembered, and [...] *3* [...] ... [...]

Frag. 2 I 1 [...]ים אנשי ה[יחד] 2 [...] נפשמה ולהוכיח א[ת] 3 [...
מ]חני הרבים על 4 [...]...

Frag. 2 II 1 .[...] 2 אשר [... אש]ר היה מרע[...] 3 הרבים [...
ו]את יוחנן בן ...[... אשר] 4 הואה קצר אפים[...] עמו .[...] העין עמו
וגם רוח פארה עמ[ו ...] 5 [...]ה הואה ...ים אשר[...] *vacat*
ואת חנניה נותוס הוכיחו אשר הואה[...] 6 [... להע]כיר את רוח
היח[ד ... ו]גם לערב א[ת ...]אל[...] 7 [...]... הוכ[י]חו אשר רוע .[...
]עמו וגם אשר איננו ח.[...] 8 [...].ורו וגם אוהב את שיר בשרו [...]
9 [...] *vacat*
ואת חנניה בן שמ[עון הוכיחו ...] 10 [... וג]ם אוהב את טוב[...]

4Q478 *4QpapFragment Mentioning Festivals*

E. Larson, L. Schiffman, *DJD XXII*, 295-296, pl. XXVI
PAM 43.560

1 [...]לא יעמוד[...] 2 [...] והסמך[...] 3 [...]. ולא ישכח את[...]
4 [...].מועדיה ואתה[...] 5 [...]...[...]

4Q479 *4QText Mentioning Descendants of David*

E. Larson, L. Schiffman, *DJD XXII*, 297-299, pl. XXVII
PAM 43.562

Frag. 1 1 וא[...] 2 ידכ[...] 3 את עבודת[...] 4 זרע דויד[...]
5 דויד יצא[...] 6 לוא עשה[...] 7 צף וש.[...] 8 ואת [...]

Frag. 3 1 ענבים[...] 2 וכסוכה[...] 3 גפנו וכב[...]
4 וחשפו[...] 5 יקום [...]

Frag. 2 *col.* I *1* […] … the men of the [community] *2* […] their soul, and to rebuke *3* [… the c]amps of the Many, on *4* […] …

Frag. 2 *col.* II *1* … […] *2* because [… becau]se he was an evildoer […] *3* the Many [… and] Johanan son of … [… because] *4* he was short-tempered […] with him [… of] the eye with him, and also a boastful spirit was with [him …] *5* […] he … because […] *Blank* And Hananiah Notos they rebuked because he […] *6* [… to trou]ble the spirit of the commun[ity …] and also to share […] … […] *7* […] … they reb[u]ked because badness of […] was with him, and also because he was not … […] *8* […] … and also he loves his near kin […] *9* […] *Blank* And Hananiah son of Sim[eon they rebuked …] *10* [… and al]so he loves the good […]

4Q478 *4QpapFragment Mentioning Festivals*

ROC 194

1 […] he will not stand […] *2* […] and he will be supported (?) […] *3* and he will not forget […] *4* […] its festivals. And you […] *5* […] … […]

4Q479 *4QText Mentioning Descendants of David*

ROC 186
Bibliography: Wacholder-Abegg 3, 365

Frag. 1 *1* and … […] *2* your hand […] *3* the work of […] *4* the seed of David […] *5* David went out […] *6* not did he […] *7* he flooded, and … […] *8* and […]

Frag. 3 *1* grapes […] *2* and like a booth […] *3* its vine and … […] *4* and they stripped […] *5* /he will arise/ […]

4Q480 *4QNarrative F*

E. Larson, L. Schiffman, *DJD XXII*, 301-302, pl. XXVII
PAM 43.562

Col. II 1 בכל נפל[אותיו ...] 2 יהוה[...] 3 לשמי[ם ...]
4 ויכ...[...] 5 אלהים ל.[...] 6 השליכו[...]

4Q481 *4QText Mentioning Mixed Kinds*

E. Larson, L. Schiffman, *DJD XXII*, 303-304, pl. XXVII
PAM 43.562

Frag. 1 1 [...].י זקנים ...[...] 2 [...]. דייני כלאים א.[...] 3 שבאי
רשעים[...]

4Q481a (4QapocrElisha) *4QApocryphon of Elisha*

J. Trebolle Barrera, *DJD XXII*, 305-309, pl. XXX
PAM 43.550
ROC 194
Bibliography: J. Trebolle Barrera, 'Histoire du texte des livres historiques et

Frag. 2 1 [...]יא כי 2 [... אלי]שע 3 [... ו]יעל אלישע ויראו
4 [בני הנביאים אשר ביריחו אותו מנגד ויאמרו נחה רוח אליהו על אליש]ע
ויבאו לקרת 5 [אלישע וישתחוו לו ארצה ויאמרו אליו הנה נא יש את
עבדיך]חמשים אנשים 6 [בני חיל ילכו נא ויבקשו את אדוניך פן נשאו
רוח יהוה וישלכהו באחד ה]הר[ים]

Frag. 3 1 [...]ף והוא 2 [...] לנגדו 3 [...]ך בקינה ויואמר 4 [...

4Q480 *4QNarrative F*

ROC 186
Bibliography: Wacholder-Abegg 3, 366

Col. II *1* with all [his] mar[vels ...] *2* YHWH [...] *3* to the heav[en ...] *4* and he ... [...] *5* God to [...] *6* they cast [...]

4Q481 *4QText Mentioning Mixed Kinds*

ROC 186

Frag. 1 *1* [...] ... elders ... [...] *2* [...] judges of imprisonment (?) ... [...] *3* captors of evil ones [...]

4Q481a (4QapocrElisha) *4QApocryphon of Elisha*

histoire de la composition et de la rédaction deutéronomistes avec une publication préliminaire de 4Q481a, "Apocryphe d'Elisée"', in J.A. Emerton (ed.), *Congress Volume Paris 1992* (VTSup 61; Leiden: E.J. Brill, 1995) 327-342

Frag. 2 *1* [...] ... for *2* [... Eli]sha *3* [... *2 Kgs 2:14-15* and] Elisha crossed over. And they saw *4* [him, the sons of the prophets from Jericho who were watching, and they said: «The spirit of Elijah is upon Elish]a». And they came to meet *5* [Elisha, and fell on the earth before him, and they said to him: «See, your servants have] fifty men, *6* [warriors, let them go and search for your lord. Perhaps the spirit of YHWH has lifted him and cast him on one of the] mountain[s]

Frag. 3 *1* [...] and he *2* [...] opposite to him *3* [...] with a lamentation, and he

]אב ואדון ולוא 5 [... נ]שא ביהודה 6 [...] ?*vacat*

4Q481b *4QNarrative G*

E. Larson, L. Schiffman, *DJD XXII*, 311-312, pl. XXVIII
PAM 43.550

1 [... י]שיב נדחיו לארץ 2 [... ר]ב ועצום מחניהם 3 [...]...ה אשר
4 [...]. כמדבר ואת 5 [...] מפטיש כול 6 [...]מיו ו[...]

4Q481c *4QPrayer for Mercy*

E. Larson, L. Schiffman, *DJD XXII*, 313-314, pl. XXVIII
PAM 41.468, 43.550

1 [...]...[...] 2 [...].נו אוי די[...] 3 [...].ה אל הר גבה[...]
4 [...]לונו אכלו שנאינו [...] 5 [...]ירה והללו בכל פיהם [...] 6 [...]כי
רבים רחמיך ומרב אשמ[תם ...] 7 [...].א והנה מכה על מכה [...]
8 [...]ש וקבצנו .[...] 9 [...]ש בכ.[...] 10 [...].ה מים .[...]

4Q481d *4QFragments with Red Ink*

E. Larson, L. Schiffman, *DJD XXII*, 315-319, pl. XXIX
PAM 43.550

Frag. 2 1 [...]...[...] 2 [...]. צור לב[...] 3 [...] *vacat* חזה בה[...]
4 [...]קרב כלדבר לאכל [...]

Frag. 3 1 [...] יד [...] 2 [...] עונתו .[...] 3 [...]. ואהיה עמו
ואת[...] 4 [...]אקחה מידו[...]

said *4* […] father and lord, and not *5* [… is ex]alted in Judah *6* […] *Blank?*

4Q481b *4QNarrative G*

ROC 194
Bibliography: Wacholder-Abegg 3, 367

1 [… he] will bring back his scattered ones to the land of *2* [… lar]ge and mighty, their camps *3* […] … which *4* […] like the wilderness, and *5* […] hammering (?) all *6* […] his … and […]

4Q481c *4QPrayer for Mercy*

ROC 194
Bibliography: Wacholder-Abegg 3, 368

1 […] … […] *2* […] us. Woe … […] *3* […] … to a high hill […] *4* […] … us, our enemies consumed […] *5* […] … and they will praise with all their mouth […] *6* […] for manifold are your mercies and because of the abundance of [their] guil[t …] *7* […] … and see, blow upon blow […] *8* […] and gather us […] *9* […] in … […] *10* […] … water […]

4Q481d *4QFragments with Red Ink*

ROC 194
Bibliography: Wacholder-Abegg 3, 367-368

Frag. 2 *1* […] … […] *2* […] strength of heart (*these words written with red ink*) *3* […] *Blank* He saw in […] *4* […] bring anything to eat […]

Frag. 3 *1* […] hand […] *2* […] his iniquity […] *3* […] and I will be with him, and … […] *4* […] I will take from his hand […]

4Q481e *4QNarrative H*

E. Larson, L. Schiffman, *DJD XXII*, 321-322, pl. XXIX
PAM 43.550

1 [...] בזו לדברי פיכה [לא שמעו ...]   2 [...]ל[עו]לם יהיה וזרעו לדרות אחריה[ם ...]   3 [...].{אשר} מחרפו[ת ...]

4Q481f *4QUnclassified Fragments*

D. Pike, *DJD XXXVI* (forthcoming)

4Q482 (4QpapJub?) *4QJubilees (?)*

M. Baillet, *DJD VII*, 1-2, pl. I
PAM 43.645, 43.855, 43.857

Frag. 1   1 [... א]ל עליון[...]   2 [... אשר ל]כה ו[לוא ...]   3 [... ומ]מרא הם[...]   4 [...]ילוד אש[ה ...]   5 [...]די רצ[...]

4Q483 (4QpapGen or papJub?) *4QGenesis or Jubilees (?)*

M. Baillet, *DJD VII*, 2, pl. I
PAM 43.645, 43.657, 43.861

Frag. 1   1 [...]וכיבשו[ה ...]   2 [... ע]ל הארץ[...]   3 [...]...[...]

4Q481e *4QNarrative H*

ROC 194

Bibliography: Wacholder-Abegg 3, 367-368

1 [...] they despised, and to the words of your mouth [they did not listen ...] *2* [...] it will be for [ev]er, and his seed for the generations after th[em ...] *3* [...] {which} from the reproache[s of ...]

4Q482 (4QpapJub?) *4QJubilees (?)*

ROC 13

Frag. 1 *1 (Jub 13:29? or Gen 14:22-23?)* [... Go]d Most Hig[h ...] *2* [... what belongs to] you, and [not ...] *3* [... and Ma]mre, they [...] *4* [...] born from a wom[an ...] *5* [...] ... [...]

4Q483 (4QpapGen or papJub?) *4QGenesis or Jubilees (?)*

ROC 13

Frag. 1 *1 (Gen 1:28 or Jub 2:14?)* [...] and subdue [it ...] *2* [... o]n the earth [...] *3* [...] ... [...]

4Q484 (4QpapTJud?) *4QTestament of Judah (?)*

M. Baillet, *DJD VII*, 3, pl. I
PAM 43.649, 43.651, 43.864

Frag. 1 1 [...] יששכר

Frag. 7 1 [...]עדן[...]

4Q485 (4QpapProph) *4QProphecy*

M. Baillet, *DJD VII*, 4, pl. II
PAM 42.504, 43.637, 43.645, 43.649. 43.657

Frag. 1 1 [...]ו תדורש[...] 2 [...]איכה כ.[...] 3 [...].ליו
ושמעת[...] 4 [...] ושב שבות.[...] 5 [... ובמק]ום אחר כתוב[...]
6 [...]. אשר יבין[...]

4Q486 (4QpapSap A?) *4QSapiential Work A?*

M. Baillet, *DJD VII*, 4-5, pl. I
PAM 42.837, 43.637

3-1 [...]... 4 [...]דרכיהם 5 [...]בסודכם 6 [...]. ובחיקכם
7 [... י]לעג 9-8 [...].

4Q487 (4QpapSap B?) *4QSapiential Work B?*

M. Baillet, *DJD VII*, 5-10, pls. III-IV
PAM 43.634, 43.637, 43.639, 43.640, 43.642-43.647, 43.651

4Q484 (4QpapTJud?) *4QTestament of Judah (?)*

ROC 15
3Q7

Frag. 1 *(Test. Judah 25:1-2 ?) 1* […] Issachar

Frag. 7 *(Test. Judah 25:2 ?) 1* […] Eden […]

4Q485 (4QpapProph) *4QProphecy*

ROC 13

Frag. 1 *1* […] you shall search […] *2* […] your […] … […] *3* […] his (?) […] and you shall hear […] *4* […] and he will restore (his, your) fortune […] *5* [… and in] another [pla]ce it is written […] *6* […] who understands […]

4Q486 (4QpapSap A?) *4QSapiential Work A?*

ROC 13

1-3 […] … *4* […] their ways *5* […] in your council *6* […] and in your bosom *7* [… he will] mock *8-9* […] …

4Q487 (4QpapSap B?) *4QSapiential Work B?*

ROC 9, 10

Frag. 1 I 2 [...]..ור 3 [...]ה ורומם 4 [...]בכול חוקיו 5 [...]עו
כימי 6 [...]לו[...]

Frag. 1 II 1 מ.[...] 2 ברהו לעפר כ[...] 3 יתר בשרירות[לבו ...]
4 בלהבי אש מו[...] 5 בהפכה ושכ[...] 6 איש אשר [...]

Frag. 2 1 [...]...[...] 2 [...]ש נדכא בה.[...] 3 [...]...[...]... דגלי ב..[...]
4 [...] גם אל יסתת[ר...] 5 [...]. צרוף בתורת[...] 6 [...]ות נפלאות
צ[...] 7 [... בשריר]ות לב אשמה [...] 8 [...]אמת וחוכ[מה...] 9 [...].
בהשפט[ו ...]

4Q488 *4QApocryphon*

M. Baillet, *DJD VII*, 10, pl. II
PAM 43.649, 43.864

Frag. 1 1 [...]ד ואתעשקו[...]

4Q489 *4QApocalypse ar (?)*

M. Baillet, *DJD VII*, 10-11, pl. II
PAM 43.649, 43.864

Frag. 1 1 [...]. וחזותה ז.[...] 2 [...] וחזיתה מ[...]

4Q490 *4QFragments belonging to 4Q489 (?)*

M. Baillet, *DJD VII*, 11, pl. II
PAM 43.649, 43.864

Frag. 1 *col.* I *2* […] … *3* […] and exalting *4* […] in all his precepts *5* […] … as the days of *6* […] … […]

Frag. 1 *col.* II *1* … […] *2* he created him for the dust like […] *3* he shall go about in the stubbornness [of his heart …] *4* with flames of fire … […] *5* in destruction and … […] *6* man who […]

Frag. 2 *1* […] … […] *2* […] oppressed by […] *3* […] … battalions (?) of […] *4* […] Also he should not keep himself hid[den …] *5* […] tested by the law of […] *6* […] wonderful […] *7* [… in the stubborn]ness of a guilty heart […] *8* […] truth and wis[dom …] *9* […] when [he] goes to court […]

4Q488 *4QApocryphon*

ROC 15

Frag. 1 *1* […] and they were oppressed […]

4Q489 *4QApocalypse ar (?)*

ROC 15

Frag. 1 *1* […] and his appearance […] *2* […] and I saw it […]

4Q490 *4QFragments belonging to 4Q489 (?)*

ROC 15

4Q491 (4QM[a]) *4QWar Scroll[a]*

M. Baillet, *DJD VII*, 12-44, pls. V-VI
PAM 42.473, 42.474
ROC 457, 1001
1QM+1Q33, 4Q471?, 4Q492, 4Q493, 4Q494, 4Q495, 4Q496, 4Q285?, 11Q14?

Frags. 1-3 1 קורח ועדתו לפ[ני ...].ש משפט[...] 2 לעיני כול קהל
[...]...[... מש]פט לאות[...] 3 ושר מלאכיו עם[צבאות]מה לרשות יד[
ב]מלחמ[ה ... וחו]ק זה לרכב ולפר[שים ...]...[...]
4 ויד אל תגוף [...]{מחת} לכלת עולמים[...]. יכפרו בעדכמ[ה ...]כול
נש[יאי ...]כמה ובשנ[...] 5 קודשו בש[מ]חת עולם[*vacat?*] *vacat*
ואחריה[ם ...]העדה וכ[ול] הנשיא[ים ... לו]א ילכו למערכות האויב [...]
6 וזה הסרך בחנותמה וב[...מה וב]חלוקותמה מ[...]מים סביבה מחוץ
[...]. ואשה ונער זעטוט וכול איש מנו[גע בטאת בשרו ...] 7 [המער]כה
ואנשי החדש [וה]מ[צ]רף ופקודים להיות אנ[שי]...[...].יאיהם
למשמרותמה ב[...]. המערכה עד שובמה *vacat* ואלפים אמה יהיה בין
ה[מחנות למקום היד וכול] 8 ערוה לוא יראה סביבותיהמ[ה] ובצאתמה
לערוך המלחמה [להכ]ניע [אויב יהיו] מהמה פטורי[ם {להכני]ע
אוי}בג[ו]רל {ל}שבט ישבט לפיא פקודיו לדבר יום [ביומו] 9 היום ההואה
מכול שבטיהמה[י]אצאו מחוצה למחנות אל בית מו[עד ... י]צאו אליהמה
ה[כותנ]ים והלויי[י]ם וכול שרי המחנות *vacat* ועברו שמה לפני[...]
10 לאלפים ולמאיות ולחמשים ולעוש[ר]ות וכול איש אשר לוא יהיה[טהור
ממקורו בלי]לה ההואה לו[א יב]וא אתמה למלחמה כיא מלאכי קודש
במערכותמה יח[ד ...] 11 [ובע]לות המערכה הנצבה למלחמת היום
ההואה לעבור לכול[...]. ה[מל]חמה יעמדו שלוש מערכות מערכה אחר
מערכה ורוח ישימו בין המערכות[ובין המערכות] 12 [ויצאו]חליפות
למלחמה אלה אנשי ה[בינ]ים ולעומתמה אנש[י הרכב ועמדו בין המע]רכות
ואם אורב ישימו למערכת שלוש מערכות אורבים יהי[ו מרח]וק ולוא
יקו[מו ...] 13 [...]המלחמה וחצוצרות התר[ועה יש]מועו ואנשי[הבינים
יחלו ידמה להפי]ל בחללי האשמה ואחר יקום הא[ו]רב ממקומו וסדר

4Q491 (4QM[a]) *4QWar Scroll[a]*

Bibliography: C.H. Hunzinger, 'Fragmente einer älteren Fassung des Buches Milhama aus Höhle 4 von Qumrân', *ZAW* 69 (1957) 131-151, pl. 1; M. Baillet, 'Les manuscrits de la règle de la guerre de la grotte 4 de Qumrân', *RB* 79 (1972) 217-226; J. Duhaime, 'Étude comparative de 4QM[a] fgg. 1-3 et 1QM', *RevQ* 14/55 (1990) 459-472; .- *PTSDSSP* 2, 142-167

Frags. 1 - 3 (cf. 1QM II *1-6*; V *16-17*; VII *3-7, 10-12*; IX *17-18*) *1* Qorah and his congregation be[fore ...] judgment [...] *2* in the sight of all the assembly [...] ... [... judg]ment like a sign [...] *3* and the chief of his angels is with their [armies] to direct the hand [in the] battle [...] And this precept is for the mounts and the caval[ry ...] ... [...] *4* And God's hand will strike [...] {...} for eternal destruction [...] they shall atone for you [...] all the prin[ces of ...] your [...] ... [...] *5* his holy [...] with eternal j[o]y. [*Blank?*] *Blank* And after th[em ...] the congregation and a[ll] the prin[ces ...] shall [no]t go towards the enemy lines [...] *6* This is the rule in their camps and in [their ... and in] their divisions [...] ... round about, outside [...] And the woman, the under-age boy, everyone who is affec[ted by an impurity of his flesh ...] *7* [(of) the li]ne, and the smiths [and the] sm[el]ters, and those enlisted to be [...] their [...] in accordance with their divisions [...] in the line until their return. *Blank* There are to be two thousand cubits between the [camps and the lavatory, and no] *8* nakedness shall be seen in their surroundings. And when they go out to prepare for the battle, [to humil]iate [the enemy, there shall be] among them (some) allotted [{to humilia]te the enem} by drawing lots, from each tribe, according to its enlisted men, for [each] day's task. *9* That day, all the tribes [shall] go out of the camps to the house of me[eting ...] towards them [shall] go the [priest]s, the levites, and all the chiefs of the camps. *Blank* And they shall pass there in front of [...] *10* in thousands, /in/ hundreds, in fifties and in tens. And everyone who is not [pure from his «spring»] that [nig]ht, [shall] no[t g]o with them to battle, because the angels of holiness are toget[her] in their lines [...] *11* [In the advan]ce of the line designated for battle on that day, to pass to all [...] the [bat]tle. They shall set up three lines, one line behind another, and shall put a gap between the [separate] lines. *12* [They shall march] to the battle in turns. These are the [infant]ry-men; next to them the men [of the cavalry, who shall stay between the li]nes. If they lay an ambush for one (enemy) line, three lines will be lying in ambush [at a dis]tance, and they will not ri[se ...] *13* [...] the battle. And they [will he]ar the trumpets of ala[rm, and the men of [the infantry will set their hand to cast do]wn the guilty badly wounded. Afterwards, the am[b]ush will rise from its position, and it,

{מע}ⁿם הוא [את מער]כותיו[...]

14 והמאסף מימין ומשמאול ובא[חור ובפנים א]רבעת הרוחו[ת ...]ם במלחמות כלה והיו כול המערכו[ת] הנגשות למלחמת האו[יב ... במקום]

15 אחד המערכה[הר]אישונה ת[צא למלחמה] והשנית עומ[דת ... גם] המה על מעמדמה עם מלא עונתם הראישונים ישובו וק[מו ...]

16 השנ[ית ...]בערוך המלחמה ומלאה המ[ע]רכה השנית את עונתה ושבו וע[מדו על מעמדמה] 17 והש[לישית ... ועמד כוהן הראוש ואחיו הכוהנים ו]הלוויים ואנ[שי הסר]ך והכוהנים בכול עת ^ה^מריעים בחצוצרות[...]

18 ואבנט ב[ד שש משוזר תכלת וארגמן ותולעת שני וצורת רוקמה מעשה וכתונת בד ומכנסי בד ופרי מג]בעות [בראשיהמה ואל המקדש לוא יביאום] כ[יא]אלה בגדי מל[חמה]

19 ככול הסרך [הזה ...]שרי המחנות[...] 20 ל[...]כול ..[...]ימלאו לכלת[...]

Frag. 4 1 [...] [...]...[...]...[...] 2 [...מב]ן עשרים [ש]נה [ו]מעלה לה[...] 3 [...]ככול המשפט[י]ם האלה וא[...] 4 [...].ין אויב לה[כנ]יע קרן אש[מה ...]

Frags. 5-6 1 [... ו]^צבא^ [מ]ל[אכי]ם בזבול קוד[שכה להודות אמ]תכה ובחירי

Frags. 8-10 I 1 [שמו ב]יחד[שמחה ...] *vacat* [...] 2 [וע]נו ואמרו ברוך א[ל]י[שראל ה]שומר חסד [לבריתו ותעודות ישועה לעמו ויקרא כושלים] 3 [ל]גבורות פלא וקהל גו[אים] אסף לכלה ואין [שארי]ת ו[להרי]ם [במשפט לב]נמ[ס ולפתוח פי] 4 נאלמים בגבורת אל[וידי]ם רפות ללמד מלחמה ול^נ^מוגי בורכים חוזק מעמד ואומץ מ[תנים] 5 לשכם[מכי]ם [ובעניי רוח ר]שות לבב קושי ובתמימ[י] דרך יתם כול גואי רשעה ולגבו[ריהמה] 6 אין מע[מד ואנו שארית עמך בר]וך שמך אל

too, will form up its [lin]es [...] *14* The assembly: on the right and on the left, be[hind and in front, the f]our direction[s ...] in the fights of extermination. And all the lines which have approached for battle with the en[emy ... in] *15* one [place]. The [f]irst line will [go out to battle,] and the second will rem[ain ...] they [too] in their position. When the first have carried out their part, they will withdraw and ri[se up ...] *16* The sec[ond: ...] organizing itself for the battle. The second l[i]ne will carry out its part and will withdraw and ta[ke in their position.] *17* And the th[ird ... and the high priest will take his position, and his brothers, the priests,] the levites and the m[en of the arra]y. The priests will blow the trumpets all the time [...] *18* A belt [of intertwined] by[ssus, violet, purple and crimson, with many-hued patterns, work of a craftsman, and upon their heads (they shall wear) tur]bans. [They shall not bring them into the sanctuary,] be[cause] these are the garments of w[ar.] *19* According to all [this] rule [...] the chiefs of the camps [...] *20* [...] all [...] they will carry it out for destruction [...]

Frag. 4 *1* [...] ... [...] ... [...] *2* [... fro]m twenty years old and upwards ... [...] *3* [...] in accordance with these precepts and [...] *4* [...] the enemy, to hu[mili]ate the horn of gu[ilt ...]

Frags. 5 + 6 (= 1QM XII *1*) *1* [... and] /a host of/ [a]n[gel]s in [your] hol[y] dwelling to praise your [trut]h. And the chosen ones of

Frags. 8 - 10 *col.* I (= 1QM XIV *4-18*) *1* [his name in joyful] chorus. [...] *Blank* [...] *2* [And] they [shall be]gin to speak and say: «Blessed be the Go[d of] I[srael, the one who] keeps mercy [for his covenant and pledges of deliverance for his people. He has called those who are tottering] *3* [to] wondrous exploits, and has gathered the assembly of na[tions] for destruction with no [remnan]t, [in order to raise] up [in justice the] mel[ting] heart, [and to open the mouth] *4* of the dumb with God's marvels, to train feeble [hand]s in warfare. Those with knocking knees he gives strength to stand upright, and vigor of l[oins] *5* to [broken] backs. [Among the poor in spirit is the au]thority over a hard heart. By the perfect ones of the path all the wicked nations shall be destroyed. [Their] hero[es] *6* will not remain [standing. But we are the rem-

ה[ח]סדים המ[פ]ליא חסדיך בנו בממשלת בלי[על] 7 [ובכו]ל[רזי שטמתו לוא ה]ד[יחונ]ו מבריתך [ורוחי חבלו]גערתה[ממ]נו ובהתרשע אנשי 8 [ממשלתו שמרתה נפש]פדותכה ועתה הקימות[ה נופלים בעוז]כה ורמי קומה תגדע ל[השפילם] 9 [ולכול גבוריהמה אי]ן מציל ולקילתמה אין מנוס ולנכ[בדיהמה תשיב] לבוז וכול יק[ו]ם 10 [הבליהמה יהיה כאין ו]אנו עמכה [ב]מעשי אמתכה נהלל[ה שמכ]ה ו[בגב]ורתכה נרוממ[ה] 11 [תפארתכה בכול עתי]ם ומועדי תעודות עולמים עם [מבוא יומם] ולילה ומוצא[י]ע[רב] 12 [ובוקר כיא גדולה] מחשבת כבודכה ורזי פל[א]ʼ[ת]ʼכה במ[רומיכה] להרים ל[כה מעפר ולהשפיל] 13 [מאלים רומה רו]מה אל אלים והנשא בעוז מלך המ[לכים ... ש]מתה על 14 [... מ]עליכה יפוצו כול בני חושך ואור גודל[כה י...]ים ואנשים 15 [... אש בו]ערת במחשכי אב˹ד˺נים באבדו˹ן˺ שאול תוק[ד לשרפת עולמים ... פ]ושעים 16 [...]בכול מועדי עולמים *vacat* [*vacat*] *vacat* 17 [כול הו]דות המלחמה יספרו שמה ואחר ישובו אל מח[נותמה ...]שמה לסרך

Frags. 8-10 II 7 הל[...] 8 בכתיא[י]ם[...] 9 יחלו אנשי הבינ[י]ם[ידמה להפיל בחללי כתיאים ...] 10 המלחמה בכתיאים[...]...[...] 11 חללי המצרף לנפול ב[רזי] אל והכ[והנים יתקעו בחצוצרות המקרא ...] 12 מלחמה בכתיאים ולמערכה הראיש[ונה ...] 13 ונגש הכוהן החרוש (החרוץ) למלחמה ועמד [ל]פני[המערכה ...] 14 וחזק את ידיהמה בגבורות פלאו וענה ואמ[ר...] 15 נקם לאכול באלים ובא{ל}נשים כיא לוא .[...] 16 בשר כאם עפרו כיא עתה חר[...] 17 ועד שאו˹ל˺ תו{קד}˹כל˺ וסוד רשעה[...]

Frag. 11 I

Frag. 11 II 1 [כול הסרך הזה יעשו ביום ההואה על עו]מ[דם נגד מחני כתיאים ואחר יתקעו להמה הכוהנים] 2 [בחצוצרות הזכרון ופתחו שערי המל]חמה וי[צאו אנשי הבינים ועמדו ראשים בין] 3 [המערכות ותקעו

nant of your people. Bles]sed be your name, God of [m]ercies, who has wondrously bestowed your mercies to us during the empire of Beli[al.] *7* [With al]l [the mysteries of his enmity, they have not se]pa[rated u]s from your covenant. You have chased away [from] us [his spirits of destruction], when the men [of his empire] acted wickedly *8* [you protected the soul of] your redeemed ones. And now, you have raised [the fallen with] your [strength,] but those high in stature, you cut down [to humiliate them.] *9* [For none of their heroes there is a] saviour, for their swift ones there is no escape; to their no[tables you return scorn, all their useless] *10* [existence will turn into] nothing. We, your people, will praise [you]r [name for] the deeds of your truth, [for] your [migh]ty deeds we will extol *11* [your splendour at every mom]ent and at the times indicated by your eternal edicts, at [the onset of day] and at night at the fall of ev[ening] *12* [and at dawn. For great is] the plan of your glory, and your marvellous mysteries in [your] h[eights,] in order to raise [from the dust for yourself and to humble] *13* [those of the gods. Rise up, ri]se up, Oh God of gods, and raise with power, King of ki[ngs! …] you have [pl]aced over *14* […] may scatter [from] before you all the sons of darkness, and [may your] great light […] and men *15* [… a fire bu]rning in the dark places of Abbadon, in the places of destruction of Sheol may it bu[rn to consume everlasting … the s]inners *16* […] in all the times appointed for ever. *Blank* [*Blank*] *Blank* *17* [All the hy]mns of the battle will they recite there, and afterwards they shall return to [their] ca[mps …] there, on the order […]

Frags. 8 - 10 *col.* II *7* … […] *8* against the Kittim […] *9* the infantrymen will set [their hand to cast down the badly wounded of the Kittim …] *10* the fight against the Kittim […] … […] *11* the badly wounded of the crucible to fall according to [the mysteries of] God, and the pr[iests shall blow the trumpets of recall … […] *12* the fight against the Kittim. At the fir[st] line […] *13* The priest ‹designated› for battle shall approach and position himself [in] front [of the row …] *14* and will strengthen their hands with his marvellous feats. He will start speaking and sa[y: …] *15* vengeance, to devour among gods and men, for not […] *16* flesh, except dust. But now […] *17* and will {burn} / consume/ as far as Sheol. And the foundation of wickedness[…]

Frag. 11 *col.* I = 4Q491c *frag.* 1

Frag. 11 *col.* II (= 1QM XVI *3-14*; XVII *10-14*) *1* [they shall act in accordance with all this rule on this day, when they are po]si[tioned opposite the camp of the Kittim. Afterwards, the priests will blow for them] *2* [the trumpets of memorial, and they shall open the gates of the ba]ttle. [The infantrymen] shall [go

להמה הכוהנים תרו]עות סד[ר והראשים יהיו נפשטים לקול החצוצרות]
4 [עד התיצבם איש על מעמדו והכו]הנים יתקעו[להמה תרועה שנית על
ידי התקרב ובעומדם ליד] 5 [מערכת כתיאים כד]י ה[ט]ל ירימ[ו אי]ש ידו
בכלי מ[לחמתו וששת הכוהנים יתקעו בחצוצרות] 6 [החללים קול חד
ט]ר[ו]ד לנצח מלחמה והל[ויים וכול עם השופרות יריעו תרועת מלחמה]
7 בקול גדול ו[ע]ם צ[א]ת הקול יחלו ידמ[ה להפיל בחללי כתיאים וכול
העם יחשו קול התרועה ...] 8 [ו]המלחמה מתנצחת בכתיאים *vacat* ו[...
ובהתאזר בליעל לעזרת] 9 [ב]ני חושך וחללי הבינים יחלו לנפול [ברזי
אל ולבחון בם כול חרוצי המלחמה והכוהנים] 10 [י]תקעו לצאת מערכה
אחרת חליפה למ[לחמה ועמדו בין המערכות ולמתקרבים במלחמה]
11 [י]תקעו לשוב ונגש כוה[ן הרא]וש וע[מד לפני המער]כ[ה וחזק את
לבבם בגבורת אל] 12 [וא]ת ידיהמה במלחמתו ו[ענה ואמר יקום א]ל ולב
עמו יבחן במצרף לוא מ[... חלליכם] 13 כיא מאז שמעתם ברז[י אל ואתם
התחזקו ו]עמודו בפרץ ואל תי[רא]ו בא...[...] 14 [...]...[...]...[נאמן ועזר
פדותו [...]ל[...] 15 [... בנ]י אמת ולהסיג לב נמס לחזק ל[ב ...] 16 [...
מלח]מה היום הזה יכניענו אל ישר[אל ל]כ[ו]ל[...] 17 [...] לאין מעמד
וה'תה לאל[המלוכ]ה ולעמו הישוע[ה ...] 18 [...]תו[כ]מעט לבליעל
וברית אל שלום [לי]שראל בכול מועדי[עולמים *vacat*] 19 ואחר
הדבר[י]ם האלה יתקעו הכוהנים לסדר מלחמה שנית עם כתי[אים ובעומדם
איש] 20 על מצבו יתקעו הכוהנים תרועה שנית על ידי התקרב ובהגיעם
למ[ערכת כתיאים כדי] 21 ה[ט]ל[ירי]מו ידם איש בכלי מלחמתו
והכוהנים יר[יע]ו בחצ[וצר]ות ה[חללים קול חד טרוד] 22 [לנצח מלחמה
והלויים]וכול עם השופרות יר[י]עו בק[ול גדול ...]...[... ועם צאת]
23 [קול התרועה יחלו להפ]יל בחללי האשמה תרועת ה[...]...[...]
24 [...]ל[...]

Frag. 12

Frag. 13 1 [... ע]ם אלים נש.[...] 2 [...]הקטן בכם ירדוף אל[ף ...]
3 [... עול]מ[י]ם [*vacat* ואחר הד]ברים האלה יתקעו[הכוהנים לסדר

out and the columns shall take up positions between] *3* [the lines. The priests will blow for them the ca]ll «Forma[tion», and the columns shall deploy at the sound of the trumpets] *4* [until each man is stationed in his position. The pr]iests shall blow [for them a second call for the attack. When they are at the side] *5* [of the Kittim line, at] thr[ow]ing [dist]ance, [each m]an will take up in his hand his weapons of w[ar. The six priests shall blow the trumpets of] *6* [the slain with a shrill, s]ta[cc]ato [note] to direct the battle. And the le[vites and all the throng with ram's horns shall blow the battle call] *7* with a deafening noise. And [wh]en the sound goes [ou]t, they shall set the[ir] hand [to cast down the slain of the Kittim. And all the throng will silence the sound of the call ...] *8* [and] the battle against the Kittim is directed. *Blank* And [... When Belial girds himself to assist] *9* the sons of darkness, and the slain of the infantry start to fall [in accordance with God's mysteries, and all those appointed for battle are tested by them, the priests] *10* [shall] blow in order that an other relief line goes out to the f[ight and they shall take up position between the lines. And for those involved in the fight,] *11* they [shall] blow the withdrawal. [The Hi]gh Prie[st] will approach and ta[ke up position in front of the li]n[e, and will strengthen their hearts with the power of God] *12* [and] their hands in their fight. And [starting to speak he will say: «Go]d [has risen] and the heart of his people he has tested in the crucible, [... your slain,] *13* for from ancient times you heard the mysteri[es of God. You then be strong, and] stand in the breach and do not fe[ar] when ... [...] *14* [...] he is faithful, and his redeeming help [...] *15* [... the so]ns of truth, to turn aside the heart which melts and strengthen the he[art ...] *16* [... the fig]ht this day. The God of Israel will humiliate him, [for] a[l]l [...] *17* [...] without it resisting. For to God will belong [the kingsh]ip, and to his people, the salvat[ion ...] *18* [...] a short time for Belial, and the covenant of God is peace [for I]srael, in all the appointed times [of eternity. *Blank*] *19* After these words the priests shall blow for them to form a second battle against the Kit[tim. And when each man is stationed] *20* in his position, the priests shall blow a second call, the signal to attack. When they reach [the Kittim] l[ine, at] thr[ow]ing] *21* [distance,] each man [will ta]ke his weapons of war in his hand and the priests shall bl[ow] the trum[pet]s of the [slain, a shrill, staccato sound] *22* [to direct the fight. The levites and all] the throng with ram's horns shall bl[o]w a [loud] bla[st ... and when the sound of the blast goes out] *23* [they shall set off to cast] down the guilty slain. The sound of [...] ... [...] *24* [...] ... [...]

Frag. 12 = 4Q491c *frag.* 2

Frag. 13 *1* [... wi]th the gods ... [...] *2* [...] the least amongst you will pursue a thous[and ...] *3* [... eter]n[a]l. [*Blank* After these wor]ds, [the priests] shall blow [the call «Formation» for the third fight against the Kittim, and the col-

מלחמה שלישית עם כתיאים והראשים] 4 [נפשטים לקול החצו]צרות ובעומדם לדגליהמה אי[ש] על [מצבו יתקעו הכוהנים בחצוצרות תרועה שנית על ידי] 5 [התקרב ובהגיע]ם למערכת כתיאים כדי הטל ירימו ידםה [איש בכלי מלחמתו והכוהנים יריעו לנצח] 6 [מלחמה בח]צוצרות החללים קול חד טרוד והלויאים וכול [עם השופרות יריעו תרועת מלחמה והמערכות] 7 [יהיו נלח]מים זואת אחר זואת ואין רוח ביניהמה כיא [...] 8 [...]...[... ו]ענו כול העם והרימו קול [אח]ד ואמרו [...] 9 [...]עול.[...]

Frag. 15 1 [...]...[ ]ן[...] 2 [...].עזה ותהלוכ[ה ...] 3 [...] ואנו הננו עומדים להתקרב [...] 4 [...] *vacat* [...] 5 [... ו]ענה ואמר אליהמה חזקו ואמצו[...] 6 [... כיא יד] אל נטויה על כול הגואים לוא [...] 7 [... לאל עלי]ון המלוכה ולעמו הישועה ואת[...] 8 [... ט]מאתו יתקרבו אליכ[ם] אלים ב[...] 9 [...] ולהשליך כול פגר[יהמה ...] 10 [...]ש וכול רוחי גורל[ו ...] 11 [...] עולמים יחד ע[ם ...] 12 [...]מלחמה .[...]

Frag. 16 1 [...]ת.[...] 2 [...]ובין כול העדה א.[...] 3 [... ע]ם קודשו ממלכות כו[הנים ...] 4 [... יקב]צו כול ישראל ירו[שלי]ם[...] 5 [...]ה ורוממו את גבור'ת [...]

Frag. 17 1 [...].[...] 2 [...]מה ולכול צבא[...] 3 [...]ם *vacat* 4 [...]ספר התהלים ואח[ר ...] 5 [...]וברכה ככה יעשו ואחרי...[...] 6 [...]לשרפת כ[...] 7 [...]ושאר[ית ...] 8 [...]מה כזו[את ... ע[ל ...]

4Q491c *4QSelf-Glorification Hymn[b]* (= 4Q491 fragments 11 and 12)

M. Baillet, *DJD VII*, 26-30, pls. VI
PAM 42.474
ROC 457
4Q471b
Bibliography: M. Smith, 'Ascent to the Heavens and Deification in 4QM[a]', in L.H. Schiffman (ed.), *Archaeology and History in the Dead Sea Scrolls* (JSPS 8;

umns] *4* [shall deploy at the sound of the trum]pets. When they take up position in their battalions, eac[h one] in [his position, the priests shall blow a second call, the signal] *5* [to attack. And when] they [are at the side] of the Kittim line, at throwing distance, [each man] will set his hand [on his weapons of war. The priests shall blow for to direct] *6* [the fight, with the tr]umpets of the slain, with a shrill, staccato note. And the levites and all [the throng with ram's horns shall blow the battle call. And the rows] *7* [shall fig]ht one behind the other, without a space between them, because [...] *8* [...] All the people will lift up a [unit]ed voice, saying: [...] *9* [...] ... [...]

Frag. 15 (cf. 1QM XVI *10-13*; XVII *10-13*) *1* [...] wi[th]out [...] *2* [...] ... and your praises [...] *3* [...] And we, behold we take up position to attack [...] *4* [...] *Blank* [...] *5* [...] he will begin speaking and say to you: «Be strong and courageous [...] *6* [... for the hand of] God is stretched over all the nations. No [...] *7* [... to the God Most] High the kingship, and to his people salvation, ... [...] *8* [...] his [im]purity; the gods shall approach upon you [...] *9* [...] to throw all [their] corpse[s ...] *10* [...] and all the spirits of [his] lot [...] *11* [...] eternal together wi[th ...] *12* [...] fight [...]

Frag. 16 *1* [...] ... [...] *2* [...] and among the whole congregation [...] *3* [...] his holy [peo]ple, a kingdom of pr[iests ...] *4* [...] all Israel [will gat]her in Jeru[sale]m [...] *5* [...] they shall exalt the great work/s/ of [...]

Frag. 17 *1* [...] ... [...] *2* [...] ... and to the whole army [...] *3* [...] *Blank* and after ... [...] *4* [...] the Book of Psalms, and aft[er ...] *5* [...] and blessing. Thus shall they do to[wards ...] *6* [...] for a burning [...] *7* [...] and a remn[ant ...] *8* [...] ... like th[is ...]

4Q491c *4QSelf-Glorification Hymn*[b] (= 4Q491 fragments 11 and 12)

Sheffield: Sheffield Academic Press, 1990) 181-188; É. Puech, *La Croyance des Esséniens en la Vie Future*, 492-495; J. Duhaime, *PTSDSSP 2*, 152-157; E. Eshel, '4Q471B: A Self-Glorification Hymn', *RevQ* 65-68/17 (1996) 175-203; M.G. Abegg, 'Who Ascended to Heaven? 4Q491, 4Q427, and the Teacher of Righteousness', in C.A. Evans, P.W. Flint (eds.), *Eschatology, Messianism, and the Dead Sea Scrolls* (Grand Rapids: Eerdmans, 1997) 61-73

Frag. 1 1 [...]...[...]...[...]הפ^ל^ה נוראות[...] 2 [... בכו]ח גבורתו ירננ[ו
]צד[יקי]ם ויגילו קדושים ב[...]בצדק 3 [... י]שראל הכינה מאז אמתו
ורזי ערמתו בכו[ל דור דור...]חיל 4 [...]...[...]מים ועצת אביונים לעדת
עולמים .[...]תמימי 5 [... עו]למים כסא עוז בעדת אלים בל ישבו בו כול
מלכי קדם ונדיביהמה לו[א ...].א דומי 6 [...]כבודי לוא {ידמה} ולוא
ירומם זולתי ולוא יבוא ביא כיא אני ישבתי ב[...]ה בשמים ואין
7 [...].יבום אני עם אלים את{ת}חשב ומכוני בעדת קודש לוא כבשר תאו[תי
כיא]כול יקר לי בכבוד 8 [... מע]ון הקודש [מ]יא לבוז נחשב ביא ומיא
בכבודי ידמה ליא מיא הו[א] כבאי ים ישוב ו{.}ספר 9 [...]תו מיא יש[א
כול]צערים כמוני ומיא [יסבו]ל רע הדמה ביא ואין נשניתי והוריה לוא
תדמה 10 [בהוריתי ...]. ומיא יג^ד{ו}ניא בפת[חי פיא]ומזל שפתי מיא
יכיל ומיא יועדני וידמה במשפטי 11 [...ידיד המלך רע לקדושים ... לוא
ידמה כ]יא אניא עם אלים מעמ[די ו]כבודי^א עם בני המלך ליא [פ]ז וליא
כתם אופירים 12 [...] *vacat* [...] *vacat* [...]ל 13 [... רננו]צדיקים
באלוהי [...]במעון הקודש זמרוה[ו ...] 14 [... ה]שמיעו בהגיא רנה [...
]בשמחת עולמים ואין כ.[...] 15 [...]ם להקים קרן מש[יחו ...] 16 [...]ה
להודיע ידו בכוח[...] 17 [...]ל[...]

Frag. 2 1 [...].[...] 2 [...]מעונתו ונכבד[...] 3 [...]ערים לרח^ו^בי
[...] 4 [...]ואני הדר ה[...] 5 [...]^ל^.וני. ולוא[...] 6 [...].[...]

4Q492 (4QM[b]) *4QWar Scroll*[b]

M. Baillet, *DJD VII*, 45-49, pl. VII
PAM 42.475, 44.018
ROC 284

Frag. 1 1 לגבורים כי[א קדוש אדירנו ומלך הכבוד אתנו וצבא רוחיו
עם צעדינו ופרשינו כעננים] 2 לכסות א[רץ וכזרם רביבים להשקות
משפט לכול צאצאיה קומה גבור שבה שביכה איש] 3 כבוד שול [שללכה

Frag. 1 (Baillet 4Q491 *frag.* 11 *col.* I *8-24*; cf. 1QH[a] XXVI top; 4Q427 7 I + 9; 4Q471b 1-3) *1* [...] has done awesome things marvellously [...] *2* [... in the streng]th of his power the just exult, and the holy ones rejoice in [...] in justice *3* [...] he established [I]srael from eternity; his truth and the mysteries of his wisdom in al[l generations ...] might *4* [...] ... [...] ... and the council of the poor for an eternal congregation. [...] the perfect ones of *5* [... et]ernal; a mighty throne in the congregation of the gods above which none of the kings of the East shall sit, and their nobles no[t ...] silence (?) *6* [...] my glory is in{comparable} and besides me no-one is exalted, nor comes to me, for I reside in [...], in the heavens, and there is no *7* [...] ... I am counted among the gods and my dwelling is in the holy congregation; [my] des[ire] is not according to the flesh, [but] all that is precious to me is in (the) glory (of) *8* [...] the holy [dwel]ling. [W]ho has been considered despicable on my account? And who is comparable to me in my glory? Who, like the sailors, will come back and tell? *9* [...] Who bea[rs all] sorrows like me? And who [suffe]rs evil like me? There is no-one. I have been instructed, and there is no teaching comparable *10* [to my teaching ...] And who will attack me when [I] op[en my mouth]? And who can endure the flow of my lips? And who will confront me and retain comparison with my judgment? *11* [... friend of the king, companion of the holy ones ... incomparable, f]or among the gods is [my] posi[tion, and] my glory is with the sons of the king. To me (belongs) [pure] gold, and to me, the gold of Ophir *12* [...] *Blank* [...] *Blank* [...] *13* [... exult,] just ones, in the God of [...] in the holy dwelling, sing for h[im ...] *14* [... p]roclaim during the meditation jubilation [...] in eternal happiness; and there is no ... [...] *15* [...] to establish the horn of [his] Mess[iah ...] *16* [...] to make known his power with strength [...] *17* [...] ... [...]

Frag. 2 (Baillet 4Q491 *frag.* 12) *1* [...] ... [...] *2* [...] his dwelling, and honoured [...] *3* [...] ... for my enlargement [...] *4* [...] and I am the majesty of the [...] *5* [...] ... and not [...] *6* [...] ... [...]

4Q492 (4QM[b]) *4QWar Scroll[b]*

1QM+1Q33, 4Q471?, 4Q491, 4Q493, 4Q494, 4Q495, 4Q496, 4Q285?, 11Q14?

Bibliography: J. Duhaime, *PTSDSSP 2*, 168-171

Frag. 1 (= 1QM XIX) *1* for the heroes. Fo[r our Mighty one is holy and the King of glory is with us. The army of his spirits is with our steps. Our horsemen are like clouds] *2* that cover the ea[rth, like torrential rain that sheds justice on al[l its sprouts. Get up, Hero, take your prisoners, Man of] *3* Glory, collect [your

עושי חיל תן ידכה בעורף אויביכה ורגלכה על במותי חלל מחץ גוים]
4 צריכה וחרבך [תואכל ב]שר מ[ל]א [ארצכה כבוד ונחלתכה ברכה המון
מקנה בחלקותיך כסף]   5 [וזה]ב בהיכלותיך *vacat* ציון שמחי מאוד
[והגלנה כול ערי יהודה פתחי]   6 שעריך תמיד להביא אל[יך] היל גוים
ומלכיהם ישרתוך ו[השתחוו לך כול מעניך ועפר]   7 רגליך ילחכו *vacat*
בנות עמי הבענה [ב]קול רנה עדינה [עדי כבוד ורדינה במלכות ...]
8 למחניכה וישראל למלכות עולמים *vacat* ואחר יאספו המחנה בלילה]
ההוא למנוח עד הבוקר]   9 [וב]בוקר יבואו עד מקום המערכה אשר נפלו
שם גבורי כת[י]ים והמו[ן אשור וחיל כול הגוים]   10 [הנקהלים אם מ]תו
רוב חלל[י]ם לאין מ[קב]ר אשר נפלו שם בחר[ב]אל[ונגש שם כוהן
הרואש]   11 [ומשנהו והכוהנים] והלוים [עם נשיא המלחמה וכו]ל ראשי
המערכות [ופקודיהם ...]   12 [...]. יחד בעומדם על חללי[כתיים והללו
שם] את אל ישראל ו[ענו ואמרו ...   13 [...].. לאל עליון ו[...]...[...]

4Q493 (4QM^c) *4QWar Scroll^c*

M. Baillet, *DJD VII*, 49-53, pl. VIII
PAM 42.475, 44.018
ROC 344
1QM+1Q33, 4Q471?, 4Q491, 4Q492, 4Q494, 4Q495, 4Q496, 4Q285?,

1 המלחמה והכוהנים בני אהרון יעמודו לפני [ה]מערכות   2 והריעו
בחצוצרות הזכרון ואחרי כן יפתחו א[ת] הש[ערי]ם לאנשי   3 הבנים
והכוהנים יריעו בחצוצרות המלחמה[לשלוח] יד במערכות   4 גויים
והכוהנים יצאו מבין החללים ועמ[דו מזה ו]מזה למל.ת   5 ליד החרף
והמאבן ולוא יחללו שמן כהונתם[בדם הח]ללי[ם]   6 [ו]לכול מערכות
הבנים לוא יגשו ותקעו בקול חד לצאת אנ[שי]   7 המלחמה להתקרב בין
המערכות בחצוצרות[החללים]וה[ח]ל[ו]   8 לשלוח יד במלחמה ובמלא
עונותם יתקעו להם בחצו[צ]רות המש[ו]ב   9 לבוא השערים ויצאה

spoil, Performer of Valiance! Place your hand on the neck of your enemies and your foot on the piles of the dead! Strike the nations,] *4* your foes, and may your sword [consume fl]esh! F[i]ll [your land with glory and your inheritance with blessing: may herds of flocks be in your fields, silver,] *5* [and gol]d in your palaces! *Blank* Rejoice, Zion, passionately! [Exult, all the cities of Judah! Open] *6* your gates continuously so that the wealth of the nations can be brought [to you!] Their kings shall wait on you, [all your oppressors lie prone before you, the dust of] *7* your feet they shall lick. *Blank* Daughters of my people, shout [with] jubilant voice! Adorn yourselves [with splendid finery! Rule over the kingdom of …] *8* to your camps, and Israel to reign for ever. *Blank* Afterwards, they shall gather in the camp on [that] night [to rest until the morning.] *9* [And in the] morning they shall go out to the place of the line where there fell the heroes of the Kit[t]im and the hor[de of Assyria and the army of all the peoples] *10* [that had gathered together, (to see) whether] a large number of the slain had [di]ed, without bu[ri]al, which had fallen there by God's swo[rd. And the High Priest will approach there] *11* [and his second, and the priests,] and the levites, [together with the princes of the war and al]l the chiefs of the lines, [and their enlisted men,…] *12* […] together in their positions, over the slain of [the Kittim. And they shall praise there] the God of Israel and [they shall begin speaking and say: …] *13* […] to the God Most High and […] … […]

4Q493 (4QM[c]) *4QWar Scroll*[c]

11Q14?

Bibliography: J.M. Baumgarten, 'The Sabbath Trumpets in 4Q493 M[c]', *RevQ* 12/48 (1987) 555-559; J. Duhaime, *PTSDSSP* 2, 172-173

1 the war. And the priests, sons of Aaron, shall take position in front of [the] lines *2* and blow the trumpets of memorial. And afterwards, they shall open the g[ate]s to the *3* infantrymen. The priests shall blow the battle trumpets [to strike] the lines *4* of the nations. The priests shall go out from among the slain and take posi[tion on one side and] on the other of … *5* on the side of the catapult and the ballista, and they shall not desecrate the oil of their priesthood [with the blood of the s]lai[n,] *6* nor shall they approach any of the lines of the infantrymen. They shall blow a shrill note so that the m[en] *7* of war go out to attack between the lines of the trumpets of [the slain.] And [t]he[y] shall b[e]gin *8* to stretch out the hand for battle. When their task is accomplished, they shall blow for them the trum[p]ets of withdr[a]wal *9* so that they enter the

המערכה השנית וככול הסרך הזה הל[ויים] 10 להם מר[י]עים בעונותה בצאתם יתקע[ו] להם בח[צוצרות המקרא] 11 ובמל[אם]בחצוצרות התרועה[וב]שובם יתק[עו להם בחצוצרות] 12 המא[סף] כמש[פט הזה]יתקעו לכ[ול המ]ערכות *vacat* [...] 13 [...]ת [...] על חצוצרו[ת]השבתות [...] 14 ו.[... על מנחת] התמיד ולעולות כתוב תבו [...]

4Q494 (4QM^d) *4QWar Scroll^d*

M. Baillet, *DJD VII*, 53-54, pl. VIII
PAM 42.475, 44.018
ROC 344

1 [ראשי ה]שב[טי]ם ..[...] 2 והכוהנים והלויים וראשי ה[...] 3 הכוהנים וכן ללויים ומשמרות[ראשי אבות העדה שנים וחמשים ואת ראשי הכוהנים יסרוכו אחר] 4 כוהן הרואש ומשנהו ראשים[שנים עשר להיות משרתים בתמיד לפני אל וראשי המשמרות ששה] 5 [וע]שרים במשמרותם [י]ש[רתו ואחריהם ראשי הלויים לשרת תמיד שנים עשר אחד לשבט] 6 [ואח]ריהם ראש[י ...]

4Q495 (4QM^e) *4QWar Scroll^e*

M. Baillet, *DJD VII*, 54-56, pl. VIII
PAM 44.014, 44.018
ROC 344
1QM+1Q33, 4Q471?, 4Q491, 4Q492, 4Q493, 4Q494, 4Q496, 4Q285?,

Frag. 1 1 [ומיא כעמכה]ישר[אל אשר בחרתה לכה מכול עמי הארצות עם] 2 [קדושי] ברית ומ[לומדי חוק ...]

Frag. 2 1 [אתה]אל ברתנו לכ[ה עם עולמים ובגורל אור הפלתנו לאמתכה ושר מאור מאז] 2 פקדתה לעזרנו [ובידו כול מלאכי צדק וכול

gates; and the second line shall go out. In accordance with this entire rule the le[vites] shall blow *10* for them during its task: when they go out [t]he[y] shall blow the tr[umpets of recall] for them, *11* and when [they] comple[te] (them), the trumpets [of alarm, and on] their withdrawal, [t]he[y] shall bl[ow for them the trumpets] *12* of asse[mbly.] According to [this] ordin[ance] shall they blow for a[ll the li]nes. *Blank* […] *13* […] on the trumpet[s] of the Sabbaths […] *14* and [… over the] perpetual [sacrifice] and the burnt-offerings is written «… […]

4Q494 (4QM[d]) *4QWar Scroll[d]*

1QM+1Q33, 4Q471?, 4Q491, 4Q492, 4Q493, 4Q495, 4Q496, 4Q285?, 11Q14?

Bibliography: J. Duhaime, *PTSDSSP* 2, 174-175

(= 1QM II *1-3*) *1* [the chiefs of the] tri[be]s […] *2* And the priests and the levites and the chiefs of the […] *3* the priests; and the same for the levites. And the divisions [of the fathers of the congregation, fifty-two. They shall arrange the chiefs of the priests behind the] *4* High Priest and his second (in rank), [twelve] chiefs [to serve in perpetuity before God. And the twenty-six chiefs of the divisions] *5* shall serve in their divisions, [and after them the chiefs of the levites, to serve always, twelve, one per tribe.] *6* [And after] them, the chiefs […]

4Q495 (4QM[e]) *4QWar Scroll[e]*

11Q14?

Bibliography: J.T. Milik, 'Milkî-ṣedeq et Milkî-rešaʿ dans les anciens écrits juifs et chrétiens', *JJS* 23 (1972) 140; J. Duhaime, *PTSDSSP* 2, 176-177

Frag. 1 (= 1QM X *9-10*) *1* [And who (is) like your nation,] Isra[el, whom you chose for yourself from among all the nations of the earth, a nation of] *2* [holy ones of] the covenant, le[arned in the law …]

Frag. 2 (= 1QM XIII *9-12*) *1* [You,] God, have created us to be for yo[u an eternal nation, and you have made us fall into the lot of light in accordance with your

רוחי אמת בממשלתו [*vacat?* 3 ואתה עשיתה[בליעל לשחת מלאך
משטמה ובחושך ממשלתו וכול רוחי גורלו] 4 מלאכי ח[בל בחוקי חושך
יתהלכו ...]

4Q496 (4QM^f) *4QWar Scroll*^{f}

M. Baillet, *DJD VII*, 57-68, pls. X, XII, XIV, XVI, XVIII, XXIV
PAM 43.858, 43.860, 43.862, 43.865
ROC 20-25
1QM+1Q33, 4Q471?, 4Q491, 4Q492, 4Q493, 4Q494, 4Q495, 4Q285?,

Col. I *Frag.* 3 2-1 [...]...[...] 3 [ובקצו יצא בחמה]גדולה
ל[ה]ל[ח]ם ב[מלכי הצפון ואפו להשמיד] 4 [ולהכרית את קרן יש]ראל
והיאה עת[ישועה לעם אל ...] 5 [... גור]ל בליעל והיתה מ[הומה גדולה
בבני יפת ונפל] 6 [אשור ואין עוזר לו]וסרה ממשלת [כתיים להכניע
רשעה לאין שארית] 7 [ופלטה לוא תהיה ל]כול בני חושך ובני [צדק יאירו
לכול קצוות תבל] 8 [הלוך ואור עד תום כו]ל מועדי חוש[ך ובמועד אל
יאיר רום גודלו לכול קצי] 9 [עולמים לשלום וברכה]כבוד [ו]שמ[חה ...]

Col. I *Frags.* 2+1 1 [...].[...] 2 [וגורל חושך נלחמים יחד לגבורת
אל בקול המון גדול ותרועת]אלים 3 [ואנשים ליום הווה והיאה עת צרה
על כול עם פדות אל ובכו]ל צרותם 4 [לוא נהיתה כמוה מחושה עד תומה
לפדות עולמים וביום מלח]מתם 5 [... ושלו]שה יתאזרו 6 [... מאמ]צת
לבב ב[ני] 7 [אור ובגורל השביעי יד אל הגדולה מכנעת בליעל
וכול מלאכי מ]משלתו ולכול 8 [...] אמת לכלת 9 [בני חושך ...]...
11-10 [...].[...]

Col. II *Frag.* 7 1 [... מקטרת נ]י[חו]ח לרצ[ו]ן [אל ...] 2 [בשולחן]
כב[ו]ד את[כול אלה יסרוכו במועד] 3 [שנת הש]מ[טה] ובשלו[ש
ושלושים שני המלחמה] 4 [הנותרות י]היו א[נ]שי ה[שם ...]

truth. From of old,] *2* you appointed [the Prince of light] to assist us, [and in his hand are all the angels of justice, and all the spirits of truth are under his dominion. *Blank?*] *3* You made [Belial for the pit, angel of enmity; in darkness is his domain, his counsel is to bring about wickedness and guilt. All the spirits of his lot are] *4* angels of des[truction, they walk in the laws of darkness …]

4Q496 (4QM[f]) *4QWar Scroll[f]*

11Q14?

Bibliography: M. Baillet, 'Débris de textes sur papyrus de la grotte 4 de Qumrân', *RB* 71 (1964) 353-371; J. Duhaime, *PTSDSSP* 2, 178-197

Col. I *frag.* 3 (= 1QM I *4-9*) *3* [And in his time, he will go out with] great [rage] to [wa]ge [w]ar against [the kings of the North, and his anger wants to exterminate] *4* [and cut off the horn of Is]rael. And this is a time of [salvation for the nation of God …] *5* [… the l]ot of Belial. There will be [great] pa[nic among the sons of Japhet, Ashur shall fall,] *6* [and there will be no help for him;] the rule [of the Kittim] will come to an end, [wickedness having been defeated, with no remnant remaining,] *7* [and there will be no escape for] /all/ the sons of darkness. And the sons of [justice shall shine to all the edges of the earth, they shall go on shining,] *8* [up to the end of a]ll the periods of darkn[ess; and in the time of God, his exalted greatness will shine for all the eternal times,] *9* [for peace and blessing,] glory and jo[y, …]

Col. I *frags.* 2 + 1 (= 1QM I *11-17*) *1* […] … […] *2* [and the lot of darkness shall battle together for God's might, between the roar of a huge multitude and the shout of] gods *3* [and of men, on the day of the calamity. It will be a time of suffering for all the nation redeemed by God. Of al]l their sufferings, *4* [none will be like this, hastening till eternal redemption is fulfilled. And on the day of] their [wa]r *5* [… and th]ree, will gird themselves *6* [… stren]gthening the heart of the sons of *7* [light. And in the seventh lot, God's great hand will subdue Belial, and all the angels of] his dominion and a[ll] *8* […] truth, for the destruction of *9* [the sons of darkness …] … *10-11* […] … […]

Col. II *frag.* 7 (= 1QM II *5-6*) *1* [… the pl]ea[sa]nt [incense] for [God's] appro[va]l, […] *2* [at the table of] glory. [They shall arrange all these during the appointed time of] *3* [the year of re]le[ase.] During the thir[ty-three years] *4* [remaining of the war,] the m[e]n of [renown s]hall […]

Col II *Frags*. 6+5+4 1 [שני העבודה ת]עורך המל[ח]מה שש שנ]ים
ו[עורכיה] 2 [כול העדה יחד ו]מ[ל]חמת[המחלקו]ת בתשע וע[שרים]
3 [הנותרות בשנה הראישונה ילח]מו בארם נ[הרים ו]בשנית 4 [בבני לוד
בשנה השלישית ילחמו בשאר בני ארם]בעוץ 5 [וחול תוגר ומשא אשר
בעבד פורת ברביעית ובחמי]שית 6 [ילחמו בבני ארפכשר בששית
ובשביעית ילחמו ב]כול

Col. III *Frag*. 13 1 [בבני עילם בתשיעית יל]חמו בב[נ]י אשמעל
וק[טורה] 2 [ובעשר השנים אשר אח]ריהם תחלק המלחמ[ה על כול]
3 [בני חם למשפחותם במוש]בותם ובעשר ה[שנים הנותרות] 4 [תחלק
המלחמה על כו]ל בני יפת במושב[ותיהם ?*vacat*]

Col. III *Frag*. 8 1 [...]..[...] 2 [...]אשר בר[...] 3 [... י]כתובו
ת[...] 4 [...] *vacat* [...] 5 [... סדרי המלח]מה וחצ[וצרות מקראם ...]
6 [...] והצוצר[ות תרועות החללים ...] 7 [... ר]שעת[...] 8 [...] *vacat*
[...] 9 [... יכתו]בו קרו[אי אל ...]

Col. IV *Frag*. 12 1 [ומשוב חסדים במשנא]י אל [?*vacat*] 2 [ועל
חצוצרות סדרי]המלחמה [יכתובו ...] 3 [... וע]ל חצוצ[רות מקרא אנשי]
4 [הבנים בהפתח שערי ה]מלחמה [לצאת ...]

Col. IV *Frag*. 11 1 [ועל חצוצרות המדרף יכתובו נגף] אל [כול בני
חושך לוא ישוב אפו עד] 2 [כלותם ובשובם מן המלחמה האוי]ב לב[וא
המערכה יכתובו על] 3 [חצוצרות המשוב אסף אל ועל חצ]וצרו[ת דרך
המשוב ממלחמת האויב לבוא אל] 4 [העדה ירושלים יכתובו גילות אל
במ]שוב [שלום ...]

Col. IV *Frag*. 10 1 [...]...[...] 2 ס]רך אותות כול] העדה
[למסורותם על] 3 ה[אות הגדולה הנ]שי אשר ברוש[כול העם יכתובו]
4 עם[אל ו]א[ת שם ישראל ו]ארו[ן] ואת [שם]הנשי [על אותות ראשי

Col. II *frags.* 6 + 5 + 4 (= 1QM II *9-12*) *1* [years of service, the w[a]r [will] be prepared [during six year]s; and *2* [all the congregation together will prepare it. And the] w[a]r of [the division]s (will take place) during [the remaining] tw[enty-]nine [years.] *3* [During the first year, they shall wage w]ar against Aram-Na[haraim;] during the second, *4* [against the sons of Lud; during the third year they shall wage war against the remnant of the sons of Aram,] against Uz *5* [and Hul, Togal and Mesha, who are beyond the Euphrates; during the fourth and the fif]th, *6* [they shall wage war against the sons of Arpachsad; during the sixth and seventh they shall wage war against] all

Col. III *frag.* 13 (= 1QM II *13-14*) *1* [against the sons of Elam; during the ninth] they [shall wa]ge war against the so[n]s of Ishmael and Ke[tura;] *2* [and during the fo]llowing [ten years] the war will be divided [against all] *3* [the sons of Ham, according to their clans, in] their [dwel]lings; and during the [following] ten [years] *4* [the war will be divided up against al]l the sons of Japhet, in [their] dwell[ings. *Blank?*]

Col. III *frag.* 8 (= 1QM III *1-2* ?) *1* [...] ... [...] *2* [...] which ... [...] *3* [...] they shall write [...] *4* [...] *Blank* [...] *5* [... the bat]tle [formations,] and the trump[ets of their muster ...] *6* [...] and the trumpe[ts of alarm of the slain ...] *7* [... the e]vil of [...] *8* [...] *Blank* [...] they [shall wri]te: «Mus[tered by God» ...]

Col. IV *frag.* 12 (= 1QM III *6-7* ?) *1* [«Withdrawal of mercy from those who ha]te God». [*Blank?*] *2* [And on the trumpets of] battle [formations they shall write: ...] *3* [... And o]n the trump[ets of the muster of] *4* [the infantrymen when the gates of] battle [open so they can go out ...]

Col. IV *frag.* 11 (= 1QM III *9-11*) *1* [And on the trumpets of pursuit they shall write:] «God [has struck all the sons of darkness, he shall not cause his wrath to return, until] *2* [they are exterminated». And when they retreat from battle against the enem]y to ret[urn to the line, they shall write on] *3* [the trumpets of retreat: «God has re-assembled». And on the tru]mpets [of the path of return from battle with the enemy, to go back to] *4* [the congregation of Jerusalem, they shall write: «Exultations of God in a peaceful] [re]turn». [...]

Col. IV *frag.* 10 (= 1QM III *13-15*) *1* [...] ... [...] *2* R[ule of the banners of all] the congregation [in order of their bands. On] *3* the [large banner /of the ch]ief/ which goes at the head of [all the nation they shall write:] *4* [«God's] nation», and] t[he name of Israel and of] Aaro[n /and the [name] of the prince./ [Above

המחנות אשר] 5 לשלושת הש[בט]י[ם יכתובו ...] 6 שמות ש[לו]שת
ה[שבטים ...] 7 [...]...[...]

Col. v *Frag.* 16 1 [...]...[...] 2 [... חצ]וצרות [...]...[...]
3 [...]...[...] 4 [ועל אות מררי י]כתובו תרומת[אל ואת שם נשי מררי
ואת שמות] 5 [שרי אלפיו ועל]אות האלף [יכתובו אף אל בעברה על
בליעל ובכול אנשי] 6 [גורלו לאין ש]ארי[ת ו]את [שם שר האלף ...]

4Q497 *4QWar Scroll-like Text A*

M. Baillet, *DJD VII*, 69-72, pl. XXVI
PAM 43.858, 43.860, 43.862, 43.865

Frag. 1 1 [...] *vacat* [...]כ. 2 [...] *vacat* [...] 3 [...]...[...] 4 [...
ק]שי לבב[...] 5 [...]ר ברית[...] 6 [...]יק.[...]

4Q498 (papSap/Hymn) *4QHymnic or Sapiential Fragments*

M. Baillet, *DJD VII*, 73-74, pl. XXVII
PAM 43.634, 43.637, 43.640, 43.642, 43.645, 43.647, 43.651, 43.863

Frag. 1 I 1 [... חו]בב כנפשו 2 [...]ת.

Frag. 2 1 [...]מבק[...] 2 [...]ונחלי מ[ים ...] 3 [...]. יוצר כ[...]
4 [...]ה כול .[...] 5 [...]יות ל...[...]

Frag. 6 1 [...] בכול לבבכה [...] 2 [...]...[...]

the banner of the camp chiefs of] *5* three tr[ibe]s [they shall write: …] *6* the names of the t[hr]ee [tribes …] *7* […] … […]

Col. V *frag.* 16 (= 1QM IV *1-2*) *1* […] … […] *2* [… trum]pets […] … […] *3* […] … […] *4* [And on the banner of Merari] they shall write: [«God's] offering» [and the name of the prince of Merari and the names of] *5* [the commanders of his thousands. And on] the banner of the thousand [they shall write: «God's Fury unleashed against Belial and against all the men of] *6* [his lot so that no re]mnan[t (is left)» and] the [name of the commander of the thousand …]

4Q497 *4QWar Scroll-like Text A*

ROC 28

Bibliography: J. Duhaime, *PTSDSSP* 2, 198-203

Frag. 1 *1* […] *Blank* … […] *2* […] *Blank* […] *3* […] … […] *4* [… ha]rdhearted […] *5* […] covenant […] *6* […] … […]

4Q498 (papSap/Hymn) *4QHymnic or Sapiential Fragments*

ROC 12

Frag. 1 *col.* I *1* [… lo]ving like oneself *2* […] …

Frag. 2 *1* […] … […] *2* […] and torrents of w[ater …] *3* […] forming like […] *4* […] … all […] *5* […] … […]

Frag. 6 *1* […] with all your heart […] *2* […] … […]

4Q499 (4QPEnosh[b]?) *4QPrayer of Enosh[b]* (?)

M. Baillet, *DJD VII*, 74-77, pl. XXV
PAM 43.653, 43.655, 43.657, 43.659, 43.857, 43.859, 43.861
ROC 28

Frag. 48 1 ותשימהו לכ[ה בן בכור ... כמוהו לשר ומושל] 2 בכול
תבל ארצ[כה ... עטרת שמים] 3 [ו]כב[ו]ד שחק[ים ...]

Frag. 47 1 [ת]דבק נפש[כה לע...] 2 בם כבודכ[ה ... כי] 3 שנתו
תמ[...]

4Q500 (4QpapBened) *4QBenediction*

M. Baillet, *DJD VII*, 78-79, pl. XXVII
PAM 43.640, 43.643-43.646, 43.857
ROC 11

Frag. 1 1 [...].[...] 2 [...בכ]איכה ינצו ו.[...]...[...] 3 [...]יקב
תירושכה [ב]נוי באבני[...] 4 [...]לשער מרום הקודש [...] 5 [...
]מטעכה ופלגי כבודכה ב[...] 6 [...].כפות שעשועיכה .[...] 7 [...].מכה
vacat [...]

4Q501 (4QapocrLam B) *4QApocryphal Lamentations B*

M. Baillet, *DJD VII*, 79-80, pl. XXVIII
PAM 43.617

1 [...]י ·ה·ת אל תתן לזרים נחלתנו ויגיענו לבני נכר זכור כיא 2 [אנחנו
עצור]י עמכה ועזובי נחלתכה זכור בני בריתכה השוממים 3 [...]ה
המנודבים תועים ואין משיב שבורים ואין חובש 4 [כפופים ואין זו]קף

4Q499 (4QPEnosh[b]?) *4QPrayer of Enosh[b]* (?)

4Q369
Bibliography: E.J.C. Tigchelaar, '4Q499 48+47 (par 4Q369 1 ii): A Forgotten Identification', *RevQ* 18/70 (1997) 303-306

Frag. 48 (= 4Q369 1 II *6-8*) *1* you have appointed him for yo[u as a firstborn son ... like him, as a prince and ruler] *2* in all [your] inhabited world [... the crown of heavens] *3* [and] the glo[r]y of the cloud[s ...]

Frag. 47 (= 4Q369 1 II *10-11*) *1* [Your] soul holds fast to [... for] *2* in them yo[ur] glory [...] *3* his hatred (?) will [...]

4Q500 (4QpapBened) *4QBenediction*

Bibliography: J.M. Baumgarten, '4Q500 and the Ancient Exegesis of the Lord's Vineyard', *JJS* 40 (1989) 1-6; G.J. Brooke, '4Q500 1 And the Use of Scripture in the Parable of the Vineyard', *DSD* 2 (1995) 268-294

Frag. 1 *1* [...] ... [...] *2* [...] may your [mulberry tr]ees blossom and [...] ... [...] *3* [...] your winepress, [bu]ilt of stone [...] *4* [...] at the gate of the holy height [...] *5* [...] your plantation and your glorious channels [...] *6* [...] your delicious branches [...] *7* [...] your ... *Blank* [...]

4Q501 (4QapocrLam B) *4QApocryphal Lamentations B*

ROC 279

1 [...] /.../ Do not give our inheritance to foreigners, nor our produce to the sons of foreigners. Remember that *2* [we are the removed one]s of your people and the forsaken ones of your inheritance. Remember the sons of your covenant, the desolate, *3* [...] the spurred ones, the wanderers, who no-one brings back, the sorely wounded, who no-one bandages, *4* [those bent double, who no-one

סבבונו חילכיא עמכה בלשון שקרמה ויופכו 5 [...]ה ופארתכה לילוד
אשה הביטה וראה חרפת בני 6 [עמכה כיא נכמר] עורנו וזלעופות אחזונו
מלפני לשון גדופיהמה אל 7 [...] במצוותיכה ואל יהיה זרעמה מב{ני
ב}רית *vacat* 8 [...] אליהמה בהמון כוחכה ועשה בהמה נקמה 9 [...]כה
ולוא שמוכה לנגדמה ויתגברו על עני ואביון

4Q502 (4QpapRitMar) *4QRitual of Marriage*

M. Baillet, *DJD VII*, 81-105, pls. XXIX-XXXIV
PAM 43.632-43.634, 43.636-43.651, 43.855, 43.857, 43.863
ROC 1-6

Frags. 1-3 1 [... א]דם מכיר[...]כהוסיפ[כם ...] 2 [...]ם חוק אל[
...]לחסר[...] 3 [... האדם]ואשתו ל[...]תכינוה[...] 4 [...]לעשות
זרע[...].אלה [...] 5 [...]. א[.]אשר חש[... קו]דשים מודה לאל[...]
6 [...]לו מהיות קוד[ש ...]ת לו בת אמת ומתהל[כת ...] 7 [...] רעייתו
אש[ר ...]לה שכל ובינה בתוך[...] 8 [...]רא אב.[... י]חד להיות ל[...]
9 [...]. עונת ש.[...]אל ומכפר[...] 10 [...]ם לבני צד[ק ...]ביום הזה
[...]. 11 [...]ל[... א]הרון [...]

Frags. 7-10 1 [...]יש[...] 2 [...]הוד[ו ...] 3 [...].ת יחד
[...]שים[...] 4 [... יברך את]אל ישראל וענה וא[מר...] 5 [ברון אל
ישראל אשר ... ק]ץ שמחה להלל שמו 6 [...] אשישיהם ונערים
7 [...].ותם [כ]בשים וע[זים ...].ה במקנינו ומרמש 8 [הרו]מש בצלתנו
והעוף[המעופף בשמי]נו ואדמתנו וכול יבולה 9 [וכו]ל פרי עצה ומימינו[
...]עם ומי תהומיה כולנו 10 [מודי]ם שם אל ישראל א[שר נתן לנו מ]ועד
לשמחתנו וגם 11 [...].[...]ש תעודת הה[ודות...] בתוך אשישי צדק 12
[...]. בשלום ל.[...].ה מודה לאל ומשתבח 13 [...]נים אחים לי אשישים
14 [... מב]רכים בתוכנו *vacat* 15 [...]קודש [...]אשישי [קו]דש קודשים

rai]ses up. The wretched ones of your people have surrounded us with their lying tongue, and have turned *5* [...] and your foliage to one born of a woman. Look and see the disgrace of the sons of *6* [your people for] our skin [is burning,] indignation has taken hold of us, on account of their insolent language. Do not *7* [...] in your commandments, and let not their posterity be among {the sons of} the covenant. *Blank 8* [...] against them with the might of your strength, and avenge yourself on them. *9* [...] and they have not placed you before them, but they act violent against the poor and needy.

4Q502 (4QpapRitMar) *4QRitual of Marriage*

Bibliography: J.M. Baumgarten, '4Q502, Marriage or Golden Age Ritual?', *JJS* 34 (1983) 125-135; M.L. Satlow, '4Q502 A New Year Festival?', *DSD* 5 (1998) 57-68

Frags. 1 - 3 *1* [...] the man who acknowledges [...] when [you] add [...] *2* [...] the law of God [...] to one who lacks [...] *3* [... the man] and his wife for [...] ... [...] *4* [...] to procreate offspring [...] these [...] *5* [...] ... which [... ho]ly ones, praising God [...] *6* [...] ... to be hol[y ...] for him, daughter of truth and who wal[ks ...] *7* [...] his (female) friend wh[o ...] for her, intelligence and knowledge in the midst of [...] *8* [...] ... [... to]gether, to be [...] *9* [...] suffering [...] ... and atoning [...] *10* [...] for the sons of justi[ce ...] on this day [...] *11* [...] ... [... A]aron [...]

Frags. 7 - 10 *1* [...] ...[...] *2* [...] give thanks [...] *3* [...] together [...] ... [...] *4* [... He shall bless the] God of Israel, and starting to speak, he shall s[ay:] *5* [Blessed is the God of Israel who ... the ti]me of happiness to praise his name *6* [...] their adults and youths *7* [...] their [...], [r]ams and he[-goats ...] in our flocks, and reptiles *8* [who cre]ep in our shadow, birds [who fly in] our [sky,] our land and all its produce, *9* [and al]l the fruits of its trees. And our waters [...] ... the waters of its abyss. We all *10* [give thanks to] the name of the God of Israel w[ho has given us a fe]ast for our happiness and also *11* [...] the witness of the pr[aises ...] among just adults *12* [...] in peace for [...] giving thanks to God and celebrating *13* [...] ... brothers for me. The adults *14* [... those who b]less in our midst. *Blank 15* [...] holy [...] most [ho]ly adults

16 [...ה]יום אני [... מברך] את אל ישראל [...]ה 17 [... א]שישי ד[עת ...]ודו כב[...]לם 18 [...]...[... שמ]חנו בתע[ודת ...]להיות 19 [...]...[...]ים 20 [...]...

Frag. 14 1 [...].[...] [...] 2 [...].מוד ...[...] [...] 3 [...]תעודו[ת] וג[ם ... [4 [...]ה אל ישראל אשר צוה לבני [...] 5 [...].[...]ל כבודכה ... ואהבת חסד [...] 6 [...]ת בנים כבו] וב[נות ...] 7 [...]. גם ה[...] 8 [... י]שראל [...]

Frag. 16 1 [ורוח דעת בכול מחשבת]מעשה [וקנאת משפטי צדק ומחשבת] 2 [קודש ביצר סמוך ורוב]חסדים ע[ל כול בני אמת וטהרת כבוד מתעב כול] 3 [גלולי נדה והצנ]ע לכת בערמת [כול וחבא לאמת רזי דעת אלה סודי רוח] 4 [לבני אמת תב]ל[ופקו]דת כול[הולכי בה ...]

Frag. 19 1 וישב עמו בסוד ק[דושים ...] 2 זרע ברכה זקנים וזק[נות ... בחורים] 3 ובתולות נערים ונע[רות ...] 4 עם כולנו יחד ואני ת[...] 5 ואח[ר] ידברו אנשי [...] 6 [וענו]ואמרו ברוך [א]ל[ישראל אשר ...] 7 [... ע]וונתם י[...] 8 [...]...[...]

Frag. 24 1 [...]...[...]כול מועדי[...] 2 [...]ה אישה הודות]ברון אל ישראל אשר עזר[...] 3 [...הר]בות חייך בתוך עם עולמי[ם ...] 4 [...ו]עמדה בסוד זקני[ם] זקנו[ת ...] 5 [...] ימיכה בשלום ו[...] 6 [...ב]תוך זק[נים ...]

Frag. 27 1 [...]רוהי עולמים ...[...] 2 [... משרתי]ם לכה תמיד ע]רב ובוקר .[...] 3 [...]עם כול דגלי יר[חיהם ...] 4 [...] עם כוכב[י השמים ...] 5 [...]מטעכה [...]

16 [... To]day I [... bless] the God of Israel [...] *17* [... a]dults of kn[owledge ...] ... [...] ... *18* [... he has made us hap]py by the tes[timony ...] to be *19-20* [...] ... [...] ...

Frag. 14 *1-2* [...] ... [...] *3* [...] the testimonies and al[so ...] *4* [...] the God of Israel who has commanded the sons of [...] *5* [...] your glory ... and the love of your favour [...] *6* [...] sons /.../ and dau[ghters ...] *7* [...] also [...] *8* [... I]srael [...]

Frag. 16 (cf. 1QS IV *4-6*) *1* [and a spirit of knowledge in all the plans of] action, [of enthusiasm for the decrees of justice,] *2* [of holy plans with firm purpose, of generous] compassion with [all the sons of truth, of magnificent purity] *3* [which detests all unclean idols,] of careful behaviour in wisdom [concerning everything, of concealment concerning the truth of the mysteries of knowledge. These are the foundations of the spirit] *4* [of the sons of truth] in the world. And the reward of all [those who walk in it ...]

Frag. 19 *1* and he will sit with him in the assembly of the h[oly ones ...] *2* seed of blessing, old men and old [women ... young men] *3* and young women, boys and gi[rls ...] *4* together with all of us. And I, [...] *5* And after[wards] the men of [...] shall speak [...] *6* [and starting to speak] they shall say: «Blessed is [the Go]d [of Israel who ...] *7* [...] their [in]iquities [...] *8* [...] ... [...]

Frag. 24 *1* [...] all the feasts [...] *2* [...] /the man of praises./ Blessed is the God of Israel who has helped [...] *3* [... the len]gth of your life in the midst of an everlasting nation [...] *4* [... and] she will take a place in the assembly of old men and old wom[en ...] *5* [...] your days in peace and [...] *6* [... in] the midst of ol[d men ...]

Frag. 27 *1* [...] eternal spirits ... [...] *2* [... /who serve] you continuously,/ (in the) ev]ening and morning ... [...] *3* [...] with all the signs of [their] mo[nths ...] *4* [...] with the star[s of the heaven ...] *5* [...] your plantation [...]

4Q503 (4QpapPrQuot) *4QDaily Prayers*[a]

M. Baillet, *DJD VII*, 105-136, pls. XXXV, XXXVII, XXXIX, XLI, XLVIII, XLV, XLVII
PAM 42.476, 42.478, 42.480, 42.484, 42.486-42.488, 43.640, 43.659, 43.861
ROC 461-466, 463A

Frag. 4 1 [וב]צא[ת השמש להאיר על הארץ יברכו וענו ואמרו ברוך
אל ישראל] 2 המספ[ר ...] 3 כיא ה[יו]ם[...] 4 מועדי כב[וד ...]
5 ישלם כב[ודו ... שלום עליכה] 6 ישראל[...]
7 ובששה לחו[דש בערב יברכו וענו ואמרו ברוך אל ישראל ...]
8 לילה אשר הו[אה ...] 9 אנו עם קודשי[ם ...] 10 חמש[ה גור]ל[ות אור
...] 11 ומ.[...]
12 וב[צאת השמש ...]

Frags. 7-9 1 ש.[...]אור היומם לדעתנו[...] 2 [...]. בששה שערי
או[ר ...] 3 [... ואנו]בני בריתכה נהלל[ה שמכה] 4 עם כול דגלי [אור
... בכו]ל לשוני דעת ברך ...[...] 5 אור שלום [עליכה ישראל ...]ור *vacat*
[...]
6 בשבעה ל[חודש בערב יברכו וענו ואמר]ו ברוך אל יש[ראל ...]
7 צדק [... כו]ל[א]לה ידענו ב[...] 7 [...]...[...]ברוך[א]ל[ישראל ...]

Frag. 10 1 [ובצאת] השמש להאיר על האר[ץ יברכו ...] 2 [...] עם
דגלי אור והיום .[...] 3 [...]היומם תשעה [...]

Frag. 11 1 [...]ים *vacat* [...] 2 [ובשני]ם עשר לחודש בערם
(בערב) [יברכו ...] 3 [...].ים ואנו עם קודשו מרוממים הלילה[...]
4 [...]נו ועדים עמנו במעמד {במע} יומם[...] 5 [...]...[...] *vacat* [...]

Frags. 13-16 1 [...] אלוהי אורים[...] 2 [...].י אור ועד[ים ...]
3 [... או]ר היומם [...] 4 [... ברוך ש]מכה אל ישראל בכ[ול ...] 5 [...]
vacat [...] 6 [...]...[...] 7 [...]וש כ[...] 8 [... קודש קו]דשים

4Q503 (4QpapPrQuot) *4QDaily Prayers*[a]

Bibliography: J.M. Baumgarten, '4Q503 (Daily Prayers) and the Lunar Calendar', *RevQ* 12 (1986) 399-407; D.T. Olson, *PTSDSSP 4A*, 235-285; D. Falk, *Daily, Sabbath, and Festival Prayers in the Dead Sea Scrolls* (STDJ 27; Leiden: Brill, 1998) 21-57

Frag. 4 *1* [And when the sun] asce[nds to illuminate the earth, they shall bless. Starting to speak they shall say: Blessed be the God of Israel] *2* who decla[res ...] *3* for to[da]y [...] *4* glor[ious] festivals [...] *5* he fulfills [his] glo[ry ... Peace be upon you,] *6* Israel [...] *7* And on the sixth of the mo[nth, in the evening, they shall bless. Starting to speak, they shall say: Blessed be the God of Israel ...] *8* night which h[e ...] *9* we with the holy one[s ...] *10* fiv[e lo]t[s of light ...] *11* and ... [...] *12* And when [the sun ascends ...]

Frags. 7 - 9 *1* ... [...] the light of day so that we may know [...] *2* [...] in the six gates of lig[ht ...] *3* [... And we,] the sons of your covenant, bless [your name,] *4* with all the companies of [the light ... with al]l the tongues of knowledge. Bless ... [...] *5* the light. Peace [be upon you, Israel ...] ... *Blank* [...] *6* The seventh of the [month, in the evening, they shall bless. Starting to speak,] they [shall say:] Blessed be the God of Is[rael ...] *7* justice [...] we know [al]l [th]ese things through [...] *8* [...] ... [...] Blessed be [the Go]d [of Israel ...]

Frag. 10 *1* [And when] the sun [ascends] to illuminate the ear[th, they shall bless ...] *2* [...] with the companies of light. Today [...] *3* [...] the ninth day [...]

Frag. 11 *1* [...] ... *Blank* [...] *2* [The twel]fth of the month, in the evening, [they shall bless ...] *3* [...] ... And we, his holy people, exult this night [...] *4* [...] ... and with us the witnesses in the service {in the serv} of the day [...] *5* [...] ... [...] *Blank* [...]

Frags. 13 - 16 *1* [...] God of lights [...] *2* [...] the light, and the witness[es ...] *3* [... the lig]ht of day [...] *4* [... Blessed be] your [na]me, God of Israel, in a[ll ...] *5* [...] *Blank* [...] *6-7* [...] ... [...] *8* [... holy of ho]lies in the height[s ...]

במרומ[ים ...] 9 [...ש]ם קודשו [...] 10 [...]... וכבוד בקוד[ש קודשים ...] 11 [...]. ועדים לנו בקוד(ש) קודשים[...] 12 [...]בממשל אור היומם ברוך [...] 13 [... ש]לום עליכה י[שראל ...]

14 [... ברו]ך אל ישראל המפל[יא ...] 15 [...]ארץ והלילה שמ[...] 16 [...]להוסיף לנו[...] 17 [...]כול מפלגו לו [...] 18 [...] אל ישרא]ל ...] 19 [...]קודשכה [...] 20 [...]בשל[ו]שה [עשר ...] 21 [...]שנים עשר[...] 22 [... י]שראל [...] 23 [...]ישראל [...] 24 [... קוד]שכה [...]

Frags. 1-3 1 ובצאת[השמש ...]רקיע השמ[י]ם יברכו וענ[ו ואמרו] 2 ברוך א[ל ישראל ...]ו והי[ו]ם הזה חדש[...] 3 בארבע[ה עשר שערי אור ...] לנו ממשל.[...] 4 עשר דג[לי ...].וא חום ה[שמש ...] 5 בפוסחו[... בכו]ח יד גבורת[ו ... שלום עליכה] 6a ישראל[

6 בחמשה[עשר לחודש בע]רב יברכו וענו [וא]מרו ברוך א[ל ישראל] 7 הסותם[...]ח לפניו בכול מפלג כבודו והלילה[...] 8 [... ע]ולם ולהודות לו[ו]פדותנו בראשי[ת ...] 9 [...]תסובי'ת כלי אור[ו]היום ארבעה ע[שר] 10 [...] אור היומם ש[לום עלי]כה ישראל 11 [...] *vacat* [...]

12 [ובצאת השמש ...]להאיר על הארץ יברכו וענ[ו ואמרו] 13 [ברוך אל ישראל ... א]שר לחגי שמחה ומועדי כ[בוד] 14 [... בח]משה עשר שער[י אור ...] 15 [...]בגורלות לילה[...]

Frags. 29-32 1 ושלום [אל עליכה ישראל ?*vacat*]

2 בששה[עשר לחודש בערב יברכו וענו ואמרו ברוך אל ישראל אשר] 3 קדש לו[...] 4 והלילה [...]ל עם ...[...] 5 [...]...[...] ... י]קיר לנו של[ו]ם [...] 6 [... א]ל יברך ישורו[ן ...]

7 [ובצאת השמש להאיר ע]ל[הא]רץ יברכו[וענו ואמרו ברוך אל ישראל] 8 [...]אור ישמחו ב[...] 9 [מהל]לים שמכה אל אור[י]ם אשר חדשתה .[... בששה] 10 [עשר]שערי אור ועמנ[ו] ברנות כבודכה ב[...]

11 [ד]גלי לילה שלום אל[ע]ליכה ישראל בצא[ת השמש ?*vacat*]

9 [...] his holy [na]me [...] *10* [...] ... and glory in the hol[y of holies ...] *11* [...] and witnesses for us in the holy of holies [...] *12* [...] in the dominion of the light of the day. Blessed [...] *13* [... p]eace be with you, I[srael ...] *14* [... Bles]sed be the God of Israel, he who performs won[ders ...] *15* [...] the earth. And the night ... [...] *16* [...] who for us adds [...] *17* [...] all its divisions for him [...] *18* [...] God of Israe[l ...] *19* [...] your holiness [...] *20* [...] on the thir[teenth ...] *21* [...] twelve [...] *22* [... I]srael [...] *23* [...] Israel [...] *24* [...] your [holin]ess [...]

Frags. 1 - 3 *1* And when [the sun] ascends [...] the vault of the heavens, they shall bless. Starting to speak [they shall say:] *2* Blessed be the Go[d of Israel ...] Tod[a]y he renewed [...] *3* in the four[teenth of the gates of light ...] for us the rule [...-] *4* teen compa[nies of ...] ... the heat of the [sun ...] *5* when it crosses [... with the streng]th of [his] powerful hand [... Peace be upon you] *6a* /Israel/. *6* In the fif[teenth of the month, in the ev]ening, they shall bless. Starting to speak, they shall [s]ay: Blessed be the G[od of Israel] *7* who hides [...] before him in each unit of his glory. And that night [...] *8* [... et]ernal and to give him thanks. [And] our deliverance at the beginn[ing of ...] *9* [...] the rotations of the luminaries. [And] today, fourte[en] *10* [...] the light of the day. Pe[ace be upon] you, Israel. *11* [...] *Blank* [...] *12* [And when the sun ascends ...] to illuminate the earth, they shall bless. Star[ting to speak they shall say:] *13* [Blessed be the God of Israel ... wh]ich are for the festivals of joy and the ceremonies of gl[ory.] *14* [... in the fi]fteenth of the gate[s of light ...] *15* [...] in the divisions of the night [...]

Frags. 29 - 32 *1* and the peace [of God be with you, Israel. *Blank?*] *2* The six[teenth of the month, in the evening, they shall bless. Starting to speak, they shall say: Blessed be the God of Israel, who] *3* has sanctified for himself [...] *4* And that night [...] with ... [...] *5* [...] ... [... va]luable to us. Pe[a]ce [...] *6* [... may G]od bless Yeshuru[n ...] *7* [And when the sun ascends to illuminate the ea]rth, they shall bless. [Starting to speak, they shall say: Blessed be the God of Israel] *8* [... (of)] light will rejoice in [...] *9* [pr]aising your name, God of lights, who renewed [... six-] *10* [teenth of] the gates of light. And with u[s] in the acclamation of your glory in [...] *11* [the com]panies of the night. The peace of God be [up]on you, Israel at the ascen[t

12 [בש]בעה עשר לחו[דש ב]ערב יברכו וענו[ואמרו ברוך אל ישראל
אשר]   13 [...]ל[ה]לל[...] 16-14 [...]
17 [בצאת השמש להאיר על הארץ יברכו וענו ואמרו ברוך אל ישראל]
18 [... ש]מחת[נו ...]   19 [...]דגלי לילה[...]   20 [...]. אנו היו[ם ...]
21 [... שלום אל עליכה יש]ראל בכול מו[עדי עולם ?*vacat*]
22 בש[מונה עשר לחודש בערב י]ברכו וענו ואמרו ב[רוך אל ישראל
...]   23 ל[... קודש קו]דשים והלילה .[...]   24 [...]...[...]

Frags. 33-35 I   1 [... או]ר היומם   2 [... מרו]ממים   3 [...] קודש
4 [...]מועדי   5 [...]...
6 [בעשרים לחודש בערב יברכו וענו ואמרו ברוך אל ישר]אל אשר   7
[... כ]בוד והלילה   8 [...]לממלכות   9 [...]במסב   10 [...]של[ו]ם
11 [עליכה ישראל ...]
12 [ובצאת השמש על הארץ יברכו וענו ואמרו ברוך אל ישראל ...]
15-13 [...]   16 [... וע]מדנו לגו[רלנו ...]   17 [... שלום עליכה ישר]אל
vacat [...]
18 [באחד ועשרים ל]חודש ב[ע]רב יברכו וענו ואמר[ו ברוך אל
ישראל]   19 [...]והלילה לנו רוש ממשל ח[ושך ...]   20 [... ברו]ך אתה
אל ישראל אשר העמדת[ה ...]   21 [שלום עליכה ישראל] בכול מועד[י]
לילה *vacat* [...]

Frags. 33-35 II   1 בצ[א]ת השמש על ה[ארץ יברכו וענו ואמרו ברוך
אל ישראל אשר]   2 חדש שמחתנו באור [היומם ...]   3 שמ[חת]נו ח.[.
]כיום[...]   4 בשמחתו *vacat* ע[ומ]דים [...]   5 של[ום] עליכה ישראל[...
vacat]
6 [בשני]ם וע[שרים] ל[חודש בערב יברכו וענו ואמרו ברוך אל]
7 יש[רא]ל אש[ר...]   8 ל.[...]...[...]   9 ל..[...]. ישר[אל ...]
10 [בצאת השמ]ש על ה[ארץ יברכו ...]   11 [ואמרו בר]וך אל א[שר
...]   12 [בשנים וע]שרים ש[ערי אור ...]   13 [... שלום] עליכה י[שראל
...]

of the sun. *Blank?*] *12* [The se]venteenth of the mon[th, in] the evening, they shall bless. They shall start speaking [and say: Blessed be the God of Israel who] *13* [...] to [pr]aise [...] *14-16* [...] *17* [And when the sun ascends to illuminate the earth, they shall bless. Starting to speak, they shall say: Blessed be the God of Israel] *18* [... our j]oy [...] *19* [...] the companies of night [...] *20* [...] Toda[y] we [...] *21* [... The peace of God be with you Is]rael, for all ti[me eternal. *Blank?*] *22* The eig[hteenth of the month in the evening] they [shall] bless. Starting to speak, they shall say: Bl[essed be the God of Israel ...] *23* ... [... holy of ho]lies. That night [...] *24* [...] ... [...]

Frags. 33 - 35 *col.* I *1* [... the lig]ht of day *2* [... ex]alting *3* [...] holy *4* [...] the feasts of *5* [...] ... *6* [The twentieth of the month in the evening they shall bless. Starting to speak, they shall say: Blessed be the God of Isr]ael who *7* [... gl]ory. And that night *8* [...] for the kingdoms (of) *9* [...] in the rotation (of) *10* [...] pe[a]ce *11* [upon you Israel ...] *12* [And when the sun ascends to illuminate the earth, they shall bless. Starting to speak, they shall say: Blessed be the God of Israel] *13-15* [...] *16* [... and] we [will ari]se for [our] des[tiny ...] *17* [... Peace be upon you, Isra]el. *Blank* [...] *18* [The twenty-first of the] month, in the [ev]ening, they shall bless. Starting to speak, they shall say: [Blessed be the God of Israel] *19* [...] and this night is for us the beginning of the rule of da[rkness ...] *20* [... Bless]ed be you, God of Israel, who has established [...] *21* [Peace be with you, Israel,] at all moment[s of] the night. *Blank* [...]

Frags. 33 - 35 *col.* II *1* When the sun rises over the [earth, they shall bless. Starting to speak, they shall say: Blessed be the God of Israel who] *2* renewed our joy with the light [of day ...] *3* our j[oy] ... as the day [...] *4* in his joy, st[and]ing [...] *5* Pea[ce] be upon you, Israel [... *Blank*] *6* [On the] tw[enty-seco]nd of the [month, in the evening, they shall bless. Starting to speak, they shall say: Blessed be the God of] *7* Is[rae]l, wh[o ...] *8* ... [...] ... [...] *9* ... [...] Isra[el ...] *10* [When the s]un [rises] over the [earth, they shall bless ...] *11* [they shall say: Bles]sed be God w[ho ...] *12* [in the] twen[ty-second of] the ga[tes of light ...] *13* [... peace] be with you, I[srael ...] *14* [On the] tw[enty-

14 [ביום שלושה ו]עש[רים לחודש בערב יברכו וענו ואמרו ...]

Frags. 37-38 1-11 [...] 12 [ע]ולם *vacat* [...]

13 ביום חמשה ו[עשרים לחודש בערב יברכו וענו ואמר ברוך]
14 אלוהי כול קודש[ים ...] 15 קודש ומנוח לנ[ו ...] 16 מגורל ממשלתו[
...] 17 [...].[...]

18 [ובצאת השמש על הארץ יברכו וענו ברוך אלוהי כול]
19 [קו]דשים ...[... חמשה] 20 [ו]עשרים שערי[אור ...] 21 [מ]הללים
עמנו .[...] 22 כבודנו שלום [עליכה ישראל ...]

23 וביום ששה ו[עשרים לחודש בערב יברכו וענו ואמרו ברוך]
24 [...]...[...]

Frag. 39 1 [...]...[...]...[...] 2 [...].ו כיא הואה לילת ה[...]ולעו עד
אתחב... שלושה עש[ר]גורלות חושך [...] 3 [... דג]לי ערב ובוקר מל.
שלומנו שלום עליכה[ישראל ...]

Frag. 36 1 [... יו]ם ששי 2 [... צ]דק 3 [... יברכו וענו ואמרו
]ברוך אל 4 [...] בחג כבוד 5 [...]...

Frags. 21-25 1 [...]באור כבודו וישמחנ[ו ...] 2 [...] לאמור לנו
[...] 3 [... קודש] קודשים [...] 4 [...] *vacat* [...] 6-5 [...]...[...]
7 [...]כ[ב]ודו [...]

8 [ובצאת השמש להאיר] על הארץ יברכו[וענו ואמרו ברוך] 9 [אל
ישראל א]שר בח[ר] בנו מכול [ה]גוים ב[...] 10 [...]ץ למו[עד]מנוח
ותענוג[...] 11 [... שמ]חים ל.[...] 12 [... או]רים [...]

Frags. 40-41 II 1 ואותו [...] 2 ובממש[ל ...] 3 שם אל [ישראל ...
שלום עליכה י]שראל בכול מ[ועדי לילה]
4 ובצאת[השמש להאיר על הארץ ...]השלישית לר.[...] 5 כבודנו
[...]מנוח קודש [...] 6 והללו ל[כה ...]ל ומהולל שמ[קודשכה בפי]
7 כול קדו[שים ...] קודשים י.[...] 8 כבוד[...]...[...]

third day of the month, in the evening, they shall bless. …]

Frags. 37 - 38 *1-11* […] *12* [et]ernal. *Blank* […] *13* On the [twenty-]fifth day [of the month, in the evening, they shall bless. Starting to speak, they shall say: Blessed be] *14* the God of all the holy one[s …] *15* (of) holiness, and rest for u[s …] *16* from the lot of his dominion […] *17* […] … […] *18* [When the sun rises over the earth, they shall bless. Starting to speak, they shall say: Blessed be the God of all] *19* [ho]ly ones … […] *20* twenty[-fifth of] the gates of [light …] *21* praising with us […] *22* our glory. Peace [be upon you Israel …] *23* On the [twenty]-sixth day [of the month, in the evening, they shall bless. Starting to speak, they shall say: Blessed] *24* […] … […]

Frag. 39 *1* […] … […] … […] *2* […] Because /it is the night of […] … until it hides …/ thirte[en] lots of darkness […] *3* [… the com]panies of the evening and the morning … our peace. Peace be upon you, [Israel …]

Frag. 36 *1* […] sixth [da]y *2* [… jus]tice. *3* [… they shall bless. Starting to speak, they shall say:] Blessed be God *4* […] in the glorious festival *5* […] …

Frags. 21 - 25 *1* […] in the light of his glory, and gladdens u[s …] *2* […] telling us […] *3* [… holy of] holies […] *4* […] *Blank* […] *5-6* […] … […] *7* […] his g[l]ory […] *8* [And when the sun ascends to illuminate] the earth, they shall bless. [Starting to speak, they shall say: Blessed be] *9* [the God of Israel w]ho has cho[sen] us from among all [the] nations […] *10* […] for the ti[me] of rest and of delight […] *11* [… jo]yful […] *12* [… lig]hts […]

Frags. 40 - 41 *col.* II *1* And its sign […] *2* and in the rul[e …] *3* the name of the God [of Israel … Peace be upon you, I]srael, at all mom[ents of the night.] *4* And when [the sun] ascends [to illuminate the earth …] the third for … […] *5* our glory […] holy rest […] *6* and they shall praise [you …] and [your holy] name will be praised [by the mouth of] *7* all the hol[y ones …] the holy ones […] *8* glory […] … […]

Frags. 48-50 1 [...]...[...] 2 [... שלום עליכה יש]ראל *vacat* [...] 3 [ב... לחודש בערב יברכו וענו ואמרו ברוך] אל ישראל אש[ר] 4 [...]שמחתנו וש.[...] 5 [... והלילה לנו]שלישי במו[עדי שמ]חתנו ואתה [...] 6 [...]ישו[ע]תכה שלום ע[ליכה י]שראל *vacat* [...]

7 [ובצאת השמש לה]איר על[ה]ארץ יברכו וענו וא[מרו] ברוך אל יש[ראל] 8 [אל כול צבאות אל]ים אשר [ע]ם בני צדק יצדק[...]אל על כו[ל...]

Frags. 51-55 1[...]...[...] 2 [...].א גורלות [...]...[...] 3 [...] אחות הודות[... ע]ולמים [...] 4 [...]תנו[...] 5 [...]עשר שערי כבו[ד ...]6a [אור היומם שלום ע[ליכה ישראל]

6 [ב... לחודש בערב יברכו וענו וא]מרו ברוך אל יש[ראל] 7 [...]...[...] 8 [...]ל דקלי (דגלי) או[ר].[...] 9 [... הוד]עתנו בתהלי כבודכה [...] 10 [... בכול]מועדי לילה שלום עליכה [ישראל] 11 [...] *vacat* [...]

12 [ובצאת השמש להאיר על הארץ יברכו וענ]ו ואמרו ברוך אל ישראל [...] 13 [... ה]ודיענו במחשבת בינתו הגד[ולה] 14 [...] גורלות אור למען נדע באותו[ת] 15 [...]...[...]...[...] 16 [...] *vacat* [...]

17 [ב... לחודש בערב יברכו את אל יש]ראל וענו[ואמרו] 18 [... כ]בודו [...] 19 [... ח]מישי [...]

Frag. 64 1 [ב... לחודש] בערב[יברכו וענו ואמרו ברוך] 2 [אל ישראל ...]עדנו [...] 3 [...].כהונת .[...]...[...] 4 [...]אות לנו ללילה במוע[ד ...] 5 [...]לילה להיות מהללים עמנו[...] 6 [...]. *vacat* [...]

7 [ובצאת השמש להאיר] על הארץ יברכו[וענו ואמרו] 8 [ברוך אל ישראל בכול] מ[ו]ע[ד]י עולמים וה[יום ...] 9 [...]דגל[י ...]

Frags. 48 - 50 *1* […] … […] *2* [… Peace be upon you, Is]rael. *Blank* […] *3* [On the … of the month, in the evening, they shall praise. Starting to speak, they shall say: Blessed] be the God of Israel, wh[o] *4* […] our joy and … […] *5* [… and this night is for us] the third among the fe[asts of] our [jo]y. And you […] *6* […] your sal[va]tion. Peace be up[on you, I]srael. *Blank* […] *7* [And when the sun ascends to illu]minate [the] earth, they shall bless. Starting to speak, they shall s[ay:] Blessed be the God of Is[rael,] *8* [the God of all the armies of the god]s, who [wi]th the sons of justice, justifies […] God over al[l …]

Frags. 51 - 55 *1* […] … […] *2* […] lots of […] … […] *3* […] explanation, thanksgivings […] eternal […] *4* […] … […] *5* […] the […]teenth of the gates of glo[ry …] *6a* […] /the light of day. Peace be upon [you, Israel.]/ *6* [In the … of the month, in the evening, they shall bless. Starting to speak] they shall [s]ay: Blessed be the God of Is[rael…] *7* […] … […] *8* […] the companies of lig[ht …] *9* […] you have [tau]ght us the praises of your glory […] *10* [… at all] times of the night. Peace be upon you, [Israel.] *11* […] *Blank* […] *12* [And when the sun ascends to illuminate the earth, they shall bless. Starting to speak,] they shall say: Blessed be the God of Israel […] *13* […] He has [t]aught us the gre[at] plan of his wisdom […] *14* […] the lots of light so that we may know the signs *15* […] … […] … […] *16* […] *Blank* […] *17* [In the … of the month, in the evening, they shall bless the God of Is]rael. Starting to speak [they shall say:] *18* […] his [g]lory […] *19* […] the [f]ifth […]

Frag. 64 *1* [In the … of the month,] in the evening [they shall bless. Starting to speak they shall say: Blessed be] *2* [the God of Israel …] our … […] *3* […] the priesthood of […] … […] *4* […] a sign for us, for the night of the festi[val …] *5* […] the night, to be /praising/ with us […] *6* […] *Blank* […] *7* [And when the sun ascends to illuminate] the earth, they shall bless. [Starting to speak they shall say:] *8* [Blessed be the God of Israel in all] t[i]m[e]s eternal. To[day …] *9* […] the compan[ies of …]

4Q504 (4QDibHam[a]) *4QWords of the Luminaries[a]*

M. Baillet, *DJD VII*, 137-168, pls. XLIX-LIII
PAM 43.611-43.613, 43.626, 43.630, 43.869
ROC 30, 421, 982
4Q506
Bibliography: M. Baillet, 'Un receuil liturgique de Qumrân, grotte 4: "Les Pa-

Frag. 8 verso דברי המארות

Frag. 8 recto 1 [תפלה ליום הראישון זכו]ר אד[ו]נ[י] כיא מע.[...]
2 [...]קתנו ואתה חי עול[מים ...] 3 [...]. נפלאות מקדם ונוראות[...]
4 [... אדם א]בינו יצרתה בדמות כבוד[כה ...] 5 [... נשמת חיים נ]פחתה
באפו ובינה ודעת [...] 6 [... בג]ן עדן אשר נטעתה המשלת[ה אותו ...]
7 [...].ם ולתהלך בארץ כבוד א.[...] 8 [...]א שמר ותקם עליו לבלתי
ס[ור ...] 9 [...]בשר הואה ולעפר ה[...] 10 [...]תו *vacat* ואתה ידעתה
.[...] 11 [...] לדורות עולם [...] 12 [...] אל חי וידכה[...] 13 [...
]האדם בדרכי[...] 14 [... למלוא את ה]ארץ ח]מס ולשפו[ך דם נקי ...]
15 [...]...[...]

Frag. 6 1 [...]דם וכ[...] 2 [...]ת ופרי מחשבת ...[...] 3 [...]ה
להתבונן בכול חוק[י ...] 4 [...]שר תבואתה להתבו[נן ...]
5 [...]...[...]ת בעלילותיכה תמיד [...] 6 [... ז]כור נא כיא עמכה כולנו
ותשאנו פלים 7 [על כנפי]נשרים ותביאנו אליכה וכנשר יעיר קנו[על]
8 [גוזליו]ירחף יפרוש כנפיו ויקח וישאהו {א}על [אברתו] 9 [... ש]כנו
בדד ובגוים לוא נתחשב וא[...] 10 [...]. אתה בקרבנו בעמוד אש וענן
ב[...] 11 [... קוד]שכה הולך לפנינו וכבודכה בתוכ[נו ...] 12 [...]פני
מושה עב[דכה] 13 [...]כיא אתה ה[...] 14 [...]ה ונקה ולוא תנק[ה ...]
15 [...]כיסר איש [את בנו ...] 16 [...קדו]שים וטהור[ים...] 17 [...
אשר יעשה אותם ה]אדם וחי בם ב.[...] 18 [... הש]ב[ו]עה אשר
נשב[עתה...] 19 [...].ים בפניכה[...]...[...] 20 [...] ברוך אדוני[...]
21 [...]נחקר גדולות[יכה ...] 22 [...]רוח כול חי[...]

4Q504 (4QDibHam[a]) *4QWords of the Luminaries[a]*

roles des Luminaires"', *RB* 67 (1961) 195-250, pls. XXIV-XXVIII; .- 'Remarques sur l'édition des Paroles des Luminaires', *RevQ* 5/17 (1964) 23-42; É. Puech, *RB* 95 (1988) 407-409; .- *La Croyance des Esséniens en la Vie Future*, 563-568; D.T. Olson, *PTSDSSP 4A*, 107-143; D. Falk, *Daily, Sabbath, and Festival Prayers in the Dead Sea Scrolls* (STDJ 27; Leiden: Brill, 1998) 59-94

Frag. 8 *verso* Words of the Luminaries

Frag. 8 *recto* (Puech *col.* I) *1* [Prayer for the first day. Remem]ber, Lord, that ... [...] *2* [...] ... us. And you, who lives for ev[er, ...] *3* [...] the marvels of old and the portents [...] *4* [... Adam,] our [fat]her, you fashioned in the image of [your] glory [...] *5* [... the breath of life] you [b]lew into his nostril, and intelligence and knowledge [...] *6* [... in the gard]en of Eden, which you had planted. You made [him] govern [...] *7* [...] and so that he would walk in a glorious land ... [...] *8* [...] he kept. And you imposed on him not to tu[rn away...] *9* [...] he is flesh, and to dust [...] *10* [...] ... *Blank* And you, you know [...] *11* [...] for everlasting generations [...] *12* [...] a living God, and your hand [...] *13* [...] man on the paths of [...] *14* [... to fill /the] earth/ with [vi]olence and she[d innocent blood ...] *15* [...] ... [...]

Frag. 6 (Puech *col.* II) *1* [...] ... and [...] *2* [...] and the fruit of thought ... [...] *3* [...] to understand all decree[s of ...] *4* [...] its produce, in order to underst[and ...] *5* [...] ... [...] in your exploits always. [...] *6* [... Re]member, please, that all of us are your people. You have lifted us wonderfully *7* [upon the wings of] eagles and you have brought us to you. And like the eagle which watches its nest, *8* circles [over its chicks,] stretches its wings, takes one and carries it upon [its pinions] *9* [...] we remain aloof and one does not count us among the nations. And [...] *10* [...] You are in our midst, in the column of fire and in the cloud [...] *11* [...] your [hol]y [...] walks in front of us, and your glory is in [our] midst [...] *12* [...] the face of Moses, [your] serv[ant] *13* [...] For you [...] *14* [...] /and he is innocent/, and you do not acknowledge innoc[ent ...] *15* [...] as one punishes [his son ...] *16* [... hol]y ones and pure [ones ...] *17* [... the] man [who does them] shall lives by them [...] *18* [... the o]a[t]h which [you] swo[re ...] *19* [...] in your face [...] ... [...] *20* [...] Blessed, Lord, [...] *21* [...] we examine [your] splendours [...] *22* [...] the spirit of every living being [...]

Frag. 4 1 [...]...[...] 2 [... א]שר רציתה [ל]דורות[...] 3 [... ה]ארץ ועבודת כול ה...[... נתתה למו] 4 [בטוב לבבם כי]א אתה אל הדעות[ו]כול מחשב[ת ...] 5 [לפניכ]ה אלה ידענו באשר חנואת[נו]רוח ק[ודש רחמנו] 6 [ואל תז]כור לנו עוונות רשונים בכול גמולם הר[ע ואשר] 7 קשו בעורפם אתה פדינו וסלח [נא] לעווננו ולח[טתנו] 8 [... חו]קיכה תורה אשר צו[יתה] ביד מוש[ה ...] 9 [...]. אשר ..[...]בכ[ו]ל[...] 10 [... ממלכת]כוהנים וגוי קדוש [...] 11 [... א]שר בחרת מולה עורלת[לבנו ...] 12 [...]... עוד חזק לבנו לעשות[...] 13 [... ל]לכת בדרכיכה [...] *vacat* 14 [... ברוך] אדוני אשר הודי[ענו ...] 15 [...]אמן אמן *vacat* [*vacat*]

16 [תפלה ליום השני זכור]אדוני שם קודשכ[ה ...] 17 [...]...[... למענכה ועל דבר[...] 18 [...]...[...]...[...] 19 [...]ו. פשע[...]...[...]...[...] 20 [...]את רוח [...] 21 [... ב]וערת מודה[...] 22 [...]ם. לתפש ב.[...]

Frag. 17 II 1 [...]א[...] 2 [לנ]ו מכול[...] 3 [ע]לינו וישמ[ע ...] 4 בדרכי הי[...] 5 ישר אמן [אמן *vacat*] 6 *vacat* [...]

Frag. 5 I 1 [...]שלמניכה 2 [...]ת עשיתה 3 [...]שם עולם ולרא[ו]ת 4 [... גב]ורתכה לדורות[עולם] 5 [...] *vacat*? [...] 6 [... פ]ליכה בשמי[ם ובא]רץ 7 [...]...[...]תה 8 [...]תועים

Frags. 5 II + 3 I 1 בזרעם אחריהם ל.[...] 2 קודש עומד לפניכ[ה ...].. 3 [ז]כור אדוני כיא ש.[...].ינו 4 [...].ובך נחגה גאל[תנו ...].חנו 5 בפשעינו ולתור בש[...].ו לעשו^ת 6 הרע בעיניכה צוית[...]... 7 וכאשר בנפש[כה ...]. 8 לבינתכה וכ[...]

Frag. 3 II 1 [...]..[...] 2 [...]ים ברוך הא[ל]הניחנו .[...] 3 [... אמן]אמן *vacat* [...] 4 [...] *vacat* [...]

5 [תפלה ליו]ם הרביעי זכור אדוני[...] 6 [...]פליכה יתקדש בכבוד[...] 7 [... עין]בעין נראיתה בקרבנו[...] 8 [...]א ודברי קודשך שמענ[ו ...]

Frag. 4 (Puech *col.* III; = 4Q506 131 - 132) *1* […] … […] *2* […] which you were pleased (with), [for] generations […] *3* [… the] earth, and the work of all the … [… you have given to them] *4* [in the joy of their heart. Fo]r you are the God of knowledge [and] every though[t …] *5* [before you.] These things we know because you have favoured [us] with a h[oly] spirit. [Have pity on us] *6* [and do not ho]ld against us the iniquities of the forefathers in all their wic[ked] behaviour, [nor that] *7* [they were stiff]-necked. You, redeem us and forgive, [please,] our iniquity and [our] s[in] *8* […] your [prece]pts, the law which [you] comman[ded] through the hand of Mose[s …] *9* […] which … […] in a[l]l […] *10* [… a kingdom of] priests and a holy people […] *11* [… wh]ich you chose. Circumcise the foreskin of [our heart …] *12* […] … again. Strengthen our heart to do […] *13* [… to] walk in your paths *Blank* […] *14* [… Blessed is] the Lord who taug[ht us …] *15* […] Amen. Amen. *Blank* [*Blank*] *16* [Prayer for the second day. Remember,] Lord, your holy name […] *17* […] on your account, and by the word […] *18* […] … […] … […] *19* […] sin […] … […] *20* […] the spirit […] *21* […] extremely [bu]rning […] *22* […] to grasp … […]

Frag. 17 *col.* II (Puech *col.* VI) *1* […] … […] *2* [to u]s from all […] *3* [up]on us and he will list[en …] *4* on the paths of … […] *5* upright. Amen. [Amen. *Blank*] *6 Blank* […]

Frag. 5 *col.* I (Puech *col.* VII) *1* […] your gifts *2* […] you have made *3* […] eternal name, and to see *4* […] your [mi]ght for [everlasting] generations. *5* […] *Blank?* […] *6* […] your [won]derful […] in the heaven[s and on the ea]rth *7* […] … […] … *8* […] astray

Frags. 5 *col.* II + 3 *col.* I (Puech *col.* VIII; = 4Q506 124) *1* their descendants after them to […] *2* holy, standing in your presence […] *3* [Re]member, Lord, that … […] us *4* your […], we will celebrate [our] redemp[tion …] us *5* for our sins and to seek in [… to do] *6* what is evil in your eyes. You commanded […] *7* and what is in [your] soul […] *8* to your wisdom and […]

Frag. 3 *col.* II (Puech *col.* IX; = 4Q506 125 + 127) *1* […] … […] *2* […] Blessed is Go[d,] he has given us rest […] *3* [… Amen.] Amen. *Blank* […] *4* […] *Blank* *5* [Prayer for the] fourth [da]y. Remember, Lord, […] *6* […] your wonderful […] is made holy in glory […] *7* [… eye] to eye have you been seen in our midst […] *8* […] and we have heard your holy words […] *9* […] upon our

...] 9 [...]כה עלפנינו לבלתי נ.[...] 10 [... שם קו]דשכה הגדול [...]
11 [...ל ה]ארץ התבו[...] 12 [...]ובעבור נאמין .[...] 13 לעולם
ותכרות אתנו ברית בחו[רב ...] 14 על כול החו[ק]ים והמשפטים הא[לא
...] 15 והטוב[ים ...].ים וקדושים ו.[...] 16 אשר [... ביד]מושה ו...[...]
17 בכול[...]פנים אל פנים דבר[ת]ה אות[ו ...] 18 כבו[ד ...] רציתו
וימצאו[חן בעיניכה ...] 19 [... כול ...]המה ביד'ו לעינינו[...]

Frag. 7 1 [...]תה מישר את 2 [... הנפ]לאים אשר עשיתה
3 [...]ישראל לספר דורות עולם 4 [...]מעשי ידיכה 5 [...].ר לכבודכה
6 [...]היאה לוא תקצ˺ 7 [... לוא יב]צר ממכה כול 8 [...].ה היאה
9 [...]שמתה שימה 10 [...]ש ואל תטושנ' 11 [...]רך וברחמיכה
12 [...]שות קדמנו 13 [... א]שר נשאתה 14 [...]בר אשר המרו
15 [...] וינסכוה וימצאוכה 16 [...]ר ל[וא] האמינו 17 [...]ר ראו הא
18 [...]עינים 19 [... ב]רוך 20 [...].

Frags. 1-2 I 1-6 [...] 7 [...]אמן אמן
8 [תפלה ליום חמישי זכור אדוני ...]ו נפלאות 9 [...]ממצרים 10 [...
מ]דבר 11-21 [...]

Frags. 1-2 II 1-5 [...] 6 [...]...[...]...[תיכה[...] 7 אנא אדני עשה נא
כמוכה כגדול כוחכה אש[ר נ]שאת[ה] 8 לאבותינו בהמרותם פיכה
ותתאנף בם להשמידם ותחס 9 עליהמה באהבתכה אותם ולמען בריתכה
כיא כפר מושה 10 בעד הטאתם ולמען דעת כוחכה הגדול ואת רוב
חסדכ[ה] 11 לדורות עולם ישוב נא אפכה וחמתכה מעמכה ישראל על כול
הט[אתם] וזכרתה 12 את נפלאותיכה אשר עשיתה לע(י)ני גוים כיא נקרא
שמכה עלינו 13 [...]ל[...].בנו בכול לב ובכול נפש ולטעת תורתכה בלבנו
14 [לבלתי סור ממנה ללכת] מימין ושמאול כיא תרפאנו משגעון ועורון
ותמהון 15 [לבב ... הן בע]וונותינו נמכרנו ובפשעינו קרתנו 16 [...]..
והצלתנו מחטוא לכה 17 [...].ת ולהבינינו לתעודות 18 [...]לות אתה

faces so that we not [...] *10* [...] your great [ho]ly [Name ...] *11* [... the] earth ... [...] *12* [...] and so that we believe [...] *13* for ever. And you established a covenant with us on Ho[reb ...] *14* upon all the[se] decr[ee]s and precepts [...] *15* and the good [ones ...] ... and the holy ones, and [...] *16* who [... by the hand of] Moses and ... [...] *17* in all [...] face to face /[yo]u spoke/ with [him ...] *18* glo[ry ...] you were pleased with him, and they found [favour in your eyes ...] *19* [... all] their [...] in his hand/s/ before our eyes [...]

Frag. 7 (Puech *col.* X) *1* [...] ... straightening the *2* [... the mar]vels which you have done *3* [...] /Israel/ so that the everlasting generations can tell *4* [...] the works of your hands *5* [...] for your glory *6* [...] it has not been shortened *7* [... not impos]sible for you is any *8* [...] she *9* [...] you placed a treasure *10* [...] and do not desert us *11* [...] ... and in your compassion *12* [...] ... we have encountered *13* [... wh]ich you have forgiven *14* [...] ... who rebelled *15* [...] and they poured it out as a libation, and they found you *16* [...] they did n[ot] believe *17* [...] they saw, behold, *18* [...] the eyes *19* [... bl]essed *20* [...] ...

Frags. 1 - 2 *col.* I (Puech *col.* XII) *1-6* [...] *7* [...] Amen. Amen. *8* [Prayer for the fifth day. Remember, Lord ...] marvels *9* [...] from Egypt *10* [... de]sert *11-21* [...]

Frags. 1 - 2 *col.* II (Puech *col.* XIII) *1-5* [...] *6* [...] your ... [...] *7* O Lord, act, then, in accordance with yourself, in accordance with your great power, You, wh[o did for]give *8* our fathers when they made your mouth bitter. You became angry with them as to destroy them; but you took pity *9* on them in your love for them, and on account of your covenant - for Moses atoned *10* for their sin - and so that they would know your great power and your abundant kindness *11* for everlasting generations. May, then, your anger and your rage /for all [their] si[n]/ turn away from your people Israel. Remember *12* your marvels which you performed in the sight of the peoples, for your name has been called out over us. *13* [...] ... with all (our) heart and with all (our) soul and to implant your law in our heart, *14* [so that we do not stray from it,] either to the right or to the left. For, you heal us of madness, /blindness/ and confusion *15* [of heart ... Behold, for] our [in]iquities were we sold, but in spite of our sins you did call us *16* [...] and you freed us from sinning against you. *17* [...] and to make us understand the testimonies *18* [...] ..., you have made them

עשיתם 19 [...].ם ופעולתם 20-21 [...]

Frags. 1-2 III 1 אבי.[...]ה 2 אוז[...]...[... נ]חשב א[...]ש הן 3 כול
הגוים[כא]ין נגדכה[כ]תהוו ואפס נחשב[ו] לפניכה 4 רק בשמכה [הז]כרנו
ולכבודכה ברתנו ובנים 5 שמתנו לכה לעיני כול הגוים כיא קרתה
6 [לי]שראל בני בכורי ותיסרנו כיסר איש את 7 בנו ות˺ב{רנו} *vacat*
אותנו בשני דורותינו 8 [...]חוליים רעים ורעב וצמא ודבר וחרב 9 [...
נק]מת בריתכה כיא אותנו בחרתה לכה 10 [לעם מכול]הארץ עלכן
שפכתה אלינו את חמתכה 11 [ואת קנא]תכה בכול חרון אפכה ותדבק בנו
12 [...]...[... מצ]ווֹתיכה אשר כתב מושה ועבדיכה 13 הנביאים אש[ר
ש]לחתה ל[קר]תנו הרעה באחרית 14 הימים כיא[...] 15 ומלכינו כיא[
...] 16 לקחת בנות[נו ...] 17 וישחיתו בח[...] 18 בריתכה ול[...]
19 זרע ישראל[...] 20 תצדק למ.[...] 21 ות.[...]

Frags. 1-2 IV 1 [...]. 2 מ[ש]כנכה[...].מנוחה 3 בירוש[לים העיר
אשר בח]רתה בה מכול {ל}הארץ 4 להיות [שמכ]ה שם לעולם כיא אהבתה
5 את ישראל מכול העמים ותבחר בשבט 6 יאודה ובריתכה הקימותה
לדויד להיות 7 כרעי נגיד על עמכה וישב על כסא ישראל לפניך 8 כול
הימים וכול הגוים ראו את כבודכה 9 אשר נקדשתה בתוך עמכה ישראל
ולשמכה 10 הגדול ויביאו מנחתם כסף וזהב ואבן יקרה 11 עם כו{ו}ל
חמדת ארצם לכבד את עמכה ואת 12 ציון עיר קודשכה ובית תפארתכה
ואין שטן 13 ופגע רע כיאם שלום וברכה ממ[...] 14 ויוא[כ]לו וישבעו
וידשנו[...] 15 [...]ה והשל[אש] ...] 16-21

Frags. 1-2 V 1 [...].י ירי[...] 2 מקור מים חיים א[...]שם ...
3 ויעבודו אל נכר בארצם וגם ארצם 4 שממה על אויביהמה כיא[נש]פכה
חמתך 5 וחר˹ו˺ני אפכ˹ה˺ באש קנאתכה להחריבה 6 מעובר ומשב בכול זואת
לוא מאסתה 7 בזרע יעקוב ולו געלתה את ישראל 8 לכלותם להפר
בריתכה אתם כיא אתה 9 אל חי לבדכה ואין זולתכה ותזכור בריתכה
10 אשר הוצאתנו לעיני הגוים ולוא עזבתנו 11 בגוים ותחון את עמכה

19 […] and their work *20-21* […]

Frags. 1 - 2 *col.* III (Puech *col.* XIV) *1* … […] *2* … […] reckoned […] Behold, *3* all the peoples are [like not]hing in front of you; [as] chaos and nothing /[they] are reckoned/ in your presence. *4* We have [in]voked only your name; for your glory you have created us; *5* you have established us as your sons in the sight of all the peoples. For you called *6* [I]srael «my son, my first-born» and have corrected us as one corrects *7* his son. You have {created us} raised *Blank* us over the years of our generations *8* […] /evil/ illnesses, famine, thirst, plague, the sword *9* [… requi]tal of your covenant, for you chose us *10* [to be your people amongst all] the earth. For that reason you have poured on us your rage *11* [and] your [jealou]sy with all the intensity of your anger. And clung to us *12* […] your [pre]cepts which Moses wrote and your servants *13* the prophets who[m] you [s]ent, so that evil would [over]take us in the last *14* days. Because […] *15* and our kings, for […] *16* to take [our] daughters […] *17* and they acted pervertedly with […] *18* your covenant and […] *19* the seed of Israel […] *20* You are just for […] *21* and … […]

Frags. 1 - 2 *col.* IV (Puech *col.* XV) *1* […] *2* your re[si]dence […] a place of rest *3* in Jerusa[lem the city which] you [cho]se from the whole earth *4* for [your Name] to be there for ever. For you loved *5* Israel more than all the peoples. And you chose the tribe of *6* Judah, and established your covenant with David so that he would be *7* like a shepherd, a prince over your people, and would sit in front of you on the throne of Israel *8* for ever. And all the countries have seen your glory, *9* for you have made yourself holy in the midst of your people, Israel. And to your *10* great Name they will carry their offerings: silver, gold, precious stones, *11* with all the treasures of their country, to honour your people and *12* Zion, your holy city and your wonderful house. And there was no opponent *13* or evil attack, but peace and blessing … […] *14* And they a[t]e, were replete, and became fat […] *15* […] … and … /…/ […] *16-21* […]

Frags. 1 - 2 *col.* V (Puech *col.* XVI) *1* […] … […] *2* the source of living water […] … *3* and they served a foreign god in their land. And their land, too, *4* became a wasteland, due to their enemies; because your rage *5* and your fiery anger [were po]ured out in your zealous fire, to form a desert *6* with no one coming or going (there). But in spite of all this you did not reject *7* the descendants of Jacob, nor despise Israel *8* to destruction, annulling the covenant with them. For you are *9* a living God, you alone, and there is no other apart from you. You remembered your covenant, *10* for you redeemed us in the sight

ישראל בכול 12 [ה]ארצות אשר הדחתם שמה להשיב 13 אל לבבם
לשוב עודך ולשמוע בקולכה 14 [כ]כול אשר צויתה ביד מושה עבדכה
15 [כי]א יצקתה את רוח קודשכה עלינו 16 [לה]ביא ברכ˺תיכה לנו
ל{מ}פקודכה בצר לנו 17 [ולל]חש בצקון מוסרכה {...} ונבואה בצרות
18 [ונגי]עים ונסויים בחמת המציק כיא גם 19 [הו]גענו אל בעווננו
העבדנו צור בחט[תנו] 20 [אתה] העבדתנו להועיל מדרכי[נו]בד[רך]
21 [אשר נלך] בה [ו]לוא הקשבנו א[ל מצוותיכה]

Frags. 1-2 vi 1 [...] 2 [... ותשלי]ך מ[ע]לינו כול פשעינ[ו]
ות[ט]הרנו 3 מחטתנו למענכה לכה אתה אדוני הצדקה כיא 4 אתה עשיתה
את כול אלה ועתה כיום הזה 5 אשר נכנע לבנו רצינו את עווננו ואת עוון
6 אבותינו במעלנו ואשר הלכנו בקרי ולוא מאסנו 7 בנסוייכה ובנגיעיכה
לוא געלה נפשנו להפר 8 את בריתכה בכול צרת נפשנו כיא אתה אשר
השלחתה בנו את אויבינו 9 חזקתה את לבבנו ולמען נספר גבורתכה לדורות
10 עולם אנא אדוני כעשותכה נפלאות מעולם ועד 11 עולם ישוב נא
אפכה וחמתכה ממנו וראה ע[ונינו] 12 ועמלנו ולחצנו והצילה את עמכה
ישר[אל מכול] 13 הארצות הקרובות והרחוקות א[שר הדחתם] 14 שם
כול הכתוב בספר החיים[...] 15 לעובדכה ולהודות ל[...] 16 מכול
צורריהמה[...] 17 המכשלים .[..] 19-18 ...[...] 21-20 [...]

Frags. 1-2 vii *recto* 1 [...]...[...]...[...] 2 אשר הצילנו מכול צרה
אמן[אמן *vacat*] 3 *vacat* [...]
4 הודות שיר ביום השבת הודו[...] 5 את שם קודשו תמיד בש[...] 6
כול מלאכי{ם} רקיע קודש ו[...] 7 לשמים הארץ וכול מחשביה[... תהום]
8 רבה ואבדון והמים וכול אשר[בם ...] 9 כול בריאותיו תמיד לעולמ[י
עד אמן אמן] 10 *vacat* [...] 11 קודשו הרננו לאל ...[...] 12 כבוד
ול[...]...[...] 21-13 [...]

Frags. 1-2 vii *verso* 1 [...]נדיבים 2 [...] ירוממו 3 [... דב]רי כבוד

of the nations and did not desert us *11* amongst the nations. You did favours to your people Israel among all *12* [the] countries amongst whom you had exiled them, to place *13* upon their heart to turn to you and to listen to your voice, *14* [in agreement] with all that you commanded through the hand of Moses, your servant. *15* [Fo]r you have poured your holy spirit upon us, *16* [to be]stow your blessings to us, so that we would look for you in our anguish, *17* [and whis]per (a prayer) in the anguish of your reproach. {...} We have come into anguish, *18* [we were str]uck and tested by the anger of the oppressor; for we too *19* have [we]aried /God/ by our iniquities, we have tried the Rock with [our] si[n]. *20* [You] tried us, to help us away from [our] paths, on the pa[th] *21* on [which] we should walk. But] we did not pay attention t[o your precepts.]

Frags. 1 - 2 *col.* VI (Puech *col.* XVII) *1* [...] *2* [... You have thrown awa]y f[r]om us all ou[r] failings and have [pu]rified us *3* from our sin, for yourself. To you, to you, /Lord,/ belongs the justice, for *4* you are the one who has done all this. And now, on this very day *5* on which our heart has been humbled, we atone for our iniquity and the iniquity of *6* our fathers, for our disloyalty and /our/ {his} rebellious behaviour. We have not rejected *7* your trials, and our soul has not despised your punishments to the point of breaking *8* your covenant, in spite of all the anguish of our soul. For you, /who sent our enemies against us,/ *9* have strengthened our heart so that we can recount your mighty works to everlasting generations. *10* O Lord, since you do wonders from eternity to *11* eternity, may, then, your wrath and rage withdraw from us. Look at [our] d[istress,] *12* our labour and our affliction, and free your people Isra[el from all] *13* the countries, both near and far, to where [you have exiled them]. *14* All who are written in the book of life [...] *15* to serve you and give thanks to [...] *16* from all their oppressors [...] *17* /who/ make stumble [...] *18-19* ... [...] *20-21* [...]

Frags. 1 - 2 *col.* VII *recto* (Puech *col.* XVIII) *1* [...] ... [...] ... [...] *2* who has freed us from all our anguish. Amen. [Amen. *Blank*] *3 Blank* [...] *4* Praise. /A song/ for the sabbath day. Give thanks [...] *5* his holy Name for ever ... [...] *6* all the angels of the holy vault and [...] *7* to the heavens, the earth and all its schemers [... the] *8* great [abyss], Abaddon, the water and all that there [is in it ...] *9* all its creatures, always, for centuries [eternal. Amen. Amen.] *10 Blank* [...] *11* of his holiness. Sing to God ... [...] *12* glory and ... [...] ... [...] *13-21* [...]

Frags. 1 - 2 *col.* VII *verso* (Puech *col.* XX) *1* [...] volunteers *2* [...] they will exalt

4 [...] כי כול 5 [...]ויברא את 6 [...]... 7 [...]... אל קודשיהם 8 [...
]קודשו וישא 9 [...]בריתו וישב 10 [...]ל תהליהמה

4Q505 (4QpapDibHam[b]?) *4QWords of the Luminaries[b]?*

cf. 4Q509 + 4Q505 (4QpapPrFêtes[c]) *4QFestival Prayers[c]*

4Q506 (4QpapDibHam[c]) *4QWords of the Luminaries[c]*

M. Baillet, *DJD VII*, 170-175, pls. XVIII, XX, XXIV
PAM 43.652, 43.654, 43.656, 43.658, 43.860, 43.865
ROC 20, 25, 26

Frag. 124 1 [...]כה כול מח.[...] 2 [בזרעם אח]ריהם ל..[... קודש
עומד לפניכה] 3 [...]. זכורה[אדוני כיא ש...] 4 [...ובך נחג]ה גאלתנו[
... בפשעינו ולתור בש...] 5 [... ע]שות הר[ע בעיניכה צוית ...]
6 [...]ל[...]

Frags. 125+127 1 [...]...[...] 2 [... פנ]ים אל פני[ם ד]ברתה עמ[ו
...] 3 [...]. רציתו[וימצ]או חן בע[יניכה ...] 4 [...]ו כול ...[...]

Frags. 131-132 1 [...] ות[...] 2 [...]ה אנו .[...] 3 [...]אשה [...]
4 [מע]שי ידיחה (ידיכה)[...] 5 [נ]תתה לנו כו.[...] 6 [א]דם נולד ב.[...
אשר] 7 [רצי]תה היו[...]..[...] 8 [הא]רץ וע[בודת כול ה... נת]תה ל[מ]ו
בט[וב] 9 [לב]בם כיא[אתה אל הדעו]ת וכול 10 [מח]שבת .[... לפ]ניכה
אלה ידענו 11 [בא]שר [חנו]את[נו רוח] הקודש רחמנו 12 [ואל]תזכו[ר
לנו עוונות]אבותינו הרישנים 13 [בכו]ל גמו[לם הרע ואשר ק]שו
בעורפם 14 [אתה פדינו וסלח נא לעווננו ולח]טתנו

---

3 [... wor]ds of glory *4* [...] for all *5* [...] and he created the *6* [...] ... *7* [...] ... God their holy things *8* [...] his holy [...] and he lifted *9* [...] his covenant, and he returned *10* [...] their psalms

4Q506 (4QpapDibHam[c]) *4QWords of the Luminaries*[c]

4Q504
Bibliography: D.T. Olson, *PTSDSSP 4A*, 146-153; cf. 4Q504

Frag. 124 (= 4Q504 5 II + 3 I) *1* [...] ... all ... [...] *2* [their descendants af]ter them to ... [... holy, standing in your presence ...] *3* [...] Remember, [Lord, that ...] *4* [... your ... we will celebra]te our redemption [... for our sins and to seek in ...] *5* [... to d]o what is ev[il in your eyes. You commanded ...] *6* [...] ... [...]

Frags. 125 + 127 (= 4Q504 3 II) *1* [...] ... [...] *2* [... fa]ce to fac[e] you [sp]oke with [him ...] *3* [...] you were pleased with him, [and] they [fou]nd favour in [your] e[yes ...] *4* [...] all ... [...]

Frags. 131 - 132 (= 4Q504 4) *1* [...] ... [...] *2* [...] we [...] *3* [...] woman. [...] *4* [wo]rks of your (?) hands. [...] *5* You [g]ave us [...] *6* [m]an born in [... which] *7* you [were pleased (with) ... [...] ... [...] *8* [the ea]rth, and the w[ork of all the ... to them have you] given in the j[oy of] *9* their [hea]rt. For [you are the God of knowled]ge, and every *10* [tho]ught of [... bef]ore you. These things we know, *11* [bec]ause you have [favou]red [us with] the holy [spirit.] Have pity on us *12* [and do not] hol[d against us the sins of] our forefathers *13* [in al]l [their wicked] behavi[our, nor that they were st]iff-necked. *14* [You, redeem us and please forgive our iniquity and] our [s]in.

4Q507 (4QPrFêtes^a?) *4QFestival Prayers^a (?)*

M. Baillet, *DJD VII*, 175-177, pl. XXVIII
PAM 43.617
ROC 179
1Q34, 4Q508, 4Q509+4Q505

Frag. 1 1 [...]...[...]...[...]. 2 ואנו בעולה מרחם ומשדים בא[שמה ...] 3 ועד היותנו צעדינו עם נדה יב[...]

Frag. 2 1 [...] [...] כול ה[...] 2 [... ב]רוך אדוני [...] 3 [...] *vacat* [...] 4 [...]...[...]

Frag. 3 1 [...]כה[ב]רוך אד[וני ...] 2 [... דו]רות עולם אמן[...] 3 [...].. זכ[ור אדוני כי ...]

4Q508 (4QPrFêtes^b) *4QFestival Prayers^b*

M. Baillet, *DJD VII*, 177-184, pl. LIV
PAM 43.621
ROC 298

Frag. 1 1 [ארץ לדע]ת בין צדיק לרשע ונתת[ה רשעים כופרנו ובישרים] 2 [תעשה כלה] בכול מענינו ואנו נודה ל[ש]מכ[ה לעולם ועד כי לזאת] 3 [בראתנו וזה א]שר נשיב לכה [ברוך ...]

Frag. 2 1 [...]. ושכנתה בתוכנו[...] 2 [...]. זכורה אדוני מועד רחמיך ועת שוב[...] 3 [...] ותקימ^{הו}<ם> עלינו מועד תענית חוק עו[לם ...] 4 [...]ואתה ידעתה הנסתרות והנגל[ות ...] 5 [... י]דעת יצרנו מ[...] 6 [... קומנ]ו ושוכבנו תת[...]

4Q507 (4QPrFêtes[a]?) *4QFestival Prayers[a] (?)*

Bibliography: M. Baillet, 'Débris de textes sur papyrus de la grotte 4 de Qumrân', *RB* 71 (1964) 353-371; J.H. Charlesworth, D.T. Olson, *PTSDSSP 4A*, 54-55; D. Falk, *Daily, Sabbath, and Festival Prayers in the Dead Sea Scrolls* (STDJ 27; Leiden: Brill, 1998) 154-215

Frag. 1 *1* … […] … […] … […] *2* But we are in sin from the womb, and from the breast, in gu[ilt …] *3* And while we exist, our steps are with impurity … […]

Frag. 2 *1* […] all the […] *2* [… Bl]essed be the Lord […] *3* […] *Blank* […] *4* […] … […]

Frag. 3 *1* […] … [Bl]essed be the L[ord …] *2* […] everlasting [gene]rations. Amen. Amen. […] *3* […] … Rem[ember, Lord, that …]

4Q508 (4QPrFêtes[b]) *4QFestival Prayers[b]*

1Q34, 4Q507, 4Q509+4Q505
Bibliography: J.H. Charlesworth, D.T. Olson, *PTSDSSP 4A*, 56-61; cf. 4Q507

Frag. 1 (= 1Q34 3 I) *1* [the earth, in order to discrimin]ate between the just and the wicked. [Of the wicked] you shall make [our ransom, while for the upright] *2* [you will bring about the destruction] of all our enemies. And we, we will celebrate you[r na]me [for ever and ever, for this is why] *3* [you have created us. And this is wh]at we will answer you: [Blessed …]

Frag. 2 *1* […] and you will remain in our midst […] *2* […] Remember, Lord, the feast of your compassion and the time of the return […] *3* […] for us you established it, a festival of fasting, eter[nal] law […] *4* […] and you know the secret matters and revealed matter[s …] *5* […] you [k]now our inclination […] *6* [… o]ur [getting up] and our lying down you … […]

Frag. 3 1 [...]. הרשענו [...] 2 [...]ומרבם[ו]תקם לנוח [ברית ...]
3 [... ליצ]חק וליעקוב אמנתכ[ה ...] 4 [...].[...]ה זכרתה קצי[...]

Frag. 13 1 [... א]דוני כי באהבתכה 2 [...]מכה במועדי כבוד
ולקד[ש] 3 [...].. ד[גן ו]תירוש ויצהר 4 [...]..

Frags. 22+23 1 [... ברוך אדוני א]שר רחמנו בעת[...] 2 [תפלה
לחג הסוכות זכורה אדוני את ר]וב רחמיכה[...] 3 [... ת]בואת ארצנו
לתנו[פה ...]

Frag. 39 1 [...] ואנו חיינו בלב יגון י[ומם ...] 2 [...]לוא נאמין
בחיינו *vacat*? [...] 3 [...]ל[...]

4Q509+4Q505 (4QpapPrFêtes^c) *4QFestival Prayers^c*

M. Baillet, *DJD VII*, 168-170 (4Q505), 184-215 (4Q509), pls. IX, XI, XIII, XV, XVII, XIX, XXI, XXII (4Q509), XXIII (4Q505)
PAM 43.634-43.641, 43.644, 43.646, 43.648-43.651, 43.653, 43.655-43.659, 43.855, 43.857, 43.859, 43.861, 43.864
ROC 16, 17, 20-26

Col. I *Frags.* 1-2 1 [...].כנו [...] 2 [...]...[...] 3 [...ט]יט חוצות
4 [... לפניכ]ה נשפוך ש[יחנו ...] 5[...].חנו בקץ ה[...] 6-7 [...]...[...]
8 [...] מושה ותדבר אל[יו ...] 9 [...]...בים אשר על [...] 10 [... א]שר
צויתו אל[...] 11 [...]כה עמכה ב[...] 12 [...]...[...]

Col. I *Frag.* 3 1 [...] ...]ואונה ..[...] 2 [...]תה מועד שלומנו[...]
3 [... כיא שמחת]נו מיגוננו ואספתה[נדחינו למועד ...] 4 [...
]ונפוצות[י]נו {ל[תקופת} ת]ק[בץ לתקופת ...] 5 [... ח]סדיכה על עדתנו
כש[עירים על הארץ במועדי זרע] 6 [וכרביבים על ע]שב במועדי דשא
ו[...] 7 [ואנו נספרה נ]פלא[ו]תיכה לדור ודו[ר ...] 8 [... ברו]ך אדוני

Frag. 3 *1* […] we have acted wickedly […] *2* […] and from their multitude. With Noah you established [a covenant …] *3* [… with Isa]ac and with Jacob your loyalty […] *4* […] you have remembered the times of […]

Frag. 13 *1* [… L]ord, because in your love *2* […] … in the glorious feasts, and to make ho[ly] *3* […] wh[eat,] wine and oil *4* […] …

Frags. 22 + 23 (= 4Q509 *col.* III *frag.* 8) *1* [… Blessed be the Lord, w]ho had compassion on us in the time of […] *2* [Prayer for the Feast of Booths. Remember, Lord, the ab]undance of your kindnesses […] *3* [… the pr]oduce of our land in order to wa[ve …]

Frag. 39 *1* […] and we, our life is in the midst of grief a[t day …] *2* […] we find no security, our life long. *Blank?* […] *3* […] … […]

4Q509+4Q505 (4QpapPrFêtes[c]) *4QFestival Prayers[c]*

1Q34, 4Q507, 4Q508

Bibliography: F. García Martínez, *JSJ* 15 (1984) 157-164; D.T. Olson, *PTSDSSP 4A*, 144-145 (4Q505); J.H. Charlesworth, D.T. Olson, *PTSDSSP 4A*, 62-105 (4Q509); cf. 4Q407

Col. I *Frags.* 1 - 2 *1-2* […] … […] *3* [… m]ud of the streets […] *4* [… before yo]u we lodge [our] co[mplaint …] *5* […] … us in the period of […] *6-7* […] … […] *8* […] Moses, and you told [him …] *9* […] … upon who […] *10* [… w]hat you commanded to […] *11* […] … your people […] *12* […] … […]

Col. I *Frag.* 3 (= 1Q34 1 - 2) *1* […] and her sorrow … […] *2* […] … the time of our peace […] *3* [… For you console] us from our distress, and you gather together [our exiles for the time of …] *4* […] and our scattered ones {for [the age of} you] as[semble for the age of …] *5* […] your [me]rcies upon our assembly like dr[ops of water upon the earth in seed-time] *6* [like rain upon the fi]eld in the time of grass and […] *7* [And we, we will sing of] your [w]onders from generation to generat[ion. …] *8* [… Bless]ed be the Lord,

אשר שמח[נו ...] 9 [...]...[...]

Col. II *Frags.* 5-6 1 [...]...יאים[...] 2 [...]ה דמנו בקצ [...] 3 [...]..בנו לקראתנו כול[...] 4 ב[...]ם ידעתה הכול[...] 5 פלגתה ותגד[...כ]ול האלות[...] 6 [ב]נו כאשר דברתה[...] 7 [ה]נכה שוכב עם אב[ותיכה ...] 8 [...]ל[...]

Col. II *Frag.* 7 1 [...].[...] 2 [ו]בתהומות ובכול .[...] 3 כי מעולם שנאתה .[...] 4 [.]יחיד מלפניכה ..[...] 5 באחרית הימים[...] 6 [ש]טן ק[ד]שאים .[...] 7 [..]תם להשמר ב[...] 8 [...]...[...]

Col. III *Frag.* 8 1 [...] המעשה[...] 2 [...]...[...] 3 [... ברוך אדוני אש]ר [רחמנו בעת ...] 4 [תפלה לחג הסכות זכור אדוני רוב רחמיכה ...] 5 [... תבואת אר]צנו לתנופ[ה ...] 6 [...]בראשית ד[קן][...] 7 [... מ]אוד ...[...] 8 [...]ואביונינו [....] 9 [... מ]משלת נב.[...] 10 [...]...[...]

Col. III *Frags.* 12 I-13 1 המנודחים התועים מבלי[משיב ...] 2 [מ]בלי אומץ הנופלים מבלי[מקים ...] 3 מבלי מבין הנשברים מבלי[חובש ...]ן 4 בעוונ[... ו]אין רופא [...] 5 מנחם נכשלים בפשעיהם[... ז]כור 6 יגון ובכי תתרעה אסירי[ם ...]ר

Col. IV *Frags.* 10 II-11 2 רח[...] 3 רעיתה וב[...] 4 בע[...]תכה [...] 5 ומלאכיכה[...] 6 ונחלתכה נ[...] 7 אדוני[...] 8 [תפ]לה למועד[...] 9 [...].יכה אש[ר...] 10 [...]ים יעד.[...] 11 [...]ך כול [...] 12 [...].. לכ[...]

Col. IV *Frag.* 16 1 [...]...[...] 2 [...]בכול עצב[יהם ...] 3 [...]רחמהם על תעניתם 4 [...]יגון זקנינו ונכבד[ינו] 5 [...]נערים תעתעו בם 6 [... ל]וא הביטו כי א[תה] 7 [...]חכמתנו ...[...] 8 [...]ואנו הב..[...]

who made [us] rejoice […] *9* […] … […]

Col. II *Frags.* 5 - 6 *1* […] … […] *2* […] our blood in the period […] *3* […] … to call us. All […] *4* … […] You know everything […] *5* You have divided and told [… a]ll the curses […] *6* [among] us, as you have spoken […] *7* [Be]hold, you are going to lie down with [your] fa[thers …] *8* […] … […]

Col. II *Frag.* 7 *1* […] … […] *2* [and] in the abysses and in every […] *3* For, from eternity you hate […] *4* together in your presence […] *5* at the end of time […] *6* [the op]ponent of the holy ones (?) […] *7* […] … to observe […] *8* […] … […]

Col. III *Frag.* 8 (= 4Q508 22 + 23; 21) *1* […] the work of […] *2* […] … […] *3* [… Blessed be the Lord wh]o [had compassion on us in the time of …] *4* [Prayer for the Feast of Booths. Remember, Lord, the abundance of your kindnesses …] *5* [… the produce of] our [lan]d in order to wave […] *6* […] at the beginning of … […] *7* [… m]uch … […] *8* [… our despised, our travellers] and our poor ones […] *9* [… the do]minion of … […] *10* […] … […]

Col. III *Frags.* 12 *col.* I - 13 *1* the exiles who wander without [anyone making them return …] *2* [wi]thout strength, the fallen, without [anyone to lift them up …] *3* without anyone to understand them, the wounded, without [anyone to bandage them …] *4* in iniquity. And there is no healer […] *5* consoling those who have stumbled in their sins [… Remem]ber *6* the distress and weeping. You are the companion of prisoner[s …] …

Col. IV *Frags.* 10 *col.* II - 11 *2* … […] *3* you have pastured, and […] *4* in your … […] *5* and your angels […] *6* and your inheritance […] *7* Lord […] *8* [Pra]yer for the festival of […] *9* […] your […] whi[ch …] *10* […] … […] *11* […] all […] *12* […] … […]

Col. IV *Frag.* 16 *1* […] *2* […] in all [their] sorrow[s …] *3* […] have pity with them, with regard to their grief *4* […] the distress of our older folk and of [our] noble[s] *5* […] youths have made fun of them *6* […] they did [n]ot realise that y[ou] *7* […] our wisdom … […] *8* […] and we … […]

בכול אשר 3 [האדם]ז[רע]הבי]ן ולוא ...[2 [...] 1 *Frags.* 97-98 I
הנחלתו ולוא ידעכה] לעשות {לעשות} 4 [דברכה וירשיעו מכול ולוא
הב]ינו בכוחכה 5 [הגדול ותמאס בם כי לוא תחפ]ץ בעולה[ורשע]
6 [לוא יכון לפניכה ותבחר לכה בקץ רצונכה] 7 [כי זכרתה בריתכה
ותתנם להבדל ל]כה לקודש 8 [מכול העמים ותחדש ברי]תכה להם
במראת 9 [כבוד ודברי רוח קודשכה ב]מעשי ידיכה וכתב

[עיו ...] 3 [...]... כ]בודכה ...[2 [...]...[...] 1 *Frags.* 131-132 II
אמן א]מן *vacat*] 4 [...] *vacat* [...] 5 [תפלה ליום ה]בכורים זכורה
א]דו]ני מועד[...] 6 [...]ונדבות רצונכה אשר צויתה [...] 7 .[... לה]גיש
לפניכה רשית מעשי[כה ...] 8 לב[...].ם עלי ארץ להיות ק.[...]
9 .[...]...כה כי ביום ה.[...] 10 א[...]ר הקדשת[ה ...] 11 [...] את שגר
[...] 14-12 ...[...] 15 עם נה[...] 16 קוד[ש ...] 17 בכול [...]
20-18 ...[...]

1 [תפלה לליל]שמורים זכו[רה אדני ...] 2 [... פסחת]ה על *Frag.* 125
בתינו [...] 3 [...] לוא חלצכ[...] 4 [...]כול הגוים [...]

4Q510 (4QShir[a]) *4QSongs of the Sage*[a]

M. Baillet, *DJD VII*, 215-219, pl. LV
PAM 41.894, 41.939, 41.942, 41.965, 41.973, 43.618
ROC 280
4Q511
Bibliography: B. Nitzan, 'Hymns from Qumran "to frighten and to terrify" Evil Spirits', *Tarbiẓ* 55 (1985-86) 19-46 [Hebrew]; Y.M. Ta-Shma, 'Notes to

1 [...] תשבוחות בר[כות למ]לך הכבוד דברי הודות בתהלי *Frag.* 1
2 [הוד] לאלוהי דעות תפארת ג[בור]ות אל אלים אדון לכול קדושים
וממש[לתו] 3 על כול גבורי כוח ומכוח גבור[ת]ו יבהלו ויתפזרו כול

Frags. 97 - 98 *col.* I (= 1Q34 3 II) *2* [... But the] off[spring of] man [has not understo]od *3* [all that you have given them as inheritance, and they do not know you] to do {to do} *4* [your word, and they act more wickedly than anybody. They do not under]stand your *5* [powerful] strength. [This is why you reject them, because you do not lik]e sin [and the wicked person] *6* [will not endure before you. However, you have chosen a people in the period of your favour] *7* [because you remembered your covenant. You established them, isolating them for] yourself to make them holy *8* [among all the nations. And you have renewed] your [coven]ant with them in the vision of *9* [glory and in the words of your holy spirit, by] the works of your hand. [Your right hand] has written

Frags. 131 - 132 *col.* II *1* [...] ... [...] *2* [...] your [g]lory ... [...] *3* [...] ... Amen. Ame[n. *Blank*] *4* [...] *Blank* [...] *5* [Prayer for the day of the] first fruits. Remember, L[or]d, the feast [of ...] *6* [...] and your pleasant, free-will offerings which you have prescribed [...] *7* [... to pre]sent before you the first fruits of [your] works [...] *8* ... [...] upon the earth to be ... [...] *9* [...] your ... for on the day of [...] *10* ... [...] you have made holy [...] *11* [...] the young of [...] *12-14* ... [...] *15* with ... [...] *16* hol[y ...] *17* in all [...] *18-20* ... [...]

4Q505 Frag. 125 *1* [Prayer for the night of] vigil. Remem[ber, Lord ...] *2* [... yo]u [passed over] our houses [...] *3* [...] not your deliverance (?) [...] *4* [...] all the nations [...]

4Q510 (4QShir[a]) *4QSongs of the Sage[a]*

"Hymns from Qumran"', *Tarbiẓ* 55 (1985-86) 440-442 [Hebrew]; J.M. Baumgarten, 'The Qumran Songs Against Demons', *Tarbiẓ* 55 (1985-86) 442-445 [Hebrew]; B. Nitzan, 'Hymns from Qumran - 4Q510-4Q511', in D. Dimant, U. Rappaport (eds.), *The Dead Sea Scrolls. Forty Years of Research* (STDJ 10, Leiden: E.J. Brill, 1992) 53-63

Frag. 1 (= 4Q511 10) *1* [...] praises. Bless[ings to the Ki]ng of glory. Words of thanksgiving in psalms of *2* [splendour] to the God of knowledge, the glory of the po[werful] ones, God of gods, Lord of all the holy ones. [His] rea[lm] *3* is above the powerful mighty, and before the might of his powe[r] all are terri-

ויחפזו מהדר מע[וז] 4 כבוד מלכותו *vacat* ואני משכיל משמיע הוד
תפארתו לפחד ולב[הל] 5 כול רוחי מלאכי חבל ורוחות ממזרים שדאים
לילית אחים ו[ציים ...] 6 והפוגעים פתע פתאום לתעות רוח בינה ולהשם
לבבם ונתתם בקץ ממשל[ת] 7 רשעה ותעודות תעניות בני או[ר] באשמת
קצי [נגוע[י]] עוונות ולוא לכלת עולם 8 [כי א]ם לקץ תעניות פשע[*vacat*]
רננו צדיקים באלוהי פלא 9 ולישרים תהלי *vacat* ול[... י]רוממו[ה]ו
כ[ו]ל תמימי דרך

Frag. 2 1 [...].ם בגורל רשע וכול[...] 2 [... א]לוהי ישע
וקדושי[...] 3 [...]. עולמים וכול רוחי [...] 4 [... א]ש עולמים בוערת
בס.[...] 5 [...]ל. בגו[...]

4Q511 (4QShir[b]) *4QSongs of the Sage[b]*

M. Baillet, *DJD VII*, 219-262, pls. LVI-LXII
PAM 43.614-43.616, 43.619, 43.622-43.625, 43.627-43.629, 43.869
ROC 403, 404, 407-409, 411-417

Frag. 1 1 [... מ]משלותם 2 ... וכו[ל ... בא]רץ ובכול 3 רוחות
ממשלתה תמיד יב[רכו]הו בקציהם 4 הימים וכול חיתם ישמיעו[...]י
תפארת 5 כולם יגילו לאלוהי צדק ברנ[ות] ישועות 6 כיא א[ין] משחית
בגבוליהם ורוחי רשע 7 לו יתהלכו בם כיא הופיע כבוד אלוהי 8 דעות
באמריו וכול בני עולה לוא יתכלכלו

Frag. 2 i 1 למשכיל שיר[... הללו את שם] 2 קודשו ורוממהו כול
יודעי [...] 3 ורוש ממשל[ות ה]שבית לאין [...] 4 [ע]ולמים וחיי נצח
לאיר אור[...] 5 [ג]ורלו רשית ביעקוב ונחלת אל[והי]ם
[...]...[...]ישרא[ל ...] 6 [שומ]רי דרך אלוהים ומסל[ת ק]ודשו לקדושי
עמו בדע[ת] 7 [אלוה]ים הנבונה שם [י]שראל [בש]נים עשר מחנות
[...]... 8 [...]גורל אלוהים עם מלא[כי]מאורות כבודו בשמו ת[ש]בוחת

fied and scatter; they flee before the radiance of *4* of his glorious majestic strong[hold]. *Blank* And I, a Sage, declare the splendour of his radiance in order to frighten and terr[ify] *5* all the spirits of the ravaging angels and the bastard spirits, demons, Lilith, owls and [jackals ...] *6* and those who strike unexpectedly to lead astray the spirit of knowledge, to make their hearts forlorn. And you have been placed in the era of the rul[e of] *7* wickedness and in the periods of humiliation of the sons of lig[ht], in the guilty periods of /[those] defiled by/ iniquities; not for an everlasting destruction *8* [but ra]ther for the era of the humiliation of sin. [*Blank*] Rejoice, righteous ones, in the wonderful God. *9* My psalms are for the upright. *Blank* And for [... May] a[l]l those of perfect behaviour praise [h]im.

Frag. 2 *1* [...] in the lot of wickedness. And all [...] *2* [... G]od of salvation. And the holy ones [...] *3* [...] eternal. And all the spirits of [...] *4* [...] eternal [fi]re, burning in [...] *5* [...] ... [...]

4Q511 (4QShir^b) *4QSongs of the Sage^b*

4Q510

Bibliography: Cf. 4Q510; G.W. Nebe, 'Der Buchstabenname YOD als Ersatz des Tetragramms in 4Q511, Frag. 10, Zeile 12?', *RevQ* 12/46 (1986) 283-284

Frag. 1 *1* [...] their [do]minions *2* ... and al[l ... on the ea]rth and in all *3* the spirits of its dominion continuously. In their eras may the seas bl[ess] him, *4* and may all their living things declare [...] beauty, *5* may all of them exult before the God of Justice in jubi[lations of] salvation. *6* For there is n[o] destroyer in their regions, and evil spirits *7* do not walk in them. For the glory of the God of knowledge shines out *8* through his words, and none of the sons of wickedness is able to resist.

Frag. 2 *col.* I *1* Of the Sage. Song [... Praise] *2* his holy [name] and extol him, all those who know [...] *3* [He has re]moved the chief of dominio[ns,] without [...] *4* [et]ernal, and everlasting life to make the light shine [...] *5* His [l]ot is Jacob's best, and the inheritance of G[o]d [...] ... [...] Israe[l ...] *6* those who [kee]p the way of God and his [h]oly pat[h] for the holy ones of his people. By *7* [Go]d's perceptive knowled[ge] he placed [I]srael [in t]welve camps ... [...] *8* [...] the lot of God with the ange[ls of] his glorious luminaries. On his name

9 [...]הם תכן למועדי שנה [ומ]משלת יחד להתהלך[ב]גורל 10 [אלוהים] לפי כבוד[ו ו]לשרתו בגורל עם כסאו כיא אלוהי

Frag. 2 II 1 ...[...] [...] 2 ודרושו למו כן[...] [...] 3 ועדת ממזרים כ[ו]ל ...[...] 4 ובושת פנים למספר אב[...] 5 [א]ל[ו]הים הא.[.]ד בכוחו[...] 6 [רז]י אלוהים מיא ידע[...] 7 אלוהים גבורות יעדם ל[...] 8 כמוהם וטמאים כנדתם [...] 9 יודע יושר ישרים ביש[...] 10 ובישראל מ[...]רים ב.ל[...]

Frag. 3 1 [...]בעולמ[י]ם כיא[...] 2 [... תוע]בותיכם *vacat* ואח[ר ...] 3 [...ק]צי רשעתה ופ.[...] 4 [...]. הגבורות וכחכום [...] 5 [...]..ם ואין לכם[ש]לום [...] 6 [...]מלונו ופחדו כול .[...] 7 [... שמי]ם וארץ ירועו מ[...] 8 [...]... וכול[...]

Frag. 8 1 [...]...[...] 2 [...]יגילו באלוהים[...] 3 [...] *vacat* [...] 4 [למשכיל ש]יר שני לפחד מיראי.[...] 5 [...]תעותו בתעניות ולוא לכל[ת עולם ...] 6 [...]..י אל בסתר שדי .[...] 7 [...]לשיו יחביאני [...] 8 [...].ני בקדושיו [...] 9 [...]. עם קדוש[יו ...] 10 [מ]ודים [ל]אל *vacat* כיא [...] 11 [ב]בתי כבודם יחברו[...] 12 [...]אתה אל[וה]י ה[א]ל[ו]הים 13 [...]ל[...]

Frag. 10 1 [...] ליל[ת] 2 [אחים וציים ... והפוגעים פתע פתאום ל]תעות רוח 3 [בינה ולהשם לבבם *vacat* ונתתם ב]קץ ממשלת רשעה 4 [ותעודות תעניות בני אור *?vacat* באשמ]ת קצי נגועי 5 [עוונות ולוא לכלת עול]ם חוק[...].. כי אם לקץ 6 [תעניות פשע *vacat*] 7 [רננו צדיקים] באלוהי פלא ולישרים תהלי כבודו 8 [*vacat* י]רוממוהו כול תמימי דרך *vacat* בכנור ישועות 9 [יפת]חו פה לרחמי אל ידרושו למנו הושיעה אלוה[ים] *vacat* 10 [שומר חס]ד באמת לכול מעשיו ושופט בצד[ק מ]הויי עד 11 [וע]ד נהיי עולמים בסוד אילים ואנשים ישפוט

he instituted the pr[ai]se of *9* their [...] according to the feasts of the year, [and] the communal [do]minion, so that they would walk [in] the lot of *10* [God] according to [his] glory, [and] serve him in the lot of the people of his throne. For, the God of [...]

Frag. 2 *col.* II *1* ... [...] *2* and seek for them [...] *3* and the congregation of bastards. A[l]l ... [...] *4* and the shame of one's face. According to the number of ... [...] *5* God ... with his might [...] *6* God's [mysterie]s, who knows them? [...] *7* The God of the powers has appointed them to [...] *8* like them. And the impure, according to their impurity [...] *9* knows the uprightness of the upright in [...] *10* and in Israel ... [...]

Frag. 3 *1* [...] through the centuries, for [...] *2* [...] your [abomina]tions. *Blank* And aft[er ...] *3* [... the pe]riods of her wickedness and [...] *4* [...] the powers. And like a wise man [...] *5* [...] ... and you will have no [pe]ace [...] *6* [...] his dwelling. And they will all be startled [...] *7* [... the heaven]s and the earth will tremble [...] *8* [...] ... and all [...]

Frag. 8 *1* [...] ... [...] *2* [...] they will exult in God. [...] *3* [...] *Blank* [...] *4* [For the Instructor.] Second [s]ong to startle those who terrify [...] *5* [...] his straying during the humiliations, but not for [eternal] destruct[ion ...] *6* [...] ... God in the secret of Shaddai [...] *7* [...] he will hide me ... [...] *8* [...] me among his holy ones [...] *9* [...] with [his] holy one[s ...] *10* giv[ing] thanks [to] God. *Blank* Because [...] *11* [in] the houses of their glory they are gathered [...] *12* [...] You are the G[o]d of [g]o[ds ...] *13* [...] ... [...]

Frag. 10 (= 4Q510 1) *1* [...] Lili[th], *2* [owls and jackals ... and those who strike unexpectedly to] lead astray the spirit *3* [of knowledge, to make their hearts forlorn. *Blank* And you have been placed in] the era of the rule of wickedness *4* [and in the periods of humiliation of the sons of light, *Blank?* in the guil]ty periods of those defiled *5* [by sins; not for an everlast]ing [destruction] ... [...] but rather for the era of *6* [the humiliation of sin.] *Blank* *7* [Rejoice, righteous ones,] in the wonderful God. For the upright the psalms of his glory. *8* [*Blank* May] all those of perfect behaviour praise him. *Blank* With the lyre of salvation *9* [may] they [op]en their mouth for God's kindnesses. May they search for his manna. *Blank* Save me, O God, *10* [who keeps fav]our in truth for all his creatures, who rules with just[ice those who] exist for ever *11* and will exist for centuries. He judges in the council of gods and men. *12* In the heights

12 ברום שמים תוכחתו ובכול מוסדי ארץ משפטי יוד (ידו)

Frag. 16 1 [...]...[...] 2 [...]כול משלוחותיו ...[...] 3 [... אש
]אוכלת במוסדי עפרו [...] 4 [... בר]וך אתה אלוהי אל[ים ...]
5 [...]תיהם ופוקח או[זניהם ...] 6 [...]...[...]

Frag. 18 II 2-1 [...]... 3 [...ג]בורתו 4 [...]. *vacat* 5 [אם נבלות]
בדברי ואין ו[ב]מוצא שפתי ולוא בליעל 6 [...]ורוח בינתי ... עבודת
רשעה כיא 7 א[לו]הים ע(ינ)ני *vacat* וכול מעשי נדה שנתי כיא 8 האיר
אלוהים דעת בינה בלבבי ומוכיחי 9 צדק עם נעוותי ושופטי אמונה בכול
פשעי 10 אשמתי כיא אלוהים שופטי וביד זר לוא

Frags. 28+29 1 [...]כה ב...[...] מגויים 2 [וי]גילו באלוהים רנה
וא[ני אודכ]ה כיא למען כבודכה 3 [ש]מתה דעת בסוד עפרי לה[...] ואני
מצירוק יצר 4 [חמר]קורצתי ומחושך מגב[לי ...]''ה ועולה בתמכי בשרי
5 [...] *vacat* [...] *vacat* 6 [...]...[...]...[...]... ואתה [...]

Frag. 30 1 חתמת[ה ...א]רץ ...[...] 2 ויעמקו[... ה]שמים ותהומות
ומ.[...] 3 אתה אלי חתמתה בעד כולם ואין פותח ולאשר[...] 4 הימדו
בשועל אנשים מי רבה ואם בזרת[יתכנו שמים ומי בשליש] 5 יכול עפר
הארץ וישק[ו]ל בפלס הרים וגבעות במוזנ[ים ?*vacat*] 6 את אלה לוא
יעשה אדם[ואיכה] יוכל איש לתכן את ריח (רוח)[אלוהים]

Frag. 35 1 א[לו]הים בכול בשר ומשפט נקמות לכל'ת רשעה ולזע[ף]
2 אפי אלוהים במזוקקי שבעתים ובקדושים יקדי[ש] 3 אלוהים לו למקדש
עולמים וטהרה בנברים והיו 4 כוהנים עם צדקו צבאו ומשרתים מלאכי
כבודו 5 יהללוהו בהפלא נוראות *vacat* 6 ואני מירא אל בקצי דורותי
לרומם שם דב.[... ולפחד] 7 בגבורתו כו[ל]רוחי ממזרים להכניעם
מירא[תו ולוא לכול] 8 [מ]ועדי[עולמים כי אם ל]קץ ממשלתם [...]
9 [... ר]שע[ה ...]

of the heavens (is) his reproach and in all the foundations of the earth the judgments of his hand.

Frag. 16 *1* [...] ... [...] *2* [...] all his missions ... [...] *3* [... a fire] consuming his foundations of dust [...] *4* [... Bles]sed be you, God of god[s ...] *5* [...] their [...] and opening [their] ea[rs ...] *6* [...] ... [...]

Frag. 18 *col.* II *1-2* [...] ... *3* [...] his [st]rength *4* [...] *Blank* *5* [Is there, perhaps, folly] in my words? There is not. And in what issues from my lips? There is no enmity. *6* [...] and the spirit of my intelligence ... service of wickedness, for *7* God keeps an eye on me. *Blank* And I detest all deeds of impurity, for *8* God made the knowledge of intelligence shine in my heart. My rebuker *9* is just with my depravities, and my judge is faithful at all the sins *10* of my guilt. For, God is my judge, and in a strange hand not

Frags. 28 + 29 *1* [...] your [...] in ... [...] from the nations *2* [and they will] exult in God with jubilation. And I, [I will praise yo]u, for on account of your glory *3* you have [pla]ced knowledge in my foundation of dust, to [...], even though I am a formation from spat saliva, *4* I am moulded [from clay], and of darkness is [my] mixtu[re ...] /.../, and iniquity in the innards of my flesh *5* [...] *Blank* [...] *Blank* *6* [...] ... [...] ... and you [...]

Frag. 30 *1* you have sealed [... ea]rth ... [...] *2* and deep are [... the] heavens and the abysses and [...] *3* You, my God have sealed them all up, and nobody opens them. And to whom [...] *4* Can perhaps the waters of the deep be gauged in the hollow of a man's hand? And [the span of the heavens] be calculated in palms? [Who, in a bushel] *5* can hold the dust of the earth, weigh the mountains with scales, or the hills on a balanc[e? *Blank?*] *6* Man does not do these things. [How, then,] can man measure the spirit [of God?]

Frag. 35 *1* God against all flesh, and a judgment of vengeance to exterminate wickedness, and to ven[t] *2* God's wrath against those (who have been) purified seven times. Among the holy ones, *3* God makes (some) hol[y] for himself like an everlasting sanctuary, and there will be purity amongst those purified. And they shall be *4* priests, his just people, his army and servants, the angels of his glory. *5* They shall praise him with fantastic marvels. *Blank* *6* And as for me, I spread the fear of God in the ages of my generations to exalt the name [... and to terrify] *7* with his power al[l] spirits of the bastards, to subjugate them by [his] fear, [not for all] *8* [eternal t]imes, [but for] the time of their dominion [...] *9* [... wi]cked[ness ...]

Frag. 42 1 [...].[...] 2 [... לוא י]עשה כול [...] 3 [...].י תעודתי
פלגתה ליא[...] 4 [...]. *vacat* ובשמיני אפצה[פי ...] 5 [... ד]ורות
אשמתי ואצפה אל [...] 6 [...].בותם ואל מוסדי הארץ[...] 7 [...]עפרה
ואדעה מחשבתכה[...] 8 [...]. כיא בידכה לפתו[ח ...] 9 [...]לעין לוא
ינח[...] 10 [...]..[...]..ין ואם[...]

Frags. 48, 49+51 1 בעצת אל כיא[חוכמ]ת בינתו נתן [ב]לב[בי
ובלשוני] 2 הודות צדקו ו.[...]עה ובפי יפחד [כול רוחי] 3 ממזרים
להכניע[כול חו]טי טמאה כיא בתכמי 4 בשרי יסוד ד.[... וב]גויתי
מלחמות חוקי 5 אל בלבבי ואועי[ל ...]על כול מופתי גבר מעשי
6 אשמה ארשיע[...]אל ... *vacat* הואה 7 ידע וברזיו ...[...]... ריבי כול
8 רוחי ...[...]...[...]

Frags. 52, 54-55, 57-59 1 [...]דתם ואתה אלי[אל חנון ורחום]וארוך
אפים רב החסד יסוד הא[מת ...] 2 [...]. לאדם ולבנ[יו ... מ]קור הטוהר
מקוי הכבוד גדול הצד[ק ...] 3 [...]עשה ל.[...] משפטים למעשי כול
ומשיב ברכות [...] 4 [... ברוך את]ה אלי מלך הכב[ו]ד כיא מאתכה
משפט[...] 5 [...]רים ומאתכה סוד לכול יראיכה ב[...] 6 [... בר]וכים
vacat ל[...]. *vacat* המה [...] 7 [...]מגערתכה *vacat* י[...] ברוב [...]
8 [...]...[...]

Frags. 63-64 II 1 [... מ]עשי אלוהי פדותי ...[...].הב בסודי 2 ...
ובכול מה ...[...]... אברכה שמכה ובמועדי תעדותי אספרה 3 נפלאותיכה
ואחורתם חוקי הודות כבודכה ברישית כול מחשבת לבב 4 דעת ותרומת
מזל שפתי צדק ובהנכון לכול עבודת אמת ועם כול 5 [אנ]שי ברית
...[...]...[...]... ש]לומי בתודה ...[...]מעשה ובכול

Frag. 42 *1* [...] ... [...] *2* [... no]thing is done [...] *3* [...] my testimony. You have allotted to me [...] *4* [...] *Blank* And on the eighth I will open [my mouth ...] *5* [... the ge]nerations of my guilt, and I will observe [...] *6* [...] their [...] and to the foundations of the earth [...] *7* [...] its dust. I know your thought [...] *8* [...] Because it is in your hand to ope[n ...] *9* [...] for the eye. Not shall ... [...] *10* [...] ... and if [...]

Frags. 48, 49 + 51 (*Frags*. 44 - 62 *col*. II) *1* in God's council. Because He has placed [the wisdom] of his intelligence [in my] hea[rt, and on my tongue] *2* the praises of his justice and [...] ... And through my mouth he startles [all the spirits of] *3* the bastards, to subjugate [all] impure [sin]ners. For in the innards of *4* my flesh is the foundation of [... and in] my body wars. The laws of *5* God are in my heart, and I get prof[it ...] ... all the wonders of man. The deeds of *6* guilt I pronounce wicked [...] God of ... *Blank* He *7* knows, and in his mysteries ... [...] ... the disputes of all *8* the spirits of ... [...] ... [...]

Frags. 52, 54 - 55, 57 - 59 (*Frags*. 44 - 62 *col*. III) *1* [...] their [...] And you, my God, [are a merciful and compassionate God,] slow to anger, bountiful in favour, foundation of tru[th ...] *2* [...] to Adam and to [his] son[s ... so]urce of purity, deposit of glory, great in just[ice ...] *3* [...] does for [...] judgments for the deeds of everybody, and returning blessings [...] *4* [... Blessed are yo]u, my God, king of glo[r]y, because from you comes judgment [...] *5* [...] ... and from you the foundation of all those who fear you [...] *6* [... bles]sed *Blank* ... [...] *Blank* They [...] *7* [...] from your threat *Blank* [...] in the abundance of [...] *8* [...] ... [...]

Frags. 63 - 64 *col*. II *1* [... the de]eds of the God of my redemption ... [...] ... in the foundations of [...] *2* ... and in everything which ... [...] ... I will bless your name, and in the times of my testimonies I shall recount *3* your marvels and engrave them (as) the laws of praise of your glory. At the start of every venture of the heart *4* lies knowledge, and the offering of the utterance of just lips, and being ready for every service of truth. And with all *5* [the me]n of the covenant ... [...] ... [...] ... My [pe]ace is in thanksgiving, ... [...] the deed, and in all

Frags. 63-64 III 1 ואני תרנן לשוני צדקכה כיא פתחתה ובשפתי שמתה מקור 2 תהלה ובלבי סוד רישית כול מעשי איש ומולות פעולות 3 תמימי דרך ומשפטים לכול עבודת מעשיהם להצדיק 4 צדיק באמתכה ולהרשיע רשע *vacat* באשמתו להשמיע שלום 5 לכול אנשי ברית ולה[ר]ים בקול פחד הוי לכול מפריה 6 [...]...[...]ל כול[...]...[...]

Frags. 63-64 IV 1 יברכו כול מעשיכה 2 תמיד וברוך שמכה 3 לעולמי עד אמן אמן 4-6 *vacat*

4Q512 (4QpapRitPur B) *4QRitual of Purification B*

M. Baillet, *DJD VII*, 262-286, pls. XXXVI, XXXVIII, XL, XLII, XLIV, XLVI, XLVIII
PAM 42.477, 42.479, 42.481, 42.483, 42.485-42.487, 42.489, 43.658, 43.862
ROC 461-466, 463A

Frags. 42-44 II 1 ...[...] 2 ואחר יבוא[במים ... וענה] 3 ואמר ברוך[א]תה[אל י]ש[ראל ... כי ממוצא] 4 פיכה נפרשה טהרת כול *vacat* [...] 5 בל יטהרו במי רח[ץ] ואני[ה]י[ו]ם[...] 6 [...]...[...]ה [פ]רוש כפי[ם]אזי לה[...]

Frag. 39 II 1 כפורי[ם] ואני אה[ל]לה ש[מכה ...] 2 כיא טהרתני ותביאני ב[...]

Frags. 36-38 1 [...] את בגדיו ו[...] 2 [...]פו כול לשונות[...] 3 [...]ה לכה סוד אנש[ים ...] 4 [...] *vacat* [...] 5 [...]...[...] 6 [...]נכה מכול ערו[ת] בשרנו לח[...]

Frags. 33+35 1 [...] ולמועד שבת בש[בתו]ת לכול שבועי 2 [...]מוע[ד ... ו]ארבעת מועדי 3 [...]מועד ק[צ]יר ^יקיץ^ ור[אש ח]ודש א

Frags. 63 - 64 *col.* III *1* As for me, my tongue will extol your justice because you have unfastened it. You have placed on my lips a fount *2* of praise and in my heart the secret of the start of all human actions and the completion of the deeds of *3* the perfect ones of the path, the judgments of all the works that they do, to vindicate *4* the just one in your truth and pronounce the wicked guilty *Blank* for his guilt; in order to announce: «Peace *5* to all men of the covenant», and to s[ho]ut with a terrifying voice: «Woe on all those who break it». *6* [...] ... [...] all [...] ... [...]

Frags. 63 - 64 *col.* IV *1* May all your works bless *2* always. May your name be blessed *3* for eternal centuries. Amen. Amen. *4-6 Blank (End of Scroll)*

4Q512 (4QpapRitPur B) *4QRitual of Purification B*

4Q414

Bibliography: J.M. Baumgarten, 'The Purification Rituals in *DJD* 7', in D. Dimant, U. Rappaport (eds.), *The Dead Sea Scrolls: Forty Years of Research* (STDJ 10; Leiden: Brill, 1992) 199-209

Frags. 42 - 44 *col.* II (cf. 4Q414 2 II + 3) *1* ... [...] *2* And afterwards he will enter [the water ... and he will reply] *3* and say: Blessed are [y]ou, [God of I]s[rael, ... because from what issues from] *4* your mouth the purification of all has been defined *Blank* [...] *5* they shall not purified in lustr[al] water of purification. And [to]d[a]y I [...] *6* [...] ... [...] ... [str]etching out the hands (?). Then ... [...]

Frag. 39 *col.* II *1* atonement. And I, I will pr[ai]se [your] na[me ...] *2* because you have purified me and brought me into [...]

Frags. 36 - 38 *1* [...] his clothes and [...] *2* [...] ... all the tongues [...] *3* [...] to you the counsel of me[n ...] *4* [...] *Blank* [...] *5* [...] ... [...] *6* [...] ... of all the impuri[ty] of our flesh to ... [...]

Frags. 33 + 35 *1* [...] and for the feast of the sabbath, on the sa[bbath]s of all the weeks of [...] *2* [...] fea[st ... and] four feasts of *3* [...] the feast of the ha[rv]est /and of summer/ and (the feast) of the s[tart of mo]nth 1. *4* [...] *Blank*

4 [...] *vacat* [...] 5 [...]במים [...]להתקדש 6 [...]שר י]ברך וענה] ואמר ברוך אתה 7 [אל ישראל ...] לרחמ[יכה ...]יכה 8 [...].ות וא[ני ...]לה 9 [...].וה בנד[ה ...] 10 [...]ר טוהר[...] 11 [...][...][...][...]

Frag. 34 1 [...][...][...] 2 [...]תוך עמו [...] 3 [...]תחנן על כול נסתר[ו]ת אשמ[תי ...] 4 [...]. הצדיק בכול מע[שי]כ[ה ...] 5 [...].ה מנגע הנדה [...].ה כיא[...]

Frags. 29-32 1 [...] ברוך א[תה אל ישראל] 2 [...]עם קודש[...] 3 [...] משגה [...] 4 [... ב]מים ו[...][...] 5 [...]וברך שם[...] 6 [...]לפניכה במוע[ד ...] 7 [...].תני לטהרת[...] 8 [...]ועולתו וברך וענ[ה] ואמר ברוך אתה[אל ישראל אשר] 9 [הצלתני מכו]ל פשעי ותטהרני מערות נדה ותכפר לבוא [...] 10 [...]. טוהר ודם עולת רצונכה וזכרון ניחו[ח ...] 11 [...]מקטרת קודשכ[ה וני]ח[ו]ח רצונכה[...] 12-15 [...] 16-17 [...][...][...] 18 [...]חטתי .[...] 19 [...]ת צדק ו[...]. ...[...] 20 [...] תנקה עד משפט[... י]שראל אש[ר ...] 21 [... ברוך]אתה אל יש[ראל ...]לכפורי[...] 22 [...][...][...]

Frags. 1-3 1 וביום השלישי [... ובר]ך וענה ואמ[ר ברוך] 2 [את]ה אל ישראל [אשר צויתה לטמאי ע]תים להטהר מ[נדת] 3 [...]נפש בכפו[רי ...]אפר קודש [...] 4 ..[...]... במי ...[...]ל בליחות עולם 5 ומי רחץ לטהרת עתים[...]בגדיו ואחד [יוזה עליו] 6 את מימי ה[ז]יה לטהרו ואת כול[...]

7 ואח[ר ה]וזותו את מימ[י הזיה יברך וענה ואמר ברוך אתה] 8 א[ל ישרא]ל אשר נתתה ל[...] 9 ומנדות טמאה והיום[...] 10 נדה להתקדש לכה ו[...]

Frags. 10-11 1 [...].זוב טמאתו [...] 2 [...][...][...] 3 [...] 4 [...][...][...] 5 [ובמילא]ת לו שבעת ימי טה[רתו ...] 6 [... ו]כבס את

[…] *5* […] in water […] to make holy *6* […] … He will [bless. He will start speaking] and say: Blessed be you, *7* [God of Israel …] by [your] compass[ion …] your […] *8* […] … and I […] … *9* […] … in the impur[ity …] … *10* […] the purification […] *11* […] …[…]

Frag. 34 *1* […] … […] *2* […] the midst of his people […] *3* […] to ask mercy for all [my] hidden faults […] *4* […] who are just in all your wor[ks …] *5* […] from the impure disease […] because […]

Frags. 29 - 32 *1* […] Blessed be y[ou, God of Israel] *2* […] holy people […] *3* […] mistake […] *4* [… in] water and […] … […] *5* […] And there he will bless […] *6* […] before you in the fea[st of …] *7* […] you have […] me for the purity of […] *8* […] and his burnt offering. And he will bless. He will start speak[ing] and say: May you be blessed, [God of Israel, who] *9* [forgave me al]l my sins and purified me from impure immodesty /and atoned/ so that (I) can enter *10* […] purification. And the blood of the burnt offering agreeable to you and the pleasa[nt] memory […] *11* […] your holy incense [and the pl]ea[sa]nt (aroma) agreeable to you […] *12-15* […] *16-17* […] … […] *18* […] my sin […] *19* […] justice and […] *20* […] leave without punishment until the judgment [… I]srael wh[o …] *21* [… Blessed] be you, God of Is[rael …] for the atonement [of …] *22* […] … […]

Frags. 1 - 3 *1* On the third day [… he will ble]ss. He will start speaking and sa[y: Blessed] *2* [be yo]u, God of Israel, [who commanded the tempo]rarily [impure] to purify themselves from [the impurity of] *3* […] the soul with the atone[ment …] sacred ashes […] *4* … […] … in the water of … […] in permanent streams, *5* and the lustral water for temporary purification […] his clothes and afterwards [they will sprinkle over him] *6* the waters of /sprinkling/ to purify him, and all […] *7* Aft[er he has sp]rinkled the water[s of sprinkling he will bless. He will start speaking and say: Blessed be you] *8* G[od of Israe]l, who has given to […] *9* from the defilements of impurity. Today […] *10* contamination, to make you holy and […]

Frags. 10 - 11 *1* […] his impure flux […] *2-4* […] … […] *5* [And when] he [has complet]ed the seven days of [his] pur[ification …] *6* […] he will purify his

בגדיו במ[ים ורחץ את בשרו ...] 7 וכסה את בגדיו וברך ע[ל עומדו ...]
8 אל ישר[א]ל[...]

Frags. 7-9 1 את כול הד[ברים האלה ...] 2 בטוהרו מז[ובו ...
ט]הרת בשר[ו] 3 ולאכול ולש]תות ... בע]רי מושב[ותם] 4 ולהיות עם[
אשתו ...] *vacat* [...] 5 [...] *vacat* [...] אש[...]

4Q513 (4QOrd^b?) *4QOrdinances^b*

M. Baillet, *DJD VII*, 287-295, pls. LXXII-LXXIII
PAM 43.620, 43.628
ROC 310, 315
4Q159?, 4Q514?

Frags. 1-2 I 1 [...].[...] 2 [... השקל גרה עש]רים בשק[ל הקודש
...]מחצית 3 [השקל מעה שתים] עשרה זוזי[ם שנים ...]וגם מהמה
הטמאה 4 [האיפה וה]בת תכון [מ]המה הטמ[אה] אחד [עשרה עשרנים
כאיפת ה]דגן בת היין והסאה 5 [שלושת העש]רנים ושלישת ה[עשרון
מהמה הטמ]אה ומעשר האיפה 6 [העשרון ...] *vacat* [...]

Frags. 1-2 II 1 להגיעם בטהרת [הקו]דש כיא טמאים[המה ...]
2 בעלות לבני הנכר ולכול הזנות אשר[...] 3 רא[ה]לו להאכילם מכול
תרומת הש.[...] 4 ולבג[מ]לאכי ולכפר {במה} בהם לרצון על י[שראל ...]
5 הזנות מאכליהם נשא עוון כי החל כו[...] 6 המה מ[...]...[...]. אשמה
בחללם [...] 7 ומח[...]...[...]

Frags. 3-4 1 [...]...[...] 2 [...]מקרא [קודש ...]הנף עמר [...]
3 [...]ביום שבת ל...[...]א מלבד שבתות[...] 4 [...] לעשות זכרון
ע[...]ל תעות עורון ה[...] 5 [...]אשר הר[א]ה ענני[אל ...]ולא מתורת
משה[...] 6-7 [...]...[...]

clothes with wa[ter and wash his body ...] *7* And he will cover himself with his clothes and bless o[n (the place) where he stands ...] *8* God of Isra[e]l [...]

Frags. 7 - 9 *1* All the[se] th[ings ...] *2* during his purification of [his] fl[ux ... pu]rity of [his] flesh *3* and to eat and to dr[ink ... in their cit]ies of residence, *4* and to be with [his wife ...] *Blank* [...] *5* [...] *Blank* [...] ... [...]

4Q513 (4QOrd[b]?) *4QOrdinances[b]*

Bibliography: L.H. Schiffman, *PTSDSSP 1*, 145-175; J.M. Baumgarten, 'Halakhic Polemics in New Fragments from Qumran Cave 4', in *Biblical Archaeology Today* (Jerusalem: Israel Exploration Society, 1993) 390-399

Frags. 1 - 2 *col.* I (= 4Q159 1 II ?) *1* [...] ... *2* [... the *shekel* comprises twe]nty [*geras*] at the rate of the [temple] *shek*[*el* ...] half a *3* [*shekel* has twe]lve [*obols*, two] *zuzi*[*m* ...] /and also/ from them comes impurity. *4* [The *ephah* and the] *bath* /[from] these comes impur[ity]/ are of the same size: [ten *issarons*. Like the *ephah* of] grain, is the *bath* of wine. The *seah* *5* [is of three *issa*]*rons* and a third of an *is[saron*. From them comes imp]urity. And the tenth of the *ephah* *6* [is an *issaron* ...] *Blank* [...]

Frags. 1 - 2 *col.* II *1* to let them touch the pure [ho]ly food, for [they are] unclean [...] *2* ladies of sons of foreigners and all fornication which [...] *3* he cho[se] for himself, to feed them with all the share of ... [...] *4* and for [an]gelic food (?), and to atone {in them} /with them/ on I[srael]'s behalf [...] *5* the fornication of their food, he bears the sin because he has defiled ... [...] *6* they [...] guilt, because they defiled [...] *7* ... [...] ... [...]

Frags. 3 - 4 *1* [...] ... [...] *2* [... holy] convocation [...] the waving of the sheaf [...] *3* [...] on the sabbath day to ... [...] except for the sabbaths [...] *4* [...] to celebrate the memory of [...] the confusion of blindness [...] *5* [...] which Anani[el] sho[we]d [...] and not of the law of Moses [...] *6-7* [...] ... [...]

Frag. 10 II 1 [...]...[...] 2 [וא]ת בני ישראל [...] 3 [ו]אין לערב
במ.[...] 4 אותם בט[...] 5 [ו]את הש.[...] 6 בטהרה ר[...]
7 המקדש[...] 8 מבני אה[רון ...] 9-11. [...]

Frag. 13 1 [...]ומערוב ג{י}^ב^א 2 [...] לכפורי רצון 3 [...]. עושים
ומגאלי[ם] 4 [... מגו]אלים בשמן .[...] 5 [...]. טמאתם .[...] 6 [...].וים
למשק[ה] 7 [...]ל כאם א[...] 8 [...]מכול ש[...]

4Q514 (4QOrd^c?) *4QOrdinances^c*

M. Baillet, *DJD VII*, 295-298, pl. LXXIV
PAM 43.631
ROC 154

Frag. 1 I 1 ה[...] אשה .[...] 2 אל יאכל[...].ב לכל הט[מ]אים[...]
3 לספור ל[ו שבעת ימי רח]ץ ורחץ וכבס בי[ו]ם טהרת[ו ... ואל] 4 יאכל[
איש]אשר לא החל לטהור ממק[ר]ו [וגם אל יאכל עוד] 5 בטמאתו
הרישונה וכול טמאי הימים ביום[ט]הרתם ירחצו 6 וכבסו במים וטהרו
ואחד יאכלו את לחמם כמשפט ה[ט]הרה *vacat* 7 ואל יאכל וז{עו}ד
בטמאתו הרישנ^ה^{ים} אשר לא החל לטהור ממקרו 8 וגם אל יאכל עוד
בטמאתו הרישנה וכל[ט]מאי הימם ביום 8 ט[הרת]ם ירחצו וכבסו במים
וטהרו ואחר יאכלו את לחמם 9 כמ[שפט ואל יאכ]אל איש ואל י[ש]תה
עמכול א[יש] אשר יערוך 10 [...]וד ב[מע]מד א.[...]ל[...]

4Q515-520 *4QUnclassified papyrus fragments*

M. Baillet, *DJD VII*, 299-312, pls. LXXV-LXXX
ROC 14, 31, 33, 34, 35

Frag. 10 *col.* II *1* [...] ... [...] *2* [and] the sons of Israel [...] *3* [and] not to mingle with [...] *4* them in ... [...] *5* [and] the ... [...] *6* in purity [...] *7* the temple [...] *8* from the sons of Aa[ron ...] *9-11* ... [...]

Frag. 13 *1* [...] and caves and rock-pools *2* [...] for an agreeable atonement *3* [...] doing and becoming defiled *4* [... becom]ing defiled by oil [...] *5* [...] their impurity [...] *6* [...] ... to the dri[nk] *7* [...] but if [...] *8* [...] of all [...]

4Q514 (4QOrd[c]?) *4QOrdinances[c]*

4Q159?, 4Q513?
Bibliography: J. Milgrom, *PTSDSSP 1*, 177-179; cf. 4Q512

Frag. 1 *col.* I *1* ... [...] a woman [...] *2* he must not eat [...] for all the im[pu]re [...] *3* to count for [him seven days of ablu]tions; and he shall bathe and wash (his clothes) on the d[a]y of [his] purification [... And] *4* who[ever] has not begun to purify himself of «his spri[ng]» is not to eat, [nor shall he eat] *5* in his primary impurity. And all the temporarily impure, on the day of their [pur]ification, shall bathe *6* and wash (their clothes) in water and they will be pure. *Blank* Afterwards, they shall eat their bread in conformity with the regulation of [pu]rity. *7* He is not to eat insolently in his primary impurity, whoever has not started to cleanse himself from «his spring», *8* nor shall he eat any more during his original impurity. All the temporarily [im]pure, on the day of *9* their pu[rification,] shall bathe and wash (their clothes) in water and they will be pure and afterwards they shall eat their bread *10* in conformity with the reg[ulation. No-]one is to [e]at or drink with anyo[ne] who prepares *11* [...] ... in the [ser]vice [...]

4Q521 *4QMessianic Apocalypse*

É. Puech, *DJD XXV*, 1-38, pls. I-III
PAM 43.167, 43.604, 43.606, 43.607, 43.682, 43.686
ROC 330
Bibliography: É. Puech, 'Une apocalypse messianique (4Q521)', *RevQ* 15/60 (1992) 475-522; .- *La Croyance des Esséniens*, 627-692; J.D. Tabor, M.O. Wise,

Frag. 1 II
1 [...].[...] 2 [...ו]שמעת[ם ...] 3 ופעלת[...] 4 ומה
עברת[ם ...] 5 וליראה א[ת ...] 6 רבו צדיק[ים ...] 7 וקומים[...]
8 ואהב[ת ...] 9 ...[...]

Frag. 2 II
1 [כי הש]מים והארץ ישמעו למשיחו 2 [וכל א]שר בם
לוא יסוג ממצות קדושים 3 התאמצו מבקשי אדני בעבדתו *vacat*
4 הלוא בזאת תמצאו את אדני כל המיחלים בלבם 5 כי אדני חסידים
יבקר וצדיקים בשם יקרא 6 ועל ענוים רוחו תרחף ואמונים יחליף בכחו
7 כי יכבד את חסידים על כסא מלכות עד 8 מתיר אסורים פוקח עורים
זוקף כ[פופים ...] 9 ול[ע]לם אדבק [במי]חלים ובחסדו .[...] 10 ופר[י
...]יש לוא יתאחר 11 ונכבדות שלוא היו יעשה אדני כאשר ד[בר]
12 [כי] ירפא חללים ומתים יחיה ענוים יבשר 13 ו[...]...ש[...]ושים ינהל
ורעבים יעשר 14 [...]. וכלם כ.[...]

Frag. 2 III
1 ואת חק חסד{יד}ך ואתר אותם ב[...] 2 נכ[ו]ן באים
אבות על בנים [...] 3 אשר ברכת אדני ברצונו[...] 4 גלה ה[אר]ץ בכל
מק[ום ...] 5 [כ]י כל ישראל בגיל[...] 6 ואת שב.[...]מכו[...] 7 מ[...]

Frags. 5 I + 6
1 [...]ם 2-3 [...] 4 [...]...[...]...ר ל'א יעב'ד עם אלה
5 [... עם ר]עהו ועם שכנ[ו] 6 [...]טוב לך ואמץ [כ]וח 7 [...]מזון
אמונ[י]ם יגדלו

Frags. 7 + 5 II
1 [...]ראו [א]ת כל א[שר עשה] 2 [אדני האר]ץ וכל
אשר בה *vacat* ימים [וכל] 3 [אשר בם] וכל מקוה מים ונחלים *vacat*

4Q521 *4QMessianic Apocalypse*

"'On Resurrection' and the Synoptic Gospel Tradition: A Preliminary Study', *JSP* 10 (1992) 150-161; R. Bergmeier, 'Beobachtungen zu 4Q521 f 2, ii 1-13', *ZDMG* 145 (1995) 38-48; J.J. Collins, *The Scepter and the Star*, 117-122; M. Becker, '4Q521 und die Gesalbten', *RevQ* 18/69 (1997) 73-96

Frag. 1 *col.* I *1* [...] ... [...] *2* [... and you] have listened [...] *3* and the work of [...] *4* and what [you] have transgressed; [...] *5* and to fear the [...] *6* the right[eous] have multiplied [...] *7* and the arisen [...] *8* and the love [of ...] *9* ... [...]

Frags. 2 *col.* II *1* [for the heav]ens and the earth will listen to his anointed one, *2* [and all th]at is in them will not turn away from the precepts of the holy ones. *3* Strengthen yourselves, you who are seeking the Lord, in his service! *Blank* *4* Will you not in this encounter the Lord, all those who hope in their heart? *5* For the Lord will consider the pious, and call the righteous by name, *6* and his spirit will hover upon the poor, and he will renew the faithful with his strength. *7* For he will honour the pious upon the throne of an eternal kingdom, *8* freeing prisoners, giving sight to the blind, straightening out the twis[ted.] *9* And for[e]ver shall I cling [to those who h]ope, and in his mercy [...] *10* and the fru[it of ...] ... not be delayed. *11* And the Lord will perform marvellous acts such as have not existed, just as he sa[id,] *12* [for] he will heal the badly wounded and will make the dead live, he will proclaim good news to the poor *13* and [...] ... [...] he will lead the [...] ... and enrich the hungry. *14* [...] and all ... [...]

Frag. 2 *col.* III *1* and the law of your favour. And I will free them with [...] *2* it is su[re:] The fathers will return towards the sons. [...] *3* which the blessing of the Lord in his good-will [...] *4* May the [ea]rth rejoice in all the pla[ces ...] *5* fo[r] all Israel in the rejoicing [...] *6* and the ... [...] ... [...] *7* ... [...]

Frags. 5 *col.* I + 6 *1* [...] ... *2-3* [ ] *4* [...] ... [...] do not serve with those *5* [... with] his frie[nd] and with [his] neighbour *6* [...] good to you and fortify the [po]wer *7* [...] sustenance, the faithful ones will grow

Frags. 7 + 5 *col.* II *1* [...] see all th[at has made] *2* [the Lord: the ear]th and all that is in it, *Blank* the seas [and all] *3* [they contain,] and all the reservoirs of

4 [...].[...]העושים את הטוב לפני אדנ[י] 5 [...]א כאלה מקלל[ים] ולמות
יה[יו ...] 6 [...]ם המחיה את מתי עמו *vacat* 7 ונ[ו]דה ונגידה לכם צ[...].
אדני אש[ר...] 8 [...]ותה ופתח[...] 9 ופ[...] 10 ו[...] 11 יגלם ...[...]
12 וגשר תה[ומות ...] 13 קפאו ארור[ים ...] 14 וקדמו שמים[...]
15 [וכ]ל מלאכים[...] 16 [...]ל[...]

Frag. 8 1 [...]כותל ב[י]ן 2-4 [...] 5 [...]ה יפיעו 6 [...]את אדם
7 [...] יעקוב 8 [...]ל וכל כלי ק[ד]שו 9 [...]ה וכל משיחיה 10 [...]ש
ודבר אדני ידב[רו] ו[...] 11 [...]. את אדני {ידבר[ו]} 12 [...] עיני

4Q522 (4QapocrJosué[c]?) *4QProphecy of Joshua*

É. Puech, *DJD XXV*, 39-74, pls. IV-V
PAM 43.606, 43.663, 43.667, 43.668, 43.672, 43.679, 43.683. 43.693, 43.696
ROC 425
Bibliography: É. Puech, 'Fragments du Psaume 122 dans un manuscript hébreu de la grotte IV', *RevQ* 9/36 (1978) 547-54; .- 'La pierre de Sion et l'autel des holocaustes d'après un manuscrit hébreu de la grotte 4 (4Q522)', *RB* 99 (1992) 676-696; E. Qimron, 'Concerning "Joshua Cycles" from Qumran', *Tarbiz* 63

Frag. 3 1 [...]יורי[ש ...] 2 [...]הכנעני אשר[...] 3 [... צפ[ון
מעמק אכור[...] 4 [...].הו.[...]

Frag. 8 1 [... יהוד]ה ושמע[ו]ן [...]...[...] 2 [...]יה להם ודן לוא
הכה גם הוא את[...] 3 [...]וישכר את בית שן ואשר א[ת] ה[...] 4 [...
את צי]דון ואת ...[...] 5 [...].[...]

Frags. 9 i + 10 1 [...].[...] 2 [...]ם ואת עין קבר בית ... 3 [... את]
בקע<ת> ואת בית צפור את 4 [... ו]יכו את כול בקעת מצפא את 5 [...
ו]את היכלים את יעפור ואת 6 [...]בא ואת מנו את עין כובר 7 [... ה]ר
גרז[י]ם את חדיתא ואת עושל 8 [...]...[... וצ]ידון אשר 9 [...]ור[...].בא

waters and torrents. *Blank 4* [...] those who do the good before the Lor[d] *5* [...] like these, the accursed. And [they] shall b[e] for death, [...] *6* [...] he who gives life to the dead of his people. *Blank 7* And we shall [gi]ve thanks and announce to you [...] of the Lord, wh[o ...] *8* [...] ... and opens [...] *9* and [...] *10* and [...] *11* he reveals them ... [...] *12* and the bridge of the abys[ses ...] *13* the accur[sed] have coagulated [...] *14* and the heavens have met [...] *15* [and a]ll the angels [...] *16* [...] ... [...]

Frag. 8 *1* [...] a wall bet[we]en *2-4* [...] *5* [...] they will appear *6* [...] to Adam *7* [...] Jacob *8* [...] and all his h[o]ly utensils *9* [...] and all his anointed ones *10* [...] and /[they] will spea[k]/ the word of the Lord and [...] *11* [...] to the Lord {[t]he[y] will speak} *12* [...] the eyes of

---

4Q522 (4QapocrJosué[c]?) *4QProphecy of Joshua*

(1994) 503-508 [Hebrew]; E. Tov, 'The Rewritten Book of Joshua as Found at Qumran and Masada', in M.E. Stone, E.G. Chazon (eds.), *Biblical Perspectives: Early Use and Interpretation of the Bible in the Light of the Dead Sea Scrolls. Proceedings of the First International Symposium of the Orion Center, 12-14 May 1996* (STDJ 28; Leiden: Brill, 1998) 233-256

Frags. 22-25 Ps 122

Frag. 3 *1* [...] he will drive [out ...] *2* [...] and the Canaanites who [...] *3* [... nor]th of the Vale of Achor [...] *4* [...] ... [...]

Frag. 8 *1* [... Jud]ah and Sime[on ...] ... [...] *2* [...] to them; and Dan, nor did he destroyed the [...] *3* [...] and Issachar to Bet Shean; and Asher to [...] *4* [... to Si]don and to ... [...] *5* [...] ... [...]

Frags. 9 *col.* I + 10 *2* [...] and to Ain Qeber, Bet ... *3* [... to] Beqa'a and to Bet Zippor, to *4* [... and] they smote all the valley of Mitzpah, to *5* [... and] to Hykalym, to Ya'apor and to *6* [...] ... and to Manu, to Ain Kober *7* [... Mou]nt Garizim, to Hadita and to 'Oshel *8* [...] ... [... and Si]don, which *9* [...] ...

וא]ת ... וא]שקלון 10 [...]גליל ושנים ש[...]ת השרון 11 [...י]הודה את
באר שבע [וא]ת בעלות 12 [... ו]את קעילה את עדולם ואת 13 [... את
]גזר ואת תמנו ואת גמזון ואת 14 [...]חקר וקטר[ון] ואפרנים ואת שכות
15 [... את]בית חורון התחת[ו]ן והעל[יון]את 16 [... א]ת גולת
עליונה [וא]ת התח[תונ]ה 17 [...]. נחל[...]...[...] 18 [...]נמיש[...]
19 [...]...[...]

Frag. 9 II 1 [...]...[...] 2 לוא [...]... להשכין שם את אהל מו[עד
...] 3 העתים כי הנה בן נולד לישי בן פרץ בן יה[ודה ...] 4 את סלע ציון
ויורש משם את ^כל^ האמורי מי[...] 5 לבנות ^את^ הבית ליהוה אלוהי ישראל
זהב וכסף [...] 6 ארזים וברושים יביא[מ]לבנון לבנותו ובנו הקטן[...]
7 יכהן שם ראישון מ[...]חס[...] ואותו[...]צה [...] 8 [בכו]ל [מ]עון מן
השמי[ם כי] ידיד יהו[ה]ישכון לבטח .[...] 9 [ה]ימים [ו]עמו ישכון לעד
ועתה האמורי שם והכנענ[י ...] 10 יושב אשר החטיום אשר לוא דרשתי
א[ת מ]שפט ה[...] 11 מאתכה והשלוני וה[נה] נתתיו עבד ע[ם ...]רא[...]
12 ועתה נ[ש]כינה את א[הל מ]ועד רחוק מן .[...] 13 אלעזר [וישו]ע
את א[הל מו]עד מבית [אל ...] 14 ישוע[... ש]ר צבא מש[...]
15 ...[...]...[...]

4Q523 *4QJonathan*

É. Puech, *DJD XXV*, 75-83, pl. VI
PAM 43.594, 43.675, 43.699
ROC 288

Frags. 1-2 1 [...]...[...] 2 [...]י אוגו יהונת[ן ...] 3 [...]הצבאים
גנבו[...] 4 [...]ו. המזלגות ו[...] 5 [...]גוג ומגוג .[...] 6 [...]ית
בט.[...] 7 [...]נתינים .[...] 8 [...]תסוב[בו]ן .[...] 9 [...באו]צרותיהו
סומות[...] 10 [...י]עטון גלוקה [...] 11 [...י]פקון ט.[...] 12 [...]ל[...]

[…] … and t[o … and A]shkelon *10* […] Galilee and the two Sh […] the Sharon *11* [… Ju]dah, to Beer-Sheba‘ [and] to Be‘alot *12* [… and] to Qe‘ilah, to ‘Adullam and to *13* [… to] Gezer, to Timno and to Gimzon and to *14* […] Hiqqar and Qitr[on] and Ephranim, and to Soccoth *15* […] Bet Horon, Lowe[r] and Up[per], to *16* [… t]o the Upper and Lo[wer] Gulot *17* […] the torrent […] … […] *18* […] we will remove […] *19* […] … […]

Frag. 9 *col.* II *1* […] … […] *2* not […] … to establish there the tent of me[eting …] *3* of the times. For, behold, a son is born to Jesse, son of Perez, son of Ju[dah …] *4* the Rock of Zion, and he will drive out from there /all/ the Amorites, from […] *5* to build the house for YHWH, God of Israel. Gold and silver […] *6* he will bring cedar and cypress [from] Lebanon for its construction; but his son, the younger, […] *7* he will officiate there first […] … […] and to him […] *8* [in al]l the [re]sidence from the heaven[s, because] the beloved of YHW[H] will dwell in safety […] *9* [the] days, [and] his people will dwell forever. But now, the Amorites (are) there, and the Canaan[ites …] *10* dwellers who have made them sin, because I have not inquired [the jud]gment of […] *11* from you. And the Shilonite, and be[ho]ld, I have made him the servant of the pe[ople of …] *12* And now, let us establish the t[ent of mee]ting far from […] *13* Eleazar [and Joshu]a the t[ent of me]eting from Bet [El …] *14* Joshua [… ch]ief of the army … […]

4Q523 *4QJonathan*

Bibliography: É. Puech, ‘Jonathan le Prêtre Impie et les débuts de la Communauté de Qumrân, *4QJonathan (4Q523)* et *4QPsAp (4Q448)*’, *RevQ* 17/65-68 (1996) 241-260, pl. 26

Frags. 1 2 *1* […] … […] *2* […] they have removed Jonatha[n …] *3* […] the armies have stolen […] *4* […] the forks and […] *5* […] Gog and Magog […] *6* […] … […] *7* […] Netinim […] *8* […] you should enclose […] *9* [… in] his [sto]re-houses treasures […] *10* […] they [will] seize Gallikah (?) […] *11* […] they [will] bring out … […] *12* […] … […]

4Q524 (4QTemple) *4QTemple Scroll*

É. Puech, *DJD XXV*, 85-114, pls. VII-VIII
PAM 43.168, 43.605, 43.664, 43.668, 43.675, 43.676, 43.683, 43.684, 43.695, 43.696, 43.699-43.701
ROC 320
11Q19, 11Q20, 11Q21?

Frags. 6-10 1 [ואם בחוקותי ילך ואת מצוותי ישמור ויעש הישר
והטוב לפני לו]א יכרת לו [איש] יושב מבניו [על כסא מלכות ישראל]
2 [לעולם והיתי עמו והושעתיהו מיד שונאיו ומיד מבקשי נפשו לש]אתה
ונתתי [א]ת כול אויביו לפניו ומש[ל בהמה כרצונו והמה] 3 [לוא ימשולו
בו ונתתיה למעלה ולוא למטה לראוש ולוא לזנב ויאר]ך ימים רבים [ע]ל
מלכותו הואה ובניו אחר[יו *vacat*] 4 [... *]*** יקטי[רון] ונחלות{ו}ם
יואכלון ונחל[ה] ל[וא ...] 5 [...]...[... הכ]והנים מ[...]ת זובחי הזב[ח ...]
6 [...] את האזרוע [... הקב]ה ורשי[ת דגנ]ם תירושם ו[יצהרם ...]
7 [...ורש]ית כול [...]...[...]ת מ[... דמ]עיהם .[...] 8 [...] ... [...]

Frag. 14 1 [הרע מקרב]כה [ו]כ[ול בני ישראל ישמעו ויראו ?*vacat*]
2 [כי יהיה] איש רכיל בעמו [ומשלים את עמו לגוי נכר ועושה רעה בעמו
ותליתמה אותו על העץ וימת על פי שנים] 3 [עדים ועל]פי שלושה עדים
[יומת והמה יתלו אותו על העץ *vacat* כי יהיה באיש חטא משפט מות ויברח
אל תוך הגואים] 4 [ויקלל את ע]מו את בני ישרא[ל ותליתמה גם אותו על
העץ וימות ולוא תלין נבלתמה על העץ כי קבור תקוברמה ביום ההוא]
5 [*vacat* לוא]תלבוש שטנז צ[מר ופשתים יחדו *vacat* כי יהיה לאיש בן
סורר ומורה איננו שומע בקול אביהו ואמו ותפשו] 6 [בו והוציאהו א]ל[
זק]נ[י]עירו[...]

Frags. 15-20 1 [אורשה והיאה רויה לו מ]ן[החוק ושכב עמה ונמצא
ונתן האי]ש השוכב עמה[לאבי הנערה חמשים כסף ולו תהיה לא]שה תח[ת

4Q524 (4QTemple) *4QTemple Scroll*

Bibliography: É. Puech, 'Fragments du plus ancien exemplaire du *Rouleau du Temple* (4Q524)', in M. Bernstein *et al.* (eds.), *Legal Texts and Legal Issues*, 19-64, Pls. 2-3; .- 'Notes sur *11Q19 LXIV 6-13* et *4Q524 14, 2-4*. À propos de la crucifixion dans le *Rouleau du Temple* et dans le judaïsme ancien', *RevQ* 18/69 (1997) 109-124

Frags. 6 - 10 (= 11Q19 LIX - LX) *1* [But if he walks according to my precepts and keeps my commandments and does what is right and good before me,] he shall n[ot] lack one of his sons to sit [on] the thro[ne of the kingdom of Israel] *2* [for ever. And I shall be with him and free him from the hand of those who hate him and from the hand of those who seek to des]troy [his life;] and I shall give to him all his enemies and he shall ru[le them at his will but they] *3* [shall not rule him. And I shall place him above and not below, at the head and not at the tail, and he will ext]end his kingdom for many days, he and his sons after [him. *Blank*] *4* [… *]*** they will make smo[ke,] and their inheritances they will consume, but n[o] inheritan[ce …] *5* [… the p]riests […] those who sacrifice the sacri[fice …] *6* […] the shoulder […] and the first-frui[ts] of their gr[ain], their wine and [their oil …] *7* [… and the first-fru]its of all […] … […] their dues […] *8* […] … […]

Frag. 14 (= 11Q19 LXIV) *1* [the evil from] your [midst, and] a[ll the children of Israel shall hear and fear. *Blank?*] *2* [If] a man passes on information against his people, [or betrays his people to a foreign nation, or does evil against his people, you shall hang him from a tree and he will die. On the evidence of two] *3* [witnesses or on] the evidence of three witnesses [he shall be put to dead and they shall hang him on the tree. *Blank* If it happens that a man has committed a capital offence and he escapes amongst the nations] *4* [and curses] his [peo]ple, the children of Isra[el, he also you shall hang on the tree and he will die. And their corpse shall not spend the night on the tree; instead you shall bury them that day] *5* [*Blank*] You shall [not] wear a garment of diverse kinds, of wo[ol and linen together. *Blank* If a man has a stubborn and rebellious son, who will not obey the voice of his father or the voice of his mother, they shall lay hold] *6* [of him and shall bring him out t]o [the el]de[rs of] his city […]

Frags. 15 - 20 (= 11Q19 LXVI) *1* [(she is not) betrothed, and she is permitted to him b]y [the law and he lies with her and is discovered, then the ma]n who lay with her [shall give the girl's father fifty silver shekels and she will be his

אשר ענה] 2 [לוא יוכל לשלחה כול י]מיו[*vacat* לוא יקח איש את אש]ת אביהו ולוא יגלה[כנף אביהו לוא יקח איש את אשת]אחיהו [ולוא יגלה כנף] 3 [אחיהו בן אביהו]או בן אמו[כי נדה היאה]לוא[יקח איש את אחותו בת אבי]הו א[ו בת א]מו[תועבה היאה *vacat* לוא]יקח א[יש את אחות אביהו] 4 [או את אחות אמו כי]תועבה היאה[*vacat*]לוא יק[ח איש את בת אחיהו או בת]אחות[ו כי תועבה היאה *vacat* לוא יקח איש] 5 [את בת בנו א]ו את ב[ת בתו כי תועבה היאה *vacat* לוא יקח איש את אשת]בנ[ו כי תועבה היאה *vacat* ...]

Frag. 25 1 [...]א ולו[א ...] 2 [...] מכול א[...] 3 [...] רו ביום אש]ר ...] 4 [...] . עד דור .[...] 5 [...ל]וא ... [י]שראל [...] 6 [...] אשר בא עמכם ת...[...] 7 [...] לו[]א ירשתמה *vacat* [...] 8 [...] מקרה [...]

4Q525 (4QBéat) *4QBeatitudes*

É. Puech, *DJD XXV*, 115-178, pls. IX-XIII
PAM 43.420, 43.595, 43.596, 43.600, 43.668, 43.669, 43.671, 43.673, 43.681, 43.682, 43.685-43.688
ROC 423, 424, 432
Bibliography: J. Starcky, 'Le travail d'édition', 67; É. Puech, 'Un hymne essénien en partie retrouvé et les Béatitudes', in *RevQ* 13/49-52 (1988) 84-87;

Frag. 1 1 [... אשר דב]ר בחוכמה אשר נתן לו אלוה[ים ל...] 2 [... לדע]ת חוכמה ומו[סר] להשכיל[...] 3 [...]ם להוסיף ד[עת ...]

Frags. 2 II + 3 1 בלב טהור ולוא רגל על לשונו *vacat* אשרי תומכי חוקיה ולוא יתמוכו 2 בדרכי עולה *vacat* אש[רי] הגלים בה ולוא יביעו בדרכי אולת *vacat* אשרי דורשיה 3 בבור כפים ולוא ישחרנה ב[לב] מרמה *vacat* אשרי אדם השיג חוכמה *vacat* ויתהלך 4 בתורת עליון ויכן לדרכיה לבו *vacat* ויתאפק ביסוריה ובנגועיה ירצה תמ[י]ד 5 ולוא יטושנה

wi]fe, sin[ce he raped her;] *2* [he cannot dismiss her all] his [d]ays. [*Blank* A man shall not take] his father's [wif]e and shall not 'uncover [the garment' of his father. A man shall not take] his brother's [wife or 'uncover the garment'] *3* [of his brother, the son of his father] or the son of his mother, [because it is sexual impurity. A man is] not [to take his sister, the daughter of] his [father] o[r the daughter of] his [mo]ther; [it is an abomination. *Blank*] A m[an is not] to take [the sister of his father] *4* [or the sister of his mother, because] it is an abomination. [*Blank* A man] is not to ta[ke the daughter of his brother or the daughter of his] sister [because it is an abomination. *Blank* A man is not to take] *5* [the daughter of his son o]r the daug[hter of his daughter because it is an abomination. *Blank* A man is not to take the wife of his] son [because it is an abomination. *Blank* ...]

Frag. 25 *1* [...] and no[t ...] *2* [...] from all [...] *3* [...] ... on the day whi[ch ...] *4* [...] until the generation [...] *5* [... n]ot ... [I]srael [...] *6* [...] which come with you ... [...] *7* [...] you will n[o]t inherit. *Blank* [...] *8* [...] pollution [...]

4Q525 (4QBéat) *4QBeatitudes*

.- '4Q525 et les péricopes des béatitudes en Ben Sira et Matthieu', *RB* 98 (1991) 80-106; .- 'The Collection of Beatitudes in Hebrew and in Greek (4Q525 1-4 and Mt 5,3-12)', in F. Manns, E. Alliata (eds.), *Early Christianity in Context* (Jerusalem: Franciscan Printing Press, 1993) 353-368; *Wacholder-Abegg 2*, 185-203

Frag. 1 *1* [... which he has sai]d with the wisdom God gave him [...] *2* [... in order to kn]ow wisdom and disci[pline,] in order to understand [...] *3* [...] in order to increase kn[owledge ...]

Frags. 2 *col.* II + 3 *1* with a pure heart, and does not slander with his tongue. *Blank* Blessed are those who adhere to her laws, and do not adhere *2* to perverted paths. *Blank* Bles[sed] are those who rejoice in her, and do not burst out in paths of folly. *Blank* Blessed are those who search for her *3* with pure hands, and do not pursue her with a treacherous [heart.] *Blank* Blessed is the man who attains Wisdom, *Blank* and walks *4* in the law of the Most High, and directs his heart to her ways, *Blank* and is constrained by her discipline and alwa[ys] takes pleasure in her punishments; *5* and does not forsake her in the hardship of

בעוני מצר[יו] ובעת צוקה לוא יעוזבנה ולוא ישכחנה [בימי]פחד
6 ובענות נפשו לוא יגעל[נה *vacat*]כי בה יהגה תמיד ובצרתו ישוחח[בה
ובכו]ל 7 היותו בה[ישכיל וישיתה]לנגד עיניו לבלתי לכת בדרכי[...]
8 [...]יה יחד ויתם לבו אליה [...] 9 [...]שו ועם מלכים תוש[יבנו ...]
10 [בש]בטו על מי[...]. אחים יפר[...] 11 [...] *vacat* [...] *vacat* [...]
12 [ו]עתה בנים ש]מעו ... וא]ל תסור[ו ...] 13 [...]שיות רעת [...]ם[...]
14 [...]...[...]

Frag. 2 III 1 ישוה בה כול היום [...] 2 לוא תלקח בזהב .[...] 3 עם
כול אבני חפצ[...] 4 ידמ[ה] בת[א]ר פניהו[...] 5 ונצני ארגמון עם [...]
6 שני עם כול בגדי [...] 7 ובזהב ופנינים ו[...]

Frag. 5 1 [...]...[...] 2 [...]. בעת צ[ו]ק[ה ...] 3 [...].י נסויה
 וב[...] 4 [...]דו *vacat* [...] 5 [...].הרה .[...] 6 [...]...[... אל]תדרשוה
בלב ר[ע ...] 7 [.]דרכיה [...]. אל ת[דר]שוה בלב מרמה ובח[וקי ... אל]
8 [ת]עזובו ל[... חל]קכמה וגורלכמה לבני נכר כי חכמ[ים ...] 9 [י]שכילו
במתק *vacat* יראי אלוהים יצורו דרכיה ויתהלכו ב[...] 10 חוקיה
ובתוכחותיה לוא ימאסו נבונים יפיקו[...] 11 הולכי תמים יטו עולה
וביסוריה לוא ימאסו [...] 12 יסיבלו ערומים יכרו דרכיה ובמעמקיה
יק[...] 13 יביטו אוהבי אלוהים יצניעו בה וב[...]

Frag. 6 II 1 מע[נ]ה ומקנאת בלוא[...] 2 לבלתי הבן מרוח מת[...]
3 דעת מרוח מוהלת .[...] 4 ברך ומכשלת בלו[א ...] 5 נכון ומוצאת
בלוא[...] 6 גאוה ומרימת לב[...] 7 [...]...[...]

Frag. 10 1 [...]מה מספר ואין[...] 2 [...] *vacat* [...] 3 [... ועתה]
ה[ק]שיבו לי כול בני ה[...] 4 [...] וענוה ויושר ול...[...] 5 [...]. אויב
ואוהב וכול בשר אל ʾצדק א[ל ...] 6 [... א]ם תטיב יטיב לכה [...]תשוב
[...] 7 [...]כול[...]ל דעת ה[...]

[his] wrong[s,] and in the time of anguish does not abandon her, and does not forget her [in the days of] terror, *6* and in the distress of his soul does not loathe [her. *Blank*] For he always thinks of her, and in his distress he meditates [on her, and in al]l *7* his life [he thinks] of her, [and places her] in front of his eyes in order not to walk on paths […] *8* […] together, and on her account eats away his heart […] *9* […] … and with kings it shall make [him s]it […] *10* [with] his [sc]eptre over … […] brothers … […] *11* […] *Blank* […] *12* [And] now, sons, lis[ten to … and do] not reject […] *13* […] … the evil of […]

Frag. 2 *col.* III *1* it is like her the whole day […] *2* She cannot be obtained with gold […] *3* with any precious stone […] *4* he resembles with the countenance of his face […] *5* and purple flowers with […] *6* scarlet, with all the clothes […] *7* and with gold and pearls and […]

Frag. 5 *1* […] … […] *2* […] in the time of n[eed …] *3* […] of his trial and […] *4* […] … *Blank* […] *5* […] … […] *6* [… Do n]ot seek her with [wic]ked heart […] *7* her paths [… Do n]ot se[ek her] with arrogant heart and in the la[ws … Do not] *8* abandon your [inh]eritance to […] , or your lot to the sons of foreigners. For sag[es …] *9* they instruct with tenderness. *Blank* Those who fear God keep her paths and walk in […] *10* her laws, and do not reject her reproaches. Those who understand will acquire […] *11* Those who walk in perfection keep away from evil and do not reject her admonishments […] *12* they bear. The skilful dig her paths, and in her depths they […] *13* they watch. Those who love God humble themselves in her and in […]

Frag. 6 *col.* II *1* answe[r,] and making zealous without […] *2* not to understand. From a spirit … […] *3* of knowledge. From a weakened spirit […] *4* he blesses; and whoever stumbles without […] *5* certain; and whoever seeks without […] *6* pride, and arrogance of hea[rt …] *7* […] … […]

Frag. 10 *1* […] … number, and not […] *2* *Blank* […] *3* [… And now,] pay attention to me, all the sons of […] *4* […] humility and uprightness … […] *5* […] the enemy and the loved, but G[od] will not justify all flesh […] *6* [… I]f you do good, he will do good to you […] you will return […] *7* […] all […] knowledge […]

Frags. 11-12 1 [...]ורוב שלום [ע]ם כול ברכות[...] 2 [... עם]מדת הדר לכ[ו]ל תומכי בי [...] 3 [...] תמים בכול דרכי ול[...] 4 [...]עם כול רוח[ות ...] 5 [...]...[...]

Frag. 13 1 [...]ומפיהם[...] 2 [...].ל ברעי עין תתן ל[...] 3 [...]יטורו לשפוך דם ב[...] 4 [...]גאוה תנחל ובתכמיה[...] 5 [...]כול נוחליה *vacat* [*vacat*] 6 [ועתה ש]מעו לי [...]

Frag. 14 II 1 [...]...[...]לתכה בת.[...] 2 על כסא עון ועל במות כ.[...] 3 בלב[ם] וירימו רואשכה [...] 4 תה[ל]ל ומפני דברך יתג[ברו ...] 5 בכ[ול] הדר ונחמד ב[...] 6 נגע בדרכיכה בל ת{ת}מוטט[...] 7 תתברך בעת מוטך תמצא .[...] 8 ובל תבואכה חרפת שונא ו[...] 9 יחד ומשנאיכה י{ש}{ס}תופפ[ו ...] 10 לבכה ותתענגתה על א[...] בהחניפ{ת}[ה ...] 11 למרחב רגלכה ועל במות[י א]ויביכה תדרוך ו[...] 12 נפשכה וחלצכה מכול רע ואל יבואכה פחד .[...] 13 יורישך ימלא בטוב ימיכה [ו]ברוב שלום תת[...] 14 תנחל כבוד ואם נספיתה למנוחות עד ינחלו[ה ...] 15 ובתלמודכה יתהלכו יחד כול יודעיכה יש.[...] 16 יחד יאבלו ובדרכיכה יזכרוכה והייתה [...] 17 *vacat* [*vacat*]

18 ועתה מבין שמעה לי ושים לבכה ל[...] 19 הפק דעת לבטנכה ובגו[יתכ]ה הגה[...] 20 בענות צדק הוצא אמרי[כה וא]ל תתן [... אל] 21 תשובב בדברי רעיכה פן י[כי]ן לכה[...] 22 ולפי שומעכה ענה כמוהו היוצא בו השמ[ר ... ואל] 23 תשפוך שיח טרם תשמע את מליהם ה[...] 24 מואדה *vacat* לפנים שמע אמרם ואחר תשיב ב[... ובארך] 25 אפים הוציאם וענה נכון בתוך שרים ובש[...] 26 בשפתיכה ומתקל לשון השמר מואדה בג.[...] 27 פן תלכד בשפתותיכה[ונו]קשתה יחד בלש[ון ...] 28 דברי תופלה [...]ת ממני ונפתלו[...]

Frag. 15 1 [...]ך אופל .[...ת]אגר ריש וב{מ}ס[פר ...] 2 [...] פתנים ב[...]תהלך אליו תבוא רומ[ה ...] 3 [...]שרף ובחלח[לה] ידולל פתן בעליו[ן ...] 4 [...]. בו יתיצבו ארורות נצח וחמת תנינים[...]

Frags. 11 - 12 *1* […] and abundant peace [wi]th all blessings […] *2* [… with] majestic raiment for a[l]l those who cling to me […] *3* […] perfect in all my paths, and to … […] *4* […] and with all spirit[s …] *5* […] … […]

Frag. 13 *1* […] and from their mouth […] *2* […] with those of evil eye you will give […] *3* […] they keep angry to shed blood among […] *4* […] you will inherit pride and in its entrails […] *5* […] all who inherit her *Blank* [*Blank*] *6* [And now, li]sten to me, […]

Frag. 14 *col.* II *1* […] your … in […] *2* upon the throne of evil and upon the heights […] *3* in [their] hearts and they will lift your head […] *4* you shall pr[ai]se, and before your word they will beha[ve proudly …] *5* in fu[ll] glory and desirable in […] *6* a stroke on your paths. You will not be shaken […] *7* you will congratulate yourself. At the time of your staggering you will find […] *8* and the insult of who hates you will not come to you and […] *9* together, and those who hate you will stand at the threshold […] *10* your heart, and you will rejoice over […] in the pollution […] *11* for a broad space your foot, and you will walk upon the height[s of] your [e]nemies and […] *12* your soul; he will free you from every evil and fear will not enter you […] *13* he will give you as inheritance; he will fill your days with goodness, [and] with abundant peace you will […] *14* you shall inherit honour; and when you are snatched away to eternal rest they will inhe[rit her …] *15* and in your teaching, all those who know you will walk together … […] *16* Together they will mourn, and in your paths they will remember you, for you were […] *17* *Blank* [*Blank*] *18* And now, understanding one, listen to me and apply your heart to […] *19* obtain knowledge deep within you and in your bo[dy] meditate […] *20* with just humility pronounce [your] words; [and] do [no]t give [… nor] *21* answer the words of your fellows, lest he prepare for you […] *22* and answer according to your listener, as befits him. Take car[e … and do not] *23* utter sighs before having heard their words […] *24* excessively. *Blank* First hear their words and afterwards, answer with [… and with] *25* patience bring them out; and in the midst of princes, answer correctly; and with […] *26* with your lips, and be very careful against a slip of the tongue; … […] *27* lest you be caught by your (own) lips [and tr]apped together by the ton[gue …] *28* unseemly words […] from me, and they are twisted […]

Frag. 15 *1* […] darkness [… you will] gather poverty, and according to the number […] *2* […] serpents […] you will go to him, you will enter haughti[ly …] *3* […] a burning serpent; and with angui[sh] a serpent will be raised on hig[h …] *4* […] in it they stand firm. Eternal curses and vipers' venom […]

5 [...]צפע ובו יעופפו רשפ[י]מות במבואו תצע[ד ...] 6 [... ח]ושך סודו להבי גו[פר]ית ומכונתו א[ש ...] 7 [... דלתו]תיו כלמות חרפה מנעוליו צומי שחת[...] 8 [...]לוא ישיגו אורחות חיים תב[וא ...] 9 [... פ]צועי ש[...]מ.[...]

Frag. 16 1 [...]ה[...] 2 השריתה [...] 3 בה תעו נבונים[...] 4 ומוקשים ה.[... אנשי] 5 דמים המי[תו ...] 6 במעל ועשק[...] 7 בית ודלת[ות ...]

Frag. 21 1 [... מ]חשכים ואתרפ[א ...] 2 [...]זעומי אלוהים תמ[...] 3 [... ר]שעים תש[...]...[...] [...] 4 [...] וזמה תבחר[...] 5 [...]ע בו יתרוממו ויתהלכו[...] 6 [...].דים המגוללים בסאון[...] 7 [...]רבו מקורה מקור [...] 8 [... א]קבוץ חרון ובארך [אפים ...] 9 [...]נכון וזעם[...]

Frag. 23 1 אחזו תכמי מלפני אלו[הים ...] 2 אתנודד וביום נחרצת[...] 3 ולרדת אל ירכתי בור ול.[...] 4 בכור חרון *vacat* כי אני חכ[ם ...] 5 צוה אל באנשי ערמת[...] 6 בעדם מדעת חוכמה [...] 7 הפך פן יהגו באמר[י ...] 8 געלתי ובאנשי לצון [...] 9 צדק וכצור מכ[שול ...] 10 [כי] זעמני אל [...] 11 [וד]בר א[...]

Frag. 24 II 1 [ונ]כון תביע אמרה [...] 2 לבב האזינו לי ו.[... אשר] 3 הכינותי ושתו מי[...] 4 ביתי בית .[...] 5 ביתי שוכן ב[...] 6 עולם וצעדו[...] 7 אוספיו יקבו[צו ...] 8 שרף וכול שות[ה ...] 9 באר מימי מע[...]

4Q526 *4QTestament?*

É. Puech, *DJD XXV*, 179-181, pl. XIV
PAM 41.947, 43.575

5 […] snake; and in him fly the flame[s of] death; at his entrance you will ste[p …] *6* […] darkness. Flames of su[lph]ur are his foundation, and his place is a fi[re …] *7* […] his [door]s are shameful reproaches, his bolts are the fasts of the pit […] *8* […] they will not reach the tracks of life. You will en[ter …] *9* [… the w]ounded […] … […]

Frag. 16 *1* […] … […] *2* Did you let loose […] *3* those who understand stray in her […] *4* and snares […] *5* bloody [men] have kil[led …] *6* with treachery and oppression […] *7* the house and the doo[rs …]

Frag. 21 *1* [… the d]ark places and I will be heal[ed …] *2* […] those who incur God's indignation … […] *3* [… the wi]cked … […] *4* […] and you choose wickedness […] *5* […] in him; they will exalt themselves and parade […] *6* […] … those rolled in the mud […] *7* […] … her source, the source of […] *8* [… I will] gather the wrath and with [patience …] *9* […] certainly, and indignation […]

Frag. 23 *1* they will seize my entrails before G[od …] *2* I will totter. And on the day decreed […] *3* and to descend to the bottom of the pit, and to […] […] … *4* in the oven of wrath. *Blank* For I am wis[e …] *5* God has commanded by the shrewd men […] *6* in their favour. From knowledge of wisdom […] *7* he has changed, lest they muse over the wor[ds of …] *8* I abhor, and with insolent men […] *9* justice, and like a rock for stu[mbling …] *10* [For] God is indignant with me […] *11* [and s]aid […]

Frag. 24 *col.* II *1* [and tr]uly she utters her words […] *2* the heart. Pay attention to me and [… which] *3* I established; and drink water […] *4* my house is a house of […] *5* my house dwells in […] *6* for ever; and they step […] *7* they will co[llect] their harvests […] *8* will burn, and everyone who drink[s …] *9* a well of waters … […]

4Q526 *4QTestament?*

ROC 252

1 [...]אדני לאבי לו תעשה ל.[...] 2 [...]באשר היתה[...]

4Q527 *4QLiturgical Work D?*

É. Puech, *DJD XXV*, 183-185, pl. XIV
PAM 41.946, 43.575

1 אשר היו נצפנים לחג אד[וני ...] 2 [...] לו שלמים כן [...] 3 [...
]כן הכוהן ...[...]

4Q528 *4QHymnic or Sapiential Work B*

É. Puech, *DJD XXV*, 187-190, pl. XIV
PAM 42.079, 43.575

1 [...]חנפ[...] 2 [... ע]מך א[ש]ר תברך ה[...] 3 [... תקב[וץ]
יר]איך ב[ני]ישראל אש[ר ...] 4 [...] ותמימיך ת[ג]אל התמים בכול
מ[...] 5 [...].תם הבחיר[י]ם אשריכם כול יראי יהוה [...] 6 [...]. *vacat*
[...]

4Q529 *4QWords of Michael ar*

PAM 42.014, 43.572
ROC 164
6Q23

1 מלי כתבא די אמר מיכאל למלאכיא .[...] 2 אמר די גדודי נורא תמה
השכח[ת ... תמה] 3 [חזית] תשעה טורין תרין למדנ[חא ותרין למערבא
ותרין לצפונא ותרין] 4 [לדר]ומא תמה חזית לגבריאל מלאכ[א ...]
5 ב... והחזיתה חזוה ואמר לי [...] 6 בספרי די רבי מרא עלמא כתיב הא

1 [...] the Lord to my father: you shall not make [...] *2* [...] in which she was [...]

4Q527 *4QLiturgical Work D?*

ROC 252

1 which were stored for the feast of the Lo[rd ... *2* [...] for him peace-offerings. Thus [...] *3* [...] thus the priest [...]

4Q528 *4QHymnic or Sapiential Work B*

ROC 252

1 [...] profane [...] *2* [...] your [peo]ple w[hi]ch you bless [...] *3* [... you will ga]ther [those who f]ear you, [the] s[ons of] Israel w[ho ...] *4* [...] and your perfect ones. You will [re]deem the perfect ones in all [...] *5* [...] ... the elect ones. Blessed are you, all who fear YHWH [...] *6* [...] *Blank* [...]

4Q529 *4QWords of Michael ar*

Bibliography: J. Starcky, 'Le travail d'édition', 66; J.T. Milik, *The Books of Enoch*, 91; R. Eisenman, M. Wise, *DSSU*, 37-39; K. Beyer, *ATTME*, 127-128

1 Words of the book which Michael spoke to the angels [...] *2* He said: « [I] found there troops of fire [... There] *3* [I saw] nine mountains: two to [the] Eas[t, and two to the West, and two to the North, and two] *4* [to] the [Sou]th. There I saw [the] angel Gabriel [...] *5* in ... and I showed him his vision. And he said to me: [...] *6* In my book of my Great One, the Lord Eternal, it is written: Behold

[... בין] 7 בני חם לבני שם והא רבי מרא עלמא [...] 8 כדי כשבין דמעא
מן אזדרא [...] 9 והא מתבניה קריה לשמה די רבי [מרא עלמא ...]
10 יתעבד כל די באיש קודם רבי מר[א עלמא ...] 11 וידכר רבי מרא
עלמא לבריתה .[...] 12 [לר]בי מרא עלמא לה רחמין ולה [...]
13 במדינתא רחיקתא להוא גברא [...] 14 הוא ולהוא אמר לה הא דן
ה.[...] 15 לי כספא ודהבא .[...] ויאמ[ר ...] 16 [ו]צדיקא [...]

4Q530 (4QEnGiants[b] ar) *4QBook of Giants[b] ar*

PAM 43.568
ROC 437
1Q23, 1Q24, 2Q26, 4Q203, 4Q531, 4Q532, 4Q533?, 4Q556, 6Q8
Bibliography: J.T. Milik, 'Turfan et Qumrân', 121-125; .- *The Books of Enoch*, 230, 304-307; K. Beyer, *ATTME*, 119-124; J.C. Reeves, *Jewish Lore in Manichaean Cosmogony. Studies in the Book of Giants Traditions* (Cincinnati:

Col. I 1 [...] יותבהי 2 [...] מיא עם 3 [...]א יתמנו בכל 4 [...]
יתחשבו בחשבון שניא למן 5 [די ...שב]עת יומיא אלן במטרהן[...] 6 [...
א]ל יחדון ואל[...]

Col. II 1 על מות נפשנא[...] וכל חברוהי [ואו]היה אחוי אנון {.}מא די
אמר לה 2 גלגמיס ו[...] בה אפחד ומתאמר [ד]ין על נפשה ורבא לט
לרוזניא 3 וחדו עלוהי [...]חבריא ותב ואזל ל[...]ל עלוהי באדין חלמו
תריהון חלמין 4 ונדת שנת עיניהון וק[מו...]... מנהון וקמו[...] עיניהון
5 ואתו על [...] חלמיהון וא[מ]ר בכנשת ח[ברוהי] 6 נפיליא [... ב]חלמי
הוית חזא בלילא דן 7 [...]...[... ג]ננין והוא משקין 8 [... שר]שין
רברבין נפקו מן עקרהן 9 [...]חזית עד די לשונין די נור מן 10 [...]...[...]כל
מיא ונורא דלק בכל 11 [...]...[...] 12 [...]א עד כא סוף חלמא
13 [... לא] השכחו גבריא לחויא לה[ון] 14 [חלמא ... לחנוך] לספר
פרשא ויפשור לנא 15 חלמא *vacat* באד[י]ן [הו]ה הודה אחוהי [א]והיא
ואמר קדם גבריא אף 16 אנה חזית בחלמי בליליא דן גברוא [ה]א שלטן

[... between] *7* the sons of Ham and the sons of Shem. And behold, my Great One, the Lord Eternal [...] *8* when *keshabin* (?) tear from *azdara* (?) [...] *9* And behold, a city will be built to the name of my Great One, [the Lord Eternal ...] *10* all that is wicked shall be done before my Great One, [the] Lord [Eternal ...] *11* And my Great One, the Lord Eternal, will remember his creation [...] *12* [to] my [Gre]at One, the Lord Eternal, to him the mercy and to him [...] *13* In the distant province there will be a man [...] *14* is he; and he will say to him: «Behold, this [...] *15* to me silver and gold [...] and he will sa[y ...] *16* [and] the righteous man [...]

4Q530 (4QEnGiants[b] ar) *4QBook of Giants[b] ar*

Hebrew Union College, 1991) 51-164; F. García Martínez, 'The Book of Giants', in *Qumran and Apocalyptic. Studies in the Aramaic Texts from Qumran* (STDJ 9; Leiden: E.J. Brill, 1992) 97-115; L.T. Stuckenbruck, *The Book of Giants from Qumran. Texts, Translation and Commentary* (TSAJ 63; Tübingen: Mohr Siebeck, 1997) 100-141; cf. 4Q203

Col. I *1* [...] he should be placed *2* [...] the waters with *3* [...] they will be numbered among the whole *4* [...] they should be counted according to the reckoning of years for the one *5* [who ...] these [se]ven days in keeping them [...] *6* [... they will no]t rejoice and not [...]

Col. II *1* concerning the death of our souls [...] and all his friends. [And 'O]hyah made know to them that which had said to him *2* Gilgamesh. And [...] I will fear, and a [sen]tence against his life will be spoken. And the Great One has cursed the princes. *3* And they rejoiced upon him [...] the friends. And he returned and went to [...] upon him. Then two of them dreamed dreams, *4* and the sleep of their eyes fled from them and they ar[ose ...] from them and they arose [...] their eyes *5* and came to [...] their dreams. And he s[ai]d in the assembly of [his] fri[ends,] *6* the Nephilin, [... in] my dream I have seen in this night: [...] *7* [... ga]rdeners and they were watering *8* [...] numerous [roo]ts issued from their trunk *9* [...] I watched until tongues of fire from *10* [...] all the water and the fire burned in all *11* [...] ... [...] *12* [...] Here is the end of the dream. *13* [...] The Giants could [not] find (someone) to explain to the[m] *14* [the dream ... to Enoch,] the scribe of distinction, and he will interpret *15* the dream for us. *Blank* Then [']Ohyah, his brother, acknowledged and said in front of the Giants: *16* I also saw something amazing in my dream this

שמיא לארעא נחת 17 וכרסון יחיטו וקדישא רבא ית[ב מאה מ]אין לה
משמשין אלף אלפין לה 18 [... ורבו רבון ק]דמוהי הוא קאמין וארו[
ספר]ין פתיחו ודין אמיר ודין 19 [... בכתב כ]תיב וברושם רשים [...]
לכל חיא ובסרא ועל 20 [...]שין עד כא סוף חלמא [*vacat* באדין]דחלו כל
גבריא 21 [ונפיליא ו]ק[ר]ו מהוי ואתה לה[ון ...] גבריא ושלחוהי על חנוך
22 [ספר פרש]א ואמרו לה אזל[...] אתרה ומותא לכה די 23 [לא
]שמעתה קלה ואמר לה די יחו[א ו]יפש[ו]ר חלמיא ודי כלא מנח
24 [...]...נא הן איתי פם ארבא [...] *vacat*

Col. III 1 הן[...] 2 עוד [...] 3 באחת ארכת גבריא[...]
4 כעלעולין ופרח בידוהי {כעל} כנש[ר...] 5 ח[ו]לד וחלף לשהוין מדברא
רבא[...] 6 ו[ח]זה חנוך וזעקה ואמר לה מחוי [...] 7 לתנא ולכה תנינות
למחוי בע[א ...] 8 ל[מ]ליך וכל נפילי ארעא הן הובל[...] 9 מן יומ[י...
]תהון ויתוס[פון ע]ל[...] 10 [... נ]נדע מנך פשרה[ו]ן[...] 11 [...]נין די
מן שמין נ[חתו ...]

Frag. 6 I 1 [...]...[...] 2 [... ל]לוט ולצער אנה די ידי 3 [...] וכל
בית פלטא די אהך לה 4 [... נפשת קטי]לין קבלן על קטליהון ומזעקן
5 [...]תא ונמות כחדא ונתן שיציא 6 [...ק]צף שגיא ואהוה דמך ולחם
7 [... הו]קרת לשכני חזות ואף 8 [...] על לכנשת גבריא

4Q531 (4QEnGiants^c ar) *4QBook of Giants^c ar*

PAM 43.569, 43.570
ROC 328, 342
1Q23, 1Q24, 2Q26, 4Q203, 4Q530, 4Q532, 4Q533?, 4Q556, 6Q8

Frag. 1 1 [...]שהרא[...] 2 [... כול די]ארעא עבדת[...] 3 [...
]נוניא רבר[בי]א .[...] 4 [...] שמים עם כול די פרא[...] 5 [... א]רעא

night: The Ruler of the heavens came down to earth, *17* and thrones were erected and the Great Holy One sa[t down. A hundred hun]dreds were serving him, a thousand thousands *18* [were ...] him, [and ten thousand times ten thousand be]fore him were standing. And behold, [book]s were opened and the sentence was proclaimed. And the sentence *19* [... in a book] was [wri]tten, and recorded in an inscription [...] for all the living and the flesh and upon *20* [...] ... Here is the end of the dream. [*Blank* Then] all the Giants [and the Nephilin] became frightened, *21* [and] they cal[led] to Mahawai and he came to t[hem ...] the Giants, and they sent him to Enoch, *22* [the scribe of distinction;] and they said to him: Go [...] after him, and death for you if *23* you do [not] listen to his voice. And tell him to expl[ain and in]terpret the dreams, and that all rest [...] *24* [...] ... If there is a cunning mouth [...] *Blank*

Col. III *1* If [...] *2* still [...] *3* on one (tablet ?) the duration of the Giants [...] *4* like the hurricane, and he flew with his hands like an eag[le ...] *5* the earth and crossed over bare regions, the great desert [...] *6* and he [s]aw Enoch, and he called him and said to him: An oracle [...] *7* to here. And for a second time I beg you for an oracle [...] *8* your [w]ords, together with all the Nephilin of the earth. If he removes [...] *9* from the day[s of] their [...] , then they will be add[ed to ...] *10* [... we] may learn their explanation from you. [...] *11* [...] ... which have co[me down] from heaven [...]

Frag. 6 *col.* I [*by a different hand ?*] *1* [...] ... [...] *2* [...] a curse and an affliction. I, whose hands *3* [...] and every house of escape to which I shall go *4* [... the souls of those ki]lled are complaining against their murderers and crying out unceasingly *5* [...] ... and we shall die together and destruction will be given (?) *6* [...] great [an]ger, and I will sleep; and bread *7* [...] the vision [has made hea]vy my eyelids. And also *8* [...] he entered the assembly of the Giants.

4Q531 (4QEnGiants[c] ar) *4QBook of Giants[c] ar*

Bibliography: J.T. Milik, *The Books of Enoch*, 307-313; K. Beyer, *ATTME*, 119-124; J.C. Reeves, *Jewish Lore*, 51-164; F. García Martínez, 'The Book of Giants', 97-115; L.T. Stuckenbruck, *The Book of Giants*, 141-177; cf. 4Q530

Frag. 1 *1* [...] the moon [...] *2* [... everything which] the earth produces [...] *3* [...] the gre[at] fish [...] *4* [...] the heavens with all which is fruitful [...]

וכול דגנא וכול אילניא[...] 6 [... ע]נא בעירא די רקרקא עם[...] 7 [...כו]ל שרץ ארעא ואחרו כול[...] 8 [... כו]ל עובד קשה וממרא מ[...] 9 [...]דכר ונקבה ובאנשא ל[...] 10 [...]אנשא [...]ה ורא[...]

Frag. 4 1 [...]ולאחירם ו[ל...] 2 [... ול]ענאל ולב[ר]קא[ל...]ן[...] 3 [...]ל לנעמאל ול.[...] ולעמיאל[...] 4 [...]כול אלין גבריא ומה ח.[...] לכה די קטל[תה ...] 5 [...] *vacat* הלא כול אלין אזלו בחרבא[...] 6 [...] כנהרין רברבין על [...] 7 [...]עליכה[...]

Frag. 5 1 [...]ן אטמיו[...] 2 [...]גברין ונפילין ו[...] 3 [...] אולדו ואלו כו[ל...] 4 [...]בדמה ועל יד מה[...] 5 [... גברי]ן די לא שפק להון ול[ביהון...] 6 [...]ובעין למאכל שגיא מל[...] 7 [...] *vacat* [...] 8 [...]מחוה נפיליא [...]

Frag. 9 1 [...]רתה אלף אלפין .[...] 2 [...]והי לא בחיל על כול מלך [...]תל [...] 3 [...]אחדת ואנה נ[פ]לת על אנפי קלה שמ[עת ...] 4 [...]. יתב בין בני אנש ולא אלף מנהון[...] 5 [...] *vacat* [...] 6 [...]תאן תרין[...] 7 [...]...[...]

Frag. 17 1[...]גו ימיניא [...] כול בית [...]יק לא 2 [...]הון *vacat* 3 [... מת]גבר ובתקוף חיל דרעי ובחסן גבורתי 4 [... כ]ול בשר ועבדת עמהון קרב ברם לא 5 [... מה]שכח אנה עמן לאשתררה דבעלי דיני 6 [... בשמי]א יתבין ובקדשיא אנון שרין *vacat* ולא 7 [... דאנו]ן תקיפין מני *vacat* 8 [... גע]רה די חיות ברא אתה ואוש ברא קרין 9 [...]וכדן אמר לה *vacat* אוהיה חלמי אנסנ[י] 10 [... נדת ש]נת עיני למחזא [חז]וה ארו ידע אנה די על 11 [... לא א]דמוך ולא ...ל[...] 12 [...ג]לגמיש אמר [ח]למכה[...]

---

5 [… the e]arth and all the wheat and all the trees […] *6* [… the sh]eep, the small animal which hiss, with […] *7* [… eve]ry creeping thing of earth. And they burned all […] *8* [… eve]ry harsh deed and the word […] *9* […] male and female, and among humanity … […] *10* […] humanity […] and … […]

Frag. 4 *1* […] and to Ahiram, and [to …] *2* [… and to] ‘Anael and to Ba[ra]qe[l …] … […] *3* […] …, to Na‘amel, and to […] , and to ‘Ammiel […] *4* […] all these Giants. And what … […] to you, that [you] killed […?] *5* […] *Blank* Have not all of these gone by the sword? […] *6* […] as large rivers against […] *7* […] against you […]

Frag. 5 *1* […] they defiled themselves […] *2* […] the Giants and the Nephilin and […] *3* […] they sired. And if al[l …] *4* […] in his blood. And according to the power … […] *5* [… Giant]s, as was not enough for them and for [their sons …] *6* […] and they wanted to eat much … […] *7* […] *Blank* […] *8* […] the Nephilin destroyed it […]

Frag. 9 *1* […] … thousand of thousands […] *2* […] … without strength against every king of … […] … […] *3* […] I have seized. And I f[e]ll upon my face. [I] hea[rd] his voice […] *4* […] he dwelt among men but did not learn from them […] *5* […] *Blank* […] *6* […] … two […] *7* […] … […]

Frag. 17 *1* […] … the right […] every house […] … not *2* […] their […] *Blank* *3* [… I was gro]wing powerful, and with the strength of my powerful arm and with the might of my power *4* [… a]ll flesh, and waged war with them. But not *5* […] I was able to prevail among us, for my accusers *6* […] they reside in the [heavens] and live in the holy abodes, *Blank* and not *7* [… for the]y are more powerful than I. *Blank* *8* [… the ro]ar of the animals of the forest is coming and the … (?) of the forest are calling *9* […] ’Ohyah spoke as follows to him: *Blank* «My dream has depressed [me] *10* [… the sl]eep [has fled] from my eyes at seeing the [vis]ion. Behold, I know that against *11* [… I will not] sleep and not … […] *12* [… Gi]lgamesh, tell your [d]ream […]

4Q532 (4QEnGiants[d] ar) *4QBook of Giants[d] ar*

PAM 43.573
ROC 148
1Q23, 1Q24, 2Q26, 4Q203, 4Q530, 4Q531, 4Q533?, 4Q556, 6Q8

Frag. 2 1 [...].[...] 2 [...]בבש[רא ...] 3 [...]נפיל[ין ...]
4 [...]הוו קאמ[ין ...] 5 [...]ארעא תר[...] 6 [...][הוו] עשיתין ל[...]
7 [...]. מן עירין על.[...] 8 [...]סף ואבד ומית ו.[...] 9 [... ח]בל רב
חנבלו בא[רעא ...] 10 [... לא] שפק לה למא[כל ...] 11 [...]י ארעא ועד
.[...] 12 [...]בארעא בכל ב[...] 13 [...]בא וכען לא ש[...] 14 [...].ו
אסור תקי[ף ...]

4Q533 *4QGiants or Pseudo-Enoch ar*

PAM 43.601
ROC 428
(1Q23, 1Q24, 2Q26, 4Q203, 4Q530, 4Q531, 4Q532, 4Q556, 6Q8 ?)

*Frag.*1 1 [...]...[...]קו[...] 2 [...]לטור סיני [...] 3 [...]משרא
[...]שוא אנפוהי ו[...] 4 [...] *vacat* ויקד בני[...] יומא באישה[...]
5 [...] יקדמיה ויצוה [ל]הן ויחדנה *vacat* [...] 6 [...]מדינתא חדתא די
שבה כל די הוא ב[...] 7 [...] על דנה אמר נבואא די יח[...] 8 [...]ת מן
קודם זונא ארו להוא[...] 9 [...]א מן יפוא עד טור[...]
10 [...]ל[...]מלא[...]

Frag. 2 i 1 [...] א[...] 2 [...]יהכון בא[רע ...] 3 [...]עלמין די
בספר 4 [...]יא ומואביא עמלק[יא ...] 5 [...]. נהובד אנון 6 [...]...
.רוקיא 7 [...] ממר הא אלין 8 [...]ה הא דא הוא חפ[...] 9 [...]אדין
ירדף חדא[...] 10 [...]לא ישבקון [...]

Frag. 3 1 [...]יא ... מ.[...] 2 [...]. מן מצרים כ[ו]ל 3 [...]מ[...]

4Q532 (4QEnGiants[d] ar) *4QBook of Giants[d] ar*

Bibliography: R. Eisenman, M. Wise, *DSSU*, 95; K. Beyer, *ATTME*, 119-124; J.C. Reeves, *Jewish Lore*, 51-164; F. García Martínez, 'The Book of Giants', 97-115; L.T. Stuckenbruck, *The Book of Giants*, 178-185; cf. 4Q530

Frag. 2 *1* [...] ... [...] *2* [...] with [the] fle[sh ...] *3* [...] Nephil[in ...] *4* [... they] were standing [...] *5* [...] the earth ... [...] *6* [...] they /were/ planning to [...] *7* [...] from Watchers ... [...] *8* [...] ended. And he perished and died and [...] *9* [...] they inflicted a great [in]justice on [the] ea[rth ...] *10* [... was not] enough for him to e[at ...] *11* [...] of the earth and until [...] *12* [...] on the earth in all [...] *13* [...] ... And now, do not [...] *14* [...] ... a stro[ng] bound [...]

4Q533 *4QGiants or Pseudo-Enoch ar*

Bibliography: K. Beyer, *ATTME*, 107; L.T. Stuckenbruck, *The Book of Giants from Qumran*, 221

Frag. 1 *1* [...] ... [...] ... [...] *2* [...] to Mount Sinai [...] *3* [...] loosing [...] ... my face and [...] *4* [...] *Blank* And he will burn the sons of [...] the evil day [...] *5* [...] he will precede him, and he will dry them, and we will rejoice. *Blank 6* [...] a new province in order to take captive all which was in [...] *7* [...] concerning this the Prophet said that ... [...] *8* [...] from before the prostitute. Behold, ... [...] *9* [...] from Yapho until the Mount [...] *10* [...] ... [...] ... [...]

Frag. 2 *col.* I *1* [...] ... [...] *2* [...] they will go out of the ea[rth ...] *3* [...] eternity, because in the book [...] *4* [...] the [...]es and the Moabites, [the] Amalekite[s ...] *5* [...] we will destroy them [...] *6* [...] ... *7* [...] to say. Behold, these *8* [...] ... Behold, this is ... [...] *9* [...] Then, one will pursue [...] *10* [...] they will not abandon [...]

Frag. 3 *1* [...] ... [...] *2* [...] from Egypt, a[l]l *3* [...] ... [...] *4* [...] the nations

4 [... י]שמעון עממיא 5 [...] די הוא פתכר וישרין 6 [...]ך מן מצרים
[...] 7 [...].מרא אנון 8 [...] *vacat* 9 [...]ות פתגמא לא 10 [...]ו די
משתארין 11 [...]יכלון בשר חזירא 12 [...]מלכותה ואף 13 [...] מן
קודם רשעיא 14 [...] לאר[...]רבותא 15 [...] סיני ומלכא דן
16 [...]...[...]

4Q534 *4QNoah ar*

PAM 43.590, 43.591
ROC 1006
Bibliography: J. Starcky, 'Un texte messianique araméen de la grotte 4 de Qumrân', in *École des langues orientales anciennes de l'Institut Catholique de Paris. Mémorial du cinquantenaire 1914-1964* (Paris: Bloud et Gay, 1964) 51-66; J.A.

Col. I 1 די ידא תרתין .[...]י שומה ושמק[י]ן 2 שעריא [ו]טלופחין
על[...] *vacat* 3 ושומן זועירן על ירכתה [...]ין שנין דן מן דן ידע [...]ליה
4 בעלימותה להוה .ל.יש[... כאנ]וש די לא ידע מדע[ם עד] עדן די 5 [י]נדע
תלתת ספריא *vacat*

6 [ב]אדין יערם וידע ש.[...]שן חזון למאתה לה על ארכובת
7 ובאבוהי וב[אב]התוהי [...]חין וזקינה עמה לה[וו]ן מלכה וערמונ[ה]
8 [ו]ידע רזי אנשא וחוכמתה לכול עממיא תהך וידע רזי כול חייא 9 [וכו]ל
חשבוניהון עלוהי יסופו ומסרת כול חייא שגיא תהוה 10 [... ח]שבונוהי
כדי בחיר אלהא הוא מולדה ורוח נשמוהי 11 [... ח]שבונוהי להוון לעלמין
vacat

12 [...]א די ל[...]לין 13 [...]ת חשבון 14-17 [...]...

Col. II 1 נ[...] די מ[...] נפל לקדמין בני שחוה [...] 2 [...]נא באיש
טלופחא ל[...] 3 [...] *vacat* 4 [...]ם תה[...] 5 [...]בש[רא ...]
6 מו[...]...[...] 7 ורוח בשר[א ...] 8 לעלמין [...] 9-11 [...] 12 ומדינן
[...] 13 ויחרבון מ[...].כ.לן ית... די [...] 14 מין יסופון [...]מן במן
יחרבן כול אלן יהכ[ון] 15 ית[...] *vacat*

[will] listen *5* [...] which was an idol, and they will loosen *6* [...] from Egypt [...] *7* [...] ... they *8* [...] *Blank 9* [...] ... the decree, not *10* [...] which were loosened *11* [...] they will eat pork *12* [...] his kingdom, and also *13* [...] from before the wicked. *14* [...] ... [...] the greatness *15* [...] Sinai and this King *16* [...] ... [...]

4Q534 *4QNoah ar*

Fitzmyer, 'The Aramaic 'Elect of God' Text from Qumrân Cave IV', *CBQ* 27 (1965) 348-372; J.T. Milik, *The Books of Enoch*, 56; F. García Martínez, '4QMẹss Ar and the Book of Noah', in *Qumran and Apocalyptic*, 1-44; K. Beyer, *ATTM*, 269-271; A. Caquot, '4QMes Ar 1 i 8-11', *RevQ* 15/57-58 (1991) 145-155; L.T. Stuckenbruck, *The Book of Giants from Qumran*, 214-217

Col. I *1* of the hand, two [...] a mark; red is *2* his hair [and he has] moles upon [...] *Blank 3* and tiny marks upon his thighs [...] different from each other. He will know [...] ... *4* In his youth he will be ... [... like a m]an who knows nothi[ng, until] the moment in which *5* [he will] know the three books. *Blank 6* Then he will acquire wisdom and will know ... [...] ... of visions, in order to reach the upper sphere. *7* And with his father and with his [forefa]thers [...] life and old age. Counsel and prudence will b[e] with him *8* [and] he will know the secrets of man. And his wisdom will reach all the peoples. And he will know the secrets of all living things. *9* [And al]l their plans against him will come to nothing, although the opposition of all living things will be great. *10* [...] his [p]lans. Because he is the elect of God, his birth and the spirit of his breath *11* [...] his [p]lans shall be for ever. *Blank 12* [...] which [...] ... *13* [...] plan [...] *14-17* [...] ...

Col. II *1* [...] which [...] fell in ancient times. The sons of the pit [...] *2* [...] ... evil. The mole [...] *3* [...] *Blank 4* [...] ... [...] *5* [... the] fle[sh ...] *6* ... [...] ... [...] *7* and the spirit of [the] flesh [...] *8* for ever [...] *9-11* [...] *12* and cities [...] *13* and they will destroy [...] ... which [...] *14* The waters will cease [...] they will destroy from the high places; all of them will come *15* ... [...] *Blank*

16 [...]...[...] וכל[ה]ן יתבנון כעירין עובדה 17 חלף קלה [...] יסודה
עלוהי יסדון חטאה וחו[בתה] 18 [...]דו[...]. קדוש ועירי[ן ...]מאמר
19 ..לכ.[...]אמרו עלוהי *vacat* [...] 20 חובה לב[...]...[...]ב מי[...]פון
21 דן ינטור[...]לון[...].זה

4Q535 *4QAramaic N*

PAM 43.572, 41.363
ROC 348
4Q536

Frag. 1 1 [...]ת זמן מול[דה ...] 2 [...]תוניא בית[...]
4-3 [...]...[...]

Frag. 2 1 [...]. מתילד יהוין מרמין כחדה [...] 2 [...]ש בליליא
מתילד ונפק של[ם ...] 3 [... במ]תקל תקלין תלת מאה וחמ[שין ...]
4 [... בלי]ליא דמך עד מפלג י[ומוהי] וא[...] 5 [...] בימּמא עד משלם
ש[נין ...] 6 [...] נזחה לה מנה [ו]ל[... שנין ...]

4Q536 *4QAramaic C*

PAM 43.575
ROC 451

Frag. 1 i 1 [...].יא תהוא [...] 2 [... ק]דישין ידכר[ון] 3 [...] לה
יתגלון נהי[רין] 4 [...]אלפ'נה כולה זי 5 [... ח]כמה אנש וכול חכי[ם]
6 [...] במתתא ורב להוא 7 [...]תזיע אנשא ועד 8 [...] יגלא רזין
כעליונין 9 [...]ין ובטעם רזי 10 [...]א ואף 11 [...] בעפרא 12 [...]
לקדמין .[... ס]לק רזא 13 [...]א די מסר לי במנין ש[...]. מנתה

16 [...] ... [...] and all of [th]em will be rebuilt. His deed will be like that of the Watchers. *17* Instead of his voice [...] they will establish his foundation upon him. Its sin and [its] gu[ilt] *18* [...] ... [...] the Holy One and the Watchers [...] saying: *19* ... [...] they spoke against him. *Blank 20* The guilt ... [...] ... [...] ... *21* this, he will guard [...] ... [...] ...

4Q535 *4QAramaic N*

Bibliography: R. Eisenman, M. Wise, *DSSU*, 33-37; K. Beyer, *ATTME*, 125-127; L.T. Stuckenbruck, *The Book of Giants from Qumran*, 217-218

Frag. 1 *1* [...] the time of bir[th ...] *2* [...] the chambers of the house of [...] *3-4* [...] ... [...]

Frag. 2 (= 4Q536 2) *1* [...] he is born. They are lifted together [...] *2* [...] He is born in the night and comes out comple[te ...] *3* [... with a w]eight of three hundred and fi[fty] shekels [...] *4* [... In] the [ni]ght he sleeps until the middle of [his] d[ays] and [...] *5* [...] during the day until he completes the y[ears of ...] *6* [...] he separates for him from it. [And ... years ...]

4Q536 *4QAramaic C*

4Q535
Bibliography: Cf. 4Q535

Frag. 1 *col.* I *1* [...] ... you will be [...] *2* [... the h]oly ones will remember *3* [...] to him will be revealed the lig[hts] *4* [...] all his teaching which *5* [... the wi]sdom of men, and every wi[se] man *6* [...] in the regions, and he will be great *7* [...] you will shake men and until *8* [...] he will reveal mysteries like the Most High Ones *9* [...] ... and with the understanding of the mysteries of *10* [...] and also *11* [...] in the dust *12* [...] firstly [...] the mystery [go]es up *13* [...] that he counts me in the number of [...] his portion

Frag. 1 II 7 מן ה[...] 8 עבד *vacat* [...] 9 די אנתה יצף מנה לכול אנש[...] 10 כסיתה בסיף מחסניך אתקף *vacat* טובוהי מ...[...] 11 ולא ימות ביומי רשעא *vacat* וי לכה סכלא די פמך ירמנכה [...] 12 חובה למות מן יכתוב מלי אלה בכתב די לא יבלא ומאמרי [...] 13 תעדה .[.]רי ועדן רשיעין ידעך לעלמין גבר די לעבדיך לבנ[והי ...]

Frag. 2 1 [... בלילי]א דמך עד מפלג יומוהי[...] 2 [... בי]ממא עד משלם שנין ...[...] 3 [... נזחה] לה מנה ול[...] שנין[...]

4Q537 (4QTJacob (?) ar) *4QTestament of Jacob(?) ar*

PAM 43.599
ROC 260
Bibliography: M. Testuz, 'Deux fragments inédites des manuscrits de la Mer Morte', *Semitica* 5 (1955) 37-38; J.T. Milik, 'Ecrits préesséniens de Qumrân',

Frag. 1 1 זרעך וישתארון כל צדיקיא וישירי[א ...] 2 עול וכל שקר לא עוד ישתכח[...] 3 וכען סב לוחיא וקריא כולא[...] 4 וכל עקתי וכל די יתא על[י כל מאה וארבעין ושב]ע שני חיי[תובא אמר לי סב] לוחא מן ידי[...] 5 [א]נסב דן לוחא מן ידו[הי ...]וחזית כתיב בה די[...] 6 [די]תפקון מנה וביום [...] ריקין מן קודם [אל עליון ...] 7 [...]...[...]

Frag. 2 1 [...] והיך להוא בנינ[א ... והיך כהנ]יהון להוון לבשין וטהירן 2 [ידיהון והיך להוון]מסקין דבחיא למדבחא וה[יך כלח]ם[להוון בכ]ל[אר]עא אכלין מן קצת דבחיהון 3 [...]די להוון נפקין מן קריתא ומן תחות שוריהא ואן להוון מש[...] 4 *vacat* 5 [...] קדמי ארע רבעין תרין וא[...] 6 [...]ל[...]

Frag. 3 1 [...]ארעא ותכלון פריה וכל טבתה ותיחון 2 [... ל]משתא

Frag. 1 *col.* II *7* of [...] *8* he made. *Blank* [...] *9* because of which you are afraid of all men [...] *10* you have hidden, he seized with a sword your possessions. *Blank* His goods ... [...] *11* and he will not die in the days of evil. *Blank* Woe to you! The foolishness of your mouth will throw you [...] *12* is condemned to die. Who will write these my words in a book which does not wear out? And my sayings [...?] *13* pass away? [...] ... and the time of the wicked will extinguished for ever. A man who [...] your deeds to [his] sons [...]

Frag. 2 (= 4Q535 2) *1* [... In] the [night] he sleeps until the middle of his days [...] *2* [... during] the [d]ay until he completes the years of ... [...] *3* [... he separates] for him from it and [...] years [...]

4Q537 (4QTJacob (?) ar) *4QTestament of Jacob(?) ar*

103-104; K. Beyer, *ATTM*, 186-187; É. Puech, 'Fragments d'un apocryphe de Lévi et le personnage eschatologique, 4QTestLévi[c-d] (?) et 4QAJa', in *The Madrid Qumran Congress*, 489-496

Frag. 1 (a+b+c+d+e) *1* your descendants. And all just men will survive and [the] upright [...] *2* debauchery, and absolutely no deceit is to be found [...] *3* And now, take the tablets and read everything [...] *4* and all my troubles and all that was to happen to [me over the one hundred and forty sev]en years of my life. [Again he said to me: Take] the tablet from [my] hands [...] *5* [I] took then this tablet from [his] hands [...] And I saw written in them that [...] *6* [for] you would leave there and on the day [...] invalid before [the Most High God ...] *7* [...] ... [...]

Frag. 2 (f+g) *1* [...] and how [the] building will be [...; and how] their [priest]s will dress, and *2* [their hands] purified; [and how they will] offer sacrifices on the altar; and ho[w, as fo]od, [they will] eat a part of their sacrifices [in] the [who]le [la]nd; *3* [...] who will leave the city and from beneath the walls, and where they will ... [...] *4* [...] *Blank* *5* [...] before me a land of two quarter parts and [...] *6* [...] ... [...]

Frag. 3 *1* [... of] the earth, and you will eat its fruit and all its good, and you will

ולמטעא ולמהך בארחת טעו ו... 3 [...]ובאישתכון עד [די] תהוון קדמוהי ל[...]

4Q538 (4QTJud ar) *4QTestament of Judah ar*

PAM 43.573
ROC 450

Frag. 1 1 [... א]דין חשל ע[ל ...] 2 [... ע]לי ואן איתי בל[ב]בה[ו]ן עלי[...] 3 [...].ו כח[ד]א עלו [...]יהון ב[...] 4 [...]סגדו אדין ידע די לא אית[י ...] 5 [...][ן .[...]ה ולא עוד יכל לא[...] 6 [... ע]ל צורי ועפק[נ]י ב[...] 7 [... ע]וד יוסף וכול [...] 8 [...]תעמ[...]

Frag. 2 1 [...]...[...] 2 [...] *vacat* כדי או[בל]ת ואעלת 3 [...] רא[שי]הון וקדם יוסף 4 [... ר]וח באישה ולא יכל עוד 5 [...]...[... ע]ל אחוהי 6 [...] דחל 7 [...] ולא

4Q539 (4QapocrJoseph B ar) *4QApocryphon of Joseph B ar*

PAM 42.443, 43.593
ROC 433

Frag. 2 1 [...] יעקוב ב[...] 2 [... ש]מעו בני [... ואצי]תו לי חביבי [...] 3 [...] בני דדי [יש]מע[אל ...]. ספד אבי י[עקוב ...] 4 [...] תמנית מניא ...[...] זמנין .זני[...] 5 [...] להון אן .[...] למבשר ש.[...] 6 [...] דן מן ...[...] אחי למבשר [...] 7 [...] אנושא [...]

live *2* [… to] become insane, and to err, and to go in the path of error and … *3* […] and your wickedness, un[til] you will be before him to […]

4Q538 (4QTJud ar) *4QTestament of Judah*

Bibliography: J.T. Milik, 'Ecrits préesséniens de Qumrân', 97-101, pl. I; K. Beyer, *ATTM*, 187

Frag. 1 *1* [… T]hen he devised a plan a[gainst …] *2* [… ag]ainst me; and why in th[e]ir he[ar]t there is […] against me […] *3* […] … tog[eth]er they entered … […] … […] *4* […] they revered. Then he knew that there wa[s] no […] *5* […] … and he could not … again […] *6* [… o]n my neck and hugged me … […] *7* […] Joseph [ag]ain; and all […] *8* […] … […]

Frag. 2 *1* […] … […] *2* […] *Blank* After I had been br[ought] and introduced *3* […] their hea[ds], and before Joseph *4* [… an] evil [sp]irit, and he could not anymore *5* […] … [… ag]ainst his brothers *6* […] fearing *7* […] and not

---

4Q539 (4QapocrJoseph B ar) *4QApocryphon of Joseph B ar*

Bibliography: J.T. Milik, 'Ecrits préesséniens de Qumrân', 97-101, pl. I; K. Beyer, *ATTM*, 188

Frag. 2 *1* […] Jacob […] *2* [… l]isten, my sons [… pay attenti]on to me, my loved ones, […] *3* […] the sons of my uncle [Ish]ma[el …] my father J[acob] observed mourning […] *4* […] eighty of the kind […] count coins, … […] *5* […] to them; if […] to announce … […] *6* […] this … […] my brother, to announce […] *7* […] the men […]

4Q540 (4QapocrLevi[a] ar) *4QApocryphon of Levi[a] ar*

PAM 43.603
ROC 150
Bibliography: J. Starcky, 'Les quatre étapes du messianisme à Qumrân', *RB* 70 (1963) 492; É. Puech, 'Fragments d'un apocryphe de Lévi et le personnage eschatologique, 4QTestLévi[c-d] (?) et 4QAJa', in *The Madrid Qumran Congress*, 449-501; R. Eisenman, M. Wise, *DSSU*, 142-145; K. Beyer, *ATTME*, 78-82; M. Philonenko, 'Son soleil éternel brillera (4QTestLevi[c-d (?)] ii 9)', *RHPR* 73

1 [...]תובא תתה עקא עלוהי ויחסר נכסין זעירא ויב[...] 2 [...]ן
+20 +20 +10+ 1 +[1] תובא יתה לה חסר'ן ויחסר נכסין [...] 3 [...]לא
ידמה לכול גבר כסר (חסר) נכסין להן כימא רבא[...] 4 [...]ביתא די
יתילד בה מנה יפו[ק]ומדור אחר[ן ...] 5 [...]שמש א[...]סוהי מקדש
א[...]י יחרם[...] 6 [...]...[...]

4Q541 (4QapocrLevi[b]? ar) *4QApocryphon of Levi[b] (?) ar*

PAM 43.587, 43.588
ROC 147, 149

Frags. 1+2 I 3 כולא הגי ע[ל...]...[...]ל 4 טעואן יפול[ן ...]...[...]ה
5 וכול נשמיה[ון ... מ]לין י[מל]ל וכרעות 6 אל נטר[...]גה לי עוד כתב
7 ותני[ן ... ומ]ללת עלוהי באוחידואן 8 [...] וקריב לעלי להן רחיק מני
9 [... דנ]א להו[ה]מ[... ח]זוה ואמרת פריא

Frags. 2 II + 3 + 4 I + 5 1 [...]ל[...] אר[ו ...] 2 מ[ן] קודם אל[...]
3 תסב מכאב[ין ...] 4 ואבריכ{כה} עלת[...]הון יסוד שלמכ[ה ...]ם
5 רוחך ותחדה[... נס]ב אנה לכה מתל[י ...]חדי 6 ארו חכים ד[י קא]ם
למא[לף מוסר חכמה] ומתבונן בעמיק[י]ן וממלל אוחידואן 7 יואן ...[...]ם
מו[סר חכ]מה יאתה לעליכה די נסיבת קנה ועופא 8 רדף לה ובעה[לה
...]ל[...]ה למבלע ארו שגי תחד[ה ו]שגי אתר

4Q540 (4QapocrLevi[a] ar) *4QApocryphon of Levi[a] ar*

(1993-4) 405-408; J.J. Collins, 'Asking for the Meaning of a Fragmentary Qumran Text: The Referential Background of 4QAaron[a]', in T. Fornberg, D. Hellholm (eds.), *Texts and Contexts: Biblical Texts in their Textual and Situational Contexts. Essays in Honor of Lars Hartman* (Oslo: Scandinavian University Press, 1995) 579-590; A. Caquot, 'Les Testaments Qoumrâniens des Pères du Sacerdoce', *RHPR* 78 (1998) 3-26

1 […] Again distress will come upon him, and the little one will lack goods and
will … […] *2* […] 52. Again, a loss will come to it, and he will lack goods […]
3 […] and he will not resemble any one ‹lacking› goods, but instead like the
great sea […] *4* […] he will lea[ve] the house in which he was born, and
anoth[er] dwelling […] *5* […] serving […] his … a sanctuary […] he will
consecrate […] *6* […] … […]

4Q541 (4QapocrLevi[b]? ar) *4QApocryphon of Levi[b] (?) ar*

Bibliography: Cf. 4Q540

Frags. 1 + 2 *col.* I *3* the totality has meditated up[on …] … […] *4* the idols will
fall […] … […] *5* and all th[eir] breaths […] he will [utt]er [wo]rds, and in
conformity with the will of *6* God, he will keep […] … for me another book
7 and a seco[nd … and] I [sp]oke about him in enigmas *8* […] and near to me,
but far from me *9* [… Th]is will b[e …] his [vi]sion. And I said: «The fruits

Frags. 2 *col.* II + 3 + 4 *col.* I + 5 *1* […] Beho[ld …] *2* fr[om] before God […]
3 you will take the smitten […] *4* And I will bless {you} the holocaust […] …
the foundation of your peace […] … *5* your spirit, and you will rejoice […] To
you I [addre]ss [my] poems […] … *6* Behold a wise man wh[o ris]es to st[udy
the instruction of wisdom] and understands the depths and utters enigmas.
7 Greece … […] The in[struction of wis]dom will come before you who has
taken her nest, and the bird, *8* he has hunted it and he has sought [it …] to eat.
Behold, you will much rejoi[ce and] much the place of

Frags. 4 II + 6 1 [ו]ארעא[...] 2 לבר יו[סף ...] ומכאבין עלמ[...]
3 לכא מ[... ד]ינכה ולא תהוה חי[ב ...] 4 דמכה[...] נגדי מכאוביכה ד[י
...] 5 בשבי מ[...]לא גועלונכה וכול [...] 6 מן הי[...]ית לבכה מן ק[...]

Frag. 7 1 [...]ר עמי[...] 2 די לא מתבונן וכתב[...] 3 ישתיק ימא
רבא מנ[...] 4 אדין יתפתחו[ן] ספרי חכמ[תא ...] 5 מאמרה וכב[אי]שין
חכ[ימיא ...] 6 [א]לפו[נה ...]

Frag. 9 I 1 [...]...[...]מיה[...]בני דרה[...]כל[...] 2 [...]...[...]...
ח]כמתה ויכפר על כול בני דרה וישתלח לכול בני 3 [עמ]ה מאמרה
כמאמר שמין ואלפונה כרעות אל שמש עלמה תניר 4 ויתזה נורהא בכול
קצוי ארעא ועל חשוכא{.} תניר אדין יעדה חשוכא 5 [מ]ן ארעא וערפלא
מן יבישתא שגיאן מלין עלוהי יאמרון ושגה 6 [כדב]ין ובדיאן עלוהי יבדון
וכול גנואין עלוהי ימללון דרה באיש ואפיך 7 [ו...] להוה ודי שקר וחמס
מקמה [ו]יטעה עמא ביומוהי וישתבשון

Frag. 9 II 3 [...]בג[...] 4 [... ד]י חזה הדה[...] 5 דכרין שבעא
חזי[ן ...] 6 קצת בנוהי יהכון[...] 7 ויתוספון על על[...]

Frag. 24 II 1 [...]מ[...]...[...]...[...] 2 [א]ל תתאבל ב[ה ...]ואל ת[...]
3 [ו]יתקן אל שגיא[...]כ[...]ן שגיאן מגליאן וא[...]ין[...] 4 בקר ובעי ודע
מא יונא בעה ואל תמחי להי ביד שחפא ו[...]ליא כ[...] 5 וצצא אל
[ת]קרוב בה ותקים לאבוכה שם חדוא ולכול אחיכה יסוד [מבחן]
6 ת{צ}ו^ע^א ותחזה ותחדה בנהיר עלמא ולא תהוה מן שנאא *vacat*

Frags. 4 *col.* II + 6 *1* [and] the earth [...] *2* to the son of Jo[seph ...] those smitten for ... [...] *3* here [...] your [ju]dgment and you will not be gui[lty ...] *4* your blood [...] the blows of your pains (?) wh[ich ...] *5* for the captives from [...] ... your deposit and all [...] *6* of ... [...] ... your heart from [...]

Frag. 7 *1* [...] ... [...] *2* who does not understand, and the writing [...] *3* and he will make the great sea be silent for [...] *4* Then, the books of wisd[om] will be opened [...] *5* his word. And, like the wi[ck]ed ones, [the] wi[se ones ...] *6* [his t]eachi[ng ...]

Frag. 9 *col.* I *1* [...] ... [...] the sons of his generation [...] ... [...] *2* [...] his [wi]sdom. And he will atone for all the children of his generation, and he will be sent to all the children of *3* his [people]. His word is like the word of the heavens, and his teaching, according to the will of God. His eternal sun will shine *4* and its fire will burn in all the ends of the earth; above the darkness it will shine. Then, darkness will vanish *5* [fr]om the earth, and gloom from the dry land. They will utter many words against him, and an abundance of *6* [lie]s; they will fabricate fables against him, and utter every kind of disparagement against him. His generation will be evil and changed *7* [and ...] will be, and its position of deceit and of violence. [And] the people will go astray in his days and they will be bewildered

Frag. 9 *col.* II *3* [...] ... [...] *4* [... w]ho has seen one [...] *5* seven rams watch[ing ...] *6* some of his sons will go [...] *7* and they will be added to ... [...]

Frag. 24 *col.* II *1* [...] ... [...] ... [...] *2* Do [n]ot mourn for [him ...] and do not [...] *3* [And] God will establish many [...] many [...] will be revealed, and [...] *4* Examine, ask and know what the dove has asked; and do not punish it by the sea-mew and [...] ... [...] *5* do not bring the night-hawk near it. And you will establish for your father a name of joy, and for your brothers you will make a [tested] foundation *6* rise. You will see and rejoice in eternal light. And you will not be of the enemy. *Blank*

4Q542 (4QTQahat ar) *4QTestament of Qahat ar*

PAM 43.565
ROC 193
Bibliography: J.T. Milik, '4QVisions de ʿAmram et une citation d'Origène', *RB* 79 (1972) ', 97; É. Puech, 'Le Testament de Qahat en araméen de la grotte 4 (*4QTQah*)', *RevQ* 15/57-58 (1991) 23-54; R. Eisenman, M. Wise, *DSSU*, 145-151; K. Beyer, *ATTME*, 82-85; E.M. Cook, 'Remarks on the Testament of

Frag. 1 i 1 ואל אלין לכול עלמין ו'נהר נהירה עליכון ויודענכון שמה
רבא 2 ותנדעונה {ותנדעונה} די הוא אלה עלמיה ומרא כול מעבדיא ושליט
3 בכולא למעבד בהון כרעותה ויעבד לכון חדוא ושמחא לבניכון בדרי
4 קוש{ו}טא לעלמין וכען בני אזדהרו בירותתא די מה'שלמא לכון 5 ודי
יהבו לכון אבהתכון ואל תתנו ירותתכון לנכראין ואחסנותכון 6 לכילאין
ותהון לשפלו{ת} ולנבלו בעיניהון ויבסרון עליכון די 7 להון תותבין לכון
ולהון עליכון ראשין להן אחדו בממר יעק'ב 8 אבוכון ואתקפו בדיני
אברהם וב'צדקת לוי ודילי והוא קד[י]שין ודכין 9 מן כול [ער]ברוב ואחדין
בקושטא ואזלין בישירותא {כל}ולא בלבב ולבב 10 להן בלבב דכא וברוח
קשיטא וטבה ותנתנון לי ביניכון שם טב וחדוא 11 ללוי ושמח לי[ע]קוב
ודיאץ לישחק ותשבוחא לאברהם די נטרתון 12 והילכתון ירות[תא]די
שבקו לכון אבהתכון קושטא וצדקתא וישירותא 13 ותמימותא ודכ[ותא
וק]ודשא וכה[ו]נתא ככ[ו]ל די פקדת(כ)ון וככול די

Frag. 1 ii 1 אלפתכון בקושוט מן כען ועד כול[עלמין ...] 2 כול
ממר קושטא יא'תא עליכ[ון ...] 3 ברכת עלמא ישכונן עליכון ולהו[ן ...]
4 קאם לכול דרי עלמין ולא עוד תפ[...] 5 מן יסודכון ותקומון למדן דין
ע[ל ...] 6 ולמחזיא חובת כול חיבי עלמין חב.[...] 7 ובא[י]שא ובתהומ'א
ובכול חלליא לבל.[...] 8 ב[ד]רי קושטא ויעדון כול בני רשע[א ...]
9 וכען לכה עמרם ברי אנא מפק[ד ...] 10 ו[לבנ]יכ{א}ה ולבניהון אנא
מפקד [...] 11 ויהבו ללוי אבי ולוי אבי לי י[הב ...] 12 כול כתבי בשהדו
די תזדהרון בהון [...] 13 לכון בהון זכו רבה באתהילכותהון עמכון *vacat*
[*vacat*]

4Q542 (4QTQahat ar) *4QTestament of Qahat ar*

Kohat from Qumran Cave 4', *JJS* 44 (1993) 205-219; A. Caquot, 'Grandeur et pureté du sacerdoce: Remarques sur le Testament de Qahat (4Q542)', in Z. Zevit *et al.* (eds.), *Solving Riddles and Untying Knots. Biblical, Epigraphic, and Semitic Studies in Honor of Jonas C. Greenfield* (Winona Lake, Indiana: Eisenbrauns, 1995) 39-44

Frag. 1 *col.* I *1* and God of gods for all the centuries. And he will make his light shine upon you and make you know his great name *2* and you will know him, {and you will know him} because he is the God of the centuries, and the lord of all works, and the ruler *3* of all, to deal with them according to his will. And he will make for you joy and gladness to your sons in the generations of *4* truth for ever. And now, my sons, be careful with the inheritance which has been transmitted to you *5* and which your fathers have given you, and do not give your inheritance to foreigners or your heritage *6* to half-breed, so that you become humiliated and foolish in their eyes, for they will scorn you because *7* being residents among you they will become chiefs over you. Hold on to the word of Jacob, *8* your father, and hold fast to the judgements of Abraham and to the righteous deeds of Levi and of me, and be ho[l]y and pure *9* from all [min]gling, holding on to the truth and walking in uprightness and not with a double heart, *10* but with a pure heart and with a truthful and good spirit. And you will give me among you a good name, and joy *11* to Levi and gladness to J[a]cob and rejoicing to Isaac and honour to Abraham, because you have kept *12* and carried on [the] inheritan[ce] which your fathers gave you, truth, and justice, and uprightness, *13* and perfection, and puri[ty, and ho]liness, and the priest[ho]od, according to a[l]l that I have commanded ‹you› and according to all that

Frag. 1 *col.* II *1* I have taught you in truth from now and for all [the centuries …] *2* all the word of truth will come upon y[ou …] *3* eternal blessings will rest upon you and will be […] *4* will remain for all the eternal generations and there will be no more … […] *5* from your punishment, and you will rise to make judgment up[on …] *6* and to see the sins of all the sinners of the world … […] *7* in the f[i]re, and in the abyss/es/, and in all the caves in order to … […] *8* in the [ge]nerations of justice; and all the sons of wickedness will vanish […] *9* And now to you, Amram, my son, I comma[nd …] *10* and [to] your [son]s and to their sons I command […] *11* and they have given to Levi, my father, and which Levi, my father, has gi[ven] to me […] *12* all my writings as witness that you should take care of them […] *13* for you; in them is great worth, in their being carried on with you. *Blank* [*Blank*]

Frag. 2 5 [...] ... ל]מקרא ו[...] 6 [...]ה בנוהי [...] 7 [...]ו באנושא ובחי]ין ...] 8 [...] רצא[...] 9 [...]מרשא[...] 10 [על]יהון וע[ל ...] 11 חשוך ולח[...] 12 ונהיר להן [...] 13 ואנא רוז[...]

Frag. 3 II 11 [...]בה יקרו אבניא א.[...] 12 [...]ן להון מן זנותא שגי מן די [...] 13 [...]. לחדה די לא אי תאי לה כול כ[...]

4Q543 *4QVisions of Amram^a ar*

PAM 43.577, 43.578
ROC 343, 347
4Q544, 4Q545, 4Q546, 4Q547, 4Q548 (?)
Bibliography: J.T. Milik, '4QVisions de ᶜAmram et une citation d'Origène', *RB* 79 (1972) 77-99; .- 'Milkî-ṣedeq et Milkî-rešaᶜ dans les anciens écrits juifs et chrétiens', *JJS* 23 (1972) 97-144; K. Berger, 'Der Streit des guten und des bösen Engels um die Seele: Beobachtungen zu 4Q'Amr^b und Judas 9', *JSJ* 4

Frag. 1 1 פרשגן כתב מלי חזות עמרם בר] קהת בר לוי כל די] 2 אחוי לבנוהי ודי פקד אנון ב[יום מותה בשנת מאה] 3 ותלתין ושת היא שנתא די[מותה בשנת מאה] 4 וחמשין ותרתין לגל[ו]ת [ישר]אל למ[צרי]ן [...] 5 עלוהי ושל[ח וקרא לעוזיאל א]חוהי זעי[רא ...] 6 לה למרים [ברתה ואמר אנתה ברת תל]תין ש[נין ועבד] 7 [משתותה שבעה יומין ואכל ואשתי במ]שתותה [...] 8 [...]ל[...]

Frag. 2 1 [...] ממרך ונתן לך [...] 2 [...] עלמין ונתן לך חכמה [...] 3 [...]הוסף לך[...]

Frag. 3 1 [...] אל תהוה ומלאך אל תתק[רה ...] 2 [...] תעבד בארעא דא ודין[...] 3 [...]והן לה שמך לכל מ[...] 4 [...] לדרי עלמ[ין ...] 5 [...]בה תעבד[...] 6 [...]ישר[אל ...]

Frag. 4 1 [... אבהתהון] ושבק[ני אבי קהת ...] 2 [...] ולמבנה

Frag. 2 *5* [... in order to] read and [...] *6* [...] his sons [...] *7* [...] men and li[fe ...] *8-9* [...] ... [...] *10* [upon] them and up[on ...] *11* darkness and ... [...] *12* and light, but [...] *13* and I ... [...]

Frag. 3 *col.* II *11* [...] ... the stones were heavy [...] *12* [...] will be many because of fornication. From those [...] *13* [...] very much, because there is not many [...]

4Q543 *4QVisions of Amram^{a} ar*

(1973) 1-18; P.J. Kobelski, *Melchizedek and Melchiresa*ʿ (CBQMS 10; Washington, 1981); F. García Martínez, '4QʿAmram b i 14: ¿Melki-reshaʿ o Melki-sedeq?', *RevQ* 12/45 (1985) 111-114; R. Eisenman, M. Wise, *DSSU*, 151-156; K. Beyer, *ATTM*, 210-214; .- *ATTME*, 85-92; É. Puech, *La Croyance des Esséniens en la Vie future* (Paris: Gabalda, 1993) 531-540; A. Caquot, 'Les Testaments Qoumrâniens des Pères du Sacerdoce', *RHPR* 78 (1998) 3-26

Frag. 1 (= 4Q545 1 I; 4Q546 1) *1* Copy of the writing of the words of the vision of Amram, son of [Qahat, son of Levi. All that] *2* he revealed to his sons and what he advised them on [the day of his death, in the year one hundred] *3* and thirty-six, the year of [his death: in the year one hundred] *4* and fifty-two of the ex[i]le of [Isra]el to E[gyp]t [...] *5* upon him and he sen[t and called to Uzzi'el] his youn[gest bro]ther [...] *6* to him Miriam [his daughter, and said: « You are th]irty ye[ars old.» And he gave] *7* [a feast for seven days and ate and drank during] the [f]east. *8* [...] ... [...]

Frag. 2 (= 4Q545 1 I) *1* [...] your word, and we will give you [...] *2* for ever, and we will give you wisdom [...] *3* [...] it will be added to you [...]

Frag. 3 (= 4Q545 1 I) *1* [...] you will be God, and angel of God you will be cal[led ...] *2* [...] you will do in this land, and a judge [...] *3* [...] And when your name for all [...] *4* [...] for etern[al] generations [...] *5* [...] ... you will do [...] *6* [...] Isra[el ...]

Frag. 4 (= 4Q545 1 II; 4Q546 2) *1* [... your fathers,] and [my father Qahat] let

ולמכב להון כל צרכיהון]מן אר[ע כנען ...] 3 [... עד אנחנא בנין וקרבא הוא בין פלשת]ל[מ]צר[ין ונצחין ...]

Frag. 5 1 אלכן .[...] 2 ובכלון[...] 3 מטרתי[...] 4 נסבת [...]

Frag. 6 1 [...]...[...] 2 [... נטלת] עיני וחזית וחד מ[נהון חזוה דחיל] 3 [כמותן ומלבושה צב]ענין וחשיך חשוך[...] 4 [...] *vacat* ואחרנא חזית וה[א ...] 5 [... אנ]פוהי חעכין ומכסה ב[...] 6 [...]לחדא [וכו]ל עינוהי[...] 7 [...]ל[...]

Frag. 7 1 [...]תתוב לעמך[...] 2 [...] לכלהון להוא[...] 3 [...] בכל שנאיא[...] 4 [...]...[...]

Frag. 8 1 [...] לדכר 2 [...]תעבד לעמך וחדוה 3 [...] *vacat* אדין כאלין 4 [...] עדבך לך ברי 5 [...]כל כא[...]ל[...]

4Q544 *4QVisions of Amram[b] ar*

PAM 43.571
ROC 431

Frag. 1 1 קחת תמן למקם ולמעמרא ולמב[נא קברין אבהתנא ... שגיאין מן בני דדי כחדא ...] 2 גבר ומן עבדתנא שגי(אין) לחדא עד ד[י יתקברון מתין ... שמועת קרב מבהלה תאבין מן תנא לארע מצרין ...]
3 לעובע ולה (ולא) בנו קבריא די אבהתהון[ושבקני אבי קהת ... ולמבנה ולמסב להון ... מן ארע כנען ...] 4 עד אנחנא בנין *vacat* וקרבא הוא בין [פלשת למצרין ונצחין ...] 5 ואחידו ג[בו]ל מצרין ולא איתי אפשר [...]
6 שנין ארבעין וחדא ולא הוינה יכלין [...] 7 בין מצרין לכנען ולפלשת *vacat* ו[בכו]ל ד[ן ...] 8 לא הות *vacat* אנה אנתה אח[רי לא נסבת ...]ש[...] 9 כולא די אתוב למצרין בשלם ואחזה אנפי אנתתי [...]

[me] go [...] *2* [... and to build and to obtain for them all they need] from the la[nd of Canaan ...] *3* [... until we ourselves build. And war broke out between Philistia] and E[g]yp[t, and was winning ...]

Frag. 5 *1* Therefore (?) [...] *2* and during all this (?) [...] *3* my protection [...] *4* I have taken [...]

Frag. 6 (= 4Q544 1) *1* [...] ... [...] *2* [... I raised] my eyes and saw that one of [them had a dreadful appearance] *3* [like the pestilence and his clothing was co]loured and obscured by darkness [...] *4* [...] *Blank* And I looked at the other, and be[hold ...] *5* [...] and his [fa]ce was smiling and he was covered with [...] *6* [...] to the other, [and al]l his eyes [...] *7* [...] ... [...]

Frag. 7 *1* [...] you will return to your people [...] *2* [...] for them all will be [...] *3* [...] with all the enemies [...] *4* [...] ... [...]

Frag. 8 *1* [...] for a male [...] *2* [...] you have done to your people, and joy *3* [...] *Blank* Then, as these *4* [...] your lot to you, my son, *5* [...] all ... [...] ... [...]

4Q544 *4QVisions of Amram[b] ar*

4Q543, 4Q545, 4Q546, 4Q547, 4Q548 (?)
Bibliography: Cf. 4Q543

Frag. 1 (= 4Q543 4, 6; 4Q545 1 II; 4Q546 2) *1* Qahat there to stay and to dwell and to bui[ld the tombs of our fathers ... many from the sons of my uncle together ...] *2* a man, and about our work it was very much un[til the dead were buried ... rumour of war, frightening those returning from here to the land of Egypt ...] *3* quickly, and they did not build the tombs of their fathers. [And my father Qahat let me go ... and to build and to obtain for them ... from the land of Canaan ...] *4* until we build. *Blank* And war broke out between [Philistia and Egypt and was winning ...] *5* And they closed the b[ord]er of Egypt and it was not possible to [...] *6* forty-one years, and we could not [...] *7* between Egypt and Canaan and Philistia. *Blank* [...] And [during al]l th[is ...] *8* she was not. *Blank* I, myself,[did not take] ano[ther] woman [...] *9* all: that I will return to Egypt in peace and I will see the face of my wife [...] *10* in my

10 בחזוי חזוה די חלמא *vacat* והא תרין דאנין עלי ואמרין [...] 11 ואחדין
עלי תגר רב ושאלת אנון אנתון מן די כדן מש[לטין ושליטין אנתון עלי וענו
ואמרו לי אנחנא] 12 [מש]לטין ושליטין על כול בני אדם ואמרו לי במן
מננא אנת[ה בחר לאשתלטה ונטלת עיני וחזית] 13 [וחד] מנהון חזוה
דח[י]ל [כמו]תן [ומ]ל[ב]ושה צבענין וחשיך חשוך [...] 14 [ואחרנא
חזית] והא [...] בחזוה ואנפיוה (אנפוהי) העכן (חעכן) ו[מכסה ב ...]

Frag. 2 1 [... אנה מ]שלט עליך [...] 2 [... עריא] דן מן הוא ואמר
לי הדן מ[תקרה ...] 3 [...]ומלכי רשע *vacat* ואמרת מראי מא ש[לטן ...]
4 [... חש]יכה וכל עבדה ח[ש]יך ובחשוכה הוא ד[...] 5 [... אנת]ה חזה
והוא משלט על כול חשוכא ואנה[...] 6 [... מן]עליא עד ארעיא אנה
שליט על כול נהירא וכו[ל ...]

Frag. 3 1 [... ועל כול בני נהו]רא אשלטת ושאלתה[ואמרת לה מה
...] 2 [... וענה וא]מר לי תלתה שמה[ן ...]

4Q545 *4QVisions of Amram[c] ar*

PAM 43.566
ROC 192

Frag. 1 i 1 פרשגן [כתב מלי חזו]ת עמרם בר קהת בר לוי כל 2 ד[י
אחוי לבנוהי ודי פקד א]נון ביום [מותה ב]שנת 3 מאה ותלתין ושת הי[א]
שנתא די מותה [בש]נת מא[ה] 4 [ו]חמשין ותרתין לגל[ו]ת [י]שראל
למצרין [...].כר על[והי ושלח] 5 וקרא לעוזיאל אחוהי זעירא [...]ב לה
ל[מרי]ם ברת[ה ואמר] 6 אנתה ברת תלתין שנין ועבד משתותה שבעה
[יומ]ין 7 ואכל ואשתי במשתותה וחדי אדין כדי אשתציו 8 [י]ומי
משתותא שלח קרא לאהרון לברה ו[הו]א בר שנין 9 [... ואמר] לה קרי
לברי למלאכיה א... מן בית 10 [...].תה לעליה קרא לה 11 [...]א אנה
12 [...]ן אבוהי 13 [...] מן 14 [...]ממרכה 15 [ונתן לך ... על]מין

vision, the vision of the dream. *Blank* And behold, two were quarrelling over me and they said: [...] *11* and they entered into a great debate over me. And I asked them: «Who are you, that have recei[ved control and rule over me?» And they replied to me: «We] *12* [have received] control and we rule over all the sons of Adam.» And they said to me: «Which of us do you [choose to be ruled?» I raised my eyes and saw] *13* [that one] of them had a dre[ad]ful appearance [like the pesti]lence and] his [cl]o[th]ing was coloured and obscured by darkness [...] *14* [And I looked at the other,] and behold [...] in his appearance and his face was smiling and [he was covered with ...]

Frag. 2 *1* [... I] rule over you [...] *2* [...] this [Watcher,] who is he? And he said to me: «This one is ca[lled ...] *3* [...] and Melki-resha'. *Blank* And I said: «My Lord: What is the ru[ling ...] *4* [... da]rk and all his work is d[a]rk, and in darkness he [...] *5* [... yo]u see. And he rules over all darkness, and I [...] *6* [... from the] upper up to the lower regions, I rule over all that is bright and al[l ...]

Frag. 3 *1* [... and I] have been made ruler [over all the sons of lig]ht. And I asked him [and said to him: «What ...] *2* [...» He replied and sa]id to me: three names [...]

4Q545 *4QVisions of Amram[c] ar*

4Q543, 4Q544, 4Q546, 4Q547, 4Q548 (?)
Bibliography: Cf. 4Q543

Frag. 1 *col.* I (= 4Q543 1, 2, 3; 4Q546 1) *1* Copy of [the writing of the words of the vision]s of Amram, son of Qahat, son of Levi. All *2* th[at he revealed to his sons and what he advised th]em on the day of [his death, in the] year *3* one hundred and thirty-six, the year of his death: [in the ye]ar one hundred *4* [and] fifty-two of the ex[i]le of Israel to Egypt. [...] upon [him and he sent] *5* and called Uzzi'el, his youngest brother [...] to him [Miria]m, [his] daughter [and said:] *6* «You are thirty years old.» And he gave a feast for seven [day]s, *7* and ate and drank during the feast, and rejoiced. Then, when *8* the [d]ays of the feast were completed, he sent and called Aaron, his son. [H]e was [...] years old *9* [... and said] to him: «Call my son Malachiyah ... from the house of *10* [...] ... above, called him. *11* [...] I *12* [...] his father *13* [...] from *14* [...] your word *15* [and we will give you ... for e]ver, *16* [and we will give you

16 [ונתן לך חכמה ...] הוסף 17 [לך ... אל תהוה ומל]אך אל
18 [תתקרה ... תעבד בארע]א דא 19 [ודין ... והן לה] שמך

Frag. 1 ii 9 ו.[...] 10 ...[...] 11 בארעא דא וסלקת ל.[...]
12 למקבר אבהתנא וסלקת [... קהת תמן] 13 ל[מ]קם ולעמרה ולמבנא
ק[ברין אבהתנא ...] 14 שגיא[י]ן מן בני דדי כחד[א ... גבר ומן]
15 עבידתנא [ש]גיאין לח[דא עד די יתקב]רון מתין [...] 16 שמועת קרב
מבהלה תאב[ין מן] תנא לארע מ[צרין ...] 17 לעובע ולא ב[נו קב]ריא די
אב[הת]הון[ושבקני אבי קהת ...] 18 ולמבנה ולמסב לה[ון כל צרכיהון
מ]ן ארע כנען [... עד] 19 אנחנא בנין וקר[בא הוא בין] פלשת למצרין
ונצח[ין ...]

Frag. 3 1 [...]ת ואחוה לכה שמ[הת ...] 2 [...]... תאר... [...]לה
מושה ואף על[...] 3 [וא]חוה לכה רז עובדה דין קדיש הוא [...] 4 קד[י]ש
להוה לה כול זרעה בכול דרי ע[למין ...] 5 שביעי באנוש רעות[ה ית]קרה
ויתאמ[ר ...] 6 יתבחר לכהן עלמין [...]*vacat*

Frag. 4 1 [...] ולא תהוה[...] 2 [...]עם קדמיתא תהא [...] 3 [...]
על נפשה תכמון בין [תרתיהן ...]

4Q546 *4QVisions of Amram[d] ar*

PAM 43.586
ROC 434

Frag. 1 1 [...]...[...] 2 [... מא]ה וחמשין [ותר]תי[ן ...] 3 [...
...]עלוהי ושלח [...] 4 [... א]נתה ב[רת] ת[ל]תי[ן ...]

Frag. 2 1 [...]תת רישי ברש.[...] 2 [...] וסלקת למקם[...]
3 [אבהתהון] ושבקני אבי קה[ת ... ולמבנה] 4 ולמסב להון כל צרכיהון מן

wisdom ...] it will be added *17* [to you ... you will be God, and an]gel of God *18* [you will be called ... you will do in] this [land,] *19* [and a judge ... and when] your name

Frag. 1 *col.* II (= 4Q543 4; 4Q544 1; 4Q546 2) *9* and [...] *10* ... [...] *11* in this land, and I went up to [...] *12* to bury our fathers. And I went up [... Qahat there] *13* to [s]tay and to dwell and to build the t[ombs of our fathers ...] *14* many from the sons of my uncle, togeth[er ... a man, and about] *15* our work it was very [m]uch [until] the dead [were bur]ied [...] *16* rumour of war, frightening those returning [from] here to the land of E[gypt ...] *17* quickly, and they did not bu[ild] the [to]mbs of their father[s; and my father Qahat let me go ...] *18* and to build and to obtain for them [all they need fr]om the land of Canaan [... until] *19* we ourselves build. And wa[r broke out between] Philistia and Egypt and was winning [...]

Frag. 3 *1* [...] and I will show you the na[mes ...] *2* [...] ... to him Moses, and also ... [...] *3* [and I will] show you the mystery of his service: He is a holy judge [...] *4* holy for him will be all his descendants for all [eternal] generations [...] *5* the seventh among the men of [His] will [he will be na]med, and he will be cal[l ...] *6* he will be chosen as eternal priest. [...] *Blank*

Frag. 4 (= 4Q547 5) *1* [...] and you will not [...] *2* [...] you will be with the first [...] *3* [...] over his soul they were twisting [between the two of them ...]

4Q546 *4QVisions of Amram[d] ar*

4Q543, 4Q544, 4Q545, 4Q547, 4Q548 (?)
Bibliography: Cf. 4Q543

Frag. 1 (= 4Q543 1; 4Q545 1 I) *1* [...] ... [...] *2* [... one hundr]ed and fifty-[tw]o [...] *3* [...] upon him and he sent [...] *4* [... Y]ou are th[i]r[ty] ye[ars old ...]

Frag. 2 (= 4Q544 1; 4Q545 1 II) *1* [...] ... my head ... [...] *2* [...] and I went up to the place [...] *3* [their fathers,] and my father Qah[at] let me go [... and to

א]רע כנען ...]

Frag. 6 1 וכען ברי [...] 2 לעמך ...[...] 3 ואנתה ...[...] 4 וכען בני שמעו .[...] 5 חזית[...]

4Q547 *4QVisions of Amram[e] ar*

PAM 43.567
ROC 144

Frag. 1 1 [... י]חזא .[...] 2 [...]יד של[...] אקטרון [...] 3 [...]יב ושלום אל[...] ...[...] 4 [...]לן רו[...] עלמא עד ע[למין ...] 5 [...]שלם ונגד [...]

Frag. 2 1 [... כו]ל די קרב לוי ברה ל[...] 2 [... א]מרת לכה על מדב[חה] די אבני[א ...] 3 [... ע]ל קורבנ[ין ...]...[...]

Frag. 3 1 [... ק]ורבנה 2 [...]קרב כדן 3 [... א]תרה נוח 4 [...]ת

Frag. 4 1 [...]א[...] 2 [...]פצית[...] 3 [...] בנה .[...] 4 [...]בהר סיני י.[...] 5 [... ב]רכה רבא על מדבח נחש[א ...] 6 [...].ה יתרם כהן מן כול בני עלמא באד[ין ...] 7 [...].ה ובנוהי בתרה לכול דרי עלמין בקו[שטא ...] 8 [...] ואנה אתעירת מן שנת עיני וחזוא כתב[ת ...] 9 [...] מן ארע כנען והוא לי כדי אמר[...] 10 [...]מרים ומן באת[ר] לקחת עש.[...] 11 [...]תון בע[...]הויתה[...] 12 [...]ה *vacat* [...]

Frag. 5 1 [...]שד תדבר וכדי תופ[ע ... ולא תהוה ...] 2 [...] קדמיתא לתניאניתא[... עם קדמיתא תהא] 3 [... על]נפשה תכמון בין תרתיהון[...] 4 [...]הי להן בחשבוניה .[...] 5 [...]הי״ל. חברא ורב[...] 6 [...] חברא ל׳ר[...]

build] *4* and to obtain for them all they need from the l[and of Canaan …]

Frag. 6 *1* And now, my son […] *2* to your people … […] *3* and you … […] *4* And now, my sons, listen […] *5* I saw […]

4Q547 *4QVisions of Amram[e] ar*

4Q543, 4Q544, 4Q545, 4Q546, 4Q548 (?)
Bibliography: Cf. 4Q543

Frag. 1 *1* [… he will] see […] *2* […] … […] you will make rise in smoke […] *3* […] … and the peace of God […] *4* […] … […] centuries for ev[er …] *5* […] peace, and he pulled (?) […]

Frag. 2 *1* [… every]thing which your son Levi brought to […] *2* [… I] told you about [the] alt[ar] of stones […] *3* [… up]on the sacrifice[s …] … […]

Frag. 3 *1* […] his sacrifice *2* […] brought, thus *3* [… a p]lace of rest *4* […] …

Frag. 4 *1* […] … […] *2* […] I rescued […] *3* […] he built […] *4* […] in Mount Sinai […] *5* […] great ble[ssing] upon [the] bronze altar […] *6* […] the priest will be exalted among all my sons for ever. The[n …] *7* […] and his sons after him for all eternal generations in tru[th …] *8* […] And I awoke from the sleep of my eyes and [I] wrote the vision […] *9* […] from the land of Canaan. And it happened to me as he said […] *10* […] Miriam, and afterwar[ds] I took … […] *11* […] … […] you were […] *12* […] … *Blank* […]

Frag. 5 (= 4Q545 4) *1* […] … you will be taken away; and when you ris[e … and you will not …] *2* […] the first to the second [… you will be with the first] *3* [… over] his soul they were twisting between the two of them […] *4* […] … /but/ in his calculations […] *5* […] … a friend and great […] *6* […] a friend to … […]

4Q548 *4QVisions of Amram[f]? ar*

PAM 43.597
ROC 427

Frag. 1 1 [...] שבטין [...] 2 [...]ותא להון וכל ארח[תה ...] 3 [...
]אנון מן אסיאנהון [...] 4 [...]ח אנון מן מותא ומן א[בדנא ...] 5 [...
ע]ליכון בני ברכתא וש[...] 6 [...]כל דרי ישראל לכל[עלמין ...]
7 [...].י חדא בי די בני צ[דקתא ...] 8 תתק[רון ...]כון בני שקר ולא בנ[י
קשוט ...] 9 אנה מ[קר]ה לכ[ון ארח]א יצבתא אנה מודע ל[כון קשטא ארו
כל בני נהורא] 10 נהירין להוו[ן וכל בני] חשוכא חשיכין להוון [ארו בני
נהורא ...] 11 ובכל מנדעהון [... לה]וון ובני חשוכה יתעדון[...] 12 ארו
כל סכל ורש[ע חשיכי]ן וכל[חכי]ם וקשיט נהיר[ין ארו כל בני נהורא]
13 לנהורא לשמח[ת עלמא ולח]דות[א יהכו]ן וכל בני חש[וכה
לחשוכה למותא] 14 ולאבדנא יהכון [...] לעמא נהירותא ואחוי [...]
15 וא[ו]דעו[...]ן מן חשוכה ארו כל [...] 16 בני[חשוכה ...] וכל בני
נהורא[...]

Frag. 2 I 1 [...]א 2 [...]ענא 3 [...] *vacat* 4 [...]א 5 [...]הוא
6 [...]רשעא 7 [...]ות 8 [...]ן הוא 9 [...]... [מ]ן קדים 10 [...]די
בחיר לקשט 11 [... מא]מרי דן ועבדי קשטא 12 [...]כל סופה אבדן
חשיך 13 [...]רשעא ומן כל שבילי 14 [...] חייא ולא[...] 15 [...]
חשוך [...] 16 [... מ]אמר[י ...]

Frag. 2 II 1-3 [...] 4-6 [...]. 7 יהוין [...] 8 זרע ת.[...]
9 לחדשא[...] 10 שלם ...] 11 תקלין [...] 12 אתוהי מ.[...]...[...]
13 עבדה נפל מן חד ל[חד ...] 14 [עד] יום עשרתיא ו.[...] 15 [בע]דני
נגהי ובני[...] 16 [...]יא ע.[...] 17 [...]א [...]

Frag. 3 1 [...]שגיא[...] 2 ותשניקון ל[...] 3 כדי אנושא מדמין .[
...] 4 ולא עוד יחזה צער ו[...] 5 [ש]גיאי[ן ...]...[...]

4Q548 *4QVisions of Amram[f]? ar*

4Q543, 4Q544, 4Q545, 4Q546, 4Q547
Bibliography: Cf. 4Q543

Frag. 1 *1* […] staffs […] *2* […] … to them and all [his] ways […] *3* […] them from their healer […] *4* […] them from death and from an[nihilation …] *5* [… up]on you, sons of the blessing, and … […] *6* […] all generations of Israel for all [centuries …] *7* […] […] … rejoice in me, because the sons of ri[ghteousness …] *8* you will be ca[lled …] your […] sons of lie and not son[s of truth …] *9* I will [tea]ch you the desirable [way,] I would let [you] know [the truth. For the sons of light] *10* will be brilliant, and [all the sons of] darkness will be dark. [For the sons of light …] *11* and for all their knowledge they [will] be […] but the sons of darkness will be removed […] *12* For all foolish and ev[il are dark,] and all [wi]se and truthful are brilliant. [This is why the sons of light] *13* [will go] to the light, to [everlasting] happiness [and to re]joicing; and all the sons of dark[ness] will go [to the shades, to death] *14* and to annihilation. […] There will be light for the people and make known […] *15* And they will make [kn]own […] from darkness. For all […] *16* the sons of [darkness …] and all the sons of light […]

Frag. 2 *col.* I *1-5* […] … *6* […] the evil *7* […] … *8* […] he is *9* [… fr]om the East *10* […] which is chosen for the truth *11* […] this [say]ing of mine, and the deeds of the truth *12* […] all its end is dark annihilation *13* […] the evil. And from all the paths *14* […] the living ones and not […] *15* […] darkness […] *16* [… my sa]ying […]

Frag. 2 *col.* II *1-6* […] *7* they will be […] *8* offspring … […] *9* to the month […] *10* pea[ce …] *11* weighed […] *12* his signs … […] … […] *13* his work fall from one to the [other …] *14* [until] the tenth day. And […] *15* [at the ti]me of the dawn; and the sons of […] *16-17* […] … […]

Frag. 3 *1* […] great […] *2* and you will be distressed […] *3* When men are suspecting […] *4* and he will see no more the shame and […] *5* [m]any […] … […]

4Q549 *Work Mentioning Hur and Miriam ar*

PAM 43.574
ROC 447
Bibliography: R. Eisenman, M. Wise, *DSSU*, 93-94; K. Beyer, *ATTME*, 92-

Frag. 1 1 [...] דקב[...] 2 [...] למצרי[ן ...] 3 [...] שנין [...]

Frag. 2 1 [ד]י יאכל הוא ובנוה[י ...] 2 בעלהא שנת עלמה[...]
3 עלוהי ואשכחוה[י ...] 4 בנוהי ובני אחו[הי ...] 5 יתבו בר שעתהון[
...] 6 פטר לבית עלמה [...]...[...] 7 *vacat* ומ[ן ...] 8 עשרא ואולד מן
מריאם עמת[ה ...] 9 ולסתרי *vacat* ונסב חור [...] 10 ואולד מנה לאור
ואה[רון ... ואולד] 11 מנה ארבען בנין [...]

4Q550 (4QPrEsther^a ar) *4QProto-Esther^a ar*

PAM 43.584, 42.433
ROC 426
Bibliography: J.T. Milik, 'Les modèles araméens du livre d'Esther dans la grotte 4 de Qumrân', *RevQ* 15/59 (1992) 321-406; R. Eisenman, M. Wise, *DSSU*, 99-103; K. Beyer, *ATTME*, 113-117; F. García Martínez, 'Les manuscrits de

1 [ומש]תמעין לפתריזה אבוך [...] 2 [ו]בעבדי לבוש מלכותא ב[...]ל
[... ל]מעבד 3 עבידת מלכא ככול די קב[לון ...]עין בה בשתא 4 ארכת
רוחה די מלכא אע[... ספ]רי אב[ו]הי [א]תקריו קדמוהי ובין 5 ספריא
אשתכח(ת) מגלה ח[דה חתי]מה חתמין שבעה בעזקתה די דריוש אבוהי
ענינה 6 [... דר]יוש מלכא לעבדי שלטנא די כ[ל א]רעא שלם פתיחת קרית
השתכח כתיב בה דריוש מלכא 7 [ל... די י]מלכון בתרי ולעבדי שלטנא
ש[ל]ם ידיע להוא לכון די כול אנוס ושקר

4Q549 *Work Mentioning Hur and Miriam ar*

93; A. Caquot, 'Les Testaments Qoumrâniens des Pères du Sacerdoce', *RHPR* 78 (1998) 3-26

Frag. 1 *1* [...] ... [...] *2* [...] to Egyp[t ...] *3* [...] years [...]

Frag. 2 *1* [wh]o will eat, he and hi[s] sons [...] *2* her husband eternal sleep [...] *3* upon him, and they found him [...] *4* his sons and the sons of h[is] brother [...] *5* and they sat down immediately, [...] *6* to leave for the eternal dwelling. [...] ... [...] *7 Blank* And fr[om ...] *8* ten. And from Miriam, [his] aunt (?), he sired [...] *9* and Sithri. *Blank* And Hur married [...] *10* and from her he sired Ur. And Aa[ron ... and sired] *11* from her forty sons [...]

4Q550 (4QPrEsther[a] ar) *4QProto-Esther[a] ar*

Qumrân et les "frontières" de la Bible', *Recueil des travaux de l'association des études du Proche-Orient Ancient* 4 (1995) 63-76; S. White-Crawford, 'Has Esther been found at Qumran? 4QProto-Esther and the Esther Corpus', *RevQ* 17/65-68 (1995) 306-325; R. Koßmann, *Die Esthernovelle. Vom Erzählten zur Erzählung* (Diss. Groningen 1998) 184-207

1 [and] they [ob]eyed your father Patireza [...] *2* [and] among the attendants of the royal wardrobe [...] performing *3* the service of the King according to all that they (?) rece[ived ...] ... In the same year *4* the King's spirit was suffering [... the bo]oks of his father [we]re read in front of him; and among *5* the books was found a scroll, [sea]led with the seven seals of the ring of Darius, his father. Its title: *6* [«... of Dar]ius the King to the attendants of the Empire /of the who[le e]arth,/ peace». It was opened, it was read, it was found written in it: «Darius the King *7* [to the ... who will] rule after me and to the attendants of the Empire, p[ea]ce. Let it be known to you that every violent and deceitful person

---

4Q550a (4QPrEsther[b] ar) *4QProto-Esther[b] ar*

PAM 43.584, 41.952
ROC 426

1 אנש להן יד[ע] מלכא הן איתי[...]   2 ולא יבד שמה טבא [ו]הימנו[תה
...]   3 מלכא איתי לפתריזא בר י.[...]   4 נפלת עלוהי אומת בית ספרא[
...]   5 אושי מלכא די תמ[ר] ותתיהב[...]   6 ביתי ונכסי לכול מה די
ית[...]   7 התכיל ותקבל עבידת אבוך[...]

4Q550b (4QPrEsther[c] ar) *4QProto-Esther[c] ar*

PAM 43.584
ROC 426, 430

1 [...] אושי מלכא די תמר לשרתהא .[...]נה נד[...]   2 [...]פתריזא
אב[וך] מן חמא די קם על עבידת [מלכותא] קדם מלכא [...]   3 [...]ה ע.[...
ה]וה עבד מן קשוט ומן הי[מנו ק]דמוהי [...]   4 [...].א ואמר אושי[...]
5 [...]נה ארג[ונה ...]   6 [...]ל[ת]לת של[טנא ...]

4Q550c (4QPrEsther[d] ar) *4QProto-Esther[d] ar*

PAM 43.584, 48.585, 41.952
ROC 430

Col. I   1 ארו ידע אנתה[...]ת[...]לי[...]י ובחובי אבהתי   2 די חטו
קדמיך ו[...]שפא ל.[...]. ונגדת [... עבד]יך גבר   3 יהודי מן רברבני מ[לכא
...]מגלה קאם לקבלה וב[ע]א[... פת]רא טב[א]   4 גברא טבא עבד
[עבידת מל]כא מה אעבד לכה ואנתה ידע[... איתי] אפש[ר]   5 לגבר
כות[י] להתבה [... מל]כותך קאם באתר די אנתה קאם [...].ה א[...]
6 ב[ר]ם מה די אנתה צ[ב]א פקדני וכדי [תמ]ות אקברנך .[...]   7 עמר

4Q550a (4QPrEsther[b] ar) *4QProto-Esther[b] ar*

Bibliography: Cf. 4Q550

1 a man; but the King kno[ws] whether there is [...] *2* and his good name will not pass away, [and his] loyal[ty ...] *3* (of) the King will be for Patireza, son of ... [...] *4* there fell upon him the dread of the house of Safra [...] *5* Ushay the King of Tama[r,] and it will be given [...] *6* my house and my belongings to all, that which ... [...] *7* will be measured; and you shall receive your father's service [...]

4Q550b (4QPrEsther[c] ar) *4QProto-Esther[c] ar*

Bibliography: Cf. 4Q550

1 [...] Ushay the King of Tamar to the princess [...] ... [...] *2* [...] Patireza [your] father, of Hama, who was in charge of the service of the [kingdom] before the King [...] *3* [...] ... [...] served with justice and with fi[delity be]fore him [...] *4* [...] ... and Ushay said [...] *5* [...] him (with) purp[le ...] *6* [...] to [the th]ird of [the] em[pire ...]

4Q550c (4QPrEsther[d] ar) *4QProto-Esther[d] ar*

Bibliography: Cf. 4Q550

Col. I *1* Look, you know [...] ... [...] and because of the failings of my fathers *2* who had sinned before you, and [...] ... [...] and I left [... of] your [attendant]s, a *3* Jew, from the nobles of [the] K[ing ...] of the diaspora, stands up for an accusation and wi[sh]es [... a] good [divi]ner, *4* a good man, doing [the service of] the [Ki]ng. What can I do for you? You know [... it is] possible *5* to a Kutean man to return [...] your [kin]gdom, standing in the place where you stand [...] ... [...] *6* How[ev]er, what you w[is]h command it of me, and when [you d]ie I will bury you in [...] *7* ravaging (?) everything. Is it

בכול אפשר די תעלית עבדתי ק[... כ]ול די[...]

Col. II 1 [...]שא גזרת מ[... ו]תנ[יני]א אזלו[...] 2 [...][מכת...
ות]ל[י]תיא אזל[ו...] בלבוש[מלכותא ...] 3 [...]כליל דה[ב ברי]שה
וחמ[ש] שנ[י]ן אזל[ה ...] 4 [...]בלחודוהי ר[... ו]שתיתיא אזלו א.[...]
5 למ.[... כ]סף ו[כו]ל דהב [ונכס]ין די [אי]תי לבגושי בכפל[ין ...]
6 ושב[יעיא אזלו ... באדין] על בש[ל]ם בגסרו לדרת מלכא [...] 7 בגוש[י
ת]ב ל[... ר]בה ר[יב ...]...[... וק]טיל אדין על [ב]גסרו לד[ר]ת מלכא
ש.[...] 8 ואחדה בי[דה ...] על ריש[ה ...]ה ונשקה ענה ואמר ב[...]רן
בגסרו מן [...]

Col. III 1 [...]עליא די אנתון דחלין ו[פ]לחין הו שליט ב[כול אר]עא
כול די יצבא קריב ב.[...]. ל[...] 2 [...]כול אנש די ימר מלה[באי]שא על
בגסרו ב[... ית]קטל בדיל די לא אית[י] כ[ול ...] 3 [...]טה גפה ל[ע]לם
[...]. די ח֯ה [...]תרתין ואמר מלכא יכת[ב ...] 4 [...]...[...ש]לט[ן...]
אנון בדרת בית מלכ[א] קרבתא [...] 5 [... יק]ומ[ו]ן בתר בגסר[ו] קרין
בכתבא דנ[ה ...] 6 [... ב]אישא באישתה תאבה על [ריש]ה כ[...]
7 [...]ה *vacat*

4Q550d (4QPrEsther[e] ar) *4QProto-Esther[e] ar*

PAM 48.585
ROC 430

Frag. 1 1 [...]קדם מלכא א.[...] 2 [...]הלך בקוריא[...] 3 [...
ע]ל אנפיכ[ון ...] 4 [... ב]גסרו כ[...]

---

possible that the rise of my service [… a]ll that […]

Col. II *1* […] … the decision of [… And] the sec[ond ones] went […] *2* […] … [… and] the [t]h[i]rd ones went […] in the [royal] wardrobe […] *3* […] a crown of go[ld upon] his [hea]d. And fi[ve] years passed […] *4* […] alone [… and] the sixth ones went, … […] *5* … [… si]lver and /[al]l/ gold [and the wea]lth which [bel]ongs to Bagoshe, doubled, […] *6* and the seve[nth ones went … Then] Bagasro entered in p[ea]ce into the court of the King […] *7* Bagosh[e retur]ned to [… his jud]gment was jud[ged …] … [… and he was ki]lled. Then [Ba]gasro entered the c[ou]rt of the King … […] *8* And he took [his] ha[nd …] on [his] head […] and kissed him. He started speaking and said: «In […] Bagasro of […]

Col. III *1* […] the Most High whom you revere and [ve]nerate, he is the one who governs the [whole ear]th. All that he wants is near […] … […] *2* […] every man who utters a [ba]d word against Bagasro [… will be] killed, because there is not a[ny …] *3* […] … a barrier for [e]ver. […] that he had seen […] the two. And the King said: «He should wri[te …] *4* […] … [… Em]pi[re …] they in the inner courtyard of the royal palace […] *5* [… they shall s]tand up after Bagasr[o,] reading from thi[s] writing […] *6* [… e]vil, his evil has returned upon his [head …] *7* […] … *Blank*

4Q550d (4QPrEsther[e] ar) *4QProto-Esther[e] ar*

Bibliography: Cf. 4Q550

Frag. 1 *1* […] before the King […] *2* […] he walks in the area […] *3* [… up]on yo[ur] faces […] *4* [… Ba]gasro […]

4Q550e

PAM 43.599
ROC 260

1 [...]ארו מן צפונא אתיה באישתא .[...] 2 [...]בנה ציון ובה יסתתרון כל עני עמה[...] 3 [...] *vacat* [...] 4 [...]רמו עלוהי כריפו בין מדי לפרס ואתר ולימא 5 [...] *vacat* [...]

4Q551 (4QDanSuz? ar) *4QDaniel-Suzanna* (?) *ar*

PAM 43.594
ROC 158

Frag. 1 1 [...]בינתא [...] 2 [...]...[...] א]דין גבר שב[...] 3 בר יהונתן בר ישוע בר ישמעאל בר[...] 4 ויתכנשון כל אנש קרתא על ביתא וימרון לה הנפק[...] 5 [... וימ]ר להון אחי אל תבאשו ה[א ...] 6 [...]...[...]

4Q552 *4QFour Kingdoms[a] ar*

PAM 43.576
ROC 278

Frag. 1 I 1-4 [...]... 5 [... נ]הור מלאכיא די הוו 6 [...]אמר להון להוא *vacat* כולה 7 [...].ותא דימין היא *vacat* דן 8 [...]. *vacat* ואמר לי מלכא בדיל *vacat* כדן 9 [...]נך איך כלא עביד הוו קאמין 10 [... די] אמר להו͗ן ומפקא להון בפרוש 11 [...]מראיהון ו... חד מנהון 12 [...]...

Frag. 1 II 1 נוגהא קאם וארבעה אילנין[...ן לה] 2 וקאם אילנא

4Q550e

Bibliography: J.T. Milik, 'Les modèles araméens du livre d'Esther', 361-363; F. García Martínez, 'Las fronteras de lo Bíblico', *Scripta Theologica* 23 (1991) 774; K. Beyer, *ATTME*, 133

1 [...] Look, from the North comes the evil [...] *2* [...] build Zion, and there all the poor of his people will take refuge. *3* [...] *Blank* [...] *4* [they] rose above him, they grew great between Media and Persia, Assyria and the Sea. *5* [...] *Blank* [...]

4Q551 (4QDanSuz? ar) *4QDaniel-Suzanna* (?) *ar*

Bibliography: J.T. Milik, 'Daniel et Susanne à Qumrân?', in M. Carrez *et al.* (eds.), *De la Tôrah au Messie: Etudes d'exégèse et d'herméneutique bibliques Offertes à Henri Cazelles* (Paris: Desclée, 1981) 337-359; K. Beyer, *ATTM*, 224-225

Frag. 1 *1* [...] knowledge [...] *2* [... t]hen an old man [...] *3* the son of Jonathan, the son of Jeshua, the son of Ishmael, the son of [...] *4* and all the men of /the city/ will gather against the house and will say to him: «Bring out [...] *5* [... and he will sa]y to them: «My brothers, do not act wickedly. Be[hold ...] *6* [...] ... [...]

4Q552 *4QFour Kingdoms*[a] *ar*

Bibliography: R. Eisenman, M. Wise, *DSSU*, 71-73; K. Beyer, *ATTME*, 108-109

Frag. 1 *col.* I *1-4* [...] ... *5* [... the l]ight of the angels who were *6* [...] he told them: «It all *Blank* shall happen *7* [...] it is the ... of seas. *Blank* This *8* [...] *Blank* And he said to me: «Oh King, because of *Blank* this *9* [...] you, how was everything made?» They arose *10* [... what] he spoke, will be. And their end is in plain sight *11* [...] their lords. And ... one of them *12* [...] ...

Frag. 1 *col.* II (cf. 4Q553 6 II) *1* the dawn rose. And four trees [... him.] *2* And a

ורחקו מנה ואמר[לי ...] 3 צורתא ואמרת אן אחזא ואתב[ונ]ן ב[ה וחזית] 4 אילנא די ...א שים ב[ה ...] 5 ושאלתה מן שמך ואמר לי בבל[ואמרת לה] 6 אנתה הוא די שליט בפרס ו[חזית אילנא אחרנא] *vacat* 7 [...]חות למערבא ל[...] 8 ל...ה ושאלתה מן שמ[ך ואמר לי ...] 9 ואמרת לה אנתה הוא ד[י שליט ... ועל] 10 תקפי ימא ועל מחוזא [... וחזית] 11 אילנא תליתי[א ו]אמרת ל[ה מן שמך ואמר לי ...] 12 חזוך [...]

Frag. 2 1 [...]רחו ואמרת לה הוא דא מן .[...] 2 [...]ת לעלי[...]ת וחזי[ת ...] 3 [...]...[...] 4 [...]. חיל.[...] 5 [...]...[...]

Frag. 3 1 [...]ה 2 [...]יחדון 3 [...] חזוה 4 [...].ים מללתא 5 [...]א די יפלט

Frag. 4 1 [...] מרא[...] 2 [...].ן אל עליון לא[...] 3 [...].א די עליהון ויכ.[...] 4 [...]...א די כול מותבה דינין [...]

4Q553 *4QFour Kingdoms[b] ar*

PAM 43.579
ROC 353

Frag. 1 1 מלאכיא קד[ישיא ...] 2 לי מלאכא .[...] 3 מין נעיצין ..[...] 4 מאכריוס מ.[...]

Frag. 5 I 1 [...] בלחדוהי 2 [...]מן מושה 3 [...].דא אתר די 4 [... של]טנה לאתקריה 5 [...]ה בשמה די

Frag. 5 II 1 מחזוהי וע[...] 2 תקוף חיל[...] 3 מביניהון[...] 4 לי תלתה[...]

tree rose up and they turned away from it. And he said [to me: «…] *3* the species?» And I said: «How will I see and under[sta]nd [this?» And I saw] *4* a tree to [which] … was attached […] *5* And I asked him: «What is your name?» And he answered me: «Babel.» [And I said to him:] *6* «You are the one who rules over Persia.» And [I saw another tree] *7* *Blank* […] … to the West, to […] *8* … And I asked him: «What is [your] name?» [And he said to me «…»] *9* And I said to him: «You are the one who [rules over … and over] *10* the powers of the sea, and over the harbour [… And I saw] *11* a third tree, [and] I said to [him: «What is your name?» And he said to me …] *12* your appearance […]

Frag. 2 *1* […] … And I said to him: «He is the one from […] *2* […] … […] And [I] saw […] *3* […] … […] *4* […] power […] *5* […] … […]

Frag. 3 *1* […] … *2* […] they will rejoice *3* […] the vision *4* […] … the word *5* […] … which will escape

Frag. 4 *1* […] the lord […] *2* […] … God Most High … […] *3* […] … which there is above them, and … […] *4* […] … of all, who establishes judges […]

4Q553 *4QFour Kingdoms[b] ar*

Bibliography: R. Eisenman, M. Wise, *DSSU*, 71-73; K. Beyer, *ATTME*, 108-109

Frag. 1 *1* ho[ly] angels […] *2* to me the angel […] *3* water inserted … […] *4* Makarios … […]

Frag. 5 *col.* I *1* […] he alone *2* […] from Moses *3* […] … in the place where *4* […] the [ruler]ship, so that it is called *5* […] with the name of

Frag. 5 *col.* II *1* his appearance and … […] *2* the power of the strength […] *3* from between them […] *4* to me three […]

Frag. 6 I 2 [...] [...].[...] 3 [...] ... ידי 4 [...]כדי אהך 5 [...].א ואמר
לי במלכות 6 [... קא]מין למזרח וכדי אוו 7 [...]...

Frag. 6 II 1 *vacat* וחזית [...] 2 די עלוה[י נוגהא קאם] *vacat*
וארב[עה אלנין ...]ן לה וקמו אלניא 3 ורחקו[מנה] *vacat* ואמ˹ר˺ת אן אחזה
ואתבונן 4 בה וחזית [אילנא די...]ושאלתה מן שמך ואמר לי בבל *vacat*
ואמר˹ת˺ לה אנתה 5 הוא ד[י שליט בפרס וחזית אי]לנא אחרנא ושאלתה
ואמרת לה מן 6 שמך [...]...[...]...

4Q554 (4QNJ[a] ar) *4QNew Jerusalem[a] ar*

PAM 43.564, 43.589
ROC 318, 319
1Q32, 2Q24, 4Q554a, 4Q555, 5Q15, 11Q18
Bibliography: J. Starcky, 'Jérusalem et les manuscrits de la mer Morte', *Le*

Frag. 1 I 9 [...]שתת עשר בד[רו]מא 10 [...]תה וכלהון מבינין דן
11 [מן דן ... מן זוית]מדנחא די בצפונא 12 [...]ראסין תלתין וחמשה
ושם 13 [תרעא דן קרין לה תרע]שמעון ומן תרעא דן ע[ד]תרעא מציעא
14 [משח ראסין תלתין וחמשה ו]שם תרעא דן די [קר]ין לה תרע 15 [לוי
ומן תרעא דן משח עד תרע ד]רומא ראסין תלתין וחמשה 16 [ושם תרעא
דן קרין לה תרע יהודה ומן] תרעא דן משח עד זוית 17 [מדנחא די בדרומא
ראסין תלתין וחמשה ו]מן *vacat* זויתא דא למערבא 18 [משח עד תרעא
ראסין 25 ושם תרעא דן] קרין לה תרע יוסף 19 [... ומן תרעא דן משח
עד תרעא מציעא רסי]ן 25 ושם 20 [תרעא דן קרין לה תרע בנימין ומן
תר]עא דן משח עד תרעא 21 [ראסין 25 ושם תרעא דן קרין לה]תרע
ראובן ו[מן תר]עא דן 22 [משח עד זויתא די מערבא ראסין 25 ו]מן דא
זויתא משח עד

Frag. 1 II 6 [...]. [רסין 7 [2]5 ושם [תרעא דן קרין לה תרע ...
]ומן תרעא 8 מציעיא רסין[25 ושם תרעא ד]ן ק[רי]ן לה תרע נפתל[י] מן

Frag. 6 *col.* I *2* [...] ... [...] *3* [...] ... my hands *4* [...] when I will go *5* [...] ... And he said to me: «During the kingdom *6* [... ari]se to the East, and when they agree *7* [...] ...

Frag. 6 *col.* II (cf. 4Q552 1 II) *1 Blank* And I saw [...] *2* upon which [the dawn arose.] *Blank* And fou[r trees ...] to him. And the trees rose up *3* and turned away [from him.] *Blank* And I said: «How will I see and understand *4* this?» And I saw [the trees which ...] And I asked: «What is your name?» And he answered me: «Babel.» *Blank* And I said to him: «You *5* are the one w[ho rules over Persia.» And I saw] another [tr]ee. And I asked him and said to him: «What *6* is your name?» [...] ... [...]

4Q554 (4QNJ[a] ar) *4QNew Jerusalem[a] ar*

Monde de la Bible 1 (1977) 38-40; R. Eisenman, M. Wise, *DSSU*, 39-46; K. Beyer, *ATTME*, 95-99; É. Puech, 'À propos de la Jérusalem Nouvelle d'après les manuscrits de la mer Morte', *Semitica* 43-4 (1995) 87-102; .- *La Croyance des Esséniens en la Vie Future*, 591-596

Frag. 1 *col.* I *9* [...] sixteen. In the S[ou]th *10* [...] ... and they are all different from *11* [another ... from the] East [corner] which is to the North *12* [...] thirty-five stadia. And *13* [this door is called the door of] Simeon; and from this door up [to] the central door *14* [he measured thirty-five stadia; and] this door is which is called the door of *15* [Levi. And he measured from this door up to the S]outh [door:] thirty-five stadia; *16* [and this door is called the door of Judah. And from] this door he measured up to the [sourtheastern] corner: *17* [thirty-five stadia. And] from *Blank* this corner to the West *18* [he measured to the door 25 stadia; and this door] is called the door of Joseph. *19* [... And from this door he measured to the central door:] 25 [stadi]a; and *20* [this door is called the door of Benjamin. And from] this [do]or he measured up to the door *21* [25 stadia; and this door is called] the door of Reuben and [from] this [do]or *22* [he measured up to West corner: 25 stadia. And] from this corner he measured up to

Frag. 1 *col.* II (= 2Q24 1; 5Q15 1 I) *6* [...] ... [stadia] *7* [2]5. And t [this door is called the door of ...] and from the door *8* of the centre [25] stadia. [And th]is

ד[ן] 9 תרעא משח עד תרעא .[... ר]סין 2[5] ושם תרעא דן קרין
10 לה תרע *vacat* אשר ומש[ח מן תר]עא דן עד זוית די מדנחא רסין
11 25 *vacat*

12 ואעלני לגוא קריתא ומ[שח פר]זיתא[ברי]ת אורכא ופתיא קנין
13 51 ב 51 מרבעה ס[חר סחר] אמין 350 14 7 <ו>לכל רוח ושבק סחר
סחר לפרזיתא ברית שוק קנין 15 תלתה אמין 21 וכדן [א]חזיני מש[ח]ת
פרזיא כלהן בין פרזא לפרזא 16 שוק פתה קנין שתה [אמי]ן 4[2] ושקיא
רברביא די נפקין 17 מן מדנחא למער[בא קנין]עשרה פתי שוקא אמין
18 70 2 מנהון תל[י]תיא די על ש[מא]ל מקדשא משח 19 קנין {אמין} 18
פתיה אמין 6 [12] ופתי 20 שוקיא די נפקין מן דרו[מא לצפונא תרין
מנהון]קנין 9 21 ואמין 4 לשוק חד לאמי[ן 67 ומציעא די מצ]יעת
22 קריתא משח פתיה קני[ן 13 ואמה חדה לאמין 92] 23 וכל שוקא
וקריתא [רציפין באבן חור ...]

Frag. 1 III 13 ופתי .[...].יא משחתא אמין [... ומשח פתיה די כל
אספא] 14 קנ[ין 2 א]מין 14 וית טלולה אמה חדה[... ומשח על כל
אספא] 15 ית דש[י]ן לה ומשח בגוא אספא ארכה אמ[ין] 3[1] ופתיה
אמין עשר 16 וא[ע]לני לגוא אספא והא אסוף אחרן ותרעה ליד כתלא
גויא דיליד ימינא 17 במש[ח]ת תרעא בריא פתיה אמין ארבע רומה אמין
7 ודשין תרין וק[ודם] 18 ת[ר]עא דן אסף עללה פתיה קנה ח[ד] אמין
שבע וארכה עלל קנין תרין א[מין] 19 14 ורומה קנין תרין א 14 ותרע
לקבל תרעא פתיח לגוא פרזיתא 20 במשחת תרעא בריא ועל שמאל
מעלה דן אחזיני בית דרג סח[ר וס]לק פ[תיה] 21 וארכה משחה חדה קנין
תרין בתרין אמין ארבע עשרא ות[רעין לקבל תרעין] 22 במשחה ועמוד
[בגוא]גוא די דרגא סחר וסל[ק] עלוהי פתי[ה וארכה אמין]

Frag. 2 I 14 [... קני]ן תרין 15 [...] ואמין 16 [...]...[...] משחת
17 [...]מי קריתא

Frag. 2 II 13 [...]...נא יסודה פ[תיה]קנין תרין א[מין] 14 ארבע

[door] is c[all]ed the door of Naphtal[i.] And from th[is] *9* door he measured up to the door which [... :] 2[5 st]adia. And this door is called *10* the door of *Blank* Asher. And he measu[red from] this [do]or up to the corner which is to the East: *11* 25 stadia. *Blank* *12* And he led me to the interior of the city and mea[sured each bl]ock, length and breadth: *13* 51 rods by 51 in a square, a[ll around] 350 cubits *14* and 7 (357) on each side. And a peristyle around the block, the portico of the street: *15* three rods, 21 cubits. Also he [s]howed me all the measure[ment]s of all the blocks; between one block and another *16* there is the street: width, six rods, 4[2 cubit]s; and the main streets which run *17* from East to Wes[t:] the width of the street is ten [rods,] cubits: *18* 70, of 2 of them; and he measured the th[i]rd, which passes to the l[ef]t of the temple: *19* 18 rods {cubits} in width, [12]6 cubits. And the width of *20* the streets which run from Sou[th to North: two of them are] 9 rods *21* and 4 cubits each street, [67] cubit[s; the one in the middle, which is in the cen]tre of *22* the city, he measured its width: [13] rod[s and one cubit, 92 cubits.] *23* And all the streets and the city [were paved with white stone ...]

Frag. 1 *col.* III (= 5Q15 1 I - II) *13* and the width of [...] ... their dimensions are: cubits, [... And he measured the width of each vestibule:] *14* [2] ro[ds,] 14 [cu]bits; and the doorhead, [one cubit ... And he measured above each vestibule] *15* its jambs, and measured inside the vestibule: its length is [1]3 cubi[ts] and its width ten cubits. *16* And he [l]ed me inside the vestibule, and see there was another vestibule and a door to the side of the inner wall; on the right side, *17* with the dimen[sio]ns of the outer door: four cubits in width and 7 cubits in height, with two rooms. In f[ront] of *18* this d[oo]r, the entrance vestibule, of o[ne] rod wide, seven cubits. The length of the entrance: two rods, cu[bits] *19* 14; and the height: two rods, 14 c(ubits). And the door opposite to the (other) door, the one which opens to the block, *20* has the dimensions of the outer door. To the left of this entry he showed me a staircase which goes ro[und and u]p: [its] le[ngth] *21* and its width are the same size: two rods by two, fourteen cubits. The do[ors opposite to the (other) doors] *22* have the same size. And the pillar [within] the space, upon which the staircase goes round and u[p, its] width [and its length cubits]

Frag. 2 *col.* I *14* [...rod]s two *15* [...] and cubits *16* [...] the measurements of *17* [...] ... of the city

Frag. 2 *col.* II *13* [...] ... its foundation, w[idth:] two rods; c[ubits,]

ע[ש]רא ורומה קנין שבעה אמין ארבעין ותשע וכלה 15 בניה בחש[מל
]וספיר וכדכוד ועעיתא דהב ומגדליה אלף 16 [וארבע מא]ה ו[ת]לתין
ותרין ופתיהון וארכהון משחה חדה 17 [...] ורמהון קנין עשרה 18 [...]
14 19 [...]תרין 20 [...]תרעיא אמין 21 [...] תרין לתרעא
22 [...]חיא תלת תלת ומגדליא נפקין

Frag. 2 III 14 ...[...] 15 באתרא ומלכות מ[... ומלכות] 16 כתיא
באתרה כלהון בסוף כלהון[... ומלכון] 17 אחרין שגיאן ורשין עמהון
מ[...] 18 עמהון אדום ומואב ובני עמון[...] 19 די בבל ארעא כלה די לא
ישר[...] 20 ויבאשון לזרעך עד עדן די י[...] 21 בכל עמ.[...]מלכות[...
]די ל[א ...] 22 ויעב[דון]בהון עממין[...]

4Q554a (4QNJ[b] ar) *4QNew Jerusalem[b] ar*

PAM 43.589
ROC 319

1 [...] ודרגא די[סלק לידה] פתיה אמין ארבע וסחר 2 [וסלק רום קנין
תרין עד ... *vacat*] *vacat*

3 [ואעלני לגוא פרזיתא ואחזיני בה באתין מן תרע] לתרע חמשת עשר
תמניה בחדה רוח עד זויתא 4 [ושבעה מן זויתא עד תרעא אחרנא פותי]הון
ארך בתיא קנין תלתה ארכין 21 ופתיהון 5 [קנין תרין אמין 14 וכדן כל
תוניא ו]רומהון קנין תרין אמין 14 ותרעהון במצעתא 6 [פותי קנין תרין
אמין 14 ומשח פותי מציעת ביתא וגוהון די ... אמין]ארבע ארך ורום קנה
חד אמין שבע 7 [... דכא אמין 19]ארכהון ופתיהון אמין 12 בית 8 [
22 ערשין ו 11 כוין אטימן עלא מן ערשין ו]לידה אמה בריתא 9 [ומשח
...י כותא רומה אמין תרתין פתיה אמין ... ועובי פתי כתלא רו]מא קדמיתא
אמין 10 [... ואחרנתא אמין ... ומשח תחומי דוכניא ארכהון אמין תשע
עש]רא ופתיהון אמין 11 [תרתי עשרה ... ורומהון ... פתיחן ב...]קנין

14 fourt[e]en; and its height: seven rods, forty-nine cubits. And it is entirely *15* built of elec[trum] and of sapphire, and of chalcedony, and its laths (are) of gold, and its towers number one thousand *16* [four hundr]ed and [th]irty-two. Their length and their width are the same size: *17* [...] and their height, ten rods, *18* [...] 14 *19* [...] two *20* [...] the doors, cubits *21* [...] two, to the door *22* [...] ... three by three, and the towers project

Frag. 2 *col.* III (?) *14* ... [...] *15* after it, and the kingdom of ... [... and the kingdom of] *16* the Kittim after it, all of them at the end of all of them [...] *17* many other and powerful [kingdoms] with them ... [...] *18* with them Edom and Moab and the sons of Ammon [...] *19* of Babel, all its land which shall not ... [...] *20* and they shall harm your descendants until the moment that [...] *21* with all ... [...] the kingdom of [...] which n[ot ...] *22* and the peoples shall d[o] with them [...]

4Q554a (4QNJ[b] ar) *4QNew Jerusalem[b] ar*

1Q32, 2Q24, 4Q554, 4Q555, 5Q15, 11Q18
Bibliography: Cf. 4Q554

(= 5Q15 1 II) *1* [...] And the staircase which [goes up at its side] is four cubits wide, and goes round *2* [and up to a height of two rods, up to ... *Blank*] *Blank* *3* [And he brought me into the block and showed me the houses there, from one door] to another, fifteen; eight from the side up to the corner, *4* [and seven from the corner up to the other porch.] Length of the houses: three rods, 21 (cubits) long; and their width: *5* [two rods, 14 cubits. And all the rooms the same.] Their height is two rods, 14 cubits. Their door is in the middle; *6* [it is two rods, 14 cubits, wide. And he measured the width of the middle of the houses and of the interior of ...,] four [cubits]; length and height, one rod, seven cubits *7* [... The site is 19 cubits] in length and 12 cubits in width. The house *8* [has 22 beds, and there are 11 lattice windows above the beds.] At their side is the outer gutter. *9* [And he measured ... from the window: height, two cubits; width, ... cubits, and its thickness is the width of the wall. Heig]ht of its inner part: cubits *10* [... and of the other ... cubits ... and he measured the edges of the platforms: ninete]en [cubits long] and [twelve] cubits wide. *11* [... and their height ... they open ...] two rods; cubits, four- *12* [teen; their

תרין אמין ארבע 12 [עשרה ופותיהון אמין תלת וארכין עשר... א]מה חדה ופלג ורומה גו 13 [...]...יתא ית טלולא די עליהון

4Q555 (4QNJ[c] ar) *4QNew Jerusalem[c] ar*

PAM 43.594
ROC 205

Frag. 2 1 [... ב]דיל די ה[...] 2 [...]במשח רבות[א ...] 3 [...]לה על פתור[א ...]

Frag. 3 1 [...]...[...] 2 [...]...עיא ולא[...] 3 [...] פתורא וביומא שב[יעיא ...] 4 [...].יא אלין ושתה[...]

4Q556 (4QEnGiants[e] ar) *4QBook of Giants[e] ar*

PAM 43.574
ROC 446

Frag. 6 1 [...]קרה [ב]ארעא כל ב[...] 2 [... דם]הוה משתפך וכדבין חוו מ[מללין ...] 3 [...]מבול על ארע[א ...]

4Q557 *4QVision[c] ar*

PAM 43.594

Frag. 1 1 [...]...[...] 2 [...]גבריאל מל[אכא ...] 3 [...]ה ושאר כול [...] 4 [...]למכלא מלי פמנא מ[...] 5 [...] אטמיתון כלא ל.[...]
6 [...]...[...] 7 [...]רחמין מן קדם א[להא ...] 8 [...].ת עקתא .[...]
9 [...]ם לטב [...]

width is three cubits and they are ten (cubits) long …] one and a half [cu]bits, and its height within *13* […] … the roof which is over them

---

4Q555 (4QNJ[c] ar) *4QNew Jerusalem[c] ar*

1Q32, 2Q24, 4Q554, 4Q554a, 5Q15, 11Q18
Bibliography: K. Beyer, *ATTME*, 99

Frag. 2 *1* [… be]cause … […] *2* […] with anointing oil […] *3* […]… on [the] table […]

Frag. 3 *1* […] … […] *2* […] … and not (?) […] *3* the table. And on the se[venth] day […] *4* […] these …, and six […]

4Q556 (4QEnGiants[e] ar) *4QBook of Giants[e] ar*

Bibliography: J.T. Milik, *The Books of Enoch*, 237-238; K. Beyer, *ATTM*, 260; L.T. Stuckenbruck, *The Book of Giants*, 185-191

Frag. 6 *1* […] … [on] the earth all […] *2* [… blood] was being shed, and lies were being s[poken …] *3* […] deluge on [the] earth […]

4Q557 *4QVision[c] ar*

ROC 313

Frag. 1 *1* […] … […] *2* [… the] an[gel] Gabriel […] *3* […] … and the rest of all […] *4* […] to hinder the words of our mouth … […] *5* […] you defiled everything … […] *6* […] … […] *7* […] mercy /from/ before G[od …] *8* […] … the distress […] *9* […] for good […]

4Q558 *4QVision[b] ar*

PAM 43.580-43.583
ROC 440, 448, 449, 452

Frag. 1 II 1 [...]באישין[...] 2 [...]הן די מ[...] 3 תמיניא לבחיר
והא אנ[ה ...] 4 לכן אשלח לאליה קד[ם ...] 5 תו[ק]ף {ס} ברקא וזי[קיא
...] 6 [...]...[...]ן ואמ[...] 7 [...]עוד ...[...] 8 [...]ללא [...]

Frag. 2 1 [...]...[...] 2 [...]עדן *vacat* [...] 3 [...] *vacat* [...]
4 [...]יתירה במלכות עוזיה[...] 5 [...]שרה בחורב ואמר [...]
6 [...]...[...]

Frag. 3 II 1 ומטלין .[...] 2 רשעא ...[...] 3 שיחוהי מתקצצין [...]
4 ומלאו כן לארעא[...] 5-6 ...[...] 7 לי מרי[...]

4Q559 (4QpapBibChronology ar) *4QBiblical Chronology*

PAM 43.603
ROC 438
Bibliography: J. Starcky, 'Le travail d'édition', 66; R. Eisenman, M. Wise,

Frag. 3 1 [...]...[...] 2 [ולוי בר שני]ן [3]4 א[ולד ית קהת וקהת
בר] 2 [שנין] [2]9 אולד ית עמ[ר]ם ועמ[רם בר שנין] 3 [110 אול]ד ית
אהרון ואהר[ון] נפק ממצ[רין ...] 4 [...]אלן 11 לף 536 *vacat*? [...]

Frag. 4 1 [...]...[...] 2 [...]5 בגל[גל]א ש[...] 3 [...] שנין 20 ומן
די מית[...] 4 [...]כוש רשעתים מלך[ארם נהרין ...] 5 [שני]ן 8
עתניאל ב[ר קנז ...] 6 [... ע]גל[ון] מלך מואב שנ[ין ...] 7 [... אה]וד בר
ג[רא]שנין 80 שמ[גר בר ענת ...]

4Q558 *4QVision^b ar*

Bibliography: K. Beyer, *ATTME*, 93-94; É. Puech, *La Croyance des Esséniens*, 676-678

Frag. 1 *col.* II *1* […] evil […] *2* […] their […] who … […] *3* the eighth as an elected one. And see, I […] *4* to you I will send Eliyah, befo[re …] *5* po[w]er, lightning and met[eors …] *6* […] and … […] *7* […] again … […] *8* […] … […]

Frag. 2 *1* […] … […] *2* […] period. *Blank* […] *3* […] *Blank* […] *4* […] excessively during the reign of Uzziah […] *5* […] he resided on the Horeb and said […] *6* […] … […]

Frag. 3 *col.* II *1* and booths […] *2* the iniquity … […] *3* his trees are cut down […] *4* and thus they filled the land […] *5-6* … […] *7* to me … […]

4Q559 (4QpapBibChronology ar) *4QBiblical Chronology*

DSSU, 92-93; M.O. Wise, 'To Know the Times and the Seasons: A Study of the Aramaic Chronograph 4Q559', *JSP* 15 (1997) 3-51

Frag. 3 *1* […] … […] *2* [And Levi was 3]4 [years old] when he b[egot Qahat. And Qahat was] *3* [2]9 [years old] when he begot 'Am[ra]m. And 'Am[ram was] *4* [110 years old when he bego]t Aaron. And Aar[on] left Egy[pt …] *5* […] these: 11 thousand and 536 *Blank?* […]

Frag. 4 *1* […] … […] *2* [… x +] 5 in Gilgal … […] *3* […] 20 years. And from the death […] *4* […] Cush-rishathaim, king of [Aram-naharaim …] *5* […] 8 [year]s. Othniel, so[n of Kenaz …] *9* [… E]gl[on,] king of Moab, yea[rs …] *10* [… Eh]ud, son of Ge[ra,] 80 years; Sham[gar, son of 'Anath …]

4Q560 *4QExorcism ar*

PAM 43.574, 43.602
ROC 445
Bibliography: R. Eisenman, M. Wise, *DSSU*, 265-267; K. Beyer, *ATTME*, 129-

Frag. 1 I 1 [...] ולבב ו...[...] 2 [...] וילדתה מרדות ילדן פקד באיש
ש[...] 3 [... די] עלל בבשרא לחלחיא דכרא וחלחלית נקבתא 4 [...]רא
עואן ופשע אשא ועריה ואשת לבב 5 [...]ה בשנא פרך דכר ופכית נקבתא
מחתורי 6 [...ר]שיעין ...[...]... 7 [...]...[...]

Frag. 1 II 2 קודמו[הי ... 3 ו...[...] 4 קודמוהי ומ.[...] 5 ואנה
רוח מומה[...] 6 אומיתך רוחא .[...] 7 [ע]ל ארעא בעננין[...]
8 [...]...[...]

4Q561 (4QHor ar) *4QPhysiognomy/Horoscope ar*

PAM 43.598
ROC 439

Frag. 1 I 1 [...ו]הי מערבין ולא שגיא עינוה[י] 2 בין חורין לאכומן
אפה נגיד 3 [ו]שפיר ושנוהי שוין ודקנה 4 דק להוה[ו]לא שגיא אברוהי
5 [מ]מחקין[...].[... מג]דמין לעבי[ן]

Frag. 1 II 1 להוה קל[ה ...] 2 [ומ]תמלי י.[...] 3 [ל]א אריך ...[...]
4 [ו]שער דקנה שג[יא ...] 5 להוון בין עבין ל[...] 6 ואנון קטינ[ין ...
7 כעבין טפרוה[י ...] 8 לקומתה י[...]

Frag. 2 1 .[...] 2 די אמן ברין [...] 3 פתין ושקוהי[... בין ...]
4 לעבין[ו]כף רגל[והי ...] 5 נג[יד ...] לה רגלה[...] 6 [...]ת ופל[...]
7 [...]מסף .[...] 8 [...]...[...]

4Q560 *4QExorcism ar*

130; D.L. Penney, M.O. Wise, 'By the Power of Beelzebub: An Aramaic Incantation Formula from Qumran (4Q560)', *JBL* 113 (1994) 627-50: J. Naveh, 'Fragments of an Aramaic Magic Book from Qumran', *IEJ* 48 (1998) 252-261

Frag. 1 *col.* I *1* [...] and heart and ... [...] *2* [...] the midwife, the chastisement of girls. Evil visitor ... [...] *3* [... who] enters the flesh, the male penetrator and the female penetrator *4* [...] ... iniquity and guilt; fever and chills, and heat of the heart *5* [...] in sleep, he who crushes the male and she who passes through the female, those who dig *6* [... w]icked [...] ... *7* [...] ... [...]

Frag. 1 *col.* II *2* before [him ...] *3* and ... [...] *4* before him and ... [...] *5* And I, O spirit, adjure [...] *6* I enchant you, O spirit, [...] *7* [o]n the earth, in clouds [...] *8* [...] ... [...]

4Q561 (4QHor ar) *4QPhysiognomy/Horoscope ar*

Bibliography: J. Starcky, 'Les quatre étapes du messianisme', 503, n. 66; R. Eisenman, M. Wise, *DSSU*, 263-265; K. Beyer, *ATTME*, 125-127

Frag. 1 *col.* I *1* [... h]is [...] are mixed and not numerous. Hi[s] eyes (will be) *2* between pale and dark. His nose (will be) long *3* [and] handsome. And his teeth (will be) well aligned. And his beard *4* will be thin, [but] not extremely. His limbs (will be) *5* [s]mooth [... st]umped and fat.

Frag. 1 *col.* II *1* [his] voice will be [...] *2* [and fi]lled (?) ... [...] *3* no[t] long [...] *4* [And] the hair of his beard (will be) abun[dant ...] *5* will be between fat and [...] *6* And they will be short [...] *7* somewhat fat. Hi[s] nails (will be) [...] *8* As for his height [...]

Frag. 2 *1* ... [...] *2* whose elbows (will be) prominent [...] *3* wide. And his thighs (will be) [... between ...] *4* and fat. [And] the sole of [his] feet [...] *5* lo[ng ...] for him. His foot (will be) [...] *6* [...] ... and ... [...] *7* [...] from the end of [...] *8* [...] ... [...]

Frag. 6 1 [...][...][...] 2 [... בין ...]לשמקמיקי [...] 3 [... ב]ררי וסגלגל לה[...] 4 [...]ן לה שער רשה[...]

4Q562 *4QAramaic D*

PAM 43.592

Frag. 1 1 [... ר]שיעין די בחרב ובקרב[...] 2 [...] לא ימלון ידיהן לכהנה .[...] 3 [... מ]קדש[א ...].בין תרתן[...]

Frag. 7 1 [...]. די מלל נביאה ...[...] 2 [...] כקרב בבבתא דעינה בדיל כן יתמחון 3 [...]להון תמן אתר בית קבורה

4Q563 *4QAramaic E*

PAM 43.592

4Q564 *4QAramaic F*

PAM 43.593

Col. II 1 חדה מן קש...[...] 2 והוינא שלחין [...] 3 [...][...][...]

4Q565 *4QAramaic G*

PAM 43.593

4Q566 *4QAramaic H*

PAM 43.593

Frag. 6 *1* [...] ... [...] *2* [... between ...] and reddish [...] *3* [... will be c]lear and circular for him [...] *4* [...] for him. The hair of his head [...]

4Q562 *4QAramaic D*

ROC 332

Frag. 1 *1* [... e]vil ones, who by the sword, or in a war [...] *2* [...] shall not take upon themselves the priesthood [...] *3* [... the t]emple [...] two ... [...]

Frag. 7 *1* [...] which spoke the prophet [...] *2* [...] like one who touches the apple of his eye. Therefore they will be struck *3* [...] for them there, the place of the cemetery

---

4Q563 *4QAramaic E*

ROC 159

4Q564 *4QAramaic F*

ROC 433

Col. II *1* one of ... [...] *2* and we sent [...] *3* [...] ... [...]

4Q565 *4QAramaic G*

ROC 433

4Q566 *4QAramaic H*

ROC 433

Frag. 1 1 בניאנה בניאן [...] 2 ...א מתבריא ...[...] 3 [...].א הויא ראו...[...]

4Q567 *4QAramaic I*

PAM 43.593

1 [...] די אנ.[...] 2 [...]ל רשיעי אנו[שא ...]

4Q568 *4QAramaic K*

PAM 43.593

1 [...]לון דינין בעדניהן ויהך ויתעשק ויאמר אהך לי עד סיאפי ארעא ועל.[...]ל[...] 2 [...]...[...]

4Q569 *4QAramaic L*

PAM 43.593

Frag. 1 1 ...[...] 2 וקנא[.]...[...] 3 אל [...] מן[...] 4 ואל תשתפל .[...] 5 והוית כ...[...] 6 הן מרך רחם[...] 7 למקטלך אנ.[...] 8 דכור עני בד[...] 9 אלף בניכה[...]

4Q570 *4QAramaic R*

PAM 43.607

Frag. 1 *1* his building (is) a building (of) […] *2* broken … […] *3* […] … be … […]

4Q567 *4QAramaic I*

ROC 433

1 […] which … […] *2* […] … the wicked ones of ma[nkind …]

4Q568 *4QAramaic K*

ROC 433

1 […] … judgments in their times. And he will go, and will be oppressed, and he will say: «Let me go to the ends of the earth and … […] … […] *2* […] … […]

4Q569 *4QAramaic L*

ROC 433

Frag. 1 *1* … […] *2* and acquire (?) […] … […] *3* do not […] from […] *4* and do not humble yourself […] *5* and you were like … […] *6* when your lord loves […] *7* to kill you … […] *8* remember the poor ones of … […] *9* instruct your sons […]

4Q570 *4QAramaic R*

ROC 429

4Q571 *4QAramaic V*

PAM 43.602

1 קריה ויתוב ל...[...] 2 מתחזה לכל יתבי ארעא והא מדינתא רחיקתא
.[...] 3 בר לאבוהי אמר די נהירא ...[...]

4Q572 *4QAramaic W*

PAM 43.602

1 [...]שה 2 [...] *vacat* 3 [...] עמה 4 [...]ימות ואיש 5 [...] על
אנפי 6 [...]מרא 7 [...]ולקצת 8 [...]תא

4Q573 *4QAramaic X*

PAM 43.602

1 [...]. מלכא מן כה[...] 2 [... מ]לכא ואמר לה [...] 3 [...]תירתי
ה.[...] 4 [...].רת [...]

4Q574 *4QAramaic Y*

PAM 43.602

4Q575 *4QAramaic Z*

PAM 43.602

4Q571 *4QAramaic V*

ROC 435

1 city, and he went back to … […] *2* appeared to all the inhabitants of the earth. And behold, a far-away city … […] *3* son to his father said that the light … […]

4Q572 *4QAramaic W*

ROC 435

1 […] … *2* […] *Blank 3* […] with him *4* […] he will die (?), and a man *5* […] on my (?) face *6* […] … *7* […] and to the end *8* […] …

4Q573 *4QAramaic X*

ROC 435

1 […] the king from … […] *2* […] the [k]ing, and he said to him […] *3-4* […] … […]

4Q574 *4QAramaic Y*

ROC 435

4Q575 *4QAramaic Z*

ROC 435

4Q576 (4QGen^n) *4QGenesis^n*

É. Puech, *DJD XXV*, 191-193, pl. XV
PAM 43.168, 43.605
ROC 320
1Q1, 2Q1, 4Q1, 4Q2, 4Q3, 4Q4, 4Q5, 4Q6, 4Q7, 4Q8, 4Q8a, 4Q8b, 4Q8c, 4Q9, 4Q10, 4Q11, 4Q12, 6Q1, 8Q1

4Q577 *4QText Mentioning the Flood*

É. Puech, *DJD XXV*, 195-203, pl. XV
PAM 43.605

Frag. 4 1 [...]מבול [...] 2 [... אדו]ני אשר מלטם [...] 3 [... כו]ל אשר היה חק]וק ...] 4 [... א]ת הכול א]שר ...] 5 [...]ה ויצו [...] 6 [...]ככול א]שר ...]

Frag. 7 1 [... לעול]ם ועד 2 [... ל]השחיתו 3 [...]לה וכול 4 [... ב]ני אדם 5 [...]שחית כול 6 [...]את[...]

4Q578 *4QHistorical Text B*

É. Puech, *DJD XXV*, 205-208, pl. XV
PAM 43.605

1 [...]...[...] 2 [...]ן פתלמיס[...] 3 [... פתל]מיס בנו[...] 4 [...].ה פתל]מיס ...]

4Q576 (4QGen^{n}) *4QGenesis^{n}*

Bibliography: É. Puech, 'Un autre manuscrit de la Genèse récemment identifié dans les fragments de la grotte 4 (4QGn^{n})', *RevQ* 16/64 (1995) 637-640

Frag. 1	Gen 34:7-10
Frag. 2	Gen 50:3

4Q577 *4QText Mentioning the Flood*

ROC 320

Frag. 4 *1* [...] flood [...] *2* [... the Lo]rd who saved them [...] *3* [... every]thing which was de[creed ...] *4* [...] everything wh[ich ...] *5* [...] and he commanded [...] *6* [...] according to everything wh[ich ...]

Frag. 7 *1* [... for eve]r and ever *2* [... to] destroy it *3* [...] ... and all *4* [... the s]ons of men *5* [...] destroy all *6* [...] ... [...]

4Q578 *4QHistorical Text B*

ROC 320

1 [...] ... [...] *2* [...] ... Ptolemy [...] *3* [... Ptole]my his son [...] *4* [...] ... Ptole[my ...]

4Q579 *4QHymnic Work(?)*

É. Puech, *DJD XXV*, 209-211, pl. XV
PAM 43.675, 43.676

Frag. 1 1 [...]בכלן מ]עש[י...] 2 [...]כל מלאכים וא[...]
3 [...]היות לידועים מש[...] 4 [...]תהום ממ{ש}'טה .[...] 5 [...]...[...]

4Q579 *4QHymnic Work(?)*

ROC 330

Frag. 1 *1* [...] with all [w]ork[s ...] *2* [...] all angels, and ... [...] *3* [...] being knowledgeable of ... [...] *4* [...] abyss, causing to tremble [...]

5Q1 (5QDeut) *5QDeuteronomy*

J.T. Milik, *DJD III*, 169-171, pl. XXXVI
PAM 42.317, 42.322
ROC 97
1Q4, 1Q5, 2Q10, 2Q11, 2Q12, 4Q28, 4Q29, 4Q30, 4Q31, 4Q32, 4Q33, 4Q34, 4Q35, 4Q36, 4Q37, 4Q38, 4Q38a, 4Q38b, 4Q39, 4Q40, 4Q41, 4Q42, 4Q43, 4Q44, 4Q45, 4Q46, 4Q122, 6Q3?, 11Q3
Bibliography: N.F. Marcos, '5QDt y los tipos textuales bíblicos', in G. Aranda *et al.* (eds.), *Biblia Exégesis y Cultura: Estudios en Honor del Prof. D. José María Casciaro* (Pamplona: Ediciones Universidad de Navarra, 1994) 119-125

Frag. 1 i	Deut 7:15-24	Frag. 2-3	Deut 32:20-21 ?
Frag. 1 ii	Deut 8:5 - 9:2	Frag. 4-5	Deut 33:1-2

5Q2 (5QKgs) *5QKings*

J.T. Milik, *DJD III*, 171-172, pl. XXXVI
PAM 42.316, 42.318, 42.319
ROC 98
4Q54, 6Q4

Frag. 1a	1 Kgs 1:1	Frag. 1c	1 Kgs 1:27-37
Frag. 1b	1 Kgs 1:16-17		

5Q3 (5QIsa) *5QIsaiah*

J.T. Milik, *DJD III*, 173, pl. XXXVI
PAM 42.317
ROC 99
1QIsa[a], 1QIsa[b] (+ 1Q8), 4Q55, 4Q56, 4Q57, 4Q58, 4Q59, 4Q60, 4Q61, 4Q62, 4Q62a, 4Q63, 4Q64, 4Q65, 4Q66, 4Q67, 4Q68, 4Q69, 4Q69a, 4Q69b

Frag. 1	Isa 40:16.18-19	Frag. 2	unidentified

5Q4 (5QAmos) *5QAmos*

J.T. Milik, *DJD III*, 173-174, pl. XXXVI
PAM 42.317, 42.321

ROC 100
4Q78, 4Q82

Frag. 1-7	Amos 1:2-5	Frag. 8-14	unidentified

5Q5 (5QPs) *5QPsalms*

J.T. Milik, *DJD III*, 174, pl. XXXVII
PAM 42.316, 42.319
ROC 98. 100, 104
1Q10, 1Q11, 1Q12, 2Q14, 3Q2, 4Q83, 4Q84, 4Q85, 4Q86, 4Q87, 4Q88, 4Q89, 4Q90, 4Q91, 4Q92, 4Q93, 4Q94, 4Q95, 4Q96, 4Q97, 4Q98, 4Q98a, 4Q98b, 4Q98c, 4Q98d, 4Q236, 6Q5, 8Q2, 11Q5, 11Q6, 11Q7, 11Q8, 11Q9

Frag. 1 i	Ps 119:99-101. 104	Frag. 2	Ps 119:138-142
Frag. 1 ii	Ps 119:113-120		

5Q6 (5QLam[a]) *5QLamentations[a]*

J.T. Milik, *DJD III*, 174-177, pls. XXXVII-XXXVIII
PAM 42.316, 42.318, 42.321
ROC 100
3Q3, 4Q111, 5Q7

Frag. 1 i	Lam 4:5-8	Frag. 1 v	Lam 5:4-12
Frag. 1 ii	Lam 4:11-15	Frag. 1 vi	Lam 5:12-13. 16
Frag. 1 iii	Lam 4:15-16. 19-20	Frag. 2-14	unidentified
Frag. 1 iv	Lam 4:20 - 5:3		

5Q7 (5QLam[b]) *5QLamentations[b]*

J.T. Milik, *DJD III*, 177-178, pl. XXXVIII
PAM 42.321
ROC 100
3Q3, 4Q111, 5Q6

Lam 4:17-20

5Q8 (5QPhyl) *5QPhylactery*

J.T. Milik, *DJD III*, 178, pl. XXXVIII
PAM 42.318
ROC 100

Frag. 1-3 unopened

5Q9 (5QapocrJosh) *5QApocryphon of Joshua*

J.T. Milik, *DJD III*, 179-180, pl. XXXVIII
PAM 42.317
4Q378, 4Q379, 4Q522
Bibliography: E. Tov, 'The Rewritten Book of Joshua as Found at Qumran and

Frag. 1 1 [...]]והיה ישוע[...] 2 [...]ואת קדה את[...]
3 [...]עול[...]

Frag. 5 1 [... וא]ת כוכבה ואת[...] 2 [...] ואת שרדי ואת[...]
3 [...]על מי דן ו.[...]

5Q10 (5QpMal?) *5QMalachi Pesher*

J.T. Milik, *DJD III*, 180, pl. XXXVIII
PAM 42.316

Frag. 1 1 [...]]משוחת לא[דוני ...] 2 [... פשרו על ...]הלצים
כבהמת[...] 3 [...]כיא מלך גדול אנ[י אמר יהוה צבאות ...] 4 [... א]שר
הוא אל חי וה[וא ...] 5 [... ל]מנות [א]ת הכול [...]

5Q11 (5QS) *5QRule of the Community*

J.T. Milik, *DJD III*, 180-181, pl. XXXVIII
PAM 42.317
ROC 101
1QS, 4Q255, 4Q256, 4Q257, 4Q258, 4Q259, 4Q260, 4Q261, 4Q262, 4Q263, 4Q264, 11Q29?

Frag. 1 i 1 [...] 2 [... והלוים מקל]לים 3 [את כול אנשי גורל
בליעל וענו ואמרו ארור] אתה 4 [... בכול מעשי רשע אשמת]כה יתנכה

5Q9 (5QapocrJosh) *5QApocryphon of Joshua*

Masada', in M.E. Stone, E.G. Chazon (eds.) *Biblical Perspectives: Early Use and Interpretation of the Bible in the Light of the Dead Sea Scrolls. Proceedings of the First International Symposium of the Orion Center, 12-14 May 1996* (STDJ 28; Leiden: Brill, 1998) 233-256 (especially 250-251)

Frag. 1 *1* [...] and Joshua was [...] *2* [...] and Qidah [...] *3* [...] ... [...]

Frag. 5 *1* [... and] Kochabah and [...] *2* [...] and Saridi (?) and [...] *3* [...] at the waters of Dan, and [...]

5Q10 (5QpMal?) *5QMalachi Pesher*

Bibliography: J. Carmignac, 'Vestiges d'un pesher de Malachie (?)', *RevQ* 4/13 (1963) 97-100

Frag. 1 *1* [...] *Mal 1:14a* slaughtered for the L[ord ...] *2* [... Its interpretation concerns ...] the scoffers: like animals of [...] *3* [...] *Mal 1:14b* For I am a great king, [says YHWH of Hosts ...] *4* [... w]ho is a living God, and h[e ...] *5* [... to] appoint everything [...]

5Q11 (5QS) *5QRule of the Community*

Bibliography: J.H. Charlesworth, *PTSDSSP 1*, 105-107; C. Martone, *La "Regola della Comunità". Edizione critica* (Quaderni di Henoch 8; Torino: Silvia Zamorani, 1995) 162, 176; S. Metso, *The Textual Development of the Qumran Community Rule* (STDJ 21; Leiden: E.J. Brill, 1997) 65-66

Frag. 1 *col.* I (= 1QS II *4-7*; 4Q256 II, III; 4Q257 II) *1* [...] *2* [... And the Levites shall cur]se *3* [all the men of the lot of Belial. They shall begin to speak and shall say: «Accursed are] you *4* [... for all] your [wicked, blameworthy

5 [אל זעות ביד כול נוקמי נקם ויפקי]ד אחריכה 6 [כלה ביד כול משלמי גמולים *vacat*? ארו]ר אתה

5Q12 (5QD) *5QDamascus Document*

J.T. Milik, *DJD III*, 181, pl. XXXVIII
PAM 42.318
ROC 101

Frag. 1 1 והיו נק[...] 2 אשר אמר לוא ה[וכח תוכיח את רעיכה ולוא תשא עליו חטא *vacat*] 3 על השבועה אשר [אמר לוא תושיעכה ידכה לכה איש אשר ישביע] 4 על פני השדה א[שר לוא לפנים השופטים או מאמרם הושיע ידו] 5 ל[ו *vacat*] וכול הא[ובד ...]

5Q13 *5QRule*

J.T. Milik, *DJD III*, 181-183, pls. XXXIX-XL
PAM 42.316, 42.318

Frag. 1 1 [...].[...] 2 [...]אלוהי הכול[...] 3 [...].ה ויוסד ע[ל ...] 4 [...]. .אוצרות.[...] 5 [... ל]בדם כאשר עש[ה ...] 6 [...]בחרתה מבני א[לי]ם ו.[...] 7 [...]ה ובנוח רציתה מ.[...] 8 [...].ק התמותה ות.[...] 9 [...].ל להבין במעש[י ...] 10 [...]בת עבודת[...] 11 [... להו]דיע נסתר[ות ...] 12 [...]בשנה תצוהו להזד[הר ...] 13 [...]לכול איש ישראל .[...] 14 [...]ל עלי[...]

Frag. 2 1 [...].[...].כין 2-3 [...] 4 [...]לעד 5 [...]באברהם 6 [...]אל יעקוב ה[ו]דעתה בבית אל 7 [...]ואת לוי ה.[...]תה ותתן לו לאגוד 8 [... בח]רתה [בני] לוי לצאת 9 [...]ברוחמה לפניכה 10 [...]ה ואחר שני 11 [...]שבועה על 12 [...]את

deeds.] May [God] hand you over *5* [to terror by the hand of all those carrying out acts of vengeance. May he brin]g upon you *6* [destruction by the hand of all those who accomplish retributions. *Blank*? Accur]sed are you

---

5Q12 (5QD) *5QDamascus Document*

CD-A, CD-B, 4Q266, 4Q267, 4Q268, 4Q269, 4Q270, 4Q271, 4Q272, 4Q273, 6Q15

Bibliography: J.M. Baumgarten, *PTSDSSP 2*, 76-77; cf. CD-A

Frag. 1 (= CD-A IX *7-11*; 4Q267 9 I; 4Q270 6 III) *1* and they were … […] *2* who said to him: *Lev 19:17* [« You shall] re[proach your fellow so as not to incur sin because of him». *Blank*] *3* Concerning the oath. What [he said: *1 Sam 25:26* « You shall not do justice with your (own) hand»; whoever forces the making of an oath] *4* in the open field, [not in the presence of judges or at their command, has done justice] *5* for [himself with his hand.] *Blank* Every lo[st object …]

5Q13 *5QRule*

Bibliography: L.H. Schiffman, *PTSDSSP 1*, 132-143

Frag. 1 *1* […] … […] *2* […] the God of everything […] *3* […] … and founded up[on …] *4* […] store-rooms […] *5* […] them [al]one, like he ma[de …] *6* […] you chose from the sons of g[od]s and […] *7* […] but to Noah you were favourable … […] *8* […] … you have destroyed … […] *9* […] … to understand the work[s of …] *10* […] … the service of […] *11* [… to make kn]own the secret[s of …] *12* […] in the year. You command him to take [care (?) …] *13* […] for each man of Israel […] *14* […] upon […]

Frag. 2 *1* […] … *2-3* […] *4* […] for ever *5* […] with Abraham *6* […] to Jacob you made known in Bethel *7* […] and Levi you …, and gave him (the power) to tie *8* […] you [cho]se the sons of Levi to go out […] *9* […] in their spirits before you *10* […] and after two *11* […] oath upon *12* […] …

Frag. 4 1 [... יע]מוד לפני המבקר [...] 2 [...] ולוא יזכה בכפור[ים ...] 3 [...]טמא טמא יהיה [כול] י[מי ...] 4 [... ה]אלה יעשו שנה בשנה כ[ול ימי ...] 5 [...] לרוח.[...]

Frag. 5 1 [...]ופעולתמה ...מה [...] 2 [...]מיד בליעל ולוא י[...] 3 [... י]שראל בהקימו [...]

Frag. 6 1 [...]...[...] 2 [... או]תמה לכלותמה [...] 3 [...]תיכה ואם לוא[...] 4 [...]ולוא ה[...]

5Q14 *5QCurses*

J.T. Milik, *DJD III*, 183-184, pl. XL
PAM 42.317

1 [...]ים ועל ימים גם על .[...] 2 [... ע]יניך מעליך יפלו [...]
3 [...]תיכם תפלו בכול תפל[ה ...] 4 [...]ישמידוך מכול החול[...]
5 [...]מעט לו ואין דיו כי .[...]

5Q15 (5QNJ ar) *5QNew Jerusalem ar*

J.T. Milik, *DJD III*, 184-193, pls. XL-XLI
PAM 42.320, 42.323
ROC 103
1Q32, 2Q24, 4Q554, 4Q554a, 4Q555, 11Q18
Bibliography: J.A. Fitzmyer, D.J. Harrington, *MPAT*, 54-65; J. Licht, 'An Ideal Town Plan from Qumran. The Description of the New Jerusalem', *IEJ* 29 (1979) 45-59; K. Beyer, *ATTM*, 214-221; F. García Martínez, *Qumran and Apocalyptic. Studies on the Aramaic Texts from Qumran* (STDJ 9; Leiden: E.J.

Frag. 1 I 1 [סחור א]מין [תלת מאה ו]חמשין ושבע לכל [רו]ח ושבק

Frag. 4 (+ Frags. 12, 14; cf. 1QS III *4-5*) *1* [… he shall s]tand before the Inspector […] *2* […] and he will not become clean by the act[s] of atonement […] *3* […] Defiled, defiled shall he be [all the] d[ays of …] *4* […] these things shall they do, year after year, a[ll the days of …] *5* […] to the spirit … […]

Frag. 5 *1* […] and their works … their … […] *2* […] from the hand of Belial, and not shall […] *3* [… I]srael when he established

Frag. 6 *1* […] … […] *2* […] them to destroy them […] *3* […] your […], and if not […] *4* […] and not […]

5Q14 *5QCurses*

ROC 101

1 […] … and over the seas. Also over […] *2* […] may your [e]yes fall out from you […] *3* […] may your […] fall with every fol[ly …] *4* […] may they destroy you from among all the … […] *5* […] may he have little and not enough, for […]

5Q15 (5QNJ ar) *5QNew Jerusalem ar*

Brill, 1992) 180-213; M. Broshi, 'Visionary Architecture and Town Planning in the Dead Sea Scrolls', *EI* 23 (1992) 286-292; É. Puech, 'À propos de la Jérusalem Nouvelle d'après les manuscrits de la Mer Morte', *Semitica* 43 (1995) 87-102; J. Maier, *Die Tempelrolle vom Toten Meer und das "Neue Jerusalem"* (UTB für Wissenschaft 829; München: Reinhard 1997); M. Chyutin, *The New Jerusalem Scroll from Qumran: A Comprehensive Reconstruction* (JSPS 25: Sheffield: Sheffield Academic Press, 1997)

Frag. 1 *col.* I (= 2Q24 1; 4Q554 1 II - III) *1* [in a square, three hundred and] fifty-seven [cu]bits on each [si]de. And a peristyle around the block, the portico of

סוחר סוחר לפרז׳תא ברית שוק[קנין תלתה א]מין עשרין 2 [וחדה] *vacat*
וכדן [אחזיאני מ]שחת פר[זיא כלהן בין פרזה לפרזה שוק] פתה קנין
שת[ה] אמין ארבעין ותרתין 3 [ושוק]יא רברביא[די] נפקי[ן]מן מדנח[א
למערבא]קנין עשרה פות[י שוקא אמין]שב[עין תרי]ן מנהון ותליתיא
4 [די על שמא]ל מק[דשא מ]שח קנין תמנית עש[ר] פותי אמין מא[ה
ועשרי]ן[ו]שת ופו[תי שוקיא] די נפקין מן דרומ[א] 5 [לצפונא תרי]ן
מ[נהון] קנין ת[שע]ה ואמין א[ר]^{ב}ע לשוק חד אמי[ן] שתין ושבע [ו]מצ[יעא
די במצ]יעת קריתא 6 [משח פותי]ה קנ[ין תל]תת עשר ואמה חדה
לאמין תשע[י]ן ות[רתין]וכל [שוק]׳[א וקריתא ר]ציפין באבן חור
7 [...]...[...]...[...]...[...] שש ויהלם *vacat*

8 [ואחזיאני משחת שפשיא ת]מנין פות[יהון די]שפשיא קנין תרין[
אמין ארבע עשרה ...] 9 [... ע]ל כל תרע ותרע דשין תרין די אבן פותי^{ה}
די[דשי]א קנה[חד אמין שבע *vacat*]

10 [ואחזיאני משחת ...]יא תרי עשר פותי תרעיהון קנין תלתה אמי]ן
עשרין וחדה ... על כל] 11 [תרע ותרע דשין תר]ין פותי דשי[א] קנא חד
ופלג אמין[ע]שר ופלג [...] 12 [וליד כל תרע תרי מגד]לין חד מ[ן י]מינא
וחד מן שמ[אל]א פותיהון ואורכהון [משחה חדה קנין חמשה בחמשה]
13 [אמין תלתין וחמש ודרגא די סלק ליד]תרעא על [ימי]ן מגדליא ברום
מג[דליא פתיה אמין חמש מגדליא] 14 [ודרגיא קנין חמשה בחמשה ואמ]ין
חמש ל[אמין א]רבעין בכל רוח תרע[א *vacat*]

15 [ואחזיאני משחת תרעי פרזיא פתיהון]קנין תרין אמין ארב[ע]
עש[רה ופו]ת[י ...יא משחתא אמין] 16 [... ומשח]פות[יה די כל א]ספא
קנין תרין אמין ארבע עשרה [...] 17 [ומשח כל] אספא ותו[ניא ל]ה *vacat*
ומשח בגוא א[ס]פא אורכה אמין [תלת עשרה ופותיה אמין עשר *vacat*]

18 [*vacat* ואע]לנ[י ל]גוא אספא [והא] אסף אוחרן ותרעא ליד כותלא
גויה [די ליד ימינא כמשחת תרעא] 19 [בריא פותיה אמ]ין ארבע רומ[ה
אמין] שבע ודשין לה תרין וקודם [ת]רעא דן [אסף עללה פתיה קנה חד
אמין]

the street: [three rods,] twenty[-one cu]bits. *2* *Blank* Also [he showed me the
mea]surements of [all the] blo[cks. Between one block and another there is
the street,] six rods wide, forty-two cubits. *3* [And] the main [street]s [which]
run from East [to West: the] wid[th of the street, of two] of them is ten rods,
sev[enty cubits;] and the third, *4* [the one which passes to the lef]t of [the]
tem[ple he mea]sured: eighte[en] rods wide, one hund[red and twent]y-six
cubits. And the wid[th of the streets] which run from South *5* [to North: two]
o[f them] are n[in]e rods and f[o]ur cubits each one, sixty-seven cubits; the
one in the mid[dle, which is in] the [cen]tre of the city, *6* [he measured] its
[width]: [th]irteen rod[s] and a cubit, ninety-t[wo] cubits. All [the street]s [and
the city are p]aved with white stone *7* […] … […] … […] alabaster and onyx.
Blank *8* [And he showed me the measurements of the ei]ghty [posterns:] the
wi[dth of] the posterns is two rods, [fourteen cubits …] *9* […] Each door had
two stone jambs; the width of the [jambs] is [one] rod, [seven cubits. *Blank*]
10 [He showed me the dimensions of] the twelve […] The width of their doors
is three rods, [twenty-one] cubits. [… Each] *11* [door has two jambs;] the
width of [the] jambs: one and a half rods, [t]en and a half cubits […] *12* [On
the side of each door were two to]wers, one o[n] the [r]ight and the other on
the le[ft.] Their height and their width [are the same size: five rods by five,]
13 [thirty-three cubits. The staircase which skirts] the door, to the [righ]t of the
towers, goes up to the height of [the] to[wers and is five cubits wide. The
towers] *14* [and the staircases are five rods by five,] and five [cubit]s, [f]orty
[cubits] on each side of [the] door. [*Blank*] *15* [And he showed me the dimen-
sions of the porches of the blocks; their width is] two rods, fou[r]te[en] cubits;
[and the wi]d[th of] the [… their dimensions are … cubits.] *16* [… And he
measured the] width [of each ves]tibule: two rods, fourteen cubits; […] *17* [He
measured each] vestibule and its ro[oms.] *Blank* And he measured inside the
ves[ti]bule: its length is [thirteen] cubits [and its width ten cubits. *Blank*]
18 [*Blank* And he le]d m[e in]side the vestibule, [and see] there was another
vestibule and a door to the side of the inner wall; [on the right side, with the
dimensions of] *19* [the outer door:] four [cubit]s [in width,] seven [cubits]
high, with two rooms. In front of this [d]oor, [the entrance vestibule, of one
rod wide,]

Frag. 1 II 1 שבע וא[ור]כה עלל קנין תרין אמין א[ר]בע עשרה ורומה
קנין תרין אמין ארבע ע[שרה ותרע] 2 ל[קבל תר]ע פתיח לגוא פרזיתא
כמשחת תרעא בריא ועל שמאל מעלה דן אחזיא[ני בית דרג] 3 סחר
[וסלק] פותיה ואורכה משחה חדה קנין תרין בתר[י]ן אמין ארבע עשרה
ותר[עין לקבל] 4 תרעין כמשחה ועמוד בגוא גוא די דרגא סח[ר ו]סל[ק]
עלוהי פתיה ואו[רכה אמין שת בשת] 5 מרבע ודרגא די סלק לידה פתיה
אמין ארבע וסחר [וס]ל[ק]רום ק[נין תרי]ן עד[*vacat*]
6 ואעלני [לגוא] פרזיתא ואחזיאני בה באתין מן תרע לתר[ע חמשת
עשר תמני]ה בחד[ה רוח עד זויתא] 7 [וש]בעה מן ז[ו]יתא עד תרעא
אחרנא פותאהון ארוך בתי[א קנין תלתה אמין] עשרי[ן וחדה ופתיהון]
8 [קני]ן תרין אמין ארבע עשרה וכדן כל תוניא [ורומהון קנין ת]רין א[מי]ן
ארבע ע[שרה ותרעהון] 9 [במציעתא פות]י קנין ת[רי]ן אמין ארבע
עש[רה ומשח פותי מצי]עת ביתא וגוהון די .[... אמין] 10 [ארבע ארוך
ורום קנה חד אמין שבע ...]... דכא אמין תשע ע[שרה ארכהון]
11 [ופתיהון אמין תר]תי עשרה בית [ע]שרין ות[ר]תין ערש[ין וחדה]
עשרה כוין אטימן עלא מ[ן ערשין] 12 [ולידה אמה בריתא ומשח]...׳
כותא רומה [אמ]ין תרתין [פתיה אמין ...]ועובי פותי כותלא[רום
קדמיתא] 13 [אמין ... ואחרנתא אמין ... ומשח ת]ח[ו]מי דוכנ[יא אורכהון
אמין] תשע עשרה ופות[יהון אמין תרתי עשרה] 14 [...]. ורו[מהון ...]
פתיחן ב.[... קנין תרין אמין] 15 [ארבע עשרה ופותיהון אמ]ין תל[ת]
וארכין [ע]שר[... אמה חדה ופלג ורומה בגוא]

Frag. 2 1 [...].א כוין [...] 2 [...] כל בתיא די בגוא .[...] 3 [...
תר]עא כולה ואספיא פת[יהון...] 4 [... ע]מודיא אמין תרתי עשרה [...]
5 [...]. עמוד לעמוד [...]

5Q16 *5QUnclassified fragments*

J.T. Milik, *DJD III*, 193-194, pl. XLI
PAM 42.316-42.317

Frag. 1 col. II (= 4Q554 1 III; 4Q554a) *1* seven cubits. The l[eng]th of the entrance: two rods, f[o]urteen cubits, and the height: two rods, fourt[een cubits. And the door] *2* op[posite to the (other) do]or, the one which opens to the block, has the dimensions of the outer door. To the left of this entry he showed [me a staircase] *3* which goes round [and up:] its length and its width are the same size: two rods by two, fourteen cubits. The do[ors opposite to] *4* the (other) doors are the same sizes. And the pillar within the space, upon which the staircase goes rou[nd and] u[p,] its width and [its] len[gth are six by six cubits] *5* in a square. And the staircase which goes up at its side is four cubits in width, and goes round [and up] to a height of [tw]o r[ods,] upwards. [*Blank*] *6* And he brought me [to the interior of] the block and showed me the houses there, [fifteen] from one door to anoth[er; eigh]t from on[e side up to the corner,] *7* [and se]ven from the c[o]rner up to the other door. Length of [the] houses: [three rods;] twent[y-one cubits; and their width:] *8* two [rod]s, fourteen cubits. And all the rooms the same. [Their height is t]wo [rods,] fourt[een] cu[bit]s. [Their door] *9* [is in the middle;] it is t[wo] rods, fourte[en] cubits [wide. And he measured the width of] the [midd]le of the houses and the interior of [...] *10* [four cubits; length and height, one rod, seven cubits ...] The site is ninet[een] cubits [long] *11* [and tw]elve [cubits wide.] The house has [t]wenty-t[w]o bed[s, and there are el]even lattice windows above [the beds.] *12* At their side is the outer gutter. [And he measured ...] ... the window: height, two [cubit]s; [width, ... cubits,] and its thickness is the width of the wall. [Height of its inner part:] *13* [... cubits and of the other ... cubits. And he measured the e]d[g]es of [the] platforms: nineteen [cubits long] and twelve cubits wide. *14* [...] and [their] hei[ght ...] they open ... [... two rods, fourteen] *15* [cubits; their width is] thr[ee cubit]s and they are [t]en (cubits) long [... one and a half cubits, and their height within]

Frag. 2 *1* [...] windows [...] *2* [...] all the houses which are in the inside [...] *3* [...] each [do]or, and their vestibules are [...] wid[e ...] *4* [...] the [co]lumns, twelve cubits [...] *5* [...] from one column to another [...]

5Q16 *5QUnclassified fragments*

ROC 101

Frag. 1 2-1 [...]...[...] 3 [...] ארורות נצח ...[...] 4 [...] בעד
שאול ובאפסיו יש[...] 5 [...]פיו [...]גע ומש[...] 6 [...]...[...]

Frag. 2 1 [...]ם [...]כלבאי[...] 2 [...] זדון ערשיו יצ[...]
3 [...]שלחניו מלא[...]

Frag. 3 1 [...]אנשי .[...] 2 [...]. השג.[...] 3 [...] ובתרביות[...]
4 [...]לטרוף צד[ו ... 5 [...]קץ אחרית[...]

5Q17 *5QUnclassified fragments*

J.T. Milik, *DJD III*, 194, pl. XLII
PAM 42.316-42.318

Frag. 1 1 [...]ם[...] 2 [...]כול העד[ה ... 3 ... א]ת הירדן ב[...]
4 [...]שים [...]

5Q18 *5QUnclassified fragments*

J.T. Milik, *DJD III*, 195, pls. XLII
PAM 42.316, 42.318

Frag. 1 1 [...]...[...] 2 [...]בעצתכ *vacat* [...] 3 [...] ולוא .[...]
4 [...]...[...]

5Q19 *5QUnclassified fragments*

J.T. Milik, *DJD III*, 195, pls. XLII
PAM 42.316

Frag. 1 *1-2* […] … […] *3* […] everlasting curses … […] *4* […] … Sheol, and at its extremities … […] *5* […] his … […] … and … […] *6* […] … […]

Frag. 2 *1* […] all who enter[…] *2* […] insolence; his couches he … […] *3* […] his tables are filled […]

Frag. 3 *1* […] men of […] *2* […] … […] *3* […] and with behaviour […] *4* [… they] lie in ambush to tear in pieces […] *5* […] time of the end […]

5Q17 *5QUnclassified fragments*

ROC 102

Frag. 1 *1* […] … […] *2* […] the entire congre[gation …] *3* […] the Jordan […] *4* […] … […]

5Q18 *5QUnclassified fragments*

ROC 102

Frag. 1 (or 5Q10?) *1* […] … […] *2* […] in your council. *Blank* […] *3* […] and not […] *4* […] … […]

5Q19 *5QUnclassified fragments*

ROC 102

Frag. 2 1 [...]... ...כי תזכ[ו ...] 2 [...] כי ת[נ]קו ... ...[...]

5Q20 *5QUnclassified fragments*

J.T. Milik, *DJD III*, 195, pls. XLII
PAM 42.316, 42.317

Frag. 1 1 [... ל]בנת חרש ... ...[...] 2 [...] לבני אהרון [...]

5Q21-25 *5QUnclassified fragments*

J.T. Milik, *DJD III*, 195-197, pl. XLII
PAM 42.316-42.318, 42.322

Frag. 2 *1* [...] ... for you shall clean yourself [...] *2* [...] for you shall be innocent ... [...]

5Q20 *5QUnclassified fragments*

ROC 102

Frag. 1 *1* [... br]ick of clay ... [...] *2* [...] for the sons of Aaron [...]

5Q21-25 *5QUnclassified fragments*

ROC 102

6Q1 (6QpaleoGen) *6QGenesis*

M. Baillet, *DJD III*, 105-106, pl. XX
PAM 42.945
ROC 894
1Q1, 2Q1, 4Q1, 4Q2, 4Q3, 4Q4, 4Q5, 4Q6, 4Q7, 4Q8, 4Q8a, 4Q8b, 4Q8c, 4Q9, 4Q10, 4Q11, 4Q12, 4Q576, 8Q1

Gen 6:13-21

6Q2 (6QpaleoLev) *6QLeviticus*

M. Baillet, *DJD III*, 106, pl. XX
PAM 42.945
ROC 894
1Q3, 2Q5, 4Q17, 4Q23, 4Q24, 4Q25, 4Q26, 4Q26a, 4Q26b, 4Q119, 4Q120, 11Q1, 11Q2

Lev 8:12-13

6Q3 (6QpapDeut?) *6QDeuteronomy* (?)

M. Baillet, *DJD III*, 106-107, pl. XX
PAM 42.945
ROC 894
1Q4, 1Q5, 2Q10, 2Q11, 2Q12, 4Q28, 4Q29, 4Q30, 4Q31, 4Q32, 4Q33, 4Q34, 4Q35, 4Q36, 4Q37, 4Q38, 4Q38a, 4Q38b, 4Q39, 4Q40, 4Q41, 4Q42, 4Q43, 4Q44, 4Q45, 4Q46, 4Q122, 5Q1, 11Q3

Deut 26:19 ?

6Q4 (6QpapKgs) *6QKings*

M. Baillet, *DJD III*, 107-112, pls. XX-XXII
PAM 42.945, 42.946, 42.950
ROC 738, 894, 895
4Q54, 5Q2
Bibliography: J. Trebolle Barrera, 'Le texte de 2 Rois 7,20-8,5 à la lumière des découvertes de Qumrân (6Q4, 15)', *RevQ* 13/49-52 (1988) 561-568

Frag. 1	1 Kgs 3:12-14	Frag. 10-14	2 Kgs 7:8-10
Frag. 2-4	1 Kgs 12:28-31	Frag. 15	2 Kgs 7:20 - 8:5
Frag. 5	1 Kgs 22:28-31	Frag. 16	2 Kgs 9:1-2
Frag. 6-7	2 Kgs 5:26	Frag. 17	2 Kgs 10:19-21
Frag. 8-9	2 Kgs 6:32	Frag. 18-94	?

6Q5 (6QpapPs?) *6QPsalm 78 (?)*

M. Baillet, *DJD III*, 112, pl. XXIII
PAM 42.943
ROC 646
1Q10, 1Q11, 1Q12, 2Q14, 3Q2, 4Q83, 4Q84, 4Q85, 4Q86, 4Q87, 4Q88, 4Q89, 4Q90, 4Q91, 4Q92, 4Q93, 4Q94, 4Q95, 4Q96, 4Q97, 4Q98, 4Q98a, 4Q98b, 4Q98c, 4Q98d, 4Q236, 5Q5, 8Q2, 11Q5, 11Q6, 11Q7, 11Q8, 11Q9

Ps 78:36-37 (?)

6Q6 (6QCant) *6QCanticles*

M. Baillet, *DJD III*, 112-114, pl. XXIII
PAM 42.943
ROC 646
4Q106, 4Q107, 4Q108

Col. I	Cant 1:1-6	Col. II	Cant 1:6-7

6Q7 (6QpapDan) *6QDaniel*

M. Baillet, *DJD III*, 114-116, pl. XXIII
PAM 42.943
ROC 646
1Q71, 1Q72, 4Q112, 4Q113, 4Q114, 4Q115, 4Q116

Frag. 1	Dan 8:20-21 (?)	Frag. 7	Dan 11:38
Frag. 2-5	Dan 10:8-16	Frag. 8	Dan 8:16-17 (?)
Frag. 6	Dan 11:33-36	Frag. 9-13	?

6Q8 (6QpapEnGiants ar) *6QGiants ar*

M. Baillet, *DJD III*, 116-119, pl. XXIV
PAM 42.942
ROC 785
1Q23, 1Q24, 2Q26, 4Q203, 4Q530, 4Q531, 4Q532, 4Q533?, 4Q556
Bibliography: J.T. Milik, *The Books of Enoch. Aramaic Fragments of Qumrân Cave 4* (Oxford: Clarendon, 1976) 300-301, 309; K. Beyer, *ATTM*, 258-267; J.C.

Frag. 1 1 [...].[...] 2 [...]. אוהיא ואמר למהוי .[...] 3 [...]ולא
מרתת מן אחזיך כלא א[...] 4 [...ואמר לאוהי]ה ברקאל אבי עמי הוה
vacat [...] 5 [...]ל[עד] לא[ש]יצי מהוי[לא]שתעיה מה די[...] 6 [...
ל]ה ארו תמהין שמעת הן ילדת סרי[קה ...]

Frag. 2 1 תלתת שרשוהי[... וחזי] 2 הוית עד די אתת[...]
3 פרדסא דן כלה ו.[...]

6Q9 (6Qpap apocrSam-Kgs) *6QApocryphon on Samuel-Kings*

M. Baillet, *DJD III*, 119-123, pls. XXIV-XXV
PAM 42.942, 42.944

Frag. 21 1 [... לשמו]ע בקולו ול[...] 2 [...] משפט וצ[דקה ...]
3 [... ס]פר התור[ה ...]

Frag. 32 1 [...]ת פלשתיים ...[...] 2 [...]לבם ונגפו לפני[...]
3 [...]...[...]

Frag. 33 1 [...]...[...] 2 [...]...[...]נתנוהי (נתנוהו) ביד[...] 3 [...
]וינוס משם אל מלך מואב[...] 4 [...]...[...]...[...]

6Q8 (6QpapEnGiants ar) *6QGiants ar*

Reeves, *Jewish Lore in Manichaean Cosmogony: Studies in the Book of Giants Traditions (*Monographs of the HUC 14; Cincinnati: HUC Press, 1991*)* 95-102, 107-109; F. García Martínez, *Qumran and Apocalyptic. Studies on the Aramaic Texts from Qumran* (STDJ 9; Leiden: E.J. Brill, 1992) 97-112; L.T. Stuckenbruck, *The Book of Giants from Qumran. Texts, Translation and Commentary* (TSAJ 63; Tübingen: Mohr Siebeck, 1997) 196-213

Frag. 1 (= 1Q23 29) *1* […] … […] *2* […] 'Ohyah, and said to Mahawai: [«…] *3* […] and does not quake. Who has shown you it all? […] *4* [… and said to 'Ohya]h: «Baraqel, my father, was with me.» *Blank* […] *5* [… har]dly had Mahawai [fin]ished [te]lling him what […] *6* [… to] him: «See, I have heard wonders. If a bar[ren person] can give birth […]

Frag. 2 *1* its three roots [… and] *2* while I was [watching] came […] *3* all this orchard, and […]

6Q9 (6Qpap apocrSam-Kgs) *6QApocryphon on Samuel-Kings*

ROC 785, 892

Frag. 21 *1* [… to list]en to his voice and to […] *2* […] law and ju[stice …] *3* [… bo]ok of the La[w …]

Frag. 32 *1* […] Philistines … […] *2* […] their heart, and they were beaten by […] *3* […] … […]

Frag. 33 *1* […] … […] *2* […] they delivered ‹him› in the hand of […] *3* […] and he fled from there to the king of Moab […] *4* […] … […]

6Q10 (6QpapProph) *6QProphecy*

M. Baillet, *DJD III*, 123-125, pl. XXVI
PAM 42.949

Frag. 1 II 1 [...]. 2 ואחרי[...] 3 הלכתם[...] 4 לשפוך ז]עמי
על...] 5 בגוי[ם ...] 6 שמי[...] 7 ל.[...]

6Q11 *6QAllegory of the Vine*

M. Baillet, *DJD III*, 125-126, pl. XXVI
PAM 42.949

1 [...].[...] ניות [...] 2 [...]ה עם[...] 3 [...]ובקציר באת[ה/י ...]
4 [... מן הבו]קר עד הערב .[...] 5 [... חב]לה ילדה חבל ילד ות[...]
6 [...]ואמרתה הגפן הנטעת אשמ[ר ...]

6Q12 (6QapocrProph) *6QApocryphal Prophecy*

M. Baillet, *DJD III*, 126, pl. XXVI
PAM 42.949

1 [... ביום ההו]אה יהיה ישראל ע...[...] 2 [...] *vacat* [...] 3 [...
מאין]יושב *vacat* ואחר היובלים[...] 4 [... להאבי]דם בגויים ולזרות[ם
בארצות ...] 5 [...]...[...]

6Q10 (6QpapProph) *6QProphecy*

ROC 649

Frag. 1 *col.* II *1* … […] *2* and after […] *3* you have walked […] *4* to pour out [my] a[nger upon …] *5* among the nations […] *6* my name […] *7* to […]

6Q11 *6QAllegory of the Vine*

ROC 649

1 […] … […] *2* […] with […] *3* […] and at the time of harvest [you/I] came […] *4* [… from mor]ning to evening […] *5* […] a girl [has sp]oiled, a boy has spoiled, and … […] *6* […] and you shall say: «I shall gua[rd] the planted vine […]

6Q12 (6QapocrProph) *6QApocryphal Prophecy*

ROC 649

1 [… on th]at [day] Israel will be … […] *2* […] *Blank* […] *3* [… without] inhabitant. *Blank* And after […] jubilees […] *4* [… to extermin]ate them among the nations and to disperse [them in the lands …] *5* […] … […]

6Q13 (6QPriestProph) *6QPriestly Prophecy*

M. Baillet, *DJD III*, 126-127, pl. XXVI
PAM 42.949

1 [...]על[...] 2 [... א]רץ[...] 3 [...]בל .[...] 4 מבני פינחס וש[...
ישוע] 5 בן יוצדק אשר[...] 6 [...]... ביום[...] 7 [ש]ניבצר לי.[...]
8 והיה בימ[ים ההם ...] 9 בימים [...]

6Q14 (6QApoc ar) *6QApocalypse ar*

M. Baillet, *DJD III*, 127-128, pl. XXVI
PAM 42.949
ROC 649

Frag. 1 1 [...]...[...] 2 [...]מן די .[...] 3 [...]פה לגב[ה] כפיל[...]
4 [...]יא יפוק מן א.[...] 5 [...]ה יבדה ע[...] 6 [...] כול חות (חיות)
ב[רא ...] 7 [...]עמין מן .[...] 8 [...]יא[...]

Frag. 2 1 [...]עק יקום [...] 2 [...]עד די כ[...] 3 [... א]בל ובכי
[...] 4 [...]...[...]

6Q15 (6QD) *6QDamascus Document*

M. Baillet, *DJD III*, 128-131, pl. XXVI
PAM 42.949
ROC 649
CD-A, CD-B, 4Q266, 4Q267, 4Q268, 4Q269, 4Q270, 4Q271, 4Q272,

Frag. 1 1 [בוני החיץ אשר הל]כו [אחרי צו הצו מטיף אשר אמר]

6Q13 (6QPriestProph) *6QPriestly Prophecy*

ROC 649

1 […] upon […] *2* [… la]nd […] *3* […] … […] *4* from the sons of Phinehas, and … […. Jeshua] *5* son of Jozadak who […] *6* […] … on the day […] *7* [She]nibazzar to … […] *8* and it will happen in [those] day[s …] *9* in the days […]

6Q14 (6QApoc ar) *6QApocalypse ar*

Bibliography: K.Beyer, *ATTM,* 268; L.T. Stuckenbruck, *The Book of Giants from Qumran. Texts, Translation and Commentary* (TSAJ 63; Tübingen: Mohr Siebeck, 1997) 218-219

Frag. 1 *1* […] … […] *2* […] since […] *3* […] … to a double heig[ht …] *4* […] the […] shall emerge from … […] *5* […] he shall demolish him (?) […] *6* […] all the animals of [the] fie[ld …] *7* […] nations from […] *8* […] … […]

Frag. 2 *1* […] … shall arise […] *2* […] until […] *3* [… mou]rning and weeping […] *4* […] … […]

6Q15 (6QD) *6QDamascus Document*

4Q273, 5Q12
Bibliography: M. Baillet, 'Fragments du Document de Damas. Qumrân, Grotte 6', *RB* 63 (1956) 513-523, pl. II; J.M. Baumgarten, *PTSDSSP 2*, 78-79; cf. CD-A

Frag. 1 (= CD-A IV *19-21*) *1* [The builders of the wall who g]o [after Zaw - Zaw

2 [הטף יטיפון הם נת]פשים [בשתים בזנות לקחת שתי נשים]   3 [בחייהם ויסוד הברי]אה זכר [ונקבה ברא אותם ...]

Frag. 2   1 [כלם קדחי] אש ומ[בערי זיקות קורי עכביש קוריהם וביצי צפעונים]   2 [ביצי]הם הקרב אליה֯[ם לא ינקה ...]   3 [...].[...]

Frag. 3   1 [... כי מלפנים עמד משה ו]אהרון ב[יד שר האורים ויקם בליעל את]   2 [יחנה ואת אחיהו במז]מתו *vacat* בהושע ישר[אל את הריאשונה ובקץ חרבן הארץ]   3 [עמדו מסיגי הגבול ו]יתעו את ישראל ותו[שם הארץ כי דברו סרה]   4 [על מצות אל ביד מש]ה וג[ם]במשיח[י הקודש] וינבאו שקר להשיב]   5 [את ישראל מאחרי]אל ויזכו֯ר אל ברית ריאשוני[ם ...]

Frag. 4   1 [הקדיש]ם כפרו[שיהם לאהוב איש את אחיהו]   2 [כמהו ול]החזיק [ביד עני ואביון וגר]   3 [*vacat*]ולדרוש איש[את שלום אחיהו ולא ימעל]   4 [איש בשאר בש]ר[ו] ל[הזיר ...]

Frag. 5   1 [...]...[...]   2 [... את פי אל או ישחט בהמה וחיה עברה או אש]ר ישכב עם   3 [אשה הרה מקיץ דמו או יקרב אל בת אחיו או ישכב עם] זכר משכבי   4 [אשה עוברי ... בם]חקק להבעיר   5 [... ועתה שמעו לי כל יודעי צדק ושימו]תורת אל בלבבם

6Q16 (6QpapBened) *6QBenediction*

M. Baillet, *DJD III*, 131-132, pl. XXVII
PAM 42.947

Frag. 1   1 [...] כניחות .[...]   2 [...]לכול אנשי חל[ק ...]   3 [...]גמולים לכו[ל ...]   4 [...]...[...]

is the preacher of whom he said:] *2* [*Mic 2:6* «Assuredly they will preach» - are c]aught [twice in fornication: by taking two wives] *3* [in their lives, even though the principle of creat]ion is *Gen 1:27* «male [and female he created them» ...]

Frag. 2 (= CD-A v *13-15*; 4Q266 3 II) *1* [They are all igniters of] fire, kin[dlers of blazes; webs of a spider are their webs, and vipers' eggs] *2* [are] their [eggs.] Who comes close to the[m will not be unpunished ...] *3* [...] ... [...]

Frag. 3 (= CD-A v *18*-VI *2*; 4Q266 3 II; 4Q267 2) *1* [... For in ancient times there arose Moses and] Aaron, by [the hand of the prince of lights and Belial raised up] *2* [Jannes and his brother, with] his [cunn]ing *Blank* during the [first] deliverance of Isra[el. And in the age of devastation of the land] *3* [there arose those who shifted the boundary and] made Israel stray. And [the land] became de[solate, for they spoke of rebellion] *4* [against God's precepts through the hand of Mose]s and al[so] of the holy anointed ones. [They prophesied deceit in order to divert] *5* [Israel from following] God. But God remembered the covenant of the forefather[s ...]

Frag. 4 (= CD-A VI *20*-VII *1*) *1* [holy portion]s according to [their] exact inter-pre[tation; for each to love his brother] *2* [like himself; to] strengthen [the hand of the poor, the needy and the foreigner;] *3* [*Blank*] for each to seek [the peace of his brother and not to be unfaithful] *4* [against his blo]od [relation;] to [refrain ...]

Frag. 5 (= 4Q270 2 II) *1* [...] ... [...] *2* [... God's word, or slaughters an animal carrying a live foetus, or wh]o sleeps with *3* [a pregnant woman because of the heat (?) of his blood or approaches the daughter of his brother, or sleeps with] a male the way one sleeps with *4* [a woman. The transgressors ... against them] he has determined to destroy *5* [... And now, listen to me, all who know justice and fulfil] the law of God in their hearts

---

6Q16 (6QpapBened) *6QBenediction*

ROC 737

Frag. 1 *1* [...] like a pleasant smell [...] *2* [...] to all the men of the lo[t of ...] *3* [...] rewards to al[l ...] *4* [...] ... [...]

Frag. 3   1 [...] ... ב]רית[...]   2 [...]מצות[...]   3 [...]מצד]ק ...]
4 [...]ברכות[...]

6Q17 (6QpapCalendrical Doc.) *6QCalendrical Document*

M. Baillet, *DJD III*, 132-133, pl. XXVII
PAM 42.947

1 [... החדש ה]שני בו 30   2 [יום ...]ותם ימי   3 [...]ל..

6Q18 (6QpapHymn) *6QHymn*

M. Baillet, *DJD III*, 133-136, pl. XXVII
PAM 42.947

Frag. 2   1 [...].[...]   2 [...]חיי נצח וכב[וד ...]   3 [...]ול חושך ואפ[לה ...]   4 [... ח]ושך תשוקת[...]   5 [...]לחי עולמים ויהי[...] 6 [...]עד שמח[ה ...]   7 [...]מר בן ישחק [...]   8 [...]בתשב'חות ע[ולמים ...]   9 [...]ל[...]

Frag. 5   1 [...]...[...]   2 [... מל]אכי צדק במע[...]   3 [... י]חזקו ברוח דעת[...]   4 [... לעו]למים לוא יכלו[...]

6Q19 (6QGen? ar) *6QGenesis (?) ar*

M. Baillet, *DJD III*, 136, pl. XXVIII
PAM 42.953

1 די בני חם[...]   2 [... ע]ממיא[...]   3 [...]א...[...]

Frag. 3 *1* [... co]venant [...] *2* [...] commandment [...] *3* [...] declaring jus[t ...] *4* [...] blessings [...]

6Q17 (6QpapCalendrical Doc.) *6QCalendrical Document*

ROC 737

1 [... the] second [month], in it are 30 *2* [days ...] ... the days of *3* [...] ...

6Q18 (6QpapHymn) *6QHymn*

ROC 29, 737

Frag. 2 *1* [...] ... [...] *2* [...] eternal life and gl[ory ...] *3* [...] ... darkness and gl[oom ...] *4* [... da]rkness is the inclination of [...] *5* [...] to whom lives for ever. And may [...] be [...] *6* [...] until joy [...] *7* [...] ... son of Isaac [...] *8* [...] with ev[erlasting] praises [...] *9* [...] ... [...]

Frag. 5 *1* [...] ... [...] *2* [... the ang]els of righteousness in ... [...] *3* [... they will] be steadfast through the spirit of knowledge [...] *4* [... in eter]nity they will not be destroyed [...]

6Q19 (6QGen? ar) *6QGenesis (?) ar*

ROC 893

1 of the sons of Ham [...] *2* [...] the [peo]ples [...] *3* [...] ... [...]

6Q20 (6QDeut?) *6QDeuteronomy (?)*

M. Baillet, *DJD III*, 136-137, pl. XXVIII, 357
PAM 42.953

1 *vacat*? [...] 2 כי הא[רץ ...] 3 ארץ נחל[י מים ...] 4 בית האו[...]
5 התהמות [...] 6 חדשה ו[...] 7 והתנחל[תם ...] 8-11 ...[...]

6Q21 *6QProphetic Text?*

M. Baillet, *DJD III*, 137, pl. XXVIII
PAM 42.953

1 נפשותי[הם ...] 2 את עמי [...] 3 לקצור ל[...]

6Q20 (6QDeut?) *6QDeuteronomy (?)*

ROC 893

1 Blank? […] *2* For the ea[rth …] *3* a land of stream[s of water …] *4* the house of …
[…] *5* the abysses […] *6* new and […] *7* and [you] shall take possession […]
8-11 … […]

6Q21 *6QProphetic Text?*

ROC 893

1 [their] souls […] *2* my people […] *3* to harvest … […]

6Q22 *6QpapUnclassified fragments*

M. Baillet, *DJD III*, 137, pl. XXVIII
PAM 42.953
ROC 893

6Q23 *6QpapUnclassified fragments ar*

M. Baillet, *DJD III*, 138, pl. XXVIII
PAM 42.953
ROC 893
Bibliography: J.T. Milik, *The Books of Enoch*, 91; J.A. Fitzmyer, D.J. Harrington, *MPAT*, 35; K. Beyer, *ATTM*, 271

6Q24-25 *6QpapUnclassified fragments*

M. Baillet, *DJD III*, 138, pl. XXVIII
PAM 42.953
ROC 893

6Q26 *6Qpap accounts or contracts*

M. Baillet, *DJD III*, 138-139, pl. XXIX
PAM 42.963
ROC 784

6Q27-30 *6QpapCursive Unclassified fragments*

M. Baillet, *DJD III*, 129-140, pl. XXIX
PAM 42.963
ROC 784

6Q31 *6QpapUnclassified fragments*

M. Baillet, *DJD III*, 140-141, pl. XXIX
PAM 42.963
ROC 784

7Q1 (7QLXXExod) *7QSeptuagint Exodus*

M. Baillet, *DJD III*, 142-143, pl. XXX
PAM 42.961
ROC 789

7Q2 (7QLXXEpJer) *7QEpistle of Jeremiah*

M. Baillet, *DJD III*, 143, pl. XXX
PAM 42.961
ROC 789

7Q4, 8, 11-14 (7QpapEn gr) *7QEnoch*

M. Baillet, *DJD III*, 144-145, pl. XXX; E.A. Muro, 'The Greek Fragments of Enoch from Qumran Cave 7 (*7Q4, 7Q8, & 7Q12 = 7QEn gr = Enoch* 103:3-4, 7-8)', *RevQ* 18/70 (1997) 307-312, pl. 1; É. Puech, 'Sept fragments grecs de la Lettre d'Hénoch (*1 Hén* 100, 103, 105) dans la grotte 7 de Qumrân (= *7QHén gr*)', *RevQ* 18/70 (1997) 313-323
PAM 42.961
ROC 789
Bibliography: Cf. J.A. Fitzmyer, *The Dead Sea Scolls: Major Publications and Tools for Study* (SBL Resources for Biblical Study 20; Atlanta: Scholars Press, 1990)

Frag. 1 + 7Q12 + 7Q14 1 [...]τα(ῖς) 2 [ψυχαῖς τῶν ἀποθανόν]των 3 [εὐσεβῶν. Καὶ χαιρήσ]ονται 4 [καὶ οὐ μὴ ἀπόλωνται τὰ]πνεύ- 5 [ματα αὐτῶν οὐδὲ τὸ μν]ημό- 6 [συνον ἀπὸ προσώπου]τοῦ 7 [μεγάλου εἰς πάσας τὰς γ]ε- 8 [νεὰς τ]ῶν[αἰώνων. Μὴ ο]ὖν 9 [φοβεῖσθ]ε[...]

7Q4, 8, 11-14 (7QpapEn gr) *7QEnoch*

168-172; Add: J. O'Callaghan, 'Sobre el papiro de Marcos en Qumran', *Filologia Neotestamentaria* 10 (1992) 191-197; .– *Los primeros testimonios del Nuevo Testamento* (Cordoba: El Almendro, 1995) 95-116, 139-145

7Q11	1 Enoch 100:12
7Q4 1 + 7Q12 + 7Q14	1 Enoch 103:3-4
7Q8	1 Enoch 103:7-8
7Q13	1 Enoch 103:15
7Q4 2	1 Enoch 105:1

Frag. 1 + 7Q12 + 7Q14 *1* [... *1 Enoch 103:3-4*] for the *2* [spirits of the righteous who die]d. *3* [And] they will [rejoice] *4* [and their] spir[its will not perish,] *5* [nor (their) me]mo[ry] *6* [from before] the *7* [Great One, for all the g]e[nerations] *8* [o]f [eternity. There]fore [do not] *9* [fea]r [...]

7Q3, 5-7, 9-10, 15-18 *7QUnclassified fragments*

M. Baillet, *DJD III*, 143-145, pl. XXX
PAM 42.961
ROC 789
Bibliography: Cf. J.A. Fitzmyer, *The Dead Sea Scolls: Major Publications and Tools for Study* (SBL Resources for Biblical Study 20; Atlanta: Scholars Press, 1990) 168-172

7Q19 *7QPapyrus Imprint*

M. Baillet, *DJD III*, 145-146, pl. XXX
PAM 42.433, 42.433A
ROC 789A

8Q1 (8QGen) *8QGenesis*

M. Baillet, *DJD III*, 147-148, pl. XXXI
PAM 42.951
ROC 788
1Q1, 2Q1, 4Q1, 4Q2, 4Q3, 4Q4, 4Q5, 4Q6, 4Q7, 4Q8, 4Q8a, 4Q8b, 4Q8c, 4Q9, 4Q10, 4Q11, 4Q12, 6Q1

Frag. 1 (+4?)	Gen 17:12-19	Frag. 2-3	Gen 18:20-25

8Q2 (8QPs) *8QPsalms*

M. Baillet, *DJD III*, 148-149, pl. XXXI
PAM 42.951
ROC 788
1Q10, 1Q11, 1Q12, 2Q14, 3Q2, 4Q83, 4Q84, 4Q85, 4Q86, 4Q87, 4Q88, 4Q89, 4Q90, 4Q91, 4Q92, 4Q93, 4Q94, 4Q95, 4Q96, 4Q97, 4Q98, 4Q98a, 4Q98b, 4Q98c, 4Q98d, 4Q236, 5Q5, 6Q5, 11Q5, 11Q6, 11Q7, 11Q8, 11Q9

Frag. 1-6	Ps 17:5-9	Frag. 11-13	Ps 18:10-13
Frag. 7	Ps 17:14	Frag. 14	?
Frag. 8-10	Ps 18:6-9		

8Q3 (8QPhyl) *8QPhylactery*

M. Baillet, *DJD III*, 149-157, pls. XXXII-XXXIII
PAM 42.494
ROC 914

Group I	Exod 13:1-16; Deut 6:4-5; Deut 11:13-21
Group II	Deut 6:1-3; Deut 10:20-22
Group III	Deut 10:12-19; Exod 12:43-51; Deut 5:1-14; Exod 20:11
Group IV	Deut 10:13?; 11:2-3; Deut 10:21-22; Deut 11:1, 6-12
Frags. 30-77	unidentified

8Q4 (8QMez) *8QMezuzah*

M. Baillet, *DJD III*, 158-161, pl. XXXIV
PAM 42.596
ROC 916

Frag. 1	Deut 10:12 - 11:21	Frag. 2	unidentified

8Q5 *8QHymn*

M. Baillet, *DJD III*, 161-162, pl. XXXV
PAM 42.962

Frag. 1 1 [...] בשמכה[ג]בור אני מירא ומע[...] 2 [...].[...].ני האיש הזה אשר הוא מבני ה.[...] 3 [...]הזה ומה תשביתו אורו לה[...]...[...]...[...] 4 [...]... [...].השׁ[...]

Frag. 2 1 [...]...[...] 2 [...].[...]ר ותשבי[...] 3 [...].[...]לת יהוה .[...] 4 [...]כה רבה למעלה מכול[...] 5 [...]המרדפות והמשפטים[...] 6 [...]וכול הרוחות לפניכה ע[...]

8Q5 *8QHymn*

ROC 917

Frag. 1 *1* In your name, [O H]ero, I spread fear and … […] *2* […] … this man who is from the sons of … […] *3* […] this […]. And how will you remove him? His light is for … […] … […] *4* […] … […]

Frag. 2 *1-2* […] … […] *3* […] … of YHWH […] *4* […] your […] is great above all […] *5* […] the persecutions and the judgments […] *6* […] and all the spirits before you […]

9Q *9Qpap Unclassified Fragment*

M. Baillet, *DJD III*, 163, pl. XXXV
PAM 42.962
ROC 917

10Q (10Qostr?) *10QOstracon*

M. Baillet, *DJD III*, 164, pl. XXXV
PAM 42.434
ROC 918

11Q1 (11QpaleoLev[a]) *11QLeviticus[a]*

D.N. Freedman, K.A. Mathews, *The Paleo-Hebrew Leviticus Scroll (11QpaleoLev)* (Winona Lake, Indiana: American Schools of Oriental Research, 1985); É. Puech, 'Notes en marge de 11QPaléoLévitique. Le Fragment L, des fragments inédits et une jarre de la grotte 11', *RB* 96 (1989) 161-183; E.J.C. Tigchelaar, 'Some More Small *11Q1* Fragments', *RevQ* 18/70 (1998) 325-330, pl. 2
PAM 41.171-41.175; IAA 190420-190437, 204598
ROC 567, 614, 1022, 1039; Roux (frag. L.)
1Q3, 2Q5, 4Q23, 4Q24, 4Q25, 4Q26, 4Q26a, 4Q26b, 6Q2, 11Q2
Bibliography: D.N. Freedman, 'Variant Readings in the Leviticus Scroll from Qumran Cave 11', *CBQ* 36 (1974) 525-534; E. Tov, 'The Textual Character of 11QpaleoLev', *Shnaton* 3 (1978-79) 238-244 [Hebrew]

Frag. A+, a, b	Lev 4:24-26 (31-35)	Frag. H+, g, h, ac, ad	Lev 16:34 - 17:5
Frag. f	Lev 6:12-13?	Frag. I, i	Lev 18:27 - 19:4
Frag. c	Lev 8:10-11?	Frag. J+, j	Lev 20:1-6
Frag. B, d, n, aa	Lev 10:4-7	Frag. K, L+ i, ae	Lev 21:6-12
Frag. C	Lev 11:27-32	Frag. L ii, Col. 1	Lev 22:21-27
Frag. D+	Lev 13:3-9	Col. 2, Frag. k	Lev 23:22-29
Frag. e, m	Lev 13:32-35?	Col. 3	Lev 24:9-14
Frag. E	Lev 13:39-43	Col. 4	Lev 25:28-36
Frag. F+, ab	Lev 14:16-21	Col. 5	Lev 26:17-26
Frag. G i	Lev 14:52 - 15:5	Col. 6	Lev 27:11-19
Frag. G ii, M+	Lev 16:1-6		

11Q2 (11QLev[b]) *11QLeviticus[a]*

F. García Martínez, E.J.C. Tigchelaar, A.S. van der Woude, *DJD XXIII*, 1-9, pl. I
PAM 42.177, 43.794, 43.978, 44.007, 44.011, 44.114
ROC 566, 567, 577, 615, 1016, 1032
1Q3, 2Q5, 4Q23, 4Q24, 4Q25, 4Q26, 4Q26a, 4Q26b, 6Q2, 11Q1
Bibliography: J.P.M. van der Ploeg, 'Lév IX,23-X,2 dans un texte de Qumrân', in S. Wagner (ed.), *Bibel und Qumran. Beiträge zur Erforschung der Beziehungen zwischen Bibel- und Qumranwissenschaft. Hans Bardtke zum 22.9.1966* (Berlin: Evangelische Haupt-Bibelgesellschaft, 1968) 153-155 + plate

Frag. 1 i	Lev 7:34-35	Frag. 4	Lev 14:16-17
Frag. 1 ii	Lev 8:8 or 9	Frag. 5, 6	Lev 15:18-19
Frag. 2	Lev 9:23 - 10:2	Frag. 7	Lev 25:31-33
Frag. 3	Lev 13:58-59	Frag. 8, 9	unidentified

11Q3 (11QDeut) *11QDeuteronomy*

F. García Martínez, E.J.C. Tigchelaar, A.S. van der Woude, *DJD XXIII*, 11-14, pl. II
PAM 43.794, 44.003
ROC 576. 1016
1Q4, 1Q5, 2Q10, 2Q11, 2Q12, 4Q28, 4Q29, 4Q30, 4Q31, 4Q32, 4Q33, 4Q34, 4Q35, 4Q36, 4Q37, 4Q38, 4Q38a, 4Q38b, 4Q39, 4Q40, 4Q41, 4Q42, 4Q43, 4Q44, 4Q45, 4Q46, 4Q122, 5Q1, 6Q3?
Bibliography: J.P.M. van der Ploeg, 'Les manuscrits de la Grotte XI de Qumrân', *RevQ* 12/45 (1985) 10

Frag. 1	Deut 1:4-5	Frag. 3 i-ii	unidentified
Frag. 2	Deut 2:28-30		

11Q4 (11QEz) *11QEzekiel*

E.D. Herbert, *DJD XXIII*, 15-28, pls. II, LIV
PAM 43.732, 43.742-745, 43.745A
ROC 1012, 1013, 1013A
1Q9, 3Q1, 4Q73, 4Q74, 4Q75
Bibliography: W.H. Brownlee, 'The Scroll of Ezekiel from the Eleventh Qumran Cave', *RevQ* 4/13 (1963) 11-28, pls. I-II

Frag. 1	Ezek 1:8-10	Frag. 3b, 6	Ezek 5:11-17
Frag. 2	Ezek 4:3-5	Frag. 7	Ezek 7:9-12
Frag. 3a	Ezek 4:6	Frag. 8, 9	unidentified
Frag. 4-5	Ezek 4:9-10		

11Q5 (11QPs[a]) *11QPsalms[a]*

J.A. Sanders, *The Psalms Scroll of Qumran Cave 11 (11QPs[a]) (Discoveries of the Judaean Desert of Jordan IV)* Oxford 1965; F. García Martínez, E.J.C. Tigchelaar, A.S. van der Woude, *DJD XXIII*, 29-36, pls. IV-V
PAM 43.778-43.793, 44.008; SHR 6216
ROC 614B, 974-979
1Q10, 1Q11, 1Q12, 2Q14, 3Q2, 4Q83, 4Q84, 4Q85, 4Q86, 4Q87, 4Q88, 4Q89, 4Q90, 4Q91, 4Q92, 4Q93, 4Q94, 4Q95, 4Q96, 4Q97, 4Q98, 4Q98a, 4Q98b, 4Q98c, 4Q98d, 4Q236, 5Q5, 6Q5, 8Q2, 11Q6, 11Q7, 11Q8, 11Q9
Bibliography: Y. Yadin, 'Another Fragment (E) of the Psalms Scroll from Qumran Cave 11 (11QPs[a])', *Textus* 5 (1966) 1-10, pls. I-V; J.A. Sanders, *The Dead Sea Psalms Scroll* (Ithaca, New York: Cornell University Press, 1967); G.H. Wilson, *The Editing of the Hebrew Psalter* (SBL DS 76; Chico: Scholars Press, 1985); P.W. Flint, *The Dead Sea Psalms Scrolls and the Book of Psalms* (STDJ 17; Leiden: Brill, 1997); J.A. Sanders, *PTSDSSP 4A*, 155-215

Frag. A, B, C i	Ps 101:1 - 102:2
Frag. C ii	Ps 102:18 - 103:1
Frag. D	Ps 109:21-31
Frag. E i	Ps 118:24-29; 104:1-6
Frag. E ii, F	Ps 104:22-35; 147:1-3
Frag. E iii	Ps 147:18-20; 105:1-12
Col. I	Ps 105:25-45
Col. II	Ps 146:9, X, 10; 148:1-12
Col. III	Ps 121:1 - 123:2
Col. IV	Ps 124:8 - 127:1

Col. XVIII 1 לטובים נפשתכמה ולתמימים לפאר עליון החבירו יחד
2 להודיע ישעו ואל תתעצלו להודיע עוזו ותפארתו 3 לכול פותאים כי
להודיע כבוד יהוה נתנה הוכמה ולספר 4 רוב מעשיו נודעה לאדם להודיע
לפותאים עוזו 5 להשכיל לחסרי לבב גדולתו הרחוקים מפתחיה
6 הנדחים *vacat* ממבואיה כי עליון הואה אדון 7-8 *vacat* 9 יעקוב
ותפארתו על כול מעשיו ואדם מפאר עליון 10 ירצה כמגיש מנחה כמקריב
עתודים ובני בקר 11 כמדשן מזבח ברוב עולות כקטורת *vacat* ניחוח מיד
12 צדיקים מפתחי צדיקים נשמע קולה ומקהל חסידים 13 זמרתה על

11Q5 (11QPs[a]) *11QPsalms[a]*

Col. V	Ps 128:4 - 131:1
Col. VI	Ps 132:8-18; 119:1-6
Col. VII	Ps 119:15-28
Col. VIII	Ps 119:37-49
Col. IX	Ps 119:59-73
Col. X	Ps 119:82-96
Col. XI	Ps 119:105-120
Col. XII	Ps 119:128-142
Col. XIII	Ps 119:150-164
Col. XIV	Ps 119:171-176; 135:1-9
Col. XV	Ps 135:17 - 136:16
Col. XVI	Ps 136:26; 118:1, 15-16, 8-9, X, 29; 145:1-7
Col. XVII	Ps 145:13-32
Col. XVIII	Ps 154:3-19 (= Syriac Ps II)
Col. XIX	Plea for Deliverance
Col. XX	Ps 139:8-24; 137:1
Col. XXI	Ps 137:9 - 138:8; Sirach 51:13-19
Col. XXII	Sirach 51:30; Apostrophe to Zion; Ps 93:1-3
Col. XXIII	Ps 141:5-10; 133:1-3; 144:1-7
Col. XXIV	Ps 144:15; 155:1-19 (= Syriac Ps III)
Col. XXV	Ps 142:4 - 143:8
Col. XXVI	Ps 149:9 - 150:6; Hymn to the Creator
Col. XXVII	2 Sam 23:7; David's Compositions; Ps 140:1-5
Col. XXVIII	Ps 134, 151A, 151B

Col. XVIII (cf. 4Q448 A) *Psalm 154:3-19 = Syriac Psalm 2* [Unite] *1* your souls with the good ones and with the perfect ones to glorify the Most High. Join together *2* to make his salvation known and do not hesitate to proclaim his power and his glory *3* to all ordinary people. For, wisdom has been granted in order to make YHWH's glory known, and in order to recount *4* his many deeds she has been taught to man: to make his power known to ordinary people, *5* to instruct his greatness to those lacking judgment, those who are far from her gates, *6* those who are withdrawn *Blank* from her entrances. For the Most High is the Lord of *7 Blank 8 Blank 9* Jacob and his glory is upon all his deeds. The person who gives glory to the Most High *10* is accepted like one who brings an offering, like one who offers rams and calfs, *11* like one who makes the altar greasy with many holocausts, like the sweet fragrance *Blank* from the hand of *12* just ones. Her voice is heard from the gates of just ones, and from the assembly of devout ones *13* her song; when they eat to bursting they speak

אוכלמה בשבע נאמרה ועל שתותמה בחבר 14 יחדיו שיחתם בתורת עליון
אמריהמה להודיע עוזו 15 כמה רחקה מרשעים אמרה מכול זדים לדעתה
הנה 16 עיני 𐤉𐤄𐤅𐤄 על טובים תחמל ועל מפאריו יגדל חסדו 17 מעת רעה
יציל נפש[ם ברכו א]ת 𐤉𐤄𐤅𐤄 גואל עני מיד 18 זר[ים מצי]ל [תמימים מיד
רשעים מקים קרן מיע]קוב ושופט

Col. XIX 1 כי לוא רמה תודה לכה ולוא תספר חסדכה תולעה 2 חי חי
יודה לכה יודו לכה כול מוטטי רגל בהודיעכה 3 חסדכה להמה *vacat*
וצדקתכה תשכילם כי בידכה נפש כול 4 חי נשמת כול *vacat* בשר אתה
נתתה עשה עמנו 𐤉𐤄𐤅𐤄 5 כטובכה כרוב רחמיכה וכרוב צדקותיכה שמע
6 יהוה בקול אוהבי שמו ולוא עזב חסדו מהמה 7 ברוך 𐤉𐤄𐤅𐤄 עושה
צדקות מעטר חסידיו 8 חסד ורחמים שאגה נפשי להלל את שמכה להודות
ברנה 9 חסדיכה להגיד אמונתכה לתהלתכה אין חקר למות 10 הייתי
בחטאי ועוונותי לשאול מכרוני ותצילני 11 𐤉𐤄𐤅𐤄 כרוב רחמיכה וכרוב
צדקותיכה גם אני את 12 שמכה אהבתי ובצלכה חסיתי בזוכרי עוזכה
יתקף 13 לבי ועל חסדיכה אני נסמכתי סלחה 𐤉𐤄𐤅𐤄 לחטאתי 14 וטהרני
מעווני רוח אמונה ודעת חונני אל אתקלה 15 בעויה אל תשלט בי שטן
ורוח טמאה מכאוב ויצר 16 רע אל ירשו בעצמי כי אתה 𐤉𐤄𐤅𐤄 שבחי ולכה
קויתי 17 כול היום ישמחו אחי עמי ובית אבי השוממים בחונכה
18 ...[... לע]ולם אשמחה בכה

Col. XXI 11 אני נער בטרם תעיתי ובקשתיה באה לי בתרה ועד
12 סופה אדורשנה גם גרע נץ בבשול ענבים ישמחו לב 13 דרכה רגלי
במישור כי מנעורי ידעתיה הטיתי כמעט 14 אוזני והרבה מצאתי לקח
ועלה היתה לי למלמדי אתן 15 הודי זמותי ואשחקה קנאתי בטוב ולוא
אשוב חריתי 16 נפשי בה ופני לוא הש[י]בותי טרתי (טרדתי) נפשי בה
וברומיה לוא 17 אשלה ידי פתח[...] מערמיה אתבונן כפי הברותי אל
18 [...]ל[...]

about it, and when they drink in unison *14* with one another; their meditation is
on the Law of the Most High, their words (are meant) to make his power
known. *15* How distant from wicked people is her word, from all arrogant
people her knowledge! See, *16* YHWH's eyes have pity on good people; he
increases his compassion on those who give him glory; *17* he frees [their] soul
at the instant of danger. [Bless] YHWH who ransoms the humble from the hand
of *18* foreigner[s, who fre]es [the perfect from the wicked man's hand; who
raises a horn from Ja]cob and judges

Col. XIX (= 11Q6 4 - 5) *1 (Plea for Deliverance)* For a maggot can not give you
thanks, and a worm can not tell of your kindness. *2* The living, the living *Blank*
can praise you, even can praise you all those who stumble when you make
known *3* your kindness to them, and your justice you instruct to them. For in
your hand is the soul of every *4* living being, the breath of all *Blank* flesh you
have given. Deal with us, YHWH, *5* according to your goodness, according to
the abundance of your compassion and the abundance of your just acts. YHWH
has heard *6* the voice of those loving his Name and has not denied them his
kindness. *7* Blessed be YHWH who performs just deeds, who crowns his de-
vout *8* with kindness and compassion. My soul cried out to extol your Name,
to give thanks with shouts *9* for your kind deeds, to proclaim your faithful-
ness; to the praise of you there is no end. I was near to death *10* because of my
sins, and my iniquities have sold me to Sheol, but you, *11* YHWH, saved me,
according to the abundance of your compassion and the abundance of your
just acts. I, too, *12* have loved your Name and I have found refuge in your
shelter. When I recall your power my heart is strengthened, *13* and I rely on
your kind deeds. Forgive my sin, YHWH, *14* and cleanse me from my iniquity.
Bestow on me a spirit of faith and knowledge. Let me not stumble *15* in trans-
gression. Let not Satan rule over me, nor an evil spirit; let neither pain nor evil
purpose *16* take possession of my bones. Because you, YHWH, are my praise
and in you I hope *17* all day. May my brothers be happy with me and my
father's house, who are baffled by your favour *18* … [… for e]ver I shall re-
joice in you

Col. XXI *11 Ben Sira 51:13-19* When I was still young, before I had gone astray,
I searched for her. She came to me in her beauty, and up to *12* the end I kept
investigating her. Even when the blossom falls, when the grapes are ripening,
they make the heart happy. *13* My foot tread on a straight path, for since my
youth I have known her. I had hardly bent *14* my ear, when I found much
teaching. A wet-nurse she became to me, to my teacher I give *15* my honour. I
determined to enjoy myself, I was zealous for good, incessantly. I became
ablaze *16* for her, I could not av[e]rt my face. I stirred my soul for her and on
her heights I was not *17* calm. 'My hand' opened […] her nakedness I in-
spected. I cleansed 'my hand' … *18* […] … […]

Col. XXII 1 שכרכם בעתו *vacat* אזכורך לברכה ציון בכול מודי 2 אני
אהבתיך ברוך לעולמים זכרך גדולה תקותך ציון ושלום 3 ותוחלת
ישועתך לבוא דור ודור ידורו בך ודורות חסידים 4 תפארתך המתאוים
ליום ישעך וישישו ברוב כבודך *vacat* זיז 5 כבודך יינקו וברחובות
תפארתך יעכסו חסדי נביאיך 6 תזכורי ובמעשי חסידיך תתפארי טהר
חמס מגוך שקר 7 ועול נכרתו ממך יגילו *vacat* בניך בקרבך וידידיך אליך
נלוו 8 כמה קוו לישועתך *vacat* ויתאבלו עליך תמיך לוא תובד תקותך
9 ציון ולוא תשכח תוחלתך מי זה אבד צדק או מי זה מלט 10 בעולו נבחן
אדם כדרכו א[נ]וש כמעשיו ישתלם *vacat* סביב נכרתו 11 צריך ציון
ויתפזרו כול משנאיך ערבה באף תשבחתך ציון 12 מעלה לכול תבל
פעמים רבות אזכורך לברכה בכול לבבי אברכך 13 צדק עולמים תשיגי
וברכות נכבדים תקבלי קחי חזון 14 דובר עליך וחלמות נביאים תתבעך
רומי ורחבי ציון 15 שבחי עליון פודך תשמח נפשי בכבודך *vacat*

Col. XXIV 3 יהוה קראתי אליכה הקשיבה אלי פרשתי כפי 4 למעון
קודשכה הט אוזנכה ותן לי את שאלתי ובקשתי 5 אל תמנע ממני בנה נפשי
ואל תמגרה ואל תפרע לפני 6 רשעים גמולי הרע ישיב ממני דין האמת
יהוה 7 אל תשפטני כחטאתי כי לוא יצדק לפניכה כול חי 8 הבינני יהוה
בתורתכה ואת משפטיכה למדני 9 וישמעו רבים מעשיכה ועמים יהדרו את
כבודכה 10 זכורני ואל תשכחני ואל תביאני בקשות ממני 11 חטאת
נעורי הרחק ממני ופשעי אל יזכרו לי 12 טהרני יהוה מנגע רע ואל יוסף
לשוב אל״ יבש 13 שרשיו ממני ואל ינצו ע[ל]יו בי כבוד אתה יהוה
14 על כן שאלתי מלפניכה שלמה למי אזעקה ויתן לי 15 ובני אדם מה
יוסיף אומ[צם] מלפ[נ]יכה יהוה מבטחי 16 קראתי יהוה ויענני [וירפא
את]שבר לבי נמתי 17 ו[אי]שנה חלמתי גם [... יהו]ה

Col. XXII (= 4Q88 VII - VIII; 11Q6 6) *1 Ben Sira 51:30* your reward in its time. *Blank*
(*Apostrophe to Zion*) I remember you, Zion, for blessing; with all my strength *2* I
have loved you. May your memory be blessed for ever! Great is your hope, O
Zion; peace *3* will come and the expectation of your salvation. Generation
after generation shall dwell in you, and generations of the devout (shall be)
4 your splendour, those hungering for the day of your salvation and who re-
joice in the abundance of your glory. *Blank* At your glorious breast *5* they shall
suckle, and they shall scamper about your marvellous squares. The kind-
nesses of your prophets *6* you will remember, and in the deeds of your devout
ones you will revel. Purge ferocity from your midst, may lying *7* and sin be
eradicated from you. *Blank* Your sons will rejoice in your midst and your loved
ones will be united with you. *8* How they have waited for your salvation, *Blank*
how your perfect ones have mourned for you! The hope for you does not
perish, *9* O Zion, nor is the expectation of you forgotten. Who is the one who
perishes being just or who is the one who has been saved *10* in his iniquity?
Man is examined according to his path, each one is rewarded according to his
deeds. *Blank* All round (you), *11* O Zion, your enemies are quelled and all those
who hate you are scattered. A pleasant scent is your praise, O Zion, *12* rising
throughout the whole world. Many times I remember you for blessing; with
all my heart I bless you. *13* May you receive everlasting justice and the bless-
ings of the glorious ones may you obtain! Acquire a vision *14* spoken in your
regard, and dreams of prophets requested for you! Be glorified and magnified,
O Zion! *15* Praise the Most High, your Saviour! May my soul be happy in your
glory! *Blank*

Col. XXIV *3 Psalm 155 = Syriac Psalm 3* YHWH, I call to you, listen to me; I extend
my hands *4* to your holy dwelling; bend your ear and grant my plea, and what
I ask, *5* do not deny me; build up my soul and do not demolish it; and do not
forsake it in the presence of *6* wicked people. May the judge of truth turn away
from me the recompenses of evil. O YHWH, *7* do not judge me by my sin
because no-one living is just in your presence. *8* Instruct me, YHWH, in your
law, and teach me your precepts *9* so that many may hear your deeds and
nations may honour your glory. *10* Remember me and do not forget me or lead
me into difficulties to great for me. *11* Remove the sin of my childhood from
me and may my offences not be remembered against me. *12* Purify me, O
YHWH, from evil plague, and may it stop coming back to /me/; dry up *13* its
roots from me, may its lea[ve]s not become green in me. Glory are you,
YHWH, *14* therefore my plea is achieved in your presence. To whom may I
shout that he would grant it to me? *15* The sons of men: what can [their]
stren[gth] do? My trust stems from be[fo]re you, YHWH. *16* I called «YHWH»
and he answered me, [and he healed] my broken heart. I slumbered *17* and
[sle]pt; I dreamt, also [... YHW]H

Col. XXVI 9 גדול וקדוש יהוה קדוש קדושים לדור ודור לפניו הדר
10 ילך ואחריו המון מים רבים חסד ואמת סביב פניו אמת 11 ומשפט
וצדק מכון כסאו מבדיל אור מאפלה שחר הכין בדעת 12 לבו אז ראו כול
מלאכיו וירננו כי {.}הראם את אשר לוא ידעו 13 מעטר הרים תנובות
vacat אוכל טוב לכול חי ברוך עושה 14 ארץ בכוחו מכין תבל בחוכמתו
בתבונתו נטה שמים ויוצא 15 [רוח] מאו[צרותיו ברקים למט]ר עשה ויעל
נשיא[ים מ]קצה

Col. XXVII 1 ועץ חיצנות (חצינות) ובאש שרף ישרפו בשבת *vacat*
2 *vacat* ויהי דויד בן ישי חכם ואור כאור השמש ˈסופר 3 *vacat* ונבון
ותמים בכול דרכיו לפני אל ואנשים ויתן 4 *vacat* לו יהוה רוח נבונה
ואורה ויכתוב תהלים 5 שלושת אלפים ושש מאות ושיר לשורר לפני
המזבח על עולת 6 התמיד לכול יום ויום לכול ימי השנה ארבעה וששים
ושלוש 7 מאות ולקורבן השבתות שנים וחמשים שיר ולקורבן ראשי
8 החודשים ולכול ימי המועדות ולי(ו)ם הכפורים שלושים שיר 9 ויהי כול
השיר אשר דבר ששה וא(ר)בעים וארבע מאות ושיר 10 לנגן על הפגועים
ארבעה ויהי הכול ארבעת אלפים וחמשים 11 כול אלה דבר בנבואה אשר
נתן לו מלפני העליון *vacat*

Col. XXVIII 3 הללויה לדויד בן ישי קטן הייתי מˈאחי וצעיר מבני אבי
וישימני 4 רועה לצונו ומושל בגדיותיו ידי עשו עוגב ואצבעותי כנור
5 ואשימה ליהוה כבוד אמרתי אני בנפשי ההרים לוא יעידו 6 לי
והגבעות לוא יגידו עלי העצים את דברי והצואן את מעשי 7 כי מי יגיד ומי
ידבר ומי יספר את מעשי אדון הכול ראה אלוה 8 הכול הוא שמע והוא
האזין שלח נביאו למושחני את שמואל 9 לגדלני יצאו אחי לקראתו יפי
התור ויפי המראה הגבהים בקומתם 10 היפים *vacat* בשערם לוא בחר
יהוה אלוהים בם וישלח ויקחני 11 מאחר הצואן וימשחני בשמן הקודש
וישימני נגיד לעמו ^ומושל^ בבני 12 בריתו *vacat*
13 תחלת גב[ו]רה לדויד משמשחו נביא אלוהים אזי רא[י]תי פלשתי
14 מחרף ממ[ערכות פלשתים] אנוכי [...] את [...]

Col. XXVI 9 (*Hymn to the Creator*) Great and Holy are you, YHWH, the Most Holy from generation to generation. In front of him walks glory *10* and behind him the din of many waters. Kindness and truth are around his face, truth, *11* uprightness and justice are the base of his throne. He separated light from darkness, the dawn he established with the knowledge of *12* his heart. Then all his angels saw and sang for he showed them what they had not known. *13* He crowns the mountains with produce *Blank* perfect nourishment for all the living. Blessed be he who made *14* the earth with his strength, who established the world with his wisdom. With his knowledge he spread out the heavens, and brought out *15* [the wind] from [his] sto[rehouses: lightning flashes] he made [for the rai]n and made the fogs go up from the end of

Col. XXVII *1 2 Sam 23:7* and the wood of an axe, and with fire they are completely burned on the place. *2 Blank (Compositions of David)* And David, son of Jesse, was wise, and a light like the light of the sun, /and/ learned, *3 Blank* and discerning, and perfect in all his paths before God and men. And *4 Blank* YHWH gave him a discerning and enlightened spirit. And he wrote psalms: *5* three thousand six hundred; and songs to be sung before the altar over the perpetual *6* offering of every day, for all the days of the year: three hundred *7* and sixty-four; and for the sabbath offerings: fifty-two songs; and for the offerings of the first days of *8* the months, and for all the days of the festivals, and for the ‹Day› of Atonement: thirty songs. *9* And all the songs which he spoke were four hundred and forty-six. And songs *10* to perform over the possessed: four. The total was four thousand and fifty. *11* All these he spoke through (the spirit of) prophecy which had been given to him from before the Most High. *Blank*

Col. XXVIII *3 Psalm 151A* A Halleluia of David, son of Jesse. I was smaller than my brothers and the youngest of my father's sons; he made me *4* shepherd of his flock and ruler over his kid goats. My hands made a flute, my fingers a lyre, *5* and I gave glory to YHWH. I said to myself: the mountains do not witness *6* to me, nor do the hills proclaim on my behalf, the trees my words and the flock my deeds. *7* Who, then, is going to announce and who will speak and who will recount my deeds? The Lord of all saw, the God *8* of all, he heard, and he listened. He sent his prophet to anoint me, Samuel *9* to make me great. My brothers went out to meet him, handsome of figure and handsome of appearance. Though they were tall of stature, *10* handsome *Blank* by their hair, YHWH God did not choose them, but sent to fetch me *11* from behind the flock and anointed me with holy oil, and made me leader of his people /and ruler/ over the sons of *12* his covenant. *Blank 13 Psalm 151B* Beginning of David's po[w]er, after God's prophet had anointed him. Then I saw a Philistine *14* threatening from the ra[nks of the Philistines.] I [...] ... [...]

11Q6 (11QPs[b]) *11QPsalms[b]*

F. García Martínez, E.J.C. Tigchelaar, A.S. van der Woude, *DJD XXIII*, 37-47, pl. III
PAM 43.980, 44.003, 44.005, 44.006, 44.117
ROC 576, 606, 613, 614, 621B, 1032
1Q10, 1Q11, 1Q12, 2Q14, 3Q2, 4Q83, 4Q84, 4Q85, 4Q86, 4Q87, 4Q88, 4Q89, 4Q90, 4Q91, 4Q92, 4Q93, 4Q94, 4Q95, 4Q96, 4Q97, 4Q98, 4Q98a, 4Q98b, 4Q98c, 4Q98d, 4Q236, 5Q5, 6Q5, 8Q2, 11Q5, 11Q7, 11Q8, 11Q9
Bibliography: J.P.M. van der Ploeg, 'Fragments d'un manuscrit de psaumes de Qumrân (11QPs[b])', *RB* 74 (1967) 408-412, pl. XVIII; .– 'Fragments de Psaumes de Qumrân', in Z.J. Kapera (ed.), *Intertestamental Essays in Honour of*

Frags. 4 - 5 1 [...]...[...] 2 [...] ודל אנוכי כי [...] 3 [... כי] לוא
רמה תודה לכ[ה] 4 [ולוא תספר חסדכה תולעה ח]י חי יוד<כ>ה לכה יודו[
לכה] 5 [כול מוטטי רגל בהודיעכה] חסדכה להם וצדקתכ[ה] 6 [תשכילם
כי בידכה נפש כול ח]י נשמת כול בשר אתה [נתתה עשה] 7 [עמנו יהוה
כטובכה כרוב רחמ]יכה וכרוב צדקותיכ[ה שמע] 8 [יהוה בקול אוהבי שמו
ולוא ע]זב חסדו מהם בר[וך יהוה] 9 [עושה צדקות מעטר חסידיו]חסד
ורחמים שאג[ה] 10 [נפשי להלל את שמכה להודות]ברנה חסדיכה
לה[גיד] 12-11 [...] 13 [... ובצלכה]חסיתי בזוכ[רי עוזכה יתקף]
14 [לבי ועל חסדיכה אני נסמכת]י סלחה יהוה לח[טאתי וטהרני]
15 [מעווני רוח אמונה ודעת ח]ונני אל אתקלה בע[ויה אל] 16 [תשלט בי
שטן ורוח טמאה]מכא[וב ויצר רע אל ירשו]

11Q6 (11QPs[b]) *11QPsalms[b]*

Józef Tadeusz Milik (Qumranica Mogilanensia 6; Kraków: Enigma Press, 1992) 233-237; F. García Martínez, E.J.C. Tigchelaar, 'Psalms Manuscripts from Qumran Cave 11: A Preliminary Edition', *RevQ* 17/65-68 (1996) 74-81, pls. 8-9

Frag. 1	Ps 77:18 - 78:1	Frag. 6	Apostrophe to Zion
Frag. 2	Ps 119:63-65	Frag. 7	Ps 141:10; 133:1-3; 144:1-2
Frag. 3	Ps 118:1, 15-16	Frag. 8-9	unidentified
Frag. 4-5	Plea for Deliverance		

Frags. 4 - 5 (= 11Q5 XIX) *1 (Plea for Deliverance)* [...] ... [...] *2* [...] and poor am I, for [...] *3* [... For] a maggot can not give yo[u] thanks, *4* [and a worm can not tell of your kindness. The liv]ing, the living can ‹praise› you, even can praise [you] *5* [all those who stumble when you make known] your kindness to them, and yo[ur] justice *6* [you instruct to them. For in your hand is the soul of every liv]ing being, the breath of all flesh you [have given. Deal] *7* [with us, YHWH, according to your goodness, according to the abundance of] your [compassion] and the abundance of yo[ur] just acts. [YHWH has heard] *8* [the voice of those loving his Name and has not de]nied them his kindness. Bles[sed be YHWH] *9* [who performs just deeds, who crowns his devout with] kindness and compassion. [My soul] cried [out] *10* [to extol your Name, to give thanks] with shouts for your kind deeds, to pro[claim] *11-12* [...] *13* [... and in your shelter] I have found refuge. When [I] reca[ll your power my heart is strengthened,] *14* [and] I [rely on your kind deeds.] Forgive [my] s[in,] YHWH, [and cleanse me] *15* [from my iniquity. Be]stow on me [a spirit of faith and knowledge.] Let me not stumble in trans[gression. Let not] *16* [Satan rule over me, nor an evil spirit; let neither] pai[n nor evil purpose take possession]

11Q7 (11QPs^{c}) *11QPsalms^{c}*

F. García Martínez, E.J.C. Tigchelaar, A.S. van der Woude, *DJD XXIII*, 49-61, pl. VI
PAM 43.980, 44.006, 44.117
ROC 604, 614, 621B
1Q10, 1Q11, 1Q12, 2Q14, 3Q2, 4Q83, 4Q84, 4Q85, 4Q86, 4Q87, 4Q88, 4Q89, 4Q90, 4Q91, 4Q92, 4Q93, 4Q94, 4Q95, 4Q96, 4Q97, 4Q98, 4Q98a, 4Q98b, 4Q98c, 4Q98d, 4Q236, 5Q5, 6Q5, 8Q2, 11Q5, 11Q6, 11Q8, 11Q9
Bibliography: J.P.M. van der Ploeg, 'Fragments d'un Psautier de Qumrân', in M.A. Beek *et al.* (eds.), *Symbolae biblicae et mesopotamicae Francisco Mario Theodore de Liagre Böhl dedicatae* (Studia Francisci Scholten Memoriae Dicata IV; Leiden: E.J. Brill, 1973) 308-309, pl. 1; .- 'Fragments de Psaumes de Qumrân', in Z.J. Kapera (ed.), *Intertestamental Essays in Honour of Józef Tadeusz Milik* (Qumranica Mogilanensia 6; Kraków: Enigma Press, 1992) 233-237; F. García Martínez, E.J.C. Tigchelaar, 'Psalms Manuscripts from Qumran Cave 11: A Preliminary Edition', *RevQ* 17/65-68 (1996) 82-92, pls. 10-11

Frag. 1-2	Ps 2:1-8	Frag. 9	Ps 18:15-17 ?
Frag. 3	Ps 9:3-7	Frag. 10	Ps 19:4-8
Frag. 4-7	Ps 12:5 - 14:6	Frag. 11	Ps 25:2-7
Frag. 8	Ps 17:9 - 18:12		

11Q8 (11QPs^{d}) *11QPsalms^{d}*

F. García Martínez, E.J.C. Tigchelaar, A.S. van der Woude, *DJD XXIII*, 63-76, pls. VII-VIII
PAM 42.175-42.177, 43.976, 43.980, 44.004-44.008, 44.012, 44.115, 44.117
ROC 569, 580, 581A, 619, 621, 621B, 1025, 1032
1Q10, 1Q11, 1Q12, 2Q14, 3Q2, 4Q83, 4Q84, 4Q85, 4Q86, 4Q87, 4Q88, 4Q89, 4Q90, 4Q91, 4Q92, 4Q93, 4Q94, 4Q95, 4Q96, 4Q97, 4Q98, 4Q98a, 4Q98b, 4Q98c, 4Q98d, 4Q236, 5Q5, 6Q5, 8Q2, 11Q5, 11Q6, 11Q7, 11Q9
Bibliography: J.P.M. van der Ploeg,'Fragments de Psaumes de Qumrân', in Z.J. Kapera (ed.), *Intertestamental Essays in Honour of Józef Tadeusz Milik* (Qumranica Mogilanensia 6; Kraków: Enigma Press, 1992) 233-237; F. García Martínez, E.J.C. Tigchelaar, 'Psalms Manuscripts from Qumran Cave 11: A Preliminary Edition', *RevQ* 17/65-68 (1996) 92-101, pls. 12-13; S. Talmon, 'Unidentified Fragments of Hebrew Writings from the Estate of Yigael Yadin', *Tarbiẓ* 66 (1996-1997) 113-116, pl. I [Hebrew]

Frag. 1	Ps 6:2-4	Frag. 3	Ps 18:26-29
Frag. 2	Ps 9:3-6	Frag. 4	Ps 18:39-42

Frag. 5	Ps 36:13 - 37:4	Frag. 12	Ps 78:5-12
Frag. 6	Ps 39:13 - 40:2	Frag. 13	Ps 81:4-9
Frag. 7	Ps 43:1-3	Frag. 14	Ps 86:11-14
Frag. 8	Ps 45:6-8	Frag. 15	Ps 115:16 - 116:1
Frag. 9	Ps 59:5-8	Frag. 16	Ps 78:36-37 ?
Frag. 10	Ps 68:1-5	Frag. 17	Ps 60:9 ?
Frag. 11	Ps 68:14-18		

11Q9 (11QPs[e]?) *11QPsalms[e]?*

F. García Martínez, E.J.C. Tigchelaar, A.S. van der Woude, *DJD XXIII*, 77-78, pl. VIII
PAM 43.794
ROC 1016
1Q10, 1Q11, 1Q12, 2Q14, 3Q2, 4Q83, 4Q84, 4Q85, 4Q86, 4Q87, 4Q88, 4Q89, 4Q90, 4Q91, 4Q92, 4Q93, 4Q94, 4Q95, 4Q96, 4Q97, 4Q98, 4Q98a, 4Q98b, 4Q98c, 4Q98d, 4Q236, 5Q5, 6Q5, 8Q2, 11Q5, 11Q6, 11Q7, 11Q8

Ps 50:3-7

11Q10 (11QtgJob) *11QTargum of Job*

F. García Martínez, E.J.C. Tigchelaar, A.S. van der Woude, *DJD XXIII*, 79-180, pls. IX-XXI
PAM 43.800-824, 44.114, 44.116
ROC 567, 581, 621, 623-638
4Q157
Bibliography: J.P.M. van der Ploeg, A.S. van der Woude (avec la collaboration de B. Jongeling), *Le targum de Job de la grotte XI de Qumrân* (Leiden: E.J. Brill, 1971); S.A. Kaufman, 'The Job Targum from Qumran', *JAOS* 93 (1973) 317-327; M. Sokoloff, *The Targum to Job from Qumran Cave XI* (Ramat-Gan: Bar-Ilan University, 1974); B. Jongeling, *Een Aramees Boek Job uit de Bibliotheek van Qumrân* (Exegetica 3; Amsterdam: Ton Bolland 1974); B. Jongeling, C.J.

Col. I 1 [... תו]לעה ומא אפו א[...] 2 [...]העמי לשאול ת[נחתון]
3 [או כחדה על עפר נ]שכב *vacat* [*vacat*] 4 [*vacat* ענ]א בלדד שוחא[ה ...]
5 [... עד אמת]י תשוא סוף למלא[...] 6 [... לב]עירא דמינא[...] 7 [...]
העל דב[רתך ...] 8 [...] מן את[רה ...]

Col. II 1 [ותק]ף עלי רגזה וח[שבני ... כחדה] 2 [י]תון התפוהי
וכבשו[...] 3 הרחקו וידעי ב.[...] 4 ביתי אמתי לנכר[י ...] 5 לעבדי
קרית ולא ע[נא ...] 6 רוח המכת לאנתתי[...] 7 רשיעין יסגפ[ונני ...]
8 כל אנש די[...]

Col. III 1 [...]באיש *vacat* [*vacat*] 2 [*vacat*] *vacat* [*vacat*] 3 [ענא
צפר נעמתיא ואמר לאיו]ב לכן לבבי י[...] 4 [... ק]ללתי אשמע ורו[ח]
5 [... יד]עת מן עלמא מן ד[י] 6 [... ארע]ה ארו מבע רשיע[ין] 7 [...
]לעבע תעדא [...] 8 [... ואנ]פה לענניא[...]

Col. IV 1 [...]א לי להות.[...] 2 מנדעי תמיק[ון ...] 3 ארו אפו לא
ת[קצר רוחי ...] 4 סימו ידיכון על [פם ...] 5 ותמהא אחד לי ה[יך ...]
6 והסגיו נכסין זרע[הון ...] 7 לעיניהון בתיהון[...] 8 אלהא עליהו[ן ...]
9 הריתהון פל[טת ...]

11Q10 (11QtgJob) *11QTargum of Job*

Labuschagne, A.S. van der Woude, *Aramaic Texts from Qumran with Translations and Annotations* (SSS New Series 4; Leiden: E.J. Brill, 1976) 1-73; F. García Martínez, 'Nuevas lecturas de 11QtgJob', *Sefarad* 36 (1976) 241-249; É. Puech, F. García Martínez, 'Remarques sur la colonne XXXVIII de 11 Q tg Job', *RevQ* 9/35 (1978) 401-407; J.A. Fitzmyer, D.J. Harrington, *MPAT*, 10-47; K. Beyer, *ATTM*, 280-298; W.E. Aufrecht, 'A Bibliography of the Job Targumim', *Newsletter for Targumic and Cognate Studies*, Supplement 3 (1987); B. Zuckerman, S.A. Reed, 'A Fragment of an Unstudied Column of 11QtgJob: A Preliminary Report', *The Comprehensive Aramaic Lexicon Newsletter* 10 (1993) 1-7; K. Beyer, *ATTME*, 133

Col. I (= *Job* 17:14 - 18:4) *1* [… wo]rm. And what is it, then, […] *2* […] will you [go down] with me to Sheol? *3* [or shall we] lie down [together in the dust?] *Blank* [*Blank*] *4* [*Blank* Then] Bildad the Shuhi[te answe]red […] *5* [… When] will you finish speaking? […] *6* […] do we resemble [ca]ttle? […] *7* […] is it for [your] sa[ke …] *8* […] from [its] posi[tion …]

Col. II (= *Job* 19:11-19) *1* [And] against me his wrath [flar]ed up and he re[garded me … Together] *2* his raiders [co]me and tread […] *3* have turned away, and those who know me [… of] *4* my house. My maidservant, like a stran[ger …] *5* I call my servant, but he does not ans[wer …] *6* I have humbled (my) spirit before my wife […] *7* The wicked afflict [me …] *8* all men who […]

Col. III (= *Job* 19:29 - 20:6) *1* […] evil. *Blank* [*Blank*] *2* [*Blank*] *Blank* [*Blank*] *3* [Zophar the Naamathite answered and said to Jo]b: Behold my heart […] *4* […] I hear my [di]sgrace, and the spir[it] *5* […] you [kn]ow from of old, fo[r] *6* […] the [earth,] that the exultation of the wicked one[s] *7* […] passes swiftly. […] *8* [… and] his [fa]ce to the clouds […]

Col. IV (= *Job* 21:2-10) *1* […] to me … […] *2* my knowledge you may mock. […] *3* surely, [my spirit] does not get [impatient …] *4* Place your hands over [(your) mouth …] *5* and amazement seizes me. H[ow is it …] *6* and increase riches? [Their] offspring […] *7* in front of their eyes. Their houses […] *8* God upon the[m. …] *9* their pregnant (cow) gives bi[rth …]

Col. v 1 [... ע]ינוהי במפלתה ומח[מת מרא ישתא] 2 [ארו מא]צבו
לאלהא בביתה ו[...] 3 [... מני]ן ירחוהי גזירין הלא[להא ...] 4 [מנדע
ו]הוא רמיא מדין אבר[והי ...] 5 [...]ן גרמוהי דן ימות בנפ[ש ...] 6 [...
ל]א אכל כחדה על [...] 7 [... ע]ליהון ארו ידעת[...] 8 [...]י
התע'ט{ו}תון[...]

Col. vi 1 [... לא]להא 2 [...]ארחך 3 [... י]נעל עמך 4 [... ל]א
איתי 5 [... א]חיך מגן 6[...]צהא לא 7 [... ל]חם ואמרת 8 [... א]נפוהי
9 [...].נה

Col. vii 1 די מיתו ב[לא ...] 2 אמרין ל[אלהא ...] 3 לנא אלה[א ...]
4 ועטת רש[יעין ...] 5 ויחאכון ו[...] 6 היך לא [...] 7 הסתכל[...]
8 קבל[...] 9 .[...]

Col. viia 1 [*vacat*] *vacat* ענא איוב ואמ[ר] 2 [אף יומא דן] מן טלל
שעותי די 3 [... תנ]חתי מלוא אנדע ואשכ[חנה] 4 [ואתא עד] אתר מדרה
אמלל קדמ[והי] 5 [... ופמ]י אמלא הוכחה ואנדע 6 [...]ואסתכל מא
יאמר לי 7 [... ינ]עול עמי מלוא עד[...] 8 [...]ארו קשט ודת[...]
9 [...]. הן לקד[ם ...] 10 [...]ל[...]

Col. viii 1 מן קריהון [...] 2 תקבל אלחא[...] 3 קדמוהי לנורה[...]
4 בשבילוהי ל[...] 5 ומסכן ובלי[ליא ...] 6 קבל למא[מר ...]
7 ויחטא ח[תר ...] 8 בבאיש[תהון ...] 9 להון[...]

Col. ix 1 [... התכ]פפו כיבלא יתקפצון א[ו ...] 2 [... מ]ן אפו יתיבנני
פתגם ויש[וא ...] 3 [*vacat*] *vacat* ענה בלד[ד שוחאה ואמר] 4 [ארו
ש]לטן ורבו עם אלהא ע[בד שלם] 5 [במרו]מה האיתי רחצן להש[...]
6 [...] או על מן לא תקום [...] 7 [...]אלהא ומא יצדק[...] 8 [...]זכי
וכוכביא לא[...] 9 [רמתא וב]ר אנש תולע[תא *vacat*] 10 [ענה איוב
ואמ]ר העד[רת ...]

Col. V (= *Job* 21:20-27) *1* [...] his [ey]es his downfall and [let him drink] from the wr[ath of the Lord.] *2* [For what] interest has God in his house, and [...] *3* [... the numb]er of his months is cut short? Is for G[od ...] *4* [knowledge,] he who judges the elevated ones? [His] member[s ...] *5* [...] his bones. Another dies with a sou[l ...] *6* [...] he has [n]ot tasted. Together in [...] *7* [... o]n them. Behold, I know [...] *8* [...] you have plotted [against] me. [...]

Col. VI (= *Job* 22:3-9) *1* [... to G]od *2* [...] your path. *3* [... will] enter with you? *4* [...] there is [n]o *5* [...] your [bro]thers for nothing *6* [...] the thirsty (shall) not *7* [... br]ead. And you said *8* [...] his [f]ace *9* [...] ...

Col. VII (= *Job* 22:16-22) *1* who died while [not ...] *2* (they) said to [God ...] *3* God for us [...] *4* But the counsel of the wic[ked ones ...] *5* and they laugh and [...] *6* How (is it that) not [...] *7* Consider [...] *8* Receive [...] *9* ... [...]

Col. VIIA (= *Job* 23:1-8) *1* [*Blank*] *Blank* Job answered and sai[d:] *2* [Today,] because of my complaint which *3* [...] my [groa]ning. If only I would know to fi[nd him,] *4* [that I could come to] the place of his dwelling. I would speak before [him,] *5* [... and] I would fill my [mouth] with reproof, and I would know *6* [...] and I would understand what he would say to me. *7* [... will he] proceed against me? If only ... [...] *8* [...] for truth and judgment [...] *9* [...] If forwa[rd ...] *10* [...] ... [...]

Col. VIII (= *Job* 24:12-17) *1* From their cities [...] *2* it complains: God [...] *3* in front of him to the fire [...] *4* in its footpaths. At [...] *5* and the poor; and at ni[ght ...] *6* darkness, say[ing ...] *7* and he sins. He br[eaks in ...] *8* in [their] evil [...] *9* To them [...]

Col. IX (= *Job* 24:24-26:2) *1* [...] they are [ben]t down, they shrivel like the cynodon, o[r ...] *2* [... Wh]o, then, will give me an answer and ma[ke ...] *3* [*Blank*] *Blank* Bilda[d, the Shuhite] answered [and said:] *4* [Behold,] God has [do]minion and magnificence; he ma[kes peace] *5* [in] his [heig]ht. Is there security for ... [...] *6* or upon whom does not rise [...] *7* [...] God, and how can one be just [...] *8* [...] pure and the stars are not [...] *9* [a maggot, and a hu]man being, a wor[m. *Blank*] *10* [Job answered and sa]id: Did [you] he[lp ...]

Col. x 1 [...] על[סי]פי הסוף 2 [... י]זיע ויתמהון מן 3 [...]ימא ובמנדעה קטל 4 [... הד]נח חללת ידה תנין ערק 5 [... שבילו]הי מא עטר מלא נש[מע] 6 [...]יסתכל *vacat* 7 [*vacat*] *vacat* 8 [...]ואמר חי אלהא[...] 9 [...]לנפשי הן לכמ[א ...] 10 [... ב]אפי הן ימל[לן ...]

Col. xi 1 [... בי]ד אלהא ועבד 2 [... כ]לכון הזיתון למה 3 [...]אנש רשיעין 4 [... מן]קדמוהי ינסון הן 5 [... חר]ב יפצון ולא ישבעון 6 [...]ן וארמלתה לא 7 [...]זוזיא כטינא יסגא 8 [... מ]מ[ונ]ה קש'טה יפלג 9 [...]...]ן כקטותא 10 [... ש]כב ולא איתחד 11 [...]כמין באיש[...]

Col. xii 1 רגל[...] 2 וחליף[... את]רי 3 ספירא[...] 4 לא י[... לא הד]רכה 5 תנין[... יד]ה 6 עק[ר ... טי]פין 7 בז[ע ... כ]לא 8 ו[...]. 9 [... אנ]ש

Col. xiii 1 אתר ערימותא א[רו ...] 2 צפרי שמיא אסת[תרת ...] 3 באדנינא שמענא ש[מעה ...] 4 בה ארו הוא יצ[...] 5 לקצו ארעא י.[...] 6 במעבדה לרוחא[...] 7 במכילה במעבד[ה למטרא דת וארח לעננין] 8 קלילין באדין[...] 9 ואמר לבני[אנשא ...] 10 ומסטיא[...]

Col. xiv 1 [ב]צפרין בתרע קר'יא בשוק[א ...] 2 [ו]חזוני עלומין טשו וגברין ח.[...] 3 [ו]רברבין חשו מללא וכף ישון[...] 4 קל סגנין הטמרו לחנך דב[ק ...] 5 [ת]שמע אדן שבחתני ועין ח[זת ...] 6 [א]רו אנה ש'זבת לענא מן .[...] 7 [ד]י לא עדר להו'ן ברכת א[בד ...] 8 [בפ]ם ארמלה הוית לצלו[...] 9 [לבש]תני וככתון לבשת [...] 10 [... ו]רגלין לחגיר [...] 11 [... ל]א ידע[ת ...]

Col. xv 1 [...] אחאך להון ולא יה[ימנון ...] 2 [...]ון בחרת ארחי והוית ר[אש ...] 3 [...]בראש חילה וכגבר די א[בלין ינחם] 4 [וכען ח]אכו עלי זערין מני ביומין[...] 5 [אבה]תהון מלמהוא עם כלבי ע[ני ...]

Col. X (= *Job* 26:10 - 27:4) *1* [...] at the [ed]ges of the limit; *2* [... he] causes them to tremble and they are alarmed at *3* [...] the sea, and with his knowledge he killed *4* [... he caused to sh]ine; his hand pierced the fleeing serpent. *5* [...] his [paths.] What small thing do we hear! *6* [...] understands? *Blank 7* [*Blank*] *Blank 8* [...] and said: As God lives [...] *9* [...] my soul. Behold, as long [as ...] *10* [... in] my nose, if [t]he[y] sp[eak ...]

Col. XI (= *Job* 27:11-20) *1* [... by] God's [ha]nd and the work of *2* [... a]ll of you have seen (it). Why *3* [...] the wicked man *4* [...] will carry [away from] before him. If *5* [... swo]rd, they will open (their mouth), but not be satisfied *6* [...] and his widows (will) not *7* [...] coins like clay amasses *8* [...] the [m]on[ey] the honest man will share out *9* [...] like a hut *10* [... li]es down and is not taken away *11* [...] like water evil [...]

Col. XII (= *Job* 28:4-13) *1* foot [...] *2* and are changed [... pla]ces of *3* sapphire [...] *4* not [... not has tr]ead on it *5* a snake [...] his [hand], *6* he upro[ots ... chan]nels *7* he hew[s out ... he restr]ains *8* and [...] *9* [... ma]n

Col. XIII (= *Job* 28:20-28) *1* the place of wisdom? F[or ...] *2* is con[cealed] (from) the birds of the sky [...] *3* With our ears we have heard a ru[mour of it ...] *4* in her, since he [...] *5* to the ends of the earth he [...] *6* When he made for the wind [...] *7* by its measure. When he made [a law for the rain and a way for the] *8* light [clouds.] Then [...] *9* And said to the sons of [man ...] *10* and the turning [...]

Col. XIV (= *Job* 29:7-16) *1* [in] the mornings to the gates of the city, in [the] square [...] *2* Youths, on seeing me, hid, and men [...] *3* [And] great men refrained from speaking and placed (their) hand [...] *4* Leaders concealed (their) voice; to (their) palate stu[ck ...] *5* (When) an ear [he]ard me, it praised me; and (when) an eye s[aw ...] *6* [Be]cause I freed the poor man from [...] *7* [wh]om no-one helps. The blessing of the dy[ing ...] *8* [In the] widow's [mou]th I was a prayer [...] *9* [cloth]ed me, and as with a tunic I clothed myself [...] *10* [... and] feet for the lame [...] *11* [... I] did [no]t know [...]

Col. XV (= *Job* 29:24 - 30:4) *1* [...] I smiled on them, and they did not bel[ieve it ...] *2* [...] ... I chose my path and I was a ch[ief ...] *3* [...] at the head of his army, and like a man who [comforts] s[ad ones.] *4* [But now,] lads younger than me, make [f]un of me [...] *5* [...] whose [father]s from being with the

6 [ידיהון]לא הוא לי צבין ובאכפי[הון ...] 7 [... כ]פן רעין הוא ירק ד[חשת ...] 8 [...]באישה די אכל[ו ...] 9 [ועיקרי רתמ]ין לחמהו[ן ...]

Col. XVI 1 [... לס]תרי יתון ופצא לא 2 [איתי להון וכע]ן בתקף שחני יתון 3 [תחות ...]באישה אתכפפת התכפפת 4 [עלי ונדת כ]רוח טבתי ו⌈ב⌉תי וכענן 5 [עבר מני פורק]ני וכען עלי תתאשד 6 [נפשי יאחדונני י]ומי תשב⌈א יאקפוני 7 [... בלילא] גרמי יקדון ועדק[י] 8 [לא ישכבון בסגיא]חיל יאחדון לבו[שי] 9 [כפם כתוני יסנ]פונני אחתוני [לטינא] 10 [... ע]ליך .[...]

Col. XVII 1 [...]אתה 2 [...]בדי 3 [...]א אתקף .[... מעיני רת]חו ולא 4 [דמו קד]מוני יומי עמ[לא קדרת ו]הלכת 5 [מן שמשא]קמת[... ו]אזעקת 6 [... לבנ]ת יענה 7 [...]ו מן 8 [... אבוב]י 9 [...]לא

Col. XVIII 1 יאכ[ל ... פ]תיא 2 לבי בא[נתא ... צ]דת 3 תטחן ל[... ד]נא רגז 4 והוא הטא[... הי]א עד 5 אבדון ת[אכל ...]הן אתקצרת 6 בדין עב[די ...]מא אעבד 7 כדי יק[ום אלהא ...] ארו 8 עבד[ני ... ח]ד הן 9 אמ[נע ...]סיפת

Col. XIX 1 דנה ולס[הרא ... ל]בי 2 ונשקת ידי לפ[מי ... כד]בת 3 לאלהא מעל[א ...ה]ללת 4 על באישתה[...].א 5 לוטי וישמע[...]ברגזי 6 ואחדת א[... למחט]א 7 חכי למש[אל ... א]נש 8 ביתי מ[ן ...] 9 לא י[בית ...]

Col. XX 1 תחות הטא[...] 2 באשושה ספ[ו ...] 3 אלין מלחתב[ה פתגם ...] 4 הוא איוב זכ[י ...] 5 *vacat* [*vacat*] 6 אדין רגז[אליהוא בר ברכאל בוזאה מן] 7 זרע רומא[ה ...] 8 ואף ע[ל ...] 9 מלי[ן ...]

Col. XXI 1 מלי אף אנה ארו סברת[...] 2 תסיפון עד תחקרון סוף[...] 3 וארו לא איתי מנכון לא[יוב ...] 4 למלוהי די למה תאמרון[...]

dogs of [my] fl[ock. … of] *6* [their hands] I did not like, and under [their] pressure […] *7* [… hu]nger, they were cropping the green of the st[eppe …] *8* […] bad. Who ate […] *9* [and the roots of broom]s was the[ir] bread […]

Col. XVI (= *Job* 30:13-20) *1* […] they come [for] my [rui]nation, and [there is] no saviour *2* [for them. And no]w, forcefully my boils emerge, *3* [under an] evil […] I am bent down. I am bent down, *4* [and fled] as the wind are my goodness and my dignity, and as a cloud *5* my [salvat]ion [has passed from me.] And now is poured out from me *6* [my soul, da]ys of agony [take hold of me,] surround me. *7* [… At night] my bones are inflamed and [my] veins *8* [know no rest. With great] violence they seize [my] garme[nt,] *9* [as by the collar of my tunic] they [gir]d me. They made me go down [in the mire] *10* [… t]o you […]

Col. XVII (= *Job* 30:X,27 - 31:1) *1-2* […] … *3* […] is strong [… my intestines boi]l and do not *4* [rest.] Days of afflic[tion come] to meet me. [In darkness] I walk *5* [without sun.] I rise up [… and] I shout for help *6* [… to the ostr]iches *7* […] from *8* […] my [flute] *9* […] not

Col. XVIII (= *Job* 31:8-16) *1* will eat […] my heart has been [en]ticed *2* by a wo[man …] I [have lur]ked. *3* May she grind for [… Th]is is (a cause for) anger *4* and it is a sin [… wh]ich up to *5* Abaddon [consume]s […] If I had been impatient *6* with regard to the claim of [my] serv[ant …] what shall I do *7* when [God] arises […] For *8* he who made [me …] one. If *9* I de[nied …] I ruined

Col. XIX (= *Job* 31:26-32) *1* it shone, and at the mo[on …] my [he]art, *2* and my hand kissed [my] mou[th …] I would have [li]ed *3* to God on hi[gh …] did I rejoice *4* in his misfortune? […] *5* my curse, and he heard […] in my anger *6* and I took [… to si]n *7* my palate, by see[king … the m]en of *8* my household: wh[o …] *9* did not have to [sleep …]

Col. XX (= *Job* 31.40 - 32:3) *1* in place of wheat […] *2* rue. Completed are […] *3* these from answering [a word …] *4* Job was ju[st …] *5* *Blank* [*Blank*] *6* Then [Elihu] grew angry, [the son of Barchel, the Buzite from] *7* the clan of Ruma […] *8* and also ag[ainst …] *9* word[s …]

Col. XXI (= *Job* 32:10-17) *1* my words, I as well. Behold I hoped […] *2* you had finished, till you had searched the end of […] *3* but behold, J[ob] has nobody among you […] *4* to his words. Perhaps you shall say […] *5* but it is God

5 להן אלהא חיבנא ולא א[נש ...] 6 מלין וכמא לא יתיבנה[...] 7 והחשיו ונטרת מנהון .[...] 8 [ו]קמו ולא ימללון עוד[...] 9 [וא]חוה מלי אף א[נה ...]

Col. XXII 1 [אנה] הן חרגתי לא תסר[דנך ... לא] 2 [יי]קר הך אמרת באדני וק[ל ...] 3 [זכ]י אנה ולא חטא לי ונקא[...] 4 הן עולין השכח אחד לי ה[יך ...] 5 [י]שוא בסדא תגלי וסכר כ[ל ...] 6 ארו רב אלהא מן אנשא[...] 7 רבברן תמלל ארו בכל פ[תגמוהי ...] 8 [א]רו בחדא ימלל אלה[א ...] 9 [ב]חלמין בחדידי ליל[א ...] 10 [במנ]מה על משכבה[...] 11 [...]...[...]

Col. XXIII 1 ויאמר פצהי מן חב[לא ...]ת 2 אשה ישנקנה ויתמלין [גרמוהי מוח ...]מן 3 עולים ותב ליומי עלימ[ותה ... ו]ישמענה 4 ויחזא אנפוהי באסיא[...] וכעבד 5 כפוהי ישלם לה ויאמ[ר ...]ולא 6 כארחי השתלמת פר[ק ...]ה 7 בנהור תחזא הא כ[ל ... ג]בר 8 זמן תרין תלתה לא[תבה ... בנהו]ר 9 חיין הצת דא [... אמ]לל 10 [הן א]יתי מ[לין ...]

Col. XXIV 1 מן חטא מן[...]א חטיא ומתחבר 2 לעבדי שקרא[... רש]ע ארו אמר לא 3 ישנא גבר מי[... ב]תר אלהא *vacat* 4 *vacat* כען אנש[...]חס לאלהא מן שקר 5 ומן לחבל{ה}א מ[רא ...]אנש ישלם לה 6 {...}[...]הכען צדא אלהא 7 ישקר ומרא[...]הוא ארעא עבד 8 וקשט תב[ל ... נשמ]תה עלוהי יכלא 9 וימות [...] ישכבון 10 [... מ]לי הבשקר

Col. XXV 1[... ר]ברבין די לא סוף ויקים א[חרנין] 2 .[... יחכ]ם עבדהון וירמא באת[ר] 3 [... אר]חה ובכל שבילוהי לא הסתכ[לו] 4 ל[היתיה עלוהי קבילת] מסכנין וקבילת ענין ישמע 5 [... ויסת]ר אנפוהי מן יתיבנה על עם 6 [...]ך אנש רשיעיא התקלו 7 [...]תו לה איחל בלחודוהי 8 [...]לא אוסף ארו מ.[...] 9 [... תב]חר ולא אנה [...] 10 [... מ]לין וגב[ר ...]

whom we blamed and not a m[an …] *6* words, and he does not answer him at all […] *7* and they were silent, and I withheld from them […] *8* and they arose and say nothing more […] *9* [And I,] too, shall set out my words […]

Col. XXII (= *Job* 33:6-16) *1* [I (too).] Surely, the dread of me will not star[tle you … will not] *2* [be he]avy. Surely you spoke in my ears and the sou[nd …] *3* […] I am [pu]re and there is no sin in me; and blameless […] *4* […] If he had found sins, he would have considered me a[s …] *5* [He] places my feet in the stocks and blocked up all […] *6* Because God is greater than man […] *7* do you utter arrogant words, because of all [his] a[cts …] *8* [F]or God speaks once […] *9* [In] dreams, during (?) the night […] *10* [In] his [sl]eep on his bed […] *11* […] … […]

Col. XXIII (= *Job* 33:24-32) *1* and he will say: Free him from ha[rm …] of *2* fire strangles him. And [his bones] will be filled [with marrow …] than *3* that of a youth, and he will return to the days of [his] youth [… and] he will listen to him. *4* And he will see his face while he heals […] and according to the work of *5* his hands he will reward him. And he will sa[y …] but *6* I have not been rewarded according to my path. He has deli[vered …] *7* will see the light. Behold a[ll … m]an *8* once, twice, three times. To br[ing back in the ligh]t *9* of life. Pay attention to this [… I will sp]eak. *10* [If th]ere are wo[rds …]

Col. XXIV (= *Job* 34:6-17) *1* without sin. Who […] sins, and associates *2* with evildoers […ev]il? For he says: No *3* man changes [… af]ter God. *Blank 4 Blank* Now, men […] Far be from God (to do) deceit *5* and doing evil from [the] L[ord …] man, he rewards him *6* {…} […] Now then, will God really *7* do wrong, and the Lord […] It is he who made the earth *8* and founded the wor[ld. …] withhold his [brea]th to himself, *9* and he will die […] they would lie down *10* […] my [wor]ds. Is it in wrong

Col. XXV (= *Job* 34:24-34) *1* […] the powerful without limitation, and he establishes o[thers] *2* [… he kno]ws their work and hurls them into the pl[ace of] *3* […] his [pat]h and have not ke[pt] to any of his ways, *4* to [bring before him the complaint of] the poor, that he may listen to the lament of the indigent. *5* [… and when he hid]es his face, who will answer him about a people *6* […] the wicked. They tripped *7* […] I hope in him, in him alone […] *8* […] I will do no more. Behold […] *9* [… you ch]oose, and not I […] *10* [… wo]rds, and a ma[n …]

Col. XXVI 1 [ב]ך ובסגיא עויתך מא ת[עבד לך הן זכי]ת מא 2 תתן לה
או מידך יקבל[לגבר כות]ך הטיך 3 ולבר אנש צדקתך מן סגיא [עשוקיא
יז]עקון יצוחון 4 מן קדם סגיאין ולא אמר[ין אן הוא]אלהא 5 די עבדנה
ודי חלק לנא ל[...]. לנצבתנא 6 בליליא די פרשנא מן בע[ירי ארעא ומן]
צפריא 7 חכמנה תמה יזעקון ולא[יענא מן קדם ג]אות 8 [ב]אישין ארו
שוא יש[מע אלהא ומרא ה]בלא 9 [לא] יצתנה הן תאמר[...] 10 [...].
לה א[רו ...]

Col. XXVII 1 למלכין יתבי ע[ל כרסיהון וכל ר]חימוהי לרחצן ירמון
2 ואף עם אסירין ב[זיקין א]חידין בחבלי מסכניא 3 ויחוא להו֯ן עבדיהו[ן
ועוית]הון ארו התרוממו ויגלא 4 אדניהון למוסר וא[מר להון]הן יתו֯בון
מן באישתהון 5 הן ישמעון ויעבד[ון ישלמון]בטב ימהון ושניהון 6 ביקר
ועדנין [והן לא ישמ]עון בחרבא יפלין 7 ויאבדון מן מ[נדעא ... ל]בבהון
לרגז 8 עליהון ו.[... מ]דינתהון בממתין 9 ויפרק מ[סכנא ...] די אדניהון
10 [...]לא[...]

Col. XXVIII 1 עב[דת עולה ד]כר ארו רברבין עבדוהי די 2 חזו המ[ון
ו]כל אנשא עלוהי חזין ובני אנשא 3 מרחיק[עלוה]י יבקון הא אלהא רב
הוא ויומוהי 4 סגיא[לא נג]דע ומנין שנוהי די לא סוף ארו 5 ענני[מין
ימנא] וזיקי מטר יהכן ועננוהי י֯חתון 6 ט[יפי מין על]עם סגיא הן *vacat*
מן פרס 7 ע[נניא די אתרגו]שתה מן טלל ופרס נה[ורה] 8 [... כ]סי ארו
{.}בהון ידין ע[ממין] 9 [...]על מאמרה מ[...] 10 [... י]ש֯ח על[והי ...]

Col. XXIX 1 על אנפי מין אף בהון ימרק ענג[ין] וינפק מן 2 ענן נורה
והוא אמר ישמעון לה ואזלין לעבדיהון 3 על כל די ברא יפקדנון על אנפי
תבל הן למכתש 4 הן לארעא הן לכפן וחסרנה והן פתגם חוב להוא
5 עליה הצת דא איוב וקום הסתכל בגבורת אלהא 6 [הת]נדע מא שויא
אלהא עליה֯ן ו[הו]פע נהור עננה 7 [התנ]דע להלבש{ו}א עננה גבורה
[ב]דיל די לבושך 8 [...]ארו הוא ידע מדע[א העמה ת]נפח ערפלא

Col. XXVI (= *Job* 35:6-15) *1* [by] yourself, and when your misdeeds are manifold, what can you [do for yourself? If] you [are just,] what *2* will you give him, or what does he receive from your hand? Your sin [(affects) a man like yourself,] *3* and your justice a son of man. Due to the great number [of oppressions they c]ry out, they shout for help *4* because of the many; but [they] do not say: [Where is] God, *5* who made us and has allotted to us [...] for our planting *6* in the night; who has differentiated us from the ani[mals of the earth and] has made us [more] intelligent [than] the birds? *7* They will cry out there, but [he will] not [answer because of the arro]gance of *8* evil men. Behold God he[ars vanity, and to in]anity [the Lord] *9* pays [no] attention. If you say [...] *10* [...] for him. Be[hold ...]

Col. XXVII (= *Job* 36:7-16) *1* kings sitting o[n their thrones and all] his [fr]iends will be exalted in safety. *2* And even with those fettered with [chains, tie]d up by the ropes of the poor. *3* And he shows them the[ir] deeds and their [misdeeds,] for they have elevated themselves. And he will open *4* their ears for instruction, and s[ay to them]: If they turn from their evil deeds, *5* if they listen and do, [they shall complete] their days in well-being, and their years *6* in honour and delights. [But if] they [do not lis]ten, they shall fall to the sword, *7* and will die without know[ledge ...] their [h]eart for anger *8* upon them, and [...] their [vil]lage by killers. *9* And he will save [the] p[oor ...] of their ears *10* [...] not [...]

Col. XXVIII (= *Job* 36:23-33) *1* [you] accom[plished injustice. Re]member that his deeds are great which *2* they see. [And] all men regard him and the sons of man *3* look [at hi]m from afar. Behold, God is great and his days are *4* a multitude [(which) we do not kn]ow, and the number of his years is infinite. Behold *5* [he counts] the clouds [of water] and he forms the blasts of rain; and his clouds send down *6* dr[ops of water upon] a numerous people. If *Blank* who spreads out *7* [the] cl[ouds] of his [thun]der from (his) pavilion? and spreads out [his] li[ght] *8* [... co]vers; for by them he judges na[tions] *9* [...] at his command [...] *10* [...] speaks about [him ...]

Col. XXIX (= *Job* 37:10-19) *1* on the surface of the water. With them also he causes the cloud[s] to gleam, and he discharges from *2* a cloud his fire. And he says: «Let them listen to him!», and they move to their tasks; he puts them in charge over everything that he created on the surface of the earth, whether for a plague, *4* or for the land, whether for famine and its want, or when there is a case of law-breaking *5* on it. Hear this, Job, and get up; consider God's mighty works. *6* [Do you] know what God placed upon them, and (how) [he makes] the light of his cloud [sh]ine? *7* [Do you k]now how to clothe his cloud with might? [Si]nce your garment *8* [...] Behold it is he who has knowled[ge. Can

9 [תקיף כמח]זיה עקה ינדע[...]ל[...]

Col. XXX 1 אסר נא כ֗יבר חלצ[י]ך[ואש]אלנך והתיבני {...} פתגם
2 אן הוית במעבדי ארעא החויני הן ידעת חכמה 3 מן שם משחתה הן תנדע
מן נגד עליה חוטא או 4 על מא אשיה אח֗דון או מן הקים אבן הזיתה
במזהר 5 כחדא כוכבי צפר ויזעק[ו]ן כחדה כל מלאכי אלהא 6 התסוג
בדשין ימא ב[הנ]גחותה מן רחם התומא 7 למפק בשוית עננין [לבו]שה
וערפלין חותלוהי ותשוה 8 לה תחומין ודת[לימא נגר]ין ו[תר]עין ואמרת
עד תנא 9 ולא תוסף[... ג]לליך] הביומיך מנית 10 [...]כנפ[י]ארע[א]

Col. XXXI 1 ד[י מנעת ל]עדן ע[קת]א ליום קרב ואשתדר [...] 2 היכא
יפק *vacat* ותשוב קדמוהי על ארעא מן שויא 3 למטרא זמן וארח לעננין
קלילין להנחתה על ארע 4 מדבר די לא אנש בה להסבעה שיתא ושביקה
5 ולהנפקה צמחי דתאה האיתי למטרא אב או מן 6 ילד [ע]נני טלא ומן
בטן מן נפק גלידא ושיקו[ע שמיא] 7 מ[ן ילד]ה כא[בן] מין התקרמו מנה
ואנפי ...[...] 8 [...]...[...]כימא או סיג נפילא ת[פתח] 9 [...]...א על
בניה תיאש .[...] 10 [...]ארעא[...] 11 [...]...[...]

Col. XXXII 1 יעלי כפא והב[ל]ין[... תמנ]ה [י]רח֗הין 2 שלמין ותנדע
עדן מולדהין ילדן בניהן ויפלטן 3 וחבליהן תושר יקשן בניהן ויפק{[ו]}ן
נפקו ולא תבוא 4 עליהן מן שלח פראה ברחרין וחנקי ערדא מן 5 שרא
די שוית דחשת ביתה ומדרה בא֗רע מליחה 6 וחאך על מהמא תקף קריא
ונגשת שליט לא 7 ישמע ויבחר לה טורין לרע[יה ו]בתר ירוק 8 ירדף
היבא ראמ[א ל]מפלחך א[ו]היבית על 9 אוריך התקטר[ראמא ב]צוריה
וילג[ן] בבקעה 10 בתריך ות.[... ה]תתרחץ ב[ה ארו] סגיא

Col. XXXIII 1 [...] התזיענה בתקף[...] 2 בס{.}רוהי אימה ודחלה

you with him] inflate the fog *9* [strong like a] pressed [mir]ror? He knows [...] ... [...]

Col. XXX (= *Job* 38:3-13) *1* Gird your loin[s,] then, like a man [and I will que]stion you, and you will answer me {...} a word. *2* Where were you when I made the earth? Tell me, if you know wisdom. *3* Who marked off its measurements, do you know? Or who stretched the cord over it? Or *4* upon what are its foundations held? Or who placed its boundary stone when *5* the stars of the morning shone together, and all God's angels cheered together? *6* Did you hold back the sea with doors when it [br]oke forth from the bosom of the abyss *7* to go out? When the clouds were being made its [dre]ss, and the fog its swaddling clothes? Was it you who set *8* its borders, and a law [to the sea, bolt]s and [doo]rs? Did you say: this far only, *9* and no further [... your w]aves? In your days did you command *10* [...] the edge[s of the] earth

Col. XXXI (= *Job* 38:23-34) *1* whi[ch I have reserved for] the time of dis[tress,] for the day of war and battle? [...] *2* how does it go out? *Blank* And do you blow in front of him over the earth? Who has imposed *3* a time for the rain and a path for the light clouds, to bring down on the land of *4* desert, where there are no men, to satiate thorns and thickets *5* and cause shoots of grass to sprout? Has the rain a father? Or who *6* bore the [cl]ouds of dew? From whose womb does frost come? and the cove[ring of the heavens,] *7* w[ho bore] it? Like a st[one,] water is covered by it and the face of ... [...] *8* [...] ... [...] the Pleiades, or can you [open] the fence of Orion [...] *9* [...] can you give up the [...] with its sons? [...] *10* [...] the earth [...] *11* [...] ... [...]

Col. XXXII (= *Job* 39:1-11) *1* the mountain goats, and [the birth-]pan[g]s [... do you coun]t their [m]onth/s/ *2* in full; and do you know the moment of their delivery? They give birth to their sons and cast them out, *3* and can you cause their young to leave? They rear their sons and make them leave; when they have gone away, they do not return *4* to them. Who set the wild ass at liberty and the bonds of the onager, who *5* untied them, whom I have given the desert as a house and salty soil as a dwelling? *6* And he derides the bustle of the strong city and to the shouts of the muleteer he pays no *7* attention. He chooses for himself the mountains as [his] past[ure, and] after anything green *8* he hunts. Will [the] wild ox be prepared [to] serve you, o[r] will he spend the night in *9* your stable? Can you harness [the wild ox with] its rope and will he ti[ll] in the valley *10* behind you, and ... [...? Can] you trust in [him because] is great

Col. XXXIII (= *Job* 39:20-29) *1* [...] Can you make him leap with strength [...] *2* When he snorts (?), there is fright and fear. He paws in the valley and gallops

וחפר בבקע וירוט ויחדא 3 ובחיל ינפק לאנפי חרב יהאך על דחלא ולא
4 יזוע ולא יתוב מן אנפי חרב עלוהי יתלה שלט 5 (ו)שנן <ו>נזך וחרף
סיף ולקל קרנא יאמר האח ומן 6 רחיק יריח קרבה ולנקשת זין וזעקת
אשתדור 7 יחדה {...} המן הכמתך יסתער נצא ויפרוס 8 כנפוהי לרוחין
או על מאמרך יתגבה נשרא 9 ועוזא ירים קנ[ה ב]כפא ישכון ויקנן[
...]...[...] 10 [...]מן ת[מה י]חצא מאכל[א ...]

Col. XXXIV 1 [לא] אסוף *vacat* [*vacat*] *vacat* 2 ענה אלהא לאיוב
מן ר[וחא] ועננא ואמר לה אסר 3 נא כגבר חלציך אשאלנך והתיבני פתגם
האף 4 תעדא דינה ותחיבנני על דברת תזכא או 5 הא ד˺ע כאלה איתי לך
בקל כותה תרעם 6 העדי נא גוה ורם רוח וזוי והדר ויקר תלבש 7 העדי
נא חמת רגזך כל גאה והשפלה וכל 8 רמת רוח תתבר והטפי ר[שיעין
תהו]תיהון וטמר 9 [ה]מון בעפר {...} כח[דא אנפי]הון בקטם תכסה
10 [...]...[...]א אייתי

Col. XXXV 1 [...] 2 ירדנא גאפה יתרחץ די יקבלנה אנוגא 3 במטל
עינוהי יכלנה כבחכה יזיב אפה התגד 4 תנין בחכא או בחבל תחרז לשנה
התשוא 5 זמם באפה ובחרתך תקוב לסתה הימלל 6 עמך בניח או ימלל
עמך בהתחננה לך היקים 7 קים עמך ותדברנה לעבד עלם התחאך 8 בה
כצפר ותקטרנה בחוטא לבנתך וית[...]ן 9 [...]תין ויפלגון יתה בארע[...]
10 [...]גון די נונין[...]

Col. XXXVI 1 גבוה[י ...]והי ש[י]ר[יא חדה] 2 לחדה ידבקן ורוח ל[א
י]נעול בינה{ו}ן אנתה 3 לחברתה חענן יתפ[ר]שן עטישתה תדלק 4 נורא
בין עינוהי כממח פרא מן פמה לפידין 5 יפקון בלשני אשה ירטון מן
נחירוה יפק תנן 6 לכוש יקד ומגמר נפשה גמרין תגסא וזיקין 7 יפקן מן
פמה בצורה יבית תקפה וקדמוהי 8 תרוט עלימו קפלי בשרה בשרה דבקין
נסיכי[ן בה] 9 כפרזלא ולב[בה ...]...ד כאבן ו[...] 10 ... פח[דו ...]
תבי[ריא ...] 11 [...]ל[...]

and revels *3* and with force he goes out to the sword. He scoffs at fear and does not *4* waver or retreat in front of the sword. On him are hanging quiver, *5* ‹sharp-edged lance› and whetted sword. At the blast of the horn he says «Aha!» and from *6* afar he smells the battle, and at the clash of weapons and the shouts of war *7* he rejoices. {...} Is it by your wisdom that the falcon soars and spreads *8* his wings to the winds? Or is it at your commands that the eagle mounts *9* and the black eagle builds [its] nest up high? [On] the rock it dwells and nests [...] ... [...] *10* [...] From th[ere it] picks out [the] food [...]

Col. XXXIV (= *Job* 40:5-14) *1* will [not] add. *Blank* [*Blank*] *Blank* 2 God replied to Job /out of [the] w[ind]/ and the cloud and told him: Gird your loins, *3* then, like a man, and I will question youand you shall answer me. Would you really *4* annul the judgment and declare me guilty, so that you would be innocent? Or *5* do you perhaps have an arm like a god, or can thunder with a voice like his? *6* Remove, then, pride and haughtiness, and put on splendour, majesty and dignity. *7* Remove, then, the intensity of your anger. Look at every proud person and knock him down; and every *8* haughtiness will be broken. And wipe out the wi[cked in] their [pla]ce, and hide *9* [th]em in the dust. {...} Tog[ether,] cover their [faces] with ashes. *10* [...] ... [...] bring

Col. XXXV (= *Job* 40:23-31) *1* [...] *2* the Jordan its bank, he trusts that the fissure will receive him. *3* Can one overpower him by covering his eyes, make his muzzle bleed as with a hook? Can you draw *4* the crocodile with a hook or can you thread his tongue with a rope? Can you put *5* a ring in his nose and pierce his jaw with your needle? Will he speak *6* kindly to you, or will he speak with you in supplication? Will he draw up *7* an agreement with you, and will you take him on as a perpetual slave? Can you play *8* with him as with a bird, and tie him with a thread for your daughters? And will [...] *9* [...] ... and they will divide him in [the] land [...] *10* [...] ... of fishes [...]

Col. XXXVI (= *Job* 41:7-17) *1* Hi[s] back [...] his [...] (is) m[a]i[l. One] *2* sticks to the other and the wind doe[s] n[ot] come between them. The one *3* embraces the other, and they do not sep[ar]ate. His sneeze ignites *4* the fire between his eyes like the glow of dawn; from his mouth flashes *5* emerge, they leap with tongues of fire; from his nostrils smoke comes forth, *6* (as from) a burning pot and an incense burner; his breath spews burning coals, and sparks *7* leap from his mouth. In his neck is lodged his strength and in front of him *8* runs power. The folds of his flesh stick together, cast [on him] *9* like iron; and [his] hea[rt ...] like a stone and [...] *10* ... fe[ar ... the] brea[kers ...] *11* [...] ... [...]

Col. xxxvii 1 [...]רם[...]...[...]...[...][...] 2 והוא מלך על כל רחש
vacat 3 ענה איוב ואמר קדם אלהא ידעת די כלא 4 תכול למעבד ולא
יתבצר מנך תקף וחכמה 5 חדה מללת ולא אתיב ותרתין ועליהן לא
6 אוסף שמע נא ואנה אמלל אשאלנך 7 והתיבני למשמע אדן שמעתך וכען
עיני 8 חזתך על כן אתנסך ואתמ⌜ה⌝א {א}ואהוא לעפר 9 וקטם *vacat*
[*vacat*] *vacat* [*vacat*] 10 *vacat* [...]ו[...].[...]

Col. xxxviii 1 [שחיא וצפר נעמתיא ו]עבדו[כדי אמר להון] 2 אלהא
ושמע א[ל]הא בקלה די איוב ושבק 3 להון חטאיהון בדילה ותב אלהא
לאיוב ברחמין 4 ויהב לה חד תרין בכל די הוא לה ואתין לות 5 איוב כל
רחמוהי וכל אחוהי וכל ידעוהי ואכלו 6 עמה לחם בביתה ונחמוהי על כל
באישתה די 7 היתי אלהא עלוהי ויהבו לה גבר אמרה חדה 8 וגבר קדש
חד די דהב 9 ואלהא ברך ית א[יו]ב באח[רי ...]ל[...] 10 [...]...[...][...]

11Q11 (11QapocrPs) *11QApocryphal Psalms*

F. García Martínez, E.J.C. Tigchelaar, A.S. van der Woude, *DJD XXIII*, 181-205, pls. XXII-XXV, LIII
PAM 43.981-43.988, 44.004, 44.113
ROC 31, 612, 619, 1032
Bibliography: J.P.M. van der Ploeg, 'Le Psaume XCI dans une recension de Qumrân', *RB* 72 (1965) 210-217, pls. VIII-IX; . - 'Un petit rouleau de psaumes apocryphes (11QPsAp[a])', in G. Jeremias *et al.* (eds.), *Tradition und Glaube. Das*

Col. i 2 [...]ובוכהו [...] 3 [...]שבועה[...] 4 [...]ביהוה[...]
5 [...]תנין [...] 6 [...א]ת האר[ץ ...] 7 [...] משב[יע...] 8 [...]את
ב[...] 9 [...]הזואת[...] 10 [...]את השד[...] 11 [...]ישב[...]

Col. ii 1 [...]שם[...] 2 [...]ה שלומה ויקר[א ...] 3 [... הרו]חות
והשדים [...] 4 [...] אלה [הש]דים וש[ר המשט]מה 5 [... א]שר[...]ל
תהו[ם ...]ך 6 [...]...[...] ...]הגד[ול ...]והי 7 [...]...[...]עמו ... רפואה
8 [... על]שמך נשען וקר[א] 9 [... יש]ראל החזק 10 [ביהוה אלוהי

Col. XXXVII (= *Job* 41:25 - 42:2; 40:5; 42:4-6) *1* [...] ... [...] ... [...] high [...] *2* and he is king over all reptiles. *Blank 3* Job answered and said before God: I know that you *4* can do everything, and that you are not in want of strength and wisdom. *5* I have spoken once and I will not repeat; twice, and to that I will not *6* add. Listen, then, and I will speak; I will question you *7* and you shall answer me. I have heard of you only by hearsay, and now my eye *8* has seen you; for this I will be poured out and dissolved, and I will turn into dust *9* and ashes. *Blank [Blank] Blank [Blank] 10 Blank* [...] ... [...]

Col. XXXVIII (= *Job* 42:9-12) *1* [the Shuhite and Zophar the Naamathite and] they did [as they were told by] *2* God; and G[o]d heard Job's voice and forgave *3* them their sins on his account. And God turned /to Job/ in mercy *4* and gave him twice as much of all he had possessed. Then came to *5* Job all his friends and all his brothers and all his acquaintances and they ate *6* bread with him in his house, and comforted him for all the evil that *7* God had brought upon him. And each one gave him a ewe *8* and each one a gold ring. *Blank 9* And God blessed J[o]b in the en[d ...] *10* [...] ... [...]

11Q11 (11QapocrPs) *11QApocryphal Psalms*

frühe Christentum in seiner Umwelt. Festgabe für Karl Georg Kuhn (Göttingen: Vandenhoeck & Ruprecht, 1972) 128-139, pls. II-VII; É. Puech, '11QPsAp[a]: un rituel d'exorcismes. Essai de reconstruction', *RevQ* 14/55 (1990) 377-408; . – 'Les deux derniers psaumes davidiques du rituel d'exorcisme 11QPsAp[a] iv, 4-v, 14', in D. Dimant, U Rappaport (eds.), *The Dead Sea Scrolls: Forty Years of Research* (STDJ 10; Leiden: E.J. Brill, 1992) 64-89; J.A. Sanders, *PTSDSSP 4A*, 216-233

Col. I *2* [...] and who weeps for him [...] *3* [...] oath [...] *4* [...] by YHWH [...] *5* [...] dragon *6* [...] the ear[th ...] *7* [...] exor[cising ...] *8* [...] ... [...] *9* [...] this [...] *10* [...] the demon [...] *11* [...] he will dwell [...]

Col. II *1* [...] ... [...] *2* [...] Solomon, and he will invo[ke ...] *3* [... the spir]its and the demons, [...] *4* [...] These are [the de]mons, and the Pri[nce of Animosi]ty *5* [... w]ho [...] the aby[ss ...] *6* [...] ... [...] the gre[at ...] ... *7* [...] ... [...] his people ... cure, *8* [...] have relied [upon] your name. And invo[ke] *9* [...] Israel. Lean *10* [on YHWH, the God of gods, he who made] the

אלים אשר עשה] את השמים 11 [ואת הארץ ואת כול אשר בם א]שר
הבדיל [בין] 12 [האור ובין החושך ...]. עד[...]

Col. III 1 [.]תה[...]התהומ[ות ...] 2 הארץ ו.[... ה]ארץ מי ע[שה את
האותות] 3 ואת המופ[תים האלה ב]ארץ יהוה הוא[ה אשר] 4 עשה את
ה[אלה בגבור]תו משביע לכול מ[לאכיו] 5 [וא]ת כול זר[ע הקודש]אשר
הת[י]צבו לפני[ו ויעיד א]ת 6 [כול הש]מים ו[את כול] הארץ[בהם]אשר
יעש[ו]על 7 [כול אי]ש חטא ועל כול א[דם רשע ו]הם יודעים 8 [רזי
פל]או אשר אינם [...]ה אם לוא 9 [ייראו]מלפני יהוה ל[... ו]להרוג נפש
10 [...]יהוה וייראו[ו את המכה ה]גדולה הזוא[ת] 11 [וירדף א]חד מכם
א[לף ...].עבדי יהו[ה] 12 [...ג]דולה ו[...]...[...]

Col. IV 1 [ו]גדול[...]משביע[...] 2 והגדול ב[...]תקיף ור[...]
3 כול הארץ[...] השמים ו[...] 4 יככה יהוה מ[כה גדול]ה אשר לאבדך[
...] 5 ובחרון אפו[ישלח]עליך מלאך תקיף[לעשות] 6 [כול דב]רו
אשר[בלוא] רחמ[ים] עליך אש[ר ...] 7 [...]על כול אלה אשר[יורידו]ך
לתהום רבה 8 [ולשאול] התחתיה ומי[...].כב וחשך 9 [בתהום ר]בה
מואדה [לוא ... ע]וד בארץ 10 [...]עד עולם וא[...]בקללת האב[דון]
11 [...]חרון אף י[הוה ... ב]חושך בכ[ול] 12 [תעודות]תעניות [...]
מתנתך 13 [...]...[...]...[...]...[...]

Col. V 1 [...]...[...]...[...] 2 אשר[...]הפגוע[ים ...] 3 נדבי א[... ר]פאל
שלמ[ם אמן אמן סלה] *vacat* 4 לדויד ע[ל ... ל]חש בשם יהו[ה קרא בכו]ל
עת 5 אל השמ[ים כי]יבוא אליך בלי[לה וא]מרתה אליו 6 מי אתה
[הילוד מ]אדם ומזרע הקד[ושי]ם פניך פני 7 [שו]ו וקרניך קרני חל[ו]ם
חושך אתה ולוא אור 8 [עו]ל ולוא צדקה[...]שר הצבה והוה [יוריד]ך
9 [לשאו]ל תחתית [ויסגור דל]תי נחושת ב[אלה לו]א 10 [יעבור] אור
ולוא[יאיר לך ה]שמש אש[ר יזרח] 11 [על ה]צדיק לה[... ו]אמרתה ה[...]
12 [... הצ]דיק לבוא[...]הרע לו ש[ד ...] 13 [... א]מת מח.[... אשר
הצ]דקה לו[...] 14 [...]...[...]...[...].

heavens *11* [and the earth and all that is in them, w]ho separated *12* [light from darkness ...] ... [...]

Col. III *1* ... [...] the depth[s ...] *2* the earth and [... the] earth. Who ma[de these portents] *3* and won[ders upon the] earth? It is he, YHWH, [who] *4* made t[hese through] his [streng]th, who summons all [his] a[ngels] *5* and all [the holy] se[ed] to st[a]nd before [him, and calls as witness] *6* [all the he]avens and [all] the earth [against them] who committed against *7* [all me]n sin, and against every m[an evil. But] they know *8* his [wonder]ful [secrets,] which they do not [...]. If they do not *9* [refrain] out of fear of YHWH from [... and] from killing the soul, *10* [...] YHWH, and they will fear that great [blow (?)]. *11* [O]ne among you [will chase after a] th[ousand ...] those who serve YHW[H] *12* [... g]reat. And [...] ... [...]

Col. IV *1* [and] great [...] adjuring [...] *2* and the great [...] powerful and [...] *3* the whole earth [...] heavens and [...] *4* YHWH will strike you with a [mighty] bl[ow] to destroy you [...] *5* and in the fury of his anger [he will send] a powerful angel against you, [to carry out] *6* [all] his [comm]and, (one) who [will not show] you mercy, wh[o ...] *7* [...] above all these, who will [bring] you [down] to the great abyss, *8* [and to] the deepest [Sheol.] And ... [...] ... And it will be very dark *9* [in the gr]eat [abyss. No ... lo]nger over the earth *10* [...] for ever. And [...] with the curse of Aba[ddon,] *11* [...] the fury of Y[HWH]'s anger. [... in] darkness for a[ll] *12* [periods of] humiliation [...] your gift *13* [...] ... [...] ... [...]

Col. V *1* [...] ... [...] *2* which [...] the possessed one[s ...] *3* the volunteers of [... Ra]phael has healed [them. Amen, Amen. *Selah*.] *Blank* *4* Of David. Ag[ainst ... An incanta]tion in the name of YHW[H. Invoke at an]y time. *5* the heave[ns. When] he comes upon you in the nig[ht,] you shall [s]ay to him: *6* Who are you, [oh offspring of] man and of the seed of the ho[ly] ones? Your face is a face of *7* [delus]ion, and your horns are horns of illu[si]on. You are darkness and not light, *8* [injus]tice and not justice. [...] the chief of the army. YHWH [will bring] you [down] *9* [to the] deepest [Sheo]l, [he will shut] the two bronze [ga]tes through [which n]o *10* light [penetrates.] [On you shall] not [shine the] sun, whi[ch rises] *11* [upon the] just man to [...] You shall say [...] *12* [... the ju]st man, to go [...] a de[mon] mistreats him. [...] *13* [... tr]uth from ... [... because jus]tice is with him [...] *14* [...] ... [...]

Col. VI 1 [...]...[...]...[...].ין 2 [...]...[...]... ל]עולם 3 [את כול]בני בל]יעל
אמן אמן] סלה [לדויד יושב] בסתר[עליון בצל] שדי 4 [יתלונן]האומר
[ליהוה מחסי] ומצודת[י אלוהי] מבטח [אבטח] בו 5 [כי ה]ואה יצילך
מ[פח יקו]ש מדבר הו[ות ב]אברתו יסך[לך]ותחת 6 [כנפ]יו תשכון הסד[ו
ע]ליך צנה וסוחרה אמתו סלה *vacat* לוא תירא 7 מפחד לילה מחץ יעוף
יומם מקטב ישוד[צ]הרים מדבר[בא]פל 8 יהלך יפ[ו]ל מצדך אלף
ור[בבה מי]מינך אל[יך לו]א יגע רק[תביט] 9 בעיניך[ותרא]ה שלום
רשע[ים קר]את מח[סך ...]ת מחמדו[לוא] 10 תרא[ה רעה ו]לוא יגע [נגע
באה]ליך כ[י מלאכיו]יצוה לך 11 לשומ[רך בדרכי]ך על כפים[ישאונ]ך
פן [תגוף בא]בן רגל[ך על] 12 פתן [ואפעה תד]רוך תרמו[ס כפיר] ותנין
[ביהוה ח]שקתה ו[יפלטך] 13 ו[ישגבך ויר]אך בישוע[תו סלה] *vacat* [...]
14 ויע[נו אמן אמן] סלה [...] *vacat* [...] 15 [...] *vacat* [...] *vacat* [...]

11Q12 (11QJub) *11QJubilees*

F. García Martínez, E.J.C. Tigchelaar, A.S. van der Woude, *DJD XXIII*, 207-220, pl. XXVI
PAM 43.977, 44.006, 44.007, 44.114
ROC 567, 607, 614, 615
1Q17, 1Q18, 2Q19, 2Q20, 3Q5, 4Q176a,b, 4Q216, 4Q217, 4Q218, 4Q219, 4Q220, 4Q221, 4Q222, 4Q223, 4Q224
Bibliography: A.S. van der Woude, 'Fragmente des Buches Jubiläen aus

Frag. 1 1 [... הודע]נו בצ[אתנו] 2 [לפני יהוה אלוהינו את כול
החטאות] אשר יעשו ב[שמים] 3 [ובארץ ובאור ובחושך ובכול והיו]אדם
ואשתו מת[אבלים] 4 [על הבל ארבע שבועות *vacat* ו]בארבעה לשבוע
הח[מישי] 5 [שמחו וידע אדם שנית את אשתו]ותלד לו בן ויקרא את
שמ[ו שת] 6 [כיא אמר שת לנו יהוה זרע ב]ארץ אחר תחת הבל כיא הרגו
7 [קין בשבוע הששי הוליד את אזו]רה בתו ויקח קין את אחות[ו] 8 [און

Col. VI *1* [...] ... [...] ... [...] ... *2* [...] ... [...] ... [... for] ever *3* [all the] sons of Bel[ial. Amen. Amen.] *Selah.* [*Ps 91* Of David. He that lives] in the shelter of [the Most High, in the shadow of] the Allmighty *4* [he stays.] He who says [to YHWH: My refuge] and [my] fortress, [my God] is the safety in which [I trust.] *5* [For h]e will save you from the [net of the fow]ler, from the dead[ly] pestilence. [With] his feathers he will cover [you,] and under *6* his [wings] you shall lodge. [His] kindness [up]on you will be a shield, and his truth a breastplate. *Selah. Blank* You shall not fear *7* the dread of the night, or the arrow that flies by day, or the plague that rages at [n]oon, or the pestilence that [in dar]kness *8* proceeds. A thousand will f[a]ll at your side, te[n thousand at] your [ri]ght, [but you] it shall [no]t strike. Only [look] *9* with your eyes [and you shall see] the retribution of the wicked [ones.] You [have invo]ked [your] shel[ter, ...] his happiness. [Not] *10* will you see [evil, and] not will [a plague] strike [in] your [ten]ts. Fo[r] he has commanded [his angels] concerning you, *11* to safegu[ard you on] your [paths. They shall lift] you upon their palms, so that [your] foot does not [trip on a st]one. [Upon] *12* viper [and asp shall you s]tep, you will tramp[le lion] and dragon. You have loved [YHWH] and he [will rescue you] *13* and [protect you and sh]ow you [his] salvati[on. *Selah.*] *Blank* [...] *14* And [they] shall ans[wer: Amen. Amen.] *Selah.* [...] *Blank* [...] *15* [...] *Blank* [...] *Blank* [...]

11Q12 (11QJub) *11QJubilees*

Qumran Höhle XI (11QJub)', in G. Jeremias *et al.* (eds.), *Tradition und Glaube. Das frühe Christentum in seiner Umwelt. Festgabe für Karl Georg Kuhn* (Göttingen: Vandenhoeck & Ruprecht, 1972) 140-146, pl. VIII; J.T. Milik, 'À propos de 11QJub', *Biblica* 54 (1973) 77-78; J.C. VanderKam, *Textual and Historical Studies in the Book of Jubilees* (Missoula, Montana: Scholars Press, 1977) 18-51, 97-99

Frag. 1 (= *Jub* 4:6-11) *1* [...] we [report] when [we] c[ome] *2* [before YHWH our God, all the sins] which are done in [heaven] *3* [and on earth, and in the light and in the darkness and everywhere. And] Adam and his wife [mourn]ed *4* [for Abel four weeks long. *Blank* And] in the fourth (year) of the fi[fth] week *5* [they rejoiced and Adam knew his wife once again] and she gave birth to a son for him and he named [him Seth] *6* [for he said: YHWH has raised up] another [seed for us in the] earth, in place of Abel, since [Cain] killed him. *7* [In the sixth week he became the father of Azu]ra, his daughter. And Cain

לו לאשה ותלד לו את חנוך בקץ היוב]ל הרביעי *vacat* 9 [ובשנת אחת
לשבוע הריאשון ליובל החמי]שי נבנו הבתים באר[ץ] 10 [ויבן קין עיר
ויקרא את שמה כמו שם ב]נו חנוך *vacat* ואד[ם] 11 [ידע את חוה אשתו
ותלד עוד תשעה בנים ובשבו]ע הח[מישי]

11Q13 (11QMelch) *11QMelchizedek*

F. García Martínez, E.J.C. Tigchelaar, A.S. van der Woude, *DJD XXIII*, 221-241, pl. XXVII
PAM 43.979, 44.117
ROC 579, 621B, 1031, 1032
Bibliography: A.S. van der Woude, 'Melchisedek als himmlische Erlösergestalt in den neugefundenen eschatologischen Midraschim aus Qumran Höhle XI', *Oudtestamentische Studiën* 14 (1965) 354-373, pl. 1; M. de Jonge, A.S. van der

Col. II 1 [...] [...]...[...] 2 [...]ל ואשר אמר בשנת היובל [הזואת תשובו
איש אל אחוזתו ועליו אמר וז]ה 3 [דבר השמטה] שמוט כול בעל משה יד
אשר ישה[ברעהו לוא יגוש את רעהו ואת אחיו כיא קרא]שמטה 4 לא[ל
פשרו]לאחרית הימים על השבויים אשר[...]ואשר 5 מוריהמה החבאו
וסתר[ו] ומנחלת מלכי צדק כי[א ...]... והמה נחל[ת מלכי צ]דק אשר
6 ישיבמה אליהמה וקרא להמה דרור לעזוב להמה[משא]כול עוונותיהמה
ו[כן יהי]ה הדבר הזה 7 בשבוע היובל הראישון אחר תש[עת ה]יובלים
וי[ום הכפ]ורים ה[וא]ה ס[וף]ה[יו]בל העשירי 8 לכפר בו על כול בני
[אור ו]אנש[י]גורל מל[כי]צדק[...].ם עלי[המ]ה הת[...]לפ[י]כ[ול
עש]ותמה כיא 9 הואה הקץ לשנת הרצון למלכי צדק ולצב[איו ע]ם קדושי
אל לממשלת משפט כאשר כתוב 10 עליו בשירי דויד אשר אמר אלוהים
[נ]צב בע[דת אל]בקורב אלוהים ישפוט ועליו אמ[ר ו]עלי[ה] 11 למרום
שובה אל ידין עמים ואשר א[מר עד מתי ת]שפוטו עוול ופני רשע[י]ם
תש[או ס]לה 12 פשרו על בליעל ועל רוחי גורלו אש[ר ...].ים בסו[רמ]ה
מחוקי אל ל[הרשיע] 13 ומלכי צדק יקום נקם משפטי א[ל וביום החואה

took [his] sister *8* [Awan as his wife and she gave birth to Enoch for him at the end of the] fourth [jubi]lee. *Blank 9* [In the first year of the first week of the fi]fth [jubilee] houses were built on the ear[th,] *10* [and Cain built a city and gave it the name of] his [s]on Enoch. And Ada[m] *11* [knew his wife Eve and she gave birth to nine more children. And in] the fi[fth] [wee]k

---

11Q13 (11QMelch) *11QMelchizedek*

Woude, '11Q Melchizedek and the New Testament', *NTS* 12 (1965-66) 301-326; J.T. Milik, 'Milkî-ṣedeq et Milkî-reša' dans les anciens écrits juifs et chrétiens', *JJS* 23 (1972) 95-112, 124-126; P.J. Kobelski, *Melchizedek and Melchiresa'* (Washington: The Catholic Biblical Association of America, 1981) 3-23, 49-74; É. Puech, 'Notes sur le manuscrit de XIQMelkîsédeq', *RevQ* 12/48 (1987) 483-513; F. Manzi, 'La figura di Melchisedek: Saggio di bibliografia aggiornata', *Ephemerides Liturgicae* 109 (1995) 331-349

Col. II *1* [...] ... [...] *2* [...] And as for what he said: *Lev 25:13* «In [this] year of jubilee, [you shall return, each one, to his respective property», concerning it he said: *Deut 15:2* «Th]is is *3* [the manner of the release:] every creditor shall release what he lent [to his neighbour. He shall not coerce his neighbour or his brother, for it has been proclaimed] a release *4* for G[od». Its interpretation] for the last days refers to the captives, who [...] and whose *5* teachers have been hidden and kept secret, and from the inheritance of Melchizedek, fo[r ...] ... and they are the inherita[nce of Melchize]dek, who *6* will make them return. And liberty will be proclaimed for them, to free them from [the debt of] all their iniquities. And this [wil]l [happen] *7* in the first week of the jubilee which follows the ni[ne] jubilees. And the d[ay of aton]ement is the e[nd of] the tenth [ju]bilee *8* in which atonement shall be made for all the sons of [light and] for the men [of] the lot of Mel[chi]zedek. [...] ... over [the]m ... [...] accor[ding to] a[ll] their [wor]ks, for *9* it is the time for the «year of grace» of Melchizedek, and of [his] arm[ies, the nat]ion of the holy ones of God, of the rule of judgment, as is written *10* about him in the songs of David, who said: *Ps 82:1* «Elohim will [st]and in the assem[bly of God,] in the midst of the gods he judges». And about him he sai[d: *Ps 7:8-9* «And] above [it,] *11* to the heights, return: God will judge the peoples». As for what he sa[id: *Ps 82:2* «How long will you] judge unjustly and show partia[lity] to the wicked? [*Se*]*lah*.» *12* Its interpretation concerns Belial and the spirits of his lot, wh[o ...] turn[ing aside] from the commandments of God to [commit evil.] *13* But, Melchizedek will carry out the vengeance of Go[d's] judgments, [and on that day he will

יצי]ל[מה מיד]בליעל ומיד כול ר[וחי גורלו 14 ובעזרו כול אלי [הצדק
וה]ואה א[שר ...]כול בני אל והפ[...] 15 הזואת הואה יום ה[שלום א]שר
אמר[... ביד ישע]יה הנביא אשר אמר[מה]נאוו 16 על הרים רגל[י]
מבש[ר מ]שמיע שלום מב[שר טוב משמיע ישוע]ה [א]ומר לציון [מלך
]אלוהיך 17 פשרו ההרים[המה] הנביאי[ם]המה א[...]...[...] לכול
...[...] 18 והמבשר הו[אה]משיח הרו[ח] כאשר אמר דנ[יאל עליו עד
משיח נגיד שבועים שבעה ומבשר] 19 טוב משמי[ע ישועה]הואה הכתוב
עליו אשר [...] 20 לנח[ם] ה[אבלים פשרו]ל[ה]שכילמה בכול קצי
הע[ולם ...] 21 באמת למ[...]...[...] 22 ...[...]ר הוסרה מבליעל
ותש[וב ...]...[...] 23 [...]במשפט[י] אל כאשר כתוב עליו[אומר לצי]ון
מלך אלוהיך [צי]ון ה[יאה] 24 [עדת כול בני הצדק המה]מקימ[י] הברית
הסרים מלכת [בד]רך העם ואל[ו]היך הואה 25 [... מלכי צדק אשר
יצי]ל[מה מי]ד בליעל ואשר אמר והעברתמה שו[פר ב]כול [א]רץ

Col. III 1 [...]ם[...] 2 ודעו דב...[...] 3 אל יאו[...] 4 ורוב[...]
5 [...]...[...] 6 התורה [ע]ליהמה[...]והוא[ה] יגיד[...] 7 יתממ[ו]
בליעל באש[...]בליעל ימרו .[...] 8 במזמ[ו]ת בלבם ת[...]מה היא[ה ...]
9 את חומ[ו]ת יהודה ובר[...]ע[...]חומת יר[ושלם ...] 10 גדר ולשאת
עמוד ו...[...]במועדה[...] 12-11 [......] 13 ה[...]סוף הי[ובל ...]
14 ...[...]...[...] 15 בש[... י]שאנו [...] 16 מאתים[...]ם באלה[...]
17 השבוע[...]...[...] 18 [מח]לקות[העתים ...] 20-19 [...]...[...]

11Q14 (11QSM) *11QSefer ha-Milhamah*

F. García Martínez, E.J.C. Tigchelaar, A.S. van der Woude, *DJD XXIII*, 243-251, pl. XXVIII
PAM 43.977, 44.006, 44.007, 44.114
ROC 567, 607, 614, 615
4Q285
Bibliography: A.S. van der Woude, 'Ein neuer Segensspruch aus Qumran (11QBer)', in S. Wagner (ed.), *Bibel und Qumran. Beiträge zur Erforschung der*

fr]e[e them from the hand of] Belial and from the hand of all the sp[irits of his lot.] *14* To his aid (shall come) all «the gods of [justice»; and h]e is the one w[ho …] all the sons of God, and … […] *15* This […] is the day of [peace about whi]ch he said [… through Isa]iah the prophet, who said: [*Isa 52:7* «How] beautiful *16* upon the mountains are the feet [of] the messen[ger who] announces peace, the mess[enger of good who announces salvati]on, [sa]ying to Zion: your God [reigns.»] *17* Its interpretation: The mountains [are] the prophet[s …] … […] for all … […] *18* And the messenger i[s] the anointed of the spir[it] as Dan[iel] said [about him: *Dan 9:25* «Until an anointed, a prince, it is seven weeks.» And the messenger of] *19* good who announ[ces salvation] is the one about whom it is written that […] *20* «To comfo[rt] the [afflicted», its interpretation:] to instruct them in all the ages of the wo[rld …] *21* in truth … […] … […] *22* […] has turned away from Belial and will re[turn …] … […] *23* […] in the judgment[s of] God, as is written about him: [*Isa 52:7* «Saying to Zi]on: your God rules.» [«Zi]on» i[s] *24* [the congregation of all the sons of justice, those] who establish the covenant, those who avoid walking [on the pa]th of the people. And «your God» is *25* [… Melchizedek, who will fr]e[e them from the ha]nd of Belial. And as for what he said: *Lev 25:9* «You shall blow the hor[n in] all the [l]and of

Col. III (+*frags.* 5 + 7) *1* […] … […] *2* and know … […] *3* God … […] *4* and many […] *5* […] … […] *6* the law [up]on them […] and he will announce […] *7* [t]he[y] shall devour Belial with fire [… of] Belial shall rebel […] *8* with plot[s] in their hearts […] … it i[s …] *9* the rampart[s] of Judah and … […] the rampart of Jer[usalem …] *10* a wall, and to lift a column and … […] at its appointed time […] *11-12* […] … […] *13* […] the end of the Ju[bilee …] *14* … […] … […] *15* … [… he] will carry it […] *16* two hundred […] in those […] *17* the week […] … […] *18* [the divi]sions of [the times …] *19-20* […] … […]

11Q14 (11QSM) *11QSefer ha-Milhamah*

Beziehungen zwischen Bibel- und Qumranwissenschaft. Hans Bardtke zum 22.9.1966 (Berlin: Evangelische Haupt-Bibelgesellschaft, 1968) 253-258, pl.1; B. Nitzan, 'Benedictions and Instructions from Qumran for the Eschatological Community (11QBer, 4Q285)', *RevQ* 16/61 (1993) 77-90; W.J. Lyons, 'Possessing the Land: The Qumran Sect and the Eschatological Victory', *DSD* 3 (1996) 130-151

Frag. 1 I 5-6 [...]... 7 [... צמח ד]ויד 8 [...] 9 [... כאשר אמר
ישעיהו הנביא ונוקפו] 10 [סבכי היער בברזל והלבנון באדיר יפול ויצא
חו]טר 11 [מגזע ישי ... צמ]ח 12 [דויד ונשפטו את ...] 13 [... והמיתו
נשיא העדה צמח דויד ...]לה 14 [... ובמחוללות וצוה כוהן הרואש]
15 [...]... חללי

Frag. 1 II 1 [...].[...] 2 [...]...[...]]וברכם בשם [אל] 3 [י]שראל
וענה[ואמר ...]ישראל ברוכים א[תם] 4 בשם אל עליון .[...] וברון שם
קודש[ו] 5 לעולמי עד וברוכים [...]תו וברוכים כול 6 מלאכי קודשו
vacat [*vacat*] *vacat*
7 יברך אתכם אל עליון ויאר פניו אליכם ויפתח לכם את 8 אוצרו
הטוב אשר בשמים להוריד על ארצכמה 9 גשמי ברכה טל ומטר יורה
ומלקוש בעתו ולתת לכם פר[י] 10 תנובות דגן תירוש ויצהר לרוב והארץ
תנובב לכם פרי 11 [ע]דנים ואכלתם והדשנתם *vacat* ואין משכלה
בארצכם 12 ולוא מוחלה שדפון וירקון לוא יראה בתבואתיה 13 [ואין
]כול[נגע ומ]כשול בעדתכם וחיה רעה שבתה מן 14 [הארץ ואין דב]ר
בארצכם כיא אל עמכם ומלאכי 15 [קודשו מתיצבי]ם בעדתכם ושם
קודשו נקרא עליכם

Frag. 2 1 [...]טי הגוי הנבנ[ל ...] 2 [... קומה גב]ור שבה פל[שתים
...] 3 [... שומ]רונים [...]

11Q15 (11QHymns[a]) *11QHymns[a]*

F. García Martínez, E.J.C. Tigchelaar, A.S. van der Woude, *DJD XXIII*, 253-256, pl. XXIX
PAM 42.180, 44.003, 44.117

Frag. 1 1 [...]ולנו ב.[...] 2 [... א]שר כוננו ידיכה[...] 3 [...].כה
ותראה מק.[...] 4 [...]בחדריכה בשמותם ב[...] 5 [...]כבודו ומעשיו

Frag. 1 *col.* I (= 4Q285 5) *5-6* [...] ... *7* [... the bud of Da]vid *8* [...] *9* [... as the Prophet Isaiah said: *Isa 10:34* «And they shall cut] *10* [the most massive of the forest with iron and Lebanon, with its magnificence, will fall. A sh]oot [will emerge] *11* [from the stump of Jesse ... the bu]d of *12* [David. And they will go into battle with ...] *13* [... and the Prince of the Congregation will kill him, the bud of David ...] ... *14* [... and with wounds. And the High Priest will command] *15* [...] ... the slain of

Frag. 1 *col.* II (= 4Q285 1) *1* [...] *2* [...] ... [...] and he shall bless them in the name of [the God of] *3* [I]srael, and he shall begin to speak [and say: ...] Israel, blessed be y[ou] *4* in the name of God Most High [...] and blessed be [his] holy name *5* for eternal centuries. And blessed (be) his [...] And blessed be all *6* his holy angels. *Blank* [*Blank*] *Blank* *7* May God Most High bless you, may he show you his face, and may he open for you *8* his good treasure which is in the heavens, to cause to fall down on your earth *9* showers of blessing, dew and rain, early and lait rains in their season, and to give you fru[it,] *10* the harvests of wheat, of wine and of oil in plenty. And for you the land will yield [de]licious fruits. *11* And you shall eat (them) and be replete. *Blank* In your land there will be no miscarriage *12* nor will one be sick; drought and blight will not be seen in its harvests; *13* [there will be no disease] at all [or stum]bling blocks in your congregation, and wild animals will vanish from *14* [the land. There will be no pesti]lence in your land. For God is with you and [his holy] angels *15* [are] in the midst of your Community. And his holy name is invoked over you

Frag. 2 *1* [...] ... of the stu[pid] nation [...] *2* [... get up he]ro, take the Phili[stines] prisoner [...] *3* [... the Sama]ritans [...]

11Q15 (11QHymns[a]) *11QHymns[a]*

ROC 567, 621B, 1025
Bibliography: J.P.M. van der Ploeg, 'Les manuscrits de la Grotte XI de Qumrân', *RevQ* 12/45 (1985) 11

Frag. 1 *1* [...] ... us [...] *2* [... wh]ich your hands established [...] *3* [...] your [...] and you will show ... [...] *4* [...] in your rooms according to their names

ועמלו ב[...] 6 [...]אתה בראתה כול רוח ˺ל...[...]

11Q16 (11QHymns[b]) *11QHymns[b]*

F. García Martínez, E.J.C. Tigchelaar, A.S. van der Woude, *DJD XXIII*, 257-258, pl. XXIX
PAM 44.006

1 [...]. אתה יצרת]ה ...] 2 [... כ]ול מעשיו בטרם .[...] 3 [...
]באמתכה כלי ל[...] 4 [...].ותו בטר]ם ...]

11Q17 (11QShirShabb) *11QSongs of the Sabbath Sacrifice*

F. García Martínez, E.J.C. Tigchelaar, A.S. van der Woude, *DJD XXIII*, 259-304, pls. XXX-XXXIV, LIII
PAM 43.448, 43.981, 43.989-43.992, 44.006, 44.007, 44.114, 44.117
ROC 565, 567, 609, 614, 618, 620, 621B, 1030, 1032, 1034
MasShirShabb, 4Q400, 4Q401, 4Q402, 4Q403, 4Q404, 4Q405, 4Q406, 4Q407
Bibliography: A.S. van der Woude, 'Fragmente einer Rolle der Lieder für das Sabbatopfer aus Höhle XI von Qumran (11QShirShabb)', in W.C. Delsman *et al.* (eds.), *Von Kanaan bis Kerala. Festschrift für Prof. Mag. Dr. J. P. M. van der Ploeg O. P. zur Vollendung des siebzigsten Lebensjahres am 4. Juli 1979. Überreicht*

Col. I 4 [...]...[...] האור מ[...] 5 [...] סדרו]תיו ... סדרו]תיו מבני[ת ...] 6 [...]שי קוד]ש ... ישמ]יעו תהלי[...] 7 [... אל]והים מ...[...]לאלוהי [...] 8 [...]ושבע ...[...]משני ר[...] 9 [...]...[...]... א]לוהים ב[...]

Col. II 4 [למשכיל שיר עולת השבת ה]שמיני[ת בשלושה ועשרים לחודש השני הללו לאלוהי כול מרומי רום כול קדושי עולמי עולמים]
5 [שניים בכוהני קורב סוד שני ב]מעוני פל[א בשבע ... בכול יודעי

[…] *5* […] his glory; and his deeds and his labour […] *6* […] you created every spirit /and/ … […]

11Q16 (11QHymns[b]) *11QHymns[b]*

ROC 614
Bibliography: J.P.M. van der Ploeg, 'Les manuscrits de la Grotte XI de Qumrân', *RevQ* 12/45 (1985) 11-12

1 […] you have created […] *2* [… a]ll its works before […] *3* […] in your truth, a tool […] *4* […] his … befo[re …]

11Q17 (11QShirShabb) *11QSongs of the Sabbath Sacrifice*

von Kollegen, Freunden und Schülern (AOAT 211; Kevelaer - Neukirchen-Vluyn: Butzon & Bercker - Neukirchener Verlag, 1982) 311-332, pls. 1-6; C. Newsom, *Songs of the Sabbath Sacrifice: A Critical Edition* (HSM 27; Atlanta, Georgia: Scholars Press, 1985) 361-387, pls. XVII-XIX; P. Zdun, *Piesni Ofiary Szbatoweij z Quran i Masady* (Teksty z Oustyni Judezkiej 1; Krakow: Enigma, 1996); E.J.C. Tigchelaar, 'Reconstructing *11Q17 Shirot 'Olat ha-Shabbat*', in D.W. Parry, E. Ulrich (eds.), *The Provo International Conference on the Dead Sea Scrolls: Technological Innovations, New Texts, and Reformulated Issues* (STDJ 30; Leiden: Brill, 1999) 171-185

Col. I *4* […] … the light […] *5* [… its] beams … its [beams], the structu[re of …] *6* […] … hol[y …] they [shall cause to he]ar psalms of […] *7* [… G]od … […] to the God of […] *8* […] and seven … […] second […] *9* […] … [… G]od […]

Col. II (= 4Q403 1 II; 4Q405 8 - 9) *4* [Of the Instructor. Song of the sacrifice of the] eight[h sabbath on the twenty-third of the second month. Praise the God of all the august heights, all (you) eternal holy ones,] *5* [those second among the priests of the inner sanctum, the second council in the] wonder[ful] dwell-

עולמים ורוממוהו ראשי] 6 [נשיאים במנה פלאיו הללו לאל]אלוהים[...
שבע כהונת קורבו ... רום שבעת גבולי פלא בחוקות] 7 [מקדשיו ראשי
נשיאי כהונות פ]לא למלכ[י צדק ...]

Col. III 2 [...].[...] 3 [... זמר]ת עוז ל[אלוהי קודש] 4 [בשבע
זמרות נפל]אותיה לברך ל[מלך הקודש שבע בשבע זמ]רות פל[א ...]
5 [...]ע שבע תהלי בר[כות כבוד אדון כול אלים שב]ע תה[לי גדל]
6 [צדקו שבע]תהלי רו[ם מלכותו שבע תהלי תשבוחות כבודו שבע תהלי]
7 [הודות נפל]אותיהו [שבע תהלי רנות עוזו שבע תהלי זמרות קודשו ...]
8 [...]שבעה בש[בעה דברי פלא דברי רום לנשיאי משני יברך בשם]
9 [כבוד א]דון כ[ו]ל א[לים לכול גבורי שכל בשבעה דברי פלא לברך כול]
10 [כוהני]קורב במע[ון פלא ... בשבעה] 11 [דברי]פלא לברך[...
בשבעה] 12 [דברי פ]לא [ו]ברך לכ[ול ...] 13 [...]...[...]

Col. IV 3 [... אל]והי אלים[...] 4 [...]מעשי לב[ני ...]אולמי
מב[ואי ...] 5 [לל]בני כבודם [...]. לבני[... רק]יע 6 [מר]אי פלא כ[...].י
טו[הר ...]לחות 7 בהוד תשב[וחות ...]בדמו[ת ... תשבו]חות 8 אלוהים
[...]תשבוחות 9 [... דמות פלא רוח קו]דש קודשים 10 [מפותה ...
לשון ברך ומדמות אלוהים קול ברך למלך מרוממים והלל פלאיהם לאל
אלים ...]ים רוקמות[ם]

Col. V 2 [... תפארת בפרוכת] 3 דביר[המלך ... בדביר פנו רוקמת
...]כול מ[חקת ... בדני אלוהים] 4 מעשי[הם כבוד משני עבריהם ...
פרכות]דביר[י הפלא וברכו לא]לוהי כול[... עבריהם] 5 [י]שמיעו [...
פלא מביתה ליקרה הדביר במו]צא אול[מי ...]בדני פ[לא ... הודו למלך]
6 [הכבו]ד [בקול רנה ...] אלוהים[...]הם וצורות [...] 7 [... מ]רא[י ...]ם
ישמעו.[...]אלוהי אלי[ם ...] 8 [...]כסאי עולמים [...] 9 [... ב]דניהם
כרובי[...] 10 [...]מוסדים[...]ם

ings [among the seven … among all those having knowledge of eternal things. And exalt him, you chiefs of] *6* [the princes with his wonderful portion. Praise the God of] gods, [… you seven priesthoods of his inner sanctum … height, seven wonderful territories, in the regulations of] *7* [his sanctuaries, the chiefs of the princes of the won]derful [priesthoods of] Melch[izedek (?) …]

Col. III (= 4Q405 64 + 67) *2* […] *3* [… a] powerful [son]g to [the God of holiness] *4* [with] its [seven wond]erful [songs] to bless the [King of holiness seven times with seven] wonder[ful so]ngs […] *5* […] Seven psalms of bles[sing of the glory of the Lord of all divinities, sev]en psa[lms of magnification of] *6* [his justice, seven] psalms of exal[tation of his kingdom, seven psalms of praise of his glory, seven psalms of] *7* [thanksgiving for] his [won]ders, [seven psalms of rejoicing in his power, seven psalms of songs of his holiness, …] *8* […] seven times se[ven wonderful words, words of exaltation. Of the deputy princes (one) will bless in the glorious name of] *9* [the L]ord of a[l]l di[vinities, all the powerful of intellect with seven wonderful words, to bless all] *10* [the priests of] the inner sanctum in the [wonderful] dwel[ling … with seven] *11* wonderful [words] to praise [… with seven] *12* [won]derful [words and] he will praise a[ll …] *13* […] … […]

Col. IV (= 4Q405 14 - 15 I) *3* [… Go]d of the divinities […] *4* […] a construction of br[icks …] vestibules of en[try …] *5* [to] their glorious [br]ickwork […] brickwork of [… va]ult *6* a wonderful [appear]ance […] … of pur[ity …] … *7* with the splendour of prai[ses …] in the likene[ss of … prai]ses of *8* gods […] praises *9* [… wonderful likeness of the spirit of the ho]ly of holies *10* [engraved … tongue of blessing. And from the likeness of gods comes a sound of blessing for the king of those who exalt, and their wonderful praise is for the God of the divinities … their] multicolouredness

Col. V (= 4Q405 15 II - 16) *2* [… of beauty upon the veil of] *3* the inner shrine [of the king … in the inner shrine of his presence, the multi-coloured …] all en[graved … figures of gods.] *4* [Their] works [are glorious on both their sides … the veils of] the [wonderful] inner shrine[s. And they will bless the g]ods of all [… their sides,] *5* they [will] cause [wonderful …] to be heard, [inside the precious place, the inner shrine at the ex]it of the vesti[bules …] won[derful] figures [… give thanks to the king of] *6* [glor]y [with joyful voice …] gods […] their […] and effigies […] *7* [… the ap]pea[rance of …] they will hear (?) […] god of divinitie[s …] *8* […] eternal thrones […] *9* […] their [f]orms are cherubs of […] *10* […] foundations […]

Col. VI 2 [...]...[...] 3 ק[... ושבחוהו ב]דני אלוה[ים רוחי ק...
]מרכבו[...].ל בדני כב[וד מדרס] 4 דביר[י פלא רוחי א]ל[י] עולמים[כול
... בדני דביר מל]ך מעש[י רוחו]ת רקיע פלא מ[מולח] 5 טוה[ר רוחי דעת
אמת] וצדק[בקודש קודשים צורות אלוהי]ם חיים [צורי רוחות מאיר]ים
כול 6 מע[שיהם ...]רוקמ[ה בדני צורות אלוהים מ]חוקק סב[י]ב[...
]צורות [כבוד] 7 למע[שי לבני הוד והדר א]ל[ו]הים[חיים כול מעשׂיהם
וצו]רת בדניהם מל[אכי קודש מתחת לדב]ירי ה[פלא] 8 קול [דממת שקט
אלוהים מברכים ... המלך ... מהל]לים תמיד כ[ו]ל[...] *vacat* 9 [אלוהים
...]הו במשני מ[...] 10 [...]פלאי הוד וה[דר ...]

Col. VII 1 [...]...[...] 2 [...]א פניו[...]על מרום כסא[...]
3 [...לו]א יתמהמהו בעומדם [... כול כוהני קורב ...] *vacat* [...] 4 [...].ם
בחוק יתכל[כ]לו לשרת ל.[... מושב ככסא מלכות]ו בדבירי כבודו לוא
ישב[ו ...] 5 [... מרכבו]ת כבודו [... כרו]בי קוד[ש אופני אור בדביר ...
]רוחות אל[והים ...]טוהר ב.[...] 6 [קודש מ]עשי פנותו[... ממלכו]ת
מוש[בי כבוד למרכבות ...]כנפי דעת[... ג]בורת פלא[...] 7 [אמת ו]צדק
עולמ[ים ... מרכבות] כבוד[ו בלכתמה לוא י]סבו לכול ע[... י]שרו ל[...]
8 [*vacat*] *vacat* [*vacat*] *vacat*

9 [למש]כיל שיר [עולת השבת שתים עשרא בעשרים ואחד לחדש]
השלישי [הללו לאלוהי ... נשיאי]שני פל[א] 10 [ור]וממוהו [כפי הכבוד
במשכן אלוהי דעת יפולו לפנו הכרובים ו]ברכו בהרומם[קול דממת
אלוהים נשמע והמון רנה] 11 [ברים כנ]פיה[ם קול דממת אלוהים תבנית
כסא מרכבה מברכים ממעל לרקיע הכרובים והוד רקיע האור ירננו]
12 [מתחת מושב כבודו ובלכת האופנים ישובו מלאכי קודש יצ]א(ו)
<ו>מבין[גלגלי כבודו כמראי אש רוחות קודש] 13 [קדשים סביב מראי
שבולי בדמות חשמל ומעשי נוגה]ברוקמת כב[וד צבעי פלא ממולח טוהר
רוחות אלוהים] 14 [חיים מתהלכים עם כבוד מרכבות הפלא וקול דממת
ב]רך בהמון [לכתם ...] 15 [...]...[...]

Col. VI (= 4Q405 19) *2* [...] ... [...] *3* [... And fi]gures of god[s praise him, spirits of ...] ... figures of gl[ory, the dais of] *4* [the wonderful] inner shrine[s, spirits of] eternal [divi]ni[ties. All figures of the inner shrine of the ki]ng. The work[s of the spirit]s of the wonderful vault are in[termingled] *5* pure[ly, spirits of knowledge of the truth] and of the justice [in the holy of holies, effigies of] living [god]s, [effigies of shining spirits.] All *6* [their] constru[ctions ...] multi-coloured [... figures of effigies of gods, en]graved ar[ou]nd [... glorious] effigies *7* of the [brick]wo[rk of splendour and majesty. Living g]o[d]s [are all their construction, and the ima]ges of their figures are [holy] ang[els. Beneath] the [wonderful inner] shrines *8* is the [calm] sound [of murmur of gods blessing ... the king ...] continuously [prai]sing a[l]l [...] *9* *Blank* [gods ...] him in the second [...] *10* [...] wonders of splendour and ma[jesty ...]

Col. VII (4Q405 20 II - 21 - 22) *1* [...] ... [...] *2* [...] his face [...] above the height of the throne of [...] *3* [...] they do [no]t delay; when they halt [... all the priests of the inner sanctum ...] *Blank* [...] *4* [...] by ordinance they are stead[f]ast in the service of [... a seat like the throne of] his [kingship] in his glorious inner shrines. They do not sit [...] *5* [...] his glorious [chariot]s [...] hol[y cheru]bs, [shining ophans, in the inner shrine ...] spirits of go[ds ...] purity ... [...] *6* [holy.] The [wo]rks of its corners [... of kingsh]ip, the [glorious] sea[ts of the chariots ...] wings of knowledge [...] wonderful [po]wer [...] *7* [truth and] eternal justice [... his] glorious [chariots. When they move they do not turn] aside to any [... they] go straight to [...] *8* [*Blank*] *Blank* [*Blank*] *Blank* *9* [Of the Instr]uctor. Song [for the sacrifice of the twelfth sabbath, on the twenty-first of] the third [month. Praise the God of ... (you)] wonder[ful] deputy [princes,] *10* [and e]xalt him [according to the glory in the tent of the God of knowledge. The cherubs fall down before him, and] bless. When they rise [the murmuring sound of gods is heard, and there is an uproar of excultation] *11* [when they lift] th[eir win]gs, [the murmuring sound of gods. They bless the image of the throne-chariot (which is) above the vault of the cherubs, and they sing the splendour of the shining vault] *12* [(which is) beneath the seat of his glory. And when the ophans move forward, the holy angels return; ‹they eme]rge from between› [its glorious wheels with the likeness of fire, the spirits of the holy of] *13* [holies. Around them is the likeness of streams of fire like electrum, and a luminous substance] glor[iously] multi-coloured, [wonderful colours, purely blended. The spirits of living gods] *14* [move constantly with the glory of the wonderful chariots. And (there is) a murmuring voice of bl]essing in the uproar of [their motion, ...] *15* [...] ... [...]

Col. VIII 2 [...]פלא דעת ובינ[ה ...]רקיעי פל[א] 3 [...]א באור
אור'ם הוד [...]כול תבנית רוחי פל[א] 4 [...]אלוהים נוראי כוח כול [...
פל]אי פלאיהם בכוח אלוהי 5 [עול]מים ומרוממים גבורות אלו[הי ...]
מארבעת מוסדי רקיע 6 הפלא ישמ[י]עו מקול משא אלוהים[...]קיר
מברכים ומהללים לאלוהי 7 אלים המ.[...] מרומי[...]. מלך הכבוד .[...
]למוסדי פלא 8 למשא מ[...].י אלוהי[...]וכול אושיהם [...]ק[ו]דש
9 קודשי[ם ...]. במש[א ... כ]נפיהם מר[...]. רוש[...] 10 וקרא[ו ...
]מעמדי[...]

Col. IX 3 [... מנחו]ת רצון המ[...]כול מעשיה[ם] 4 [...]. לזבחי
קדושים[...]ריח מנחותם ...[...] 5 [...]לם ור[י]ח נסכיהם למס[...]ם
הטוהר ברוח קוד[ש] 6 [...]עולמים ב[הוד ו]הדר ל.[...]. פלא ותבנית
חשני 7 [... פ]תילי תפארת[...]רוקמה כמ[עשי אורג ...]ממולח טוהר
צבעי 8 [... ה]וד [ו]הדר ...[...]מו לצורות[...]שא אפוד 9 [...]מלאכי[
... קו]דשו

Col. X 2 [...]מרומי כ[בודו ... כב]ודו בא.[...]מת 3 [ש]ל[ו]מיו
במשפטי[...]רחמיו ביקר .[... ת]עודותיו 4 [ו]כול ברכות שלומ[ו ...
כב]וד מעשיו ובאו[ר ...]מלה ובהדר 5 תשבוחותו בכול רקי[עי ...]ם אור
וחושך ובדני[...]קודש מלך 6 הכבוד לכול מעשי אמת[ו ...]למלאכי
הדעת בכול מל[...]הו משאי קודש 7 לכסאי כבודו ולהדום ר[גליו ...
מר]כבות הדרו ולדבירי קו[דשו ...].ו ולפתחי מבואי 8 [...]. עם כול
מוצאי [... פנ]ות מבניתו ולכול ז[בולי ... ו]להיכלי כבודו ולרקיעי 9 [...
]לכול ד.[...]

Col. VIII *2* [… of] wonder, knowledge, and understand[ing …] wonder[ful] vaults *3* […] with the light of lights, the splendour […] all the structure of the wonder[ful] spirits *4* […] gods, awesome in strength, all […] their wonderful [won]ders with the strength of the God of *5* [eter]nity, and exalting the powerful works of the Go[d of …] from the four foundations of the wonderful vault. *6* They decl[a]re at the sound of the lifting of the gods […] … blessing and praising the God of *7* the divinities … […] heights […] glorious king […] for the wonderful foundations *8* for the lifting […] gods […] and all their foundations […] h[o]ly of *9* holie[s …] at the lift[ing of …] their [w]ings … […] head […] *10* and [they] call […] the stations of […]

Col. IX *3* […] acceptable [offering]s … […] all th[eir] works *4* […] for the sacrifices of the holy ones […] the aroma of their offerings … […] *5* […] … and the ar[o]ma of their libations for … […] of purity with a spirit of holi[ness] *6* […] eternity, with [splendour and] majesty for […] wonderful, and the form of the breastplates of *7* […] beautiful [th]reads […] multicoloured like [woven] wo[rk …] purely blended, the colours of *8* [… /splen]dour/ [and] majesty … […] … figures […] … ephod *9* […] angels […] his [holi]ness

Col. X *2* [… his] gl[orious] heights […] his [glo]ry in … […] … *3* his [re]pay[men]ts, in the judgments […] his compassion, with the honour […] his [tes]timonies *4* [and] all the blessings of [his] peace [… the glo]ry of his works and with the lig[ht …] … and with the splendour of *5* his praise in all the vau[lts of …] light and darkness, and figures […] the holiness of the king of *6* glory towards all the works of [his] truth […] for the angels of knowledge, in all … […] … holy upliftings *7* for the thrones of his glory and for the footstool of [his] f[eet … cha]riots of his majesty, and for [his] ho[ly] inner sanctums […] … and for the entry portals of *8* […] with all exits of [… cor]ners of its structure, and for all d[wellings of … and] for the temples of his glory, and for the vaults of *9* […] for all … […]

11Q18 (11QNJ ar) *11QNew Jerusalem*

F. García Martínez, E.J.C. Tigchelaar, A.S. van der Woude, *DJD XXIII*, 305-355, pls. XXXV-XL, LIII
PAM 43.981, 43.993-44.002, 44.007-44.009
ROC 564, 568, 570-575, 578, 578A, 611, 614B, 615, 617, 1030
1Q32, 2Q24, 4Q554, 4Q554a, 4Q555, 5Q15
Bibliography: B. Jongeling, 'Publication provisoire d'un fragment provenant de la grotte 11 de Qumrân (11QJérNouv ar)', *JSJ* 1 (1970) 58-64; F. García Martínez, 'The Last Surviving Columns of 11QNJ', in F. García Martínez *et al.* (eds.), *The Scriptures and the Scrolls: Studies in Honour of A.S. van der Woude on*

Frag. 6 1 [...] מאתין ותמנין אמ[ין ...] 2 [... א]לן פרזיא ליד שור[א ...] 3 [...] דרומא ופלג[...] 4 [...]פרזיא[...] 5 [...]ל[...]

Frag. 7 1 [...] על כול זרע בני [...] 2 [...].א די להוון אכלין[...] 3 [...]ב להון סחור [...] 4 [...]ת מאה וחמש[ין ...] 5 [...]לעל[...]

Frag. 8 1 [... דהב] טב כולה ארבע רגלוה[י ...] 2 [... פ]ותיה אמה ותרתי עשר[ה ...] 3 [... פתו]רא ועלוי לחמא שוין[...] 4 [...]פותי תרע ורומ...[...] 5 [...]...[...]

Frag. 9 1 [...] סחור לעליתא ד[...] 2 [...]אמין עמודין שבעה ת[...] 3 [... אורכיהון ופו]תיהון אמין שת בשת [...] 4 [...]בא ובנא בנין עלוי עמ[...] 5 [...]בא וכול בנינא דן [...] 6 [...]מקדשא ול.ל[...]

Frag. 10 i 1 [...]י מין חיין 2 [... ש]ורא דן דהב טב 3 [...]ין מיא מן [...] 4 *vacat* 5 [... ה]ובן כול אבניהון 6 [...].וך חפא דהב 7 [... מ]אה ועש[ר] 8 [...]...[...]

Frag. 11 1 [...]תוהי ארבעא רמין אמין א[רבע ...] 2 [...]ינא ליד כותלא די סחר ל.[...] 3 [... פותיה אמי]ן תרתין ורומה אמין תרתי[ן ...]

11Q18 (11QNJ ar) *11QNew Jerusalem*

the Occasion of his 65th Birthday (VTSup 49; Leiden: E. J. Brill, 1992) 178-192, pls. 3-9; M. Kister, 'Notes on Some New Texts from Qumran', *JJS* 44 (1993) 282-286; K. Beyer, *ATTME*, 99-104; J. Maier, *Die Tempelrolle vom Toten Meer und das "Neue Jerusalem"* (UTB für Wissenschaft 829; München: Reinhard, 1997); M. Chyutin, *The New Jerusalem Scroll from Qumran: A Comprehensive Reconstruction* (JSPS 25: Sheffield: Sheffield Academic Press, 1997); F. García Martínez, 'More Fragments of 11QNJ', in D.W. Parry, E. Ulrich (eds.), *The Provo International Conference on the Dead Sea Scrolls: Technological Innovations, New Texts, and Reformulated Issues* (STDJ 30; Leiden: Brill, 1999) 186-198

Frag. 6 *1* […] two hunderd and eighty cub[its …] *2* [… th]ese blocks alongside [the] city wall […] *3* […] the south, and half […] *4* […] the blocks […] *5* […] … […]

Frag. 7 *1* […] on all the offspring of the children of […] *2* […] … who shall eat […] *3* […] for them around […] *4* […] hundred and fif[ty …] *5* […] on […]

Frag. 8 *1* […] pure [gold], all of it. It[s] four legs […] *2* […] its [w]idth is a cubit. And the twelv[e …] *3* […] the [tab]le, and they had placed the bread on it […] *4* […] the width of the door and … height […] *5* […] … […]

Frag. 9 *1* […] around the upper room […] *2* […] cubits. Seven columns […] *3* [… their length and] their [wid]th are six by six cubits […] *4* […] … and a construction built on it … […] *5* […] … and this whole construction […] *6* […] the temple and … […]

Frag. 10 *col.* I *1* […] living water *2* […] this [wa]ll is of pure gold *3* […] … water from *4* […] *Blank* *5* [… *h*]*wbn* are all their stones *6* […] … overlaid with gold *7* [… hun]dred and te[n] *8* […] … […]

Frag. 11 *1* […] its four […] were f[our] cubits high […] *2* […] the … near the wall which surrounds […] *3* [… its width is] two [cubit]s and its heigth is two

4 [...]נאמה וכולה דהב טב די[...] 5 [...] *vacat* [...] 6 [... ד]י עמודין
סחר מן תרע לת[רע ...] 7 [...]מן תרע לתרע בשורתא[...] 8 [...]...
בכיור ...[...]

Frag. 12 I 1 [...]. מן אלן וערבליא די 2 [...]יא פרישא ודי מעשריא
3 [...]הון פרישא וסכנתא 4 [...] *vacat* 5 [...]כול רוח מערב 6 [...].
שורא 7 [... א]בן הובן 8 [...]בימין 9 [...]...[...]

Frag. 13 1 [...]בארבע רגלוהי ונשט תורא .[...] 2 [... ר]חע רגלוהי
וקרבוהי ומלח כולה[...] 3 [... ו]שויה על נורא ואיתי קמח סולת[...]
4 [... ר]ובע סתא ואסקה למדבחא כולה[...] 5 [... רו]בע סתא ונסך לגוא
מורכי[ותא ...] 6 [...]א ובשרא מתערב בחדא[...] 7 [...] ריחא *vacat*
[...] 8 [...]מרפסתא ליד יס[וד ...] 11-9 [...]...[...]

Frag. 14 II 1 גפן כדי פרש מן לולבי[א ...] 2 מנצבהון וכלילא
המי[שיא ...] 3 גוא כפרה וכלילא שתיתי[א ... וכלילא] 4 שביעיא
כדמות נצ ורד[...] 5 להוה לבש כהנא רבא[...] 6 [...]ים ובכול על[...]
7 [...]לכול ע[...] 8 [...]...[...]

Frag. 15 1 [... לא ...]משרתא עוד להן די להוה[...] 2 [...]א וכול
די משצין שבעתיהו[ן ...] 3 [...]אחיהון עללין הלפהון ארבע מאה .[...]
4 [...]א אמר לי לעשרין ושת .[...] 5 [... קד]ישי קדישיא ולא[...] 6 [...
ע]לל[י]ן ע[...]

Frags. 16 II - 17 I 1 ברכה תניני[...]ל ותודתהון 2 ופסחיהון ל.[...
כ]הניא מקבלין 3 מן ידהון דפש[טו ...]תא ל.[ו]ל[א] 4 עלל לה כול א[נש
...] 5 ידוהי כול .[...]

Frag. 17 II 1 שבעא בשבעא וא[...] 2 קנין תלתא ורום תרע[יא ...]
3 לכול תרי עשר תרעין[...] 4 תרתין ועובי פותי כות[לא ...] 5 קדמהן

cubits [...] *4* [...] ... and all is of pure gold which [...] *5* [...] *Blank* [...] *6* [... o]f columns, turning from door to do[or ...] *7* [...] from door to door in the city-wall [...] *8* [...] ... with panels ... [...]

Frag. 12 *col.* I *1* [...] from these and the sieves which *2* [...] ... dedicated and of the tithes *3* [...] dedicated and arranged *4* [...] *Blank* *5* [...] each side, west *6* [...] the wall *7* [...] *hwbn* [st]one *8* [...] at the right side *9* [...] ... [...]

Frag. 13 *1* [...] by its four legs, and stripped the bull [...] *2* [... he was]hed its legs and its intestines, and salted all of it [...] *3* [... and] placed it on the fire, and brought fine sifted flour [...] *4* [... a f]ourth of /a *seah*/, and he brought all of it to the altar [...] *5* [... a fou]rth of a *seah*, and he pured it into [the] trough[s ...] *6* [...] the [...] and the flesh were mixed together [...] *7* [...] the smell. *Blank* *8* [...] the gallery near the ba[se of ...] *9-11* [...] ... [...]

Frag. 14 *col.* II *1* grape when it comes out from [the] sprouts [...] *2* from their shoot. And the fif[th] crown [...] *3* the inside of a cypress flower. And the sixth crown [... And] *4* the seventh [crown] is like the bud of a rose [...] *5* the high priest will be clothed [...] *6* [...] ... and in all ... [...] *7* [...] for all [...] *8* [...] ... [...]

Frag. 15 *1* [... not ...] the service (?) any more, except who is [...] *2* [...] and all who will have completed thei[r] weeks [...] *3* [...] their brothers will enter in their place, four hundred [...] *4* [...] said to me: for twenty six [...] *5* [... the Ho]ly of Holies, and ... [...] *6* [...] they will [e]nter [...]

Frags. 16 *col.* II - 17 *col.* I *1* second blessing [...] and their thank-offerings *2* and their Passover sacrifices [...] the [pr]iests receiving *3* from their hand which [they] stret[ch out ...] ... [and] not *4* shall any per[son] enter it [...] *5* his hands, everything [...]

Frag. 17 *col.* II *1* seven by seven. And [...] *2* three reeds, and the height of [the] door[s ...] *3* to all twelve doors [...] *4* two, and the thickness is the width of

קנין מאה[...]   6 [...]...[...]

Frag. 18   1 כסין שבעה וספלין למרח שתה[...]   2 .י ועליא שבעא
דודין תפין על אבני[...]   3 [וכ]ולהון תלתין ותרין אלפין ותשע מאה[...]
4 [...] *vacat* [...]   5 [...]אמר לי חזא אנתה ד[י ...]   6 [...] לבתי הדוא
ול[...]   7 [...]...[...]...[...]

Frag. 19   1 [...]ה תרעיא לקובל היכלא ל[...]   2 [...]ביומא שביעיא
וביום ראשי ח[דשא ...]   3 [... ק]דיש הוא היכלא ויקרא רב[א ...]   4 [...
]לכול עלמין *vacat* [...]   5 [...]שרי למקרא לי בכת[ב ...]   6 [... ל]מחזא
לי כתב כ[...]   7 [...]...[...]

Frag. 20   1 [... כו]ל יום שביעי קודם אל דכר[נא ...]   2 [... לחמא
ויסבון לחמא]לברא מן היכלא לימין מערבה[ויתפלג ...]   3 [... וחזית עד
פ]ליג לתמנין וארבעה כהנין ש[...]   3a [...]מן כול שבעת פלוגת פתורי
4 [... שביא די בה]ון וארבעת עשר כה[נין ...]   5 [... כהניא תרתי לחמ]א
די הות לבונתא [עלוהון ...]   6 [... חזא הוית עד הדא מן תרתי לחמא
י]היבת לכהנא ר[בא ...]   7 [... עמה ואחריתא יהיבת לתנינה די קא]ם
פנבד .[...]

Frag. 21   1 [...] *vacat*   2 [...].ר ותרעין תרין   3 [...]ד לתרתי עליתא
4 [...]... [ק]נא חד פותי   5 [...]א *vacat* וכדן   6 [...]. דרגא

Frag. 22   1 [...].על ארבע קרנת מדבח[א]   2 [...]ין מנה כול תרבה
3 [...]. תרתין כוליתה   4 [... נ]שיפה פיל   5 [... מד]בחא לריח
6 [...]לקדמין   7 [...] *vacat*   8 [...].עין

Frag. 24   1 [... מע]ל שמשא אר[...]   2 [...]ה דין מן כול ש.[...]
3 [...].א די ארבעת[...]   4 [...]על כול זרעא[...]   5 [...]בכול שנא
ל[...]   6 [...]כה עללין [...]   7 [...]כול די ל[...]

[the] wal[l …] *5* the first of them, one hundred reeds […] *6* […] … […]

Frag. 18 *1* seven cups, and six bowls to smell […] *2* … and above are seven cauldrons, placed (for cooking) on stones […] *3* [and a]ll of them are thirty two thousand and nine hundred […] *4* […] *Blank* […] *5* […] said to me: You are seeing th[at …] *6* […] to the rooms of joy, and to […] *7* […] … […] … […]

Frag. 19 *1* […] the doors which are before the temple […] *2* […] on the seventh day, and on the first day of [the] m[onth …] *3* [… h]oly is the temple, and the great glory […] *4* […] for all ages. *Blank* *5* […] he began to read to me from a wri[ting …] *6* [… to] show me the writing of […] *7* […] … […]

Frag. 20 (= 2Q24 4) *1* [… eve]ry seventh day before God, a memor[ial offering …] *2* [… the bread. And they shall take the bread] outside the temple, to the right of its west side, [and it shall be shared …] *3* [… and while I was watching, it was dis]tributed to the eighty-four priests […] *3a* […] with everything was satiated the division of the tables of *4* [… the eldest among th]em and fourteen prie[sts …] *5* [… the priests.] The [two loaves upon] which was the incense […] *6* [… and while I was watching one of the two loaves was g]iven to the h[igh] priest […] *7* [… with him. And the other was given to the deputy who was stan]ding close to him […]

Frag. 21 *1* […] *Blank* *2* […] … and two doors *3* […] for the two upper rooms *4* […] … one [r]eed; the width of […] *5* […] … *Blank* And likewise *6* […] the stairs

Frag. 22 *1* […] on the four corners of [the] altar *2* […] … from it all its fat *3* […] both its kidneys *4* […] the [wh]eat flour soaked *5* […] the [al]tar for a smell *6* […] first *7* […] *Blank* *8* […] …

Frag. 24 *1* […] the [su]nset … […] *2* […] judgment from all … […] *3* […] … of four […] *4* […] on all the seed […] *5* […] in each year […] *6* […] … entering […] *7* […] all who […]

Frag. 25 1 [...]מן קודשי ישראל[...] 2 [...]ור ובלילה ה[...]
3 [...]ריתא ויקרא[...] 4 [...].בי בשרה די.[...] 5 [...].לון עמה ומן[
...] 6 [...]ון ויכלון ויש[תון ...] 7 [...]... ומ[...]

Frag. 26 1 [...]וכול אנשא די יח[...] 2 [...]יתמנון עלוהי[...]
3 [...]א עד תדנח שמ[שא ...] 4 [...]הי כחדא *vacat* [...] 5 [...] *vacat*
שבעה[...] 6 [...]להוון שב[...] 7 [...] להו[ון ...]

Frag. 27 1 [... כו]ל ישראל ח[...] 2 [...] *vacat* וכדי יש.[...]
3 [...]לי פסחיא חפ.[...] 4 [... עד ת]דנח שמשא וכו[ל ...] 5 [...]שי
שלמיהון[...] 6 [...]לא לרויו .[...]

Frag. 28 1 [...]להוון דברין ב[...] 2 [...].בר שבעת[...]
3 [...]א עד מעל ש[משא ...] 4 [...]קורבני א[להא ...] 5 [...]... תורין
תר[ין ...] 6 [...].ין וכו[...]

Frag. 29 1 [...]ן קודם מד[בחא ...] 2 [...]בון עם עו.[...]
3 [...]רבון לה [...] 4 [...]משח וחמ[ר ...] 5 [...]קודמוהי[...] 6 [...
רי]ח ניח[וח ...]

Frag. 30 1 [...].[...]ין ככול ד.[...] 2 [...]ון עד לויא דבח[ין ...]
3 [...] ולהוה להון .[...] 4 [...]... מן מועדי אל[הא ...] 5 [...]ן מא די
ל[...] 6 [...]תרוהי[...]

Frag. 32 1 [...]כורסיא [...] 2 [...]וכתא וישוור[...]
3 [...]א היכלא ומן דמ[...] 4 [... ש]בעת קניה [...] 5 [...]על ארבע
ש[...] 6 [...]ן מן היכלא 7 [...]... אבן דמא.[...] ומני[...] עליה[...]ויקדשנה
8 [...]לארבע 9 [...].ין ויסוד

Frag. 25 *1* […] from the sacrifices of Israel […] *2* […] … and in the night […] *3* […] the … and the glory […] *4* […] … its flesh which […] *5* […] … with it, and from […] *6* […] … and they will eat and dr[ink …] *7* […] … and […]

Frag. 26 *1* […] and all the men who … […] *2* […] they will be appointed over it […] *3* […] till [the] su[n] sets […] *4* […] … together *Blank* […] *5* […] *Blank* Seven […] *6* […] to be … […] *7* […] to b[e …]

Frag. 27 *1* […al]l of Israel […] *2* […] *Blank* And as soon as … […] *3* […] … Passover offerings … […] *4* [… until] the sun sets and al[l …] *5* […] … their peace-offerings […] *6* […] not for saturation […]

Frag. 28 *1* […] they will take … […] *2* […] … seven […] *3* […] until s[un]set […] *4* […] offerings of G[od …] *5* […] … tw[o] bulls […] *6* […] … and … […]

Frag. 29 *1* […] in front of [the] al[tar …] *2* […] … with … […] *3* […] … for it […] *4* […] oil; and wi[ne …] *5* […] in front of him […] *6* […] a plea[sant sme]ll […]

Frag. 30 *1* […] … like all … […] *2* […] … while the Levites sacrifice […] *3* […] and it will be for them[…] *4* […] … from the festivals of G[od …] *5* […] what is for […] *6* […] his … […]

Frag. 32 *1* […] the throne […] *2* […] the … and he hastens […] *3* […] the Temple and from … […] *4* […] its [s]even reeds […] *5* […] on four […] *6* […] from the Temple *7* […] /… stone of … […] and … […] …/ […] and he will sanctify it *8* […] to four *9* […] … and the foundation of

---

11Q19 (11QT[a]) *11QTemple[a]*

Y. Yadin, *Megillat ham-miqdash - The Temple Scroll*, 3 vols. + Suppl. (Jerusalem: Israel Exploration Society, The Institute of Archaeology of the Hebrew University of Jerusalem, The Shrine of the Book, Hebrew 1977, revised English edition 1983); E. Qimron, *The Temple Scroll. A Critical Edition with Extensive Reconstructions* (Judean Desert Studies; Beer Sheva-Jerusalem: Ben-Gurion University of the Negev Press, Israel Exploration Society, 1996); A. Lemaire, 'Nouveaux fragments du *Rouleau du Temple* de Qumrân', *RevQ* 17/65-68 (1996) 272-273, pl. 27
SHR 5002-5066, 5700-5802; JWS 26-59, 73-96
SHR
4Q524, 11Q20, 11Q21?
Bibliography: Cf. F. García Martínez, 'A Classified Bibliography', in E. Qimron,

Col. II 1]... כי נורא הוא אשר אנ[י עוש]ה עמכה ...[2]... הנני
גורש מלפניכה[את הא]מורי ואת הכנעני[3]ואת החתי ואת הגרגש[י ואת
הפ]רזי ואת החוי ואת[4]היבוסי הש[מר לכה פן תכרות בר]ית ליושב
הארץ[5]אשר אתה [בא אליהם פן יהיו למו]קש בקרבכה[6]כי את
מזבחו[תיהמה תתוצון ומציבות]יהמה תשברון[7]ואת אשריה[מה
תכרותון ואת פסילי אל]והיהמה[8]תשרפון באש ל[וא תחמודו כסף וזהב
אש]ר עליהמה[9]... לוא[תקח ממנו ולוא תבי]א תועבה אל[
10]ביתכה והייתה [חרם כמוהו שקץ תשק]צנו ותעב[11]תתעבנו כי
[חרם הוא ולוא תשתחוה לאל] אחר כי[12]אלוהיכה[אל קנא הוא
השמר פן תכרות] ברית ליושב[13]הארץ וזנו[אחרי אל]והיהמה ו[זבחו
לה]מה וקראו[14]לכה ואכלתה מזבחיהמה ולק[חתה] מבנותיהם
לבניכה[15]וזנו בנותיהמה אחרי אלוהיהמ[ה וה]זנו את בניכה אחרי[

Col. III 1]... [אשר ב]...[2]...[. תכלת וארגמן] ...[3]... כו[ל
אויביכה מסי]...[4]... בי[ת לשום שמי עליו כ]ול ...[5]...[בו כסף
וזהב מכול א]רזצות ...[6]...[ולוא תטמאנו כי אם מן ה]...[7]...
נחו[שת וברזל ואבני גזית לב]נות ...[8]...[ו}י{את כול כליו יעשו זהב
טהו]ר ...[9]... ה[כפרת אשר עליו זהב טהור] ...[10]... מזבח[קטורת
הסמים ואת השולח]ן ...[11]... [לוא ימוש מן המקדש קער]ותיו ...[

11Q19 (11QT[a]) *11QTemple*[a]

The Temple Scroll. A Critical Edition with Extensive Reconstructions, 95-121; B.Z. Wacholder, *The Dawn of Qumran: The Sectarian Torah and the Teacher of Righteousness* (Monographs of the HUC 8; Cincinnati: HUC Press, 1983); Y. Yadin, *The Temple Scroll; The Hidden Law of the Dead Sea Sect* (London: Weidenfeld and Nicolson, 1985); G.J. Brooke (ed.), *Temple Scroll Studies* (JSPS 7; Sheffield: JSOT Press, 1989); M.O. Wise, *A Critical Study of the Temple Scroll from Qumran Cave 11* (Studies in Ancient Oriental Civilization 49; Chicago: The Oriental Institute, 1990); A. Vivian, *Rotolo del Tempio* (Testi del Vicino Oriente antico 6.1; Brescia: Paideia, 1990); F. Schmidt, *La pensée du Temple. De Jérusalem à Qoumran* (La Librairie du XXe Siècle; Paris: Seuil, 1994); J. Maier, *Die Tempelrolle vom Toten Meer und das "Neue Jerusalem"* (UTB für Wissenschaft 829; München: Reinhard, 1997)

Col. II *1* [… for what I sha]ll do [to you will be dreadful …] *2* [… Behold, I evict before you] the A[morites, Canaanites,] *3* [Hittites, Girgash]ites, Per[izzites, Hivites and] *4* [Jebusites. Bew]are of making a cove[nant with the occupants of the country] *5* towards whom [you] are going, so that they will not be a tr[ap in your midst.] *6* [Instead] you shall overturn their [altar]s, [wreck their] stelae, *7* fell [th]eir [consecrated trees, and burn] the effigies of [their] go[ds] *8* [with fire.] You shall [n]ot fancy the silver or the gold whi[ch is upon them] *9* […] you shall [not] take it from him; and you shall not bri[ng an abhorrence into] *10* [your home and become] anathema like it; you shall utterly loa[the it and you shall utterly] *11* [abhor it because] it is anathema. And you shall not bow down in front of [another] god, [for] *12* [your God] is a jealous God. Take care not to make [a covenant with the occupants of] *13* [the land, they whore] after [their] go[ds and] make sacrifices to t[hem, lest they entice] *14* [you and you eat (part) of their sacrifices and acc]ept [their daughters for your sons,] *15* [and their daughters will whore after their gods] and wi[ll make your sons whore after]

Col. III (cf. 11Q21 1) *1* […] which in […] *2* […] violet and purple […] *3* [… al]l your enemies … […] *4* [… a hou]se to set my name upon it, a[ll …] *5* […] in it silver and gold from a[ll countries …] *6* […] and you shall not desecrate it, but from the […] *7* [… bron]ze and iron and hewn stones in order to bui[ld …] *8* […] And all its vessels they shall make of pur[e] gold […] *9* [… the] cover which is on top of it, of pure gold […] *10* [… the altar] of fragrant incense and the tabl[e …] *11* […] you shall not remove from the temple. [Its] salve[rs …]

12 [...]ומ[נקיו]תיו יהיו זהב טהור ומחתו[תיו ...] 13 [... לה]ביא בהמה אש פנימה והמנורה וכ[ליה יהיו] 14 [זהב טהו]ר *vacat* וכול מזבח העול[ה יעשו] 15 [נחו]שת טהור והמ[כבר] א[שר] מלמעלה ל[ו והכיור וכנו] 16 [יהיו] נחושת [מרוק כמראות] לראות פ[נים] 17 [...]. נחו[שת ברור...].ף ימס[...] 18 [...].וב .[...]

Col. IV 1 [...]שמ[...] 2 [...]יוצאים ל.[...] 3 [...]בית רחבים אר[בע ...] 4 [...].ים ורובד {הי}בין ה[...] 5 [...]ין הששי רובד .[...] 6 [...].ה *vacat* [...] 7 [...]ה הרחב וקומת הק[...] 8 [... א]מה ובאתה (בניתה) את האולם [...] 9 [... רח]ב עשר באמה וקירות[יו ...] 10 [...]. וגובה ששים באמ[ה ...] 11 [... ש]תים עשרה באמה וג[ובה ...] 12 [...]אחת ועשרים אמה [...] 13 [...]עשרים באמה מרבע [...] 14 [...].[...].[...]. *vacat* [...] 15 [...] *vacat* [...] 16 [...]מחציתו[...] 17 [...].[...].בדי.[...] 18 [...].[...]

Col. V 1 [...] דבקים [...] 2 [...]אמה ש[...] 3 [...]עובי שלוש[...] 4 [...]בה כמדת[...] 5 [... שמונה ועשרים באמ]ה בשמונה ועשר[ים באמה ...] 6 [... וגובהה ארבעים באמ]ה ומקראה גם [...] 7 [... עשר]אמות כול גובה *vacat* [הכיור והחלונות ...] 8 [...]... וארבעה שערים [לעליה לארבע] 9 [רוחותיה ורוחב]השער שתים עשרה[באמה וגובהו] 10 [אחת ועשרים]באמה וכול הכיו[ר וחלונותיו ...] 11 [... התח]תון והכול מצופה *vacat*[זהב טהור] 12-13 [...] *vacat* [...] 14 [...]ת ועשיתה פרור[...] 15 [...] בכול [...]

Col. VI 1 [...]...ם יה[...] 2 [...]... למעלה ל...[...] 3 [...].ם ש[מונה ועשרי]ם באמ[ה בשמונה] 4 [ועשרים באמה וגו]בהה אר[בעים] בא[מ]ה ומקר[אה גם ...] 5 [...] עשר אמות כול גובה הכיור והחל[ונות ...] 6 [... וארבע]ה שערים לעליה לארבע [רוחותיה] 7 [ורוחב השער שתים] עשרה [באמ]ה ו[גוב]הו אחת [ועשרים] 8 [באמה וכול הכיור וח]לונותיו [...]התחתון והכול

12 [...] and its spr[inkling bowls] will be of pure gold; and [its] burners [...] *13* [...] with which fire is brought inside, and the candelabrum and its ve[ssels shall be] *14* [of pur]e [gold.] *Blank* And the whole altar for the burnt-offe[ring they shall make] *15* [of] pure [bron]ze and the gr[ille] wh[ich] is on top of [it and the wash-basin and its framework] *16* [shall be] of bronze [polished as a mirror] to see the f[ace.] *17* [... of pure] bron[ze ...] ... [...] *18* [...] ... [...]

Col. IV *1* [...] ... [...] *2* [... those] jutting out towards [...] *3* [...] the house, fo[ur ...] wide *4* [...] and a tiled pavement between the [...] *5* [...] ... the sixth; a tiled pavement [...] *6* [...] ... *Blank* [...] *7* [...] the width. And the height of the ... [...] *8* [... cu]bits. And you shall ‹build› the entrance hall [...] *9* [... the wi]dth ten cubits, and [its] walls [...] *10* [...] and sixty cubi[ts] high [...] *11* [... tw]elve cubits and hi[gh ...] *12* [...] twenty-one cubits [...] *13* [...] ... twenty cubits square [...] *14* [...] ... *Blank* [...] *15* [...] *Blank* [...] *16* [...] its half [...] *17-18* [...] ... [...]

Col. V (cf. *Col.* VI) *1* [...] which are connected [...] *2* [...] cubits [...] *3* [...] thickness three [...] *4* [...] ... according to the size of [...] *5* [... twenty-eight cubit]s by twen[ty-]eight [cubits ...] *6* [... And its height forty cubit]s and its timberwork also [...] *7* [... ten] cubits the total height *Blank* [of the framework and the windows ...] *8* [...] ... and four gates [to the loft to the four] *9* [corners, and the width of] the gate twelve [cubits, and its height] *10* [twenty-one] cubits and all the fram[ework and its windows ...] *11* [... lo]wer, and all encased *Blank* [with pure gold.] *12-13* [...] *Blank* [...] *14* [...] ... and you shall make a portico [...] *15* [...] in all [...]

Col. VI (cf. *Col.* V) *1* [...] ... [...] *2* [...] ... upon ... [...] *3* [...] ... [twent]ye[ight] cubit[s by twenty-] *4* [eight cubits. And] its [hei]ght for[ty] cu[bi]ts and [its] timber[work also ...] *5* [...] ten cubits the total height of the framework, and the wind[ows ...] *6* [... and fou]r doors to the loft to the four [corners] *7* [and the width of the gate twe]lve cubits, and its height [twenty-]one *8* [cubits and all the framework and the] windows [...] lower and all

Col. VII 1 [...]הלוח[...] 2 [...]... לוח נ...[...] 3 [...]לוחות הע[ץ
...] 4 [...]ה מאה ועשר .[...] 5 [...]ים שמונים לו[חות ...] 6 [...
למ]עלה מעל כול .[...] 7 [...]כול טמאה .ע[...] 8 [...]... כולו חמש
אמ[ות ...] 9 אמות [...]מה קומתו והכפרת אשר מלמ[עלה ...]
10 [אמ]ות [...] רוחבה ושנים כרובים [...] 11 [...]... הקצה השני
פורשים כנפים[...] 12 [...]ה מלמעלה מן הארון ופניהם אח[ד ...]
13 [...] *vacat* ועש[י]תה פרוכת זהב[...] 14 [...]...ש[...]היה הפרוכ[ת
...] 15 [...]...[...]

Col. VIII 1 [...]...[...] 2 [...]נוכח ארון 3 [...]לולאות שבע 4 [...
]עמוד[ים] 5 [... או]רכו ואמה 6 [...] ועשית[ה] 7 [...]ל ט...[...]
8 [... חל]ות שני 9 [...]ה על שתי המערכות 10 [... והיתה ה]לבונה
הזאות ללחם לאז[כרה] 11 [... ע]ל מזבח הקטורת בהסירכ[ה] 12 [...
את ה]לחם תתן עליו לבונה לוא 13 [... עו]לם לדורתם והיה הלחם הזה
14 [...]יבואו א[...]או

Col. IX 1 [...] 2 [... כפתור]יה ופרחי[ה] 3 [...] מן שני צדיה
4 [...]מזה שלושה 5 [...] ופרחיה 6 [...]ה שתי 7 [...] *vacat* 8 [...]
שלושה 9 [...]כול הקנה 10 [... ו]מזאות שלושה 11 [...]ה ומלקחיה
כולה ככרים 12 [... י]אירו כול נרותיה ונתתה 13 [...] וערכו הכוהנים
בני 14 [אהרון ... תמי]ד חוקות עול[ם לדורו]תמה

Col. X 1 [...]בו 2 [...] 3 [...]ת 4 [...]ות עמוד 5 [...]לזכרון
7-6 [...] 8 [... ה]שער יהיו 9 [... ועשי]תמה מעל השער 10 [...
ב]מרום דף הולך תולע 11 [...]ומל[מ]עלה מזה עמודים 12 [...]ים
ארגמן [אדום] וראשי 13 [...] שיש ל[...]לה 14 [... א]רגמן ותול[ע
...]על 15 [...] 16 ומלמעלה ל [...] 17 [...]אבן בתוך ה[...]

Col. XI 7-1 [...]... 8 [...].ים 9 [...] בשבתות ובראשי 10 [...
ובחג] המצות וביום הנף העומר 11 [... ובחג] הבכורים למנחת החטים

Col. VII *1* [...] the plank [...] *2* [...] ... a plank ... [...] *3* [...] planks of wo[od ...] *4* [...] hundred and ten [...] *5* [...] eighty pla[nks ...] *6* [...] on top of all ... [...] *7* [...] any uncleanness ... [...] *8* [...] ... five cu[bits] in total [...] *9* cubits [...] ... its height. And the cover which is on t[op ...] *10* [cub]its [...] its width, and two cherubim [...] *11* [...] ... on the other side, stretching out (their) wings [...] *12* [...] ... on top of the ark; and their faces, on[e ...] *13* [...] *Blank* And you shall mak[e] a gold veil [...] *14* [...] ... [...] ... the veil [...] *15* [...] ... [...]

Col. VIII *1* [...] ... [...] *2* [...] opposite the ark of *3* [...] seven rings *4* [...] column[s] *5* [...] its [wi]dth, and a cubit [...] *6* [...] ... and yo[u] shall make [...] *7* [...] ... [...] *8* [... ca]kes, two *9* [...] ... on top of the two rows [...] *10* [... and] this incense over the bread [will be] as a rem[inder] *11* [... ab]ove the altar of incense. On yo[ur] removing *12* [... the] bread, you shall place frankincense on it. Not *13* [... eter]nal for their generations. And this bread will be *14* [...] they shall come [...] ...

Col. IX *1* [...] ... *2* [...] its [bulbs] and [its] flowers *3* [...] from its two sides *4* [...] from the one, three *5* [...] and its flowers *6* [...] two *7* [...] *Blank* *8* [...] three *9* [...] all the shaft *10* [... and] from the others, three *11* [...] its [...] and its snuffers, all of it talents *12* [...] they [shall] light all its lamps. And you shall give *13* [...] and the priests, sons of [Aaron] shall prepare *14* [... alway]s, etern[al] statutes [for] their [generation]s.

Col. X *1-3* [...] ... *4* [...] ... a column *5* [...] as memorial *6-7* [...] *8* [... of the] gate shall be *9* [... and] you [shall make] them above the gate *10* [... on] high a protruding plank scarlet *11* [...] and on [t]op of that, columns *12* [...] ... of [red] purple, and the capitals of *13* [...] to which there is ... [...] ... *14* [... pu]rple and scarl[et ...] ... *15* [...] *16* and on top of [...] *17* [...] of stone in the center of the [...]

Col. XI *1-8* [...] ... *9* [...] on the sabbaths and at the beginnings of *10* [... and on the feast of] the unleavened (bread) and on the day when the sheaf of ears is waved *11* [... and on the feast of] the first-fruits for the offering of wheat

12 [...] ובמועד היצהר ובששת ימי 13 [... ובח]ג הסוכות ובעצרת
14 [... ה]חצר ה[פנ]ימית[...] 15 [...]ומחו[...]

Col. XII 1 [...]זהב 2 [...]ל 3 [...]לח 4 [...] 5 [...]מן
6 [...]וגול 7 [...]ה וארבע א[...] 8 [...]ל מדותיו יהיו 9 [...]רים
[...]נה[...]פנה ואמה 10 [...]ם בנוי כולו 11 [א]בנ[ים ... ת]עשה כול
12 קירות [ה]מזבח [...]ו 13 וקרנותיו ופנו[תיו ... ומז]חב נחושת [תע]שה
לי 14 מה[...]ל[...] א[...]קרנות[יו ...] 15 [...]ם ועשיתה עמוד[י]ם
ארבעה [...] 16 [...]שים באמה ומ[...]מזב[ח]

Col. XIII 1 למען [...] 2 [ו]עשר א[...] 3 תעשה [...] 4 ודלתו[תיו
...] 5 אחד לימין ואחד ל[שמאול ...] 6 מצופים [...] 7 לו שער כ[...]
8 *vacat* .[...] 9 והקיר .[...] 10 הדם לעם [... כבשים בני ש]נה
11 תמימים ש[נים ... עש]רון 12 סולת בלולה [...] לכבשים ולש[עיר ...]
13 ליהוה ונסכו יין רב[יעית ההין] [... ה]חלה האחת[...] 14 העו[לה] אשר
[...] לשש[ת הי]מים 15 כמנח[ת ה]בוקר [...] 16 לוא תא[כל ...]
17 ובימי הש[בתות] תקריבו שני [...]

Col. XIV 1 [...] אחד[...] 2 [ומנ]חה סולת בלול[ה ...] 3 [ח]צי
ההין א[...] 4 [...]. בשלישית [ההין ...] 5 [...] עשרון מנח[ה ...]
6 [ההי]ן לכבש האחד [... ריח] 7 ניחוח ליהוהברא[שי חודשיכמה ...]
8 לחודשי השנה ...[...] 9 ובאחד לחודש ה[...] 10 השנה כול מלאכת
ע[בודה לוא תעשו ...] 11 לבד הוא יעשה לכמה[...] 12 איל אחד
כבשים בנ[י שנה שבעה תמימים ...לח]טאת 13 מלבד עולת החודש[...
ב]לולה 14 במחצית ההין שמן ויין לנסך[...] 15 עשרונים סולת מנחה
בל[ולה ... ל]נסך 16 של[ישי]ת ההין לאיל ה[אחד ...] עשרון 17 [...]
מנח[ה ב]לול[ה בר]בע ההין שמן [...] 18 [...] האחד[...]כבשים ולשע[יר
...]

12 [...] and on the festival of new oil and on the six days *13* [... and on the feas]t of tents and on the assembly of *14* [... the in]terior court [...] *15* [...] ... [...]

Col. XII *1* [...] gold *2-6* [...] ... *7* [...] and four [...] *8* [...] ... its dimensions will be *9* [...] ... [...] ... [...] corner, and a cubit *10* [...] ... all of it built of *11* [st]one[s ... You] shall make all *12* the walls of [the] altar [...] *13* and its horns and [its] corner[s ... And an al]tar of copper [you shall ma]ke for me *14* ... [... its] horns [...] *15* [...] And you shall make columns, four [...] *16* [...] ... cubits and [...] the alt[ar]

Col. XIII *1* so that [...] *2* [and] ten [...] *3* you shall make [...] *4* and [its] doors [...] *5* one to the right and one to [the left ...] *6* covered [...] *7* to it a door [...] *8 Blank* [...] *9* And the wall [...] *10* the blood for the people [... ye]ar[ling lambs] *11* without blemish, t[wo ... a ten]th of *12* finest flour mixed [...] for the lambs and for the he[-goat ...] *13* for YHWH /and its libation of wine of a quar[ter of a *hin*]/ [...] one cake [...] *14* of the burnt-[offering] which is [...] on the si[x d]ays *15* like the morning offer[ing ...] *16* Do not e[at ...] *17* And on the days of sa[bbaths] you shall offer two [...]

Col. XIV *1* [...] one [...] *2* [and an offer]ing of finest flour mix[ed ...] *3* [ha]lf a *hin* [...] *4* [...] with a third [of a *hin* ...] *5* [...] a tenth of a offe[ring ...] *6* [... of a *hi*]*n* for the one lamb [... a fragrance] *7* which appeases YHWH. At the beginni[ngs of your months ...] *8* for the months of the year [...] *9* And on the first of the month [...] *10* of the year. [You shall do no] me[nial] work [...] *11* only it will be done for you [...] *12* one ram, year[ling] lambs [without blemish, seven ... for the sin-of]fering *13* except the burnt-offering of the month [... mi]xed *14* with half a *hin* of oil and wine for the libation [...] *15* tenths of finest flour for the mix[ed] offering [... for the] libation *16* a th[ir]d of a *hin* for the [one] ram [...] a tenth *17* [...] offeri[ng mi]xed [with a fou]rth *hin* oil [...] *18* [...] the one [...] the lambs and for the he-go[at ...]

Col. XV 01 [... והקריבו על המזבח]

1 [בכו]ל יום ויום[פר בן בקר אחד איל אחד כבשים] 2 שנה שבעה
ושע[יר עזים לחטאת ומנחתמה ונסכמה] 3 כמשפט הזה [*vacat?* ולמלואים
איל איל לכול יום ואחד] 4 [ו]סלי לחם לכול אי[ל] [ו]אחד וחצו את כ[ול
האילים והסלים לשבעת ימי המלואים לכול] 5 [י]ום ויום כמחלקו[ת
הכהנים יהיו מקריבים ליהוה] 6 עולה מן האיל ו[את החלב המכסה את
הקרב ואת שתי] 7 הכליות ואת החלב אשר עלי[הנה ואת החלב אשר על]
8 הכסלים ואת האליה [לעומת עציהה ואת יותרת הכבד] 9 ומנחתו ונסכו
כמ[שפט וחלת מצה אחת מן הסל וחלת] 10 לחם שמן אחת ורקי[ק אחד
ושמו הכול על החלבים] 11 עם שוק התרומה אשר [לימין ויניפו
המקריבים את] 12 הא'לים ואת סלי הלחם ת[נופה לפני יהוה עולה היא]
13 אשה ריח ניחוח לפני יהוה[והקטירו הכול על המזבחה על]
14 העולה למלא על נפשותמה שבעת ימי[ם *vacat*] 15 ואם הכוהן הגדול
יהיה עומד[לכהן לפני יהוה ו]מלא 16 ידו לל[בו]ש את הבגדים תחת
אביהו ויקרי[ב פרים ש]נים 17 [אחד ע]ל כול הע[ם] ואחד על הכוהנים
[ויקרב את אשר] 18 [לכוהני]ם בריאש[ונה] וסמכו זקני הכוהנ[ים את
ידיהמה]

Col. XVI 01 [על ראושו ואחריהמה הכוהן הגדול וכול הכוהנים אחר
ישחטו את] 02 [הפר לפני יהוה ולקחו זקני הכוהנים מדם הפר ונתנו על]
03 [קרנות המזבח באצבעם מן הדם ... ישפוכו סביב על] 04 [ארבע פנות
עזרת המזבח ...]

1 [...]ש...[...] 2 [... ונ]תנו מן הדם [על הבוהן ...] 3 [...]הימנית
ויזו[מן הדם ומן השמן עליו ועל בגדיו] 4 [קדוש יהיה] ליהוה כול
ימיו[...] 5 [... לוא]יטמא כי קדו[ש הוא ליהוה אלוהיו ...] 6 [והקריב
על המז]בח והקטיר א[ת חלב הפר הראישון] 7 [את כול החלב א]שר על
הקרב וא[ת יותרת הכבד ואת שתי] 8 [הכ]ליות ואת החלב אשר עליה[מה]
וא[ת החלב אשר על] 9 הכסלים ואת מנחתו ואת נס[כו כמשפט ויקטיר על
המזבח] 10 [עו]לה הוא אשה ריח ניחוח ל[יהוה *vacat* ואת בשר הפר]
11 ואת עורו עם פרשו ישרופו מחוץ ל[עיר המקדש ...] 12 במקום מובדל

Col. XV (= 11Q20 I) *01* [… and they shall offer on the altar,] *1* [eve]ry day, [one young bullock, one ram,] *2* seven yearling [lambs] and a he-[goat for a sin-offering, and their offering and their libation] *3* according to this regulation. [*Blank?* And for the consecration one ram for all and] each [day] *4* /[and] baskets of bread for all/ and each /ram./ And they shall apportion a[ll the rams and the baskets for the seven days of the consecration, for every] *5* [d]ay. According to the [priestly] divisions [they shall offer to YHWH] *6* a burnt-offering of a ram, and [the fat which covers the entrails and the two] *7* kidneys, and the fat that is upon [them and the fat that is upon] *8* the loins and the tail [near its backbone and the appendage of the liver] *9* and its offering and its libation according to the re[gulation, and one unleavened loaf from the basket, and] one [loaf of] *10* oiled bread, and [one] waf[er, and they shall place it all upon the fat] *11* with the leg of the wave-offering, the [right leg. And those who are offering shall wave the] *12* rams and the baskets of bread as a wa[ve-offering before YHWH. It is a burnt-offering,] *13* a fire-sacrifice of fragrance appeasing before YHWH. [And they shall offer it all on the altar with] *14* the burnt-offering, as a consecration for themselves, seven day[s. *Blank*] *15* And when the high priest stands up [to serve as priest before YHWH,] he shall consecrate *16* himself by ad[or]ning the vestments in succession to his fathers, and he shall offe[r t]wo [bullocks,] *17* [one fo]r all the peop[le], and one for the priests, [and he shall offer the one] *18* [for the priest]s fir[st,] and the elders of the priest[s] shall lay [their hands]

Col. XVI (= 11Q20 I - II) *01* [on its head, and after them the high priest and all the priests. Then they shall slaughter] *02* [the bullock before YHWH, and the elders of the priests shall take from the blood of the bullock and put with their fingers on] *03* [the horns of the altar some of the blood … they shall pour around on] *04* [the four corners of the enclosure of the altar …]
1 […] … […] *2* [… and] they shall [p]ut some blood [on the thumb …] *3* […] right, and they shall sprinkle [some blood and some oil upon it and upon their garments.] *4* [Holy shall be] for YHWH all his days […] *5* […] He shall [not] defile himself, for [he is] hol[y for YHWH his God …] *6* [And he will bring upon the al]tar and he will burn the [fat of the first bullock,] *7* [all the fat whi]ch there is upon the entrails and th[e lobe of the liver and the two] *8* [ki]dneys and the fat there is upon th[em,] and the [fat which is upon] *9* the loins and its offering and [its] liba[tion according to the regulation. And he shall burn (it) upon the altar.] *10* It is a [burnt-]offering, a fire-sacrifice of fragrance which appeases [YHWH. *Blank* And the flesh of the bullock] *11* they shall burn, and its hide, with its offal, outside [the city of the temple …] *12* in

לחטאות שמה ישר[ופו אותו על ראושו וכרעיו] 13 עם כול קרביו ושרפו
כולו שמה לבד מחלבו חט[את כוהן] 14 הוא ויקח הפר השני אשר לעם
ויכפר בו[על כול עם] 15 הקהל בדמו ובחלבו כאשר עשה לפר הראי[שון
כן יעשה] 16 לפר הקהל ויתן מדמו באצבעו על קרנות ה[מזבח ואת]
17 דמו יזרוק ע[ל אר]בע פנות עזרת המזבח ואת[חלבו ואת] 18 [מנ]חתו
ואת נ[סכ]ו יקט[י]ר המזבח חטאת קהל הוא

Col. XVII 1 [... ה]כוהנים ויתנו עט[רות ...] 2 [...] וישמחו כי כופר
עליהמה[...] 3 [... יה]יה היום הזה להמה [לזכרון חוקות עולם]
4 [לדורותיהמה] בכול מושבותמה וישמחו ויש[...] 5 [...] *vacat* [...]
6 [ועש]ו[בארבע]ה עשר בחודש הראישון [בין הערבים] 7 [פסח ליהוה]
וזבחו לפני מנחת הערב יזבחו[הו כול זכר] 8 מבן עשרי[ם] שנה ומעלה
יעשו אותו ואכלוהו [בלילה] 9 בחצרות [ה]ק׳דש והשכימו והלכו איש
לאוהלו[...] 10 *vacat* ובחמשה עשר לחודש הזה מקרא קו[דש] 11 כול
מלאכת עבודה לוא תעשו בו חג מצות שבעת ימים 12 ליהוה והקרבתמה
בכול יום ויום לשבעת הימים הא[לה] 13 עולה ליה'ה פרים שנים ואיל
וכבשים בני שנה שבעת 14 תמימים ושעיר עזים אחד לחטאת ומנחתמה
ונסכמה 15 [כמש]פט לפרים ולאלים ול[כב]שים ולשעיר וביום השביעי
16 [עצרת] ל[יה]וה כול מלאכת עבודה לוא תעשו בו

Col. XVIII 1 [...]ה א[...] 2 [...] לאיל הזה[...] 3 [...] היום ה{ו}זה
ו[...] 4 [... ושעיר]עזים לחטאת ל[כפר] 5 [על כול עם הקהל ומנחתו
ונ]סכו כמשפט עשרון סולת 6 [בלולה בשמן רביעית ההין ו]יין לנסך
רביעית ההין 7 [*vacat* וכפר על כו]ל עם הקהל מכול אשמת[מה]
8 [ונסלח להמה לדורותמה חו]קות עולם יהיה זה להמה 9 [בכול
מושבותיה]מה ואחר יעלו את האיל אחת פעם 10 [בשנה] ביום הניפת
העומר *vacat* וספרתה 11 [לכמה] שבע שבתות תמימות מיום הביאכמה
את העומר 12 [התנופה תס]פורו עד ממוחרת השבת השביעית תספורו
13 [חמשים] יום והביאותמה מנחה חדשה ליהוה ממושבותיכמה
14 [חלות] לחם חמץ חדש בכורים ליהוה לחם חטים שתים 15 [חלות

a place set aside for the sin-offerings. There they shall bu[rn it from head to feet] *13* with all its entrails; they shall burn everything there, except its fat. It is a [priestly] sin-offe[ring.] *14* And he will take a second bullock, the one which is for the people, and he will atone with it [for all the people] *15* of the assembly with its blood and with its fat; as he did with the fir[st] bullock, [so will he do] *16* with the bullock of the assembly. With his finger he will smear with its blood the horns of the [altar, and] *17* he will sprinkle its blood ov[er the fo]ur corners of the enclosure of the altar, and [its fat and] *18* its [off]ering and its li[bation] he will bur[n] (on) the altar. It is a sin-offering for the assembly.

Col. XVII *1* [... the] priests, and they shall place cro[wns ...] *2* [...] they shall rejoice because atonement has been made for them [...] *3* [...] and this day [will b]e for them [a memorial, eternal regulations] *4* [for their generations] in all their villages. And they will rejoice and they [...] *5* [...] *Blank* [...] *6* [And on the four]teenth day of the first month, [at twilight,] they [will celebrate] *7* [the Passover of YHWH] and they will perform sacrifice; prior to the evening offering they will sacrifice [it. Every male of] *8* twenty years and older shall celebrate it. And they shall consume it [at night] *9* in the courtyards of [the] sanctuary, and every one shall rise early and will go to [his] tent. [...] *10 Blank* The fifteenth day of this month there will be a ho[ly] assembly. *11* In it you shall do no menial work. It is the feast of leavened breads, during seven days, *12* for YHWH. Throughout th[ese] seven days you shall offer, each day, *13* a burnt-offering to YHWH: two young bulls, a ram, seven yearling lambs *14* without blemish and one he-goat for the sin-offering, together with its offerings and libations, *15* [according to the regu]lation for young bulls, rams, [la]mbs and the goat. The seventh day *16* [there will be a solemn assembly] for [YH]WH. On it you shall do no menial work.

Col. XVIII (= 11Q20 III) *1* [...] ... [...] *2* [...] for this ram [...] *3* this day and [...] *4* [... and a he-]goat for a sin-offering to [atone] *5* [for all the people of the assembly and its offering and its li]bation according to the regulation: a tenth of finest flour *6* [mixed with oil, a quarter of a *hin*, and] wine for the libation, a quarter of a *hin*. *7* [*Blank* And it will atone for al]l the people of the assembly for all [their] guilt *8* [and it will be forgiven them. For their generations] this will be an eternal [regu]lation for them *9* [in all the]ir [villages.] Afterwards, they shall offer the single ram, only once *10* [in a year,] the day of the sheaf-waving. *Blank* You shall count off *11* [for yourselves] seven complete sabbaths from the day on which you fetch the sheaf *12* [of the wave-offering, you shall c]ount off until the day following the seventh sabbath, you shall count off *13* [fifty] days, and you shall fetch a new cereal-offering to YHWH from your villages: *14* [cakes of] new leavened bread, first-fruits for YHWH: wheaten

לחם שני]עשרונים סולת תה[יה]החלה האחת 16 [והביאומה ראשי ה]מט[ו]ת לשבטי ישראל ויקריבו

Col. XIX 1 [...]קר [...] 2 [... ברובע היום יקריבו] את עול[ת הבכורים] 3 [...]שנים עש[ר כבשים בני] 4 [שנה תמימים ומנחתמה ונסכמה]כמשפט והניפ[ו הכוהנים] 5 [... ה]בכורים [ל]כוהנים יה[יו] ואכלום 6 בחצ[ר הפנימית מנחה ע]ם הלחם הבכורים ואחר [יואכלו] 7 [כול הע]ם לחם חדש אביבות ומלילות והיה היו[ם הזה] 8 [מקרא קודש חוק עו]לם לדורותם כול מלאכת עבו[דה לוא] 9 [יעשו כי חג ש]בועות הוא וחג בכורים לזכרון לעול[ם] 10 [...] *vacat* 11 [וספר]תמה לכמה מיום הביאכמה את המנחה חדשה ליהו[ה] 12 [את] לחם הבכורים שבעה שבועות שבע שבתות תמימות 13 [תהיינה ע]ד ממוחרת השבת השביעית תספורו חמשים יום 14 ו[הקרבת]מה יין חדש לנסך ארבעה הינים מכול מטות ישראל 15 ש[לישית] ההין על המטה ויקריבו על היין {הזה} ביום הזה 16 [עולה] ליהוה שנים עשר א̇לים כול ראשי אלפי ישראל

Col. XX 01 [... אילים ומנחתמה כמשפט שנים] 02 [עשרונים סולת בלולה בשמן שלישית ההין שמן לאיל על הנסך הזה] 03 [ויקריבו עולה פרים שנים איל אחד וכבשים בני שנה שבעה ושעיר] 04 [עזים אחד לחטאת לכפר על כול עם הקהל *vacat*] 05 [... מנחתמה ונסכמה כמשפט לפרים ולאיל] 06 [ולכבשים ולשעיר עזים אשה ריח ניחוח ליהוה ברובע היום יקריבו ...]

1 [ואת האילים ואת הנסך ויקריבו של]מים [...] 2 [...א וכבשים בני שנה אר]בעה עשר[ומנחתמה ונסכמה] 3 [כמשפט לאילים ולכבשים אחר העו]לה יעשום [...] 4 [... ואת חלבמה] יקטירו על המ[זבח את] 5 [החלב המכסה את הקרב] ואת כול החל[ב] אשר על הק[רבים] 6 [ואת יותרת הכבד על]הכליות יסירנה ואת החלב [אשר] ע[ליהנה] 7 [ואת אשר על הכסלים וא]ת האליה לעומת העצה ויק[טירו] 8 [הכוהנים את הכול על המזבח] עם מנחתמה ונסכמה אשה ריח ני[ח]ו[ח] 9 [לפני יהוה]והקרב כול מנחה אשר קרב עמה נסך כ[משפט] 10 [וכול מנחה א]שר קרב עליה

bread, two *15* [cakes of bread,] each cake will b[e] of [two] tenths of finest flour. *16* [The heads of the] clans of the tribes of Israel [will bring them] and offer

Col. XIX (= 11Q20 III - IV) *1* [...] ... [...] *2* [... In the fourth quarter of the day, they shall offer] the burnt-offer[ing of the first fruits] *3* [...] twelv[e yearling lambs] *4* [without blemish and their offerings and their libations] according to the regulation, and [the priests] shall lift *5* [... the] first-fruits shall [be for] the priests and they shall eat them *6* in the [inner] court[yard, an offering wi]th the bread of the first-fruits. And afterwards [all the peopl]e [will eat] *7* new bread of tendrils of barley and corncobs. [This] da[y] will be *8* [proclaimed holy, an ete]rnal [precept] for their generations. They shall [do no] men[ial] work, *9* [for] it is [the feast of w]eeks and the feast of the first-fruits for etern[al] memorial. *10* [...] *Blank* *11* [And] you [shall count off] for yourselves from the day on which you carried to YHW[H] the new cereal-offering, *12* the bread of the first-fruits, seven weeks; [there will be] seven full weeks *13* [up] to the day after the seventh sabbath. You shall count off fifty days *14* and [y]ou [shall offer] new wine for the libation: four *hin* for all the tribes of Israel, *15* a th[ird of] a *hin* for each tribe. And on this day *16* all the heads of a thousand of Israel shall offer with {this} wine [a burnt-offering] to YHWH: twelve rams,

Col. XX (= 11Q20 IV) *01* [... rams, and their offering according to the regulation, two] *02* [tenths of finest flour mixed with oil, a third of a *hin* of oil for each ram with this libation.] *03* [And they will offer a burnt-offering: two bullocks, one ram, and seven yearly lambs, and one he-] *04* [goat, as a sin-offering to atone for all the people of the assembly. *Blank*] *05* [... their offering and their libation according to the regulation, for the bullocks, the ram,] *06* [the lambs, and the he-goat, a fire-sacrifice of fragrance appeasing to YHWH. In the fourth quarter of the day they will offer ...]
1 [and the rams and the libation. And they shall offer peace-]offerings [...] *2* [...] ... [fo]urteen [yearling lambs and their offerings and their libations] *3* [according to the regulation for the rams and for the lambs. After the burnt-]offering they shall make them [...] *4* [... And their fat] they shall burn upon the al[tar: the] *5* [fat surrounding the entrails] and all the fa[t] there is upon the en[trails.] *6* [And the lobe of the liver over] the kidneys he shall remove, together with the fat [which is] on [top of them] *7* [and that which there is over the loins and] the tail close to the spine. And [the priests] shall b[urn] *8* [everything upon the altar,] with their offerings and libations. It is a fire-sacrifice of fragrance ap[pe]as[ing] *9* [before YHWH.] And every offering with which a libation is offered shall be offered according to [the regulation.] *10* [And every

לבונה או חרבה יקמוצו ממנה את 11 [אזכר]תה ויקטירו על המזבח ואת
הנותר מהמה יוכלו בחצר 12 [הפני]מ[י]ת [מצות] יא[וכ]לום הכוהנים לוא
תאכל חמץ ביום ההוא תא[כל] 13 [ולוא תבוא עליו] השמש ועל כול
קורבנכמה תתנו מלח ולוא תשב[י]ת 14 [בר]ית מל[ח לעולם] *vacat*
וירימו ליהוה תרומה 15 [ת]נופה מ[ן האי]לם ומן הכבשים את שוק הימין
ואת החזה ואת 16 [הלחיים ואת הקבה] ואת האזרוע עד עצם השכם ויניפו
אותמה תנופה

Col. XXI 01 [לפני יהוה *vacat* ולכוהנים יהיה שוק התרומה וחזה]
02 [התנופה ... האזרועות והלחיים והקבאות למנות] 03 [... לחוק עולם
מאת בני ישראל ואת השכם הנשאר מן האזרוע] 04 [... לחוק עולם להמה
ולזרעמה] 05 [... שרי האלפים מן האילים ומן]
1 [הכבשים איל אחד כבש אחד לאהרון ול]בנו ולבני לו[י איל אחד כבש
אחד ולכול] 2 [המטה איל] אחד כבש אחד לכול המט[ות שנים עשר
שבטי] 3 [ישראל ואכלו]ם בחצר החיצונה לפני יהוה [*vacat?*] 4 [...
הכוהנים י]שתו שמה ראישונים והלויים [...] 5 [... ישרא]ל נשיאי
הדגלים בר[אי]שונ[ה] 6 [...]שם ואחריהמה כול העם מגדו[ל ו]עד [קטן]
7 [יחלו לשתות יין] חדש ולאכול ענבים ובוסר מן הגפנים [כי] 8 [ביום
הזה יכפרו על ה]תירוש וישמחו בני ישראל לפ[ני] יהוה 9 [חוק] עולם
לדורות'יה'מה בכול מושבותיהמה ושמחו בי[ום] הזה 10 במוע[ד החלו]
לנסך נסך שכר יין חדש על מזבח יהוה שנה בשנה 11 [...] *vacat*
12 וספר[תמה לכמ]ה מיום הזה שבעה שבעות שבע פעמים תשעה
13 וארבעים יום שבע שבתות תמימות תהיינה עד ממוחרת השבת
14 השביעית תספורו חמשים יום והקרבתמה שמן חדש ממשבות
15 מטות ב[ני יש]ראל מחצית ההין אחד מן המטה שמן חדש כתית
16 [ויקריבו את ראשית ה]יצהר על מזבח העולה בכורים לפני יהוה

Col. XXII 01 [... ם אילים שנים] 02 [... וכפר בו על כול העדה
לפני] 03 [יהוה ... שלושה עשרונים סולת בלולה בשמן הזה מחצית ההין]
04 [... כמשפט עולה הוא אשה ריח] 05 [ניחוח ליהוה ...]

offering] with [wh]ich incense is offered, or if it is a dry offering, they shall collect the *11* [part of the mem]orial, and they shall burn it on the altar; the remains of it they shall eat in the *12* [in]n[er] courtyard. The priests shall e[a]t them with unleavened bread; they shall eat no yeast. It shall be eat[en] on this day *13* [and upon it] the sun [shall not set.] And on all your offerings you shall put salt, and not shall cea[s]e *14* [the co]venant of sal[t for ever.] *Blank* They shall set aside a contribution for YHWH, *15* [a wa]ve-offering fro[m the ra]ms and from the lambs: the right leg, the breast, the *16* [jawbones, the stomach] and the shoulder blade up to the bone of the upper foreleg. They shall wave them: a wave-offering

Col. XXI (= 11Q20 V) *01* [before YHWH. *Blank* And the leg of the offering will be for the priests, and the breast] *02* [of the wave-offering … the shoulder-blades, the jawbones, and the stomachs of the portions] *03* [… as an eternal law, from the Israelites. And the upper foreleg that is left from the shoulderblade] *04* [… as an eternal law for them and for their seed] *05* [… the heads of thousands, from the rams and from]
1 [the lambs; one ram and one lamb for Aaron and for] his sons; and for the levit[es one ram and one lamb; and for each] *2* [clan] one [ram] and one lamb for all the clan[s of the twelve tribes of] *3* [Israel. And they shall eat] them in outer court before YHWH [*Blank?*] *4* [… the priests shall] drink there first and the levites […] *5* [… Israe]l, the chiefs of battalions fi[r]s[t] *6* […] there, and after them all the people, from the old[est] to [the youngest], *7* [shall begin to drink new wine] and to eat grapes and the unripe fruit from the vines, [because] *8* [on this day they shall atone for the] new wine. The children of Israel shall rejoice in YHWH's pre[sence.] *9* Eternal [law] for their generations in all their villages. They shall rejoice on this d[ay] *10* at the appointed ti[me when they shall begin] to pour out a libation of drink, a new wine, over the altar of YHWH, year by year. *11* […] *Blank* *12* From this day [you] shall count off [for yourselves] seven times seven weeks. *13* There will be forty-nine days, seven full weeks, up to the day after *14* the seventh sabbath. You shall count off fifty days and you shall offer new oil from the dwelling places *15* of the clans of the so[ns of Is]rael: each one of the clans: half a *hin*; refined new oil, *16* [and they shall offer the first (yield) of the] oil over the altar, the burnt-offering of the first-fruits before YHWH.

Col. XXII (= 11Q20 V - VI) *01* [… two rams] *02* [… and he will atone with it for the whole assembly before] *03* [YHWH … three tenths of finest flour mixed with this oil, half a *hin*] *04* [… according to the regulation; it shall be a burnt-offering, a fire sacrifice of a fragrance] *05* [appeasing to YHWH …]

1 [השמן הזה יבעירו בנ]רות בה[...] 2 [...]ם שרי האלפי[ם עם נשיאי
...] 3 [... כב]שים ארבעה עש[ר ומנחתמה ונסכמה] 4 [כמשפ]ט לאלים
ולכ[בש]ים ושחטו בני לוי א[ת ...] 5 [וזר]קו הכוהנים בני אהרון את דמם
[על המזבח סביב ואת] 6 [בשרמה ו]חלבמה יקטירו על מזבח ה[עולה
כמשפט ואת] 7 [מנחתמה]ונסכמה יקטירו על החלבי[ם ... אשי ריח]
8 ניחוח[ל]יהוה *vacat* וירימו מ[ן האילים ומן הכבשים] 9 את שוק הימין
ואת חזי התנופה ולראשית[את האזרוע ו]את 10 הלחיים ואת הקבה
לכוהנים יהיה למנה כמשפטמה וללויים 11 את השכם אחר יוציאום אל
בני ישראל ונתנו בני ישראל לכוה[נ]ים 12 איל אחד כבש אחד וללויים
איל אחד כבש אחד ולכול מטה 13 ומטה איל אחד כבש אחד ואכלום ביום
הזה בחצר החיצונה 14 לפני יהוה חוקות עולם לדורותיהמה שנה בשנה
אחר 15 יואכלו ויסוכו מן השמן החדש ומן הזתים כי ביום הזה יכפרו
16 [ע]ל [כו]ל [יצ]הר הארץ לפני יהוה פעם אחת בשנה וישמחו

Col. XXIII 01 [כול בני ישראל בכול מושבותיהמה...] 02 [*vacat*
ואחר מועד יצהר יקריבו] 03 [למזבח את העצים שנים עשר מטוה בני
ישראל והיו המקריבים] 04 [ביום הרישון מטות לוי ויהודה וביום השני
בנימין ובני]
1 [יוסף וביום השלישי ראובן ו]שמ[עון וביום הרביעי יש שכר]
2 [וזבולון וביום החמישי גד ו]אשר וביו[ם הששי דן ונפתלי] 3 [*vacat*
הקריבו בהג העצי]ם עולה ליה[וה ...] 4 [... ש]עירי עזים שנ[ים ל ...]
5 [... ומנחת]מה ונסכמה כמ[שפט עולה] 6 [הוא אשה ריח ניחוה ליהוה]
פר אחד איל אחד כב[ש אחד בן שנתו] 7 [תמימים לכול מ]טה ומטה [ש]נים
עשר בני יעקו[ב ...] 8 [וישום ברובע היו]ם על ה[מ]זבח אחר עולת
הת[מיד ונסכה] 9 *vacat* וה[קרי]ב הכוהן הגד[ו]ל את[עולת הלויים]
10 לראישונה ואחריה יקטיר את עולת מטה יהודה וכ[אשר הוא]
11 מקטיר ושחטו לפניו את שעיר העזים לראישונה והעלה את 12 דמו
למזבח במזרק ונת[ן מ]דמו באצבעו על ארבע קרנות מזבח 13 העולה ועל
ארבע פנות עזרת המזבח וזרק את דמו על יסו[ד] 14 עזרת המזבח סביב

1 [They shall burn this oil in the la]mps ... [...] *2* [...] the heads of thousan[d with the princes of ...] *3* [...] fourte[en lam]bs [and their offerings and their libations] *4* [according to the regula]tion for the rams and for the l[amb]s. And the sons of Levi shall slaughter the [...] *5* And the priests, sons of Aaron, [shall sprin]kle their blood [upon the altar all around and] *6* they shall burn [their flesh and] their fat over the altar of the burnt-[offerings according to the regulation and] *7* [their offerings] and their libations they shall burn over the fats [... fire-sacrifice of fragrance] *8* which appeases YHWH. *Blank* And they shall set aside fr[om the rams and from the lambs] *9* the right leg and the breasts of the wave-offering; and as the choicest part [the shoulderblade, the] *10* jaw-bones and the stomach; it shall be for the priests as a share in accordance with their regulations. And for the levites *11* the upper foreleg. Afterwards they shall take them out to the children of Israel. And the children of Israel shall give the pries[ts] *12* one ram and one lamb; and to the levites one ram and one lamb; and to each *13* clan one ram and one lamb. And they shall eat them on this day in the outer courtyard *14* before YHWH. Eternal precepts for their generations, year after year. Afterwards *15* they shall eat and they shall anoint themselves with the new oil and with the olives, because on this day they shall atone *16* [fo]r [al]l [the o]il of the land before YHWH, once a year. And they shall rejoice,

Col. XXIII (= 11Q20 VI) *01* [all the sons of Israel, in their dwelling places ...] *02* [*Blank* And after the festival of the oil, they shall offer] *03* [the twelve tribes of the sons of Israel the wood for the altar. And they shall offer:] *04* [on the first day the tribes of Levi and Judah; and on the second day Benjamin and the sons of]
1 [Joseph; and on the third day Reuben and] Sim[eon and on the fourth day Issachar] *2* [and Zebulun; and on the fifth day Gad and] Asher; and on the [sixth] da[y Dan and Naphtali.] *3* [*Blank* They shall offer on the festival of the wood] a burnt-offering for YH[WH ...] *4* [...] tw[o he-]goats [for ...] *5* [... and] their [offering] and their libation according to the re[gulation; it is a burnt-offering,] *6* [a fire-sacrifice of a fragrance appeasing to YHWH:] /one bullock/, one ram, one [yearly] la[mb,] *7* [without blemish for] each one of the tribes of the [t]welve sons of Jaco[b ...] *8* [and they shall prepare them on the fourth quarter of the da]y over the [a]ltar, after the per[petual] burnt-offering [and its libation] *9* *Blank* The High Priest will o[ffe]r the [burnt-offering of the levites] *10* first, and after it, he will burn the burnt-offering of the tribe of Judah. When [he is] *11* burning it, they shall first slaughter the he-goat before him; he shall take *12* its blood to the altar in a sprinkling bowl, and he shall pu[t some of] its blood, with his finger, on the four horns of the altar *13* of the burnt-offering and the four corners of the enclosure of the altar; he shall pour out its blood over the bas[e] *14* of the enclosure of the altar round about; and

ואת חלבו יקטיר המזבח החלב המכסה את 15 הקרב ואת אשר על
הקרבים ואת יותרת הכבד עם הכליות 16 יסירנה ואת החלב אשר
עליהמה ואת אשר על הכסלים ויקטר 17 הכול על המזבח עם מנחתו ונסכו
אשי ריח ניחוח ליהוה ואת

Col. XXIV 1 [...]את הראו[ש ...] 2 [...]ת ואת הש[כם ...] 3 [...
]החזה עם ה[...] 4 [... ש]תי הכרעים ויק[טירו ...] 5 [... מנ]חת שמנו
ונסך [...] 6 [...]ההין ונסך [ע]ל הבשר לריח [ניחוח אשי] 7 [ליהוה
וכ]כה יעשו לפר [ו]פר ולאיל ואיל ול[כבש וכבש] 8 וארביה לבד יהי[ו
ומנח]תה ונסכה עליה חוקות[עולם] 9 לדורותיכמה לפני יהוה *vacat*
10 ואחר העולה הזואת יעשה עולת מטה יהודה לבד כאשר 11 עשה
לעולת הלויים כן יעשה לעולת בני יהודה אחר הלוים 12 *vacat* וביום
השני יעשה עולת בנימין לראישונה ואחריה 13 יעשה עולת בני י°יוסף יחד
אפרים ומנשה וביום השלישי יעשה 14 את עולת ראובן לבד ואת עולת
שמעון לבד וביום הרביעי 15 יעשה עולת יש שכר לבד ועולת זבולון לבד
וביום החמישי 16 יעשה עולת גד לבד ועולת אשר לבד *vacat* וביום הששי

Col. XXV 1 [...] יקריב ע[...] 2 [...] *vacat* [...] 3 [...זכר]ון תרועה
מ[...] 4 [... ל]פני יהוה וה[...] 5 [...]... שנה שבע[ה ...] 6 [...
ו]מנחתמה ונסכיהמה כמשפטמ[ה ...] 7 [... עול]ת התמיד [ועו]לת החודש
אחר[תעשו את העולה] 8 [ה]זואת בשלישי[ת] היום חוקות עולם
לדורותיכ[מה בכול מושבותיכמה] 9 תשמחו ביום הזה לוא תעשו בו כול
מלאכת עב[ודה] שבתון יהיה 10 לכמה היום הזה *vacat* ובעשרה בחודש
הזה 11 יום כפורים הוא ותענו בו את נפשותיכמה כי כול הנפש אשר לוא
12 תתענה בעצם היום הזה ונכרתה מעמיה והקרבתמה בו עולה 13 ליהוה
פר אחד איל אחד כבשים בני שנה שבעה {...} שעיר 14 עזים אחד לחטאת
לבד מחטאת הכפורים ומנחתמה ונסכמה 15 כמשפטמה לפר לאיל
ולכבשים ולשעיר ולחטאת הכפורים תקריבו 16 אלים שנים לעולה אחד
יקריב הכוהן הגדול עליו ועל בית אביהו

he shall burn its fat on the altar; the fat which covers *15* the intestines and what
is over the entrails; and the lobe of the liver with the kidneys *16* he shall re-
move, and the fat which is over them and which is over the loins; and he will
burn *17* everything upon the altar with its offering and its libation. It is a fire-
sacrifice, of fragrance which appeases YHWH. And the

Col. XXIV *1* [...] the hea[d ...] *2* [...] and the upper fore[leg ...] *3* [...] the breast
with [...] *4* [... the t]wo paws, and [t]he[y] shall b[urn ...] *5* [... offer]ing of its
oil and libation [...] *6* [...] *hin* and a libation [up]on the flesh for fragrance
[appeasing, a fire-sacrifice] *7* [for YHWH. And th]us they will do for each bul-
lock and for each ram and for [each lamb.] *8* And its cuts will be separated and
its [offering] and its libation on top of it. [Eternal] precepts *9* for your genera-
tions before YHWH. *Blank* *10* And after this burnt-offering he will offer the
burnt-offering of the tribe of Judah separately. As *11* he did with the burnt-
offering of the levites, so shall he do with the burnt-offering of the sons of
Judah after the levites. *12* *Blank* And on the second day he will offer first the
burnt-offering of Benjamin, and after it *13* he will offer the burnt-offering of
the sons of Joseph together with Ephraim and Manasseh. And on the third day
he will offer *14* the burnt-offering of Reuben separately, and the burnt-offering
of Simeon separately. And on the fourth day *15* he will offer the burnt-offering
of Issachar separately, and the burnt-offering of Zebulun separately. An on the
fifth day *16* he will offer the burnt-offering of Gad separately, and the burnt-
offering of Asher separately. *Blank* And on the sixth day

Col. XXV *1* [...] he will offer [...] *2* [...] *Blank* [...] *3* [... a memor]ial of the blast
of trumpets, [...]. *4* [... be]fore YHWH, and [...] *5* [...] year[ling,] seve[n ...]
6 [... and] their offerings and libations according to the[ir] regulations [...]
7 [...] the perpetual [burnt-offer]ing and the monthly [burnt-]offering. After-
wards [you shall offer] *8* this [burnt-offering] in the thir[d] part of the day.
Eternal precepts for yo[ur] generations [in all your villages.] *9* You shall re-
joice on this day. On it you shall do no me[nial] work. A great sabbath will
10 this day be for you. *Blank* And on the tenth of this month *11* is the day of the
atonement. On it you shall humble your souls, because anyone who does not
12 do penance on this very day will be expelled from its people. On it you shall
offer a burnt-offering *13* for YHWH: one bullock, one ram, seven yearling
lambs {...} one he- *14* goat for the sin-offering. Besides the sin-offering of the
atonement and their offerings and their libations *15* according to their regula-
tions for the bullock, the ram, and the lambs, and the he-goat and the sin-
offering of the atonement, you shall offer *16* two rams for the burnt-offering.
One the High Priest will offer for himself and for the house of his father.

Col. XXVI 1-2 [...][...][...] 3 [... ונתן הכו]הן ה[גדול על שני]
4 [השעירים גורלות] גורל א[חד ליהוה וגורל אחד לעזזאל] 5 [ו]שחטו
את השעיר אשר על[ה עליו הגורל ליהוה וקבל הכוהן] 6 את דמו במזרק
הזהב אשר בי[דו וע]שה לד[מו כאשר עשה לדם] 7 הפר אשר לו וכפר בו
על כול עם הקהל ואת חלבו ואת מנחת 8 נסכו יקטיר על מזבח העולה ואת
בשרו ואת עורו ואת פרשו 9 ישרופו אצל פרו חטאת הקהל הוא ויכפר בו
על כול עם הקהל 10 ונסלח להמה ורחץ את ידיו ואת רגליו מדם החטאת
ובא אל 11 השעיר החי והתודה על רואשו את כול עוונות בני ישראל עם
12 כול אשמתמה לכול חטאתמה ונתנמה על רואש השעיר ושלחו
13 לעזזאל המדבר ביד איש עתי ונשא השעיר את כול עוונות

Col. XXVII 01 [...] את דמ[...] 02 אשי ריח ניחו[ח הוא] לפני יה[וה
...]
1 [...]ם ביום ה[...]ל ה[...] 2 על כול בני ישראל ונסלח להמה[...]
3 אחר יעשה את הפר ואת ה[אי]ל ואת[הכבשים כמש]פטמה 4 על מזבח
העולה ונרצתה ה[ע]ולה לבני ישראל חוקות עולם 5 ללדורותיהמה פעם
אחת בשנה והיה היום הזה להמה לזכרון 6 ולוא יעשו בו כול מלאכה כי
שבת שבתון יהיה ל[ה]מה כול האיש 7 אשר יעשה בו מלאכה או אשר לוא
יתענו בו ונכרתו מתוך 8 עממה שבת שבתון מקרא קודש יהיה לכמה היום
הזה 9 וקדשתמה אותו לזכרון בכול מושבותיכמה ולוא תעשו כול
10 מלאכה *vacat* ובחמשה עשר יום לחודש הזה

Col. XXVIII 01 [...] ההין ונס[ך ...] 02 [... כ]כה יעשו ל[...]
1 [...] ... [...] ומנח[תה ונסכה על] 2 המזבח אשי ר[יח ניחוח הוא
ליהוה *vacat* וביום] 3 השני פרים שנים עשר [אלים שנים כבשים ארבעה]
4 עשר ושעיר עזים אחד [לחטא]ת [ומ]נ[חתמה ונסכ]מה 5 כמשפטמה
לפרים ולאל[ים] ולכבשים לשעיר אשה 6 ריח ניחוח הוא ליהוה *vacat*
וביום השלישי 7 [פ]רים עשתי עשר אלים שנים כבשים [א]רבעה עשר
8 ושעיר עזים אחד לחטאת ומנחתם ונסכם כמשפט לפרים 9 לאילים
ולכבשים ולשעיר *vacat* וביום הר[בי]עי 10 פרים עשר[ה] אלים שנים

Col. XXVI *1-2* […] … […] *3* [… The High] Pri[est will cast lots concerning the two] *4* [he-goats:] o[ne] (will fall) by lot [to YHWH, the other to Azazel;] *5* [and] they will slaughter the he-goat which [has fallen by lot to YHWH and the priest will receive] *6* its blood in the golden sprinkling bowl which he has in [his] ha[nd and will tr]eat [its] bl[ood as he treated the blood of] *7* the bullock which was for himself; and with it he will atone for all the people of the assembly. And its fat and the offering of *8* its libation he will burn on the altar of burnt-offering; but its flesh, its hide and its entrails *9* they shall burn next to his bullock. It is the sin-offering for the assembly and he atones with it for all the people of the assembly, *10* and they shall be forgiven. And he shall wash his hands and his feet from the blood of the sin-offering and will go to *11* the living he-goat and will confess over its head all the sins of the children of Israel with all *12* their guilt together with all their sins; and he shall place them upon the head of the he-goat and will send it *13* to Azazel, (to) the desert, from the hand of the man indicated. And the he-goat will take with itself all the sins

Col. XXVII *01* […] … […] *02* [It is] a fire-sacrifice. a fragrance appeasing before YH[WH …]
1 […] on the day […] … […] *2* for /all/ the children of Israel, and they shall be forgiven […] *3* Afterwards he will offer the bullock, the [ra]m and the [lambs according to] their [regu]lation, *4* upon the altar of the burnt-offering, and the [bur]nt-offering for the children of Israel will be accepted. Eternal precepts *5* for their generations. Once a year this day will be as a memorial for them, *6* and on it they shall do no work, because it shall be a great Sabbath for [th]em. Every man *7* who does any work on it, or does not do penance will be cut off from the midst of *8* your people. It is a great Sabbath. You shall hold a holy assembly on this day *9* and you will sanctify it as a memorial in all your villages and you shall do no *10* work. *Blank* And on the fifteenth day of this month

Col. XXVIII *01* […] the *hin* and a liba[tion …] *02* [… t]hus they will do […]
1 […] and [its] offe[ring and its libation upon] *2* the altar. [It is a] fire-sacrifice, frag[rance which appeases YHWH. *Blank* And on the] *3* second [day:] twelve bullocks, [two rams, four]teen [lambs] *4* and one he-goat [for the sin-offer]ing, [and their of]fe[ring and] their [libation] *5* according to their regulation for the bullocks, the ram[s,] the lambs and the he-goat. It is a fire-sacrifice, *6* fragrance which appeases YHWH. *Blank* And on the third day, *7* eleven [bu]llocks, two rams, [f]ourteen lambs *8* and one he-goat, for the sin-offering and their offering and libation according to the regulation for the bullocks, *9* the rams, the lambs and the he-goat. *Blank* And on the f[ou]rth day, *10* ten

כבשים בני שנה ארבעה עשר 11 ושעיר עזים אחד לחטאת ומנחתמה ונסכמה לפרים

Col. XXIX 010 [...] מל[א]כ[ת ...] 011 [...] 012 [... וכב]שים שב[עה ...]

1 ונסכ[מה ...] 2 אלה [...] 3 לעלות ... [...] בבית אשר א[שכין] 4 שמי עליו [...] עולת [יום] ביומו כתורת המשפט הזה 5 תמיד מאת בני ישראל לבד מנדבותמה לכול אשר יקריבו 6 לכול נדריהמה ולכול מתנותמה אשר יביאו לי לרצון לה[מה] 7 ורציתים והיו לי לעם ואנוכי אהיה להם לעולם ושכנתי 8 אתמה לעולם ועד ואקדשה [את מ]קדשי בכבודי אשר אשכין 9 עליו את כבודי עד יום הבריה אשר אברא אני את מקדשי 10 להכינו לי כול הימים כברית אשר כרתי עם יעקוב בבית אל

Col. XXX 1 [...]ואקדש[...] 2 [...][...][...] 3 [...]מעל[ות] מסבה [... ל]עשות ועשי[תה ...] 4 למעלות מ[...]בבית אשר תבנה [להיות]שמי 5 עליו [... ועשי]תה [בי]ת מסבה צפון להיכל בית מרובע 6 מפנה אל פנה עשרים באמה לעומת ארבע פנותיו רחוק מקיר 7 ההיכל שבע אמות במערב צפונו ועשיתה רוחב קירו ארבע 8 אמות עולה ישר מה[...]ה כהיכל ותוכו ממקצוע אל מקצוע 9 שתים עשר[ה באמ]ה ועמוד בתוך באמצעו מרובע רוחבו ארבע 10 אמות לכול רוחותיו ורוחב המסבה עולה מעלות ארבע [א]מות

Col. XXXI 1 [...]ת 2 [...] השער 3 [... שמ]ן המשיחה 4 [...]הכוהן המשנה 5 ...[... הכוהן הג]דול *vacat* 6 ובעלית הב[ית הזה תעשה שע]ר פתוח לגג ההיכל ודרך עשוי 7 בשער הזה {א}לפרור [ה]היכל אשר יהיו באים בו לעלית ההיכל 8 [כ]ול בית המסבה הזואת צפו זהב קירותיו ושעריו וגגו מבית 9 [ומ]חוץ ועמודו ומעלותיו ועשה ככול אשר אנוכי מדבר אליכה 10 ועשיתה בית לכיור נגב מזרח מרובע לכול רוחותיו אחת ועשרים 11 אמה רחו[ק] מהמזבח חמשים אמה ורחב הק[י]ר שלוש

bullocks, two rams, fourteen yearling lambs *11* and one he-goat for the sin-
offering, and their offering and their libation for the bullocks

Col. XXIX *010* [...] w[o]r[k ...] *011* [...] *012* [... and] se[ven lam]bs [...]
1 and [their] libation [...] *2* These (are) [...] *3* for burnt-offerings ... [...] In the
house *4* upon which I [shall make] my name [reside ...] burnt-offerings, [day]
after day, according to the ruling of this regulation, *5* continually, from the
children of Israel besides their freewill offerings. All that they will offer, *6* all
their vows and all their presents which they bring me for th[eir] acceptance,
7 I shall accept them. They shall be for me a people and I will be for them for
ever; and I shall dwell *8* with them for ever and always. I shall sanctify my
[te]mple with my glory, for I shall make my glory reside *9* over it until the day
of creation, when I shall create my temple, *10* establishing it for myself for all
days, according to the covenant which I made with Jacob at Bethel.

Col. XXX *1* [...] and I will sanctify [...] *2* [...] ... [...] *3* [...] the step[s of the]
stairway [... to] make, and [you] shall [make ...] *4* [...] for the stairways [...]
in the house which you shall build [in order that] my name [be] *5* upon it. [...]
You [shall make] a spiral stair[ca]se to the North of the Sanctuary: a square
building *6* of twenty cubits from corner to corner alongside its four corners, at
a distance of the wall of *7* the Sanctuary of seven cubits, North-east of it. And
you shall make the width of its wall four *8* cubits, ascending directly from [...]
like the Sanctuary; its interior will be twelv[e cubi]ts from corner to corner.
9 It will have a square pillar within it, in its centre, of four *10* cubits in width on
each side. And the width of the stairway with ascending steps is four [cu]bits.

Col. XXXI (= 11Q20 VIII) *1* [...] ... *2* [...] the gate *3* [... oi]l of anointing *4* [...]
the second priest *5* ... [...] the [h]igh [priest] *Blank* *6* In the upper storey of
[this] buil[ding you shall make a do]or opening to the roof of the Sanctuary
and a passageway made *7* in this door to the portico of [the] Sanctuary, by
which one can enter the upper storey of the Sanctuary. *8* [A]ll this building of
the stairway will be covered with gold: its walls, its gates, its roof from inside
9 [and from] outside, its pillar and its steps, and do according to everything
what I tell you. *10* And you shall make a building for the laver, to the South-
east, square; all its sides will be twenty-one *11* cubits, at fifty cubits distan[ce]
from the altar; the width of the w[a]ll will be three cubits, and the height

אמות וגבה 12 [ע]שרים אמה[?*vacat*] ושלוש]ה שערים עשו לה מהמזרח
ומהצפון 13 ומהמערב ור'חב השערים ארבע אמות וגובהמה שבע

Col. XXXII 1 [...] שלוש אמות [...] 2 [...]...[...] 3 [...]שלוש[...]
4 [...]יהמה[...] 5 [...]מה למזבח עש[...] 6 [...]אשמם לכפר על העם
ובעלות[ם] 7 [...] למנ[הת]ם ולהקטיר על המזבח 8 העו[לה ...]רות ...
בקיר הבית 9 הזה בת[...]אמה לאמה ומצ[...] מן [...]אמה וגובהמה
10 מן הארץ ארבע אמ[ו]ת [מ]צופות זהב אשר יהיו מניחים עליהמה
11 את בגדיהמה אשר יהיו באים אל[יה]ם למעלה מעל לבית ה[...]
12 בבואם לשרת בקודש ועשיתה תעלה סביב לכיור אצל מזבח העול[ה]
13 הולכת ל[ת]חת הכיור ומחלה יורדת [למ]טה אל תוך הארץ אשר
14 יהיו המים נשפכים והולכים אליה ואובדים בתוך הארץ ולוא 15 יהיה
נוגעים בהמה כול אדם כי מדם העולה מתערב במה

Col. XXXIII 1 [...]ים באים [...] 2 [...] ובעת אש[ר ...] 3 [...]ומם
ואת[...] 4 [...]אשר עליהמה ומני[חים ...] 5 [...]בי[ת] הכיור ומ[...]ם
[...] לכיו[ר ...] 6 [יהיו באי]ם אל הכיור ויוצאים מהמה אל [החצר
התיכונה ולוא] 7 יהיו מקדשים את עמי בבגדי הקודש אשר [ישרתו
בהמה] 8 *vacat* ועשיתמה בית למזרח בית הכיור כמדת [בית הכי]ור
9 רחוק קירו מק[י]רו שבע אמות ו[כ]ול בנינו ומקרותיו כבית הכיור
10 ושנים שערים לו מצפונו ומדרומו זה נוכח זה כמדת שער[י] בית
11 הכיור וכול הבית הזה כולו קירו עשוי חלונים פנימה אטומים 12 שתי
אמות רוחבמה בשתי אמות וגובהמה ארבע אמות 13 מדולתים בתים לכלי
המזבח למזרקים ולקשוא[ות] ולמחתות 14 ולכוננות הכסף אשר יהיו מעלים
במה את הקרבים ואת 15 הרגלים על המזבח *vacat* ובכלותמה לקטיר

Col. XXXIV 1 [...]פים בלוח נחו[שת ...] 2 [...]ובין העמוד לע[מוד
...] 3 [...]אשר בין העמודים [...] 4 [... ה]פרים אל תוך הגלג[לים ...]
5 [הגל]גלים וסוגרים את הגלגלים וא[...] 6 ואוסרים את קרני הפרים אל
הטבעות ו[...] בטבעות 7 אחר יהיו טובחים אותמה ויהיו כונסים א[ת

12 [tw]enty cubits [*Blank?*] And [three] gates shall be made for it to the East, North *13* and West; the width of the gates will be four cubits and their height seven.

Col. XXXII (= 11Q20 IX) *1* […] three cubits […] *2* […] *3* […] three […] *4* […] their […] *5* […] … to the altar … […] *6* […] their guilt-offer to atone for the people and when [they] go up *7* […] for their cereal[-offer] and in order to burn upon the altar *8* of the burnt-[offering …] … in the wall of *9* this building … […] one cubit by one cubit and … […] from […] cubits, and its height *10* from the ground will be four cubi[t]s, [ov]erlaid with gold, on which they shall place *11* their clothes with which they will go up on top of the house of […] *12* when they enter to minister in the Sanctuary. And you shall make a channel all round the laver along the altar of the burnt-offering *13* which shall run [be]neath the laver, and a shaft shall descend [down]wards to the middle of the earth so that *14* the water flows and runs through it and is lost in the middle of the earth, and no- *15* one should touch it because it is mixed with the blood of the burnt-offering.

Col. XXXIII *1* […] they shall enter […] *2* […] And at the moment whe[n …] *3* […] their … and […] *4* […] which are upon them and they shall depo[sit …] *5* […] the laver buil[ding] and […] to the lav[er …] *6* [those who ente]r to the laver and those who go out from it to the [middle court, and] *7* they shall [not] sanctify my people with the sacred vestments [with] which [they minister.] *8 Blank* To the East of the laver building you shall make a building with the same measurements as the [la]ver [building.] *9* The distance of its wall from the w[a]ll (of the laver building) will be seven cubits, and [a]ll its construction and its timberwork will be like the laver building. *10* And it will have two gates: to the North and to the South, one facing the other, with the same measurements as the gate[s of] the *11* laver building. And this whole building, all its walls will be provided on the inside with blocked windows; *12* their width will be two cubits by two cubits (deep) and their height four cubits, *13* with doors, niches for the utensils of the altar, for the sprinkling bowls, the jar[s], the tongs, *14* the silver plates in which they bring the innards and *15* legs upon the altar. *Blank* When they finish burning

Col. XXXIV *1* […] … in a bron[ze] tablet […] *2* […] and between column and col[umn …] *3* […] which there is between the columns […] *4* [… the] bullocks into the whe[els …] *5* [the whe]els, and they shall close the wheels and […] *6* and they shall tie the horns of the bullocks to the rings, and […] on the rings. *7* Afterwards they shall slaughter them and they shall collect th[e blood]

הדם] במזרקות 8 וזורקים אותו על יסוד המזבח סביב *vacat* ופותחים 9 את הגלגלים [ומ]פושטים את עורות הפרים מעל בשרמה ומנתחים 10 אותמה לנתחיהמה ומולחים את הנתחים במלח ומרחצים את 11 הקרבים ואת הכרעים ומולחים במלח ומקטירים אותמה על 12 האש אשר על המזבח פר ופר ונתחיו אצלו ומנחת סולתו עליו 13 ויין נסכו אצלו ושמנו עליו והקטירו הכוהנים בני אהרון את הכול 14 על המזבח אשה ריח ניחוח לפני יהוה *vacat* 15 ועשיתה שלשלות יורדות מן מקרת שני עשר העמודים

Col. XXXV 1 [אל קוד]ש הקודשי[ם ...] 2 [...]. כול איש אשר לוא[...] 3 [...]. כול איש אשר לוא[... ק]ודש 4 [...]ה ממנה וכול [...]הוא אין 5 הוא כוהן יומת וכול א[יש ...]ן אשר יבוא 6 אותה והוא אין הוא לבוש בג[די הקודש ...]לוא מלא את 7 ידיו גם המה יומתו ולוא יחל[לו את מק]דש אלוהיהמה לשאת 8 עוון אשמה למות וקדשת{מ}ה את ס[בי]ב למזבח ולהיכל ולכיור 9 ולפרור והיה קודש קודשים לעולם ועד *vacat* 10 ועשיתה מקום למערב ההיכל סביב פרור עמודים 11 לחטאת ולאשם מובדלים זה מזה לחטאת הכוהנים ולשעירים 12 ולחטאות העם ולאשמותמה ולוא יהיו מערבים כולו אלה 13 באלה כי מובדלים יהיו מקומותמה זה מזה למען לוא 14 ישוגו הכוהנים בכול חטאת העם ובכול אלי אשמות לשאת 15 חטא אשמה *vacat* והעוף על המזבח יעשה התורים

Col. XXXVI 1 [...]א[...] 2 [...]שערים ... [...] 3 [...] מן המקצוע[...] 4 [עד פנ]ת השע[ר עשרים ומאה באמה ו]השער רחב ארבעים 5 [באמה] לכול רוחותיו [כמדה הזואת] ו[רו]חב קי[רו] שבע אמות 6 [וגוב]הו חמש [וארבעים באמה עד מק]רת גג[ו ורוח]ב ת[איו] שש 7 ועשרים באמה ממקצוע אל מקצוע והש[ע]רים הבאים במה 8 וה[יו]צאים במה רוחב השער ארבע [עש]רה באמה וגובהמה 9 שמונה ו[ע]שרים באמה מן הס{א}ף עד המשקוף וגובה 10 המקרה מן המשקוף ארבע עשרה באמה ומקורה כיור 11 ארז מצופה זהב טהור ודלתותיו מצופות זהב טוב *vacat* 12 *vacat* ומפנת השער עד המקצוע השני לחצר

in sprinkling bowls *8* and pour it over the base of the altar round about. *Blank* And they shall open *9* the wheels [and t]ear off the hides of the bullocks from their flesh and they shall chop *10* them into their pieces and they shall salt the pieces with salt. They shall wash *11* the innards and paws, they shall salt them with salt and they shall burn them in *12* the fire which is on the altar: bullock by bullock and its pieces with it and its cereal-offering of finest flour upon it, *13* and the wine of its libation with it and its oil upon it. And the priests, sons of Aaron, shall burn everything *14* upon the altar. It is a fire-sacrifice of fragrance which appeases before YHWH. *Blank* *15* And you shall make chains which go down from the framework of the twelve columns

Col. XXXV *1* [to the Hol]y of Holie[s ...] *2* [...] every man who is not [...] *3* [...] every man who is not [... h]oly *4* [...] from it and every [...] ... who is not *5* a priest will be put to death, and every one who [...] who enters *6* it and he is not dressed with the [sacred] vest[ments ...] he is not *7* consecrated, these, too, shall be put to death. And they shall not pro[fane the tem]ple of their God, incurring *8* a sin punishable by death. You shall sanctify what sur[rou]nds the altar, the sanctuary, the laver *9* and the porch. It will be most holy for ever and always. *Blank* *10* To the West of the Sanctuary you shall build a circular place, a porch with columns. The columns *11* for the sin-offering and for the guilt-offering, separated from one another, for the sin-offering of the priests and for the he-goats, *12* for the sin-offerings of the people and for their guilt-offerings. And no-one shall proceed from one *13* to the other, for their places will be separated from one another, so that *14* the priests do not err with any of the sin-offering of the people or with the rams of the guilt-offering, incurring *15* an accountable sin. *Blank* And the birds upon the altar: he shall prepare the turtle-doves

Col. XXXVI *1* [...] ... [...] *2* [...] the gates [...] *3* [...] from the corner [...] *4* [up to the ang]le of the gat[e, one hundred and twenty cubits. And] the gate will be forty [cubits] wide *5* in all its sides [according to these measurements.] The [thick]ness of [its] wa[ll] will be seven cubits, *6* [and] its [height forty-]five [cubits, up to the timber]work of [its] roof. [And the wid]th of [its] cha[mbers will be] *7* twenty-six cubits from corner to corner. And the ga[t]es through which they enter *8* and through which they [go] out: width of the gate: four[te]en cubits, and its height, *9* [tw]enty-eight cubits from the thr[es]hold to the lintel. And the height *10* of the timberwork right from the lintel: fourteen cubits. The timberwork of the framework will be of *11* cedar overlaid with pure gold; and its doors will be covered with quality gold. *Blank* *12* *Blank* From the angle of the gate up to the second corner of the courtyard there will be

עשרים 13 ומאה באמה וככה תהיה מ"ת כול השערים האלה אשר
14 לחצר הפנימית והשערים באים פנימה אל תוך החצר

Col. XXXVII 1 [...]...[...] 2 [...]חדש מהגנות לכול הש[...]
3 [...]ה בין...[...] 4 [החצר] הפנימית לעזרת ה[מז]בח אשר ...[...]
5 [א]ת זבחי שלמי בני ישראל ... ולכ[...] 6 [...] עש[...] פנות הפרור
התחתון ...[...] 7 המעלות אצל [קירות ה]שערים משני [עברי] השער
8 וע[ש]יתמה בח[צר פ]נימה ב[י]ת מושבות לכוהנים ושולחנות 9 לפני
המושבות בפרור הפנימי אצל קיר החצר החיצון 10 מקומות עשוים
לכוהנים לז[ב]חיהמה ולבכורים ולמעשרות 11 ולזבחי שלמיהמה אשר
יהיו זובחים ולוא [י]תערבו זבחי 12 שלמי בני ישראל בזבחי הכוהנים
vacat 13 ובארבעת מקצועות החצר [ל]עשות להמה מקום לכירים
14 אשר יהיו מבשלים שמה את זבחיהמה ואת החטאות

Col. XXXVIII 01 [במקצוע המזרחי צפונה ואת ...]
1 [...] יהיו אוכלים [...] 2 [...]...[... רא]שיתמה ...[...] 3 [...]יהיו
אוכלים ושותים[...] 4 [...] לדגן לתירוש ול[יצהר ...] 5 ...[...]
6 [...]לשמאל שער המערב [...] 7 [...]העץ אשר ... [...] 8 [...] עליה
לבונה ולשמאול ש[ער הצפון ...] 9 ולימ[ין ה]שער הזה ...[...] 10 ...
[...]שמה יהיו אוכלים [...]העוף ולתורים ולבני היונה 11 *vacat*
12 וע[שיתה ח]צר שנית סובבת את החצר הפנימית רחוב מאה באמה
13 [ואורך לרוח] הקדם שמונים וארבע מאות באמה וככה רוחב ואורך
לכול 14 [רוחותיה] לנגב ולים ולצ צפון (ולצפון) ורוחב קירה ארבע
[אמו]ת וגובה שמונ[ה] 15 [ועש]רים באמה ותאים עש[וי]ם לקיר בחוץ
ובין התאו לתאו שלוש

Col. XXXIX 1 ...[...]... 2 ...[... מק]רת הגג[...] 3 אמות [...]
ודלתותיה מ[...] 4 מצופ[ה זהב ...]החצר הזואת [...] 5 קהל עדת[
ישראל ...]...סה דור רבי[עי] מבן 6 עשרים [...] להשתחוות לפני כול
[עדת ב]ני 7 ישראל ...[...]לוא תבוא בה אשה וילד עד יום 8 אשר

13 one hundred and twenty cubits. Thus shall be the measurement of all these gates of *14* the inner courtyard. And the gateways shall project towards the inside of the courtyard

Col. XXXVII (= 11Q20 X) *1* […] … […] *2* […] new from the gardens, for all the […] *3* […] between … […] *4* the inner [courtyard] to the enclosure of the [al]tar which … […] *5* the peace-sacrifices of the children of Israel … and to […] *6* […] … […] the corners of the lower porch … […] *7* the steps by [the walls of the] gates, on the two [sides] of the gate. *8* And in the [in]ner court[yard] you shall ma[k]e sitting places for the priests, and tables *9* in front of the seats, in the inner porch, near the wall of the outer courtyard, *10* places made for the priests, for their sa[cri]fices and for the first-fruits and the tithes, *11* and for their peace-sacrifices which they will offer. And there [shall] be no mingling of the peace *12* sacrifices of the children of Israel with the sacrifices of the priests. *Blank 13* And in the four corners of the courtyard, [to] make for them a place for the cauldrons *14* where they shall cook their sacrifices, and the sin-offerings

Col. XXXVIII (= 11Q20 X) *01* [in the North-east corner, and the …]
1 […] they shall eat […] *2* […] … […] their [fir]st-fruits … […] *3* […] they shall eat and drink […] *4* […] the grain, the wine and the [oil …] *5* … […] *6* […] to the left of the Western gate […] *7* […] the wood which … […] *8* […] over which there is incense. And to the left of the [Northern] ga[te …] *9* And to the righ[t of] this gate … […] *10* … […] there they shall eat […] the fowl, the turtle doves and the doves. *11 Blank 12* [You] shall m[ake] a second [cou]rtyard surrounding the inner courtyard, one hundred cubits in width *13* [and] four hundred and eighty cubits in [length] on the East [side.] The same will be the width and length of all *14* [its sides,] to the South and to the West and to North. And the width of the wall will be four [cubit]s and the height *15* [twe]nty-eigh[t] cubits. There will be chambers ma[de] in the wall on the outside and between one chamber and another there will be three

Col. XXXIX *1* … […] … *2* … [the timber]work of the roof […] *3* cubits […] and its doors […] *4* overlai[d with gold …] this courtyard […] *5* assembly of the community of [Israel …] the fou[rth] generation, from *6* twenty […] in order to prostrate before all [the assembly of the so]ns of *7* Israel … […] No woman shall enter it nor any boy until the day *8* on which … […] to YHWH half a

...[...] ליהוה מחצית השקל 9 לזכרון במושבותיהמה עשרים גרה השקל
vacat 10 וכאשר ישאו ממנו מחצית הש[קל ...]לי אחר יבואו מבן
11 עשרים [שנה] ולמעלה ושם השערים אשר ל[ח]צר הזואת על שמ[ות]
12 בני יש[ר]אל שמעון לוי ויהודה בקדם מזרח [ר]אובן יוסף ובנימין לנגב
13 דרום יש שכר זבולון וגד לים דן נפתלי ואשר לצפון ובין שער לשער
14 מדה מן פנה למזרח צפון עד שער שמעון תשע ותשעים באמה והשער
15 שמונה ועשרים באמה ומשער הזה עד שער {...} לוי תשע ותשעים
16 באמה והשער שמונה ועשרים באמה ומשער לוי עד שער יהודה

Col. XL 1 [...]ללבוש את הב[גדים ...] 2 [...]ה להיות נש[י]א תח[ת
...] 3 [...]בני ישראל ולוא ימ[ותו ...] 4 [... החצ]ר הזאת ל...[...]
5 [...] ועשיתה חצר שליש[י]ת [...] 6 [...]לבנותיהמה ולגרים אשר
נולד[ו ...] 7 [... רו]חב סביב לחצר התיכונה ש[ש] מא[ות] אמה
8 באורך כאלף ושש [מאות] אמה מפנה לפנה לכול ר[ו]ח ורוח כמדה
הזאות וש· 9 למזרח ולדרום ולים ולצ[פו]ן ורוחב הקיר שבע אמות וגובה
תשע 10 ורבעים באמה ותאים [ע]שוים בו ולשעריו מחוץ לעומת המוסד
11 עד עטרותיו שלושה ב[ו] שערים במזרח ושלושה בדרום ושלושה
12 לים ושלושה לצפון ורוחב השערים חמשים באמה וגובהמה שבעים
13 באמה ובין שער לשער [מדה] שלוש מאות וששים באמה מן הפנה עד
14 שער שמעון ששים ושלוש מאות באמה ומשער שמעון עד שער לוי
15 כמדה הזׄאת ומשע˺ לוי עד שער יהודה כמדה הזואת ששים ושלוש

Col. XLI 1 [... ומשער בנימין עד פנת המ]ער[ב] 2 [שלוש מאות
וששים באמה וככה מן הפנה] הזואת 3 עד ש[ער יש שכר שלוש מאות
וששים ב]אמה ומשער 4 יש שכר[עד שער זבולון ששים ושלוש] מאות
באמה 5 ומשער זב[ולון עד שער גד ששים ו]שלוש מאות 6 באמה
ומש[ער גד] עד [פנת הצפון] שלוש מאות 7 וששים באמה *vacat* [*vacat*
ו]מן הפנה הזואת עד 8 שער דן שלוש מאו[ת וששים באמה ו]ככה משער
דן עד 9 שער נפתלי ששים ושלוש [מ]אות ב[אמ]ה ומשער נפתלי 10 עד
שער אשר שלוש מאות וששים באמה ומשער 11 אשר עד פנת {...}

shekel *9* as a memorial in their villages. The shekel (will be) of twenty *geras*. *Blank* *10* And when they take from him the half-she[kel ...] for me; afterwards shall come those of *11* twenty [years] and older. And the names of the gates of this [cou]rtyard are according to the name[s] *12* of the children of Is[ra]el: Simeon, Levi and Judah to the East; [Re]uben, Joseph and Benjamin to *13* the South; Issachar, Zebulun and Gad to the West; Dan, Naphtali and Asher to the North. And between one gate and another *14* the measurement is: from the North-east corner up to the gate of Simeon ninety-nine cubits; and the gate, *15* twenty-eight cubits; and from this gate up to the gate of {...} Levi, ninety-nine *16* cubits; and the gate, twenty-eight cubits; and from the gate of Levi up to the gate of Judah,

Col. XL *1* [...] to wear the gar[ments ...] *2* [...] to be Prince und[er ...] *3* [...] the children of Israel and they shall not d[ie ...] *4* [...] this [cou]rtyard ... [...] *5* [...] And you shall make a thi[r]d courtyard [...] *6* [...] for their daughters and for foreigners, who were bor[n ...] *7* [... the wid]th around the central courtyard will be si[x] hundr[ed] cubits *8* by a length of about one thousand six [hundred] cubits from one corner to the other, on each side, according to these measurements: /.../ *9* to the East, to the South, to the West and to the No[rt]h. And the thickness of the wall will be seven cubits and the height *10* forty-nine cubits; and it will have recesses, [m]ade between its gates, on the outside, at the base of the foundation *11* up to its 'crowns'. In [it] there will be three gates to the East, and three to the South, and three *12* to the West, and three to the North. And the width of the gates will be fifty cubits and their height seventy *13* cubits. The [measurement] between gate and gate will be three hundred and sixty cubits. From the corner up to *14* the gate of Simeon there will be three hundred and sixty cubits; and from the gate of Simeon up to the gate of Levi, *15* the same measurement; and from the gate of Levi up to the gate of Judah, the same measurement, three [hundred] and sixty

Col. XLI *1* [... And from the gate of Benjamin up to the we]st[ern corner] *2* [three hundred and sixty cubits, and the same from] this [corner] *3* up to the ga[te of Issachar, three hundred and sixty] cubits; and from the gate of *4* Issachar [up to the gate of Zebulun three] hundred [and sixty] cubits; *5* and from the gate of Zeb[ulun up to the gate of Gad,] three hundred and [sixty] *6* cubits; and from the g[ate of Gad] up to [the North corner,] three hundred *7* and sixty cubits. *Blank* [*Blank* And] from this corner up to *8* the gate of Dan, three hundre[d and sixty cubits, and] the same from the gate of Dan up to *9* the gate of Naphtali, three [hun]dred and sixty [cubi]ts; and from the gate of Naphtali *10* up to the gate of Asher, three hundred and sixty cubits; and from the gate of *11* Asher up to the Eastern corner {...}, three hundred and sixty

המזרח שלוש מאות וששים באמה 12 ויוצאים השערים מקיר החצר לחוץ שבע אמות 13 ולפנימה באים מקיר החצר שש ושלושים באמה 14 ורוחב פתחי השערים ארבע עשרה באמה וגובהמה 15 שמונה ועשרים באמה עד המשקוף ומקורים 16 באדשכים עץ ארז ומצופים זהב ודלתותיהמה מצופות 17 זהב טהור ובין {ע} שער לשער תעשה פנימה נשכות

Col. XLII 1 [...] 2 [...] עד המשקוף ו.[...] 3 [...] לכול הנשכות ולחדריה[מה] 4 ...[... רו]חב עשר באמות ובין שער 5 לשער [תעשה שמונה] עשרה נשכה וחדריהמה 6 שמונה[עשרה] *vacat* 7 ובית מעלות ת[ע]שה אצל קירות השערים בתוך 8 הפרור עולים מסבות לתוך הפרור השני ושלישי 9 ולגג ונשכות בנוית וחדריהמה ופרוריהמה כתחתונות 10 שניות ושל[י]שיות כמדת התחתונות ועל גג השלישית 11 תעשה עמודים ומקורים בקורות מעמוד אל עמוד 12 מקום לסוכות גבהים שמונה אמות והיו הסוכות 13 נעשות עליהמה בכול שנה ושנה בחג הסוכות לזקני 14 העדה לנשיאים לראשי בתי האבות לבני ישראל 15 ולשרי האלפים ולשרי המאיות אשר יהיו עולים 16 ויושבים שמה עד {ע}העלות את עולת המועד אשר 17 לחג הסוכות שנה בשנה בין שער לשער יהיו

Col. XLIII 1 [...]ה לשש[...] 2 [...]בימי השבתות ובימ[י ...] 3 [...]ובימי הבכורים לדגן לת[ירוש] 4 ול[יצהר ובימי ה]עצים באלה הימים יאכל ולוא יני[חו] 5 ממנו שנה לשנה אחרת כי ככה יהיו אוכלים אותו 6 מחג הבכורים לדגן החטים יהיו אוכלים את הדגן 7 עד השנה השנית עד יום חג הבכורים והיין מיום 8 מועד התירוש עד השנה השנית עד יום מועד 9 התירוש והיצהר מיום מועדו עד השנה השנית 10 למועד יום הקרב שמן חדש עליהמזבח וכול אשר 11 נותר ממועדיהמה יקדש באש ישרף לוא יאכל עוד 12 כי קדש והיושבים במרחק מן המקדש דרך שלושת 13 ימים כול אשר יוכלו להביא יביאו ואם לוא יוכלו 14 לשאתו ומכרוהו בכסף והביאו את הכסף ולקחו בו דגן 15 ויין ושמן ובקר וצאון ואכלוהו בימי

cubits. *12* The gateways shall protrude from the wall of the courtyard outwards seven cubits *13* and will extend inwards out of the wall of the courtyard thirty-six cubits. *14* And the width of openings of gateways will be fourteen cubits and their height *15* twenty-eight cubits up to the lintel, and they will be furnished *16* with jambs of cedar wood and overlaid with gold, and their doors will be overlaid *17* with pure gold. And on the inside, between one gate and another, you shall make storerooms

Col. XLII *1* [...] *2* [...] up to the lintel and [...] *3* [...] to all the store-rooms, and to th[eir] rooms *4* [... the wi]dth will be ten cubits. And between one gate *5* and another [you shall make eigh]teen storerooms and their rooms, *6* eigh[teen.] *Blank* *7* You shall [m]ake a staircase by the walls of the gates in the middle of *8* the porch leading up and round into the second and third porch *9* and to the roof. And the store-rooms and their rooms and their porches will be like those below, *10* the second and th[i]rd (floors) will be of the same measurements as those below. And upon the third roof *11* you shall make columns, furnished with beams from column to column, *12* a place for the huts, eight cubits height. And the huts shall be *13* made on them each and every year, on the festival of the huts, for the elders of *14* the congregation, for the princes, for the heads of families, for the children of Israel, *15* for the chiefs of thousands and the chiefs of hundreds, who shall go up *16* and sit there until is offered the burnt-offering of the festival which *17* belongs to the festival of huts, year after year. Between one gate and another there shall be

Col. XLIII *1* [...] ... [...] *2* [...] on the days of the sabbaths and on the day[s of ...] *3* [...] and on the days of the first-fruits of grain, of wi[ne] *4* and of [oil, and on the days of the] wood. It shall be eaten on these days and they shall not leave [over] *5* some of it from one year to another year, for they shall eat it in this way: *6* from the festival of the first-fruits of the grain of wheat they shall eat the grain *7* up to the second year, up to the day of the festival of first-fruits; and the wine, from the day of *8* the festival of new wine up to the day of the festival of new wine of the second year, up to the day of the festival of *9* the new wine; and the oil, from the day of its festival up to the second year, *10* up to the festival of the day of the offering of new oil /on/ {to} the altar. And everything which *11* is surplus from their festivals will be holy, it will be burned on the fire; it shall not be eaten anymore *12* because it is holy. And those who live further from the temple than a distance of three *13* days shall bring everything that they can bring; and if they are unable *14* to carry it then they shall sell it for money and shall bring the money, and with it they shall buy grain, *15* and wine, and oil, and cattle and sheep, and they shall eat it

המועדים ולוא 16 יואכלו ממנו בימי המעשה לאונמה כי קודש הוא 17 ובימי הקודש יאכל ולוא יאכל בימי המעשה {...}

Col. XLIV 1 [...]יושבים[...] 2 [...]אשר בתוך העיר למ[זרח ...] 3 [...] *vacat* וחלקתה את [כול הנשכות משער] 4 [שמעו]ן עד שער יהודה יהיו לכוהנים [...] 5 וכ[ו]ל ימין שער לוי ושמאולו לבני אהרון אחיכה תח[לק] 6 שמונה ומאה נשכה וחדריהמה ושתי סוכותיהמה 7 אשר מעל הגג ולבני יהודה משער יהודה עד 8 הפנה ארבע וחמשים נשכה וחדריהמה והסוכה 9 אשר מעלהמה ולבני שמעון משער שמעון עד הפנה 10 השנית נשכותמה וחדריהמה וסוכ'ת'מה ולבני ראובן 11 מן המקצוע אשר אצל בני יהודה עד שער ראובן 12 שתים וחמשים נשכ'ת וחדריהמה וסוכ'תמה ומשער 13 ראובן עד שער יוסף לבני יוסף לאפרים ולמנשה 14 ומשער יוסף עד שער בנימין לבני קהת מ{ב}נ{י} הלויים 15 ומשע' בנימין עד פנת המערב לבני בנימין מן הפנה 16 הזואת עד שער יש שכר לבני יש שכר ומשער

Col. XLV 1 וה[יו באים ...]שמ.[...] 2 שבעים[... נשכה ...]א וכליהמה ...[...] 3 וכאשר י[... ה]שני יה[י]ה בא לשמאול[...] 4 יצא הרישון מ[ימי]ן ולוא [יהי]ו מתערבים אלה באלה ו'כליה[מה ובו]א 5 משמר אל מקומו וחנו זה[ב]א וזה יוצא ליום השמיני ומטהרים את 6 הנשכות זואת אחרי זאות[מ]עת תצא הראישונה ולוא תהיה שמה 7 תערובת *vacat* וא[יש] כי יהיה לו מקרה לילה לוא יבוא אל 8 כול המקדש עד אשר [יש]לים שלושת ימים וכבס בגדיו ורחץ 9 ביום הראישון וביום הש[ל]ישי יכבס בגדיו ורחץ ובאה השמש אחר 10 יבוא אל המקדש ולוא יבואו בנדת טמאתמה אל מקדשי וטמאו 11 *vacat* ואיש כיא ישכב עם אשתו שכבת זרע לוא יבוא אל כול עיר 12 המקדש אשר אשכין שמי בה שלושת ימים *vacat* כול איש עור 13 לוא יבואו לה כול ימיהמה ולוא יטמאו את העיר אשר אני שוכן 14 בתוכה כי אני יהוה שוכן בתוך בני ישראל לעולם ועד *vacat* 15 וכול איש אשר יטהר מזובו וספר לו שבעת ימים לטהרתו ויכבס ביום 16 השביעי בגדיו ורחץ את כול בשרו במים

during the days of the festivals. And they shall not *16* eat from it on work-days for their strength because it is holy; *17* and it will be eaten on the holy days and will not be eaten on the work-days. {...}

Col. XLIV *1* [...] inhabitants [...] *2* [...] which there is within the city, to the Ea[st ...] *3* [...] *Blank* And you shall share out [all the store-rooms. From the gate of] *4* [Simeo]n up to the gate of Judah, they shall be for the priests [...] *5* and a[l]l to the right of the gate of Levi and to its left. You shall al[lot] to the sons of Aaron, your brother, *6* one hundred and eight store-rooms and their rooms and their two huts *7* which are on top of the roof. To the sons of Judah, from the gate of Judah up to *8* the corner: fifty-four store-rooms and their rooms and the hut *9* which there is above them. To the sons of Simeon, from the gate of Simeon up to the *10* second corner: their store-rooms, and their rooms and their hut/s/. To the sons of Reuben, *11* from the corner which is next to the sons of Judah up to the gate of Reuben: *12* fifty-two store-room/s/, and their rooms and their hut/s/. And from the gate of *13* Reuben up to the gate of Joseph, to the sons of Joseph, to Ephraim and to Manasseh. *14* And from the gate of Joseph up to the gate of Benjamin, to the sons of Kohath, from {the sons of} the Levites. *15* And from the gat/e/ of Benjamin up to the western corner to the sons of Benjamin. From this corner *16* up to the gate of Issachar, to the sons of Issachar. And from the gate

Col. XLV (= 11Q20 XI - XII) *1* and [they] wi[ll enter ...] ... [...] *2* seventy [... store-rooms ...] and their vessels ... [...] *3* And when [... the] second sh[a]ll enter to the left [...] *4* the first shall go out from [the righ]t and they [shall] not intermingle one with the other, nor /with/ their ves[sels. And shall co]me *5* the priestly course to its place, and they shall camp, he who [goes] in and he who goes out, on the eighth day; and they shall purify the *6* store-rooms, one after another, [at] the moment when the first goes out; and there shall be no *7* mingling there. *Blank* And the m[an] who has had a nocturnal emission shall not enter *8* the whole temple until three days have [pa]ssed. He shall wash his clothes and shall bathe *9* on the first day and on the th[i]rd day he shall wash his clothes /and bathe/; and after the sun has set *10* he shall enter the temple. But they shall not enter my temple with their soiled impurity and defile it. *11 Blank* And a man who lies with his wife and has an ejaculation, for three days shall not enter the whole city of *12* the temple in which I shall cause my name to dwell. *Blank* No blind person *13* shall enter it all their days, and they shall not defile the city in whose midst I dwell *14* because I, YHWH, dwell in the midst of the children of Israel for ever and always. *Blank* *15* Every man who purifies himself from his discharge shall count for himself seven days for his purification. And he shall wash on the seventh day *16* his clothes and bathe his body

חיים אחר יבוא אל עיר 17 המקדש וכול טמא לנפש לוא יבואו לה עד אשר
יטהרו *vacat* וכול צרוע 18 ומנוגע לוא יבואו לה עד אשר יטהרו וכאשר
יטהר והקריב את

Col. XLVI 01 [...]ק לוא יבוא אל המקדש 02 [...]רוכל ואל המקדש
03 [לוא יבוא ...] *vacat* 04 [...]בה שלנחשת[...]
1 [...]שר ה[... גבולו אשר לו]א ישכ[ון כול] 2 עוף טמא על מקד[שי
... ו]על גגי השערים [אשר] 3 לחצר החיצונה וכול[עוף טמא לוא יוכל
ל]היות בתוך מקדשי לעול[ם] 4 ועד כול הימים אשר א[ני שוכ]ן בתוכם
vacat 5 *vacat* ועשיתה רובד סביב לחוץ מחצר החיצונה רחב 6 ארבע
עשרה באמה על פי פתחי השערים כולמה ושתים 7 עשרה מעלה תעשה
לו אשר יהיו עולים בני ישראל אליו 8 לבוא אל מקדשי *vacat* 9 ועשיתה
חיל סביב למקדש רחב מאה באמה אשר יהיה 10 מבדיל בין מקדש הקודש
לעיר ולוא יהיו באים בלע אל תוך 11 מקדשי ולוא יחללוהו וקדשו את
מקדשי ויראו ממקדשי 12 אשר אנוכי שוכן בתוכמה *vacat* 13 ועשיתה
להמה מקום יד חוץ מן העיר אשר יהיו יוצאים שמה 14 לחוץ לצפון
המערב לעיר בתים ומקורים ובורות בתוכמה 15 אשר תהיה הצואה יורדת
אל תוכמה ולוא תהיה נראה לכול רחוק 16 מן העיר שלושת אלפים אמה
vacat ועשיתה 17 שלושה מקומות למזרח העיר מובדלים זה מזה אשר
יהיו 18 באים המצורעים והזבים והאנשים אשר יהיה להמה מקרה

Col. XLVII 01 והבאים[...] 02 רחוק מ[ן ...] 03 וכול .[...]
04 דבר ומש[...] 05 [...] 06 וחמ[...]
1 [...]...[והורדתמה ...] 2 [... ל]מעלה ולוא למט[ה ...] *vacat*
3 [והיו]עריהמה טהורות וש[...]ה לעולם והעיר 4 אשר אקדיש לשכין
שמי ומקד[שי בתוכה] תהיה קודש וטהורה 5 מכול דבר לכול טמאה אשר
יטמאו בה כול אשר בתוכה יהיה 6 טהור וכול אשר יבוא לה יהיה טהור יין
ושמן וכול אוכל 7 וכול מושקה יהיו טהורים כול עור בהמה טהורה אשר
יזבחו 8 בתוך עריהמה לוא יביאו לה כי בעריהמה יהיו עושים 9 בהמה
מלאכתמה לכול צורכיהמה ואל עיר מקדשי לוא יביאו 10 כי כבשרמה

completely in living water. Afterwards he shall enter the city of *17* the temple. And anyone who is impure through contact with a cor/p/se shall not enter it until they have purified themselves. *Blank* And no leper *18* nor infected person shall enter it until they have purified themselves; and when he has purified himself then he shall offer the

Col. XLVI (= 11Q20 XII - XIII) *01* [...] shall not enter the temple. *02* [...] trader, and the temple *03* [he shall not enter ...] *Blank 04* [...] ... of copper [...] *1* [...] ... [... its border so that there does] not si[t any] *2* unclean bird on [my] tem[ple ... and] on the roofs of the gates [which lead] *3* to the outer courtyard, and any [unclean bird shall not be able to] be in the middle of my temple for eve[r] *4* and for all the days, for [I dwel]l in their midst. *Blank 5 Blank* And you shall make a platform around the outer courtyard, *6* fourteen cubits wide, corresponding to the openings of all the gates; *7* and you shall make twelve steps for it, upon which the children of Israel will ascend *8* to enter my temple. *Blank* *9* And you shall make a trench around the temple, one hundred cubits wide, which will *10* separate the holy temple from the city, and they will not enter suddenly *11* my temple and will not defile it. And they shall sanctify my temple and they shall be afraid of my temple, *12* for I dwell in their midst. *Blank* *13* And you shall make latrines for them outside the city, where they shall go, *14* outside, to the North-west of the city: houses with beams and pits in their midst *15* into which excrement shall drop and shall /not/ be visible for anyone, at a distance *16* from the city of three thousand cubits. *Blank* You shall make *17* three places, to the East of the city, separate from each other, to which shall *18* come the lepers and those afflicted with a discharge and the men who have an emission of semen.

Col. XLVII (= 11Q20 XIII) *01* and those who come [...] *02* far fr[om ...] *03* and all [...] *04* matter, and ... [...] *05* [...] *06* and ... [...] *1* [...] ... [and you will lead down ...] *2* [... up]wards and not downwar[ds ...] *Blank 3* [And] their cities [will be] pure and [...] for ever. And the city *4* which I will sanctify to make dwell my name and [my] temp[le within it] shall be holy and shall be clean *5* from any case of whatever impurity with which they could be defiled. Everything that there is in it shall be *6* pure and everything that goes into it shall be pure: wine, and oil, and all food, *7* and all drink shall be pure. All the hides of pure animal which they slaughter *8* in their cities they shall not bring into it. For in their cities they shall make *9* with these (hides) utensils for all their needs, but they shall not bring them into the city of my temple. *10* For their purity shall be like that of their flesh, and they shall not

תהיה טהרתמה ולוא תטמאו את העיר אשר 11 אנוכי משכן את שמי
ומקדשי בתוכה כי בעורות אשר יזבחו 12 במקדש בהמה יהיו מביאים את
יינמה ואת שמנמה וכול 13 אוכלמה לעיר מקדשי ולוא יגאלו את מקדשי
בעורות זבחי 14 פגוליהמה אשר יזבחו בתוך ארצמה ולוא תטהרו עור
15 מתוך עריכמה לעירי כי כטהרת בשרו כן יטהרו העורות אם
16 במקדשי תזבחוהו וטהר למקדשי ואם בעריכמה תזבחוהו וטהר
17 לעריכמה וכול טהרת המקדש בעורות המקדש תביאו ולוא תטמאו
18 את מקדשי ועירי בעורות פגוליכמה אשר אנוכי שוכן בתוכה

Col. XLVIII 1 [... למי]נה והדוכיפת [...] 2 [...] *vacat* 3 [ואלה
משרץ]העוף תוכלו הארבה [למינו] והסו[ל]עום למינו והח'רגול 4 למינו
והחגב למינו אלה משרץ העוף תואכלו ההולכים על ארבע אשר 5 יש לו
כרעים מעל רגליו לנתור בהמה מן הארץ ולעוף בכנפיו כול 6 נבלה בעוף
ובבהמה לוא תואכלו כי מכור לנוכרי וכול תועבה לוא 7 תואכלו כי עם
קדוש אתה ליהוה אלוהיכה *vacat* בנים אתמה 8 ליהוה אלוהיכמה לוא
תתגדדו ולוא תשימו קורחה בין עיניכמה 9 למת ושרטת על נפש לוא תתנו
בבשרכמה וכתבת קעקע לוא תכתובו 10 בכמה כי עם קדוש אתה ליהוה
אלוהיכהמה *vacat* ולוא תטמאו את 11 ארצכמה *vacat* ולוא תעשו כאשר
הגויים עושים בכול מקום המה 12 קוברים את מתיהמה וגם בתוך
בתיהמה המה קוברים כי אם מקומות 13 תבדילו בתוך ארצכמה אשר
תהיו קוברים את מתיכמה בהמה בין ארבע 14 ערים תתנו מקום לקבור
בהמה ובכול עיר ועיר תעשו מקומות למנוגעים 15 בצרעת ובנגע ובנתק
אשר לוא יבואו לעריכמה וטמאום וגם לזבים 16 ולנשים בהיותמה בנדת
טמאתמה ובלדתמה אשר לוא יטמאו בתוכם 17 בנדת טמאתם והצרוע
אשר בו צרעת נושנת או נתק ויטמאנו הכוהן

Col. XLIX 1 [...]ת[...] 2 [... והסגר]תמה אותמה ש[בעת ימים ...]
3 [...]ם ובעץ ארז ובאזוב ובח[...] 4 את עריכמה בנגע הצרעת וטמאו
vacat 5 ואדם כי ימות בעריכמה כול בית אשר ימות בו המת יטמא
6 שבעת ימים כול אשר בבית וכול הבא אל הבית יטמא 7 שבעת ימים

defile the city *11* within which I make dwell my name and my temple. Rather with the hides (of the animals) which they sacrifice *12* in the temple, with these they shall bring into the city of my temple their wine, their oil and all *13* their food. And they shall not defile my temple with the hides of their profane *14* slaughtering which they slaughter in their land. And you shall not consider clean the hide *15* from your cities for my city, for according to the purity of its flesh so shall the hides be pure. If *16* you sacrifice in my temple, it is pure for my temple; and if you slaughter in your cities, it is pure *17* for your cities. And all the purity of the temple you shall bring in the hides of the temple, and you shall not defile *18* my temple and my city with your profane skins, because I dwell in your midst.

Col. XLVIII *1* [… and] its [spe]cies and the hoopoe […] *2* […] *Blank* […] *3* [And these from the] winged [insects] you can eat: the locust [and its species,] the bald [l]ocust and its species, the cricket *4* and its species, the grasshopper and its species. These you can eat from among winged insects: those which crawl on four paws, which *5* have the hind legs wider than the forelegs in order to jump from the ground with them and to fly with their wings. *6* You cannot eat any carcass of bird or beast; sell it to foreigners, but do not eat anything *7* repulsive because you are a holy people for YHWH your God. *Blank* You are sons *8* for YHWH your God. You shall not gash yourselves or shave yourselves between your eyes *9* for a dead person, nor shall you make gashes in your flesh for someone deceased, nor shall you daub yourselves with tattoos because you are a holy people for YHWH your God. *Blank* And you shall not defile *11* your land. *Blank* And you shall not do as the gentiles do: *12* they bury their dead in every place, they even bury them in the middle of their houses; instead *13* you shall keep places apart within your land where you shall bury your dead. Among four *14* cities you shall establish a place in which to bury. And in every city you shall make places for those contaminated *15* with leprosy, and with sores and with scabies so that they do not enter your cities and defile them; and also for those who have a flux *16* and for women when they are in their menstrual impurity and after giving birth, so that they do not defile in their midst *17* with their menstrual impurity. And the leper who has chronic leprosy or scabies and the priest has declared him unclean

Col. XLIX *1* […] … […] *2* [… and] you [will lock] them se[ven days …] *3* […] and with cedar wood, with hyssop and with […] *4* your cities with the plague of leprosy and become unclean. *Blank* *5* If a man dies in your cities, the whole house in which the deceased dies shall be unclean *6* for seven days; everything there is in the house and everything which goes into the house shall be unclean *7* for seven days; and all food over which wa[t]er is spilt shall be un-

וכול אוכל אשר יוצק עליו מ[י]ם יטמא כול המושקה 8 יטמא וכלי חרש
יטמאו וכול אשר בהמה לכול איש טהור 9 יטמא והפתוחים יטמאו לכול
אדם מישראל כול המושקה 10 אשר בהמה *vacat* 11 וביום אשר יוציאו
ממנו את המת יכבדו את הבית מכול 12 תגאולת שמן ויין ולחת מים
קרקעו וקירותיו ודלתותיו יגרודו 13 ומנעוליו ומזוזותיו ואספיו ומשקופיו
יכבסו במים ביום אשר 14 יצא המת ממנו יטהרו את הבית ואת כול כליו
רחים ומדוכה 15 וכול כלי עץ ברזל ונחושת וכול כלים אשר יש להמה
טהורה 16 ובגדים ושקים ועורות יתכבסו והאדם כול אשר היה בבית
17 וכול אשר בא אל הבית ירחץ במים ויכבס בגדיו ביום הראישון
18 וביום השלישי יזו עליהמה מי נדה וירחצו ויכבסו סלמותמה 19 ואת
הכלים אשר בבית *vacat* וביום השביעי 20 יזו שנית וירחצו ויכבסו
בגדיהמה וכליהמה ויטהרו לערב 21 מהמת לגעת בכול טהרתמה ובאדם
אשר לוא הטמא על

Col. L 01 [... ע]ד יום 02 [... יו]ם השביעי 03 [...]במים 04 [...
]טמאו במת

1 [... ואל יואכלו]כול אש[ר ...] 2 כי מי טהר[ה ... מת]ערובת המת
[...] 3 נטמאו אין עו[ד ...].ה עד אשר יזו את הש[נית] 4 ביום השביעי
וט[הרו בע]רב בבוא השמש *vacat* וכול 5 איש אשר יגע על פני השדה
בעצם אדם מת ובחלל חרב 6 או במת או בדם אדם מת או בקבר וטהר
כחוק המשפט 7 הזה ואם לוא יטהר כמשפט התורה הזואת טמא הוא עוד
8 טמאתו בו וכול האדם אשר יגע בו יכבס בגדו ורחץ וטהר 9 לערב *vacat*
10 ואשה כי תהיה מלאה וימות ילדה במעיה כול הימים אשר 11 הוא
בתוכה מת תטמא כקבר כול בית אשר תבוא אליו יטמא 12 וכול כליו
שבעת ימים וכול הנוגע בו טמא עד הערב ואם 13 לתוך הבית יבוא עמה
וטמא שבעת ימים וכבס בגדיו 14 ורחץ ב{מ}ים הראישון וביום השלישי
יזה ויכבס בגדיו ורחץ 15 וביום השביעי יזה שנית וכבס בגדיו ורחץ ובאה
השמש 16 וטהר *vacat* וכול הכלים ובגדים ועורות וכול 17 מעשה עזים
כמשפט התורה הזואת תעשו להמה *vacat* וכול כלי 18 חרש ישברו כי

clean; every drink *8* shall be unclean; and the clay vessels shall be unclean and everything there is in them shall be unclean for every pure man; *9* and the open (vessels) shall be unclean for every man of Israel, all the drink *10* that is in them. *Blank* *11* And the day on which they remove the dead person from it, they shall cleanse the house of every *12* stain of oil, and wine, and dampness from water; they shall rub its floor, and its walls and its doors; *13* with water they shall wash its hinges, and its jambs, and its thresholds and its lintels. The day on which *14* the dead person is brought out from it, they shall cleanse the house and all its utensils, the mills, and the mortar, *15* and all the utensils of wood, iron and bronze, and all the utensils for which there is purity. *16* And they shall wash the clothes, the sacks and the skins. And the man: everyone who was in the house *17* and everyone who come to the house shall bathe in water and wash his clothes the first day. *18* And on the third day they shall sprinkle over them the waters of purification, and they shall bathe and wash their clothes *19* and the utensils which are in the house. *Blank* And on the seventh day *20* they shall sprinkle a second time, and they shall bathe and wash their clothes and their utensils. And they shall be clean by the evening *21* from the dead person, so that they can approach all their pure things. And the men who were not contaminated by

Col. L (= 11Q20 XIV) *01* [… un]til the day *02* […] the seventh [da]y *03* […] in water *04* […] impure by a dead person

1 [… and they shall not eat] anything tha[t …] *2* because the water of the purifica[tion … m]ingling with a dead person […] *3* they shall become impure. No mor[e …] … until they sprinkle for the se[cond time] *4* on the seventh day, and they are pu[re in the ev]ening, at sunset. *Blank* And every *5* man who in an open field should come into contact with the bones of a dead person, or one slain by a sword, *6* or a corpse, or the blood of a dead person, or a grave, shall purify himself according to the precept of this regulation; *7* and if he does not purify himself according to the regulation of this law, he will be impure, *8* his impurity will stick to him; and everyone who comes into contact with him shall wash his clothes and bathe and become pure *9* by the evening. *Blank* *10* And if a woman is pregnant and her child dies in her womb, all the days which *11* he is dead within her she shall be impure like a grave; every house which she enters will be unclean *12* with all its utensils for seven days; and everyone who comes into contact with her shall be impure up to the evening; and if *13* he enters the house with her, he will be impure for seven days; he shall wash his clothes *14* and bathe on the first ‹day›; and on the third day he shall sprinkle and wash his clothes and bathe; *15* and on the seventh day he shall sprinkle a second time and he shall wash his clothes and he shall bathe and by sunset *16* he will become pure. *Blank* And all the utensils, and the clothes, and the skins, and all *17* the objects of goatskin, you shall deal with them according to the regulation of this law. *Blank* And all the vessels *18* of clay

טמאים המה ולוא יטהרו עוד עד 19 לעולם *vacat* 20 כול שרץ הארץ תטמאו החולד והעכבר והצב למינו והלטאה 21 והכח והחמט והתנשמת כול איש אשר יגע בהמה במותמה

Col. LI 01 [יטמא עד הערב וכבס בגדיו ...] 02 [וכול אשר יפול עליו מהמה ...] 03 [במים ...] 04 וכיא י[...] 05 [עד הערב ...]

1 [... היו]צא מהמ[ה ... כ]י טמאים 2 [המה ולוא]תטמאו בהמ[ה וכול הנוגע בהמה ב]מותמה יטמא 3 ע[ד ה]ערב ויכבס בגדיו ורחץ [במים ובאה] השמש וטהר 4 וכול הנושא מעצמותמה ומנבלתמה עור ובשר וצפורן וכבס 5 בגדיו ורחץ במים ובאה השמש אחר יטהר והזהרתמה את 6 בני ישראל מכול הטמ{ו}א'ת *vacat* ולוא יטמאו בהמה אשר 7 אני מגיד לכה בהר הזה ולוא יטמאו *vacat* כי אני יהוה שוכן 8 בתוך בני ישראל וקדשתמה והיו קדושים ולוא ישקצו 9 את נפשותמה בכול אשר הבדלתי להמה לטמאה והיו 10 קדושים *vacat* 11 שופטים ושוטרים תתן לכה בכול שעריכה ושפטו את העם 12 משפט צדק ולוא יכירו פנים במשפט ולוא יקחו שוחד ולוא 13 יטו משפט כי השוחד מטה משפט ומסלף דברי הצדק ומעור 14 עיני חכמים ועושה אשמה גדולה ומטמא הבית בעוון 15 החטאה צדק צדק תרדוף למען תחיה ובאתה וירשתה 16 את הארץ אשר אנוכי נותן לכמה לרשתה כול הימים והאיש 17 אשר יקח שוחד ויטה משפט צדק יומת ולוא תגורו ממנו 18 להמיתו *vacat* 19 לוא תעשו בארצכמה כאשר הגו'ים עושים בכול מקום המה 20 זובחים ונוטעים להמה אשרות ומקימים להמה מצבות 21 ונותנים אבני משכיות להשתחות עליהמה ובונים להמה

Col. LII 1 [...]... לוא תמע [לכה אשרה ...] 2 [...]כה ולוא תקים לכה מצבה [אשר שנאתי וא]בן 3 [מ]שכית [לו]א תעשה לכה בכול ארצכה להשתחו[ות] עליה ולוא 4 תזבח לי שור ושה אשר יהיה בו כול מום רע כי תועבה המה 5 לי ולוא תזבח לי שור ושה ועז והמה מלאות כי תועבה המה לי 6 ושור ושה אותו ואת בנו לוא תזבח ביום אחד ולוא תכה אם 7 על

you shall break because they are unclean; they cannot become clean again, *19* ever. *Blank 20* Everything which creeps along the ground will be unclean: the rat, the jerboa, and every kind of lizard, the wall-gecko, *21* the gecko, the great lizard and the chameleon. Everyone who comes in contact with them after they are dead

Col. LI (= 11Q20 XIV - XV) *01* [shall be impure until the evening. And he shall wash his clothes ...] *02* [and anything on which any of these falls ...] *03* [into water ...] *04* [And when ...] *05* [until the evening ...]
1 [... what issu]es from the[m ... fo]r [they are] unclean *2* [and] you shall [not] be contaminated by the[m. And everyone who comes in contact with them when] they are dead will be impure *3* un[til the] evening; and he shall wash his clothes and bathe [in water and at] sun[set] he will be pure. *4* And everyone who carries their bones or their corpse, the skin or the flesh or the claws, shall wash *5* his clothes and bathe in water at sunset, afterwards he will be pure. And you shall forewarn *6* the children of Israel of all the impurities. *Blank* And they shall not defile themselves with those things which *7* I tell you on this mountain, and they are not become unclean. *Blank* Because I, YHWH, dwell *8* among the children of Israel. And you shall sanctify them and they shall be holy. They shall not make *9* their souls abominable with anything that I have separated from them as unclean and they shall be *10* holy. *Blank 11* In all your gates you shall appoint for yourself judges and magistrates, and they shall judge the people *12* with just judgment, and not show partiality in judgment, and not accept a bribe, and not *13* pervert justice, because the bribe perverts justice, and distorts the words of the just person, and blinds *14* the eyes of the wise, and causes a great guilt, and defiles the House with the wickedness of *15* sin. Justice, justice shall you pursue, so that you can live and enter and take possession *16* of the land which I give you so as an inheritance for all days. And the man *17* who takes a bribe and perverts just judgment shall be killed, and you shall not be afraid *18* of killing him. *Blank 19* You shall not behave in your land as the nations behave; in every place they *20* sacrifice, and plant asheroth for themselves, and set up for themselves stelae, *21* and place hewn stones in order to bow down before them, and build for themselves

Col. LII *1* [...] ... You shall not plant [for yourself an ashera ...] *2* [...] ... and you shall not erect for yourself a stela [which I loathe, and a s]tone *3* [car]ved you shall [no]t make for yourself in all your land make in order to bow dow[n] before it. And you shall not *4* sacrifice to me an ox or a sheep in which is any serious blemish, for they are an abomination *5* to me. And you shall not sacrifice to me a cow, or ewe, or she-goat which are pregnant, for they are an abomination to me. *6* And you shall not slaughter a cow or a ewe and its young on the same day, and you shall not kill a mother *7* with its young. *Blank* Every

בנים *vacat* כול הבכור אשר יולד בבקריכה ובצואנכה 8 הזכרים תקדיש
לי לוא תעבוד בבכור שורכה ולוא תגוז בכור 9 צואנכה לפני תואכלנו
שנה בשנה במקום אשר אבחר ואם יהיה 10 בו מום פסח או עור או כול
מום רע לוא תזבחנו לי בשעריכה 11 תואכלנו הטמא והטהור בכה יחדיו
כצבי וכאיל רק הדם לוא תואכל 12 על הארץ תשופכנו כמים וכסיתו
בעפר ולוא תחסום שור על דישו 13 ולוא תחרוש בשור ובחמור יחדיו
לוא תזבח שור ושה ועז טהורים 14 בכול שעריכה קרוב למקדשי דרך
שלושת ימים כי אם בתוך 15 מקדשי תזבחנו לעשות אותו עולה או זבח
שלמים ואכלתה 16 ושמחתה לפני במקום אשר אבח⌝ לשום שמי עליו
וכול הבהמה 17 הטהורה אשר יש בה מום בשעריכה תואכלנה רחוק
ממקדשי 18 סביב שלושים רס לוא תזבח *vacat* קרוב למקדשי כי בשר
פגול 19 הוא לוא תואכל בשר שור ועז ושה בתוך עירי אשר אנוכי מקדש
20 לשום שמי בתוכה אשר לוא יבוא לתוך מקדשי וזבחו שמה 21 וזרקו
את דמו על יסוד מזבח העולה ואת חלבו יקטירו

Col. LIII 1 [...].[...] 2 [... כי א]ותה נפשכה לאכול ב[שר ...]
3 תואכל בש[ר וז]ב[חת]ה מצואנכה ומבקריכה כברכתי אשר אתן 4 לכה
ואכלתה בשעריכה והטהור והטמא בכה יחדיו כצבי 5 וכאיל רק חזק
לבלתי אכול הדם על הארץ תשופכנו כמים וכסיתו 6 בעפר כי הדם הוא
הנפש ולוא תואכל את הנפש עם הבשר למען 7 ייטב לכה ולבניכה
אחריכה עד עולם ועשיתה הישר והטוב 8 לפני אני יהוה אלוהיכה *vacat*
9 רק קודשיכה וכול נדריכה תשא ובאתה אל המקום אשר אשכין 10 שמי
עליו וזבחתה שמה לפני כאשר הקדשתה או נדרתה בפיכה 11 וכי אם
תדור נדר לוא תאחר לשלמו כי דרוש אדורשנו מידכה 12 והיה בכה
לחטאה ואם תחדל ולוא תדור לוא יהיה בכה חטאה 13 מוצא שפתיכה
תשמור כאשר נדרתה נדבה בפיכה לעשות (עשיתה) 14 כאשר נדרתה
vacat ואיש כי ידור נדר לי או ישבע 15 שבועה לאסור אסר על נפשו ולוא
יחל דבריו ככול היוצא מפיהו 16 יעשה *vacat* ואשה כי תדור נדר לי או
אסרה אסר על נפשה 17 בבית אביה בשבועה בנעוריה ושמע אביה את
נדרה או 18 את האסר אשר אסרה על נפשה והחריש לה אביה וקמו

firstborn born to your cattle and sheep, *8* the males, you shall consecrate to me. You shall not work with the firstborn of your cow, or shear the firstborn of *9* your sheep. You shall eat it before me, year after year, in the place which I shall choose. But if there should be *10* any blemish in it: lame or blind or any other serious blemish, you shall not sacrifice it to me. In your gates *11* you shall eat it, the pure and the impure among you together, like the gazelle or the deer. Only the blood you may not eat, *12* you shall pour it out on the ground like water and cover it with dust. And you shall not muzzle an ox while it is threshing. *13* And you shall not plough with an ox and an ass together. You shall not slaughter an ox, or sheep or he-goat which are pure *14* in any of your gates which are nearer than three days' walk from my temple, but instead *15* you shall slaughter it inside my temple, making it into a burnt-offering or peace offering; and you shall eat *16* and rejoice before me in the place where I shall choo/se/ to put my name upon it. And all *17* pure animals in which there is a blemish you shall eat in your gates, far from my temple *18* at a radius of thirty stadia. You shall not slaughter *Blank* near my temple because it is unfit flesh. *19* You shall not eat the flesh of ox, /sheep/ or goat within my city, which I sanctify *20* by placing my name within it, which has not come into my temple; they shall sacrifice it there, *21* and they shall pour out its blood over the base of the altar of the burnt-offering and they shall burn its fat

Col. LIII *1* [...] ... [...] *2* [... for] your soul [de]sires eating fl[esh ...] *3* you shall eat fle[sh; and yo]u [shall sla]ugh[ter] from your flocks and your cattle according to my blessing which I give you. *4* And you shall eat in your gates, both the clean and the unclean amongst you together, like the gazelle *5* or the deer. Only take care not to eat the blood; you shall pour it out on the ground like water and cover it *6* with dust because the blood is the life; and you shall not eat the life with the flesh so that *7* it may go well for you and your sons after you, for ever. And you shall do what is upright and good *8* before me, I am YHWH, your God. *Blank 9* Take only your holy things and all your votive offerings and go to the place over which I shall make *10* my name dwell, and sacrifice there before me in accordance with what you consecrated or vowed with your mouth. *11* And if you make a vow, do not delay in fulfilling it, because I shall certainly demand it from your hand *12* and it shall become a sin with you; but if you refrain and you do not make a vow there will be no sin with you. *13* You shall keep what comes out from your lips, so as you vowed with your mouth a freewill-offering, ‹you shall do› *14* so as you vowed. *Blank* And if man makes a vow to me or swears *15* an oath to bind himself with a formal pledge shall not break his words; in accordance with all that issued from his mouth *16* he shall act. *Blank* And if a woman makes a vow to me or binds herself with a formal pledge *17* in the house of her father with an oath, in her youth, and her father hears the vow or *18* the formal pledge with which she

19 כול נדריה וכול אסרה אשר אסרה על נפשה יקומו *vacat* ואם 20 הנא
יאנה אביה אותה ביום שומעו כול נדריה ואסריה 21 אשר אסרה על נפשה
לוא יקומו ואנוכי אסלח לה כי הניאה

Col. LIV 1 .[...][...][...] 2 עונה א[... כול נדר] או כול שבועת א[...]
3 אישה יקי[מנו] ואישה [יפר]נו ביום שומעו ואנוכי אסלח [ל]ה 4 *vacat*
וכול נדר אלמנה וגרושה כול אשר אסרה על נפשה 5 יקומו עליה ככול
אשר יצא מפיה *vacat* כול הדברים אשר 6 אנוכי מצו{כ}ה היום אותכה
תשמור לעשות לוא תוסיף עליהמה ולוא 7 תגרע מהמה *vacat* 8 אם יקום
בקרבכה נביא או חולם חלום ונתן אליכה אות או 9 מופת ובא אליכה
האות [א]והמופת אשר דבר אליכה לאמור 10 נלכה ונעבודה אלוהים אחרים
אשר לוא ידעתמה לוא 11 תשמע אל דבר הנביא ההוא או לחולם החלום
ההואה כי 12 מנשה אנוכי אתכמה לדעת הישכם אוהבים את יהוה
13 אלוהי אבותיכמה בכול לבבכם ובכול נפשכמה אחרי יהוה
14 אלוהיכמה תלכון ואותו תעבודון ואותו תיראו ובקולו תשמעון 15 ובו
תדבקון והנביא ההוא או חולם החלום יומת כי דבר סרה 16 על יהוה
אלוהיכה אשר הוציאכה מארץ מצרים ופדיתיכה 17 מבית עבדים
להדיחכה מן הדרך אשר צויתכה ללכת בה ובערת 18 הרע מקרבכה *vacat*
19 ואם ישיתכה אחיכה בן אביכה או בן אמכה או בנכה או בתכה 20 או
אשת חיקכה או ריעיכה אשר כנפשכה בסתר לאמור 21 נלכה ונעבודה
אלוהים אחרים אשר לוא ידעתמה אתה

Col. LV 01 [ואבותיכה מאלוהי העמים אשר סביבותיכמה הקרובים
אליכה] 02 [או הרחוקים ממכה מקצי הארץ ועד קצי הארץ לוא תאובה לו
ולוא] 03 [תשמע אליו ולוא תחוס עינכה עליו ולוא תחמל עליו ולוא]
04 [תכסה עליו כי הרוג תהרגנו ידכה תהיה בו בראישונה להמיתו]
05 [ויד כול העם באחרונה וסקלתו באבנים ומת כי בקש להדיחכה]
1 [...] בקרבכה [*vacat*?] 2 אם תשמע באח[ת עריכה אשר א]נוכי נותן
לכה לש[בת שמה] 3 לאמור יצאו אנש[י]ם [ב]ני [בלי]על מקרבכה וידיחו
את כול [י]ושבי 4 עירמה לאמור נלכה ונעבודה אלוהים אשר לוא ידעתמה

bound herself, and her father says nothing about it, *19* all her vows will stand and all the pledges with which she bound herself will stand. *Blank* But if *20* her father forbids her on the day when he hears it, all her vows and all her pledges *21* with which she bound herself formally will not be valid; and I shall pardon her because he has forbidden her.

Col. LIV (= 11Q20 XVI) *1* [...] ... [...] *2* her guilt [... every vow] or every oath [...] *3* her husband may conf[irm it] or her husband may [annul] it on the day he hears it; and I shall pardon her. *4 Blank* And every vow of a widow or a divorcee, everything by which she binds herself formally *5* will stand upon her, as everything which issues from her mouth. *Blank* All the things which I *6* order /you/ today, take care to carry them out; you shall not add to them nor *7* shall you remove anything from them. *Blank 8* If among you there arises a prophet or a dreamer of dreams and gives you a sign or *9* an omen, and the sign {and} /or/ the omen comes to you about which he spoke to you saying: *10* «Let us go and worship other gods whom you do not know», do not *11* listen to the word of that prophet or of that dreamer of dreams because *12* I am putting you to the test, in order to know whether you love YHWH, *13* the God of your fathers, with all your heart and all your soul. YHWH *14* your God you shall follow, and him you shall serve, and him you shall fear, and to his voice you shall listen, *15* and to him you shall attach yourselves. And that prophet or dreamer of dreams shall be put to death because he proclaimed rebellion *16* against YHWH, your God, who brought you out from the land of Egypt and redeemed you *17* from slavery, in order to make you stray from the path on which he ordered you to walk. And you shall eradicate *18* the evil from your midst. *Blank 19* And if your brother, the son of your father or the son of your mother, or your son or your daughter *20* or the woman who lies in your embrace or your best friend provokes you in secret saying: *21* «Let us go and let us worship other gods» whom you do not know, you

Col. LV (= 11Q20 XVI) *01* [and your father, from the gods of the nations who surround you, either those near you] *02* [or those far from you, from one end of the earth to the other, then you shall not consent to him and not] *03* [listen to him, and your eye shall not pity him, nor shall you spare him nor] *04* [shield him; but you shall surely kill him, your hand shall be the first on him to kill him,] *05* [and the hand of all the people afterwards. And you shall stone him with stones, and he shall die, because he tried to lead you astray ...]
1 [...] from your midst. [*Blank?*] *2* If in on[e of your cities which] I give you so that you res[ide there] you hear *3* it said: «Men, [s]ons of [Beli]al have arisen from among you and have led astray all the [in]habitants of *4* their city saying: Let us go and let us worship gods whom you do not know», *5* then you shall

5 ושאלתה ודרשתה וחקרתה היטב והנה אמת נכון הדבר 6 נעשתה
התועבה הזואת בישראל הכה תכה את כול יושבי 7 העיר ההיא לפי חרב
החרם אותה ואת כול אשר בה ואת 8 כול בהמתה תכה לפי חרב ואת כול
שללה תקבוץ אל תוך 9 רחובה ושרפתה באש את העיר ואת כול שללה
כליל ליהוה 10 אלוהיכה והיתה לתל עולם לוא תבנה עוד ולוא ידבק
11 בידכה מאום מן החרם למען אשוב מחרון אפי ונתתי לכה 12 רחמים
ורחמתיכה והרביתיכה כאשר דברתי לאבותיכה 13 אם תשמע בקולי
לשמור כול מצוותי אשר אנוכי מצוכה 14 היום לעשות הישר והטוב לפני
יהוה אלוהיכה *vacat* 15 *vacat* אם ימצא בקרבכה באחד שעריכה אשר
16 אנוכי נותן לכה איש או אישה אשר יעשה את הרע בעיני 17 לעבור
בריתי והלך ועבד אלוהים אחרים והשתחוה להמה 18 או לשמש או לירח
או לכול צבא השמים והגידו לכה עליו 19 ושמעתה את הדבר הזה
ודרשתה וחקרתה היטב והנה 20 אמת נכון הדבר נעשתה התועבה הזואת
בישראל והוצאתה 21 את האיש ההוא או את האשה ההיא וסקלתמה
באבנים

Col. LVI 1 [א]ו אל ה[ש]ו[פט אשר יהיה בימים ההמה] ודרש[ו את]
2 הדבר אשר עלית[ה לדרוש והגי]דו לכה את המשפטים 3 ועשיתה על פי
התורה אשר יגידו לכה ועל פי הדבר 4 אשר יואמרו לכה *vacat* מספר
התורה ויגידו לכה באמת 5 מן המקום אשר אבחר לשכין שמי עליו
ושמרתה לעשות 6 ככול אשר יורוכה ועל פי המשפט אשר יואמרו לכה
7 תעשה לוא תסור מן התורה אשר יגידו לכה ימין 8 ושמאול והאיש אשר
לוא ישמע ויעש בזדון לבלתי 9 שמוע אל הכוהן העומד שמה לשרת לפני
או אל 10 השופט יומת האיש ההוא ובערתה הרע מישראל וכול 11 העם
ישמעו ויראו ולוא יזידו עוד בישראל *vacat* 12 כי תבוא אל הארץ אשר
אנוכי נותן לכה וירשתה וישבתה 13 בה ואמרתה אשים[ה] עלי מלך ככול
הגואים אשר סביבותי 14 שם תשים עליכה מלך אשר אבחר בו מקרב
אחיכה תשים עליך מלך 15 לוא תתן עליכה איש נוכרי אשר לוא אחיכה
הוא רק לוא 16 ירבה לו סוס ולוא ישיב את העם מצרים למלחמה למען
17 הרבות לו סוס וכסף וזהב *vacat* ואנוכי אמרתי לכה לוא 18 תוסיף

inquire, search and question closely; if the matter is absolutely true *6* and this
abomination has been committed in Israel, you shall surely smite with the
edge of the sword all the inhabitants of *7* that city; you shall put it under the
ban and everything there is in it, and *8* all its animals you shall smite with the
edge of the sword, and you shall gather all its booty in the middle *9* of its
square and set fire to the city and all its booty as a whole-offering for YHWH
10 your God; and it shall stay in ruins for ever, it shall not be rebuilt again.
There shall not adhere *11* to your hands anything of what has been placed
under the ban. In this way I shall turn from the heat of my anger and give you
12 mercy. And I will take pity on you and multiply you as I said to your fa-
thers, *13* if you listen to my voice to observe all my precepts which I command
you *14* today to do what is right and good before me, YHWH, your God. *Blank*
15 *Blank* If there happens to be among you in one of your gates which *16* I gave
you, a man or a woman who does evil before my eyes *17* breaking my cov-
enant, and goes and worship other gods and bows down to them *18* or to the
sun or to the moon or to all the legions of heaven, and they tell you about it *19*
and you hear this thing, you shall investigate and question carefully and *20* if
the matter is absolutely true and this abomination has been committed in Is-
rael, you shall expel *21* that man or that woman and you shall stone them with
stones.

Col. LVI *1* [o]r to the [j]u[dge who shall be in those days], and [t]he[y] shall
investigate [the] *2* matter about which you come [to investigate and] they
[shall make know]n to you the judgments. *3* And you shall act according to the
law which they explain to you and according to the word *4* which they say to
you *Blank* from the book of the Law. They shall explain it to you accurately
5 from the place I shall choose to make my name dwelling upon it; be careful
to act *6* in accordance with everything they will teach you, and according the
judgment which they will tell you *7* you shall act. You shall not deviate from
the law which they explain to you either to the right *8* or to the left. And the
man who does not listen and acts with effrontery in order not *9* to listen to the
priest standing there to serve before me, or to *10* the judge, that man shall die.
Thus you shall eliminate the evil from Israel and all *11* the people shall listen
and fear and no-one will behave insolently in Israel any more. *Blank* *12* When
you enter the land which I give you, and take possession of it and live *13* in it
and say: «I shall set a king over myself like all the peoples which surround
me», *14* then you shall set over yourself a king /whom I shall choose./ From
among your brothers you shall set over yourself a king; *15* you shall not set
over yourself a foreign man who is not your brother. Only he shall not
16 multiply the cavalry to himself or make the people go back to Egypt on
account of war in order to *17* multiply to himself the cavalry and the silver and

לשוב בדרך הזואת עוד ולוא ירבה לו נשים ולוא 19 יסירו לבבו מאחרי
וכסף וזהב לוא ירבה לוא מואדה 20 *vacat* והיה בשבתו על כסא ממלכתו
וכתבו 21 לו את התורה הזואת על ספר מלפני הכוהנים *vacat*

Col. LVII 1 וזואת התורה [...]הכוהנים 2 ביום אשר ימליכו או[תו
יפקודו א]ת בני ישראל מבן 3 עשרים שנה ועד בן ששים שנה לדגליהמה
ופקד{ו} 4 בראשיהמה שרי אלפים ושרי מאיות ושרי חמשים 5 ושרי
ע֯שרות בכול עריהמה וברר לו מהמה אלף אלף 6 מן המטה להיות עמו
שנים עשר אלף איש מלחמה 7 אשר לוא יעוזבוהו לבדו ויתפש ביד
הגואים וכול 8 הברורים אשר יבור יהיו אנשי אמת יראי אלוהים
9 שונאי בצע וגבורי חיל למלחמה והיו עמו תמיד 10 יומם ולילה אשר
יהיו שומרים אותו מכול דבר חט 11 ומן גוי נכר אשר לוא יתפש בידמה
ושנים עשר 12 נשיי עמו עמו ומן הכוהנים שנים עשר ומן הלויים
13 שנים עשר אשר יהיו יושבים עמו יחד למשפט 14 ולתורה ולוא ירום
לבבו מהמה ולוא יעשה כול דבר 15 לכול עצה חוץ מהמה *vacat* ואשה
לוא ישא מכול 16 בנות הגויים כי אם֯ מבית אביהו יקח לו אשה
17 ממשפחת אביהו ולוא יקח עליה אשה אחרת כי 18 היאה לבדה תהיה
עמו כול ימי חייה ואם מתה ונשא 19 לו אחרת מבית אביהו ממשפחתו
ולוא יטה משפט 20 ולוא יקח שוחד להטות משפט צדק ולוא יחמוד
21 שדה וכרם וכול הון ובית וכול חמוד בישראל וגזל

Col. LVIII 1 [...]... .[...] 2 [...]אנשיהמה *vacat* 3 וה{.}יה {.}כי
ישמע המלך על כול גוי ועם מבקש לגזול מכול אשר יש 4 לישראל ושלח
על שרי האלפים ועל שרי המ֯אות הנתונים בערי 5 ישראל ושלחו עמו
מעשר העם {העם} לצאת עמו למלחמה על 6 אויביהם ויצאו עמו ואם עם
רב בא לארץ ישראל ושלחו 7 עמו חמישית אנשי המלחמה ואם מלך ורכב
וסוס ועם רב 8 ושלחו עמו שלישית אנשי המלחמה ושתי הידות יהיו
שומרים 9 את עריהמה ואת גבולמה אשר לוא יבוא גדוד אל תוך ארצמה
10 וכי אם תחזק המלחמה עליו ושלחו לו מחצית העם את אנש֯י 11 הצבא
ומחצית העם לוא יכרתו מעריהמה *vacat* והיה אם נצחו 12 את אויביהמה

gold. *Blank* And I told you « You shall not *18* go back again on this path ». And he shall not multiply wives to himself, lest *19* they turn his heart away from me. He shall not multiply silver and gold; not too much. *20 Blank* And when he sits upon the throne of his kingdom they shall write *21* for him this law according to the book which is before the priests. *Blank*

Col. LVII *1* And this is the law [...] the priests. *2* On the day when they proclaim [him] king, [they shall muster] the children of Israel, from *3* twenty years old to sixty years old, according to their banners. And {they} he shall appoint *4* at their head chiefs of thousands, chiefs of hundreds, chiefs of fifties *5* and chiefs of tens in all their cities. And he shall select for himself a thousand of them, a thousand *6* from each tribe, to be with him: twelve thousand men of war *7* who shall not leave him alone and will be seized by the hands of the nations. And all *8* the selected whom he has selected, shall be men of truth, God-fearers, *9* enemies of bribery, skilled men in war; and they shall continuously be with him, *10* day and night, and they shall guard him from every act of sin *11* and from the foreign nations so that he does not fall into their hands. And twelve *12* princes of his people shall be with him, and twelve priests *13* and twelve levites, who shall sit together with him for judgment *14* and for the law. And he shall not rise his heart above them nor shall he do anything *15* in all his councils outside of them. *Blank* And he shall not take a wife from among all *16* the daughters of the nations, but instead take for himself a wife from the his father's house *17* from his father's family. And he shall take no other wife in addition to her for *18* she alone will be with him all the days of her life. And if she dies, he shall take *19* for himself another from his father's house, from his family. And he shall not pervert justice, *20* and he shall not accept a bribe to pervert righteous judgment. And he shall not crave *21* a field, a vineyard, any wealth, a house or any valuable thing in Israel and seize

Col. LVIII *1* [...] ... [...] *2* [...] their men. *Blank 3* And if /the king/ hears that some nation or people is attempting to steal from anything which belongs *4* to Israel, he shall send for the chiefs of thousands and the chiefs of hundreds, those stationed in the cities of *5* Israel; and they shall send with him the tenth part of the people {of the people} to go out with him to war against *6* their enemies. And they shall go out with him. And if a large host enters the land of Israel, they shall send *7* with him a fifth part of the men of war. And if it is a king with chariots and horses and many men, *8* then they shall send with him a third part of the men of war. And the other two divisions shall guard *9* their cities and their border so that no horde will enter their land. *10* And if the war worsens for him, they shall send him half of the people, the men of *11* the army, but they shall not remove the (other) half of the people from their cities. *Blank* And if they overcome *12* their enemies, and defeat them and put them to

ושברום והכום לפי {ל}חרב ונשא את שללמה ונתנו 13 ממנו למלך מעשרו
ולכוהנים אחד מאלף וללויים אחד מן המאה 14 מן הכול וחצו מחצית
השאר בין תופשי המלחמה לאחיהמה 15 אשר הניחו בעריהמה *vacat*
ו{ע}^{א}ם יצא למלחמה על 16 אויביו ויצא עמו חמישית העם אנשי המלחמה
כול גבורי 17 החיל ונשמרו מכול דבר טמאה ומכול ערוית ומכול עוון
ואשמה 18 ולוא יצא עד יבוא לפני הכוהן הגדול ושאל לו במשפט האורים
19 והתומים על פיהו יצא ועל פיהו יבוא הוא וכול בני ישראל אשר
20 אתו לוא יצא מעצת לבו עד אשר ישאל במשפט האורים 21 והתומים
והצליח בכול דרכיו אשר יצא על פי המשפט אשר

Col. LIX 1 [...]...[...] 2 ויבזרום בארצות רבות והיו שמ[ה]למשל
ולשנניה ובעול כבד 3 ובחסור כול ועבדו שמה אלוהים מעשי ידי אדם עץ
ואבן כסף 4 וזהב ובכול זה יהיו עריהמה לשומה ולשרקה ולחורבה והיו
5 אויביהמה שוממים במה והמה בארצות אויביהמה מתאנחים 6 ומזעיקים
מפני עול כבד וקראו ולוא אשמע וזעקו ולוא אענה 7 אותמה מפני רוע
מעלליהמה ואסתיר פני מהמה והיו לאוכלה 8 ולבז ולמשוסה ואין מושיע
מפני רעתמה אשר הפרו בריתי 9 ואת תורתי געלה נפשמה עד יאשמו כול
אשמה אחר ישובו 10 אלי בכול לבבמה ובכול נפשמה ככול דברי התורה
הזואת 11 והושעתים מיד אויביהמה ופדיתים מכף שונאיהמה והביאותים
12 לארץ אבותיהמה ופדיתים והרביתים וששתי עליהמה 13 והייתי להמה
לאלוהים והמה יהיו לי לעם *vacat* והמלך אשר 14 זנה לבו ועינו ממצו֯תי
לוא ימצא לו איש יושב על כסא 15 אבותיו כול הימים כי לעולם אכרית
זרעו ממשול עוד על ישראל *vacat* 16 ואם בחוקותי ילך ואת מצוותי
ישמור ויעש 17 הישר והטוב לפני לוא יכרת לו איש יושב מבניו על כסא
מלכות 18 ישראל לעולם והיתי עמו והושעתיהו מיד שונאיו ומיד
19 מבקשי נפשו לשאתה ונתתי את כול אויביו לפניו ומשל בהמה
20 כרצונו והמה לוא ימשולו בו ונתתיה למעלה ולוא למטה לראוש
21 ולוא לזנב ויארך ימים רבים על מלכותו הוא ובניו אחריו

the sword, they shall gather their spoils; and from it, they shall give *13* to the king its tithe, and to the priests one thousandth, and to the levites one hundredth *14* of the whole. And they shall divide the rest between those who fought in battle and their brothers, *15* who had to remain in their cities. *Blank* And if he goes out to war against *16* his enemies, a fifth part of the people shall go out with him, the men of war, all mighty men of *17* valour. And they shall guard themselves from every unclean thing and from every shameful things, and from every iniquity and guilt. *18* And they are not to go forth until he has entered before the High Priest and he has consulted for him the decision of the Urim *19* and Thummim. On his orders he shall go out and on his orders he shall (re-)enter, he and all the children of Israel who *20* are with him; he shall not go out on the advice of his heart until he has consulted the decision of the Urim *21* and Thummim. And he will have success in all his paths as he has gone out according to the decision which

Col. LIX (= 4Q524 6 - 13) *1* [...] ... [...] *2* they shall disband them over many lands and they shall be the[re] a byword and a gibe, and under a heavy yoke, *3* and under lack of everything; and there they shall worship gods made by the hands of man, (of) wood and stone, silver *4* and gold. And during all this, their cities shall become a waste, and a mockery and a ruin; and *5* their enemies shall be appalled at them. And they themselves, in the lands of their enemies, shall sigh *6* and scream under a heavy yoke; and they shall call but I shall not listen, they shall shout but I shall not reply *7* to them, because of the evil of their deeds. And I will hide my face from them; and they shall be fodder *8* and prey and spoil, and no-one will save them because of their wickedness - for they broke my covenant *9* and their soul loathed my law, so that they became guilty of all wrong-doing. Afterwards they shall come back *10* to me with all their heart and with all their soul, in agreement with all the words of this law *11* and I will save them from the hand of their enemies and redeem them from the hand of those who hate them, and bring them *12* into the land of their fathers, and I shall redeem them, and multiply them, and rejoice in them. *13* And I shall be their God and they shall be my people. *Blank* And the king who *14* prostitutes his heart and his eyes (removing them) from my commandments, shall have no-one who will sit on the throne *15* of his fathers, never, because I shall prevent for ever his descendants from governing again in Israel. *16 Blank* But if he walks according to my precepts and keeps my commandments and does *17* what is right and good before me, he shall not lack one of his sons to sit on the throne of the kingdom of *18* Israel for ever. And I shall be with him and free him from the hand of those who hate him and from the hand of *19* those who seek to destroy his life; and I shall give to him all his enemies and he shall rule them *20* at his will but they shall not rule him. And I shall place him above and not below, at the head *21* and not at the tail, and he will extend his kingdom for many days, he and his sons after him.

Col. LX 01 [... יהוה יקטירון ונחלותם יואכלון ונחלה לוא ...]
02*11QTa* [... הכהנים ...ת זובחי הזבח ...] 03 [... את האזרוע ...ה ורשית
דגנם תירושם ויצהרם ...] 04 [...ות כול ...ה]

1 [...]...[...]...[...]ת מ[...]עיהם [...]...[...]...[...] 2 וכול תנופותמה וכול
בכור[תי]המה הזכרים וכול[...] 3 לבהמתמה וכול קודשיהמה אשר
יקדישו לי עם כול קוד[ש] 4 הלוליהמה ומכס תרומתמה לעוף ולחיה
ולדגים אחד מאלף 5 א{.}שר יצודו וכול אשר יחרימו ומכס השלל והבז
vacat 6 *vacat* וללויים מעשר הדגן והתירוש והיצהר אשר 7 הקדישו לי
לראישונה והשכם מאת זובחי הזבח והמכס מן 8 השלל ומן הבז ומן הציד
לעוף ולחיה ולדגים אחד מן המאה 9 ומבני היונה ומעשר מן הדבש אחד
מן החמשים ולכוהנים 10 אחד מן המאה מן בני היונה כי במה בחרתי מ
כול שבטיכה 11 לעמוד לפני ולשרת ולברך בשמי הוא וכול בניו כול
הימים 12 *vacat* וכי יבוא הלוי מאחד שעריכה מכול ישראל אשר 13 הוא
גר שמה בכול אות נפשו אל המקום אשר אבחר לשכן 14 שמי ככול אחיו
הלויים ישרת העומדים שמה לפני חלק כחלק 15 יואכלו לבד ממכר על
האבות *vacat* 16 כי תבוא אל הארץ אשר אנוכי נותן לכה לוא תלמד
לעשות 17 כתועבות הגויים ההמה לוא ימצא בכה מעביר בנו ובתו
18 באש קוסם קסמים ומעונן ומנחש ומכשף חובר חבר שואל אוב
19 וידעונים ודורש אל המתים כי תועבה המה לפני כול עושה 20 אלה
ובגלל התועבות האלה אנוכי מורישם מלפניכה 21 תמים תהיה עם יהוה
אלוהיכה *vacat* כי הגואים האלה אשר

Col. LXI 1 לד[בר דבר] בש[מי אשר ל]וא צוי[תיו ל]דבר ואש[ר ידבר
בשם] אלו[הים אח]רים 2 והומת הנביא ההוא *vacat* וכי תואמר {אל}
בלבבכה היך נדע את הדבר 3 אשר לוא דברו יהוה ואשר ידבר הנביא
בשם יהוה ולוא יהיה הדבר 4 ולוא יבוא הדבר אשר לוא דברתי בזדון
דברו הנביא לוא תגורו 5 ממנו *vacat* 6 לוא יקום עד אחד באיש לכול
עוון ולכול חטא אשר יחטא על פי שנים 7 עדים או על פי שלושה עדים
יקום דבר אם יקום עד חמס באיש לענות 8 בו סרה ועמדו שני האנשים
אשר להמה הריב לפני ולפני הכוהנים והלויים ולפני 9 השופטים אשר יהיו

Col. LX (= 4Q524 6 - 13) *01* [... they will make smoke, and their inheritances they will consume, but no inheritance ...] *02* [... the priests ... those who sacrifice the sacrifice ...] *03* [... the shoulder ... and the first-fruits of their grain, their wine and their oil ...] *04* [... all ...]
1 [...] ... [...] ... [...] their [...] ... [...] *2* and all their wave-offerings and all their firstborn[s], the males, and every [...] *3* for their animals; and all their holy offerings which they consecrate to me along with all their *4* festal offerings; and their levy of tribute upon the birds, animals and fish, one per thousand *5* of all that they catch; and all that they place under the ban; and a levy on the booty and spoil. *Blank 6 Blank* And it shall be for the levites: a tenth of the grain, the new wine and the oil which *7* they consecrate to me first; and the shoulder from those who slaughter the sacrifice; and the levy on *8* the booty and the spoil; and one percent of the catch of birds, animals and fish; *9* and of the pigeons and of the tithe of the honey, one fiftieth. But to the priests belongs *10* one percent of the pigeons, for I have chosen them from among all your tribes *11* to stand before me, and to serve, and to bless in my name, he (Aaron) and all their sons for ever. *12 Blank* And if the levite from one of your gates from all Israel where *13* he lives at his own wish, shall come to the place which I shall choose to make dwell *14* my name, he will minister, like all his brother levites who stand there before me. *15* They shall eat equal portions, not counting the sale of the patrimony. *Blank 16* When you enter the land which I am going to give you, you shall not learn to do *17* the abominations of those peoples. Among you there should not be found anyone who makes his son or his daughter pass *18* through fire, anyone who practises divination, astrologers, sorcerers, wizards, anyone who performs incantations, anyone who consults a spirit *19* or oracles or anyone who questions the dead; because all those who do these things are an abomination to me. *20* And owing to these abominations I shall dispossess them before you. *21* You shall be perfect with YHWH, your God. *Blank* For these nations which

Col. LXI *1* to sp[eak a word] in [my] na[me which I] have [n]ot or[dered him to] say, or wh[o speaks in the name of oth]er go[ds,] *2* that prophet shall be killed. *Blank* And if you say {to} in your heart «How shall we know the word *3* which YHWH has not spoken?» When the prophet speaks in the name of YHWH and the word does not happen *4* and is not fulfilled, it is a word which I did not say; the prophet has spoken it presumptuously. You shall not be afraid *5* of him. *Blank 6* A single witness may not stand up against a man for any fault or for any sin which he has committed; by the testimony of two *7* witnesses or by the testimony of three witnesses the matter shall be settled. If a false witness should stand up against a man to accuse him *8* of wrongdoing, the two men between whom there is /the litigation/ shall stand before me, and before the

בימים ההמה ודרשו השופטים והנה עד שקר העיד שקר 10 ענה באחיהו
ועשיתה לו כאשר זמם לעשות לאחיהו ובערתה הרע מקרבכה
11 והנשארים ישמעו ויראו ולוא יוסיפו ^עוד^ לעשות כדבר הרע הזה
בקרבכה לוא 12 תחוס עינכה עליו נפש בנפש עין בעין שן בשן יד ביד
רגל ברגל *vacat* כי 13 תצא למלחמה על אויביכה וראיתה סוס ורכב ועם
רב ממכה לוא תירא 14 מהמה כי אנוכי עמכה המעלכה מארץ מצרים והיה
כקרובכה למלחמה 15 ונגש הכוהן וידבר אל העם ואמר אליהמה שמע
ישראל אתמה קרבים

Col. LXII 1 [...] 2 אחר [...]... עוד השופ[טים] 3 ודברו אל העם
ואמרו מי האיש הירא ורך הלבב ילך וישוב אל 4 ביתו פן ימס את לבב
אחיו כלבבו *vacat* ויהי ככלות השופטים 5 לדבר אל העם ופקדו שרי
צב{ו}אות בראוש העם *vacat* כי 6 תקרב אל עיר להלחם עליה וקראתה
עליה לשלום והיה אם 7 שלום תענכה ופתחה לכה והיה כול העם
הנמצאים בה יהיו 8 לכה למס ועבדוכה ואם לוא תשלים עמכה ועשתה
עמכה מלחמה 9 וצרתה עליה ונתתיה בידכה והכיתה את זכורה לפי חרב
רק 10 הנשים והטף והבהמה וכול אשר יהיה בעיר כול שללה תבוז
11 לכה ואכל^תה^ את שלל אויביכה אשר אנוכי נותן לכה כן תעשה
12 לערים הרחוקות ממכה מאודה אשר לוא מערי הגואים האלה 13 המה
רק מערי העמים אשר אנוכי נותן לכה נחלה לוא תהיה 14 כול נשמה כי
החרם תחרים את החתי ואת האמורי והכנעני 15 החוי והיבוסי והגרגשי
והפרזי כאשר צויתיכה למען אשר 16 לוא ילמדוכה לעשות ככול
התועבות אשר עשו לאלוהיהם

Col. LXIII 1 [...] בה אשר[...]... 2 העגל[ה] אל נחל איתן *vacat* אשר
לוא יזרע ולוא יעבד וערפו שמה את העגלה 3 *vacat* ונגשו הכוהנים בני
לוי כי בהמה בחרתי לשרת לפני ולברך בשמי 4 ועל פיהמה יהיה כול ריב
וכול נגע וכול זקני העיר ההיא הקרובה אל החלל 5 ירחצו את ידיהמה על
ראוש העגלה {ע}הערופה בנחל וענו ואמרו ידינו 6 לוא שפכו את הדם הזה

priests and the levites, and before *9* the judges who will be there on those days; and the judges shall investigate. And if it happens that a witness has given falsely testimony, falsely *10* accusing his brother, then you shall do to him so as he intended to do to his brother; thus shall you eradicate the evil from the your midst. *11* The rest shall hear it and fear and not dare to do a similar bad thing /again/ in your midst. Not *12* shall your eye take pity on him; life for life, eye for eye, tooth for tooth, hand for hand, foot for foot. *Blank* When *13* you go out to war against your enemies, and you see horses and chariots and a people more numerous than you, do not be afraid *14* of them, because I, he who made you come up from the land of Egypt, am with you. And when you advance to battle, *15* the priest shall come forward and he will speak to the people and shall say to them: « Listen, Israel, you are approaching

Col. LXII *1* [...] *2* another [...] ... again the judg[es] *3* and they shall speak to the people and they say: « Who is a coward and feeble of heart? He should go and return to *4* his house, lest he weaken the heart of his brother like his own heart ». *Blank* And when the judges have finished *5* speaking to the people, they shall appoint military commanders at the head of the people. *Blank* When *6* you approach a city to fight against it, you shall offer it peace; if *7* it answers you with peace and opens up to you, all the people that are in it shall be *8* tributaries to you and shall serve you; however, if it does not make peace with you and makes war against you, *9* you shall besiege it; and I shall put it into your hand. And you shall put its males to the sword; but *10* the women, the children, the flocks and all that there is in the city, all its booty, you shall capture *11* for yourself and /you/ shall consume the booty of your enemies whom I deliver to you. Thus shall you act *12* with the cities which are very far from you, which are not from the cities of these peoples. *13* However, from the cities of the peoples which I grant to you as inheritance, you shall not leave alive *14* anything that breathes, because you must carry out the ban of extermination against the Hittites, the Amorites and the Canaanites, *15* the Hivites and the Jebusites and the Gergasites and the Perizzites, as I have commanded you, so that *16* they do not teach you to do in accordance with all the abominations which they do for their gods.

Col. LXIII *1* [...] in it, which [...] ... *2* the heife[r] to a ravine of running water *Blank* which has not been sown or tilled; and there they shall break the heifer's neck. *3* *Blank* And the priests, sons of Levi, shall approach because I chose them to serve before me and to bless in my name, *4* and at their decision every dispute and every quarrel is settled. And all the elders of that city, the nearest to the slain person, *5* shall wash their hands over the head of the heifer whose neck was broken in the ravine; and they shall begin to speak and shall say: « Our hands *6* have not spilled this blood and our eyes have not seen anything.

ועינינו לוא ראו כפר לעמכה ישראל אשר פדיתה 7 יהוה ואל תתן דם נקי
בקרב עמכה ישראל וכופר להמה הדם ואתה תבער 8 את דם נקי מישראל
ועשיתה הישר והטוב לפני יהוה אלוהיכה 9 *vacat* 10 כי תצא למלחמה
על אויביכה ונתתי אותמה בידכה ושביתה את שביו 11 וראיתה בשביה
אשה יפת תואר וחשקתה בה ולקחתה לכה לאשה 12 והביאותה אל תוך
ביתכה וגלחתה את ראושה ועשיתה את צפורנ'ה והסירותה 13 את שלמות
שביה מעליה וישבה בביתכה ובכתה את אביה ואת אמה חודש 14 ימים
אחר תבוא אליה ˹בעלתה והיתה לכה ˻אשה ולוא תגע לכה בטהרה עד
15 שבע שנים וזבח שלמים לוא תואכל עד יעבורו שבע שנים אחר תואכל

Col. LXIV 1 [...]... 2 כי יהיה לאיש [בן סורר] ומור[ר] אננו שומע
בקול אביו ו[בקול אמו] 3 ויסרו אותו ולוא[י]שמע אליהמה ותפשו בו
אביהו ואמו והוציאוהו אל 4 זקני עירו ואל שער {...} מקומו ואמרו אל
זקני עירו בננו זה סורר 5 ומורר ואננו שומע בקולנו זולל וסבא ורגמוהו
כול אנשי עירו בא[בני]ם 6 וימות ובערתה הרע מקרבכה וכול בני ישראל
ישמעו ויראו *vacat* כי 7 יהיה איש רכיל בעמו ומשלים את עמו לגוי נכר
ועושה רעה בעמו 8 ותליתמה אותו על העץ וימת על פי שנים עדים ועל
פי שלושה עדים 9 יומת והמה יתלו אותו העץ *vacat* כי יהיה באיש חטא
משפט מות ויברח אל 10 תוך הגואים ויקלל את עמו ˹את בני ישראל
ותליתמה גם אותו על העץ 11 וימות ולוא תלין נבלתמה על העץ כי קבור
תקוברם{ה} ביום ההוא כי 12 מקוללי אלוהים ואנשים תלוי על העץ ולוא
תטמא את האדמה אשר אנוכי 13 נותן לכה נחלה *vacat* לוא תראה את שור
אחיכה או את שיו או את חמורו 14 נדחים והתעלמתה מהמה השב
תשיבמה לאחיכה ואם לוא קרוב אחיכה 15 אליכה ולוא ידעתו ואספתו אל
תוך ביתכה והיה עמכה עד דרוש

Col. LXV 1 ...[...] 2 .ה כי יקר[ה קן צ]פור לפניכה [בדרך] בכול עץ
או ע[ל הארץ] 3 אפרוחים או בצים והאם רובצת עם [האפ]רוחים או על
הבצים 4 לוא תקח את האם על הבנים שלח תשלח את האם ואת הבנים

Pardon your people Israel whom you redeemed, *7* O YHWH, and do not allow the guilt of innocent blood to remain in the midst of your people Israel». And the blood will be expiated for them. Thus shall you eradicate *8* the innocent blood from Israel, and you shall do the right and the good thing before YHWH your God. *9 Blank 10* When you go out to war against your enemies and I place them in your hands, and you make prisoners, *11* and you see among the prisoners a woman of beautiful appearance, and you desire her and you take her as a wife for yourself, *12* you shall bring her into your house, and shave her head and cut her nail/s/, and you shall remove *13* the prisoner's clothes from her. And she will live in your house, and she will weep for her father and her mother a full month. *14* Afterwards you shall enter her, /and/ marry her, and she will become your wife. But she may not touch your purities for *15* seven years, nor may she eat the peace offering until seven years pass; afterwards she may eat

Col. LXIV (= 4Q524 14) *1* [...] ... *2* If a man has [a stubborn] and rebel[lious son] who does not listen to his father's voice or [his mother's voice,] *3* and they correct him but [he] does not listen to them, then his father and his mother shall take him and they shall bring him out to *4* the elders of his city and to the gate {...} of his place; and they shall say to the elders of his city: «This son of ours is stubborn *5* and rebellious and does not listen to our voice; he is a glutton and a drunkard». And all the men of the city shall stone him with st[one]s *6* and he will die. Thus shall you eradicate the evil from your midst, and all the children of Israel shall hear and fear. *Blank* If *7* a man passes on information against his people or betrays his people to a foreign nation, or does evil against his people, *8* you shall hang him on a tree and he will die. On the evidence of two witnesses or on the evidence of three witnesses *9* he shall be put to dead and they shall hang him on the tree. *Blank* If it happens that a man has committed a capital offence and he escapes *10* amongst the nations and curses his people /and/ the children of Israel, he also you shall hang on the tree *11* and he will die. And their corpse shall not spend the night on the tree; instead you shall bury them that day because *12* those hanged on a tree are cursed by God and man; thus you shall not defile the land which I *13* give you for inheritance. *Blank* You shall not see your brother's ox or his ewe or his ass *14* going astray and hide yourself from them; you shall surely bring them back to your brother. And it your brother is not near *15* you, or you do not know him, then you shall take it into your house and it will stay with you until he asks

Col. LXV *1* ... [...] *2* ... If you fin[d a b]ird's [nest] before you [on the path,] in any tree or o[n the ground,] *3* with chicks or eggs and the mother is sitting on [the ch]icks or on the eggs, *4* you shall not take the mother with the brood; you

5 תקח לכה ל[מ]ען ייטב לכה והארכתה ימים *vacat* כי תבנה בית חדש
6 ועשיתה מעקה לגגו ולוא תשים דמים בביתכה כי יפול הנופל 7 ממנו
vacat כי יקח איש אשה ובעלה ושנאה ושם לה עלות דברים 8 והוציא
עליה שם רע ואמר את האשה הזואת לקחתי ואקרבה 9 אליה ולוא מצאתי
לה בתולים ולקח אבי הנערה או אמה והוציאו 10 את בתול(י) הנערה אל
הזקנים השער *vacat* ואמר אבי הנערה 11 אל הזקנים את בתי נתתי ל איש
הזה לאשה והנה שנאה והוא שם 12 לה עלות דברים לאמור לוא מצאתי
לבתכה בתולים ואלה בתולי 13 בתי ופרשו השלמה לפני זקני העיר ההיא
ולקחו זקני העיר 14 ההיא את האיש ההוא ויסרו אותו וענשו אותו מאה
כסף 15 ונתנו לאבי הנערה כי הוציא שם רע על בתולת ישראל ולוא

Col. LXVI 1 [...] העיר ההיא ואל ש[...] 2 וסקלום [באבנים ו]יומתו
את [הנערה על] דבר אשר לוא זעק[ה] 3 בעיר ואת האיש על דבר אשר
ענה את אשה רעהו ובערתה 4 הרע מקרבכה ואם בשדה מצאה האיש את
האשה במקום רחוק וסתר 5 מהעיר והחזיק בה ושכב עמה והומת האיש
השוכב עמה לבדו 6 ולנערה לוא תעשו דבר אין לנערה חטא מות כיא
כאשר יקום 7 איש על רעהו ורצחו נפש כן הדבר הזה כי בשדה מצאה
זעקה 8 הנערה המאורשה ואין מושיע לה *vacat* כי יפתה איש נערה
9 בתולה אשר לוא אורשה והיא רויה לו מן החוק ושכב עמה 10 ונמצא
ונתן האיש השוכב עמה לאבי הנערה חמשים כסף ולוא (ולו) 11 תהיה
לאשה תחת אשר ענה לוא יוכל לשלחה כול ימיו לוא יקח 12 איש את
אשת אביהו ולוא יגלה כנף אביה לוא יקח איש את אשת 13 אחיהו ולוא
יגלה כנף אחיהו בן אביה(ו) או בן אמו כי נדה היא 14 לוא יקח איש את
אחותו בת אביהו או בת אמו תועבה היא *vacat* לוא 15 יקח איש את אחות
אביהו או את אחות אמו כי זמה היא *vacat* לוא 16 יקח איש את *vacat*
17 בת אחיהו או בת אחותו כי תועבה היא *vacat* לוא יקח

Col. LXVII *vacat*

shall surely release the mother *5* and take the brood for yourself so [th]at it may go well for you and you lengthen your days. *Blank* When you build a new house, *6* you shall make a parapet on the roof, so that you shall not bring blood unto your house if anyone falls *7* from it. *Blank* If a man takes a woman and marries her, but hates her and puts on her the guilt of the matter *8* and spreads about her a bad reputation, and says: «I took this woman and on approaching *9* her, I found her not be a virgin», then the young girl's father or her mother shall take and bring out *10* the proof of the young girl's virginity to the elders of the gate. *Blank* And the young girl's father will say *11* to the elders: «I have given my daughter /to/ this man /as a wife/ and now he is hating her and he puts *12* on her the guilt of the matter, saying I did not find your daughter to be a virgin, but these are the proofs of the virginity *13* of my daughter». And they shall spread the garment in front of the elders of that city. And the elders of that city shall take *14* that man and punish him; they shall impose a fine of one hundred silver shekels, *15* and they shall give (them) to the young girl's father, because he has spread a bad reputation about a virgin of Israel. And not

Col. LXVI (= 4Q524 15 - 22) *1* [...] that city and to [...] *2* they shall stone them [with stones and] they shall be put to death, [the young girl be]cause [she] did not scream *3* in the city, and the man because he raped his neighbour's wife; thus you will eradicate *4* the evil from your midst. But if it was in a field where the man met her, /the woman/, in a place far and hidden *5* from the city, and he coerced her and lay with her, only the man who lay with her will be put to death. *6* You shall do nothing to the young woman; she has not committed a sin meriting death, because this case is the same as when *7* a man rises up against his neighbour and murders him; for he found her in the field, *8* the young girl screamed, but there was no-one to help her. *Blank* If a man seduces a young *9* virgin who is not betrothed, and she is permitted to him by the law and he lies with her *10* and is discovered, then the man who lay with her shall give the girl's father fifty silver shekels *11* and she will be ‹his› wife, since he raped her; and he cannot dismiss her all his days. *12* A man shall not take his father's wife and shall not 'uncover the garment' of his father. A man shall not take *13* his brother's wife or 'uncover the garment' of his brother, the son of his father or the son of his mother, because it is sexual impurity. *14* A man is not to take his sister, the daughter of his father or the daughter of his mother; it is an abomination. *Blank* *15* A man is not to take the sister of his father or the sister of his mother, because it is depravity. *Blank* *16* A man is not to take *Blank* *17* the daughter of his brother or the daughter of his sister because it is an abomination. *Blank* A man is not to take

Col. LXVII *Blank*

11Q20 (11QT[b]) *11QTemple[b]*

F. García Martínez, E.J.C. Tigchelaar, A.S. van der Woude, *DJD XXIII*, 357-409, pls. XLI-XLVII
PAM 42.175-42.180, 43.794-43.978, 43.980, 44.005-44.008, 44.010, 44.013, 44.114, 44.117
ROC 566, 567, 577, 580, 606-608, 610, 613, 614, 614B, 615, 621B, 1016, 1020, 1031, 1032
4Q524, 11Q19, 11Q21?
Bibliography: Y. Yadin, *Megillat ham-miqdash - The Temple Scroll*, vol. III. Supplementary Plates, 35-40; A.S. van der Woude, 'Ein bisher unveröffentlichtes Fragment der Tempelrolle', *RevQ* 13/49-52 (1988) 89-92; M.O. Wise, 'A New

Col. I 1-8 [...] 9 [...]...[...] 10 [... וה]קריבו על המ[זבח לכול יום
ויום] 11 [פר בן בקר אחד איל אחד כבשים בני שנה]שבעה ושעיר
ע[ז]י[ם לחטאת ומנחתמה] 12 [ונסכמה כמשפט הזה *vacat*]ולמלואים איל
איל לכ[ול יום ואחד] 13 [וסלי לחם לכול איל ואחד וחצו את]כול האילים
והסלים לשבעת[ימי] 14 [המלואים יום ויום כמחלקות הכוהנים] יהיו
מקריבים ליהוה עולה[מן האיל ואת] 15 [החלב המכסה את הקרב ואת
ש]תי הכליות ואת החלב אשר עלי[הנה ואת החלב] 16 [אשר על הכסילים
ואת האלי]ה לעומת עציהה ואת יותרת הכבד[ומנחתו ונסכו] 17 [כמשפט
וחלת מצה אחת מ]ן הסל וחלת לחם שמן אחת ורקיק[אחד ושמו הכול]
18 [על החלבים עם שוק התרו]מה אשר לימין ויניפו המקריבים[את
האילים ואת] 19 [סלי הלחם תנופה ל]פני יהוה עולה היא אשה ריח ניחוח[
לפני יהוה והקטירו הכול] 20 [על המזבח על ה]עולה למלו{א} על
נפשותמה שבעת ימי[ם] *vacat* [*vacat*] 21 [*vacat*] *vacat* ואם[הכוה]ן
הגדול[יהיה עומד לכהן] 22 [לפני יהוה ומלא י]דו ללבוש את הבגדים[
תחת]אביהו ויקרי[ב פרים שנים אחד על] 23 [כול העם ואחד על
הכו]הנים ויקרב את אשר [ל]כוהנים ברישונה[וסמכו זקני הכוהנים]
24 [את ידיהמה על ראו]שו ואחריהמה הכ[ו]הן הגדול וכול הכ[והנים אחר
ישחטו את] 25 הפר[לפני יהוה]ולקחו זקני הכוהני[ם] מדם הפר ונתנ[ו
על קרנות המזבח באצבעם] 26 מן הד[ם ...]. ישפוכו סביב על ארבע פנות
עזרת ה[מזבח ...]

11Q20 (11QT[b]) *11QTemple[b]*

Manuscript Joint in the "Festival of Wood Offering" (Temple Scroll XXIII)', *JNES* 47 (1988) 113-121; F. García Martínez, '11QTemple[b]: A Preliminary Publication', in J. Trebolle Barrera, L.V. Montaner (eds.), *The Madrid Qumran Congress. Proceedings of the International Congress on the Dead Sea Scrolls, Madrid 18-21 March 1991*, vol. 2 (STDJ 11, 2; Leiden: E.J. Brill, 1992) 363-390, pls. 9-15; B.Z. Wacholder, 'The Fragmentary Remains of 11QTorah (Temple Scroll)', *HUCA* 62 (1991) 1-116; E. Qimron, *The Temple Scroll. A Critical Edition with Extensive Reconstructions* (Judean Desert Studies; Beer Sheva-Jerusalem: Ben-Gurion University of the Negev Press, Israel Exploration Society, 1996); Cf. 11Q19

Col. I (*Frags.* 1, 2; = 11Q19 XV - XVI) *1-8* [...] *9* [...] *10* [... and] they shall offer on the al[tar, day by day] *11* [one young bullock, one ram,] seven [yearling lambs] and a he-[goat for a sin-offering, and their offering] *12* [and their libation according to this regulation. *Blank*] And for the consecration one ram for al[l and each day] *13* [and baskets of bread for all and each ram. And they shall apportion] all the rams and the baskets for the seven [days] *14* [of the consecration, for every day. According to the priestly divisions] they shall offer to YHWH a burnt-offering [of a ram, and] *15* [the fat which covers the entrails and the t]wo kidneys, and the fat that is upon [them and the fat] *16* [that is upon the loins and the tai]l near its backbone and the appendage of the liver[, and its offering and its libation] *17* [according to the regulation, and one unleavened loaf fr]om the basket, and one loaf of oiled bread, and [one] wafer, [and they shall place it all] *18* [upon the fat with the leg of the wave-offer]ing, the right leg. And those who are offering shall wave [the rams and] *19* [the baskets of bread as a wave-offering be]fore YHWH. It is a burnt-offering, a fire-sacrifice of fragrance appeasing before [YHWH. And they shall offer it all] *20* [on the altar with the] burnt-offering, as a consecration for themselves, seven day[s.] *Blank* [*Blank*] *21* [*Blank*] *Blank* And when the high [pries]t [stands up to serve as priest] *22* [before YHWH, he shall consecrate] him[sel]f by adorning the vestments [in succession to] his fathers, and he shall offe[r two bullocks, one for] *23* [all the people, and another for the pr]iests, and he shall offer the one [for the] priests first, [and the elders of the priests shall lay] *24* [their hands on] its [hea]d, and after them the high p[r]iest and all the pr[iests. Then they shall slaughter] *25* the bullock [before YHWH] and the elders of the priest[s] shall take from the blood of the bullock and put [with their fingers on the horns of the altar] *26* some of the blo[od ...] they shall pour around on the four corners of the ledge of the [altar ...]

Col. II 1 [...]... 2 [... על] הבוהן 3 [...]מן השמן 5-4 [...] 6 [...
את כול החלב אשר על הקרב ואת יותרת הכבד ואת שתי הכליות]וא[ת
החלב] 7 [אשר עליהנה ואת החלב אשר על הכסילים ואת מנחתו ואת
נסכו כמשפט]ויקטי[ר על] 8 [המזבח עולה הוא אשה ריח ניחוח ליהוה
vacat] *vacat* [...] 9 [*vacat* ואת בשר הפר ואת עורו עם פרשו ישרופו
]מחוץ ל[עיר]

Col. III 1 *vacat* [... וכבשים] 2 בני[שנה שבעה ...] 8-3 [...]
9 [...] ושעי[ר עזים לחטאת] 10 [לכפר על כול עם הקהל ומנחתו ונסכו
כמשפט עשרון סולת ב]לולה[בשמן רביעית] 11 [ההין ויין לנסך רביעית
ההין ... ע]ל[כול עם הקהל מכול] 12-20 [...] 21 [... ברובע]היום
יקר[יבו את עול]ת הבכור[ים ...] 22 [... שנים עשר כבשים בני שנה
]ת[מי]מים ומנחתמה ונסכמה כ[משפט והניפו] 23 [... הבכורים]לכוהנים
יהיו ואכלום בחצ[ר הפנימית] 24 [... לחם הבכורים ואחר ...]ם לחם חדש
אביבות[ומלילות והיה] 25 [היום הזה מקרא קודש חוק עולם לדורותם
כול מל]אכת עבודה לוא י[עשו כי חג] 26 [שבועות הוא וחג בכורים
לזכרון לעולם *vacat* וספרתמה לכמה מיום]

Col. IV 1 [הביאכמה את המנחה חדשה ליהוה את ל]חם הבכורים
שבע[ה] שבו[עות שבע] 2 [שבתות תמימות תהיינה עד ממוחרת השבת
ה]שביעית תספורו חמשים[[יום]] וה]ק[ר]בתמה 3 [יין חדש לנסך ארבעה
הינים מכול מטות] ישראל שלישית ההין על 4 [המטה ויקריבו על היין
ביום הזה עולה]ליהוה שנים [ע]שר אילים כול 5 [ראשי אלפי ישראל ...
אי]לים ומנחתמה כמשפט שנים 6 [עשרונים סולת בלולה בשמן שלישית
הה]ין שמן לאיל על הנסך הזה 7 [ויקריבו עולה פרים שנים איל אחד
וכבש]ים בני שנה שבעה ושעיר 8 [עזים אחד לחטאת לכפר על כול עם
ה]קהל *vacat* 9 [... מנחתמ]ה ונסכמה [[כמשפט]] לפרים ולאיל 10 [ולכבשים
ולשעיר עזים אשה ריח ניחוח]ליהוה ברובע היום יקריבו 11 [... א]ת
האילים ואת הנסך ויקריבו 12 [שלמים ...]א וכבשים [בני] שנה ארבעה
13 [עשר ומנחתמה ונסכמה כמשפט לאילים ו]ל[כבשים אחר]העולה

Col. II (*Frags.* 3 I, 4; = 11Q19 XVI) *1* [...] ... *2* [on] the thumb *3* [...] from the oil *4* [...] *5* [...] *6* [... all the fat that is upon the entrails and the lobe of the liver and the two kidneys] and [the fat] *7* [that is upon them and the fat that is upon the loins and its offering and its libation according to the regulation.] And he shall bur[n it upon] *8* [the altar. It is a burnt-offering, a fire-sacrifice of fragrance appeasing to YHWH. *Blank*] *Blank* [...] *9* [*Blank* They shall burn the flesh of the bullock, and its hide with its offal] outside the [city]

Col. III (*Frags.* 3 II, 5, 6, 7; = 11Q19 XVII, XVIII, XIX) *1 Blank* [... and lambs] *2* of [a year seven ...] *3-8* [...] *9* [...] and a he-[goat for a sin-offering] *10* [to atone for all the people of the congregation, and its offering and its libation according to the regulation: a tenth of fine flour m]ixed [with oil, a quarter] *11* [of a *hin*, and wine for a libation, a quarter of a *hin* ... fo]r [all people of the congregation from all] *12-20* [...] *21* [... in the fourth quarter of] the day [t]he[y] shall of[fer the sacrifice] of the first fruit[s ...] *22* [... twelve] p[er]fect [yearling lambs], and their offerings and their libations according to [the regulation, and they shall lift] *23* [... the first fruits] shall be for the priests, and they shall eat them in the [inner] courtya[rd], *24* [... bread of the first fruits. Then ...] new bread, ears of grain [and soft grain. And] *25* [this day will be proclaimed holy, an eternal precept for their generations. T]he[y] shall [do] no menial [wo]rk [at all, for it is the Feast] *26* [of Weeks, and the Feast of the First Fruits as an eternal memorial. *Blank* And you shall count from the day]

Col. IV (*Frags.* 8, 9; = 11Q19 XIX - XX) *1* [on which you brought the new offering to YHWH, the b]read of the firstfruits, seven wee[ks. It will be seven] *2* [full sabbaths up to the morning of the] seventh [sabbath.] You will count fifty [days, and offer] *3* [new wine for the libation, four *hin* for all the tribes of] Israel, a third of a *hin* for each *4* [tribe. And on that day] all [the heads of the thousands of Israel will offer with this wine an offering] to YHWH: tw[el]ve rams *5* [... ra]ms, and their offering according to the regulation, two *6* [tenths of finest flour mixed with oil, a third of a *h*]*in* of oil for each ram with this libation *7* [and they will offer a burnt-offering: two bullocks, one ram, and] seven yearling [lamb]s and [one] he- *8* [goat, as a sin-offering to atone for all the people of the] assembly. *Blank* *9* [... thei]r [offering] and their libation / according to the regulation,/ for the bullocks, the ram, *10* [the sheep, and the he-goat, a fire-sacrifice of fragrance appeasing] to YHWH. In the fourth quarter of the day they will offer *11* [...] the rams and the libation. And they shall offer *12* [peace-offerings ... and four[teen] year[ling] lambs *13* [and their offering and their libation, according to the regulation for rams and] for [sheep. After]

יעשום 14 [... ואת חלבמה יקט]ירו על המזבח 15 [את החלב המכסה את הקרב ואת כול החלב אשר על ה]קרבים ואת 16 [יותרת הכבד ועל הכליות יסירנה ... *vacat*] *vacat*

17 [ואת החלב אשר עליהנה ואת אשר על הכסילים ואת הא]ל[י]ה לעומת 18 [העצה ויקטירו הכוהנים את הכול על המזבח עם מנחתמ]ה ונסכמה 19 [אשה ריח ניחוח לפני יהוה ... *vacat*] *vacat*

20 [*vacat* ותקרב כול מנחה אשר קרב עמה נסך כמשפט וכו]ל מנחה 21 [אשר קרב עליה לבונה או חרבה יקמוצו ממנה את אזכרתה ויקטירו על] 22 [המזבח ואת הנותר מהמה יוכלו בחצר הפנימית מצות יאוכלום הכוהנים לוא] 23 [תאכל חמץ ביום ההוא תאכל ולוא תבו]א ע[ל]י[ו ה]שמש *vacat* 24 [ועל כול קורבנכמה תתנו מלח ולוא ת]שבית ברית מלח לעולם *vacat* 25 [וירימו ליהוה תרומה תנופה מן האי]לים ומן הכבשים את שוק הימין 26 [ואת החזה ואת הלחיים ואת הקב]ה ואת האזרוע [ע]ד עצם השכם

Col. v 1 [ויניפו אותמה תנופה לפני יהוה *vacat*? ולכוהנים י]היה שוק התרומה וחזה 2 [התנופה ... האזרוע]ת והלחיים והקבאות למנות 3 [... לחוק עולם מאת בני ישר]אל ואת השכם הנשאר מן האזרוע 4 [... ל]חוק עולם להמה ולזרעמה 5 [...]שרי האלפים [מן] האילים ומן 6 [הכבשים איל אחד כבש אחד לאהרון ולבנו ולבני לוי אי]ל אחד כבש אחד ולכול המטה 7 [... איל אחד כבש אחד לכול המטות שנים ע]שר שבטי ישראל ואכלום 8 [בחצר החיצונה לפני יהוה ... הכוהנ]ים ישתו שמה ריאשונים 9 [והלויים ... ישראל נ]שיאי הדגלים ברישונה 10 [... שם ואחריהמה כול העם מגדול ו]עד קטן יחלו לשתות יין חדש 11 [ולאכול ענבים ובוסר מן הגפנים ... ביו]ם הזה יכ[פר]ו על התירוש וישמחו 12 [בני ישראל לפני יהוה *vacat*? חוק עולם לדורותיהמ]ה בכול מושבותיהמה ושמחו 13 [ביום הזה במועד החלו לנסך נסך שכר יין חדש על מזבח יהוה]שנה בשנה *vacat* 14 [*vacat* וספרתמה לכמה מיום ה]זה שבעה שבועות שבע 15 [פעמים תשעה וארבעים יום שבע שבתות תמימות תהיינה עד ממו]חרת השבת השביעית 16 [תספורו חמשים יום והקרבתמה שמן חדש ממשבות מטות

the burnt-offering they shall make them *14* [... and they shall bur]n [their fat] upon the altar *15* [the fat surrounding the entrails, and all the fat that is upon the] entrails, and *16* [the lobe over the liver, and they shall remove it with the kidneys ... *Blank*] *Blank 17* [And the fat that is on top of them and that which is upon the loins, and the t]ail close to *18* [the spine. And the priests shall burn everything upon the altar, with thei]r [offerings] and libations, *19* [a fire-sacrifice of a fragrance appeasing before YHWH. *Blank*] *Blank 20* [*Blank* And every offering with which a libation is offered shall be offered according to the regulation. And ev]ery offering *21* [on which frankincense is offered, or if it is a dry offering, they shall collect from it the memorial part, and they shall burn it on] *22* [the altar; and the remains of it they shall eat in the inner courtyard. The priests shall eat it with unleavened bread; not] *23* [with yeast shall it be eaten. On that very same day shall it be eaten, and the] sun [shall not se]t up[on] i[t]. *Blank 24* [On all your offerings you shall put salt, and] the covenant of the salt [shall not] cease forever. *Blank 25* [And they shall set aside a contribution for YHWH, a wave-offering from the ra]ms, and from the lambs, the right leg, *26* [the breast, the jawbones, the stoma]ch, and the shoulder blade [u]p to the bone of the upper foreleg.

Col. V (*Frags.* 10 I, 11; = 11Q19 XXI - XXII) *1* [And they shall wave them, a wave-offering before YHWH *Blank?* And for the priests there] will be the leg of the offering and the breast *2* [of the wave-offering ... the shoulder-blade]s, the jawbones, and the stomachs of the portions *3* [... as an eternal law, from the Isra]el[ites], and the upper foreleg that is left from the shoulderblade *4* [... as] an eternal law for them and their seed *5* [...] the heads of thousands [from] the rams and from *6* [the lambs, one ram and one lamb for Aaron and his sons, and for the Levites] one [r]am and one lamb, and for each tribe *7* [... one ram and one lamb for all the tribes, the twel]ve tribes of Israel. And they shall eat them *8* [in the outer court before YHWH ... The priest]s shall drink there first *9* [and the Levites ... Israel, the ch]iefs of the battalion first *10* [... there, and after them the entire nation, from the oldest] to the youngest, shall start to drink the new wine *11* [and to eat grapes and the unripe fruits from the vines ... on] this [da]y they shall atone for the new wine, and [they] shall rejoice, *12* [the Israelites before YHWH. *Blank?* An eternal law for thei]r [generations] in all their dwelling places. And they shall rejoice *13* [on this day, at the appointed time when they will have begun to pour out a libation of drink—of new wine—on the altar of YHWH,] year by year. *Blank 14* [*Blank* And you shall count from th]is day on] seven weeks seven *15* [times, forty-nine days, they shall be seven full weeks until the mor]ning after the seventh week, *16* [you shall count: fifty days. Then you shall offer new oil from the dwelling places of the tribes of the

בני יש]ראל מחצית ההין 17 [אחד מן המטה שמן חדש כתית ויקריבו את
ראשית היצהר על מזבח העו]ל[ה בכ]ורים 18 [לפני יהוה ...]ם אילים
שנים 19 [... וכפ]ר בו על כול העדה לפני 20 [יהוה ... שלושה עשרונים
סולת בלול]ה בשמן הזה מחצית ההין 21 [... כמ]שפט עולה הואה אשה
ריח 22 [ניחוח ליהוה ...]השמן הזה יבעירו בנרות 23 [בה ...]ם שרי
האלפים עם נשיאי 24 [... כבשים ארבעה עש]ר ומנחתם[ה] ונ{ש}סכמה[
כמשפ]ט 25 [לאלים ולכבשים ושחטו בני לוי את ... וזר]קו [הכוהנים] בני
אה]רון את דמם] 26 [על המזבח סביב ואת בשרמה וחלבמה יקטירו על
מזבח העולה ...]

Col. VI 1 כמ[שפט ואת מנחתמה ונסכמה יקטירו על החלבים ... אשה
ריח ניחוח] 2 ליהוה[*vacat* וירימו מן האילים ומן הכבשים את שוק הימין
ואת חזי] 3 התנופה ולר[אישת את האזרוע ואת הלחיים ואת הקבה
לכוהנים יהיה למנה] 4 כמשפטמה *vacat* [וללויים את השכם אחר יוציאום
אל בני ישראל ונתנו בני] 5 ישראל לכוהנים א[יל אחד כבש אחד וללויים
איל אחד כבש אחד ולכול מטה] 6 ומטה איל אחד כבש[אחד ואכלום ביום
הזה בחצר החיצונה לפני יהוה חוקות] 7 עולם לדורותיהמה[שנה בשנה
אחר יואכלו ויסוכו מן השמן החדש ומן הזתים] 8 כי ביום הזה יכפרו ע[ל
כול יצהר הארץ לפני יהוה פעם אחת בשנה וישמחו] 9 כול [ב]ני ישראל
בכול[מושבותיהמה ...] 10 [...] 11 [... ואחר מועד יצהר יקריבו]
12 למזב[ח את העצי]ם[שנים עשר מטות בני ישראל והיו המקריבים ביום
הרישון] 13 מטות[לוי]ויהודה וב[יום השני בנימין ובני יוסף וביום
השלישי ראובן ושמעון] 14 וביום הרביעי יששכר[וז]בולון ו[ביום
החמישי גד ואשר וביום הששי דן] 15 ונפתלי *vacat* [הקריבו בחג]
16 העצים עולה ל[יהוה ... שעירי] 17 עזים שנים ל[... ומנחתמה ונסכמה
כמשפט] 18 עול[ה ...]

Col. VII 20 [...]ן[...] 21 [...] *vacat* 22 [...]ברובע הי[ו]ם תעלה
זואת 23 [... עו]לת התמיד *vacat* 24 [...]ן שבתון זכרון מקרא קודש
25 [...]... יעשה לנפש 26 [... פר אח]ד איל אחד

Is]rael[ites], half a *hin* *17* [from each tribe, new beaten oil, and they shall offer the first (yield) of the oil on the altar of the burnt-]offe[ring, firs]tfruits, *18* [before YHWH. ...] two rams *19* [... and he will ato]ne with it for the whole assembly before *20* [YHWH ... three-tenths of finest flour mix]ed with this oil, half a *hin* *21* [... according to the re]gulation; it shall be a burnt-offering, a fire-sacrifice of a fragrance *22* [appeasing to YHWH. ...] they shall burn this oil in the lamps *23* [...] the heads of thousands with the chiefs of *24* [... fourte]en [lambs] and their offerings and libations [according to the regulat]ion *25* [for the rams and lambs. And the Levites shall slaughter the ... and] /the priests,/ the sons of Aa[ron shall sprin]kle [their blood] *26* [against the altar all around, and they shall burn their flesh and their fat on the altar of the burnt-offering ...]

Col. VI (*Frags.* 10 II, 12; = 11Q19 XXII - XXIII) *1* according to the re[gulation, and they shall burn their offering and libation with the fats ... a fire-sacrifice of a fragrance appeasing] *2* to YHWH. [*Blank* And they shall set aside from the rams and from the lambs the right leg and the breasts of] *3* the wave-offering, and as the choi[cest part the shoulderblade, the jawbones, and the stomach. It shall be for the priests as a share] *4* according to the regulations concerning them. *Blank* [And for the Levites, the upper foreleg. Then they shall take them out to the Israelites, and they shall give, the] *5* Israelites, to the priests [one] r[am and one lamb, and to the Levites one ram and one lamb, and to each] *6* tribe one ram and [one] lamb. [And they shall eat them on this day in the outer courtyard before YHWH.] *7* Eternal [precepts] for their generations [year after year. Then they shall eat and anoint themselves with the new oil and the olives,] *8* for on this day they shall atone f[or all the virgin oil of the land before YHWH, once a year. And they shall rejoice,] *9* all the [Israel]ites, in all [their dwelling places ...] *10* [...] *11* [... And after the festival of the virgin oil, they shall bring,] *12* [the twelve tribes of the Israelites, the woo]d to the alta[r as an offering. And they shall offer: on the first day] *13* the tribes [of Levi] and Judah; and on [the second day Benjamin and the sons of Joseph, and on the third day Reuben and Simeon;] *14* and on the fourth day Issachar [and Ze]bulun; and [on the fifth day Gad and Asher; and on the sixth day Dan] *15* and Naphtali. *Blank* [And they shall offer on the festival] *16* of the wood a burnt-offering for YH[WH ... he-] *17* goats two for [... and their offering and libation according to the regulation] *18* a burnt-offer[ing ...]

Col. VII (*Frag.* 13) *20* [...] ... [...] *21* [...] *Blank* *22* [...] in the fourth quarter of the d[a]y this shall be offered *23* [...] the perpetual [burnt-off]ering *Blank* *24* [...] a great sabbath of memorial, proclaimed holy *25* [...] shall be done for a person *26* [... on]e [bullock,] one ram

Col. VIII 9 [מרובע לכול רוחותיו אחת ועשרים אמה רחוק מהמזבח] חמש[ים] 10 [אמה ורחב הקיר שלוש אמות וגבהו עשרים אמה *vacat* [*vacat*] 11 [*vacat* שערים]עשו לה 12 [מהמזרח מהצפון ומהמערב רוחב השערים ארבע אמות וגובהמה]שבע

Col. IX 1 [מן הארץ ארבע אמות]מצופות זהב אש[ר יהיו מניחים עליהמה את בגדיהמה אשר] 2 [יהיו באים אליהם למע]לה מע[ל]בית[ה... בבואם לשרת בקודש ועשיתה] 3 [תעלה סביב לכיור אצל מזבח]ה[עולה הולכת לתחת הכיור ומחלה יורדת למטה] 4 [אל תוך הארץ אשר יהיו ה]מים נש[פכים והולכים אליה ואובדים בתוך הארץ ולוא] 5 [יהיה נוגעים בהמה כול א]דם[כי מדם העולה מתערב במה ...]

Col. X 1 [ושולחנות לפני המושבות בפרור]הפנימי אצל ק[י]ר החצר ה[חיצון] 2 [מקומות עשוים לכוהנים לזבחיהמה ולב]כורים ולמעשרות [ולזבחי] 3 [שלמיהמה אשר יהיו זובחים ולוא יתע]רבו זבחי שלמי בני יש[ראל] 4 [בזבחי הכוהנים ...] *vacat* 5 [ובארבעת מקצועות החצר לעשות לה]מה [מ]קום לכירים אשר יהיו מב[שלים] 6 [שמה את זבחיהמה ואת החטאות במקצ]וע המזרחי צפונה ואת ... [...]

Col. XI 11 [...] {ל} 12 [...]לבני 13 [...]ל[...] 14-15 [...] 16 [... מן הפנה הז]ואת עד ש[ער] 17 [דן לבני דן ומשער דן עד שער נפתלי לבני נפתלי ומשער נפ]תלי[עד] 18-20 [...] 21 [...].באים 22 [... שבעים ...]נשכה 23 [... וכאשר ו... השני י]היה בא 24 [לשמאול ובבואו יצא הרישון מימין ולוא יהיו מתערבים אלה ב]אלה

Col. XII 1-2 [...] 3 [וכבס בגדיו ורחץ ביום הראישון וביום השלישי יכבס בגדיו ורחץ ובאה השמש א]חר 4 [יבוא אל המקדש ולוא יבואו בנדת טמאתמה אל מקדשי וטמאו ? *vacat* ואיש]כי ישכב 5 [עם אשתו שכבת זרע לוא יבוא אל כול עיר המקדש אשר אשכין שמי בה שלוש]ת ימי{ן}ם 6 [כול איש עור לוא יבואו לה כול ימיהמה ולוא יטמאו

Col. VIII (*Frag.* 14; = 11Q19 XXXI) *9* [square; all its sides will be twenty-one cubits, at] fif[ty cubits distance from the altar,] *10* [and the width of the wall will be three cubits, and its height twenty cubits. *Blank*] *Blank 11* [*Blank* ... gates] shall you make for it, *12* [to the east, the north, and the west; the width of the gates will be four cubits, and their height] seven

Col. IX (*Frags.* 15, 16; = 11Q19 XXXII) *1* [from the ground it will be four cubits] overlaid with gold, [upon] whi[ch they shall place their clothes which] *2* [they shall go u]p with on to[p of the] house [of the ... when they go to minister in the Sanctuary. And you shall make] *3* [a channel all around the laver, along the altar of] the [burnt-offering, which shall run beneath the laver, and a shaft shall go down] *4* [into the earth, so that the] water shall be pou[red out and drain into it, and disappear into the earth, and not] *5* [anyon]e [shall touch it, for it is mixed with the blood of the burnt-offering ...]

Col. X (*Frag.* 17; = 11Q19 XXXVII - XXXVIII) *1* [and tables in front of the rooms, in] the inner [colonnade] at the [outer] w[a]ll of the court, *2* [places made for the priests, for their sacrifices, and for the fir]st-fruits and for the tithes, *Blank* [and for their peace] *3* [sacrifices which they shall offer. And] the peace sacrifices of the Is[rael]ites [shall not be ming]led *4* [with the sacrifices of the priests ...] *Blank 5* [And to make for th]em /[a p]lace/ [in the four corners of the courtyard] for the cauldrons where they shall c[ook] *6* [their sacrifices; and the sin-offerings in] the northeast [corn]er, and the ... [...]

Col. XI (*Frags.* 18, 19, 20; = 11Q19 XLV) *11* [...] {...} *12* [...] for the sons of *13* [...] ... [...] *14-15* [...] *16* [... from th]is [corner] to the ga[te] *17* [of Dan for the sons of Dan. And from the gate of Dan to the gate of Naphtali for the sons of Naphtali. And from the gate of Naph]tali [to] *18-20* [...] *21* [...] enter *22* [... seventy ...] storeroom *23* [... and when ... the second sh]all enter *24* [to the left. And when he comes, the first shall go out fromthe right, and one shall not intermingle with] the other

Col. XII (*Frags.* 21 I, 22, 23, 24; = 11Q19 XLV - XLVI) *1-2* [...] *3* [And he shall wash his clothes and bathe on the first day, and on the third day he shall wash his clothes and bathe. And when the sun has set, t]hen *4* [may he enter the temple. And they shall not enter my temple with their defiling impurities, and defile it. *Blank?* And a man] who lies *5* [with his wife and has an ejaculation shall not enter the entire temple city in which I shall cause my name to dwell for thre]e days. *6* [No blind person shall enter it for his entire lifetime, and

את העיר אשר אני]שוכן בתוכה 7 [כי אני יהוה שוכן בתוך בני ישראל
לעולם ועד [*vacat* *vacat* 8 [?*vacat* וכול איש אשר יטהר מזובו וספר לו
שבעת ימים לטהרתו ויכבס ביו]ם השביעי 9 [בגדיו ורחץ את כול בשרו
במים חיים אחר יבוא אל עיר המקדש וכול ט]מא לנפש לוא 10 [יבואו לה
עד אשר יטהרו וכול צרוע ומנוגע לוא יבואו לה עד אש]ר יטהרו וכאשר
11 [יטהר והקריב את ...]ק לוא יבוא אל המקדש 12 [...]רוכל ואל
המקדש 13 [לוא יבוא ...] *vacat* 14 [...]בה שלנחושת[...] 15 [...
ג]בולו אשר לוא[ישכון כול] 16 [עוף טמא על מקדשי ... על גגי השערים
אשר]לחצר החי[צונה וכול] 17 [עוף טמא לוא יוכל להיות בתוך מקדשי
לעולם ועד כול הימים אשר]אני שוכן[בתוכם] 18 [*vacat*] *vacat*
[ועשיתה] 19 [רובד סביב לחוץ מחצר החיצונה רחב ארבע עשרה באמה
על פי]פתחי השערי[ם כולמה] 20 [ושתים עשרה מעלה תעשה לו אשר
יהיו עולים]בני יש[ראל א]ליו לבוא אל מק[דשי] 21 [*vacat* ועשיתה חיל
סביב למקדש רחב מאה באמה] אשר יהיה[מבדי]ל בין מקדש 22 [הקודש
לעיר ולוא יהיו באים בלע אל תוך מקדשי ו]ל[וא יחללוהו]וקדשו את
מ[קדשי] 23 [ויראו ממקדשי אשר אנוכי שוכן בתוכמה *vacat*] *vacat*
24 [*vacat* ועשיתה להמה מקו]ם יד חוץ מ[ן העיר] 25 [אשר יהיו יוצאים
שמה לחוץ לצפון המערב לעיר בתים ומקו]רים ובורות בתוכ[מה]
26 [אשר תהיה הצואה יורדת אל תוכמה ולוא תהיה נראה לכול רחוק מן
העיר ש]ל[ושת]

Col. XIII 1 [אלפים אמה *vacat* וע]שי[תה שלושה מקומות למזרח
העיר מובדלים זה מזה אשר יהיו] 2 [באים המצורעים והזבים]והאשנים
אשר יה[יה להמה מקרה ...] 3 והבאים[...]ל[...] 4 רחוק מ[ן ...]
5 וכול .[...] 6 דבר ומש[...] 7 [...] 8 וחמ[...] 9 והורדת[מה ...
למעלה ולוא למטה ...] 10 עריה[מה טהורות וש...]

Col. XIV 1 [... ע]ד יום 2 [... יו]ם השביעי 3 [...] [במים
4 [...]טמאו במת 5 [...]ואל יואכלו 6 [כול אשר ... כי מי טהרה ...
מתערובת המת נטמאו] אין עוד 7 [... מה עד אשר יזו את השנית ביום

they shall not defile the city] in [whose] midst [I] dwell, *7* [for I, YHWH, dwell in the midst of the Israelites forever and always. *Blank*] *Blank 8* [*Blank?* And any man who purifies himself from his discharge shall count seven days for his purification, and he shall wash on the] seventh [da]y *9* [his clothes, and he shall bathe his body completely in living water. Afterwards he shall enter the city of the temple. And anyone im]pure through contact with a corpse shall not *10* [enter it until they have purified themselves. And anyone with leprosy or a skin disease shall not enter it, unti]l they have purified themselves and when *11* [he has purified himself, then he shall offer …] shall not enter the temple *12* […] trader, and the temple *13* [he shall not enter …] *Blank 14* […] of copper […] *15* […] its [bor]der so that there does not [sit any] *16* [unclean bird on my temple … on the roofs of the gates of] the ou[ter] courtyard, [and any] *17* [unclean bird shall not be able to be in the midst of my temple, forever and always, for] I dwell [in their midst.] *18* [*Blank*] *Blank* [And you shall make] *19* [a platform around the outer courtyard, fourteen cubits wide, corresponding to] the openings of [all] the gate[s] *20* [and you shall make twelve steps for it, up]on which the Is[rael]ites [will ascend] to enter [my] tem[ple.] *21* [*Blank* And you shall make a trench around the temple, one hundred cubits wide,] which will [separ]ate the [holy] temple *22* [from the city, and they will not enter my temple suddenly, thus they will] n[ot defile it.] And they shall sanctify [my] tem[ple,] *23* [and fear my temple, for I dwell in their midst. *Blank*] *Blank* *24* [*Blank* And you shall make for them latr]ines outsi[de the city] *25* [to which they shall go, outside, to the northwest of the city: houses with bea]ms and pits inside [them] *26* [into which the excreta can drop, without being seen by anyone, at a distance from the city of t]h[ree]

Col. XIII (*Frags.* 21 II, 25; = 11Q19 XLVI - XLVII) *1* [thousand cubits. *Blank* And you shall m]ak[e three places east of the city, separated from each other, to which shall] *2* [come the lepers, those afflicted with discharge] and the men who ha[ve had a nocturnal emission …] *3* And those who | come […] *4* far fr[om …] *5* and all […] *6* matter, and … […] *7* […] *8* and … […] *9* and y[ou] will lead down [… upwards and not downwards …] *10* and th[eir] cities [pure and …]

Col. XIV (*Frags.* 26 I, 27, 28, 29; 11Q19 L - LI) *1* [… un]til [the] day of *2* […] the seventh [da]y *3* […] in water *4* […] impure by a corpse *5* […] and they shall not eat *6* [anything that … for the water of purification … from mingling with a dead person … they shall become impure.] No more *7* [… until they sprinkle

השביעי וטהרו בערב בבוא השמש *vacat*] *vacat* 8 *vacat*] ... וכול איש
אשר יגע על פני השדה בעצם אדם] 9 מת ובח[לל חרב או במת או בדם
אדם מת או בקבר וטהר כחוק המשפט הזה ואם לוא יטהר] 10 [כ]משפט[
התורה הזואת טמא הוא עוד טמאתו בו וכול האדם אשר יגע בו יכבס בגדו
ורחץ] 11 וטהר ל[ערב *vacat* ואשה כי תהיה מלאה וימות ילדה במעיה כול
הימים אשר הוא בתוכה] 12 מת תטמ[א כקבר ...] 13-14 [...]
15 וב[יו]ם[השביעי יזה שנית וכבס בגדיו ורחץ ובאה השמש וטהר *vacat*
וכול הכלים ובגדים ועורות] 16 וכול מ[עשה עזים כמשפט התורה הזואת
תעשו להמה וכול כלי חרש ישברו כי טמאים המה ולוא] 17 יטהרו[עוד
עד לעולם *vacat* כול שרץ הארץ תטמאו החולד והעכבר והצב למינו
והלטאה והכח] 18 והחמ[ט והתנשמת *vacat* כול איש אשר יגע בהמה
במותמה יטמא עד הערב וכבס] 19 בגדי[ו ... וכול אשר יפול] 20 עליו
מ[המה במותמה יטמא מכול כלי עץ או בגד או עור או שק כול כלי אשר
יעשה מלכאה בהמה] 21 במים[יובא וטמא עד הערב וטהר ותשבורו את
כול כלי חרש אשר יפול מהמה אל]תוכ[ו] 22 וכיא י[...]ו וטמ[א] 23 עד
ה[ערב ... היוצא מהמה ... כי]טמים 24 [המה ולוא תטמאו בהמה וכול
הנוגע בהמה במותמה יטמא עד הערב ויכבס בגדיו ורחץ במים] 25 [ובאה
השמש וטהר *vacat*] 26 [*vacat* וכול הנושא מעצמותמה ומנבלתמה עור
ובשר וצפורן וכבס בגדיו ורחץ במים]

Col. XV 1 ובאה השמ[ש אחר יטהר והזהרתמה את בני ישראל מכול
הטמאות ולוא יטמאו בהמה אשר אני מגיד] 2 לכ{מ}ה בהר הזה ו[לוא
יטמאו כי אני יהוה שוכן בתוך בני ישראל וקדשתמה והיו קדושים ולוא
ישקצו] 3 את נפשותיהמה בכו[ל אשר הבדלתי להמה לטמאה והיו
קדושים *vacat*] 4 שופטים ושוטרים[תתן לכה בכול שעריכה ושפטו את
העם משפט צדק ולוא יכירו פנים במשפט] 5 ולוא יקחו שוחד ו[לוא יטו
משפט כי השוחד מטה משפט ומסלף דברי הצדק ומעור עיני הכמים]
6 ועושה אשמה גדול[ה ומטמא הבית בעוון החטאה צדק צדק תרדוף למען

for the second time on the seventh day, and they are pure in the evening, at sunset. *Blank*] *Blank 8 Blank* [*Blank* And any man who in the open field comes across the bones of a] *9* dead person, or one sla[in by a sword, or a corpse, or the blood of a dead person, or a grave, shall purify himself according to the precept of this regulation. And if he does not purify himself] *10* [according to the] regulation [of this law, he will be impure, his impurity will stick to him, and anyone who comes into contact with him shall wash his clothes, and bathe,] *11* and become pure by [the evening. *Blank* And if a woman is pregnant, and her child dies in her womb, then all the days that it is within her] *12* dead, she shall be impu[re like a grave.] *13-14* [...] *15* and on [the seventh da]y [he shall sprinkle himself a second time, and he shall wash his clothes and bathe, and when the sun has set he shall be pure. *Blank* And with all utensils and clothes and skins] *16* and all pr[oducts of goatskin you shall do according to the regulation of this law. And any earthenware vessels shall be broken, because they are impure, and they cannot] *17* become pure [again for ever. *Blank* Everything that creeps on the ground is impure: the rat, the jerboa, and every kind of lizard, the wall-gecko and the gecko,] *18* the great liz[ard and the chameleon. *Blank* Any man who touches them when they are dead shall be impure until the evening. And he shall wash] *19* [his] clothes [... And anything] *20* on which [any] of [these falls when they are dead shall be impure, any article of wood or garment or skin or sackcloth, any article that is used for labour,] *21* into water [shall it be plunged, and it shall be impure until the evening, and then it shall be pure, but you shall smash any earthenware vessel] into [which any of these falls.] *22* And when [...] and it shall be impu[re] *23* until the [evening ... what issues from them ... for they] are impure, *24* [and you shall not be contaminated by them. And anyone who touches them when they are dead, shall be impure until the evening, and he shall wash his clothes, and bathe in water,] *25* [and at sunset he shall be pure. *Blank*] *26* [*Blank* And anyone who carries their bones or their corpses, the skin, or the flesh, or the claws shall wash his clothes, and bathe in water]

Col. XV (*Frag.* 26 II; = 11Q19 LI) *1* and when the su[n] has set, [then he will be pure. And you shall forewarn the Israelites of all the impurities. And they shall not defile themselves by those things of which I told] *2* you on this mountain, and [they shall not defile themselves, for I, YHWH, dwell in the midst of the Israelites. And you shall sanctify them and they shall be holy. And they shall not make] *3* themselves [detestable] with al[l those things which I have separated for them as unclean. And they shall be holy. *Blank*] *4* [You shall appoint] judges and officers [in all your gates, and they shall judge the people with true justice, shall not show partiality in the judgement,] *5* shall not take a bribe, and [shall not pervert justice. For bribes pervert justice, distort the words of the just person, blind the eyes of wise men,] *6* cause great guilt, [and defile the

תחיה ובאתה וירשתה את הארץ]   7 אשר אנוכי נותן לכמ[ה לרשתה כול הימים *vacat?* והאיש אשר יקח שוחד ויטה משפט צדק]   8 יו[מת ולוא תגורו מננו להמיתו ...]

Col. XVI   1 [... ואם ישיתכה אחיכה בן אבי]כה או [בן]   2 [אמכה או בנכה או בתכה או אשת חיקכה או ריעיכה א]שר כנפשכה בסתר[לאמור]   3 [נלכה ונעבודה אלוהים אחרים אשר לוא ידעתמה אתה ו]א[ב]ותיכה מאלוהי ה[עמים]   4 [אשר סביבותיכמה הקרובים אליכה או הרחוקים ממ]כה מקצי הארץ ועד [קצי הארץ]   5 [לוא תאובה לו ולוא תשמע אליו ולוא תחוס עינ]כה עליו ולוא תחמל ע[ליו ולוא]   6 [תכסה עליו כי הרוג תהרגנו ידכה תהיה בו בברא]ישונה להמיתו ויד[כול העם]   7 [באחרונה *vacat?* וסקלתו באבנים ומת כיא בקש לה]דיחכה *vacat* [...]

11Q21 (11QT^{c}?) *11QTemple^{c}?*

F. García Martínez, E.J.C. Tigchelaar, A.S. van der Woude, *DJD XXIII*, 411-414, pl. XLVIII
PAM 44.004, 44.006, 44.114
ROC 567, 614, 619
4Q524?, 11Q19?, 11Q20?
Bibliography: F. García Martínez, 'Texts from Cave 11', in D. Dimant, U.

Frag. 1   1 [וכליה יהיו זה]ב טהור וכו[ל מזבח העולה יעשו נחושת טהור והמכבר]   2 [אשר מלמעלה] לו והכיר וכנו יה[יו נחושת מרוק כמראות לראות פנים]   3 [...]נחושת ברור [...]   4 [...] *vacat* [...]   5 [... ת]מיד מאת[בני ישראל ...]   6 [... בבית אשר]אשכין[שמי ...]

Frag. 2   1 [...]...[...]   2 [...]...[...]והקנים יח.[...]   3 [...]. ככה יעש[ו ...]   4 [...]...[...]

House with the wickedness of sin. Pursue justice, justice, so that you can live and enter and take possession of the land] *7* which I give to you [as an inheritance for ever. *Blank?* And the person who takes a bribe and perverts just judgement] *8* shall be [put to death, and you shall have no qualms in executing him.]

Col. XVI (*Frag.* 30; = 11Q19 LIV - LV) *1* [... And if your brother entices you—be it the son of] your [father,] or [the son of] *2* [your mother, or your son or your daughter, or the wife of your bosom, or] your soul[mate—] secretly [saying,] *3* [Let us go and worship other gods—whom you did not know before, neither you nor] your fa[ther]s, from the gods of the [nations] *4* [who surround you, either those near to you, or those far from] you, from one end of the earth to [the other—] *5* [then you shall not consent or listen to him. And] your [eye shall not pity] him, nor shall you spare h[im or] *6* [shield him. But you shall surely kill him, your hand shall be the fir]st [to be raised against him] to kill him, and the hand [of all the people] *7* [afterwards. *Blank?* And you shall stone him with stones, and he shall die, because he tried to lead] you astray *Blank* [...]

11Q21 (11QT[c]?) *11QTemple[c]?*

Rappaport (eds.), *The Dead Sea Scrolls: Forty Years of Research* (STDJ 10; Leiden: E.J. Brill, 1992) 23; E. Qimron, *The Temple Scroll. A Critical Edition with Extensive Reconstructions* (Judean Desert Studies; Beer Sheva-Jerusalem: Ben-Gurion University of the Negev Press, Israel Exploration Society, 1996); Cf. 11Q19

Frag. 1 (cf. 11Q19 III) *1* [and its vessels shall be of] pure [gol]d and the who[le altar of the burnt-offering they shall make of pure bronze, and the grille] *2* [which is on top] of it and the wash-basin and its framework shall [be of bronze, polished as a mirror to see the face] *3* [...] pure bronze [...] *4* [...] *Blank* [...] *5* [... con]tinually from [the Israelites ...] *6* [... in the house where] I shall cause [my name] to dwell [...]

Frag. 2 *1* [...] ... [...] *2* [...] ... [...] and the shafts ... [...] *3* [...] thus [t]he[y] shall be made [...] *4* [...] ... [...]

Frag. 3 1 [...]מה[...] 2 לבוא אל עירי [...] 3 תרנגול לוא תגד[לו
...] 4 בכול המקדש .[...] 5 המקד[ש ...]

11Q22 (11QpalUnid) *11QpaleoUnidentified Text*

F. García Martínez, E.J.C. Tigchelaar, A.S. van der Woude, *DJD XXIII*, 415-418, pl. XLVIII

Frag. 1 1 [...]...[...]...[...] 2 [...] *vacat* היתה עדי נגה באהבתך
לאלהיך *vacat*? וילב[ישך ...] 3 [...]תך ...[...]

11Q23 (11QcryptA Unid) *11QcryptA Unidentified Text*

F. García Martínez, E.J.C. Tigchelaar, A.S. van der Woude, *DJD XXIII*, 419-420, pl. XLVIII

11Q24 (11QUnid ar) *11QUnidentified Text ar*

F. García Martínez, E.J.C. Tigchelaar, A.S. van der Woude, *DJD XXIII*, 421-422, pl. XLIX

11Q25 (11QUnid A) *11QUnidentified Text A*

F. García Martínez, E.J.C. Tigchelaar, A.S. van der Woude, *DJD XXIII*, 423-426, pl. XLIX

Frag. 1 1 לעממים[...] 2 ולא עינכ[ם ...] 3 [...]...[...]

Frag. 3 *1* […] … […] *2* to enter my city […] *3* a cock you shall not rai[se …] *4* in the entire temple […] *5* the temp[le …]

11Q22 (11QpalUnid) *11QpaleoUnidentified Text*

PAM 42.174, 42.175, 44.006, 44.117
ROC 614, 1020, 1032

Frag. 1 *1* […] … […] … […] *2* […] *Blank* You shall be a shining ornament because of your love for your God. *Blank?* And he shall dre[ss you …] *3* […] your … […]

11Q23 (11QcryptA Unid) *11QcryptA Unidentified Text*

PAM 44.005
ROC 613

11Q24 (11QUnid ar) *11QUnidentified Text ar*

PAM 44.114
ROC 567

11Q25 (11QUnid A) *11QUnidentified Text A*

PAM 44.006, 44.114, 44.117
ROC 567, 581A, 614, 621B, 1032

Frag. 1 *1* for the nations […] *2* and not your eye […] *3* […] … […]

11Q26 (11QUnid B) *11QUnidentified Text B*

F. García Martínez, E.J.C. Tigchelaar, A.S. van der Woude, *DJD XXIII*, 427-428, pl. XLIX

11Q27 (11QUnid C) *11QUnidentified Text C*

F. García Martínez, E.J.C. Tigchelaar, A.S. van der Woude, *DJD XXIII*, 429-430, pl. XLIX

11Q28 (11QpapUnid D) *11QUnidentified Text D*

F. García Martínez, E.J.C. Tigchelaar, A.S. van der Woude, *DJD XXIII*, 431, pl. L

11Q29 *11QFragment Related to Serekh ha-Yahad*

F. García Martínez, E.J.C. Tigchelaar, A.S. van der Woude, *DJD XXIII*, 433-434, pl. L
PAM 44.007
ROC 615

1 [...]...[...] 2 [והאיש אשר תזוע]רוחו לבגוד ב[אמת וללכת
בשרירות לבו אם] 3 [ישוב ונענש שתי שני]ם בראי[שונה לוא יגע בטהרת
הרבים ובשנית]

11Q30 *11QUnclassified Fragments*

F. García Martínez, E.J.C. Tigchelaar, A.S. van der Woude, *DJD XXIII*, 435-444, pls. L-LI
PAM 43.794, 44.007, 44.114, 44.117
ROC 567, 581A, 615, 621B, 988, 1016, 1031, 1032, 1034

11Q26 (11QUnid B) *11QUnidentified Text B*

PAM 44.114, 44.117
ROC 567, 621B

11Q27 (11QUnid C) *11QUnidentified Text C*

PAM 44.008
ROC 614B

11Q28 (11QpapUnid D) *11QUnidentified Text D*

ROC 988

11Q29 *11QFragment Related to Serekh ha-Yahad*

Bibliography: E.J.C. Tigchelaar, 'A Newly Identified 11QSerekh ha-Yahad Fragment (11Q29)?', forthcoming in the proceedings of the Jerusalem 1997 Congress

(cf. 1QS VII *18-20*) *1* [...] ... [...] *2* [The person] whose spirit [turns aside] to betray [the truth and walk in the stubbornness of his heart, if] *3* [he comes back, shall be punished for two year]s; during the fir[st year he shall not approach the pure food of the Many, and during the second]

11Q31 *11QUnidentified Wads*

F. García Martínez, E.J.C. Tigchelaar, A.S. van der Woude, *DJD XXIII*, 445-446, pl. LII
ROC 563

INDEX OF MANUSCRIPTS

INDEX OF TITLES

References to texts from the Caves of Qumran generally consist of the Cave number (1Q, 2Q and so on) and the number of the manuscript, but in some cases only the titles of the manuscripts or compositions are mentioned. The index of titles presented here, is intended to help the reader to find the Cave and manuscript numbers of the manuscripts noted in this way.

Many manuscripts are known by several titles. Most titles have a short or abbreviated, and a long form, and in many cases the present-day titles differ from the older provisional ones. We have included the titles used in this *Study Edition*, those used in the editions of the series *Discoveries in the Judaean Desert* (these titles are given in italics), but also most other titles by which the manuscripts were or are presently known. This means that titles which are now thought to be incorrect, or which are no longer used, are also included in this index. It should be noted that the titles of the not yet officially published manuscripts are subject to change, and that new identifications of published manuscripts sometimes result in new titles.

Generally, the official titles (the titles used in the Inventory List of the Dead Sea Scrolls Publication Project) indicate the provenance of the manuscript (Qumran Cave number) and a descriptive name. Supralinear letters after the title are used to distinguish multiple copies of the same composition found in a cave. A question mark, whether within or without round brackets, indicates that either the descriptive title, or the identification of the manuscript as a copy of a composition, is uncertain. The official title states the material on which the text was written: skin, being the norm, is not indicated; papyrus is indicated by the abbreviation pap generally immediately after, but in some cases before, the Cave number. Also stated in the official title, before the name of the composition, is the script, other than the Hebrew-Aramaic square letters, namely Paleo-Hebrew (paleo), and several types of cryptic alphabets (cryptA, cryptB). At the end of the title an abbreviation indicates languages other than Hebrew. Thus, the title 4QpapTob^{a} ar shows that the first of multiple copies of Tobit from Cave 4 was written on papyrus and in Aramaic. Other often used abbreviations in the titles are p (pesher), tg (targum), ap or apocr (apocryphal or apocryphon), ps (pseudo), Ps (Psalm of) and T (Testament of).

INDEX OF TITLES

INDEX OF CAVE 1 MANUSCRIPTS WITHOUT SERIAL NUMBER

INDEX OF MANUSCRIPTS NOT FOUND NEAR QUMRAN